近代漢語方言文獻集成

喬全生　主編

《近代漢語方言文獻集成》編委會　編著

近代漢語方言文獻集成

總目提要

創于1897
商務印書館
The Commercial Press

圖書在版編目（CIP）數據

近代漢語方言文獻集成總目提要 / 喬全生主編；《近代漢語方言文獻集成》編委會編著. --北京： 商務印書馆，2024. --（近代漢語方言文獻集成）. --ISBN 978-7-100-24512-8

Ⅰ. Z88：H17；Z89：H17

中國國家版本館CIP數據核字第202473HN62號

近代漢語方言文獻集成

近代漢語方言文獻集成總目提要

喬全生　主編

《近代漢語方言文獻集成》編委會　編著

商　務　印　書　館　出　版

（北京王府井大街36號　郵政編碼100710）

商　務　印　書　館　發　行

北京虎彩文化傳播有限公司印刷

ISBN 978－7－100－24512－8

2024年12月第1版　　開本787×1092　1/16

2024年12月北京第1次印刷　印張42

定價：288.00元

《近代漢語方言文獻集成》編委會

目　　録

《近代漢語方言文獻集成》總目

阿拉伯數字爲本書頁碼，漢字數字爲叢書頁碼。

第一輯 《近代漢語官話方言韻書韻圖文獻集成》目録

第二輯 《近代漢語湘方言文獻集成》目録

第三輯 《近代漢語客贛方言文獻集成》目録

第四輯 《近代漢語客家方言域外文獻集成》目録

第五輯　《近代漢語官話方言域外文獻集成》目録

第六輯 《近代漢語官話方言課本文獻集成》目録

第七輯 《近代漢語平話土話方言文獻集成》目録

第八輯 《近代漢語晉方言文獻集成》目録

第九輯 《近代漢語粵方言文獻集成》目録

第十輯 《近代漢語徽方言文獻集成》目録

第十一輯　《近代漢語官話方言綜合文獻集成》目録

第十二輯 《近代漢語吴方言文獻集成》目録

第十三輯　《近代漢語閩方言文獻集成》目録

第十四輯 《近代漢語珍稀方志方言文獻集成》目録

《近代漢語方言文獻集成》提要

第一輯 《近代漢語官話方言韻書韻圖文獻集成》提要

中原音韻

元周德清撰。

周德清（1277—1365），字日湛，號挺齋，高安（今屬江西高安市楊圩鎮暇塘老屋周家）人，宋理學家周敦頤六世孫，元代卓越的音韻學家、戲曲理論家，工樂府，善音律，終身不仕。1978 年，甯繼福發現《暇堂周氏宗譜》，並據此對周德清的生平做了考證。[①]

前人著録大多肯定《中原音韻》爲周德清所著，但自明清始，一直有人懷疑《中原音韻》前有所承，周德清不過是加工改編者而已。[②] 現代學者中，陸志韋亦懷疑《中原音韻》原有所本，認爲卓從之《中州樂府音韻類編》不是《中原音韻》的修改本，兩書同出一源，有共同的依據，南宋時有《中州韻》“未必全然胡説”。[③] 耿振生在分析了有關《中原音韻》的史實後，推論《中原音韻》“韻譜”系據前人作品抄録而成。[④] 張玉來也認爲，《中原音韻》參考過《中州韻》、“十六條”韻書、

① 甯繼福:《中原音韻表稿 · 卷首》，長春：吉林文史出版社，1985，第 1—2 頁。

② 如［明］程明善《嘯餘譜 · 凡例》云:“《中原音韻》一以正《中州韻》之僞，一以辨陰陽之失。”［清］朴隱子《詩詞通韻 · 例説》甚至説《中原音韻》是直接從《中原雅音》中摘録出來的。

③ 陸志韋:《釋〈中原音韻〉》，《燕京學報》1946 年第 31 期。

④ 耿振生:《〈中原音韻〉的原始著作權和它的基礎方言問題》，《語言學論叢》第 31 輯，北京：商務印書館，2005。

《中州樂府音韻類編》之類的韻書。“十六條”韻書已用侵尋、監咸、廉纖韻目，“周氏的韻譜韻目不是獨創，而是前有所承”。同時也肯定“周德清一開始的確參考過別人的著作，並一度存在嚴重的抄襲現象。但經過長時間的修改和打磨，最後這部傳世的《中原》確是經他字字估量並重做安排而成的。”“《中原》的著作權主要應歸屬於周德清。”[①]

我們遵從大多數學者的意見，認定周德清是《中原音韻》的作者。

《中原音韻》成書於元泰定元年（1324），至正元年（1341）經羅宗信等奔走，始刊於吉安。[②]

《中原音韻》問世後，明清以來各種刻本、抄本、校訂本、改編本等不下數十種。據甯繼福調查統計，已知序跋校注者和序跋校注者不詳的，共有 21 種。[③] 張玉來等近年將傳世版本概括爲五種類型：全本、節本、增訂刪補本、今人刊行本（音節字表）、卓從之《中州樂府音韻類編》本。[④] 玆將存世“全本”簡介如下：

1. 瞿氏鐵琴銅劍樓舊藏明刊本

現藏中國國家圖書館，趙萬里審定爲明弘治、正德間（1488—1506）刊本。1920 年陳乃乾在上海古書流通處據此本寫印行世，1922 年瞿啓甲將其收入《鐵琴銅劍樓叢書》第八種，1925 年陳乃乾又將其編入《重訂曲苑》，1926 年陳氏復以此本與明朱權《太和正音譜》合刊。該本不分卷，依次爲虞集序、歐陽玄序、周德清自序、羅宗信序、瑣非復初序、《中原音韻》目録、韻譜、正語作詞起例、作詞十法、周德清後序。張玉來提供了四點反證，認爲趙萬里的審定未必可靠，該本“或爲元刻之舊”“與訥庵本相比，歧誤相當，難分優劣，不能説明訥庵本一定早出。”“瞿藏本即使不是元刊本，也應該是照元刊本模樣覆刻，所以，該本應該是最接近元刻本的版本。”[⑤] 張玉來所據四點反證，多推測之辭，没有一條堪稱作推翻趙萬里鑒定的力證，張説確否，尚需驗證。故我們仍從趙説，視該本爲明刊本。

① 張玉來、耿軍：《中原音韻校本・前言》，北京：中華書局，2013，第 14—27 頁。
② 甯繼福：《中原音韻表稿》，長春：吉林文史出版社，1985，第 1 頁。
③ 甯繼福：《中原音韻表稿》，長春：吉林文史出版社，1985，第 2—3 頁。
④ 張玉來、耿軍：《中原音韻校本・前言》，北京：中華書局，2013，第 29—44 頁。
⑤ 張玉來、耿軍：《中原音韻校本・前言》，北京：中華書局，2013，第 29 頁。

該本漫漶之處甚衆，有些頁面磨泐嚴重，致半頁或整頁難以辨識。

2. 明訥庵刻本

江西人訥庵刻于明正統辛酉（1441）冬十二月朔，中華書局1978年6月影印綫裝出版，陸志韋、楊耐思譔《校勘記》。又收入谷風主編《辭書集成》（團結出版社，1993）、李學勤主編《中華漢語工具書書庫》（安徽教育出版社，2002）。訥庵《書〈中原音韻〉後》云："稍爲正其傳寫之訛，可闕者仍闕之。"是該本應是據元刊本的重刻，除更正若干訛誤，基本保留了元刊本原貌，但删除了歐陽玄序文。

與鐵琴銅劍樓舊藏本相較，該本訛誤脱衍甚夥。然而，陸志韋認爲訥庵本"或比瞿本還早出半個世紀，而且篇帙完整，鏤版精湛，都是瞿本所望塵莫及的。從目前看，訥庵本是最好的也是最早的版本。"①

多年以來，訥庵本在音韻學界應用最廣，影響也最大。該本版刻嚴整，行格舒朗，字迹清晰，絶無似鐵琴銅劍樓藏本之漫漶不清處。總此兩點，我們選取訥庵本爲影印底本。

3. 明程明善《嘯餘譜》本

《嘯餘譜》有明萬曆四十七年（1619）原刻本、清康熙元年（1662）覆刻本。明本《嘯餘譜》所收《中原音韻》"韻譜"題"古歙仇必亨校"，《正語作詞起例》題"上元夏時來校"。清本《嘯餘譜》收《中原音韻》皆題"西吴張漢重校"。該書將虞集序、歐陽玄序、羅宗信序、瑣非復初序全部删除，將周德清自序改題爲"周德清《中原音韻》起例"，將周德清後序置於"韻譜"之前。該本對《中原音韻》正文有所校改，非盡元刊本原貌。

4. 明程允昌《南九宫十三調曲譜》本

該本卷首有程允昌自序、騷隱生《南曲叢説》、王世貞《作詞十法》、魏良輔《曲律》、沈寵綏《論四聲》等，"韻譜"前有明蔣孝、可哥生、李維楨等人序，後爲"秘書閣凡例"、《中原音韻》和《南曲譜》。《南九宫

① 陸志韋:《中原音韻·前言》，北京：中華書局，1978，第三頁右。

十三調曲譜》所收《中原音韻》“起例”在前，“韻譜”在後。“起例”題“元周德清挺齋氏著、明程允昌浮吉氏訂”，“韻譜”題“元周德清挺齋氏著、明程允昌浮吉氏注”。

該本最大特點，是將《正語作詞起例》中字音辨正的内容抄録於韻目之下，並據沈寵綏《度曲須知》將各韻部語音特徵加注於韻目之後。

《南九宫十三調曲譜》有明刻本傳世，藏上海圖書館。

5.《古今圖書集成》本

《古今圖書集成·理學彙編·文學典·詞曲部·匯考七》“《嘯餘譜·中原音韻》”，系據《嘯餘譜》抄録，僅收周德清自序和“韻譜”。《中原音韻》“每空一音”的“空”，不以墨圍○標識，而改爲一字空格。

《古今圖書集成·理學彙編·文學典·詞曲部·匯考八》“《嘯餘譜》務頭”，將《嘯餘譜》“務頭”部分的“辨明古字畧”删除。以上兩部分合起來，是一部相對完整的《中原音韻》。

6.《四庫全書》本

據《四庫全書總目》知此本底本爲内府藏本，版本不明。卷首載虞集序、周德清自序，自序改題爲“中原音韻起例”。該本分上、下兩卷，上卷爲“韻譜”，下卷爲《正語作詞起例》，小韻、韻字等内容與《嘯餘譜》本非常接近。

張玉來、耿軍《中原音韻校本·前言》對《中原音韻》各種版本有詳細考證，可參見。

《中原音韻》一改切韻系韻書“按四聲分韻”的體例，采用“韻統四聲”的方式編纂，是一部富有革新精神的劃時代的韻書。全書由兩部分組成，前卷爲“韻譜”，備曲作者檢韻；後卷爲“附論”，“附論”列《正語作詞起例》《作詞十法》，詳論“韻譜”編製體例、審音原則和宫調創作方法等問題。“韻譜”共收1627個小韻，5867個韻字，分韻十九部，以兩個代表字標目。韻部下分列平聲、上聲、去聲和“入作平”“入作上”“入作去”，分置於三聲後順序排列。同一聲調之下，不同小韻間以墨圍○隔開，即所謂“每空一音”。小韻不注反切，韻字没有注釋。中古入聲韻字分别派入平、上、去三聲，但派入的原入聲韻字不與舒聲韻字雜側，並注明

"入聲作某聲"。

《中原音韻》十九韻部：

一東鐘	二江陽
三支思	四齊微
五魚模	六皆來
七真文	八寒山
九桓歡	十先天
十一蕭豪	十二歌戈
十三家麻	十四車遮
十五庚青	十六尤侯
十七侵尋	十八監咸
十九廉纖	

《中原音韻》聲母研究的分歧，主要表現在疑母是否獨立和知、莊、章三組聲母的分合上。1. 王力認爲疑母已經消失，[①] 羅常培、[②] 趙蔭棠、[③] 陸志韋、[④] 楊耐思 [⑤] 等認爲疑母在《中原音韻》中轄字範圍較之中古有所縮小，但仍然存在。2. 羅常培、趙蔭棠、楊耐思、李新魁、[⑥] 付新軍、[⑦] 桑宇紅、[⑧] 蔣

---

① 王力:《漢語語音史》，北京：中國社會科學出版社，1985，第 317 頁。

② 羅常培:《中原音韻聲類考》，《中央研究院歷史語言研究所集刊》第二本第四分，1931。

③ 趙蔭棠:《中原音韻研究》，上海：商務印書館，1936，第 86 頁。

④ 陸志韋:《釋中原音韻》，《燕京學報》1946 年第 31 期。

⑤ 楊耐思:《中原音韻音系》，北京：中國社會科學出版社，1981，第 20 頁。

⑥ 李新魁:《論近代漢語照系聲母的音值》，《李新魁自選集》，鄭州：大象出版社，1993，第 168—181 頁。

⑦ 付新軍:《從城陽方言看〈中原音韻〉知莊章三系聲母的分合》，《江漢大學學報》(人文科學版)2010 年第 29 卷第 1 期。

⑧ 桑宇紅:《〈中原音韻〉知莊章聲母研究中的幾個問題》，《語言研究》2009 年第 29 卷第 3 期；桑宇紅:《知、照組聲母合一與知二莊、知三章對立——兼論〈中原音韻〉知莊章聲母的分合》，《語文研究》2008 年第 3 期；桑宇紅、張智慧:《破解中國音韻學史上的一樁懸案——〈中原音韻〉知、莊、章聲母研究論析》，《河北學刊》2009 年第 29 卷第 1 期。

冀騁[1]等認爲中古知、章、莊三組字在《中原音韻》中已經合流，可謂之“合流派”；王力、陸志韋、[2]甯繼福、[3]蔣希文、[4]孟萬春[5]等則認爲中古知、章、莊三組字尚未完全合流，可謂之“兩分派”。3. 兩派學者都認爲《中原音韻》的知、莊、章聲母分爲兩組：知二全部、莊全部和止攝章組爲一類，知三、章（除止攝）組爲另一類。“合流派”將其擬爲舌葉音，但諸家不盡相同。“兩分派”擬知三、章爲舌葉音，知二、莊爲捲舌音。劉俊一、[6]潘曉旭[7]等將《中原音韻》的知、莊、章三組擬音爲：莊、知二为 tʂ、tʂʻ、ʂ，章、知三 tɕ、tɕʻ、ɕ。

韻母研究，近年有新的進展。如蔣冀騁論證“支思”韻音值應爲 ï。[8]宋洪民認爲“桓歡”韻及其所屬的十九部系統源於山西方言。[9]

學者對《中原音韻》入聲的認識主要有以下幾種觀點：1. 陸志韋根據認爲入聲在實際語言中依然存在，[10]艾君華、陳婷[11]支持陸説。2. 楊耐思、李新魁、[12]金有景[13]等認爲《中原音韻》入聲作爲一個調類仍然存在，但塞音韻尾已經消失或正在消失。3. 王力、趙蔭棠、甯繼福、薛鳳

---

① 蔣冀騁：《〈回回藥方〉阿漢對音與〈中原音韻〉“章、知、莊”三系的讀音》，《古漢語研究》2007 年第 1 期。

② 陸志韋：《釋中原音韻》，《燕京學報》1946 年第 31 期。

③ 甯繼福：《中原音韻表稿》，長春：吉林文史出版社，1985，第 213—215 頁。

④ 蔣希文：《從現代方言論中古知莊章三組聲母在〈中原音韻〉裡的讀音》，《中國語言學報》第 1 輯，北京：商務印書館，1983。

⑤ 孟萬春：《〈中原音韻〉知莊章在商洛方言中的流變研究》，《寧夏師範學院學報》（社會科學版）2009 年第 30 卷第 5 期。

⑥ 劉俊一：《以山東東區方言試證〈中原音韻〉知、章、莊三系兩分》，《語言文字學術研究》2012 年第 3 期。

⑦ 潘曉旭：《試論〈中原音韻〉“知莊章”的流變》，《井岡山學院學報》（哲學社會科學版）2006 年第 5 期。

⑧ 蔣冀騁：《從〈回回藥方〉阿漢對音看〈中原音韻〉“支思”韻的讀音》，《古漢語研究》2008 年第 4 期。

⑨ 宋洪民：《也談〈中原音韻〉“寒山”“桓歡”分立的依據》，《古漢語研究》2006 年第 1 期。

⑩ 陸志韋：《釋中原音韻》，《燕京學報》1946 年第 31 期。

⑪ 艾君華、陳婷：《〈中原音韻〉有無入聲之再認識》，《語文知識》2011 年第 2 期。

⑫ 李新魁：《關於〈中原音韻〉音系的基礎和“入派三聲”的性質》，《中國語文》1963 年第 4 期。

⑬ 金有景：《山西襄垣方言和〈中原音韻〉的入聲問題》，《語文研究》1989 年第 4 期。

生、[1]趙遐秋、曾慶瑞、[2]蔣冀騁、[3]張靜、[4]張炳義、[5]肖文輝[6]等認爲入聲已經消失。4.黎新第認爲由於審音對象和審音標準的不盡一致,《中原音韻》"入派三聲"有一種二重性質。[7]

對《中原音韻》音系基礎的認識,主要有以下觀點:1.北方話説。陸志韋、[8]楊耐思、[9]張穎、[10]金欣欣等認爲《中原音韻》的基礎語音是中原地域通行的一種共同語音。2.大都話説。錢玄同、[11]王力、[12]趙遐秋、曾慶瑞、[13]甯繼福、[14]劉勳寧、[15]張竹梅、[16]丁喜霞、[17]耿軍、[18]張穎[19]等人認爲《中原

① [美]薛鳳生:《中原音韻音位系統》,北京:北京語言學院出版社,1990。

② 趙遐秋、曾慶瑞:《〈中原音韻〉音系的基礎和"入派三聲"的性質》,《中國語文》1962年第7期。

③ 蔣冀騁:《從阿漢對音看〈中原音韻〉的入聲》,《古漢語研究》2006年第3期。

④ 張靜:《〈中原音韻〉"入派三聲"新論》,《黄山學院學報》(哲學社會科學版)2005年第7卷第2期。

⑤ 張炳義:《〈中原音韻〉"入派三聲"性質辨析——從"劇"字音説起》,《西北師範大學學報》(社會科學版)2000年第37卷第4期。

⑥ 肖文輝:《〈中原音韻〉無入聲證——兼與金欣欣先生商榷》,《和田師範專科學校學報》(漢文綜合版)2006年第26卷第5期。

⑦ 黎新第:《〈中原音韻〉"入派三聲"析疑》,《重慶師範學院學報》(社會科學版)1987年第4期。

⑧ 陸志韋:《釋〈中原音韻〉》,《燕京學報》1946年第31期。

⑨ 楊耐思:《中原音韻音系》,北京:中國社會科學出版社,1981,第69頁。

⑩ 張穎:《從文化視角看〈中原音韻〉的基礎音系》,《和田師範專科學校學報》(漢文綜合版)2007年第27卷第3期。

⑪ 錢玄同:《中原音韻研究審查書》,見趙蔭棠《中原音韻研究》卷首,上海:商務印書館,1936,第1頁。

⑫ 王力:《漢語語音史》,北京:中國社會科學出版社,1985,第308頁。

⑬ 趙遐秋、曾慶瑞:《〈中原音韻〉音系的基礎和"入派三聲"的性質》,《中國語文》1962年第7期。

⑭ 甯繼福:《中原音韻表稿》,長春:吉林文史出版社,1985,第186頁。

⑮ 劉勳寧:《中原官話與北方官話的區別及〈中原音韻〉的語音基礎》,《中國語文》1998年第6期。

⑯ 張竹梅:《也談〈中原音韻〉所代表的音系》,《西北第二民族學院學報》(哲學社會科學版)1991年第1期。

⑰ 丁喜霞:《試論〈中原音韻〉的語音基礎》,《古漢語研究》1995年第4期。

⑱ 耿軍:《元代漢語音系研究——以〈中原音韻〉音系爲中心》第一章第三節,北京:中國對外翻譯出版有限公司,2013,第83頁。

⑲ 張穎:《從文化視角看〈中原音韻〉的基礎音系》,《和田師範專科學校學報》(漢文綜合版)2007年第27卷第3期。

音韻》的音系就是今天北京話語音的祖語。3. 河洛話説。李新魁認爲《中原音韻》的基礎方言是以洛陽爲中心的河南話。[①] 劉靜 [②] 的觀點與李新魁相近。4. 官話説。張玉來[③]、田業政[④] 認爲《中原音韻》的語音基礎是北方官話。5. 林端[⑤]、黎新第認爲《中原音韻》是以大都音爲主要依據，同時兼收了河洛音。6. 李無未等認爲《中原音韻》是和吉安方言相關的中原之音。[⑥]

國内學者研究《中原音韻》的代表性論著主要有：1. 羅常培《〈中原音韻〉聲類考》，《中央研究院歷史語言研究所集刊》第二本第四分，1932；2. 趙蔭棠《中原音韻研究》，上海：商務印書館，1936；3. 陸志韋《釋〈中原音韻〉》，《燕京學報》1946 年第 31 期；4. 楊耐思《周德清的〈中原音韻〉》，《中國語文》1957 年第 11 期；5. 楊耐思《中原音韻音系》，北京：中國社會科學出版社，1981；6. 李新魁《關於〈中原音韻〉音系的基礎和"入派三聲"的性質》，《中國語文》1963 年第 3 期；7. 李新魁《〈中原音韻〉音系研究》，鄭州：中州書畫社，1983；8. 甯繼福《〈中原音韻〉二十五聲母集説》，《中國語文》1964 年第 5 期；9. 甯繼福《周德清生卒年與〈中原音韻〉初刻時間及版本》，《吉林大學社會科學學報》1979 年第 2 期；10. 甯繼福《論〈中州樂府音韻類編〉〈中原音韻〉的關係》，《吉林大學社會科學學報》1982 年第 3 期；11. 甯繼福《〈中原音韻〉無入聲内證》，《音韻學研究》第一輯，北京：中華書局，1984；12. 甯繼福《〈中原音韻〉表稿》，長春：吉林文史出版社，1985；13. 甯繼福《〈中原音韻〉的調值》，《語言研究》1986 年第 1 期；14. 甯繼福《〈中原音韻〉音類分析方法芻議》，《語言研究論叢》第三輯，1987；15. 甯繼福《曲尾及曲尾上的古入聲字——

① 李新魁：《關於〈中原音韻〉音系的基礎和"入派三聲"的性質》，《中國語文》1963 年第 4 期。

② 劉靜：《〈中原音韻〉語音基礎研究新論》，《陝西師範大學學報》(哲學社會科學版)1999 年第 28 卷第 1 期；劉靜：《〈中原音韻〉與中原方音語音特點的比較研究——再論〈中原音韻〉的語音基礎》，《古漢語研究》2006 年第 1 期。

③ 張玉來：《〈中原音韻〉所依據的音系基礎問題》，《語言研究》2012 年第 32 卷第 3 期。

④ 田業政：《從桓歡韻看〈中原音韻〉的基礎方言》，《安康師範專科學校學報》2004 年第 16 卷。

⑤ 林端：《元代大都口語的調位系統》，《新疆大學學報》(哲學社會科學版)1992 年第 3 期。

⑥ 李無未、李紅：《宋元吉安方音研究》，北京：中華書局，2008。

〈中原音韻〉“入派三聲”驗證》,《中國語文》1988 年第 4 期; 16. 甯繼福《〈中原音韻〉與高安方音》,《陝西師範大學學報》1990 年第 1 期; 17. 邵榮芬《〈中原音韻〉音系的幾個問題》,《中原音韻新論》,北京:北京大學出版社,1991 ; 18. 趙誠《周德清和〈中原音韻〉》,《中原音韻新論》,北京:北京大學出版社,1991 ; 19. 許德寶《〈中州音韻〉的作者、年代以及同〈中原音韻〉的關係》,《中國語文》1989 年第 4 期; 20. 周維培《論〈中原音韻〉》,北京:中國戲劇出版社,1990 ; 21. 周維培《〈中原音韻〉與元人曲籍五種小考》,《中原音韻新論》,北京:北京大學出版社,1991 ; 22. 黎新第《〈中原音韻〉“入派三聲”析疑》,《重慶師範學院學報》1987 年第 4 期; 23. 黎新第《早中期元北曲與〈中原音韻〉“入派三聲”》,《中原音韻新論》,北京:北京大學出版社,1991 ; 24. 黎新第《〈中原音韻〉清入聲作上聲證》,《古漢語研究》1992 年第 4 期;25. 黎新第《20 世紀〈中原音韻〉音系研究進程與方法回顧》,《重慶師範學院學報》2000 年第 1 期; 26. 耿振生《〈中原音韻〉原始著作權和它的基礎方言問題》,《語言學論叢》2005 年第 31 輯; 27. 宋洪民《金元詞用韻與〈中原音韻〉》,北京:中國社會科學出版社,2008 等。

海外、域外學者研究論著主要有: 1.[日]金井保三《論〈中原音韻〉》,《東洋學報》1913 年第 3 期; 2.[日]石山福治《考定中原音韻》,東洋文庫,1925 ; 3.[日]服部四郎、藤堂明保《中原音韻の研究》,東京:江南書院,1958 ; 4.[美]Stimson, Hugh M.(司徒修)*The Jongyuan In Yunn*(New Haven, Conn.1966); 5. 陳新雄《中原音韻概要》,臺北:臺灣學海出版社,1976 ; 6.[日]平山久雄《中原音韻入派三聲の音韻史背景》,《東洋文化》58,1977 ; 7. 丁邦新《與〈中原音韻〉相關的幾種方言現象》,《中央研究院歷史語言研究所集刊》第五十二本第四分,1981 ; 8. 金周生《元曲暨〈中原音韻〉東鐘、庚青二韻互見字研究》,《輔仁學志》1982 年第 11 期; 9.[美]薛鳳生《北京音系解析》,北京:北京語言學院出版社,1986 ; 10.[美]薛鳳生《中原音韻音位系統》,魯國堯、侍建國譯,北京:北京語言學院出版社,1990 ; 11.[美]楊福綿《近三十年臺灣省和海外〈中原音韻〉研究述評》,《中原音韻新論》,北京:北京大學出版社,1991 等。

此次據明正統辛酉(1441)訥庵刻本影印。

中州樂府音韻類編

元卓從之譔。

卓從之，元燕山人，生卒不詳。著有《中州樂府音韻類編》，又名《中原音韻類編》《北腔韻類》《中州音韻》。[①]

《中州樂府音韻類編》成書於元至正辛卯年 (1351)。原刊於明《朝野新聲太平樂府》卷首，中華書局 1978 年據此影印，附於訥庵本《中原音韻》之後，《續修四庫全書》第 1739 册收入。

該本寫刻不精，小韻常常連屬，界限不明，訛字、誤字甚多，俯拾皆是，且楮墨不良，印刷效果極差，許多地方漫漶不清，墨痕堆積，濃淡不一，多處版頁字畫幾不可辨。版本學界俗稱“大花臉本”或“邋遢本”，即是之謂。

現知《中州樂府音韻類編》有四個校本：

1. 盧前校本

民國間盧前對《朝野新聲太平樂府》本做過校勘，收入商務印書館 1936 年出版的《萬有文庫》第二集，1939 年又收入《國學基本叢書》。1955 年文學古籍刊行社出版盧前校勘的《朝野新聲太平樂府》也收入該校本。盧校勘正文字尚可，小韻分合處理則謬誤甚多。

2. 隋樹森校本

1958 年中華書局出版隋樹森校《朝野新聲太平樂府》，内含《中州樂府音韻類編》。隋樹森對文字、小韻的校勘，勝於盧前，但對小韻分合處理不當之處亦復不少。

3. 陸志韋、廖珣英校本

1978 年中華書局出版訥庵本《中原音韻》時，附有鐵琴銅劍樓舊藏《朝野新聲太平樂府》内的《中州樂府音韻類編》，陸志韋、廖珣英做了校勘。該校本對大多數連屬小韻的分合都做出了精當的處理。

---

① 葉寶奎:《明清官話音系》，厦門：厦門大學出版社，2001，第 80—84 頁。

4. 張玉來、耿軍校本

附於2013年中華書局出版的《中原音韻校本》之末，名曰《中州樂府音韻類編校本》，在前人校勘基礎上，共出校語350條。

《中州樂府音韻類編》衹有《朝野新聲太平樂府》所附的本子傳世，以上四種校本皆以此本爲底本，故此次我們仍取此本影印，雖漫漶不清，亦無可奈何。

《中州樂府音韻類編》的體例與《中州音韻》基本相同，分爲十九韻部。韻目中易“皆來”爲“皆萊”、“歌戈”爲“哥戈”、“侵尋”爲“尋侵”，共收4023字，衹收本字，無音切和釋義。與《中原音韻》(訥庵本)相較，《中州樂府音韻類編》有三條顯著特點：1. 東鍾等八韻有30處53字注“收”；2. 平聲分“陰”“陽”“陰陽”三類；3. 收字少。[①]

甯繼福《論〈中州樂府音韻類編〉與〈中原音韻〉的關係》和葉寶奎《明清官話音系》，[②] 分別論述了《中州樂府音韻類編》將周德清“收于本韻平上去字下”的“外來”字一一標注上“收”字，在《中州樂府音韻類編》中“別立名頭”的現象。認爲此現象揭示了周德清排列同音單字的規則及《中原音韻》所記録的某些音變動向。葉寶奎還指出《切韻》“庚耕清青登”諸韻的一、二等唇音字和牙喉音合口字，三、四等牙喉音合口字，《中原音韻》有的歸入東鐘，有的歸入庚青，又有“崩迸艋蜢孟烹肱轟薨泓棚鵬甍盲萌宏紅横弘傾兄榮永詠瑩”等字東鐘、庚青兩韻重出。《中州樂府音韻類編》則歸入了東鐘韻。《中原音韻》蕭豪的“末沫”又見歌戈，《中州樂府音韻類編》歸入哥戈。《中原音韻》歌戈的“薄縛鐸濁鑿著杓學萼署若虐嶽幕諾落”又見蕭豪，《中州樂府音韻類編》入聲作去聲的小韻兩韻互見，入聲作陽平只見于蕭豪。

關於《中州樂府音韻類編》與《中原音韻》的關係，學術界頗有爭議。如：陸志韋認爲卓從之《中州樂府音韻類編》與《中原音韻》同出一源，不是《中原音韻》的修改本。[③] 甯繼福《論〈中州樂府音韻類編〉與〈中

① 忌浮：《論〈中州樂府音韻類編〉與〈中原音韻〉的關係》，《吉林大學社會科學學報》1982年第3期。

② 忌浮：《論〈中州樂府音韻類編〉與〈中原音韻〉的關係》，《吉林大學社會科學學報》1982年第3期；葉寶奎：《明清官話音系》，厦門：厦門大學出版社，2001，第80—81頁。

③ 陸志韋：《釋中原音韻》，《燕京學報》1946年第31期。

原音韻〉的關係》認爲三分平聲是《中州樂府音韻類編》的基本特徵，但與《中原音韻》的原寫本無關，衹是對《中原音韻》平聲字的重新分類編排。《中州樂府音韻類編》是依據中古音類厘定散之江湖的《中原音韻·韻譜》傳抄本的厘定本。[①] 李新魁《漢語音韻學》認爲《中州樂府音韻類編》的三分平聲是根據《中原音韻》的傳抄本寫定的。[②] 葉寶奎《明清官話音系》基本贊同李説。[③] 張玉來認爲《中原音韻》改編自《中州樂府音韻類編》，並指出了《中原音韻》改編《中州樂府音韻類編》的痕迹。[④]

此次據明刊《朝野新聲太平樂府》本影印。

中原雅音輯佚

甯繼福譔。

《中原雅音》是一部反映北方時音的韻書，已佚。

明代章黼《韻學集成》對其内容多有稱引。根據邵榮芬統計，《韻學集成》引用《中原雅音》音讀資料 400 餘條，並藉此考得《中原雅音》聲母 20 個，韻部 20（含韻母 41 個）個，有平、上、去三個聲調。[⑤] 此外，明抄本吉甫《辨音纂要》、清代《同音字鑒》、《五音通韻》及日本《漢吴音征》對《中原雅音》也有引用。

《中原雅音》是否爲韻書的問題，曾長期困擾音韻學者。趙蔭棠認爲“中原雅音”是指稱當時的官話，而非韻書。[⑥] 錢玄同贊同該説。[⑦] 近幾十年，不斷有學者對該説提出反對意見，如蔣希文、[⑧] 楊耐思、[⑨] 龍晦、[⑩] 冀伏（甯繼

① 忌浮：《論〈中州樂府音韻類編〉與〈中原音韻〉的關係》，《吉林大學社會科學學報》1982 年第 3 期。

② 李新魁：《漢語音韻學》，北京：北京出版社，1986，第 60 頁。

③ 葉寶奎：《明清官話音系》，厦門：厦門大學出版社，2001，第 80—81 頁。

④ 張玉來、耿軍：《中原音韻校本·前言》，北京：中華書局，2013，第 14—27 頁。

⑤ 邵榮芬：《〈中原雅音〉研究》，濟南：山東人民出版社，1981。

⑥ 趙蔭棠：《中原音韻研究》，上海：商務印書館，1936，第 6 頁。

⑦ 錢玄同：《中原音韻研究審查書》，《中原音韻研究》，上海：商務印書館，1936，第 2 頁。

⑧ 蔣希文：《〈中原雅音〉記畧》，《中國語文》1978 年第 4 期。

⑨ 楊耐思：《〈韻學集成〉所傳〈中原雅音〉》，《中國語文》1978 年第 4 期。

⑩ 龍晦：《〈韻學集成〉與〈中原雅音〉》，《中國語文》1979 年第 2 期。

福）[①]等，分别以不同證據，證明“中原雅音”是韻書。進入新世紀以來，學者對《中原雅音》是韻書的證明更加深入，如李無未《〈中原雅音〉的體例問題》、[②]萬獻初《明清文獻直引〈中原雅音〉材料》[③]等。

關於《中原雅音》的成書時間，學界頗有爭議。楊耐思認爲是“明初以前”記録活語言的韻書。[④]蔣希文認爲“有可能出自南宋遺民之手，是1292年—1375年間的産物”。[⑤]何九盈、許德寶贊同蔣説。[⑥]甯繼福認爲《中原雅音》成書於《洪武正韻》與《韻學集成》之間，是對《中州樂府音韻類編》的增補解注本。[⑦]邵榮芬認爲“可能是在1308年—1460年之間”。[⑧]董冰華認爲“《雅音》是一部介乎宋元之間，且早于《中原音韻》的韻書”。[⑨]萬獻初根據明清文獻材料考證認爲《中原雅音》“至少是元初編成的韻書，早于《中原音韻》”。[⑩]

對於《中原雅音》編纂體例，學界亦有爭議。總括起來，大致看法如下：1.《中原雅音》按傳統韻書（《廣韻》《集韻》體例分韻收字；[⑪]2.與《中州音韻》體例同；[⑫]3.體例同《中原音韻》或《瓊林雅韻》等曲韻書；[⑬]4.《中原雅音》是解注體；[⑭]5.李無未根據《辨音纂要》中保留的《中原雅

① 冀伏：《〈中原雅音〉考辨——兼與蔣希文同志商榷》，《吉林大學社會科學學報》1980年第2期。

② 李無未：《〈中原雅音〉的體例問題》，《音韻論叢》，濟南：齊魯書社，2004，第378—394頁。

③ 萬獻初：《明清文獻直引〈中原雅音〉材料》，《中國典籍與文化》2012年第4期。

④ 楊耐思：《〈韻學集成〉所傳〈中原雅音〉》，《中國語文》1978年第4期。

⑤ 蔣希文：《〈中原雅音〉記畧》，《中國語文》1978年第4期。

⑥ 何九盈：《〈中原雅音〉的年代》，《中國語文》1986年第3期；許德寶：《〈中州音韻〉的作者、年代以及同〈中原雅音〉的關係》，《中國語文》1989年第4期。

⑦ 冀伏：《〈中原雅音〉考辨——兼與蔣希文同志商榷》，《吉林大學社會科學學報》1980年第2期。

⑧ 邵榮芬：《〈中原雅音〉研究》，濟南：山東人民出版社，1981。

⑨ 董冰華：《〈中原雅音〉與〈中州音韻〉考論》，厦門：厦門大學出版社，2017。

⑩ 萬獻初：《明清文獻直引〈中原雅音〉材料》，《中國典籍與文化》2012年第4期。

⑪ 蔣希文：《〈中原雅音〉記畧》，《中國語文》1978年第4期。

⑫ 龍晦：《〈韻學集成〉與〈中原雅音〉》，《中國語文》1979年第2期。

⑬ 冀伏：《〈中原雅音〉考辨——兼與蔣希文同志商榷》，《吉林大學社會科學學報》1980年第2期。

⑭ 許德寶：《〈中州音韻〉的作者、年代以及同〈中原雅音〉的關係》，《中國語文》1989年第4期。

音》韻目資料進行研究，認爲《雅音》韻目與《中原音韻》韻目相同，共分十九韻部，十九韻目統領所有的字。韻目下按聲調平、上、去三聲列字，並標明“入作某”。然後，在每個聲調之下再以同聲母爲首要條件將同音字分組列字，每組字下列有反切或直音。[①] 董冰華進一步論證了《中原雅音》爲《中原音韻》系韻書，通過對已有材料的輯佚與校刊，對《中原雅音》進行了“復原”工作，並系統地研究了《中原雅音》音系，在韻部的分合、韻母的擬音和聲調等方面提出了新的見解。[②]

《中原雅音》早佚，諸家輯佚材料中，系統性比較强的是甯繼福《〈中原雅音〉輯佚》。該書僅以油印本行世，且數量有限，流傳不廣。此次將其影印出來，俾學者得窺《中原雅音》面貌之一斑。

關於《中原雅音》代表性研究成果，主要有：1. 邵榮芬《中原雅音研究》，濟南：山東人民出版社，1981；2. 蔣希文《〈中原雅音〉記畧》，《中國語文》1978 年第 4 期；3. 楊耐思《〈韻學集成〉所傳〈中原雅音〉》，《中國語文》1978 年第 4 期；4. 甯繼福《〈中原雅音〉輯佚》，吉林省社會科學院語言研究室編印，1978 年 11 月油印本；5. 龍晦《〈韻學集成〉與〈中原雅音〉》，《中國語文》1979 年第 2 期；6. 冀伏《〈中原雅音〉考辨——兼與蔣希文同志商榷》，《吉林大學社會科學學報》1980 年第 2 期；7. 龍晦《中原雅音聲類考》，《詞典研究叢刊》1981 年第 2 期；8.［日］辻本春彦《〈韻學集成〉と〈中原雅音〉》，《中國哲學史の展望と摸索》，創造社，1976；9. 何九盈《〈中原雅音〉的年代》，《中國語文》1986 年第 3 期；10. 許德寶《〈中州音韻〉的作者、年代以及同〈中原雅音〉的關係》，《中國語文》1989 年第 4 期；11. 龍莊偉《論〈中原雅音〉與〈中州音韻〉的關係》，《中國語文》1991 年第 6 期；12. 劉靜《〈中原雅音〉辨析》，《陝西師範大學學報》（哲學社會科學版）1991 年第 1 期；13. 岩田憲幸《〈同聲千字文〉所傳〈中原雅音〉記畧》，《第四屆國際暨第十三屆全國聲韻學學術研討會論文集》，臺灣師範大學國文系、臺灣聲韻學學會主辦，1995；14. 岩田憲幸《摘録〈中原雅音〉的另一個資料——〈同聲千字文〉》，《中國語文通訊》34，1995；15. 李無未《〈中原雅音〉研究的起始時間問題》，《中國語文》

① 李無未：《〈中原雅音〉的體例問題》，《音韻論叢》，濟南：齊魯書社，2004，第 378—394 頁。

② 董冰華：《〈中原雅音〉新考》，2004 年吉林大學碩士學位論文。

2003年第3期；16. 李無未《〈辨音纂要〉初探》，《文獻》2003年第1期；17. 李無未《〈辨音纂要〉所傳〈中原雅音〉》，《中國語言學報》第11期，北京：商務印書館，2003；18. 李無未《〈中原雅音〉的體例問題》，《音韻論叢》，濟南：齊魯書社，2004；19. 董冰華《二十五年以來〈中原雅音〉研究之檢討》，《古籍研究整理學刊》2003年第1期；20. 李無未、洪颺《〈辨音纂要〉所傳〈中原雅音〉的體例問題》，《音韻論叢》，濟南：齊魯書社，2004；21. 董冰華《〈中原雅音〉新考》，吉林大學2004年碩士學位論文；22. 董冰華《〈中原雅音〉》音釋資料輯補》，《長春理工大學學報》2007年第6期；23. 董冰華、王玉英《〈中原雅音〉平分陰陽的問題》，《佳木斯大學社會科學學報》2008年第6期；24. 秦曰龍《日藏珍本〈五音通韻〉所見〈中原雅音〉》，《佳木斯大學社會科學學報》2008年第6期；25. 甯忌浮《漢語韻書史》（明代卷），上海：上海人民出版社，2009；26. 董冰華《〈中原雅音〉與〈中州音韻〉考論》，厦門：厦門大學出版社，2017；27. 李超《〈新訂中州全韻〉所引〈中原雅音〉——兼論〈新訂中州全韻〉的音系性質》，《語言科學》2011年第1期；28. 萬獻初《明清文獻直引〈中原雅音〉材料新考》，《中國典籍與文化》2012年第4期；29. 曲曉云、張民權《〈四聲通解〉所引〈中原雅音〉考》，《民族翻譯》2015年第3期等。

此次影印據甯繼福《〈中原雅音〉輯佚》，1978年吉林省社會科學院油印徵求意見稿。

韻畧易通

明蘭茂譔。

蘭茂（1397—1476），字廷秀，號止庵、和光道人，又稱洞天風月子、玄壺子。雲南嵩明州楊林縣石羊山人，祖籍河南洛陽。年十三，凡詩史過目輒成誦。既冠，耻於利禄，自匾其軒曰止庵。蘭茂“少有大志，潛心理道，淹通經史”，“凡黄冠、緇流、醫方、卜筮、風角之書靡不窮究其奥”（《蘭先生祠堂記》），“於濂、洛、關、閩之學焕如也”（《嵩明州志》），足見他對醫藥、文學、戲劇、經史、音韻甚至軍事，都有着廣博的知識或精深的造詣。一生著述甚豐，著有《玄壺集》《鑒義折中》《經史餘論》《安邊策條》《止庵吟稿》《山堂雜稿》《碧山樵唱》《桑榆樂趣》《樵唱餘音》《甲申晚稿》《梅花百韻》《秋草百詠》《草堂風月》《四言碎金》《滇南本草》《韻畧易通》《中州韻》《聲律發蒙》等。方樹海《滇南碑傳集》卷十有蘭茂碑傳材料多則。[①] 張玉來、陳長祚對蘭茂生平仕履多有考證。[②]

《韻畧易通》成書於正統七年（1442），其創作動機，蘭茂《自序》云："字出五經、《語》《孟》者，先儒訓釋其義詳矣。至於尋常方俗之語，日用事物之名，揮筆臨書，罔知所措者，不可一二數。童蒙求我得無窘乎？雖備載'篇韻'等書，然簡帙浩繁，形聲同異，觀者迭爲可否？幾何而不貽羊芋之笑哉！草堂吟嘯之餘，會群書，叶聲律，去繁就簡，集以成編，題曰《韻畧易通》。"《韻畧易通・凡例》第一條亦云："此編祇以應用便俗字樣收入，其音義同而字形異者，止用其一，故曰'韻畧'。"

《韻畧易通》傳世版本很多，主要有：

1. 雲南圖書館藏明刻本

該本不分卷，首尾殘缺，存東洪天母始，至蕭豪枝母止。

2. 正德庚辰（1520）趙君偉刻本

已佚。

3. 嘉靖癸丑（1553）高岐刻本

該本分二卷，内容完整，卷首有《韻畧易通説》、蘭茂序、凡例、韻目，卷末有張守中《韻畧易通後》。正文西微韻較宿度本、高舉本、吴允中本、李棠馥本多"墀遲"等7字。

4. 萬曆癸未前後宿度刻本

分二卷，卷首有蘭茂序、韻目、凡例，卷上首題"東海宿度校梓"。根據張玉來的考證，宿度本刊刻時間，在1583年前後。[③]

5. 萬曆癸卯（1603）吴允中刻本

分二卷，卷首有吴允中序、韻目，失蘭茂原序，首無蘭茂題名，僅題"東魯後學吴允中百含校"，序文落款"書於杞之忠愛堂"，知此本始刻於吴允中杞縣任上。趙蔭棠認爲"較高本爲早，惟魚魯豕亥，舛誤甚多"。[④]

---

① 方樹海：《滇南碑傳集》，上海：開明書店，1939，第1—3頁。

② 張玉來：《韻畧易通研究》，天津：天津古籍出版社，1999，第12—14頁；陳長祚：《雲南漢語方音學史》，昆明：雲南大學出版社，2007，第1—11頁。

③ 張玉來：《韻畧易通研究》，天津：天津古籍出版社，1999，第15頁。

④ 趙蔭棠：《中原音韻研究》，上海：商務印書館，1936，第57頁。

6. 萬曆癸丑（1613）高舉刻本

收爲《古今韻撮》第三種，[①]分二卷，卷首僅存凡例，無蘭茂序，無蘭茂題名，僅題“古淄高舉輯”。趙蔭棠盛贊該本“板極精，無誤字；可謂現在所得見之善本”。[②]該本錯訛較少，字體較規範，但刻版不如宿度本精美大度。

7. 康熙二年（1663）李棠馥刻本

分二卷，卷首李棠馥序、凡例、韻目，删蘭茂序。題“晉長平李棠馥漢清甫校正，弟李棠馞漢淵甫參閱”。李氏序文稱：“吾泫趙君偉自建寧梓行，由正德庚辰沿今百五十年。經重梓中多魯魚豕亥，襲舛承訛，良爲憾事。余自假歸以來，養痾山中，重加校讎，辨厥謬誤，且參以《字彙》《篇海》諸書，詳爲考訂，使點畫音義一歸乎正。”由此可知，李棠馥是據趙君偉本校訂的。該本對字體多加辯正，釋義亦據文獻增改，與蘭茂原書産生了一定距離。

張玉來對以上版本進行了比勘，認爲：“殘本、岐本大致有傳承關係，其他各有所據。高岐交給張守中的原本與殘本可能同屬一個版本。比較各本互有出入，質量也各有千秋。”[③]“相比而言，高岐本、宿度本較爲全備。”[④]另，陽海清《文字音韻訓詁知見書目》收明萬曆集義堂刻本、寶旭齋刻本，分藏中國國家圖書館、中國科學院圖書館。[⑤]

《韻畧易通》（宿度本）僅收8324字，收音節494個，基本音節491個，附音3個，比《中原音韻》多2458字。“併平聲爲二十部，三聲（上、去、入）而隨隸之。”[⑥]上卷十個韻部“東洪、江陽、真文、山寒、端桓、先全、庚晴、侵尋、緘咸、廉纖”，平、上、去、入四聲俱全；下卷十個韻部“支辭、西微、居魚、呼模、皆來、蕭豪、戈何、家麻、遮蛇、幽樓”，無入聲相配。《韻畧易通》的體例與《中原音韻》一致，同屬於“諸韻各統四

① ［明］高舉《古今韻撮》共九卷，收入韻書五種，分别是：《經史正音切韻指南》《正韻彙編》《韻畧易通》《詩韻》《詞韻》。有萬曆癸丑（1613）刻本傳世。

② 趙蔭棠：《中原音韻研究》，上海：商務印書館，1936，第57頁。

③ 張玉來：《韻畧易通研究》，天津：天津古籍出版社，1999，第16頁。

④ 張玉來：《韻畧易通研究》，天津：天津古籍出版社，1999，第14頁。

⑤ 陽海清：《文字音韻訓詁知見書目》，武漢：湖北人民出版社，2002，第281頁。

⑥ 永瑢等：《四庫全書總目》卷四四“經部・小學類存目二”，北京：中華書局，1995，第384頁。

聲”類型，但同中微異。《中原音韻》是：韻部—調類—聲類，《韻畧易通》是：韻部—聲類—調類。

“韻畧易通”的最大亮點，是用一首五言絕句“早梅詩”概括出二十個聲類，並逐韻標注，這是非常了不起的創新。現録“早梅詩”如下（附以傳統字母和國際音標擬音）：

東$_{端}$t	風$_{非}$f	破$_{滂}$pʻ	早$_{精}$ts	梅$_{明}$m
向$_{曉}$x	暖$_{泥}$n	一$_{影}$∅	枝$_{知}$tʂ	開$_{溪}$kʻ
冰$_{幫}$p	雪$_{心}$s	無$_{微}$v	人$_{日}$ʐ	見$_{見}$k
春$_{徹}$tʂʻ	從$_{清}$tsʻ	天$_{透}$tʻ	上$_{審}$ʂ	來$_{來}$l

“早梅詩”對後世韻書創作影響很大，張位《問奇集》有“早梅詩切字例”，是對蘭茂“早梅詩”的敷演；桑紹良《聲韻雜著》第二十九條効“早梅詩”做“聖世詩”，概括《文韻考衷》聲類；王應電以“二十八聲”詩，標注《韻要粗釋》聲類；戚繼光《戚參軍八音字義便覽》以“聲紐歌訣”概括十五聲類；畢拱辰《韻畧匯通》則完全襲用蘭茂“早梅詩”。

《韻畧易通》聲母系統與《中原音韻》具有一致性，卷首“早梅詩”，代表了明代前期音系的聲母系統。

《韻畧易通》分二十韻部：

東洪	江陽	真文	山寒	端桓	先全	庚晴	侵尋	緘咸	廉纖
支辭	西微	居魚	呼模	皆來	蕭豪	戈何	家麻	遮蛇	幽樓

邵榮芬認爲《韻畧易通》“大概是以《中原音韻》一類的韻書做藍本的”。① 甯忌浮明確指出：“它的編排體例以及它所反映的語音現象顯示，它與《中原音韻》有直接的傳承關係。”② 事實確是如此。從《中原音韻》十九部發展到《韻畧易通》二十部，[y][u] 析分是語音演變的歷史見證，

① 邵榮芬：《漢語語音史講話》，天津：天津人民出版社，1979，第 115 頁。

② 甯忌浮：《漢語韻書史》（明代卷），上海：上海人民出版社，2009，第 186 頁。

“魚模”韻分爲“居魚”和“呼模”。蕭豪韻中古二等肴韻分化：喉牙音併入蕭宵，舌齒脣音併入豪，蕭豪韻衹有兩個韻類。“靴”“瘸”二字讀入開口，車遮韻韻母衹有開口一類。曾、梗攝合口及二等脣音字，《中原音韻》東鍾、庚清兼收，《韻畧易通》僅有庚晴一讀。從《中原音韻》到《韻畧易通》，語音差别不大。趙錦華、譚雲華認爲，韻目名稱改爲一個陰平字一個陽平字，反映了此時期發生的“平分陰陽”的變化。①

陸志韋、張玉來僅就舒聲韻構擬，分别爲《韻畧易通》擬出46、42個韻母，入聲韻不含在内，陸志韋説“入聲暫且不談”，張玉來則另擬出ak、at、ap等24個入聲韻母，但不入“韻母表”。②邵榮芬説：“蘭氏的這種做法（指保留入聲——引者）顯然是受傳統韻書影響的結果，並不表明當時官話語音入聲還保有原來的輔音收尾。”③甯忌浮認爲：“古代韻書與今天的方言調查報告不同，因襲舊韻是普遍的正常的現象。韻書作家的旨趣跟今天語音史家讀韻書的目的不一致，韻書作家並没有想如何準確完整地記録現實語音。我們讀韻書不一定都要構擬出聲韻調結構來。”④這是老一代音韻學家研讀韻書近半個世紀的獨得之秘，非常值得我們重視。

《韻畧易通》的音系性質有以下幾種説法：1.《四庫全書總目提要》認爲該書的音系是雲南方言。2.李新魁、陳振寰、何九盈、韋紹翔等認爲，《韻畧易通》反映雲南官話，當時雲南的方言和共同語很接近。⑤ 3.趙蔭棠、

① 趙錦華、譚雲華：《蘭茂〈韻畧易通〉研究綜述》，《名作欣賞》2011年第15期；《蘭茂韻書研究》，《玉溪師範學院學報》（哲學社會科學版）2008年第11期；《蘭茂〈韻畧易通〉聲調研究》，《玉溪師範學院學報》（哲學社會科學版）2009年第9期；《蘭茂〈韻畧易通〉聲母系統研究——蘭茂〈韻畧易通〉聲母系統與中原漢語》，《玉溪師範學院學報》（哲學社會科學版）2010年第5期。

② 陸志韋：《記蘭茂〈韻畧易通〉》，《陸志韋近代漢語音韻論集》，北京：商務印書館，1988，第46頁；張玉來：《韻畧易通研究》，天津：天津古籍出版社，1999，第29—37頁。

③ 邵榮芬：《漢語語音史講話》，天津：天津人民出版社，1979，第118頁。

④ 甯忌浮：《漢語韻書史》（明代卷），上海：上海人民出版社，2009，第188頁。

⑤ 李新魁：《漢語音韻學》，北京：中華書局，1983，第75頁；陳振寰《韻學源流注評》，貴陽：貴州人民出版社，1988，第272頁；何九盈：《中國古代語言學史》，廣州：廣東教育出版社，2000，第211頁；韋紹翔：《蘭茂〈韻畧易通〉述畧》，《楚雄師範學院學報》（哲學社會科學版）2004年第2期。

陸志韋、邵榮芬、葉寶奎等認爲,《韻畧易通》的音系基礎是普通官話。[①] 4. 王力認爲《韻畧易通》反應北方普通話。[②]5. 方國瑜、陳長祚(筆名群一)認爲中原官話與方音兼收。[③] 6. 張玉來考證《韻畧易通》記録的確實是當時的北方官話,但帶有較濃的個人審定的成分,反映的是"存雅求正"的系統。[④] 7. 徐春燕、王巍認爲《韻畧易通》奠定了現代普通話的語音基礎。[⑤] 8. 甯忌浮認爲:"《韻畧易通》所反映的時音是不完整的,或者説不是一個有機的完整的語音系統。就語音史價值而論,它當在《中原雅音》和《合併字學集韻》之下。……它的影響主要不在音系結構上,而在編纂體例方面,説得更確切些,是一首'早梅詩'影響後世。"[⑥]

此次據宿度刻本影印。

瓊林雅韻

明朱權譔。

朱權(1378—1448),明太祖朱元璋第十七子,號涵虚子、丹丘先生,自號南極遐齡老人、臞仙、大明奇士,原籍濠州鐘離(今安徽鳳陽),洪武二十四年(1391)封甯王。自幼體貌魁偉,聰明好學,人稱"賢王奇士"。正統十三年卒,謚獻,世稱甯獻王。朱權的著作多達一百三十五種,

---

① 趙蔭棠:《中原音韻研究》,上海:商務印書館,1936,第 59 頁;陸志韋:《記蘭茂〈韻畧易通〉》,《燕京學報》1947 年第 47 期,又載《陸志韋近代漢語音韻論集》,北京:商務印書館,1988;邵榮芬:《漢語語音史講話》,天津:天津人民出版社,1979,第 23 頁;葉寶奎:《明清官話音系》,厦門:厦門大學出版社,2001,第 45—55 頁。

② 王力:《漢語語音史》,北京:中國社會科學出版社,1985,第 389 頁。

③ 方國瑜:《蘭廷秀〈韻畧易通〉跋》,《雲南旅平學會會刊》抽印本,民國二十一年(1932);陳長祚(群一):《關於蘭茂和本悟〈韻畧易通〉的三個問題——與慧生先生商榷》(《昆明高等師範專科學校學報》1990 年 12 卷第 1 期)、《〈韻畧易通〉聲、韻、調配合規律》(《昆明高等師範專科學校學報》1990 年第 12 卷第 4 期)、《〈韻畧易通〉價值辨》,《昆明高等師範專科學校學報》1987 年第 3 期)、《雲南方音學史》,昆明:雲南大學出版社,2007,第 20 頁。

④ 張玉來:《〈韻畧易通〉的音系性質問題》,《徐州師範大學學報》(哲學社會科學版)1997 年第 2 期。

⑤ 徐春燕、王巍:《博學多才的一代宗師——蘭茂》,《中國中醫藥現代遠端教育》2006 年第 5 期。

⑥ 甯忌浮:《漢語韻書史》(明代卷),上海:上海人民出版社,2009,第 189 頁。

題材廣泛，内容龐雜，可分爲史類、詩文類、雜劇類、文論韻譜類、音樂類、醫藥類、時令類、五行類、術數類、雜藝類、宗教類、家訓室志類、兵書類、類書類、清賞類。主要著作有《瓊林雅韻》《務頭集韻》《太和正音譜》和雜劇《瑶天笙鶴》《白日飛升》《獨步太羅》《九合諸侯》《私奔相如》《客窗夜話》等十二種。

姚品文《朱權研究》（南昌：江西高教出版社，1993）、《甯王朱權》（北京：藝術與人文科學出版社，2001）、《王者與學者——甯王朱權的一生》（北京：中華書局，2013）等對朱權一生考證、研究細緻入微，可參見。

《瓊林雅韻》有兩種刻本，洪武戊寅（1398）刻本，今藏南京圖書館，收入《四庫全書存目叢刊》；正統辛酉（1441）與《大雅詩韻》合刻本，已佚。

《瓊林雅韻》的基本體例爲"韻部—調類—聲類"，共收字八千多個，分十九個韻部，每字之下均有釋義。十九韻部是：

一穹隆	二邦昌
三詩詞	四丕基
五車書	六泰階
七仁恩	八安閑
九鯿鸞	十乾元
十一簫韶	十二珂和
十三嘉華	十四硨磲
十五清寧	十六周流
十七金琛	十八潭巖
十九恬謙	

趙蔭棠説："直接取卓氏《中州韻》而加以增删者則爲《瓊林雅韻》。""《中原》與《中州》的韻目，兩個字不全有意義；朱氏的韻目，兩字均有意義。""這些字面頗有些廟堂氣味，恰是朱權的表現"。[①] 甯

① 趙蔭棠:《中原音韻研究》，上海：商務印書館，1936，第34頁、第35頁。

忌浮認爲："可以説《瓊林雅韻》是卓從之《中州樂府音韻類編》的增注本。"[①]

張竹梅總結《瓊林雅韻》的聲母系統具有七個特點：1. 清濁對立仍舊存在。微與奉、從與邪、禪與床紐均有一些合併之勢。仄聲中則清濁不分。2. 輕唇音微紐依然存在。3. 非紐與敷紐合併。4. 泥紐與娘紐合併。5. 知莊章組聲母合併。6. 疑紐仍未消失。7. 合併的喻（影疑）紐並未變成零聲母。[②]張竹梅根據平聲不分陰陽，全濁聲母依然存在，入聲派入三聲等特點，認爲《瓊林雅韻》是一部反映以吴語爲其代表的江南方言音系的南曲韻書。

甯忌浮認爲《瓊林雅韻》無全濁聲母，並提出："説《瓊林雅韻》系統保留全濁聲母，必須正面回答：它爲什麽與《中州音韻》不同？……堅持《瓊林雅韻》系統保留全濁聲母，還必須論證《中原音韻》音系有全濁聲母。《瓊林雅韻》音系與《中原音韻》音系是相同的。"[③]

張玉來認爲《瓊林雅韻》基本以《中原音韻》爲框架，又照顧傳統音類的區分，其性質近似《洪武正韻》，衹是朱氏爲了跟北曲相通，没有保持入聲。[④]

龍莊偉認爲《瓊林雅韻》保存全濁聲母，平不分陰陽是互爲關係，其入派三聲跟《中原音韻》一致，他反映的還是北方方言。[⑤]

甯忌浮認爲《瓊林雅韻》雖然没有明確表明，但十九個韻部裡每類都是按照陰類、陽類和陰陽類小韻排列的，《瓊林雅韻》的平聲是有陰陽之别的。《瓊林雅韻》濁聲母字與《中州樂府音韻類編》相同。平聲中古全濁和次濁聲母字讀陽平，清聲母字讀陰平，仄聲清濁合一。因此，甯忌浮肯定《瓊林雅韻》的音系與《中原音韻》音系是相同的，"《瓊林雅韻》的藍本爲卓從之《中州樂府音韻類編》，是地道的北曲韻書。平分陰陽、入派三

① 甯忌浮：《漢語韻書史》（明代卷），上海：上海人民出版社，2009，第402頁。

② 張竹梅：《〈瓊林雅韻〉的聲母及其特點》，《西北第二民族學院學報》（哲學社會科學版）1989年第1期。

③ 甯忌浮：《漢語韻書史》（明代卷），上海：上海人民出版社，2009，第406—407頁。

④ 張玉來：《論近代漢語官話韻書音系的複雜性》，《山東師範大學學報》（社會科學版）1998年第1期。

⑤ 龍莊偉：《再論〈瓊林雅韻〉的性質》，《語言研究》1991年增刊。

聲、濁音清化，與《中原音韻》音系完全相同。十九韻各韻内的語音結構也與周卓書一致。書中没有與《中原音韻》音系不同的新的重大的語音演化現象。《瓊林雅韻》在語音史上没有什麽新貢獻”。①

此次據洪武戊寅（1398）刻本影印。

聲律發蒙

明蘭茂譔。

蘭茂（1397—1476）生平，參見本書卷一《〈韻畧易通〉提要》。

《聲律發蒙》的成書時間，陳長祚（筆名群一）認爲在1430年前後。②

《聲律發蒙》傳世有：1. 清曲靖啓賢堂（1644）刊本；2. 清安順焕文堂（1644）刊本；3. 清咸豐十年（1860）務本堂刊本，1 册；4. 清光緒十九年（1883）務本堂刊本，2 册；5. 清安順至寶堂刊本，易名爲《初學聲律對聯》；6. 清淵雅堂刻本；7. 民國間務本堂鉛印本，1 册。③

以上版本可分四個系統：

1. 曲靖啓賢堂（1644）刊本、安順陳焕文堂（1644）刊本卷首均題“古滇蘭茂止庵氏纂輯”“習三李希賢正字”。分韻三十部，上平聲：一東、二冬、三江、四支、五微、六魚、七虞、八齊、九佳、十灰、十一真、十二文、十三元、十四寒、十五删，下平聲：一先、二簫、三爻、四豪、五歌、六麻、七陽、八庚、九青、十蒸、十一尤、十二侵、十三覃、十四鹽、十五咸，每韻綴以對語。兩本内容完全相同，可見出於同一版本系統。

2. 咸豐十年（1860）務本堂刊本、光緒十九年（1883）務本堂刊本、民國間務本堂鉛印本，此三本又稱《注釋聲律發蒙全集》，書分二集，初集題“古滇蘭止庵著”“後學王有道少卿注釋”“胡沛霖雨樓氏校刊”，後

① 甯忌浮：《漢語韻書史》（明代卷），上海：上海人民出版社，2009，第 409 頁。

② 群一：《蘭茂〈聲律發蒙〉韻釋》，《昆明高等師範專科學校學報》（哲學社會科學版）1988 年第 1 期；陳長祚：《雲南漢語方音學史》，昆明：雲南大學出版社，2007，第 43—60 頁。

③ 嵩明縣政協編：《〈聲律發蒙校注〉後記》（《嵩明文史資料》第六輯，1997，第 200—201 頁）稱“目前發現最早的《聲律發蒙》刻本是山東的萬曆本”。筆者久覓該本無緣寓目，暫付闕如。

集咸豐本、光緒本題“蘭止庵《聲律發蒙》二集”“後學王務本三氏校刊”，民國鉛印本仍題“胡沛霖雨樓氏校刊”。初集用《韻畧易通》二十部，每韻綴以對語，每段對語末有王有道注釋。後集分韻三十部，每韻亦綴對語，每段對語末亦附王有道注釋。此三種版本後集韻目、對語與清曲靖啓賢堂刊本、安順陳煥文堂刊本一致，應出同源。

3. 清淵雅堂刻本，不分卷，卷首有烏程孫人龍乾隆六年（1741）序、劍川趙藩序，孫序云：“《發蒙》一書，切於幼學。吟誦之下，恍覺景物山川皆成佳趣，廟堂經濟如在目前。學者童而習之，便不至白首茫然也。……先生之《發蒙》，雖云小技，即一斑以窺全豹，而先生生平亦借此畧見其大概矣。”趙序亦云：“《聲律發蒙》爲塾師課童蒙之本。”俱揭其書編纂之旨，《聲律發蒙》與清代李漁《笠翁對韻》一樣，是供幼學練習對仗的專書。該本内容與《注釋聲律發蒙全集》初集部分相近，無王有道注釋。民國四年（1915）該本收入《雲南叢書》集部之二。

4. 安順至寶堂刊本，易名《初學聲律對聯》，2 册，卷首題“古滇蘭茂止庵氏纂輯”“安順府城至寶堂藏”，正文卷端題“至寶堂聲律發蒙”“習三李希賢正字”“古滇蘭茂止庵氏纂輯”。上册收録内容與曲靖啓賢堂刊本、安順陳煥文堂刊本同，下册内容與咸豐本、光緒本、民國務本堂鉛印本初集、《雲南叢書》本内容一致。

綜上，四個系統中 1 爲 2 的後集，2 合 3、1 爲一身；3 爲 2 的初集，4 合 1、3 爲一書。2 的初集、3、4 的後集，分韻與蘭茂《韻畧易通》一致；1、2 的後集、4 的初集則相近。袁嘉穀認爲：“《聲律發蒙》，今傳胡沛霖刊本二集，有王有道注。……初集當爲止庵作，分爲一東鍾、二支思、三齊微……。二集則以東、冬、江、支等分三十部，全爲今韻之《聲律發蒙》，傳者誤爲止庵而合之也。冬、江兩部均有出韻，乾隆中始試詩，此殆出乾隆後人耶？”[①] 羅江文、趙錦華也指出，衹有清咸豐十年、光緒十九年務本堂刻本及民國務本堂鉛印本之初集，以及《雲南叢書》本、安順至寶堂本之二集，才是蘭茂的著述。[②] 故此次以《雲南叢書》所收淵雅堂刻本爲底本影印。

---

① 袁嘉穀：《滇繹》卷三，民國十二年（1923）鉛印本，第 22 頁。

② 羅江文、趙錦華：《〈聲律發蒙〉版本考辨》，《雲南農業大學學報》（哲學社會科學版）2009 年第 3 卷第 4 期。

《聲律發蒙》分韻二十部，與《韻畧易通》一致，但韻部名稱、次第有異，《聲律發蒙》韻部名稱、次第有十二個與《中原音韻》相同，只有八個與《韻畧易通》相同。茲將不同者對照如下：

韻畧易通		聲律發蒙
一東紅	——	一東鐘
二江陽	——	十五陽唐
五端桓	——	九桓歡
七庚晴	——	十六庚青
八侵尋	——	十八侵心
九緘咸	——	二十緘函
十一支辭	——	二支思
十二西微	——	三齊微
十三居魚	——	四車魚
十四呼模	——	五模糊
十六蕭豪	——	十一簫豪
十九遮蛇	——	十四車遮
二十幽樓	——	十七尤侯

《聲律發蒙》的韻部次第跟《中原音韻》一致，名稱也多相同。所以，甯忌浮認爲“《聲律發蒙》成書或早於《韻畧易通》，即在正統七年（1442）以前”。①

陳長祚指出由《聲律發蒙》到《韻畧易通》韻部名稱的變更，是蘭茂“要把韻目名稱改爲一個陰平一個陽平字，這足以證明是作者認識越來越明確的表現，他正處於‘平分陰陽’的動蕩時期，這是當時聲調演變的一件大事”。②

《聲律發蒙》二十韻部，每部有兩首對仗韻語，全書四十首。陳長祚《蘭茂〈聲律發蒙〉韻釋》，以現代雲南方音與蘭茂時期的“韻語”用韻相

① 甯忌浮：《漢語韻書史》（明代卷），上海：上海人民出版社，2009，第433頁。

② 陳長祚：《雲南漢語方音學史》，昆明：雲南大學出版社，2007，第23—24頁。

印證，據以探索普通話音系形成初始狀態及演進原委。[①]

甯忌浮爲《聲律發蒙》制了韻譜，共得韻腳字400個，可參見。[②]甯忌浮將《聲律發蒙》認定爲“律韻韻書”，但它卻不像其他“律韻韻書”，“不用《詩韻》的平聲三十韻”。[③]

孫人龍序云：“先生之《發蒙》，雖云小技，即一斑以窺全豹，而先生生平亦借此畧見其大概矣。”故陳長祚説：“其實它（《聲律發蒙》——引者）的價值主要在於揭示繼《中原音韻》之後，漢民族共同語韻母系統的發展規律。”[④]

此次據淵雅堂刻本影印。

東國正韻

朝鮮李朝申叔舟等奉敕編纂。

申叔舟（1417—1475），字泛翁，號希閑堂、保閑齋，朝鮮初期文臣、學者，高麗人，精通日本語、中國語等多國語言，多次擔任朝鮮外交官。

朝鮮世宗二十六年（1444），申叔舟奉世宗大王之命，與鄭麟趾、崔恒等學者发明了由28個字母組成的朝鮮文字“訓民正音”[⑤]。同年，召集成三問、申叔舟等改編《韻會》，並以此爲藍本根據“訓民正音”編纂《東國正韻》。申叔舟領銜主譔，編纂者有崔恒、成三問、朴彭年、李塏、姜希顔、李賢老、曹變安、金曾八人。申叔舟在序言中對編纂背景及編纂人員有清楚的交代，云：

---

① 群一：《蘭茂〈聲律發蒙〉韻釋》，《昆明高等師範專科學校學報》（哲學社會科學版）1988年第1期；陳長祚：《雲南漢語方音學史》，昆明：雲南大學出版社，2007，第43—60頁。

② 甯忌浮：《漢語韻書史》（明代卷），上海：上海人民出版社，2009，第434頁。

③ 甯忌浮：《漢語韻書史》（明代卷），上海：上海人民出版社，2009，第431頁。

④ 群一：《蘭茂〈聲律發蒙〉韻釋》，《昆明高等師範專科學校學報》（哲學社會科學版）1988年第1期；陳長祚：《雲南漢語方音學史》，昆明：雲南大學出版社，2007，第44頁。

⑤ 訓民正音，又稱諺文、朝鮮文、韓文、韓古爾。

> 主上殿下崇儒重道，右文興化，無所不用其極，萬機之暇，慨念及此。爰命臣叔舟及守集賢殿直提學臣崔恒，守直集賢殿臣成三問、臣朴彭年，守集賢殿校理臣李塏，守吏曹正郎臣姜希顏，守兵曹正郎臣李賢老，守承文院校理臣曹變安，承文院副校理臣金曾，旁采俗習，鑮考傳籍，本諸廣用之音，協之古韻之初，字母、七音、清濁、四聲，靡不究其源，委以複乎正。臣等才識短淺，學問孤陋，奉承未達，每煩指顧。

《東國正韻》仿照明代官修《洪武正韻》命名，廢棄中古以來漢語韻書的傳統字母，以"訓民正音"23字母取而代之。世宗二十九年（1447）書成，世宗賜名《東國正韻》，[①] 三十年（1448）十一月頒行。[②]

傳本主要有殘本和全本兩種。殘本存卷一至卷六，頁面高闊33.8×20厘米，板框高闊15.7×23厘米，無界欄，每半頁10行，行11字，注文雙行，行字不等。1941年於安東鎮某私人藏書家處被發現，由故澗松金筆弼收藏，現藏韓國調松文庫，1958年有韓國國立大學研究院出版。全本六卷六册，頁面高闊19.8×32厘米，板框高闊15×23厘米，無界欄，每半頁10行，行11字，注文雙行，行字不等。全本每册上貼有《東國正韻》的題箋，並以古代六藝之名：禮、樂、射、禦、書、數來表示册數。版種爲古活字版。正文和序文的小注采用初鑄甲寅字體，正文的漢字大字爲木活字，手寫體大概是首陽大君的字迹。殘卷本第一卷序文的首頁印有"宣賜之印"的紅色印記，而全本則無。1972年初，全本於韓國江陵漁村沈彥光第十六代孫沈教萬家被發現，現藏建國大學校圖書館。

《東國正韻》全書六卷二十六韻目九十一韻部，編纂體例以九十一韻爲經，以四聲（平上去入）、二十三聲母爲緯，韻部名稱及排列次第基本與中國韻書相同。

九十一韻部在各卷分布如下：

---

① 國史編纂委員會:《朝鮮王朝實録・世宗實録》卷百十七，探求堂1986年影印本。

② 國史編纂委員會:《朝鮮王朝實録・世宗實録》卷百二十二，探求堂1986年影印本。

分卷	韻目順序	平	上	去	入
第一卷	一	긍揯	킁肯	긍亙	극亟
	二	굉觥	굉礦	횡橫	괵虢
	三	귕肱	○	○	귁國
	四	공公	공拱	공貢	곡穀
	五	강江	강講	강絳	각覺
第二卷	六	궁弓	뜡重	쿵誇	국匊
	七	경京	경景	경敬	격隔
	八	근根	큰懇	근艮	긇訖
	九	곤昆	곤袞	곤睔	곯骨
	十	간干	간笴	간旰	갏葛
第三卷	十一	균君	균攟	균攈	귫屈
	十二	건鞬	건蹇	건建	겷訐
	十三	즘簪	슴瘁	즘譖	즙戢
	十四	감甘	감感	감紺	갑閤
第四卷	十五	껌箝	검檢	검劒	겁劫
	十六	곰高	곰杲	곰誥	○
	十七	굼鳩	굼九	굼救	○
第五卷	十八	증貲	증紫	증恣	○
	十九	굉傀	욍隗	굉儈	○
	二十	갱佳	갱解	갱蓋	○
	二十一	귕嬀	귕軌	귕媿	○
第六卷	二十二	곙雞	곙啓	곙罽	○
	二十三	공孤	공古	공顧	○
	二十四	강歌	강哿	강箇	○
	二十五	궁拘	궁矩	궁屨	○
	二十六	경居	경舉	경據	○

《東國正韻》對中古韻部的分合，透露出了明代漢語語音的重要信息，董同龢《漢語音韻學》對其韻母系統做了構擬，成元慶《十五世紀韓國字音與中國聲韻之關係》將《東國正韻》韻部與《古今韻會舉要》《洪武正韻》等韻書做了對比分析，歸納出《東國正韻》的韻母特點，可參見。

金禾《〈東國正韻〉與明代漢語語音》將《東國正韻》23 字母與傳統三十六字母對比如下：

聲母						
發音部位		東國正韻			傳統三十六字母	
		聲母	諺文	國際音標	聲母	國際音標
牙音		君	ㄱ	k	見	k
		快	ㅋ	kʰ	溪	kʰ
		虯	ㄲ	g	群	g
		業	ㆁ	ŋ	疑	ŋ
舌音	舌頭音	斗	ㄷ	t	端	t
		呑	ㅌ	tʰ	透	tʰ
		覃	ㄸ	d	定	d
		那	ㄴ	n	泥	n
	舌上音	○	○	○	知	ȶ
		○	○	○	徹	ȶʰ
		○	○	○	澄	ȡ
		○	○	○	娘	ȵ
脣音	重脣音	鷩	ㅂ	p	幫	p
		漂	ㅍ	pʰ	滂	pʰ
		步	ㅃ	b	並	b
		彌	ㅁ	m	明	m
	輕脣音	○	○	○	非	pf
		○	○	○	敷	pfʰ
		○	○	○	奉	bv
		○	○	○	微	ɱ
齒音	齒頭音	即	ㅈ	ʦ	精	ʦ
		侵	ㅊ	ʦʰ	清	ʦʰ
		慈	ㅉ	ʣ	從	ʣ
		戍	ㅅ	s	心	s
		邪	ㅆ	z	邪	z
	正齒音	○	○	○	照	ʨ
		○	○	○	穿	ʨʰ
		○	○	○	牀	ʥ
		○	○	○	審	ɕ
		○	○	○	禪	ʑ
喉音		挹	ㆆ	ʔ	影	ʔ
		虛	ㅎ	x	曉	x

續表

聲母					
發音部位	東國正韻			傳統三十六字母	
	聲母	諺文	國際音標	聲母	國際音標
	洪	ㆅ	ɣ	匣	ɣ
	欲	ㅇ	j	喻	j
半舌音	閭	ㄹ	l	來	l
半齒音	穰	△	ȵʑ	日	ȵʑ

金禾分析的結果，認爲全濁聲母基本消失、疑母喻母併歸影母、知莊章組相混等，反映了明代漢語聲母系統的變化。

研究成果主要有：1. 董同龢《漢語音韻學》，北京：中華書局，2008；2. 成元慶《十五世紀韓國字音與中國聲韻之關係》，北京：中國文學出版社，1994；3. 慎墉權《古今韻會舉要研究》，南京大學博士學位論文，2003；4. 胡翠月《韓國語漢字音聲母與中古漢語聲母的對應關係》，《外語與外語教學》2012年第1期；5. 崔四行《現代朝鮮漢字音的聲母系統與中古漢語聲母系統的對比研究》，《語文學刊》2008年第10期；6. 崔吉元《〈東國正韻〉序文中的“上去無別考”》，《延邊大學學報》1979年1期；7. 宋兆祥《中上古漢朝語研究》，《華中科技大學學報》2008年第2期；8. 崔鵬《〈東國正韻〉語音研究》，天津師範大學碩士學位論文，2012；9. 金禾《〈東國正韻〉與明代漢語語音》，2018年吉林大學碩士學位論文等。

此次據朝鮮時期全本影印。

詞林韻釋

明陳鐸譔。

陳鐸（1454?—1507?），字大聲，號秋碧，別署七一居士，南直隸下邳（今江蘇邳縣）人，明代重要的散曲作家。世襲濟州衛指揮，工詩善畫，尤長於樂府，有“樂王”雅稱。著有《秋碧樂府》《梨雲寄傲》《可雪齋稿》《月香亭稿》《滑稽餘韻》《公餘漫興》《秋碧軒稿》《草堂餘意》《詞林韻釋》等。另有雜劇《花月妓雙偷納錦郎》，及傳奇《鄭耆老匹配好姻緣》《太平樂事》等。謝伯陽《全明散曲》收録他的小令471首，套數99篇。

《詞林韻釋》，一名《詞林要韻》(或《菉斐軒詞林韻釋》)，成書於成化癸卯年(1483)。[①] 全書共有 1572 個小韻，收字 8316 個，每個字下有簡單釋義。分韻十九部，韻目、韻次與《中原音韻》《中州樂府音韻類編》《瓊林雅韻》《中原雅音》大致相當。

此書長期爲假宋本所迷，趙蔭棠《箓斐軒詞韻時代考》《箓斐軒詞林要韻的作者》經過艱難考證，終於證實它是明代陳鐸的作品。[②] 趙蔭棠經過比勘認爲："這顯然是《中州》與《瓊林》的拼合。是書有注解，與《瓊林》大不同；但其注解釋依據《洪武正韻》是無疑的。"[③] 筆者排比陳鐸散曲用韻，並與《詞林韻釋》相比較，認爲："陳曲十九部與《韻釋》十九部基本一致，説明《韻釋》的編纂基本上是以實際用韻爲依據的，並非只是對《中州》《瓊林》的簡單拼合。"[④]

《詞林韻釋》成化本早佚。清代有幾種叢書收録，如《宛委別藏》《粤雅堂叢書》《詞學叢書》《隨盦徐氏叢書》等。民國二十四年(1935)上海商務印書館編印《叢書集成初編》，將《粤雅堂叢書》本收入，卷末附秦恩複嘉慶十五年(1810)跋文，伍崇曜咸豐甲寅(1854)跋文。

以上几种版本，由于傳刻之誤，肢解或隨意拼合小韻的錯訛很多，佐佐木猛《最後の北曲系韻書〈詞林韻釋〉あるいは〈詞林要韻〉》均予校訂。[⑤]

關於《詞林韻釋》的音系性質，林寶卿、甯忌浮認爲反映了許多當時北音的特點。[⑥] 曹祝兵認爲《詞林韻釋》聲韻系統與《中原音韻》基本一

---

① [明]黄虞稷《千頃堂書目》云："陳鐸《詞林要韻》一卷。字大聲，號七一居士，成化癸卯序。"

② 趙蔭棠：《菉斐軒詞韻時代考》(1)、《菉斐軒詞韻時代考》(2)、《菉斐軒詞林要韻的作者》，分載於 1930 年 12 月 17 日、12 月 18 日、1931 年 4 月 1 日的《北平晨・學園》。

③ 趙蔭棠：《中原音韻研究》，第 38 頁，北京：商務印書館，1956。

④ 李子君：《陳鐸曲韻與〈詞林韻釋〉》，《音韻論叢》，濟南：齊魯書社，2004，第 403 頁。

⑤ [日]佐佐木猛《最後の北曲系韻書〈詞林韻釋〉あるいは〈詞林要韻〉》，載《中國語史の資料と方法》，高田時雄編，京都大學人文科學研究所，1994，第 157—219 頁。

⑥ 林寶卿：《〈詞林韻釋〉談畧》，《辭書研究》1991 年第 6 期、《古清音入聲字在〈詞林韻釋〉裡的分化》，《語言研究》1991 年增刊；甯忌浮：《漢語韻書史》(明代卷)，上海人民出版社，2009，第 411 頁。

致，都是當時的中原之音。[①] 劉樂認爲《詞林韻釋》兼具南北方音的特點。[②]

對於《詞林韻釋》聲母的研究主要有：1. 林寶卿《〈詞林韻釋〉談畧》（《辭書研究》1991 年第 6 期）主要考證了"讞"和"凝"兩個古疑母字。2. 曹祝兵曾發表了《〈詞林韻釋〉中疑母字變化情況研究》（《長春師範學院學報》,2008 年第 27 卷第 1 期）、《〈詞林韻釋〉中知章莊母的合流》（《阜陽師範學院學報》，2007 年第 5 期）、《談〈詞林韻釋〉中聲母的合併情況》（《佛山科學技術學院學報》，2009 年第 27 卷第 6 期）、《試析〈詞林韻釋〉中全濁聲母清音化情況》（《池州學院學報》2010 年第 24 卷第 4 期）等，集中對《詞林韻釋》的聲母進行了研究。主要觀點有：（1）"非敷奉"母合流，其讀音都變爲 [f]。（2）大部分疑母字和影雲以的合流變化爲零聲母，小部分獨立成韻與影雲以對立，另有一些與泥娘字混併。（3）影雲以母合流、知莊章組合流。（4）全濁聲母清化。3. 劉樂《〈詞林韻釋〉音系考》（福建師範大學碩士學位論文，2012）的觀點和曹祝兵的相似，除此之外還指出個别莊組字和精組字混併。

韻母方面的研究主要有：1. 林寶卿《古清音入聲字在〈詞林韻釋〉裡的分化》（《語言研究》增刊，1991）主要討論了一字多音和某些唇音字的問題。2. 李子君《陳鐸曲韻與〈詞林韻釋〉》,《音韻論叢》，濟南：齊魯書社，2004）發現了相關韻部通叶、車夫韻分化等傾向。3. 曹祝兵《〈詞林韻釋〉研究》（吉林大學碩士學位論文，2005）對《詞林韻釋》的韻母方面做了細緻研究，認爲：（1）韻母有 46 個。（2）一、二等洪音混併；喉牙音二等字齶化；三、四等細音合流；東三韻和鐘韻開始讀爲洪音。（3）江攝與宕攝合併，曾攝和梗攝合併，止攝開口的部分字與蟹攝合併，曾攝和梗攝的大部分合口字與通攝合併，果攝戈韻三等與假攝麻韻三等合併。4. 劉樂《〈詞林韻釋〉音系考》（福建師範大學碩士學位論文，2012）探討十九個韻目來源於《廣韻》何攝、何韻、等第、韻字總數及其所占比例，並對韻母進行了擬音。

聲調方面的研究主要有：1. 林寶卿《〈詞林韻釋〉談畧》（《辭書研究》1991 年第 6 期）、《古清音入聲字在〈詞林韻釋〉裡的分化》（《語言研究》

① 曹祝兵：《〈詞林韻釋〉研究》，2005 年吉林大學碩士學位論文。

② 劉樂：《〈詞林韻釋〉音系考》，2012 年福建師範大學碩士學位論文。

增刊，1991）。2. 李子君《陳鐸曲韻與〈詞林韻釋〉》(《音韻論叢》，濟南：齊魯書社，2004）。3. 曹祝兵《〈詞林韻釋〉研究》(吉林大學碩士學位論文，2005 ）。4. 劉樂《〈詞林韻釋〉音系考》(福建師範大學碩士學位論文，2012）。

綜合研究的成果主要有：1. 曹祝兵《〈詞林韻釋〉研究》，2005 年吉林大學碩士學位論文；2. 甯忌浮《漢語韻書史》，上海：上海人民出版社，2009；3. 劉樂《〈詞林韻釋〉音系考》2012 年福建師範大學碩士學位論文等。

此次據《粵雅堂叢書》本影印。

洪武正韻譯訓

朝鮮李朝申叔舟等奉敕編纂。

申叔舟（1417—1475）生平，參見本書卷二《〈東國正韻〉提要》。

朝鮮世宗二十六年（1444），“訓民正音”創制後，申叔舟等朝鮮漢學家奉世宗莊憲大王之命，用“訓民正音”對《洪武正韻》進行對音注解，成《洪武正韻譯訓》。此外，申叔舟還參與編纂了《國朝五禮儀》《東國正韻》《國朝實録》《世祖實録》《睿宗實録》《永慕録》等，著有《海東諸國記》《北征録》和《保閑齋集》等。

《洪武正韻譯訓》是朝鮮第一部對音韻書，由申叔舟等奉敕編纂，成書於朝鮮端宗三年，當明景泰六年（1455）。

《洪武正韻譯訓》全十六卷，今存十四卷（平聲第一、二兩卷缺），七册，現藏於高麗大學中央圖書館。[①]1974 年高麗大學出版了影印本，影印時，所缺部分由朴炳采復原。[②]

該本版式四周單邊，有界欄，白口，雙魚尾，版心鐫“正韻卷×”，無稱“譯訓”者。每半頁八行，每行字母、諺文譯音及小韻爲大字，反切、俗音、發音方法的解釋及釋義爲雙行小字。殘缺、抹消情况如下：

第一册卷一平聲缺一東、二支、三齊，卷二平聲四魚、五模、六皆、

① 葉寶奎稱藏于高麗大學華山文庫，見《明清官話音系》，厦門：厦門大學出版社，2001，第 84 頁。

② 影印本由書法家權東依原書樣式重新謄寫後影印，卷首有高麗大學出版部長宋敏鎬所作序文，卷末附朴炳采《洪武正韻譯訓題解》《洪武正韻譯訓缺本復原概況》。

七灰全缺。第二册卷三平聲八真韻真、申、瞋、辰、人、辛、親、津、秦、繽、賓、頻、民、陳，第四册卷七上聲一董、二紙、三薺、四語，卷八上聲五姥、六解、七賄、八軫、九旱、十産、十一銑（僅存蠢、筍）抹消。此外，諺文譯音與俗音的標記，被抹消者亦復不少。以上殘缺、抹消，影印出版時已由朴炳采考證、復原。

《洪武正韻譯訓》的體例、内容均承襲《洪武正韻》，如《洪武正韻譯訓·序》所云："夫《洪武韻》用韻併析，悉就於正而獨七音先後不由其序。然不敢輕有變更，但因其舊。而分入字母於諸韻各字之首。用訓民正音以代反切。其俗音及兩用之音又不可不知，則分注本字之下。若又有難通者，則加注釋以示其例。且以世宗所定《四聲通考》，别附之頭面，複著凡例，爲之指南。"

甯忌浮認爲，申叔舟等人的工作有五方面：1. 在每個小韻前標注字母，字母有 31 個；2. 在每個小韻前填注訓民正音；3. 在韻字下注出俗音；4. 在韻字下注出又音；5. 對難通的地方畧加注釋，做發音方法的説明。[①]

《洪武正韻譯訓》有 31 字母，71 韻類，平上去入 4 個聲調。31 字母爲：

> 見溪群疑端透定泥幫滂並明非奉微精清從心邪照穿床審禪影曉匣喻來日

《洪武正韻譯訓》分《洪武正韻》二十二部七十六韻爲平聲 46 類，上去入各 45 類，入聲 25 類，共 161 韻類，22 韻系 76 韻，分别爲：

> 一東董送屋，二支紙寘，三薺霽，四魚語禦，五模姥暮，六皆解泰，七灰賄隊，八真軫震質，九寒旱翰曷，十删産諫轄，十一先銑霰屑，十二蕭篠嘯，十三爻巧效，十四歌哿箇，十五麻馬禡，十六遮者蔗，十七陽養漾藥，十八庚梗敬陌，十九尤有宥，二十侵寢沁緝，二十一覃感勘合，二十二鹽琰豔葉

① 甯忌浮：《〈洪武正韻譯訓〉學習筆記》，《紀念王力先生百年誕辰學術論文集》，北京：商務印書館，2002，第 35 頁。

《洪武正韻譯訓》包括正音和俗音兩個語音系統。《洪武正韻譯訓·凡例》第一條云："以韻圖諸書及今中國人所用定其字音。又以中國時音所廣用而不合韻圖者，逐字書俗音於反切之下。"按此理解，"正音"即韻圖及中國所用之音，亦《洪武正韻》所體現的"中原雅音"體系。甯忌浮認爲："可見他們所指稱的'中國時音'，他們所記的'俗音'，都是當時的北京的活語音。"①

《洪武正韻譯訓》全書 297 處標注了俗音，甯忌浮對這些俗音做了歸納研究，指出了 11 條重要漢語語音演變現象。八十韻本《洪武正韻》改動七十六韻本《洪武正韻》的地方，多與《洪武正韻譯訓》所輯"俗音"相同。②

"俗音"即當時廣用而不合韻圖之音，是中國 15 世紀的"時音"體系。據葉寶奎研究，"《譯訓》與《正韻》音系較爲明顯的差異在於多出一組牙喉音開口二等韻的齶化音"，俗音與正音聲母系統大體相同，"唯疑母畧有不同"，韻母系統變化比較大。③

《洪武正韻譯訓》用訓民正音對《洪武正韻》反切進行轉寫，彌補了反切注音的不足，其中對俗音的轉寫，使得當時中國時音得以保留，爲 15 世紀漢語語音研究提供了寶貴資料，對整理研究《洪武正韻》有很重要的參考價值，同時爲後世漢朝譯音文獻提供了可參考的範本。

研究成果主要有：1.［日］河野六郎《東國正韻及び洪武正韻譯訓に就いて》,《東方學報》1959 年第 27 期;2.［韓］李崇寧《洪武正韻譯訓研究》,《震壇學報》1959 年第 20 期；3.［韓］權容華《洪武正韻譯訓之正音與俗音研究》，1971 年臺灣東吴大學中國語文研究所碩士學位論文；4.［日］河野六郎《朝鮮漢字音の研究》,《天理時報》重印，1968;5. 李得春《介紹〈洪武正韻譯訓〉的韻母譯音》,《延邊大學學報》1990 年第 7 期；6.［韓］朴秋鉉《韓國韻書與中國音韻學之關係》，1991 年臺灣中國文化大學中國文學研究所博士學位論文；7.［韓］成元慶《十五世紀韓國字音與中國聲韻之

① 甯忌浮:《〈洪武正韻譯訓〉學習筆記》,《紀念王力先生百年誕辰學術論文集》，北京：商務印書館，2002，第 36 頁。

② 甯忌浮:《〈洪武正韻譯訓〉學習筆記》,《紀念王力先生百年誕辰學術論文集》，北京：商務印書館，2002，第 37 頁。

③ 葉寶奎:《明清官話音系》，厦門：厦門大學出版社，2001，第 96 頁。

關係》，北京：中國文學出版社，1994；8. 葉寶奎《明清官話音系》，厦門：厦門大學出版社，2001；9. 金基石《朝鮮韻書與明清音系》，哈爾濱：黑龍江朝鮮民族出版社，2003；10. 甯忌浮《〈洪武正韻譯訓〉學習筆記》，《紀念王力先生百年誕辰學術論文集》，北京：商務印書館，2002；11. 甯忌浮《洪武正韻研究》，上海：上海辭書出版社，2003；12. 李紅、岳輝《從朝鮮對音文獻看〈洪武正韻〉語音基礎》，《長春師範學院學報》（哲學社會科學版）2006年第5期；13.［韓］孔桂花《朝鮮早期譯音文獻中正音音系》，2010年蘇州大學碩士學位論文；14.［韓］潘文嬌《〈洪武正韻譯訓〉的聲母體系研究》2013年南京大學碩士學位論文等。

此次據朝鮮端宗三年（1455）刻本影印。

四聲通解

朝鮮崔世珍編著。

崔世珍（1465—1542），[①] 字公端，朝鮮忠清北道槐山人。1503年登科，歷任通訓大夫、承文院提調、同知中樞府事，兼任講隸院漢學教授，講授漢語、吏文，培養翻譯人才。他精通吏讀、朝鮮文及漢語，對音韻學和文字學造詣頗深，其著作主要有《翻譯老乞大》《翻譯朴通事》《老朴輯覽》《韻會玉篇》《四聲通解》《吏文輯覽》和《訓蒙字會》等。崔氏認爲通行的韻書已無法適應當時漢語教學的需求，遂編纂《四聲通解》，書成於朝鮮中宗十二年（1517）。

《四聲通解》傳本有朝鮮中宗十二年（1517）刊本，藏漢城大學奎章閣，1972年漢城大學國語學研究室影印出版。日本學者遠藤光曉《〈四聲通解〉の所拠資料と編纂過程》對該本有詳細考證，可參見。[②]

《四聲通解》是崔世珍根據申叔舟《四聲通考》（已佚）改編的一部用“訓民正音”轉寫漢語語音的韻書。卷首有：1. 崔世珍《四聲通解序》，敘述編纂緣由；2.“韻母定局”，列舉書中23韻部名稱；3.“廣韻

---

① 此爲葉寶奎《明清官話音系》的說法。張豔華認爲崔世珍生於1472—1476年間，卒於1542年。見張豔華《〈四聲通解〉今俗音音系研究》，2010年蘇州大學碩士學位論文。

② ［日］遠藤光曉：《〈四聲通解〉の所拠資料と編纂過程》，《中國音韻學論集》，東京：白帝社，2001，第241—242頁。

三十六字母之圖”，列舉傳統三十六字母；4.“韻會三十五字母之圖”，即《古今韻會舉要》中 35 個聲母；5.“洪武韻三十一字母之圖”，列舉《洪武正韻》三十一聲母；6. 介紹朝鮮語初生、中聲、終聲相關知識；7.“凡例”26 條。

《四聲通解》正文分上、下兩卷，基本承襲《洪武正韻》音系框架，全書分二十三個韻系，每個韻系依開、齊、合、撮的順序分出不同的韻類，每個韻類中，再依照三十一聲母列聲類；每個字母下，按平、上、去、入四聲次序排列。《洪武正韻》未收之字，則字頭外面加圈表示。《洪武正韻》所定標準音用大字諺文表示，“俗音”和“今俗音”用雙行小字諺文標注。[①] 此外，《四聲通解》還收録了《古今韻會舉要》《蒙古韻畧》《集韻》《中原音韻》等書的注音。

《四聲通解》反映了三套語音系統：正音系統、俗音系統及今俗音系統。正音和俗音[②]基本上是沿襲《洪武正韻譯訓》，没有大的變化。

孫建元認爲《四聲通解》今俗音的全濁聲母清化、中古知莊章合流、捲舌聲母産生、影喻疑微全面合流。[③] 韻母方面舌尖音 [ɿ]、[ʅ] 産生、三等韻進一步分化、山攝諸韻（桓韻除外）分化組合成“四呼”格局。聲調平分陰陽、濁上變去，入聲轉化爲陽平、去聲。[④]

張俊華對《四聲通解》俗音系統進行研究，發現俗音系統中有 22 個聲母，相比較正音系統 33 個聲母，全濁聲母群、定、並、奉、從、床、匣、邪、禪九個聲母清化；舌音組知徹澄併入正齒照穿床，照系聲母在音值上不同，但是可以歸爲一個音位；娘併入泥疑、喻母部分混同，但疑母在口語中依然存在，影、喻母在部分韻中合併；唇音少了敷母。52 個韻母特點爲：東韻牙音齒音三等字與一等字合併；-m 尾併入 -n 尾；寒韻、刪韻、覃韻合併；先韻、鹽韻合併；蕭爻合併；精照組後舌尖母音産生；庚韻中的部分韻母與東韻合併；陽韻開口莊組字變合口。聲調系統特點爲：平分陰陽，與上聲、去聲、入聲共有五個調類；全濁上聲變去聲，入聲不派入三

① 如果字有俗音，則在後面標注“俗音”，並加注諺文，今俗音同。

② 正音即《洪武正韻》的語音系統，俗音系統反映的是 15 世紀中葉的漢語時音，代表明代前期的官漢語話音。

③ 孫建元:《〈四聲通解〉今俗音研究》，北京：中華書局，2010，第 46—72 頁。

④ 孫建元:《〈四聲通解〉今俗音研究》，北京：中華書局，2010，第 88—96 頁。

聲，仍然保持著入聲韻尾。①

張黯華對《四聲通解》今俗音系統進行考察，認爲今俗音音系聲母系統的主要特點是全濁聲母清化，影喻疑混並，微母趨於消失，變爲零聲母，捲舌聲母產生；韻母系統的主要特點是舌尖元音 [ɿ]、[ʅ] 產生，入聲韻尾消失，-m 韻尾全部併入 -n 韻尾，東韻系與庚韻系的唇音、喉牙音字混同，侵、覃、鹽分別與真文、寒刪、先合併，齊韻與支韻混並，真文韻唇音合口變開口、陽韻莊組字變合口、蕭爻合併。聲調系統中，平分陰陽，全濁上聲變去聲，入派三聲。②

一般認爲，《四聲通解》今俗音反映的是十六世紀初明代北京音系的語音特徵。但張曉曼提出："結合《四聲通解》中的其他語音特徵，我們是否可以說，以金陵音爲代表的江淮官話北遷與北京話爲代表的北方語音結合，之後產生的以北京語音爲主，摻雜以南京音的這種語言爲《四聲通解》的基礎方言呢？甚至也可以理解爲《四聲通解》所反映的是由南音向北音過渡的一種語音系統。"③ 孫建元認爲："《四聲通解》裡的今俗音就是 16 世紀初期的遼陽音系，即現代北京音的前身，也因爲這個緣故，我們把它直接稱爲'北京音'。"④

相關研究成果主要有：1.［韓］姜信沆《四聲通解研究》，新雅社，1973；2.［韓］朴泰權《崔世珍研究——言語學業績的中心研究》，親學社，1974；3. 李得春《〈四聲通解〉今俗音初探》，《民族語文》1988 年第 5 期；4. 孫建元《〈四聲通解〉俗音、今俗音的性質》，《廣西師範大學學報》（哲學社會科學版）1989 年第 1 期；5. 孫建元《中古影、喻、疑、微諸紐在北京音系裡全面合流的年代》，《廣西師範大學學報》（哲學社會科學版）1990 年第 3 期；6.［韓］李在敦《〈四聲通解〉所反映的 16 世紀中國語音界研究》，《中國文學》1993 年第 21 輯；7. 金基石《朝鮮對音文獻淺論》，《民族語文》1999 年第 5 期；8. 金基石《朝鮮對音文獻中的微母字》，《語言研究》2000 年第 2 期；9. 葉寶奎《明清官話音系》，厦門：厦門大學出版社，2001；10.［日］遠藤光曉：《〈四聲通解〉の所拠資料と編纂過程》，《中

① 張俊華：《〈四聲通解〉所記俗音音系研究》，2010 年蘇州大學碩士學位論文。

② 張黯華：《〈四聲通解〉今俗音音系研究》，2010 年蘇州大學碩士學位論文。

③ 張曉曼：《〈四聲通解〉研究》，濟南：齊魯書社，2005，第 208 頁。

④ 孫建元：《〈四聲通解〉今俗音研究》，北京：中華書局，2010，第 39 頁。

國音韻學論集》，東京：白帝社，2001；11. 楊劍橋《朝鮮〈四聲通解〉在漢語史研究上的價值》，《復旦大學學報》2003年第6期；12. 張曉曼《〈四聲通解〉研究》，濟南：齊魯書社，2005；13. 劉曉楠《從〈四聲通解〉譯注《中原音韻》看早期官話入聲》，《勵耘學刊》（語言卷）2006年第2期；14. 張曉曼《〈四聲通解〉中的漢語入聲韻》，《當代韓國》2007年第4期；15. 林升圭《朝鮮〈四聲通解〉在對外漢語語音教學上的價值》，《西華大學學報》（哲學社會科學版）2009年第4期；16. 張俊華《〈四聲通解〉所記俗音音系研究》，2010年蘇州大學碩士學位論文；17. 張豔華《〈四聲通解〉今俗音音系研究》，2010年蘇州大學碩士學位論文；18. 孫建元《〈四聲通解〉今俗音研究》，北京：中華書局，2010；19. 孫建元《朝鮮李氏王朝時期轉寫漢字音中"正音"韻母音值的推定方法》，《民族語文》2011年第4期；20. 曲曉云、張民權《〈四聲通解〉所引〈中原雅音〉考》，《民族翻譯》2015年第3期等。

此次據朝鮮中宗十二年（1517）刻本影印。

文韻考衷六聲會編

明桑紹良譔。

桑紹良，字子遂，號會台，又號青郊逸叟，《四庫全書總目》謂桑紹良爲湖南零陵人，但耿振生考證其有誤，應爲山東濮州（今河南范縣濮城鎮）人，[①] 嘉靖乙卯舉人，曾任山西嵐縣知縣。桑氏又爲明代文學家、戲曲家，著有雜劇《獨樂園司馬入相》等。《古典戲曲存目匯考》云："桑紹良，字遂初，一字季子。"譚正璧編《中國文學家大辭典》"桑紹良"條中作"字遂叔"。《康熙濮州志》卷二、《乾隆濮州志》卷二、《宣統淮州志》卷三均作"桑紹良，字於遂"。[②] 桑氏大概生活在嘉靖、萬曆之間，生卒年不詳。

卷首有《青郊雜著》一卷。桑氏於嘉靖癸卯（1543）受其父"韻説之戒"，"儆惕思維，於茲三載，稍得十八部、四科、五位、諸品、六級暨字

① 耿振生:《〈青郊雜著〉作者籍貫考》，《中國語文》1987年第2期。

② 孫步忠:《明代戲劇作家桑紹良生平創作考畧》，《零陵師範高等專科學校學報》1998年第4期。

切韻粗迹",[①] 才初步著成。至萬曆辛巳（1581）仲夏譔《聲韻雜著引》，其子桑正衍將此卷與已完成的《文韻考衷六聲會編》一併"親録一通藏於笥"。後由其侄孫武進縣知縣桑學夔於萬曆年間（1573—1615）刊印，前後歷時三十八年。

據甯忌浮考證，《文韻考衷六聲會編》"始作於嘉靖二十二年（1543），萬曆九年（1581）完成初編本《六聲會編》"。[②]《青郊雜著》是在《文韻考衷六聲會編》完成後譔寫的，萬曆九年（1581）五月五日桑氏所譔《聲韻雜著引》云："余著《文韻考衷》……間以示人，多弗通曉……乃著爲論説若干條，以宣暢其義。"所以，甯忌浮認爲："《青郊雜著》似可理解爲韻書《文韻考衷》的發凡起例。"[③]

《青郊雜著》與《文韻考衷六聲會編》原本各自獨立成書，其子桑正衍將《青郊雜著》《文韻考衷六聲會編》"親録一通藏於笥"，其侄孫桑學夔萬曆年間刊印時便正式合刊在了一起。加之《青郊雜著》韻圖比韻書《文韻考衷六聲會編》影響大，故此次將《青郊雜著》《文韻考衷六聲會編》圖、書離析爲二影印。

該書分十二卷，是桑氏音韻理論的實踐，按《青郊雜著》所擬定的聲韻調系統歸字列圖。其編纂體例，李新魁認爲《會編》"縱分六調，按韻部列字，一韻之内再别以四科，科之下分宫商五音，横列聲母，聲母又按四品（或五品）加以分列。一圖之内分六欄，列六中聲調之字，同音字列於同一格之内，並注明反切"。[④] 耿振生認爲它是"等韻化的同音字表"[⑤]。甯忌浮則概括爲"諸韻各統四聲"。[⑥] 除注釋外，韻部、韻類、聲類、小韻、反切、韻字均以表格形式編排。

桑氏在《聲韻雜著引》中説："余著《文韻考衷》，殫精竭思垂三十餘年，稿凡數十易，僅克成要目，註釋未遑及也。"他的創作目的，是爲使讀者"常載於目而熟誦於口，譬木鑽自入，石研自穿，鑰之啓關，觿之解結，

① 参見《青郊韻説》《青郊字説》。

② 甯忌浮：《漢語韻書史》（明代卷），上海：上海人民出版社，2009，第 197 頁。

③ 甯忌浮：《漢語韻書史》（明代卷），上海：上海人民出版社，2009，第 197 頁。

④ 李新魁：《漢語等韻學》，北京：中華書局，1983，第 285—286 頁。

⑤ 耿振生：《明清等韻學通論》，北京：語文出版社，1992，第 13 頁。

⑥ 甯忌浮：《漢語韻書史》（明代卷），上海：上海人民出版社，2009，第 197 頁。

不可知者循其方而知之，不易能者緣其術而能之，馴致通曉，斯無難矣”。

書中術語繁多，如他用十八部、四科、五位、五品、六級等術語來分析漢語語音系統，頗令人費解。

《文韻考衷》分韻十八部：

東、江、侵、覃、庚、陽、真、元、歌
麻、遮、皆、灰、支、模、魚、尤、蕭

桑氏所謂重科、次重科、輕科、極輕科“四科”，大致相當於今天的四呼。“五位”即宫商角徵羽五音。“五品”即起音、承音、進音、止音、衍音。

《文韻考衷》聲母有二十個：

見溪影曉　端透泥來　知徹審日　精清心　幫滂明非微

《文韻考衷》無全濁聲母，全濁聲母均讀送氣清音。桑氏所謂“六級”，即六個聲調：沈、浮、去、上、錢、深。甯忌浮認爲他的“六聲”説“跟傳統四聲相悖，與現實語言距離更遠”。①

《文韻考衷》的語音系統，甯忌浮歸爲“反映時音的韻書”。②

《文韻考衷》有萬曆年間桑學夔刻本傳世，上海圖書館、北京大學圖書館、中國科學院圖書館、吉林省圖書館均有收藏。北京大學圖書館藏萬曆桑學夔刻本，被《湖湘叢書》《四庫全書存目叢書》收入。

研究成果主要有：1. 李新魁《漢語等韻學》，北京：中華書局，1983；2. 耿振生《〈青郊雜著〉作者籍貫考》，《中國語文》1987年第2期；3. 耿振生《〈青郊雜著〉音系簡介》，《中國語文》1991年第5期；4. 耿振生《明清等韻學通論》，北京：語文出版社，1992；5. 甯忌浮《漢語韻書史》（明代卷），上海：上海人民出版社，2009等。

此次據明萬曆間（1573—1615）桑學夔刻本影印。

---

① 甯忌浮：《漢語韻書史》（明代卷），上海：上海人民出版社，2009，第197頁。
② 甯忌浮：《漢語韻書史》（明代卷），上海：上海人民出版社，2009，第197頁。

青郊雜著

明桑紹良譔。

桑紹良生平，參見本書卷四《〈文韻考衷六聲會編〉提要》。《青郊雜著》亦名《聲韻雜著》，一卷，由兩部分組成，前一部分解説聲韻理論，後一部分爲韻圖，桑學夔萬曆間將其與“文韻考衷六聲會編”合刊。

據甯忌浮考證，《文韻考衷六聲會編》“始作於嘉靖二十二年（1543），萬曆九年（1581）完成初編本《六聲會編》”。[①]《青郊雜著》是在《文韻考衷六聲會編》完成後譔寫的，萬曆九年（1581）五月五日桑氏所譔《聲韻雜著引》云：“余著《文韻考衷》……間以示人，多弗通曉……乃著爲論説若干條，以宣暢其義。”所以，甯忌浮認爲：“《青郊雜著》似可理解爲韻書《文韻考衷》的發凡起例。”[②]

《青郊雜著》與《文韻考衷六聲會編》原本各自獨立成書，其子桑正衍將《青郊雜著》《文韻考衷六聲會編》“親録一通藏於笥”，其侄孫桑學夔萬曆年間刊印時便正式合刊在了一起。加之《青郊雜著》韻圖比韻書《文韻考衷六聲會編》影響大，故此次將《青郊雜著》《文韻考衷六聲會編》圖、書離析爲二影印。

《青郊雜著》現存明萬曆年間（1573—1619）桑學夔刻本、清重刻本。

《青郊雜著》提出“韻有十八部、四科、五品、六級、七十四母”之説。所謂“十八部”，桑氏解釋云：“一十八部者，一東、二江、三侵、四覃、五庚、六陽、七真、八元、九歌、十麻、十一遮、十二皆、十三灰、十四支、十五模、十六魚、十七尤、十八蕭，一韻一部也。”聲稱“十八部次序皆緣古韻及可叶者編定”，並參定諧聲，認爲“十八部皆有入聲”，以入聲兼配陰、陽。

所謂“四科”，是指“四科者，音有四等，重、次重、輕、極輕是也。如元部官、捐、干、堅同爲宫音，而重輕不同”。這“四科”，實際是將開、齊、合、撮“四呼”，與傳統的“四等”糾合在一起，反映了中古

① 甯忌浮：《漢語韻書史》（明代卷），上海：上海人民出版社，2009，第 197 頁。

② 甯忌浮：《漢語韻書史》（明代卷），上海：上海人民出版社，2009，第 197 頁。

“兩呼”“四等”向“四呼”的變化。

所謂“五位”“四品”，“五位者，五音也，宫、徵、角、商、羽是也。”各音又分“五品”或“四科、品”，桑氏云：“舊無四品、五品之説，但曰某清、某濁、某次清、某次濁、某次清次、某次濁次，混而難曉。玆以‘品’區别之，則明白易見，如人各有定位，不用推求而無不知矣。”

所謂“六級”，是就聲調而言，“六級聲，六聲也，兩平、上、去、兩入是也。”“平分沉浮，上、去各一，入分淺深”。

所謂“七十四母”，乃“合四科、五位、諸品得數七十有四。”實際是結合輕重而細化的聲母的變體。桑氏云：“據品定母，雖七十有四，然諸品中亦有有音無字者，如商音四科進品、角音次重科進品、徵音次重科啓承品皆然。蓋此七品，音難成響，故製字者捨其音而不實之以字也。……今除此七品之外，得母止六十有七，其謂七十四母者，就總數概言之也。”他重新分併傳統三十六字母，認爲“先輩製三十六母，其中多有重複”。如其中疑喻、泥娘、知照、徹穿、澄牀、非敷，“本衹六母，分而倍之爲十二母，殊爲不通，今悉合併，去其六母，通别母，止存三十母，庶無妄分重複之失”。然後，再合併已經清化的十個全濁聲母，“止存二十母至足矣”“其他群併於溪，疑併於影，匣併於曉，定併於透，澄併於徹，禪併於審，從併於清，邪併於心，並併於滂，奉併於非”。

《青郊雜著》韻圖取消了全濁聲母，聲母有二十個，即：

> 見、溪、影、曉、端、透、泥、來、知、徹、日、審、精、清、心、幫、滂、明、非、微

桑氏的二十聲母，與蘭茂“早梅詩”一致，他仿效“早梅詩”，寫成“聖世詩”一首，來概括二十聲母，詩云：“國開王向德，天乃賚禎昌。仁壽增千歲，苞磐民弗忘。”詩之意境遠遜“早梅詩”，但桑氏卻認爲二十聲母是自己的獨得之秘，不承認受《韻畧易通》影響，反云：“可見精思所致，自與古人契合。若蘭君者，豈非先得我心之所同然者邪？”

聲調分爲陰平、陽平、上聲、去聲、陽入、陰入，且古全濁上聲仍在上聲，還未變成去聲。

該韻圖横列聲母，縱列韻部，一韻之内再以四呼和五音來區别，每圖分六欄列六種聲調之字，同音字列在同一格之中，並注明反切。

《青郊雜著》四庫舘臣將其列爲存目，在《四庫全書總目》中對《青郊雜著》《文韻考衷六聲會編》做出概述和評議。但舘臣拘於偏見，不承認桑氏的革新，認爲桑氏提出的“十八部、四科、五品、六級、七十四母”之説，“皆支離破碎，憑臆説而談”“於韻書沿革尚未詳考矣”，① 這是不公允的。

關於《青郊雜著》的音系性質，李新魁認爲《青郊雜著》爲明清口語標準音等韻圖的代表。② 耿振生指出，該圖以當時的實際語音作爲主要依據，並且體現作者家鄉即當時濮州的口音。③ 夏劍欽認爲“桑氏所反映的音系，是明代與官話音系相當接近的方言音系，或即湘西南官話”。④

除了上述學者的研究外，亦有就《青郊雜著》中某一問題加以討論的論著，如：1. 陳潔《〈青郊雜著〉中“焉A切”下“乙”字考》，《和田師範專科學校學報》2005年第3期；2. 陳潔《論〈青郊雜著〉的入聲》，《鄖陽師範高等專科學校學報》2012年第2期；3. 高龍奎《〈青郊雜著〉聲母研究》，《重慶交通大學學報》（哲學社會科學版）2010年第2期等。

還有學者在研究《五方元音》或其他專題時論及《青郊雜著》，如：1. 許良越《等韻字音分析與非綫性音節理論》，《西南民族大學學報》（哲學社會科學版）2005年第9期；2. 蔡麗華《〈青郊雜著〉與〈五方元音〉聲母之比較》，《安徽文學》2008年第6期；3. 李靖《〈青郊雜著〉與〈五方元音〉研究現狀簡評及展望》，《安徽文學》2008年第7期；4. 萬獻初《近古百種韻書 -m 韻尾消變的歷時進程》，《勵耘學刊》2012年第2期；5. 佘躍龍《〈等韻精要〉音系基礎再論》，《山西大學學報》（哲學社會科學版）2013年第4期等。

此次據明萬曆間（1573—1615）桑學夔刻本影印。

---

① ［清］永瑢等：《四庫全書總目》卷四四，《經部・小學類存目二》，北京：中華書局，1995，第388頁上右。

② 李新魁：《漢語等韻學》，北京：中華書局，1983，第283—286頁。

③ 耿振生：《〈青郊雜著〉音系簡析》，《中國語文》1991年第5期。

④ 桑紹良：《青郊雜著》、《文韻考衷六聲會編》之夏劍欽《前言》，《湖湘文庫》編輯出版委員會編，長沙：嶽麓書社，2012，第1頁。

韻法橫圖

明李世澤譔。

李世澤，字嘉紹，南京上元人，生卒年無考。其父爲《書文音義便考私編》的作者李登。

《韻法橫圖》原名《切韻射標》，梅膺祚取之附於《字彙》之後並易名爲《韻法橫圖》，以便於《韻法直圖》相配。據邵榮芬考證，《韻法橫圖》成書時間當在1586年至1612年之間。[①]

《韻法橫圖》單行本很少，多附於《字彙》，梅鼎祚《字彙序》云："是編以《字彙》爲體，韻法二圖爲用。"可知《字彙》與《韻法直圖》《韻法橫圖》是體用關係。但將韻圖附於字書，非梅膺祚首創，遼代行均《龍龕手鑑》末即附有《四聲等子》，"令舉眸識體無擬議之惑，下口知音有確實之決"。[②]

《五方元音序》云："字學一書，書不一家。近世之所流傳，而人人奉爲拱璧者，莫如《字彙》。蓋以筆畫之可分類而求，悉數而得也。於是老師宿儒，蒙童小子，莫不群而習之。"《字彙》影響很大，遂致《字彙》所附《韻法橫圖》《韻法直圖》因"附驥尾而行益顯"，在明清兩代各自産生了整系列的韻圖。欲考察《韻法橫圖》的版本，確實離不開《字彙》。

筆者寓目版本主要有：1.《説郛續》第三十二卷所收本；2.《居家事類必備》卷八所收本；3. 萬曆乙卯（1615）《字彙》所附本，藏臺灣中央圖書館；4. 萬曆三十四年（1615）吴郡寶綸堂刊《字彙》所附本，藏華東師範大學圖書館、陝西省圖書館等，收入《續修四庫全書・經部・小學類》；5. 明味經堂刊《字彙》所附本，筆者自藏；6. 明懷德堂刊《字彙》所附本，藏中國國家圖書館；7. 康熙己未（1679）楊雍序本《字彙》所附本，藏中華書局語編室；8. 康熙二十七年（1688）靈隱寺刻《字彙》所附本，1991年上海辭書出版社、2009年中華書局曾據該本影印出版；9. 雍正甲寅（1734）吴郡寶綸堂刊《寶綸字彙》所附本，藏吉林大學圖書館；10. 乾隆三十三年

① 邵榮芬：《〈韻法橫圖〉與明末南京方音》，《漢字文化》1998年第3期。

② 《四聲等子序》，《等韻五種》，臺北：臺灣藝文印書館，1985。

（1768）務本堂刊《字彙》所附本，藏上海師範大學圖書館；11. 嘉慶五年（1800）經綸堂刊《字彙》所附本，藏上海師範大學圖書館；12. 清刊《韻法直横圖》本，藏吉林大學圖書館，該本以幾種顔色筆批點，雖云朱墨燦然，但原文反爲其所掩，殊不便閲讀。前二種版本均題“切韻射標”，與《韻法横圖》在列字上有所不同，《韻法横圖》有增字和改字現象。

《韻法横圖》主要内容有三部分：序、韻圖、章節附注。

《韻法横圖》前面有梅膺祚的序和李世澤的自序，後面有作者解釋標“射切韻法”的跋。梅膺祚序云：“曷爲而有是作也？等韻自‘音和門’而下，其法繁，其旨秘，人每憚其難而棄之。……嘉紹氏以四例該等韻之十三門，褫其繁以就於簡，闡其秘以趨於明，令人易知易能，不有功於後學哉！”由是可知，《韻法横圖》編纂宗旨在於芟褫繁瑣門法，以簡省便利之法捷其實用。

韻圖部分以聲調爲綱，按平、上、去、入四聲分爲七張韻圖，平聲二圖、上聲二圖、去聲二圖、入聲一圖。《韻法横圖》章節附註共 52 條，其中有 51 條是附在各個韻之後的章節附注，具體解釋某些韻字的讀音、説明某些韻的整體特徵或者某韻與其他韻的關係，最後一條附在入聲圖後，指明了《韻法横圖》入聲字“俱從順轉”，即入聲與陰聲韻相配，而不與陽聲韻相配。

《韻法横圖》横列三十六字母，共九欄，其中端組與知組、幫組與非組、精組與照組同欄重出，以便表現古韻中端與知、幫與非、精與照各組聲母的相互關係，這種情況與《四聲等子》相似。三十六字母的排列順序爲：

牙音：見溪群疑舌頭音：端透定泥舌上音：知徹澄娘

重唇音：邦滂並明輕唇音：非敷奉微齒頭音：精清從心邪

正齒音：照穿床審禪喉音：曉匣影喻半舌半齒音：來日

《韻法横圖》框架上保留了全濁聲母（即並、奉、定、澄、從、邪、床、禪、群、匣），但從李氏注釋來看，此時全濁聲母已消失，可見其聲母系統中保留了較多的古音成分。

縱列各韻，並注以開、齊、合、撮、混五呼，縱横交叉處即爲所切之字。韻母分舒聲韻四十一韻，入聲韻十六韻。采用新的分韻法，把韻直接跟韻母相連，即一個韻基本對應一個韻母。《韻法橫圖》所用韻目與《韻法直圖》基本一致。李新魁對《韻法橫圖》的韻類做了劃分並進行了音值構擬，可參考。

聲調方面，分平、上、去、入四聲，平聲部分陰陽，李新魁認爲“大概是把陽平調字列于全濁聲母的位置”①，此外，全濁上聲字有個別混入去聲的現象。

《韻法橫圖》在呼法上首次“齊齒呼”這一術語，使四呼之名俱備，成爲後代所分“四呼”的先聲。

《韻法橫圖》增字有兩個顯著的特點：1. 從位置上看，多爲《切韻射標》有音無字之處；2. 多爲《切韻射標》同聲母位重出字。

關於《韻法橫圖》音系，李新魁認爲屬於“明清時代的讀書音系統”②；耿振生認爲《韻法橫圖》屬“混合型等韻音系”③；邵榮芬認爲是明代南京音系；④鄭榮芝認爲《韻法橫圖》以當時的共同語讀書音爲語音基礎，在一些地方受到古音類和江淮方言的影響；⑤盧紅紅認爲“《橫圖》韻圖中的分韻列字與章節附註反映出來的音系是兩個有差别的音系，框架音系保留了很多古音成分，章節附注反映的可能是當時的實際音系，較多地反映了時音的特點”，是一部“存雅求正”的韻圖。⑥

學術界對《韻法橫圖》的語音基礎尚有爭議，我們贊同邵榮芬、鄭榮芝的意見，認爲《韻法橫圖》反映的是以南京話爲代表的江淮方音。

《韻法橫圖》在《切韻射標》基礎上，以圈發方式大量增加或替换列字，在增改過程中，不可避免地改變了《切韻射標》的部分語音結構。因此，我們主張，研究《韻法橫圖》，應從藍本《切韻射標》出發，根據列字和附注考察其記録的實際語音，以期更準確地爲其音系定性。

關於《韻法橫圖》與《韻法直圖》成書時間先後的問題，學術界現在

① 李新魁：《漢語等韻學》，北京：中華書局，1983，第275頁。

② 李新魁：《漢語等韻學》，北京：中華書局，1983，第273頁。

③ 耿振生：《明清等韻學通論》，北京：語文出版社，1992，第229頁。

④ 邵榮芬：《〈韻法橫圖〉與明末南京方音》，《漢字文化》1998年第3期。

⑤ ［韓］鄭榮芝：《〈韻法直圖〉與〈韻法橫圖〉研究》，1999年中山大學博士學位論文。

⑥ 盧紅紅：《〈韻法橫圖〉音系研究》，2009年蘇州大學碩士學位論文。

基本達成定論:《韻法横圖》成書早於《韻法直圖》。邵榮芬認爲《韻法直圖》明顯抄襲《韻法横圖》,主要表現在“混呼”名稱的承襲上:《韻法横圖》標爲“混呼”的韻實際上是兩韻並列,而到了《韻法直圖》,並列的韻已經分開,各自獨立成韻,但仍注爲“混呼”。[①]

其實,自清代《古今中外音韻通例》開始,學者對《韻法横圖》所標“混呼”頗有微詞,如胡垣云:“《韻法横圖》以‘薑陽肱肩’爲混呼,‘金兼甘’爲開口呼,‘間’爲齊齒捲舌,‘監’爲捲舌而閉,此因韻之張口、籠口、捲舌而誤名爲呼也。‘薑陽’爲岡韻之齊齒呼,‘肱肩’爲根韻之合口、撮口呼,何混之有?”[②] 爲何《韻法横圖》將“肱肩”“薑陽”兩韻歸爲“混呼”?王松木從兩韻中古來源考察了“混呼”的音韻藴涵,並指出了《韻法横圖》《韻法直圖》“混呼”的異同,認爲:“《韻法直圖》所標注之‘混呼’,大抵上是指一韻之中混合着不同的介音,但《韻法横圖》所謂‘混呼’似乎範圍更加寬泛,不同韻類併寘、相混亦可稱之‘混呼’。”[③]

《韻法横圖》行世以後,對後世韻圖創作産生深遠影響,出現了許多附翼之作,如《皇極圖韻》《七韻標準》《切字圖訣》《音學秘書》等,或是模仿《韻法横圖》編纂格式,或是依據與《韻法横圖》相近或相同的語音系統而製作。

相關研究可參考:1. 裴澤仁《〈韻法横直圖〉呼法初探》,《漢字文化》1989 年第 4 期;2. 邵榮芬《〈韻法横圖〉與明末南京方音》,《漢字文化》1998 年第 3 期;3.[韓]鄭榮芝《〈韻法直圖〉與〈韻法横圖〉研究》,1999 年中山大學博士學位論文;4. 邵榮芬《釋〈韻法直圖〉》,《紀念王力先生百年誕辰學術論文集》,北京:商務印書館,2002;5. 洪梅《〈韻法横直圖〉的舒聲韻混呼研究》,《海峽兩岸辭書學研討會暨福建省辭書學會第十七屆學術年會論文集》,北京,2005 年 8 月;6. 盧紅紅《〈韻法横圖〉音系研究》,2009 年蘭州大學碩士學位論文;7. 王松木:《明代等韻之類型及其開展》,臺北:花木蘭文化出版社,2011 等。

此次據明味經堂刊《字彙》本影印。

---

① 邵榮芬:《〈韻法横圖〉與明末南京方音》,《漢字文化》1998 年第 3 期。

② [清]胡垣:《古今中外音韻通例》,光緒十四年(1888)刻本。

③ 王松木:《明代等韻之類型及其開展》,臺北:花木蘭文化出版社,2011,第 102 頁。

書文音義便考私編

明李登譔。

李登（1524—1609），字士龍，一字舜庸，號如真生，上元（今江蘇江寧）人。甯忌浮推斷其生於嘉靖三年（1524），卒於萬曆三十七年（1609）。[①] 據萬曆二十三年《上元縣誌》、同治十三年《上江兩縣誌》、乾隆十九年《新野縣誌》、同治十二年《崇仁縣誌》等可知，李登爲嘉靖四十四年（1565）貢生，隆慶六年（1572）出任河南新野縣令，萬曆四年（1576）赴任江西崇仁。爲官清正，"以抗直忤時"，退出官場，回上元家居讀書著述。萬曆十四年（1586）完成《書文音義便考私編》，萬曆二十四年（1596）爲其子李世澤《古今韻括》作序，萬曆二十八年（1600）爲陳邦泰重刊《韻林原訓》作序，萬曆三十六年（1608）完成《重刊詳校篇海》。

除《書文音義便考私編》外，李登的主要著作尚有:《字學正訛》六卷、《摭古遺文》二卷、《六書指南》二卷、《難字直音》一卷、《正字千字文》二卷、《四書五經正文》二十二卷、《重刊詳校篇海》五卷等。

《書文音義便考私編》五卷，刊於萬曆十五年（1587），書前有姚汝循、焦竑、王兆雲的序及作者自序。書名之由來、編纂之旨趣，《書文音義便考私編·例論》云:"字學有三：一曰文，欲點畫不乖；二曰音，欲所呼不謬；三曰義，欲訓釋有據。三者類非吾疏謭所能也，勉自考索，因成此編。"

關於《書文音義便考私編》版本，萬曆丁亥（1587）陳邦泰刻有兩個本子存世：1. 前有姚汝循、焦竑、王兆雲序及李氏自序，時均在萬曆丙戌（1586）。該書分上平聲乾、下平聲元、上聲亨、去聲利、入聲貞，共五卷。該本當年先被輔仁大學購得，後退回書肆，"被日人永島所得"，[②] 今藏日本慶應義塾大學斯道文庫[③]。2. 藏北京故宫博物院，卷首僅存序文一篇，

① 甯忌浮:《漢語韻書史》（明代卷），上海：上海人民出版社，2009，第 275 頁。

② 趙蔭棠:《等韻源流》，北京：商務印書館，1957，第 211 頁。

③ 王曹傑、劉淼:《首都大學東京中文系所藏永島榮一郎舊藏漢語音韻學文獻見在書目》，《長江學術》2019 年第 1 期。

不署譔者姓氏及譔著時間。序後爲《書文音義便考私編目録》，下附《例論》三條：平聲字母、辨清濁、仄聲字母。趙蔭棠云："故宫圖書館所藏者，缺諸序，因之年月亦湮没。……輔仁大學新購一部，比故宫所藏者更爲完全。"① "惟有漫漶處，蓋是晚期印本。書前雖有一序，但作者及年代均無載。"②

《續修四庫全書·經部·小學類》第209册收録故宫博物院藏明萬曆十五年（1587）陳邦泰刻本，學者廣爲應用。今全本已流到海外，故此次亦僅據故宫博物院藏本影印。

《書文音義便考私編》聲母系統按平仄分爲兩類，平聲辨清濁，共三十一母；仄聲不辨清濁，共二十一母。其平聲字母爲：

> "見溪群疑曉匣影喻"此八字爲一類，皆喉音。"敷奉微"此三字爲一類，乃唇齒半音。"幫傍平明"此四字爲一類，皆唇音，内"平"字舊系"並"字。"端透廷尼來"此五字爲一類，皆舌頭字，内"廷"字舊系"定"字。"照穿床審禪日"此六字爲一類，正齒音。"精清從心邪"此五字爲一類，皆齒舌半音。③

仄聲字母爲：

> 見溪疑曉影、奉微幫平明、端透尼來、照穿審日、精清心共二十有一而足。④

書中還有"辨清濁"一條，李登云：

> 清濁者，如"通"與"同"，"通"清而"同"濁；"荒"與"黄"，"荒"清而"黄"濁是也。三十一母中，"見幫端照精"五母，皆有清而無濁；"疑微明尼來日"六母，皆有濁而無清。除此十一母外，其餘

① 趙蔭棠：《等韻源流》，北京：商務印書館，1957，第214頁。
② 葉寶奎：《試論〈書文音義便考私編〉音系的性質》，《古漢語研究》2001年第3期。
③ ［明］李登：《書文音義便考私編·目録》。
④ ［明］李登：《書文音義便考私編·目録》。

"溪"與"群"、"曉"與"匣"、"影"與"喻"、"敷"與"奉"、"滂"與"平"、"透"與"廷"、"穿"與"牀"、"審"與"禪"、"清"與"從"、"心"與"邪"，皆一清一濁，如陰陽夫婦之相配焉。然惟平聲不容不分清濁，仄聲止用清母，悉可該括，故併去十濁母，以從簡便。

細考李登所列例字，可以窺知全濁聲母已經清化。原來的清濁之别，已經轉化爲陰陽分立。顯而易見，把平聲分清濁，事實上李登把"清濁"與"陰陽"概念弄混，平聲分"清濁"，實爲分調類之陰陽，並非聲母之帶音與否。《書文音義便考私編》實際有二十一個聲母。

全書分韻七十五部，平上去各二十二部，入聲九部：

上平：東、支、灰、皆、魚、模、真、諄、文、元、恒、寒

下平：先、蕭、豪、歌、麻、遮、陽、庚、青、尤

上聲：董、紙、賄、蟹、語、姥、軫、准、吻、阮、管、罕、銑、篠、稿、哿、馬、者、養、梗、拯、有

去聲：送、寘、隊、泰、禦、慕、震、稕、問、願、换、翰、霰、嘯、號、箇、禡、蔗、漾、諍、徑、宥

入聲：屋、質、術、月、屑、藥、曷、黠、陌

甯忌浮研究表明，《書文音義便考私編》七十五韻實際包括53個韻母，構擬後並與現代南京方音的韻母系統做了比較。[①]

"四呼"稱名肇始於何書？趙蔭棠説："確切給各呼類起名稱的，依現在所得見的材料，則當以《直圖》爲始。"[②]《韻法直圖》編纂時間不詳，但决不會晚於1612年。在此之前，李登《書文音義便考私編》已標注各式呼名，且能詳細描寫各呼發音時，唇吻細部運動狀態："諸母所謂開者，開口呼也，呼閉而口開；閉者，閉口呼也，呼閉而口閉；捲謂捲舌，舌捲上顎而爲聲，'音煙'是也；抵謂抵齒，舌抵上齒而爲聲，'之師'是也；撮謂撮口呼，脣聚撮口呼，脣聚而出，'娶遇'是也；合謂合口呼，兩頤内鼓，

---

① 甯忌浮：《漢語韻書史》（明代卷），上海：上海人民出版社，2009，第291—292頁。

② 趙蔭棠：《等韻源流》，北京：商務印書館，1957，第162頁。

‘胡禄’是也；正謂正齒，别於抵齒。爲其同韻同母而有此辨，不得不立此字，但一會意，即皆筌蹄。”王松木比較兩書所標各式呼名如下：[①]

私編	直圖	發音方法	中古來源	音韻特徵
開口呼 a	開口呼	呼閉而口開	開口一二等	[-ø-] 介音
開口呼 b			臻攝、山攝	[-n] 韻尾（與閉口呼 [-m] 對立）
合口呼	合口呼	兩頤内鼓	合口一二等	[-u-] 介音
開合			山攝二等合口	關 [uan]（與干 [an] 官 [uon] 對立）
撮口呼	撮口呼	脣聚而出	合口三四等	[-iu-] 介音
捲舌呼	齊齒呼	舌捲上顎	開口三四等	[-i-] 介音
正齒呼			開口三四等精、照系字	[tsi-]、[tʂi-]（與‘抵齒呼’對立）
閉口呼	閉口呼	呼閉而口閉	深攝、咸攝	[-m] 尾
抵齒呼	咬齒呼	舌抵上齒	止攝精、照系字	舌尖元音 [ɨ]
開口捲舌	齊齒捲舌		山攝二等開口牙喉音	艱 [ian]（與關 [uan] 監 [iam] 堅 [iɛm] 對立）
閉口捲舌	齊齒捲舌而閉		咸攝二等開口牙喉音	監 [iam]（與甘 [am] 艱 [ian] 兼 [iɛm] 對立）
	混呼、舌向上、啓脣			

《書文音義便考私編》《韻法直圖》“呼名”畧異，相似度很高。耿振生質疑説：“兩書呼法如此相似，不大可能是偶合，必有一書是仿效者，但誰模仿誰卻不太好説。從《私編》序文中的口氣看，這十呼是李登首創的。”[②] 王松木也認爲：“相較之下，《私編》標示呼名的方式顯得較具隨機性，而《韻法直圖》則較具統括性。因此，本文亦傾向於認爲：《韻法直圖》的各式呼名可能是直接仿效、或是間接接受到《私編》的激發所產生的。”[③]

聲調系統分平、上、去、入四個調類，由於平聲分的清濁實際是調類的陰陽問題，所以《書文音義便考私編》實際是五個聲調：陰平、陽平、上聲、去聲、入聲。前輩學者趙蔭棠《等韻源流》早已考定。

《書文音義便考私編》的語音性質，趙蔭棠《等韻源流》把它歸納爲

① 王松木：《明代等韻之類型及其開展》，臺北：花木蘭文化出版社，2011，第 120 頁。

② 耿振生：《明清等韻學通論》，北京：語文出版社，1992，第 65 頁。

③ 王松木：《明代等韻之類型及其開展》，臺北：花木蘭文化出版社，2011，第 121 頁。

明清等韻之北音系韻書。[①] 李新魁認爲是反映"當時口語的音韻系統"，[②] 耿振生認爲反映的是官話方言區的"江淮方言"，[③] 葉寶奎對《書文音義便考私編》音系進行考察，認爲是"屬於《洪武正韻》、《韻畧易通》、《韻畧匯通》、《五方元音》一系韻書，它反映的是明代中後期的官話音"[④]。甯忌浮將《書文音義便考私編》旁注中的"俗呼"與現代南京做了比較，認爲《書文音義便考私編》"反映了明末南京音"。[⑤]

《書文音義便考私編》的主要研究成果，可參見：1. 趙蔭棠《等韻源流》，北京：商務印書館，1957；2. 李新魁《漢語等韻學》，北京：中華書局，1983；3. 耿振生《明清等韻學通論》，北京：語文出版社，1992；4. 葉寶奎《試論〈書文音義便考私編〉音系的性質》，《古漢語研究》2001 年第 3 期；5. 甯忌浮《李登與明末南京方音——讀〈書文音義便考私編〉》，《南大語言學》第三編，北京：商務印書館，2008；6. 甯忌浮《漢語韻書史》（明代卷），上海：上海人民出版社，2009；7. 王松木：《明代等韻之類型及其開展》，臺北：花木蘭文化出版社，2011。

此次據萬曆十五年（1587）陳邦泰刻本影印。

重訂中原音韻

明葉以震譔。

葉以震生平事迹待考。《重訂中原音韻》首頁題署"高安周德清編輯，吴興王文璧增注，古吴葉以震校正"。

天津圖書館歷史文獻部藏有三個版本：1. 三槐堂刻本，四册，封面上印有"中原音韻問奇集"。2. 三槐堂刻本，兩册，封面印有"中原音韻問奇集"。3. 無封面，分爲兩册。

三種版本都分爲兩卷，而且都分爲"序""凡例""目録"和"韻譜"四個部分。王静嫻認爲《重訂中原音韻》與欞李蓟氏刻本《中原音韻》《中

① 趙蔭棠：《等韻源流》，北京：商務印書館，1957，第 211—214 頁。

② 李新魁：《漢語等韻學》，北京：中華書局，1983，第 287 頁。

③ 耿振生：《明清等韻學通論》，北京：語文出版社，1992，第 190 頁。

④ 葉寶奎：《試論〈書文音義便考私編〉音系的性質》，《古漢語研究》2001 年第 3 期。

⑤ 甯忌浮：《漢語韻書史》（明代卷），上海：上海人民出版社，2009，第 285—292 頁。

原音韻問奇集》出自同一底本，是一部有别于《中原音韻》的南曲韻書，其音韻性質是南音而非北方官話。《重訂中原音韻》的成書年代約爲1601年前後。[①]

《重訂中原音韻》體例完全承襲周德清《中原音韻》，由序、凡例、目録、韻譜四部分組成。全書分兩卷，共十九韻。第一卷爲一到九韻，即東鐘、江陽、支思、齊微、魚模、皆來、真文、寒山、桓歡九韻；第二卷爲十到十九韻，即先天、蕭豪、歌戈、家麻、車轍、庚青、尤侯、侵尋、監咸、廉纖十韻，其中後三韻標注有“閉口韻”字樣。

據王靜嫻考察，該書共有33個聲類，保留全濁聲母，但濁音清化現象已經開始，非敷奉合流，疑母洪音字與喻三合流，但仍然保留鼻音聲母的發音，而細音字則與喻四一起向影母轉變，成爲零聲母字。聲調分九類：陰平、陽平、上聲作平聲、去聲作平聲（陽）、入聲作平聲（陽）、上聲、入聲作上聲、去聲、入聲作去聲。不僅入聲韻存在，入聲調也存在。平聲根據清濁分爲陰平、陽平，是實際語音的體現。

王靜嫻認爲《重訂中原音韻》反映的是“明末以南京話爲代表的南方官話，這樣的語音系統雖然屬於南方語音，但卻直接組承了北方話，也就是《中原音韻》所代表的北方音系，這也就是爲什麽，《重訂中原音韻》采用了作爲北方語音爲代表的《中原音韻》和吴語代表的《中州音韻》作爲校訂的對象。”

相關研究成果可參見王靜嫻《明葉以震〈重訂中原音韻〉研究》（2007年首都師範大學碩士學位論文）。

此次據三槐堂刻本影印。

重訂司馬温公等韻圖經

明徐孝譔。

徐孝，自稱“金台布衣”“韻軒居士”，生平事迹不詳。《四庫全書總目提要》稱之爲明萬曆時期順天人，郭力經過實地調查，認爲徐孝是河北

① 王靜嫻：《明葉以震〈重訂中原音韻〉研究》，北京：2007年首都師範大學碩士學位論文。

保定地區完縣人。[①]周賽華根據張必忠《金臺夕照何處尋》，對北京金臺地名進行考證，認爲："由於在歷史書上没有徐孝身世的有關記述，故而僅憑金臺難以十分明確肯定徐氏的籍貫。只能大致説徐孝出生在北京及其附近地區。""郭力先生的推測也僅僅衹是推測而已。"[②]《重訂司馬温公等韻圖經》由張元善校刊。

《重訂司馬温公等韻圖經》(《以下簡稱《等韻圖經》）成書於明萬曆三十年（1602）[③]，"重訂於萬曆三十年（1602）正月初三起，至二月二十五日止，比喬中和《韻譜》早八九年，比吕氏《交泰韻》早一年，比利瑪竇與金尼閣之標音早數年或二十年"。[④]《等韻圖經》與韻書《合併字學集韻》、字書《合併字學集篇》合刊爲《合併字學篇韻便覽》，三者互爲表裡，相輔相成。

欲探明《等韻圖經》的傳世版本，離不開對《合併字學篇韻便覽》版本的考察。據筆者訪查，《合併字學篇韻便覽》有六種版本傳世，分别爲：

1. 明萬曆三十四年（1606）張元善刻本

現藏西北師範大學圖書館，已收入《四庫全書存目叢書·經部·小學類》第193册。該本卷首有沈一貫、張元善、沈鯉、馬應龍、蕭大亨序和陳之龍跋，《等韻圖經》卷末闕"引證"内容，現存22卷。

2. 明萬曆三十五年（1607）張元善刻本

現藏江西省圖書館，版式、内容與中國國家圖書館藏本同。《罕見韻書叢編》所收即是這一版本。該本卷首有沈一貫、張元善序，存11卷。

3. 明萬曆間刻本

藏中國國家圖書館，卷首有沈一貫、蕭大亨、張元善序，無沈鯉、馬應龍序及陳之龍跋，卷内鈐"明善堂覽書畫印記""安樂堂藏書記"諸印鑒，存11卷。

4. 明萬曆戊申年（1608）張元善刻本

---

① 郭力：《古漢語研究論稿》，北京：北京語言大學出版社，2003，第11頁。

② 周賽華：《〈合併字學篇韻便覽〉研究》，武漢：湖北人民出版社，2005，第2—3頁。

③ 一説初刊於萬曆三十四年（1606）。

④ 趙蔭棠：《等韻源流》，北京：商務印書館，2011，第233頁。

版式、内容與萬曆三十五年（1607）張元善刻本同，現藏韓國首爾大學，存 11 卷。

5. 趙蔭棠藏抄本

現藏於臺灣師範大學圖書館特藏室，存 11 卷。

6. 陸志韋在《記徐孝〈重訂司馬温公等韻圖經〉》中所抄録的抄本。

以上諸本，西北師範大學藏本 22 卷，中國國家圖書館藏本、江西省圖書館藏本、首爾大學藏本、趙蔭棠舊藏抄本本俱 11 卷。藏舘著録刊印時間分别是萬曆三十四年（1606）、萬曆三十五年（1607）、萬曆戊申年（1608），全據卷首序文時間著録。然張元善序云："是書之作，長犺甫離抱，迄於今二十載而成，間嘗置兒膝前相爲授受。適承侍禦余公、孔公訪余林下，出是書折衷之。二公輒爲嘉與，欲鋟諸梓，以廣其傳。第恐管窺蠡測徒爲木災，不敢付之剞劂。乃辱二公過爲誇許，又不敢不付之剞劂。卷帙既畢，爰就殺青。"《合併字學篇韻便覽・凡例》云："舊等字三千四百七十，止收韻聲一千八百五十……今復重訂於萬曆三十年（1602）正月初三日起，至二月二十五日止。"萬曆戊申（1608）蕭大亨序云："惠安張公鐫《合併字學篇韻便覽》一書，凡三易梓矣。"準此，則當時《合併字學篇韻便覽》曾連續三年刊刻過三種版本。

但經過比勘不難發現，以上版本雖於内容上不無小的改易，但總體差異不大。最大不同，在卷首序文的多寡。這就不能不令人對"凡三易梓"產生懷疑，"這樣一部卷帙浩繁的作品，在當時的技術條件下，在如此短的時間内重新製版印刷，簡直是難以想象的。"因此，周賽華推測："該書在萬曆年間刊印過三次，後兩次衹是在原版基礎上，增添了序文，或有其他少許的增補和更正。總之，大體格局是没有什麼改變的。"① 而甯忌浮認爲："《便覽》全書不是一次刻印成功的，很可能是分三次刻印的。"② 甯先生的觀點很值得重視，故我們暫定《合併字學篇韻便覽》的成書時間爲 1606—1608 年間。

《等韻圖經》是一部等韻圖，雖冠以"司馬温公"，卻與《切韻指掌圖》無關，是徐氏根據時音歸併元代劉鑒《經史正音切韻指南》而成。③ 張

① 周賽華：《〈合併字學篇韻便覽〉研究》，武漢：湖北人民出版社，2005，第 6 頁。
② 甯忌浮：《漢語韻書史》（明代卷），上海：上海人民出版社，2009，第 243 頁。
③ 趙蔭棠：《等韻源流》，北京：商務印書館，2011，第 232 頁。

元善《合併字學篇韻便覽序》論及韻圖編纂之由，云：

> 大抵類形者主母統子而不類聲，類聲者主子該母而不類形，雖美而未盡也。宋司馬光創爲《指掌清濁二十圖譜》，而立爲三十六字母，以取切而字有攝。而元之安西劉士明則編有《經史正音切韻指南全書》，二君蓋彙前書而兼得之者也。第篇中形之相類者雜於他部，聲之相協者散在别音，雖爝火無傷於大明，而微塵纖埃豈全鏡所宜有哉？余暇時涉獵諸書，與通曉字義者互相闡發，稍知篇韻。於是博訪韻軒徐子暨諸名士之工於篇韻者，殫精抽思，遡流窮源，删昔一十六攝爲十三攝，改三十六母爲二十二母，令母必統於攝，聲必屬於母，分攝宜而字母安。

張元善、徐孝有鑒於語音嬗變，欲藉重新編訂的反映時音的韻圖，以矯正傳統韻圖不合時宜之弊，故名之曰《重訂司馬温公等韻圖經》。

《等韻圖經》的影響遠遠超過《合併字學集韻》和《合併字學集篇》，故此次將其與韻書《合併字學集韻》離析爲二，分别影印。

《等韻圖經》共二十五圖，每圖横列十五行，分列二十二字母。其中有三個字母帶方框，表明這三個聲母在實際語音中已經不存在了，所以實際聲母有十九個：

見 [k]	溪 [k′]	曉 [x]	影 [ø]
幫 [p]	滂 [p′]	明 [m]	非 [f]
端 [t]	透 [t′]	泥 [n]	來 [l]
精 [ts]	清 [ts′]	心 [s]	
照 [tʂ]	穿 [tʂ′]	審 [ʂ]	日 [ʐ]

韻母系統分爲十三攝，即爲十三韻部：通、止、祝、蟹、壘、效、果、假、拙、臻、山、宕、流。徐孝的十三攝與後來清代早期流行的十三轍相當。

聲調分平、上、去、如四聲，“平”爲陰平，“如”爲陽平，無入聲。

關於《等韻圖經》的音系性質，陸志韋認爲韻圖所反映的除了當時的北京音，還有其他方言[①]；李新魁認爲它“依據的基本上是當時的河北方言的讀音，與傳統的韻書音已經没有明顯的聯繫”[②]；耿振生認爲是明末北京音系[③]；鄭智穎認爲：“從《等韻圖經》所收例字來看，這些字的讀音許多已經與現在北京音很相似了，根據前人的研究成果，我們認爲《等韻圖經》所反映的仍是一個以明末北京語音爲主，或許雜有少量河北方音的音系。”[④]

關於《圖經》的主要研究成果有：1. 陸志韋《記徐孝〈重訂司馬温公等韻圖經〉》，《燕京學報》1947 年第 32 期；2. 趙蔭棠《等韻源流》，北京：商務印書館，1957；3. 李新魁《漢語等韻學》，北京：中華書局，1983；4. 劉英璉《〈重訂司馬温公等韻圖經〉研究》，1987 年臺灣高雄師範學院國文所碩士學位論文；5. 郭力《〈重訂司馬温公等韻圖經〉心、敷、微三母試析》，《漢字文化》1989 年第 4 期；6. 耿振生《明清等韻學通論》，北京：語文出版社，1992；7. 郭力《〈重訂司馬温公等韻圖經〉體例辨析》，《古漢語研究》1993 年第 4 期；8. 周賽華、張曉東《關於〈等韻圖經〉止攝合口中等照組字韻母的擬音問題》，《武漢理工大學學報》（社會科學版）2002 年第 6 期；9. 郭力《〈重訂司馬温公等韻圖經〉研究》，《古漢語研究論稿》，北京：北京語言文化大學出版社，2003；10. 周賽華《徐孝〈等韻圖經〉中捲舌元音之再探——兼説捲舌元音與兒化韻的關係》，《語言研究》2003 年第 2 期；11. 郭力《〈重訂司馬温公等韻圖經〉的聲母系統》，《古漢語研究》2004 年第 2 期；12. 張銀龍、施偉偉《郭力先生〈等韻圖經〉作者徐孝籍貫之考訂》，《長春師範學院學報》（哲學社會科學版）2005 年第 6 期；13. 鄭智穎《〈重訂司馬温公等韻圖經〉與〈音泭〉之比較》，2006 年福建師範大學碩士學位論文；14. 王爲民《再論〈重訂司馬温公等韻圖經〉止攝合口中等照組字韻母的音值》，《徐州師範大學學報》（哲學社會科學版）2006 年第 5 期；15. 周賽華《重論〈等韻圖經〉止攝合口照組字韻母的擬音》，《古漢語研究》2010 年第 1 期；16. 林琳《從〈中原音韻〉到〈等韻圖經〉牙喉音開

---

① 陸志韋：《記徐孝〈重訂司馬温公等韻圖經〉》，《燕京學報》1947 年第 32 期。

② 李新魁：《漢語等韻學》，北京：中華書局，1983，第 335 頁。

③ 耿振生：《明清等韻學通論》，北京：語文出版社，1992，第 175 頁。

④ 鄭智穎：《〈重訂司馬温公等韻圖經〉與〈音泭〉之比較》，2006 年福建師範大學碩士學位論文。

合口演變》,《福建師範大學福清分校學報》(哲學社會科學版)2010年第4期等。

此次據明萬曆丁未(1607)張元善自刊本影印。

交泰韻

明吕坤譔。

吕坤(1536—1618),字書簡,别號心吾、新吾,晚年又號抱獨居士,河南寧陵(今河南寧陵縣)人,明末思想家,萬曆二年(1574)進士,累官至刑部侍郎。

《明史・吕坤傳》載:“爲襄垣知縣,有異政調大同,征授户部主事歷郎中。遷山東參政,山西按察使,陝西右布政使。擢右僉都禦史,巡撫山西。居三年,召爲左僉都禦史。歷刑部左右侍郎。”[①] 吕氏著作,除《交泰韻》外,尚有《去僞齋文集》十卷、《明職》一卷、《呻吟語》六卷、《四禮疑》五卷、《四禮翼》四卷、《吕公實政録》七卷等諸書行於世。萬曆四十六年(1618)卒,“卒贈刑部尚書。諭祭葬賜廟”。[②]

《交泰韻》成書於萬曆三十一年(1603),晚於《中原音韻》近三百年。《交泰韻》傳世版本有:萬曆時期刻本,藏福建省圖書館,收入《四庫全書存目叢刊》。明末胡正言十竹齋刻本,收入《續修四庫全書》。萬曆初刻清同治光緒間修補印《吕新吾全集》本。萬曆本有漫漶,故此次據十竹齋刻本影印。

吕坤原計劃編篇韻相配的兩部弘著,《交泰韻》是韻書的凡例、總目,惜乎夙願未能實現。《交泰韻序》云:“書雖不具,而無一體不括《凡例》中,無一字出於《總目》外。”《凡例》有二十五條:明本旨、辨體裁、辨子聲、辨母字、定首領、辨通用、辨反切、辨五音、辨分合、辨音韻、辨字義、辨平入、辨主客、辨陰陽、精檢閱、辨定切、辨字型大小、合中聲、辨五方、辨清濁、押葉例、轉聲例、定譜式、清繁碎、辨古今。《凡例》後另有:入聲辨異、六書定解、平入相近、韻家五音三十六字母。計劃中的

---

① 《明史》卷二二六,北京:中華書局,1974,第5937頁。

② 《河南通志》,雍正年間刊本,第4頁。

韻書收字之範圍、注釋之依據,《凡例》有所交代。

《總目》依次開列二十一韻部。每個韻部分陰陽兩類，古全清、次清聲母字爲陰類，古全濁、次濁聲母字爲陽類。然後排列連聲小韻的首字及反切，小韻無一定次序，韻字無注釋。吕坤計劃中的韻書音系結構,《總目》已全面展示出來。

《交泰韻》與《洪武正韻》、章黼《併音連聲韻學集成》有傳承關係。吕坤效法章黼，將《洪武正韻》改並爲二十一部七十二韻，並在《總目》下及《凡例》中交代了對《洪武正韻》《並音連聲韻學集成》韻部的繼承與分併。[①]

吕坤意識到用傳統"助紐字"來輔助拼讀的不便，主張"信口便是法門"，純從唇吻來製造反切，其《自序》中云"韻名'交泰'，以上下呼應也"，這是他改良反切的理論基礎。

該書以同調字（特别是陰陽平）爲反切下字，而反切上字則平、入聲字互用。如"通"本"他紅切"，改爲"他翁切"；"東"本"德紅切"，改爲"篤翁切"。這種平、入互用，吕坤稱之爲"天地交泰"。吕坤改良反切的最大特點，就是切下字儘量使用零聲母字，這樣便於與切上字連讀而成被切字的讀音，這是一大進步。

然而，吕氏改良反切也帶來了一些問題，如有的韻中零聲母字少，不得不使用冷僻的字作切下字，有的韻類根本没有零聲母字，反而在一定程度上影響了拼合效果。

此外,《交泰韻》采用"聲介合母"的方法，即反切上字與被切字具有相同的介音。吕氏制定的反切，切下字往往只拼讀韻腹以後的部分，介音的不同，由聲母來表示，即切上字决定聲母的開合。然而，如果切下字與被切字開合一致，則切上字的介音就變成冗餘成分。

在編排體式上,《交泰韻》改變了傳統韻圖的單一形式，以韻類爲綱，韻分陰陽，采用韻部—陰陽—聲類—聲調的編纂體例。一圖内分兩部分，每部分縱列平上去入四聲，代表一組聲母，每字下注明反切。平上去入四聲相承，[②] 入配陰陽。此外，韻書中還采用附音的辦法來處理一些特殊情

① 甯忌浮:《漢語韻書史》(明代卷)，上海：上海人民出版社，2009，第207頁。

② 《交泰韻》采取平上去入四聲相承的編排體式，但平上去入的體式下卻隱含著六個調類，因爲平入各分陰陽。

況。

關於《交泰韻》的聲母分類，有兩種觀點：一種認爲有十九個，没有v母。（李新魁、何九盈、甯忌浮持此説）；另一種認爲有二十個，存有v母（耿振生持此説）。《交泰韻》十九聲母：

見[k]	溪[k′]		曉[x]	影[o]	
端[t]	透[t′]	泥[n]		來[l]	
幫[p]	滂[p′]	明[m]	非[f]		
精[ts]	清[ts′]		心[s]		
照[tʂ]	穿[tʂ′]		審[ʂ]		日[ʐ]

韻分二十一部：

東、真、文、寒、删、先、陽、庚、青、支、齊、魚、模、皆、灰、蕭、豪、歌、麻、遮、尤。

韻分陰陽，指每個韻部根據反切下字陰陽調的不同而分。實有37個韻母，甯忌浮已構擬出來。①

據甯忌浮考察，《交泰韻》無入聲。吕坤家鄉話與《交泰韻·平入相近》所列舉的相同。古入聲字讀同平聲字，其規律是：全濁讀陽平，次濁讀陰平，清音讀陰平。《交泰韻》十二個陰聲韻中，皆、灰、蕭、豪、尤五韻没有古入聲字，與現代商丘方言一致。②

關於《交泰韻》的語音性質，以耿振生爲代表提出了方音口語説，認爲這是一部反映明代河南方言口語音的著作。③張偉娥研究認爲"《交泰韻》是一部以中原官話爲基礎，以表現當時官話共同語語音爲主流，但又雜有地方色彩的語音系統。這個語音系統既帶有存雅求正的特點，又融入了作者自己對實際語音的感受，是一個既雅正又時音又方音的複合音系"。④甯忌浮認

① 甯忌浮：《漢語韻書史》（明代卷），上海：上海人民出版社，2009，第224頁。

② 甯忌浮：《漢語韻書史》（明代卷），上海：上海人民出版社，2009，第217—223頁。

③ 耿振生：《明清等韻學通論》，北京：語文出版社，1992，第186頁。

④ 張偉娥：《〈交泰韻〉音系研究》，2002年山東師範大學碩士學位論文。

爲："吕坤給後人留下一個完好的 16 世紀末 17 世紀初的中原官話音系。"①

研究《交泰韻》的成果，主要有：1. 李新魁《漢語等韻學》，北京：中華書局，1983；2. 李新魁《漢語音韻學》，北京：北京出版社，1986；3. 何九盈《中國古代語言學史》，北京：北京大學出版社，1983；4. 耿振生《明清等韻學通論》，北京：語文出版社，1992；5. 金鐘贊、葉寶魁《吕坤〈交泰韻〉音系研究》，韓國《中語中文學》2003 年第 33 輯等對此書均有研究。

其他相關研究論文可參見：1. 楊秀芳《論〈交泰韻〉所反映的一種明代方音》，《漢學研究》1987 年第 2 期；2. 黄笑山《〈交泰韻〉的零聲母和聲母 [v]》，《厦門大學學報》1990 年第 3 期；3. 張偉娥《〈交泰韻〉音系研究》，2002 年山東師範大學碩士學位論文；4. 張偉娥《論〈交泰韻〉的入聲》，《邢臺職業技術學院學報》2002 年第 1 期；5. 葉寶奎《試論吕坤〈交泰韻〉音系的性質》，《音韻論叢》，濟南：齊魯書社，2004；6. 周傚省《吕坤的韻學思想與〈交泰韻〉的反切特徵》，《西南交通大學學報》2007 年第 4 期；7. 甯忌浮《漢語韻書史》（明代卷），上海：上海人民出版社，2009 等。

此次據明末胡正言十竹齋刻本影印。

泰律

明葛中選譔。

葛中選（1577—1636），字見堯，號澹淵，精律吕，雲南河西（今通海河西縣）人。明萬曆二十八年（1600）中庚子科舉人，歷任湖北嘉魚縣令、廣西思恩知府、廣西按察使副使、南京大理寺右評事、陜西苑馬寺正卿等職。葛中選博覽群書，善詩、書、畫，尤其精於律吕，晚年回鄉潛心研究。②

---

① 甯忌浮：《漢語韻書史》（明代卷），上海：上海人民出版社，2009，第 225 頁。

② 陳昌榮《〈泰律〉跋》云："澹淵公生明季，甫三歲能辨鳥音。少長，讀書雲峨石，九歲始歸。同里徐、耿兩巡撫異之。萬曆間以孝廉授湖廣嘉魚長，累官苑馬寺卿。公之學，首音律、次文藝，尤喜詩畫。自爲諸生及服官，無日不披吟綜覽群書。精易象、《周禮》，作《陰陽圖》，以六十四卦配爲陰陽之聲，與五音交而成《泰律》一書。精深奥衍，人鮮知者。……明神宗問天下奇才，文毅皆舉公對。……子慎修以孝廉授貴州平越府。"光緒壬寅（1902）重刊《泰律》卷首。

《泰律》又名《太律》，是一部音韻和音樂理論的專著，書前有明代學者焦竑作於萬曆戊午年（1618）的序言，又有董應舉、汪潤之的序各一篇。

傳世版本有：1. 明刻本，藏中國音樂研究所圖書館；2. 明人金聲萬曆年間刻本，藏無錫市圖書館；3. 清嘉慶十五年（1810）滇學使署刻本；4. 清光緒甲辰（1904）刊本；5.《雲南叢書》本。因明清刊本藏舘不允複製，此次僅據《雲南叢書》本影印。

《泰律》全書百萬字之巨，十二卷，外三卷，他把音律和“氣”、干支等概念套在音韻系統身上，提出一系列的理論。以樂律分析語音，以語音闡明樂律，二者互爲表裡。

此書將聲韻調分列爲幾種圖，一種是“專氣音圖”，最上一行横列“疾”“遲”兩類音，下一列又分列“黄鐘”“大吕”等音律的名稱，下又分爲四欄列四呼，四呼又稱爲張口、解口、合口、撮口。一欄之内再分平上去入四聲，交合處列聲韻相拼之字。圖下又有兩行，一行又列音律之名，最下一行注明三十六字母，共分十二圖。

另一種是“專氣圖”。圖中横行最上一行標明“出”“入”，他們代表不同的韻類，下注宫商等音；縱分四欄，列平上去入四聲，一欄之内又分正、昌、通、元四類，代表四呼。這是改變上一種韻圖的排列方式，改以聲調分欄，而一欄之内列四呼之字。最下一欄列宫商等六律，下又注明干支。

“專氣圖”分爲三十二類，按聲母排列，聲母稱爲初息、二息、三息，黄聲、大聲、太聲，疾比、遲比等名目，這是以聲母爲綱分圖，共分三十二圖。總之，上面兩種圖一按韻排，一按聲排，以一欄納調，以一欄納呼。[①]

還有一種圖是“直氣聲音定位圖”。此圖按韻列字，但將四聲的次序倒爲上、平、去、入，也分爲十二圖，圖例與“專氣圖”差不多，只不過是此圖與平聲處併列兩字，表示平聲化爲兩類，即有陰、陽平之分，而聲母的差異也在聲調的平聲分列兩行的情況下併而爲一，字母雖仍分列兩母，但實已同歸一行。這個圖是用來表示聲調之分化與聲母的删並之間的關係的。

① 關於“專氣音圖”，陳長祚有專門校注、評價，見陳長祚：《雲南漢語方音學史》，昆明：雲南大學出版社，2007，第165—218頁。

葛中選云：

> 聖人製律考聲與畫卦演籌同一妙用，操術雖簡，必有以總陰陽之會，而申旁通曲貫之用者，特後世失其傳也。今余《泰律》以宫商角徵羽别出“華”，“華”乃音母，即《淮南》所謂“和”也。一一從其類以叶之，韻無一不括：以“黄”“大”“太”“夾”等字爲母，一一從其類以切之，聲無一不統。四聲合矣，四等歸矣，重者刪之，離者併之，缺者補之，横竪曲直，截然整齊，以聲求律，以律求聲，呼之而自應，不約而自會，此豈出於人爲？試觀“黄”“大”“太”一十七字，盡括諸母，不多不少，有應有約，則人不徒用以名律，實用以取聲。昭昭矣，由此以觀陰陽六氣之變，與造化訢合，聖人復起不易吾言矣。[①]

葛氏這樣做的目的何在？李新魁指斥：“在明清各等韻學者中，葛氏的論説，可算是最爲玄奥和玄學氣氛最爲濃厚的了。”[②]這種評價具有一定的局限性。耿振生的評價較爲公允，認爲：“作者在一部書中編了幾種形式不同而音系相同的韻圖，是爲了把語音的結構關係解釋透徹，從而從不同角度，用不同的方法來分析語音。”[③]王松木的評價則更加中肯，説：“葛中選《泰律》編製三種形制不同的韻圖，並非專爲客觀記録實際語音而設，而是想要藉由不同形制韻圖，從不同的角度來闡發‘聲氣同原’的哲學思想。因此，解釋韻圖形制及編排體例時，切不可將韻圖從原本的文化語境中抽離，一厢情願地以今日觀點强附在古人身上，否則不僅扭曲作者的原意，更在無形中淹没了韻圖本有的特色。”[④]王先生此説，具有一定新穎性、合理性，很值得我們重視。

關於聲母，葛氏“采用三十六字母與律名相配來表示聲類系統，把聲母分爲‘正聲’和‘側聲’兩類。見、端、影組母爲‘正聲’，幫、精組爲‘側聲’。他還用‘疾’表清聲，‘遲’表濁聲。實際的聲母並無三十六之數，只得二十五類。這二十五類聲母中，保存有全濁音。書中包含的實

---

① [明] 葛中選：《泰律》卷八，《泰律問・標問》。

② 李新魁：《漢語等韻學》，北京：中華書局，1983，第116頁。

③ 耿振生：《明清等韻學通論》，北京：語文出版社，1992，第195頁。

④ 王松木：《明代等韻之類型及其發展》，臺北：花木蘭文化出版社，2011，第305頁。

際聲母有二十個”。[①]

關於韻母，葛氏用“音”表示韻母，用樂律的五音表示。五音加上他分出的“華音”，即得宫、商、角、徵、羽、華六大類。這六大類韻母是他比合樂律所得。六類下又再别爲“内運”與“外運”，分爲十二韻類。

關於聲調，分平、上、去、入四聲，但平聲中有清濁之分。此書把四呼稱爲正、昌、通、元，這叫“四規”，又把聲調平、上、去、入稱爲“四衡”。葛氏强調“四衡以規爲則”，把四聲（衡）與四呼（規）結合起來，亦即每呼都有四聲。

《泰律》的學術價值主要表現在兩個方面：一是分析了語音的構成成分，設立了語音分析範疇；二是葛氏運用其語音分析理念，製作了當時漢語官話的韻圖，描寫了一個完整的明末官話語音系統。

關於《泰律》的相關研究，主要有：1. 李新魁認爲：葛中選從音律角度來研究等韻學，其創作的《泰律》成爲明清時期以音律來分析等韻的典型作品。書中描繪的語音系統整齊有序，也包括了許多實際不存在的音節，但它以大量史實記載了當時雲南漢語方音的狀況，是一部記載漢民族共同語和雲南漢語方音的重要資料。[②] 2. 耿振生將《泰律篇》劃歸在反映雲南實際語音的官話方言中，但認爲葛氏以律吕與聲母相配，分出十對正聲、五對側聲，現實中的聲母不能與這個數字相符，於是韻圖中有的地方把一個聲母分成兩個，有的地方又把兩個聲母合在一起。由於以聲韻附會術數、律吕，就導致了韻圖音系部分地背離實際語音。[③] 3. 張玉來、戴飛認爲：葛氏運用其語音分析理念，描寫了一個完整的明末官話語音系統。[④] 4. 群一《〈泰律篇〉研究》(《雲南文史叢刊》1992 年 2 月)、《雲南漢語方音史稿》三（《昆明高等師範專科學校學報》哲學社會科學版 1999 年第 3 期）認爲，此書爲研究普通話音系形成和雲南方言音系形成提供了十分珍貴的史料。5. 王松木《明代等韻之類型及其發展》第五章（臺北：花木蘭文化出版社，2011），從分析《泰律》體例入手，通過梳理重要的音韻術

① 李新魁:《漢語等韻學》，北京：中華書局，1983，第 385 頁。

② 李新魁:《漢語等韻學》，北京：中華書局，1983，第 385 頁。

③ 耿振生:《明清等韻學通論》，北京：語文出版社，1992，第 195 頁。

④ 張玉來、戴飛:《論葛中選〈泰律〉的音韻學價值》，《山東大學學報》（哲學社會科學版）2012 年第 4 期。

語，藉以管窺葛中選的音韻學思想，提出其韻圖的形制、體例都明顯地受到作者主觀意識的制約，從而發掘出了《泰律》人文價值。6. 何雲《葛中選和他的〈泰律〉》(《芒種》2012年第7期)，則從音樂理論角度研究律呂、五聲和宫商的關係，發覺其在音樂上的價值。

此次據《雲南叢書》本影印。

合併字學集韻

明徐孝、張元善譔。①

徐孝生平無考，徐孝里籍。可參見本書卷五《重訂司馬温公等韻圖經·提要》。

張元善（1541—1609）明德州永城（今河南商丘永城縣）人，彭城伯張麟之後，惠安伯張鑭之子，隆慶四年（1570）僉書後府事，蔭襲榮禄大夫柱國惠安伯，萬曆三十七年（1609）卒。《明史》有傳。

《合併字學集韻》十卷，是《合併字學篇韻便覽》的韻書部分。《合併字學篇韻便覽》由韻書、字書、韻圖三個部分組成，字書是《合併字學集篇》十卷、附《合併字篇拾遺》一卷，韻圖是《重訂司馬温公等韻圖經》一卷，另附《四聲領率譜》一卷於韻書之後。卷首有序跋六篇、"引用先賢姓氏"、"重修合併篇韻姓氏"、"引用諸書"、"凡例"等，卷末附有"合併字學篇韻便覽引證"。

由《合併字學篇韻便覽》序跋可知，該書譔寫時間分别是萬曆丙午（1606）、丁未（1607）、戊申（1608），甯忌浮因此認爲，"《合併字學篇韻便覽》全書不是一次刻印成功的，很可能是分三次刻印的"。② 甯先生的觀點很值得重視，故我們暫定該書成書時間爲1606—1608年間。

《合併字學篇韻便覽》傳世版本介紹，可參見本書卷五《重訂司馬温公

---

① 張元善序云："是書之作，長𤞑（張元善長子張慶臻——引者）甫離抱，迄於今二十載而成。間嘗置兒膝前，相爲授受。適承侍禦余公、孔公訪余林下，出是書折衷之。二公輒爲嘉與，欲鋟諸梓，以廣其傳。第恐管窺蠡測徒爲木災，不敢付之剞劂。乃辱二公過爲誇許，又不敢不付之剞劂。卷帙既畢，爰就殺青。"可見張元善不僅僅是編寫工作的組織者和全書的校勘者。因此，周賽華認爲："該書的主要編撰者似乎應是徐孝和張元善二人。"（周賽華：《〈合併字學篇韻便覽〉研究》，武漢：湖北人民出版社，2005，第2頁）

② 甯忌浮：《漢語韻書史》（明代卷），上海：上海人民出版社，2009，第243頁。

等韻圖經·提要》。《合併字學篇韻便覽》極其難覓，中國國家圖書館、江西省圖書館、西北師範大學圖書館所藏、除《重訂司馬温公等韻圖經》外，字書、韻書均有殘缺。各館收藏的大致情況如下：

1.《合併字學集韻》：中國國家圖書館藏萬曆刻本、中國社會科學院語言研究所藏明刻本、西北師範大學圖書館藏明刻本，殘缺卷十、《四聲領率譜》。

2.《合併字學集篇》：江西省圖書館藏明刻本、西北師範大學圖書館藏明刻本、中國社會科學院語言研究所藏明刻本（僅存《合併字篇拾遺》一卷）。

3.《四聲領率譜》一卷，中國國家圖書館藏萬曆刻本。

《四庫全書存目叢書》將西北師範大學藏本影印收入。香港長江文化出版公司的《罕見韻書叢編》，亦僅收入《合併字學集韻》（卷十缺）。

《合併字學篇韻便覽》字書、韻書、韻圖三位一體的格局，前有所承。甯忌浮認爲："這種格局顯然是效法金朝人韓孝彦、韓道昭父子的《改併五音類聚四聲篇》《改併五音集韻》和《澄鑒圖》。""韓氏的《篇》《韻》可以説是張元善的教科書，是《合篇》《合韻》的藍本。《合併字學篇韻便覽》，'合併'，是全書的靈魂，'合併'展示了《合併字學篇韻便覽》的價值。'合併'什麽？《合篇》是合併《改併五音類聚四聲篇》的部首，《合韻》是合併《改併五音集韻》的韻部、小韻。"[①] 合併的依據是什麽？是時音，即書中所謂的"世音""通用時俗之音"。

甯忌浮比較了《合併字學集韻》《中原音韻》的語音結構，發現二書音系差異不大。《中原音韻》和《合併字學集韻》都把古入聲字合併到陰聲韻中，但二者的歸韻走向不盡相同。《合併字學集韻》的異讀，與《中原音韻》也比較一致。從而甯先生認爲："《合韻》的又讀，當是元大都音的遺存。""這些元大都音也是明代萬曆年間北京的口耳所習。"[②]

《合併字學集韻》有19個聲母，45個韻類。陸志韋《記徐孝〈重訂司馬温公等韻圖經〉》、王力《漢語語音史》、耿振聲《明清等韻學通論》、郭力《古漢語研究論稿》、周賽華《〈合併字學篇韻便覽〉研究》、甯忌浮《漢語韻書史》等先後做了構擬，可參見。

① 甯忌浮：《漢語韻書史》（明代卷），上海：上海人民出版社，2009，第244頁。

② 甯忌浮：《漢語韻書史》（明代卷），上海：上海人民出版社，2009，第248—250頁。

《合併字學集韻》共收83191字，韻字主要有四個來源——《五音集韻》《改並五音類聚四聲篇》《詞韻》《合併字學集篇》。[①]

《合併字學篇韻便覽》是漢語辭書史上的大製作，《合併字學集韻》是韻書史上收字最多的大型韻書。陸志韋先生認爲它的語音系統是“十七世紀初年官話音”，甯忌浮先生認爲《合併字學集韻》反映了十七世紀的北京音，是“普通話語音史的一座里程碑”。[②]

《合併字學篇韻便覽》相關的研究成果主要有：1. 陸志韋《記徐孝〈重訂司馬温公等韻圖經〉》，載《陸志韋金代漢語音韻論集》，北京：商務印書館，1988；2. 王力《漢語語音史》，北京：中國社會科學出版社，1985；3. 曹正義《革新韻書〈合併字學集韻〉述要》，《文史哲》1987第5期；4. 耿振生《明清等韻學通論》，北京：語文出版社，1992；5.［日］吉田久美子《〈合併字學集韻〉的疑母》，《漢字文化》1999年第2期；6. 王爲民《〈合併字學集韻〉音系研究》，2001年徐州師範大學碩士學位論文，2001；7. 郭力《古漢語研究論稿》，北京：北京大學出版社，2003；8. 耿軍《〈合併字學篇韻便覽〉研究》，2004年蘇州大學碩士學位論文；9. 周賽華（《〈合併字學篇韻便覽〉研究》，武漢：湖北人民出版社，2005；10. 甯忌浮《漢語韻書史》（明代卷），上海：上海人民出版社，2009等。

此次將萬曆三十五年（1607）丁未張元善自刊本（卷一至卷九）、萬曆間刻本（卷十、《合併字篇拾遺》）配成全帙影印。

元韻譜

明喬中和譔。

喬中和，字還一，河北内邱人，生卒年待考。

《内邱縣誌卷二・選貢》云：“萬曆年戊戌，喬中和仕垣曲知縣，升太原府通判，以間任歸田，著述詳《文紀》，事實詳《鄉賢》，敕封詳前。”[③] 喬中和曾被舉薦爲理學之士，著述頗豐。據《河北通志稿・藝文志三》載，喬中和所著尚有《説易》十卷、《圖書衍》五卷、《元韻譜》五十四卷、《葩

① 甯忌浮：《漢語韻書史》（明代卷），上海：上海人民出版社，2009，第255頁。

② 甯忌浮：《漢語韻書史》（明代卷），上海：上海人民出版社，2009，第260頁。

③ 汪匡鼎原本、施彥士續纂修《内邱縣誌》，道光十二年增刻重印本。

經旁意》一卷、《經義考》、《説疇》一卷、《大易通變》六卷、《古大學注》、《大九數》一卷、《陰符經注》一卷、《喬還一外集》二卷。①

傳世《元韻譜》版本有兩個系統，我們將其簡稱爲“韻圖本”和“全本”。“韻圖本”包括萬曆本、崇禎本、光緒本，衹有韻圖，無有韻書；“全本”僅存康熙辛未（1691）梅墅石渠閣刊本，前有韻圖，後有韻書，書圖相配而行。

崇禎十年（1637）喬中和子喬鉢記云：“家君子之未筮仕也，著《元韻》，以十二佸盡聲，以五聲定韻。簡易自然，明白通曉，以是閨閣兒女無不知韻。累言數萬，遊晉止得刻其譜目，洽詩《葩經旁意》一卷與《韻譜》同刻。己未歸里，今丁丑十九年矣。”② 蔣先庚（震青）《〈元韻譜〉序》亦云：“然書之行藏有數，顯晦有時，始作於萬曆庚戌，傳於令嗣文衣。至順治壬寅文衣遊白門，余得是書而快讀之，珍秘三十餘年，不欲爲人見，至今康熙庚午春柏年陳子、赤州朱子咸遊於先生之門，諷誦是書，不啻寶玉。遂勉力同梓，至今辛未冬始獲成書。”③ 湯康民（學紳）《〈增補字彙〉序》亦云：“予更合還一喬先生《元韻》，附以周郁魏子《指掌》，復經蔣子震青辨疑，輯成一書。雖然，竊有餘懼焉：還一《元韻》藏於趙，豈山《字彙》藏於吳，多則百十年，少則五六十年，未有發篋而梓之行者。予獨續貂以成其書，非過舉哉？”④ 準此可知，喬中和著作原是書、圖相配的，書名《元韻》，圖名《元韻譜》，此與喬氏“備天地之完音”的編纂宗旨完全相符。萬曆己未（1619）喬氏在山西垣曲知縣或太原府通判任上，將韻圖《元韻譜》與《葩經旁意》合刊，卷首有萬曆三十九年（1611）喬氏自序，而韻書《元韻》則遲80年方得以行世。

茲將存世版本簡畧介紹如下：

（一）韻圖本

1. 崇禎本

收録于《罕見韻書叢編》（香港長城文化出版公司，1995）。影印時

---

① 王樹枏等：《河北通志稿》，河北省通志館鉛印本，民國二十四年（1935）。

② ［清］喬鉢：《〈説易〉小紀》，《説易》卷首，文淵閣《四庫全書》本。

③ ［清］蔣先庚：《〈元韻譜〉序》，《元韻譜》卷首，康熙辛未刊本。

④ ［清］湯康民：《〈增補字彙〉序》，《增補字彙》卷首，光緒壬辰東昌寶興堂刊本。

題“據明萬曆三十九年辛亥刊本影印”，[①]顯係據卷首萬曆三十九年辛亥冬十二月喬中和序文落款而定。汪銀峰《〈元韻譜〉版本考》亦定其爲“萬曆本”，認爲刊於萬曆四十一年至萬曆四十四年之間。[②]

以上兩説皆誤，細檢該本，可以發現卷首序文後附有崇禎十三年八月二十七日工科給事中范士髦舉薦爲喬中和“理學之臣”的奏疏一道，據此可知，該本絶非萬曆間原刊本，其刊刻時間應在崇禎十三年（1640）之後，今將其改定爲“崇禎本”。

該本卷首有喬中和序、崔數仞序、魯廷彦序、馬逢造序、王時英序，附崇禎十三年范士髦疏。次“釋目”，含五聲釋、四響釋、七音釋、三籟釋、十二佸釋、七十二母釋、切釋、陰陽釋、柔剛釋、律吕釋、十二佸應律釋、清濁釋、寄歸釋、轉叶釋、蒙音釋、總釋十六項。次十二佸應律圖、韻圖例釋。再次韻圖，分爲十二佸。又次韻目，標明寄部、歸部。

該本是唯一一部單刊單行的明刻本，在萬曆原刊本没有發現之前，其文獻價值彌足珍貴，故我們選取該本爲影印底本。

2.《躋新堂集》本

收録於《躋新堂集》，中國國家圖書館著録“明崇禎中刊本”。《躋新堂集》收喬中和《説易》十二卷、《大九數》一卷、《圖書衍》一卷、《説疇》一卷、《葩經旁意》一卷、《元韻譜》一卷。由《説易》附崇禎丁丑喬鉢“小紀”，可知《躋新堂集》應刊於崇禎十年（1637）以後。

該本體例、内容與崇禎本同，僅卷首序文易次爲魯廷彦序、王時英序、馬逢造序、喬中和序、崔數仞序。

3. 光緒本

收録於《西郭草堂合刊》，分藏於北京大學圖書館、首都圖書館、中國科學院圖書館。《元韻譜》體例、内容與《躋新堂集》本同，僅書名“韻”字誤寫爲“音”。《西郭草堂合刊》刊於光緒五年（1879），扉頁題：“順德府内邱躋新草堂藏版”。内容除《躋新堂集》所收喬氏六部著作，又

---

① 《罕見韻書叢編》，香港長城文化出版公司，1995，第563頁。

② 汪銀峰、姚曉娟：《〈元韻譜〉版本考》，《文化學刊》2009年第1期。

刊入《古大學注》一卷、《大易通變》六卷，並附《陰符經注》一卷、《從祀鄉賢録》一卷、《喬還一先生餘稿括抄》四卷。則《西郭草堂合刊》顯係在《躋新堂集》基礎上增補而成。

（二）全本

康熙辛未（1691）梅墅石渠閣刊刻，前有韻圖，後有韻書，書圖相配，是《元韻譜》的全本，現藏於中國國家圖書館。《四庫全書存目叢書·經部·小學類》二一四卷（濟南：齊魯書社，1997）和《續修四庫全書·經部·小學類》第256册（上海：上海古籍出版社，2002）收録。

該本卷首有崔數仞序、黄雲師序、蔣先庚序、喬中和序四篇，較“韻圖本”删掉魯廷彦序、馬逢造序、王時英序，增黄雲師序、蔣先庚序。另該本卷三十二漏裝一整頁，内容包括倫母部分字，遵母、從母、雪母、追母、穿母、順母、閏母全部和喻母部分字。

《元韻譜》按“四聲分統諸韻”的類型編纂，其五聲、十二佸、五十四韻的結構，與徐孝《合併字學集韻》的四聲、十三攝、一百韻相似。[①] 十二佸又分寄、歸兩部，其中“骿、棎、奔、般、褒、幫”爲寄部，收陽聲韻字和[u]尾的陰聲韻字，“博、北、百、八、孛、蔔”爲歸部，主要是中古陰聲韻和入聲韻字。

喬氏用陰陽、律吕、剛柔等概念附會語音，以聲音體現天地定數，具有一定主觀唯心主義的玄學色彩。但他的編纂不受傳統韻書影響，反映了當時的實際語音，這是《元韻譜》音韻價值之所在。

由於《元韻譜》全濁聲母消失、知莊章合流，影喻合一，聲母系統得到大大簡化。趙蔭棠《等韻源流》認爲有二十五個聲母。[②] 李新魁、[③] 耿振生、[④] 龍莊偉、[⑤] 甯忌浮[⑥] 認爲有二十一個聲母。據甯忌浮考察，《元韻

① 甯忌浮：《漢語韻書史》（明代卷），上海：上海人民出版社，2009，第261頁。

② 趙蔭棠：《等韻源流》，北京：商務印書館，1957，第221頁。

③ 李新魁：《漢語等韻學》，北京：中華書局，1983，第291頁。

④ 耿振生：《明清等韻學通論》，北京：語文出版社，1992，第179—180頁。

⑤ 龍莊偉：《〈五方元音〉與〈元韻譜〉——論〈五方元音〉音系的性質》，《河北師範學院學報》（哲學社會科學版）1996年第3期。

⑥ 甯忌浮：《漢語韻書史》（明代卷），上海：上海人民出版社，2009，第263—271頁。

譜》五十四韻共有50個韻母，舒聲34個，入聲16個。[①]該書共有五個調類，即陰平、陽平、上聲、去聲、入聲。平分陰陽，其演變規律與普通話一致。據汪銀峰《〈元韻譜〉聲母系統的若干問題》研究，部分全濁上聲已變爲去聲。《元韻譜》保留入聲，且入聲與陰聲相配。龍莊偉認爲《元韻譜》"用入聲字作韻目統攝韻部裡的陰聲韻字和中古入聲字，這種作法在韻書韻圖中是不多見的。這一方面説明喬氏不爲傳統韻圖所束縛，另一方面也明明白白地表示，他的語音中，中古入聲字已經與陰聲字韻母相同，入聲韻尾已經消失""《元韻譜》列出入聲，大概是牽合傳統，附會五行，實際語音中入聲已不復存在"。[②]而汪銀峰《試論〈元韻譜〉的聲調系統》認爲"《元韻譜》保留入聲是實際語音的反映，喬氏之所以把入聲與陰聲韻相配，是因爲入聲韻尾已經混同，演變成一個喉塞韻尾"。[③]

關於《元韻譜》的語音性質，李新魁《漢語等韻學》中把它歸入到"表現明清口語標準音的等韻圖"中。甯忌浮《漢語韻書史》(明代卷)則認爲"《元韻譜》反映了時音，但它所反映的時音不很真實，也欠準確"。[④]汪銀峰《明末以來内邱、堯山語音的演變研究》認爲《元韻譜》反映了明末内邱方音。[⑤]

明清有許多音韻文獻，編纂的宗旨並不是爲了記録漢語實際語音，而是通過韻書、韻圖的設計來展現編纂者的思想。這樣的音韻文獻結構嚴整劃一，但與語言事實有出入。喬中和的《元韻譜》，即是這樣的一部著作。甯忌浮評價説："喬中和説'不泥之古，而裁之我'，是真話。'不惟之我，而準諸法'也是真話，但是，法在我心中！他不但不泥之古，也不泥之今。爲維護自己的學説，等韻學家無視語言事實的現象在韻書史上並不罕見，但像喬中和把'鑣''苗'都改爲輕脣音，可就太離譜了。"[⑥]

---

① 甯忌浮:《漢語韻書史》(明代卷)，上海：上海人民出版社，2009，第263—271頁。

② 龍莊偉:《〈五方元音〉與〈元韻譜〉——論〈五方元音〉音系的性質》,《河北師範學院學報》(哲學社會科學版)1996年第3期。

③ 汪銀峰:《試論〈元韻譜〉的聲調系統》,《漢字文化》2008年第5期。

④ 甯忌浮:《漢語韻書史》(明代卷)，上海：上海人民出版社，2009，第275頁。

⑤ 汪銀峰:《〈元韻譜〉與明清語音研究》，北京：中國社會科學出版社，2016，第124—132頁。

⑥ 甯忌浮:《漢語韻書史》(明代卷)，上海：上海人民出版社，2009，第275頁。

學界關於《元韻譜》的研究成果，主要有：1. 趙蔭棠《等韻源流》，北京：商務印書館，1957；2. 李新魁《漢語等韻學》，北京：中華書局，1983；3. 龍莊偉《〈五方元音〉與〈元韻譜〉——論〈五方元音〉音系的性質》，《河北師範學院學報》（哲學社會科學版）1996 年 3 期；4. 汪銀峰《〈元韻譜〉研究》，2004 年吉林大學碩士學位論文；5. 廉載雄《喬中和〈元韻譜〉研究》，2004 年臺灣政治大學碩士學位論文；6. 汪銀峰《明末以來內邱、堯山語音演變的研究——以〈元韻譜〉〈五方元音〉爲依據》，2007 年吉林大學博士學位論文；7. 汪銀峰《〈元韻譜〉微母來源考》，《東疆學刊》2007 年第 1 期；8. 張新《論〈元韻譜〉聲調系統的兩個問題——平分陰陽和保留入聲調》，《連雲港師範高等專科學校學報》（哲學社會科學版）2007 年第 4 期；9. 汪銀峰《〈元韻譜〉聲母系統的若干問題》，《佳木斯大學社會科學學報》（哲學社會科學版）2008 年第 6 期；10. 張新《〈元韻譜〉韻部研究》，《貴州工業大學學報社會科學版》（哲學社會科學版）2008 年第 1 期；11. 汪銀峰《試論〈元韻譜〉的聲調系統》，《漢字文化》2008 年第 5 期；12. 張新《論古知莊章三組聲母在〈元韻譜〉裡的讀音分合》，《重慶交通大學學報》（哲學社會科學版）2008 年第 6 期；13. 甯忌浮《漢語韻書史》（明代卷），上海：上海人民出版社，2009；14. 汪銀峰、姚曉娟《〈元韻譜〉版本考》，《文化學刊》2009 年第 1 期；15. 張新《〈元韻譜〉入聲字文白異讀探析》，《湖南醫科大學學報》（哲學社會科學版）2010 年第 2 期；16. 汪銀峰《明末以來內邱、堯山語音的演變研究》，瀋陽：遼海出版社，2010；17. 汪銀峰《元韻譜》音學思想與明末易學哲學思想》，《周易研究》2012 年第 3 期；18. 汪銀峰：《〈元韻譜〉與明清語音研究》，北京：中國社會科學出版社，2016 等。

此次據崇禎刻本影印。

西儒耳目資

金尼閣（Nicolas Trigault，1577—1628）譔。

《西儒耳目資》是一部供外國人學習、使用漢語而作的音韻學著作。作者金尼閣，字四表，法國天主教耶穌會傳教士。明萬曆三十八年（1610）來華，曾輾轉於澳門、肇慶、南京、北京等地從事傳教活動，1624 年後在山西、陜西等地傳教。主要著作有《西儒耳目資》《推歷年瞻禮法》《況義》《宗徒禱文》等。

《西儒耳目資》始作於明天啓五年乙丑（1625）夏月，成書於天啓六年丙寅（1626）春月，[①]“凡五閲月”，[②]“三易其稿始成”。[③]用拉丁字母爲漢字標音，並編成韻表。該書的譔寫得到了中國學者韓雲、吕維祺、王徵的幫助，也吸取了傳教士利瑪竇、郭居静、龐迪我[④]等人的研究成果，是“中西兩種文化相結合的典型”。[⑤]

《西儒耳目資》六卷，分别爲《譯音首譜》二卷、《列音韻譜》二卷和《列邊正譜》二卷。《譯音首譜》是總論部分，介紹了《西儒耳目資》編纂過程、目的，並對漢語注音中的問題有詳細的解説。《列音韻譜》是用拼音來查漢字的一種同音字表。“邊”即爲偏旁、部首，一個漢字除去偏旁的部分即爲“正”，《列邊正譜》就是將漢字按筆畫、部首排列來幫助人們查尋漢字讀音的一種字彙。

《西儒耳目資》保留下來的全本甚尠，《四庫全書》注録的已經“殘闕頗多，並非完書”。[⑥]傳世版本主要有：1. 明天啓六年（1626）關中涇陽王徵、張問達原刊本，分藏中國國家圖書館、北京大學圖書館。該本卷首有《譯音首譜》二卷、《列音正譜》二卷、《列邊正譜》二卷。有張問達、王徵、韓雲等人的序和金尼閣的自序。2. 民國二年（1913）國立北京大學、國立北平圖書館影印天啓六年（1626）王徵、張問達原刻本，現藏中國國家圖書館、北京師範大學圖書館、南開大學圖書館、中國人民大學圖書館、甘肅省圖書館。3. 1958年文字改革出版社影印《拼音文字史料叢書》，據明天啓本影印《西儒耳目資》，平裝分上、中、下三册。

---

① 《西儒耳目資·王徵序》。

② 《西儒耳目資·自序》。

③ 《西儒耳目資·韓雲序》。

④ 利瑪竇（Mattoe Ricci，1552—1610），意大利籍傳教士；郭居静（Lazane Cattaneo，1560—1640），意大利籍傳教士；龐迪我（Diegeo de Pantoja，1571—1618），西班牙籍傳教士。

⑤ 何九盈：《中國古代語言學史》，北京：北京大學出版社，2006，第206頁。

⑥ ［清］永瑢等《四庫全書總目·經部·小學類·存目二》，北京：中華書局，1995，第387頁中。

據羅常培介紹，倫敦國家圖書館、羅馬教皇圖書館、巴黎國家圖書館藏有《西儒耳目資》的殘本。①

金尼閣在書中把聲母稱爲“同鳴字父”，用拉丁字母表示。《西儒耳目資》20聲母：

百 [p]	魄 [p′]	麥 [m]	弗 [f]	物 [v]
德 [t]	忒 [t′]	搦 [n]	勒 [l]	
則 [ts]	測 [ts′]	色 [s]		
者 [tʃ]	扯 [tʃ′]	石 [ʃ]	日 [ʒ]	
格 [k]	克 [k′]	黑 [x]	額 [ŋ]	

加上未列的零聲母，實際有21個調聲母。

元音稱爲“自鳴字母”，有五個：丫 [a]、額 [e]、衣 [i]、阿 [o]、午 [u]。《西儒耳目資》韻母系統較爲複雜，分四類五十攝。聲調有五個：清（陰平）、濁（陽平）、上、去、入。

關於《西儒耳目資》的音系基礎，學者多有爭議：

1. 明末官話説。認爲《西儒耳目資》代表的是明末官話。羅常培持此觀點。②

2. 山西方言説。認爲《西儒耳目資》反映的是明末山西方言。陸志韋、③李新魁④持此説。

3. 混合官話説。認爲《西儒耳目資》同時記録了山西、陝西式官話音和所謂的“北京標準官話”音。藤堂明保持此説。⑤

4. 南京方言説。認爲《西儒耳目資》代表的是以南京音爲標準音的

---

① 羅常培：《耶穌會士在音韻學上的貢獻》，《中央研究院歷史語言研究所集刊》第一本第三分，1930。

② 羅常培：《耶穌會士在音韻學上的貢獻》，《中央研究院歷史語言研究所集刊》第一本第三分，1930。

③ 陸志韋：《金尼閣〈西儒耳目資〉所記的音》，《燕京學報》1947年第33期。

④ 李新魁：《記表現山西方言的〈西儒耳目資〉》，《語文研究》1982年第1期。

⑤ ［日］藤堂明保：《官話の成立過程から見た西儒耳目資》，《東方學》第五輯，1952。

明末官話。魯國堯、[①] 楊福綿、[②] 曾曉渝、[③] 張衛東、[④] 耿振生、[⑤] 何九盈[⑥] 等持此觀點。

5. 中原音説。蔡瑛純認爲是以洛陽音爲基礎的中原音。[⑦]

韓國學者金薰鎬認爲《西儒耳目資》的音系基礎不是山西方言。[⑧] 郭書林通過對異讀字的研究，認爲《西儒耳目資》是由文白兩個音系構成的。“文讀音系主要是書音系統，與《中原音韻》所反映的讀音系統一致”，白讀系統則“可能主要來自于以當時南京方言爲代表的一種或幾種方言的語音系統”。[⑨] 孫宜志認爲《西儒耳目資》的主體“很可能是南京型的江淮官話”。[⑩]

《西儒耳目資》是爲當時來中國的西方傳教士學習漢字、漢語而著寫的，它突破了傳統韻書的用漢字標音的局限，不僅是後世學者研究明末清初漢語語音的重要材料，也爲中文拼音方案的制定提供了重要參考。

有關《西儒耳目資》的研究成果很多，代表性論著主要有：1. 羅常培《耶穌會士在音韻學上的貢獻》，《中央研究院歷史語言研究所集刊》第一本第三分，1930；2. 陸志韋《金尼閣〈西儒耳目資〉所記的音》，《燕京學報》1947 年第 33 期；3. 楊耐思《談〈西儒耳目資〉》，《中國語文》1957 年 4 月號；4. 魯深《一部最早的羅馬字拼音漢語詞典——〈西儒耳目資〉原刻於陝西考》，《文匯報》1962 年 5 月 9 日第 3 版；5. 謝雲飛《金尼閣〈西儒耳目資〉論析》，《南洋大學學報》1975 年第 8/9 期；6. 杜松壽《羅馬化

---

① 魯國堯：《明代官話及其基礎方言問題——讀〈利瑪竇中國劄記〉》，《南京大學學報》1985 年第 4 期。

② ［美］楊福綿：《羅明堅、利瑪竇〈葡漢辭典〉所記録的明代官話》，《中國語言學報》第五期，1995。

③ 曾曉渝：《試論〈西儒耳目資〉》的語音基礎及明代官話的標準音》，《西南師範大學學報》1991 年第 1 期。

④ 張衛東：《論〈西儒耳目資〉的記音性質》，《紀念王力先生九十誕辰文集》，濟南：山東教育出版社，1991，第 224—242 頁。

⑤ 耿振生：《明清等韻學通論》，北京：語文出版社，1992，第 191—192 頁。

⑥ 何九盈：《中國古代語言學史》，北京：北京大學出版社，2006，第 206—216 頁。

⑦ ［韓］蔡瑛純：《關於明代漢語共同語基礎方言的幾點意見》，耿振生主編：《近代官話語音研究》，北京：語文出版社，2007，第 143—160 頁。

⑧ ［韓］金薰鎬：《〈西儒耳目資〉非山西方言辨析》，《語文研究》1996 年第 2 期。

⑨ 郭書林：《〈西儒耳目資〉異讀研究》，2006 年北京語言大學碩士學位論文。

⑩ 孫宜志：《從知莊章的分合看〈西儒耳目資〉音系的性質》，《中國語文》2010 年第 5 期。

中文拼音的歷史淵源——簡介明季在西安出版的〈西儒耳目資〉》,《陝西師範大學學報》(哲學社會科學版)1979年第4期;7. 李新魁《記表現山西方言的〈西儒耳目資〉》,《語文研究》1982年第1期;8. 劉埜《〈西儒耳目資〉與中法文化交流》,《河北師範學院學報》(哲學社會科學版)1982年第1期;9. 李新魁《漢語等韻學》,北京:中華書局,1983;10. 張奉箴《利瑪竇和金尼閣的中文拉丁注音》,《紀念利瑪竇來華四百周年中西文化交流國際學術會議論文集》,臺北:輔仁大學出版社,1983;11. 魯國堯《明代官話及其基礎方言問題——讀〈利瑪竇中國劄記〉》,《南京大學學報》(哲學社會科學版)1985年第4期;12. 李思敬《〈西儒耳目資〉的列音韻譜中的兒化音辨》,《漢語"兒"音[er]音史研究》,北京:商務印書館,1986;13. 曾曉渝《試論〈西儒耳目資〉》的語音基礎及明代官話的標準音》,《西南師範大學學報》(哲學社會科學版)1991年第1期;14. 張衛東《論〈西儒耳目資〉的記音性質》,《王力先生九十誕辰紀念文集》,濟南:山東教育出版社,1991;15. 耿振生《明清等韻學通論》,北京:語文出版社,1992;16. 曾曉渝《〈西儒耳目資〉的調位擬測》,《語言研究》1992年第2期;17. 王松木《〈西儒耳目資〉所反映的明末官話音系》,1994年臺灣中正大學中文所碩士學位論文;18.[韓]金薰鎬《〈西儒耳目資〉的成書及其體制》,《河北學刊》1994年第4期;19.[韓]金薰鎬《從利瑪竇、金尼閣的漢語拼音看明代晚期的官話音系》,《語言研究》1994年6月增刊;20. 麥耘《〈西儒耳目資〉没有兒化音的記録》,《語文研究》1994年第4期;21. 曾曉渝《〈西儒耳目資〉聲韻系統研究》,《漢語史論文集》,重慶:西南師範大學出版社,1995;22. 計翔翔《明末在華天主教士金尼閣事迹考》,《世紀歷史》1995年第1期;23.[韓]金薰鎬《〈西儒耳目資〉非山西方言辨析》,《語文研究》1996年第2期;24. 董明《明代來華傳教士的漢語學習及其影響》,《北京師範大學學報》(哲學社會科學版)1996年第6期;25. 黃笑山《利瑪竇所記的明末官話聲母系統》,《新疆大學學報》(哲學社會科學版)1996年第3期;26.[韓]金薰鎬《西洋傳教士的中文拼音所反映的明代官話音系》,《古漢語研究》2001年第1期;27. 張國剛《在華耶穌會士對中文的學習與研究——漢字拉丁化注音與〈西儒耳目資〉》,《明清傳教士與歐洲漢學》,北京:中國社會科學出版社,2001;28. 蔣冀騁《〈西儒耳目資〉中的"u次"爲舌尖前高元音説質疑》,《雲夢學刊》

2002 年第 6 期；29. 李葆嘉《中國語言文化史》，南京：江蘇教育出版社，2003；30. 張玉來《明代外國人（歐洲）所傳習的漢語官話的語音性質》，《第八届國際暨第廿一届全國聲韻學研討會論文集》，2003；31. 喬全生《〈西儒耳目資〉與山西方言及其音系基礎》，《音韻論叢》，濟南：齊魯書社，2004；32. 宋洪民《〈西儒耳目資〉在辭書編纂史上的貢獻》，《德州師範學院學報》（哲學社會科學版）2004 年第 3 期；33. 王松木《從明末官話資料管窺西儒中介話音系》，《高雄師範大學學報》2005 年第 19 期；34. 郭書林《〈西儒耳目資〉異讀研究》，2006 年北京語言大學碩士學位論文；35. 譚慧穎《〈西儒耳目資〉概念術語辨源》，《暨南學報》（哲學社會科學版）2006 年第 1 期；36. 何九盈《中國古代語言學史》，北京：北京大學出版社，2006;37.［韓］蔡瑛純《關於明代漢語共同語基礎方言的幾點意見》，耿振生主編《近代官話語音研究》，北京：語文出版社，2007；38. 譚慧穎《〈西儒耳目資〉源流辨析》，北京：外語教學與研究出版社，2008；39. 孫宜志《從知莊章的分合看〈西儒耳目資〉音系的性質》，《中國語文》2010 年第 5 期；40. 孫宜志《〈西儒耳目資〉音系研究的幾個主要問題》，《古籍整理研究學刊》2011 年第 4 期；41. 張志淩《淺析〈西儒耳目資〉語料的語言學價值》，《現代語文》2013 年第 2 期等。

此次據明天啓六年丙寅（1626）刻本影印。

韻畧匯通

明畢拱辰譔。

畢拱辰（?—1644），字星伯，山東掖縣（今萊州市）人。好讀書，工詩。萬曆乙卯（1615）舉人，四十四年丙辰（1616）三甲進士。歷任江蘇鹽城知縣、陝西朝邑知縣、浙江按察司知事等職，遷山西按察司僉事、冀寧兵備僉事等職務。後歷官户部河南司、禮部祠祭司主事、員外。再謫浙江按察司知事，遷吉安府推官、南户部廣西主事、福建司郎中、河南按察僉事。在近三十年的仕宦生涯中，歷經 10 次升遷，15 年貶謫。崇禎十七年（1644）七月在太原跟李自成起義軍作戰被俘殉職。《太原府志》《山東通志》《萊州府志》《掖縣志》有傳。

畢氏一生著述甚多，有地方史志《萊乘》，有《珠船齋集》《堯溪存稿》《旅味瓶餘》《系暇近草》《義俠紀事》《蟬雪嚨言》《韻畧匯通》二卷及《倡和小草》等。

《韻畧匯通》收字 8600 個，共有舒聲音節 422 個，入聲 158 個，3 個附音。"《韻畧匯通》在體例上沿襲《韻畧易通》之舊，依等韻圖的格局。簡單地説，以韻爲綱，以聲爲序，分列四呼，别以五聲，注以反切，簡畧解釋。"①

據畢拱辰自序可知，《韻畧匯通》始編於崇禎壬午（1642）年秋，畢氏調任冀寧道兵備僉事以後，付梓署序在同年年末，只用了兩三個月時間編成。

《韻畧匯通》現存版本有：

1. 崇禎初刻本

《自序》落款爲"崇禎壬午塗月萊人畢拱辰題于晉陽槐香亭"，該本爲大字本，每半頁 16 行，行字不等。卷首自序、前論、反切法、"早梅詩"。今藏中國科學院圖書館、山東省圖書館、青島市圖書館、吉林省圖書館等。

2. 嘉慶辛未（1811）本

題署"嘉慶辛未重鐫新刊韻畧匯通"。每半頁 20 行，行字不等。此本無序文、凡例，僅具正文，藏中國社會科學院語言研究所。

3. 光緒戊子（1888）本

題署"光緒戊子重鐫成文堂校刊韻畧匯通"，每半頁 20 行，行字不等。此本有序文，但删去二百四十餘字，無凡例。收字、排序、釋文異於崇禎本處較嘉慶本多，此版本存世最多，山東省圖書館有藏。

4. 民國教育部審定本

民國十一年（1922）王富撰修正校對、王樹彬重修，題"教育部審定韻畧匯通"，每半頁 20 行，行字不等。此本全襲光緒本，新增訛誤較多，藏中國社會科學院語言研究所。

5. 趙琪輯《掖海叢書》本

每半頁 10 行，卷首自序、前論、反切法、"早梅詩"，内容與崇禎初刻本

① 張玉來：《畧論〈韻畧匯通〉的幾個問題》，《山東師範大學學報》（哲學社會科學版）1986 年第 4 期。

同。青島市圖書館藏有民國間東萊趙永厚堂稿本。

經過比勘可以發現，崇禎初刻本、《掖海叢書》本爲同一版本系統，其特點是卷首自序、前論、反切法、"早梅詩"全備；嘉慶本、光緒本、民國教育部審定本爲一系，卷首自序、前論、反切法、"早梅詩"有删減。

《韻畧匯通》的聲母系統基本上沿襲了蘭茂《韻畧易通》的舊例，用"早梅詩"標注聲母。陸志韋認爲《韻畧匯通》的"枝春上"三類聲母仍分兩組，"這個方言的聲母依然可以用蘭氏的'早梅詩'二十字來代表，不像徐書（指徐孝《重訂司馬温公等韻圖經》——引者）的改併無母。……還像《易通》那樣代表 tɕ，tɕ′，ɕ，又代表 tʂ，tʂ′，ʂ，不像徐圖的照穿審單代表捲舌音。這個方言的 tɕiu- 字還没有變 tʂu- 字"。共得二十個聲母。[①] 張玉來考訂和系聯反切上字得出了《韻畧匯通》二十七聲類，二十個聲母。[②] 甯忌浮認爲："《韻畧匯通》用'早梅詩'作聲母，不合適。《韻畧匯通》距《韻畧易通》整二百年（1442—1642）。《韻畧易通》距《中原音韻》一百一十八年（1324—1442），少了一個疑母。《合併字學集韻》距《韻畧易通》一百六十年（1442—1602），少了一個微母。介於《合併字學集韻》和《韻畧匯通》之間的《音韻集成》也没有微母，微母併入影母。《韻畧匯通》還能有微母嗎？……《韻畧匯通》與《音韻集成》一樣，只有 19 個聲母。……二百年過去，畢拱辰自己分辨不出'勿'與'兀'，爲什麽還墨守'早梅詩'呢？"[③] 劉淑學、袁學章論證了古知莊章三組聲母在《韻畧匯通》音系中，讀音是二分的，分别讀作 [tʂ] 和 [tʂ′]。[④] 葉寶奎認爲知莊章三組聲母合流，内部仍有一些小差異，"枝春上"既能跟洪音韻母相拼也能與細音韻母相拼（一部分三等韻尚未轉爲洪音），仍是 tʂ/tʃ、tʂ′/tʃ′、ʂ/ʃ。[⑤]

《韻畧匯通》韻母分十六部，完全承襲了明代莫詮《音韻集成》，將侵

① 陸志韋：《記畢拱辰〈韻畧匯通〉》，《陸志韋近代漢語音韻論集》，北京：商務印書館，1988，第 85 頁。

② 張玉來：《韻畧匯通音系研究》，濟南：山東教育出版社，1994，第 17—58 頁。

③ 甯忌浮：《漢語韻書史》（明代卷），上海：上海人民出版社，2009，第 236—237 頁。

④ 劉淑學、袁學章：《論古知莊章三組聲母在〈韻畧匯通〉中的讀音分合》，《語言科學》2012 年第 11 卷第 5 期。

⑤ 葉寶奎：《明清官話音系》，厦門：厦門大學出版社，2001，第 135 頁。

尋、廉纖併入真文、先全，緘咸、端桓併入山寒。[①] 筆者考察的結果，認爲《韻畧匯通》將《廣韻》34個入聲韻分併爲六大類。[②]

《韻畧匯通》分陰平、陽平、上、去、入五聲，平分陰陽，入聲字只有一個喉塞尾ʔ。[③]

關於《韻畧匯通》的研究成果主要有：1. 陸志韋《記畢拱辰韻畧匯通》，《燕京學報》第33期，收入《陸志韋近代漢語音韻論集》，北京：商務印書館，1988；2. 錢曾怡、劉聿鑫《中國語言學要籍解題》，濟南：齊魯書社，1991；3. 張玉來《〈韻畧匯通〉的語音性質》，《山東師範大學報》（哲學社會科學版）1992年第1期；4. 張玉來《韻畧匯通音系研究》，濟南：山東教育出版社，1994；5. 葉寶奎《明清官話音系》，厦門：厦門大學出版社，2001；6. 李子君《〈音韻集成〉對〈韻畧匯通〉的影響》，《中國語文》2003年第3期；7. 李子君《論〈音韻集成〉對中古入聲韻的分併》，《古籍整理研究學刊》2003年第3期；8. 李子君《十七世紀北京話聲母系統》，《古漢語研究》2003年第3期；9. 張鴻魁《明清山東韻書研究》，濟南：齊魯書社，2005；10. 張克梅《論蘭茂在雲南歷史文化中的地位及影響》，2006年山東師範大學碩士學位論文；11. 甯忌浮《漢語韻書史》（明代卷），上海：上海人民出版社，2009等。

此次據明崇禎初刻本影印。

韻通

明蕭雲從譔。

蕭雲從（1596—1673），[④] 字尺木，號默思，又號石人、江梅、無悶道人、于湖漁人、東海蕭生等。[⑤] 明末安徽蕪湖人，[⑥] 崇禎己卯（1639）進士，

---

① 李子君：《〈音韻集成〉對〈韻畧匯通〉的影響》，《中國語文》2003年第3期。

② 李子君：《論〈音韻集成〉對中古入聲韻的分併》，《古籍整理研究學刊》2003年第3期。

③ 張玉來：《畧論〈韻畧匯通〉的幾個問題》，《山東師範大學學報》（哲學社會科學版）1986年第4期。

④ 顧平：《蕭雲從裡籍及生卒年考》，《新美術》1999年第1期。

⑤ 孫微：《蕭雲從〈杜律細〉研究》，《古籍整理研究學刊》2005年第3期。

⑥ 《金陵通志》卷二二《蕭一暘傳》云："移家金陵，遂爲上元人。" 聊備一說。

明末清初著名畫家，姑孰畫派創始人，亦精通音韻，著有《易存》《杜律細》《韻通》《梅花堂遺稿》（未刊）等，除《韻通》外盡皆散佚，[①]門人輯其遺詩爲《梅花堂遺稿》。

《韻通》成書於明末天啓、崇禎間，即西元1615—1641年間。[②]

傳世版本有兩個：1.明刻本，收入《續四庫全書》及《四庫全書存目叢書》，惜有漫漶。2.趙蔭棠韻畧堂舊藏抄本，現藏臺灣師範大學國文研究所資料室。

《韻通》卷首有序，卷末有跋，首列"條例"七條：1.用五聲正沈韻四聲之誤，訂上下之蒙；2.舉古人相沿之翻切，見四聲泥吴音之隘；3.約二十字母，辨神珙三十六母之非；4.序陰陽以補平韻之遺，以芟仄音之複字；5.著韻學之便捷，以闢釋教職煬誣；6.舉近代翻切陰陽差繆，以慨古法之湮；7.明古音以見考證之有本。

七條"條例"闡述了蕭雲從音學理念、全書體例，篇末附"讀韻法""翻切捷法"，彰明韻法之便捷，藉以指斥等韻門法之繁瑣。序云："以二十音爲經，貫四千四百聲之緯，爲確然而不易。……元周德清書《中原音韻》分陰陽，而不能譜爲五聲，上元李登知删二十母之繁，而不能博稽典釋，今會通之古人，無遺憾矣。"卷末跋語云："第音與聲爲陰陽，終襲其名而莫測其義，非周挺齋詞曲之辨，則余爲臆説矣。國朝命樂韶鳳、劉基、陶凱諸儒彙一代同文之制而爲《正韻》，併前人之紛出者，而概之以七十六韻……燦然日星，開群蒙於萬古矣。第諸家引類不廣，翻切不確，總由陰陽不講，而律吕之氣不調。"

全書列圖模式仿效《韻法直圖》，分四十四圖，每韻一圖。《韻通·部門目録》云："前例云'韻譜中覈聲之不悉，致立母之多門'，蓋部首一字，務宜唱之確實，而後九十九母無遊移也。今悉以四十四部開列，可爲盡變。"《韻通》大抵襲用《韻法直圖》韻目，而内容不盡相同。

蕭雲從嫌傳統三十六字母多重複，依據時音删併爲二十母，與《韻畧易通》"早梅詩"相符，亦効"早梅詩"以一首五言絶句，作爲各聲類之領字，詩云："貢瓊維帝統，凝寶丕民宗。蒼雪瞻春石，華風舞浪茸。"《韻通·例言》云："由於覈音之不悉，乃致立母多門，盡爲芟抹則爽然見

① 王思齊：《〈韻通〉研究》，2013年吉林大學碩士學位論文。

② 耿振生：《明清等韻學通論》，北京：語文出版社，1992，第249頁。

矣。……今另編二十字母，以舊母旁注，則重複自見，共多一十六母。"

每圖橫列陰陽上去入五聲，分別以"天朝統萬國"指代陰平、陽平、上、去、入。云："沈韻用'天子聖哲'爲平上去入四聲，蓋承漢魏詩，無礶。韻編之立法，初無意於聲音之道也。至唐訂爲功令，是以聲音但分上下而失陰陽矣。然用以叶詩可耳，若清廟明堂奏之，樂府賡歌迭和，一有所誤，則移宮變調矣。今詞家南北曲必考《九宮譜》可發謳，究其疑義，止陰陽之不明也。余畧其上平而名爲陰，畧其下平而爲陽，攙以原有之三仄聲，謂之陰、陽、上、去、入五聲。"

縱按二十母依次排字，旁附部分韻字説明，博稽古籍，注明切語，述列字義。韻目以陰平見母字爲代表，無字則列○，旁以小字注陰平聲首字。圖下有注，小字注釋312條，有注而圖中無字者7條。書後有跋文兩篇，一篇作者爲蕭雲從，另一篇署名"區湖同學後光極集也"，此人另編讀書法、翻切捷法附後。

《韻通》以一首絶句定聲母爲二十個，孫俊濤[①]和王思齊[②]分別論證了《韻通》聲母的全濁聲母消亡、保留v母、精見組聲母未齶化、知莊章合流、部分重唇音變爲輕唇化等特徵。

孫俊濤認爲《韻通》支脂之三等的精母照母和日母字已經有一部分由齊齒呼演變爲開口呼、舒聲促化現象表現明顯、寒桓分韻。王思齊指出《韻通》中出現了喉牙音二等開口高化和寒桓分韻的現象。

針對韻尾問題，耿振生提出《韻通》存在陽聲韻混亂現象。[③]孫俊濤和王思齊詳細論證了-m、-n、-ŋ三種韻尾相混的情況。孫俊濤認爲《韻通》"-k尾和-t尾，已經弱化爲喉塞音，而-p尾仍有某種程度的保留，至少在時音中是可以區分的。"王思齊則認爲《韻通》入配陽是守舊，入配陰反映了喉塞音的形成，入聲韻在當時的某種實際語音中可能已經消失。

孫俊濤和王思齊均指出《韻通》聲調平分陰陽，但濁上變去的趨勢不是很明顯。

孫俊濤認爲《韻通》是一部以讀書音爲基準兼有方音（明末清初江淮時音方音）的韻書。王思齊認爲《韻通》是反映明末官話方言的語音文獻，

① 孫俊濤：《〈韻通〉音系》，《東南傳播研究》2007年第4期。

② 王思齊：《〈韻通〉研究》，2013年吉林大學碩士學位論文。

③ 耿振生：《明清等韻學通論》，北京：語文出版社，1992，第249—250頁。

其基礎方言是江淮官話，特別是蕪湖方言。

《韻通》的相關研究成果有：

（一）對《韻通》作者的考證很翔實，主要有：1. 顧平《蕭雲從裡籍及生卒年考》，《新美術》1999 年第 1 期；2. 杜恒偉《蕭雲從遊蹤考》，《古籍整理研究學刊》2005 年第 3 期；3. 孫微《蕭雲從〈杜律細〉研究》，《古籍整理研究學刊》2005 年第 3 期等。

（二）對《韻通》音系性質的考察成果主要有：1. 趙蔭棠《等韻源流》（上海：商務印書館，1936）將其歸入"明清等韻之北音系統"；2. 李新魁《漢語等韻學》（北京：中華書局，1983）將其歸入"《韻法直圖》一系的等韻圖"；3. 耿振生《明清等韻學通論》（北京：語文出版社，1992）認爲是"混合系等韻音系"；4. 王松木《明代等韻之類型及其開展》（臺灣花木蘭出版公司，2011）將其歸入"反映口語標準音系的韻圖"；5. 孫俊濤《〈韻通〉音系》（《東南傳播研究》2007 年第 4 期）認爲《韻通》是一部以讀書音爲基準兼有方音（明末清初江淮時音方音）的韻書；6. 王思齊《〈韻通〉研究》（2013 年吉林大學碩士學位論文）認爲《韻通》是反映明末官話方言的語音文獻，其基礎方言是江淮官話，特別是蕪湖方言。

另外，高永安、[①] 林慶勳、[②] 孫宜志[③] 也在其論著中從方音史的角度，涉及對《韻通》音系性質的考察。

（三）關於《韻通》與《韻法直圖》等韻書、韻圖關係的討論，主要有：李新魁認爲其韻母列圖格式采用《韻法直圖》系統，聲母、聲調該從口語，因此"兼有讀書音與口語語音的特點"。[④] 耿振生、[⑤] 王松木[⑥] 均指出《韻通》雖模仿《韻法直圖》而作，但各韻收字各異，並列出《韻通》陽聲韻混亂、四呼混淆、陰聲韻字竄亂等失誤。莊智雅、[⑦] 宋韻珊[⑧] 也對此類失

① 高永安：《明清皖南方音研究》，北京：商務印書館，2004，第 34 頁。

② 林慶勳：《明清韻書韻圖所反映吴音音韻特點觀察》，《聲韻論叢》，2005。

③ 孫宜志：《安徽江淮官話語音研究》，合肥：黄山書社，2006，第 46 頁。

④ 李新魁：《漢語等韻學》，北京：中華書局，1983，第 291 頁。

⑤ 耿振生：《明清等韻學通論》，北京：語文出版社，1992，第 249 頁。

⑥ 王松木：《明代等韻之類型及其開展》，臺灣花木蘭出版社，2011，第 141—142 頁。

⑦ 莊智雅《〈韻通〉音系研究》，2005 年臺灣中山大學碩士學位論文。

⑧ 宋韻珊《韻圖編纂與出版流布——從〈韻通〉談起》，《中國文學之學理與應用——明清語言與文學國際學術研討會論文集》，2011。

誤有所關注。

此次據清抄本影印。

正音攟言

明王荔譔。

王荔，字子岩，號青屏，明高陽（今河北保定地區）人，嘉靖中舉人，官至青州府推官。① 工于詩詞、精於聲韻。

《正音攟言》卷首題"古項王荔青屏著，玄孫允嘉素篠注"。據唐作藩考證，所謂"古項"並非河南杞縣，乃河北保定。並提出《正音攟言》成書年代不會晚于萬曆（1573—1620）初年。② 甯忌浮認爲："比較《正音攟言》和《合併字學集韻》的韻目，可發現：二者的排列次第及韻部的分合有一致性，頭六韻和尾四韻尤其明顯。二者或有傳承關係。誰影響誰？誰的影響力大？徐孝的書可能在先。《正音》成書時間當在萬曆末年。這與王荔'嘉靖中舉人'不矛盾。"③

《正音攟言》共四卷，分韻 22 部，只有平聲。每部有 4 首對仗韻語，每首韻語有 16 句，78 字，韻腳字 8 個，其譜式與元人祝明《聲律發蒙》同。④ 每首後附有王允嘉（號素篠，清苑人，王荔的玄孫）注釋，其篇幅比原著多幾倍，是爲"攟言"，其中衹有注音有些參考價值。⑤

《正音攟言》有崇禎間刻本傳世，藏中國人民大學圖書館，收入《四庫全書存目叢書》。

郝天曉論證《正音攟言》聲母具有以下特徵：分二十聲母，"全濁聲母清音化尚未全部完成；知莊章三組聲母繼續合流；非敷奉合流；影喻微疑相混；部分喻母轉入日母；泥娘兩母相混；部分疑母字派生出 n 聲母；日母尚未完全分化出 [ɚ]；舌面音 [tɕ] [tɕʻ] [ɕ] 形成趨勢明顯"。⑥

---

① 《四庫全書總目》卷一百三十八子部類書類存目二，北京：中華書局，1995，第1170 頁上。

② 唐作藩：《〈正音攟言〉的韻母系統》，《中國語文》1980 年第 1 期。

③ 甯忌浮：《漢語韻書史》（明代卷），上海：上海人民出版社，2009，第 444 頁。

④ 甯忌浮：《漢語韻書史》（明代卷），上海：上海人民出版社，2009，第 444 頁。

⑤ 唐作藩：《〈正音攟言〉的韻母系統》，《中國語文》1980 年第 1 期。

⑥ 郝天曉：《〈正音攟言〉研究》，2005 年吉林大學碩士學位論文。

唐作藩認爲《正音攟言》-m 韻尾消失，開合齊撮四呼格局形成，[ɚ] 韻母尚未完全形成，現代的 [ɤ] 韻母没有形成。

關於入聲，唐作藩指出，“是王允嘉受了傳統韻書的影響，還是反映了明代末保定話裡有入聲？如果承認有入聲，那麽這種入聲又是什麽性質的？這都有待進一步研究”。[①]

郝天曉還分析了《正音攟言》韻母的以下特徵：桓歡部的 uɔn 韻母變爲 uan 韻母；先天部的 ɛn 韻母變爲 an 韻母；廉纖部的 iɛm 韻母變爲 ian；皆來部的 iai 韻母變爲 iɛ 韻母。入聲處於正在消亡的階段，大概已經混併弱化爲了喉塞音 -ʔ。[②]

甯忌浮指出，“常見的童蒙韻書、律韻韻書，分韻與《詩韻》的上下平聲三十韻一致。《正音攟言》則不然，只有二十二韻。這二十二韻跟《洪武正韻》二十二部無涉，而跟和它時間相去不遠的《書文音義便覽私編》《合併字學集韻》相近”。甯先生將王荔分韻與徐孝分韻做了比較，認爲王荔與徐孝和李登最大的相同點，是合併了閉口韻。最重要的差别是，“中古蟹攝開口二等喉牙音字‘皆街階諧鞋鞵’與假攝開口三四等字‘遮車嗟斜邪’合併，立十六皆韻”。甯先生認爲“皆”“遮”同韻，可修訂傳統認定的“皆”讀 ie 韻母的時間。[③]

唐作藩認爲《正音攟言》反應了 16 世紀官話的韻母系統。郝天曉也認爲《正音攟言》的音系基礎是北方官話。

學界關於《正音攟言》的研究成果，主要有：1. 唐作藩《〈正音攟言〉的韻母系統》，《中國語文》1980 年第 1 期；2. 郝天曉《〈正音攟言〉研究》，2005 年吉林大學碩士學位論文；3. 甯忌浮《漢語韻書史》，上海：上海人民出版社，2009 等。

此次據明崇禎刻本影印。

音韻須知

卷端題“廣陵李書雲輯，吴門朱素臣校”。

---

① 唐作藩：《〈正音攟言〉的韻母系統》，《中國語文》1980 年第 1 期。

② 郝天曉：《〈正音攟言〉研究》，2005 年吉林大學碩士學位論文。

③ 甯忌浮：《漢語韻書史》（明代卷），上海：上海人民出版社，2009，第 443—444 頁。

李書雲（1620—1701），名宗孔，字書雲，別號秘園，明末清初揚州人，鹽商後裔，順治四年（1647）以商籍登進士第，官吏科都給事中，康熙中告老歸里，蓄樂自娱。冒辟疆曾於康熙廿二年在李家觀看演出，《癸亥揚州中秋歌爲書雲先生仁安堂張燈開宴賦》云："梁溪既遠教坊絶，北曲《西廂》失綱紐；君家全部得真傳，清濁抗墜全入扣！"[①]可見其家班能以北昆演出《北西廂》。李書雲《清史稿》無傳，乾隆八年（1743）《江都縣誌》、嘉慶十五年（1810）《揚州府志》有傳。參校者朱素臣，名㿥，字素臣，號笙庵，吴縣（今江蘇蘇州）人，明末清初劇作家，名劇《十五貫》的初作者。

《音韻須知》二卷，李書雲序作於康熙庚午（1690），《音韻須知》成書蓋在是年。傳世版本有：1. 康熙間香芸閣刻本，無序文，卷首題"香芸閣重刊"，知非初刻本，今藏北京大學圖書館。2. 康熙間孝經堂刻本，今藏西南師範大學圖書館，1995 年香港長城文化公司出版的《罕見韻書叢編》影印者即爲此本。3. 乾隆三十一年（1766）汪燾序本，與《問奇一覽》合刊，卷首有李書雲序、汪燾序，與孝經堂本屬同版，僅刊印時間有先後。4. 康熙庚午（1690）秘園元本，收入李學勤主編《中華漢語工具書書庫》第 65 册、《續修四庫全書》第 1747 册，經目驗比勘，知非《音韻須知》原刊本，實系汪燾序本。

李書雲自序云：

> 賦詩則宗沈韻，填詞則宗周韻，沿循至今，未之或歧。然以二韻合論，則高安較勝。蓋正四[②]聲，辨五音，晰陰陽，嚴翻切，數百年來詞壇奉爲典章，無庸變亂，居然使天下之音不一而一，衆趨共軌，亦曰吾從衆而已。茲因《問奇集》成，複及韻學，一以正字，一以正音，二者固不可偏廢。是集以高安爲主，吴興附見於下，賦詩填詞，一舉兩得。其間舊所合者，今分之；舊所誤者，今更之。則予折衷諸家，晝一以定也。

李書雲認爲《中原音韻》勝於"平水韻"，被曲壇奉爲典章圭臬已經

① 劉水雲：《清代家樂考略》，《戲曲研究》2003 年第 2 期，第 122 頁。
② 原文作"曰"，訛，今正。

幾百年，而且當時“天下之音”都趨向《中原音韻》所代表的北方話，所以李氏定的編輯體例就是“以高安爲主，吴興附見於下”。“高安”指周德清《中原音韻》，“吴興”指沈約韻，李書雲没有見到過沈約《四聲譜》，他所謂“沈約韻”，實際指的是“平水韻”，這是明清人的通病。

《音韻須知》，主要“以高安爲主”，采用的是《中原音韻》的“韻統四聲”的編纂體例。上下兩卷，每卷卷首列“目次”，先列韻部名稱，次列平、上、去、入四聲，聲調之下列相對應的“平水韻”韻目。每個韻部下有序號的“平水韻”韻目是構成這個韻部的主體，没有序號排在末尾且注“附”的則是因音變歸入該部的韻字。韻目中平聲不分陰陽，而在“韻譜”中平聲則分陰陽。

“韻譜”每個調類下的字先按“平水韻”的歸屬劃分，再按曲韻同音的標準劃分。《音韻須知》的編纂體例以《中原音韻》的韻部、聲調、小韻三級爲基礎，在聲調與小韻兩級之間，插入一個“平水韻”層級，成爲四個層級的結構。李書雲本意是“賦詩填詞，一舉兩得”，實際上兩相不便。

《音韻須知》共分廿韻部：

> 東鍾、江陽、支思、齊微、居魚、呼模、皆來、真文、寒山、桓歡、先天、蕭豪、歌戈、家麻、車遮、庚青、尤侯、侵尋、緘咸、廉纖

《中原音韻》魚模部被二分爲居魚、呼模兩部，與《洪武正韻》《韻畧易通》同。這是曲韻書首次將魚、模分韻。平分陰陽，入派三聲。小韻首字加框圍，有反切無釋義。小韻内韻字同一聲旁的字類聚在一起，如“陽”小韻“陽揚旸煬颺楊瘍羊佯洋徉癢鴹”，先列從“昜”得聲的字，次列從“羊”得聲的字。此體例上承《詩詞通韻》，後啓《韻學驪珠》《中州音韻輯要》。

《音韻須知》較《中原音韻》多出1個韻部，但韻目數量卻没有增加。陳寧認爲香芸閣本共有44個韻母，孝經堂本有43個韻母。相差的衹是蕭豪韻二等喉牙音韻字是否獨立。他構擬的韻母表是：①

① 陳寧:《〈音韻須知〉音系研究》,《明清曲韻書研究》，武漢：華中師範大學出版社，2013，第190頁。

韻目	開口	齊齒	合口	撮口
東鍾			uŋ	yŋ
江陽	aŋ	iaŋ	uaŋ	
支思	ï（ɿ、ʅ）			
齊微	ei	i	uei	
居魚				y
呼模			u	
皆來	ai	iai	uai	
真文	ən	iən	uən	yən
寒山	an	ian	uan	
桓歡	on			
先天		iɛn		yɛn
蕭豪	au	iau（iɛu）		
歌戈	o		uo	
家麻	a	ia	ua	
車遮		iɛ		yɛ
庚青	əŋ	iəŋ	uəŋ	yəŋ
尤侯	əu	iəu		
侵尋	əm	iəm		
緘咸	am	iam		
廉纖		iɛm		

陳寧分析反切得出《音韻須知》有 31 個聲母，他構擬的聲母表是：①

幫 p	滂 pʰ	並 b	明 m		
非敷 f		奉 v	微 ɱ		
端 t	透 tʰ	定 d	泥娘 n		
精 ts	清 tsʰ	從 dz		心 s	邪 z
照知 tʂ	穿徹 tʂʰ	牀澄 dʐ		審 ʂ	禪 ʐ
見 k	溪 kʰ	群 g	疑 ŋ		
影 ø			喻 j	曉 x	匣 ɣ
			來 l		
			日 r		

① 陳寧：《〈音韻須知〉音系研究》，《明清曲韻書研究》，武漢：華中師範大學出版社，2013，第 185 頁。

《音韻須知》音系性質與《中州音韻》相一致，音系主體是北音，聲母系統有淺層的吴語滲透。

研究成果主要有：1.李新魁、麥耘：《韻學古籍述要》，西安：陝西人民出版社，1993；2.［日］浦山あゆみ：《〈音韻須知〉におけるについて》（《論〈音韻須知〉中的反切改良》），大阪市立大學中國學教室碩士學位論文，1988；3.［日］浦山あゆみ：《〈音韻須知〉音注における書きかえについて》（《論〈音韻須知〉音注中的改寫》），《集刊東洋學》第74號，1995，第146—158頁；4.［日］浦山あゆみ：《〈音韻須知〉〈問奇一覽〉の音韻研究》（《〈音韻須知〉〈問奇一覽〉的音韻研究》），大阪市立大學中國學教室博士學位論文，1997；5.陳寧：《〈音韻須知〉音系研究》，《漢語學報》2013年第2期；6.陳寧：《明清曲韻書研究》第七章，武漢：華中師範大學出版社，2013。

此次據康熙間孝經堂刻本影印。

等音

清馬自援譔。

馬自援（1650—1681），字盤什，雲南人，祖籍陝西米脂，生卒年不詳。據池挺欽考證其爲吴三桂大將馬三寶之子，《等音》作于吴三桂反清期間。[①]

《等音》又名《馬氏等音》，具體的成書時間不詳。耿振生認爲成書於1681年前，[②]池挺欽認爲成書於1673年至1681年間。[③]

趙蔭棠曾介紹《等音》三種版本：1.《等音新集前編一卷後編一卷》，乾隆二十五年述聖齋刊，宣城梅建口授、高邑琚萬鑒編；2.《花熏閣詩述》本，系據梅建刻本重訂者；3.《雲南叢書》中高奣映《等音聲位合彙》本。[④]

現在常見的版本有：1.《馬氏等音》，中國科學院圖書館藏清抄本，收入《續修四庫全書》；2.清康熙四十七年（1708）梅建重訂刻本《重訂馬氏

① 池挺欽：《〈等音〉作者及成書時間考》，《文教資料》2007年第19期。

② 耿振生：《明清等韻學通論》，北京：語文出版社，1992，第250頁。

③ 池挺欽：《〈等音〉作者及成書時間考》，《文教資料》2007年第19期。

④ 趙蔭棠：《等韻源流》，北京：商務印書館，2011，第249頁。

等音外集一卷内集一卷》，北京大學圖書館藏，收入於《四庫全書存目叢書》；3. 清高奣映《等音聲位合匯》本。

《等音》中聲母分爲二十一母，即：

見、溪、疑、端、透、泥、幫、滂、明、非、微

精、清、心、照、穿、審、曉、影、來、日

聲調分爲平、上、去、入、全（即陽平）五聲。

韻母系統分爲十三韻部，即光、官、公、裩、高、乖、鉤、規、戈、國、孤、基、瓜，並以“宫商角徵羽”五音，即合口呼、開口呼、閉口捲舌混呼、啓口齊齒呼、撮口呼，來分析韻類。

全書共二十五圖，首先將韻母按五音分爲五大類，每類再按聲調的不同列圖，每圖中横列二十一母，上注明“喉音”“舌音”等，縱列十三韻，縱横交合處列字。

關於《等音》的音系性質，李新魁認爲其反映共同語口語的語音。[①] 耿振生將其歸爲混合型等韻音系，是兼采南北或折中古今音的等韻著作。[②] 張金發認爲《等音》是以推廣“正音”爲目的，受雲南官話實際語音的影響，在某些方面體現明末清初西南地區官話口語語音的實際面貌，同時還有某些存古特徵的音系。[③]

關於《等音》的研究成果主要有：1. 應裕康《論馬氏等音及林氏聲位》，《輔仁人文學報》1972 年；2. 劉一正《馬自援等音音系研究》，1990 年高雄師範學院國文所碩士學位論文；3. 群一《〈等音〉〈聲位〉比較研究（一）》，《昆明高等師範專科學校學報》1991 年第 4 期；4. 群一《〈等音〉〈聲位〉比較研究（二）》，《昆明高等師範專科學校學報》1992 年 24 期；5. 群一《雲南漢語方音史稿（四）》，《昆明高等師範專科學校學報》1999 年第 2 期；6. 池挺欽《〈等音〉作者及成書時間考》，《文教資料》2007 年第 19 期；7. 池挺欽《〈等音〉版本研究——兼析〈等音〉中的重出字》，《湖北經濟學院學報》（哲學社會科學版）2007 年第 9 期；8. 張金發《〈馬

---

① 李新魁:《漢語等韻學》，北京：中華書局，1983，第 308—311 頁。

② 耿振生:《明清等韻學通論》，北京：語文出版社，1992，第 251 頁。

③ 張金發:《〈馬氏等音〉音系研究》，2009 年福建師範大學碩士學位論文。

氏等音〉的語言大環境及其創作意圖》,《漳州職業技術學院學報》(哲學社會科學版)2009年第2期;9. 張金發《〈馬氏等音〉音系研究》,2009年福建師範大學碩士學位論文;10. 張金發《論〈馬氏等音〉知照組聲母以及日母的特點》,《漳州師範學院學報》(哲學社會科學版)2011年第4期等。

此次據清抄本影印。

拙庵韻悟

清趙紹箕譔。

趙紹箕,字寧拙,河北易水(今易縣)人,生平仕履不詳。據自序落款“康熙甲寅歲仲秋日燕人趙紹箕寧拙書于易水居易齋”,是該書成書於1674年。

《拙庵韻悟》未見刻本,僅有康熙五十五年(1716)楊作棟抄本存世,藏中國國家圖書館,收録于《續修四庫全書・經部・小學類》。

《拙庵韻悟》可分爲兩部分,前一部分介紹音理,後一部分是韻圖,也是全書的主體部分。《拙庵韻悟》用呼、應、吸、聲、音、韻、經、緯、分、合“十要”來統攝語音,這是本書的理論基礎。後一部分由九種韻圖構成,分别是:韻綱總圖、韻目圖、入聲韻綱圖、入聲韻目圖、獨韻會聲圖、通韻會聲圖、獨韻會韻圖、通韻會韻圖、入聲會韻圖,用幾種形式不同而音系相同的韻圖來更透徹地解釋語音的結構關係。

“書中立二十二母,除去兩個虚設的無字之音,實際的聲母音位是二十個。”[①] 韻母結構有六奇韻、六獨韻、十四通韻和八十四偶韻。其中六奇韻、六獨韻完全一致,八十四偶韻就是以十四通韻按照六呼加以鋪排的結果。需要指出的是,《拙庵韻悟》中記録了12個兒化韻,這也是這部書審音精細的體現。

《拙庵韻悟》的聲調系統,聲調爲五聲,分别爲天、平、上、去、入,即陰平、陽平、上聲、去聲、入聲。入聲單列一圖,而且許多入聲字重出於其他四聲之中。

---

① 耿振生:《明清等韻學通論》,北京:語文出版社,1992,第182頁。

《拙庵韻悟》的音系基礎，學者有不同的觀點。趙蔭棠（1932）、永島榮一郎（1941）、應裕康（1972）將《拙庵韻悟》歸納爲北方音系，認爲反映了當時北方官話的語音特點。李新魁認爲該書“分析字音、歸納聲、韻系統，有綜合南音、北音、反映讀音、話音、表現了綜合語音骨架的特點，但撥去它的無字可表的音類之後，它所表現的語音，可以説是比較精細、準確地實際口語標準系統”。[①] 耿振生《明清等韻學通論》根據聲母音位在十九個和二十一個之間，大多保存微母，照組聲母大多獨立存在的特點，且作者是河北人，將其歸爲河北官話方言音系。我們依從耿先生觀點。

關於《拙庵韻悟》的研究成果，主要有：1. 趙蔭棠 1932 年在《輔仁學志》發表的《清初審音學家趙紹箕及其貢獻》是第一篇研究《拙庵韻悟》的文章。後趙先生在《等韻源流》（上海：商務印書館，1936）中考察了六奇韻、十四通韻，並對其擬音，並簡畧介紹了聲母、調類和六種韻圖。2. 永島榮一郎《近世支那語特に北方語系統に于音韻史研究資料に就いて》（續）（《言語研究》1941 年第 9 号）对《拙庵韻悟》做了簡單介紹。3. 應裕康在《清代韻圖之研究》（臺灣弘道文化事業有限公司，1972）第四章“北音系統之研究”中對《拙庵韻悟》的作者、内容、體例、音系做了研究，他着重介紹了“十要”中的“呼”“應”“吸”，構擬了 20 個聲母，且以“獨韻會聲圖”和“通韻會聲圖”爲標準，對韻母進行擬音。4. 李新魁《漢語等韻學》（北京：中華書局，1983）對《拙庵韻悟》進行了介紹與研究，主要分析了“十要”的概念和聲母、韻母以及韻圖的編排情況。5. 李思敬在《漢語“兒”[ɚ] 音史研究》（北京：商務印書館，1986）第四章“漢語音韻學史上最早的兒化音記録”中重點介紹了《拙庵韻悟》的“兒化音”。6. 耿振生在《明清等韻學通論》（北京：語文出版社，1992）一書中將《拙庵韻悟》歸爲河北官話系統，介紹了此書的音系，對韻頭、韻腹、韻尾進行了細緻準確的分析，他還尤其强調了此書中介音分析獨特分六呼的特點。7. 劉巍《〈拙庵韻悟〉研究》（2007 年吉林大學碩士學位論文）對此書做了比較系統的研究。

此次據康熙五十五年（1716）楊作棟抄本影印。

① 李新魁：《漢語等韻學》，北京：中華書局，1983，第 80 頁。

五方元音

清樊騰鳳譔。

樊騰鳳（1601—1664），直隸唐山西良村（今河北省隆堯縣西良村）人，[①]字淩虚。樊氏生平仕履，文獻記載甚少。光緒七年（1881）《重修唐山縣誌》有樊氏小傳，張稼農《〈五方元音〉作者樊騰鳳傳畧》亦有考證，然多據樊氏後人記述或傳聞寫成，未足全信。[②]

《五方元音》的成書時間，趙蔭棠認爲，樊氏自序後不載年月，也許有表示遺民的意味，推斷該書成于順治十一年至康熙十二年之間。[③]龍莊偉推測該書成于順治十一年至康熙三年之間（1654—1664），下限縮短了9年。[④]今從龍説。

《五方元音》共二卷，包含韻書、韻圖兩部分。韻書音理受《皇極經世聲音唱和圖》影響，體例則受《韻畧易通》影響。樊氏删併《韻畧易通》二十韻爲十二韻：天、人、龍、羊、牛、獒、虎、駝、蛇、馬、豺、地。每一韻之前都附上一個韻圖，圖分十二，概括各韻所列小韻，韻圖反映了完整的"四呼"結構。全書收韻字8436個。

每個韻部下列二十個聲母：梆、匏、木、風、斗、土、鳥、雷、竹、蟲、石、日、剪、鵲、絲、雲、金、橋、火、蛙。

每聲母下按聲調不同，分爲上平、下平、上聲、去聲、入聲。所收韻字都附有簡單的解釋。

《五方元音》的版本，樊騰鳳原本主要有：乾隆五十九年（1794）文寶堂刊本、嘉慶九年（1804）刊本、道光十八年（1838）刊本、光緒刊本、文寶堂刊本（題"平仄六律字彙"）、文秀堂刊本（題"平仄六律字彙"）、寶旭齋刊本（題"平仄六律字彙"）等。

---

① 余明象:《〈五方元音〉作者樊騰鳳是河北隆堯人》,《天津師範學院學報》（哲學社會科學版）1981年第4期。

② 河北省隆堯縣委員會編:《隆堯文史資料選輯》第二輯，1988。

③ 趙蔭棠:《中原音韻研究》，上海：商務印書館，1936，第78頁。

④ 龍莊偉:《畧説〈五方元音〉》,《河北師範學院學報》（哲學社會科學版）1988年第2期。

《五方元音》上下兩卷，卷首“凡例”後分别爲：1. 河圖；2. 字學源流圖；3. 五聲掌圖；4. 五聲字母圖；5. 十二韻應十二律圖；6. 十二韻釋；7. 十二韻目；8. 二十字母；9. 脣音水腎羽；10. 舌音火心徵；11. 齒音金肺商；12. 牙音木肝角；13. 喉音土脾宫；14. 身備五音詩；15. 反切要法；16. 取字法；17. 俗訛字類；18. 西江月三首；19. 平仄歌訣；20. 等韻畧。

通過王力、[1] 陸志韋、[2] 李新魁、[3] 耿振生、[4] 李清桓、[5] 張曉、[6] 王平、[7] 龍莊偉、[8] 汪銀峰[9] 等對《五方元音》的研究，可以看出《五方元音》的聲母系統具有如下特點：1.《五方元音》的十九聲母和“早梅詩”的差異不大。在聲母的擬音爲題上，針對石、竹、蟲三母有所不同。擬爲兩套音的有陸志韋和王平。其他各家爲一套擬音。2. 中古“微”母消失。3. 王平、張貝貝[10] 認爲“知莊章”三組並歸爲一組。陸志韋認爲知二產生捲舌音，知三沒有。王平認爲“竹蟲石”三母在音色上可分爲 [ts、tsʻ、s] 與 [tʂ、tʂʻ、ʂ] 兩組。李清桓認爲《五方元音》中古“知莊章”三組已經捲舌化。4. 中古“疑”母消失，大部歸入“雲、蛙”母。5. 精、見兩系出現分組現象，但尚未發生齶化。

韻母方面：1. 閉口韻消失，[-m] 併入 [-n] 尾。2. 撮口呼 [y] 產生。3.[y] 韻母產生。

學術界關於《五方元音》研究的爭議熱點有：

（一）對於《五方元音》入聲的看法主要有兩種：1. 陸志韋、林慶勳、[11] 楊耐思、[12] 李新魁、汪銀峰等認爲《五方元音》中有入聲，且入聲是短元音

---

[1] 王力：《漢語語音史》，北京：中國社會科學出版社，1985。

[2] 陸志韋：《記〈五方元音〉》，《燕京學報》1948 年第 34 期。

[3] 李新魁：《漢語等韻學》，北京：中華書局，1983，第 305—306 頁。

[4] 耿振生：《明清等韻學通論》，北京：語文出版社，1992，第 180—181 頁。

[5] 李清桓：《〈五方元音〉音系研究》，武漢：武漢大學出版社，2008，第 47—84 頁。

[6] 張曉：《〈五方元音〉音系》，2007 年蘇州大學碩士學位論文。

[7] 王平：《從〈五方元音〉和〈中原音韻〉的差異看近代漢語語音的發展》，《語文研究》1989 年第 3 期。

[8] 龍莊偉：《〈五方元音〉音系研究》，《語言研究》1989 年第 2 期。

[9] 汪銀峰：《明末以來内丘堯山語音的演變研究》，瀋陽：遼海出版社，2010，第 94—147 頁。

[10] 張貝貝：《〈五方元音〉與邯鄲方音音系比較》，《文教資料》2012 年 1 月號下旬刊。

[11] 林慶勳：《從編排特點論〈五方元音〉的音韻現象》，《高雄師範大學學報》1990 年第 1 期。

[12] 楊耐思：《北方話濁上變去來源試探》，《學術月刊》1987 年第 2 期。

收喉塞音或單純元音音韻的短促音。2. 趙蔭棠、[①] 王平、龍莊偉、李清桓等認爲當時的實際語音入聲已消失。

（二）對於《五方元音》音系的討論主要有四種説法：

1. 北方官話説

趙蔭棠、陸志韋將《五方元音》與《中原音韻》等官話韻書作爲一個體系。永島榮一郎、[②] 應裕康、[③] 俞敏、[④] 張曉認爲《五方元音》是近代北方官話音系。耿振生認爲《五方元音》具有河北方言的官話方言性質。李清桓認爲《五方元音》代表了十七世紀中葉北方官話的，有一點方言痕迹。

2. 標準音説

李新魁認爲《五方元音》總的系統是清一代的普通話音系。王力中把《五方元音》的聲母系統當作清代前期的聲母系統，可以認爲他是把《五方元音》的語音視爲清初標準語音體系的一部分。林慶勳認爲樊氏有意建立一個五方通用的類似標準音。[⑤]

3. 方言説

龍莊偉認爲該書和今天普通話音系非常接近，[⑥] 後又提出樊氏韻書所反映的音系是 17 世紀上半葉河北南部方言語音。[⑦] 王平認爲該書代表了十七世紀中葉漢語北方方言的語音體系。[⑧] 高鋭霞《從現代隆堯方言看〈五方元音〉的語音特點》没有明確指出《五方元音》音系，但認爲該書聲韻母的很多特徵和隆堯方言相一致。[⑨] 張貝貝認爲《五方元音》音系與邯鄲方音音系具有承繼性和差異性。

---

① 趙蔭棠:《等韻源流》，上海：商務印書館，1936，第 245—246 頁。

② ［日］永島榮一郎:《近世支那語特に北方語系統に於ける音韻史研究資料に就いて》,《言語研究》1941 年第九號。

③ 應裕康:《清代韻圖之研究》，臺北弘道文化事業有限公司，1972。

④ 俞敏:《中國大百科全書 · 語言文字》卷“《五方元音》條”，北京：中國大百科全書出版社，1988。

⑤ 林慶勳:《從編排特點論〈五方元音〉的音韻現象》,《高雄師範大學學報》1990 年第 1 期。

⑥ 龍莊偉:《〈五方元音〉音系研究》,《語言研究》1989 年第 2 期。

⑦ 龍莊偉:《論〈五方元音〉的入聲》,《河北師範學院學報》（哲學社會科學版）1990 年第 3 期。

⑧ 王平:《小學派韻書之後殿——〈五方元音〉》,《辭書研究》1996 年第 5 期。

⑨ 高鋭霞:《從現代隆堯方言看〈五方元音〉的語音特點》，2007 年河北大學碩士學位論文。

4. 讀書音説

葉寶奎[①]和李靖[②]認爲《五方元音》的語音基礎是17世紀的讀書音。

《五方元音》的研究成果，主要有：1. 趙蔭棠《中原音韻研究》，上海：商務印書館，1936；2. 陸志韋《記〈五方元音〉》，《燕京學報》1947年第34期；3. 趙蔭棠《等韻源流》，北京：商務印書館，1957；4. 張世禄《中國音韻學史》，上海：商務印書館，1938；5.［日］永島榮一郎《近世支那語特に北方語系統に於ける音韻史研究資料に就いて》，《言語研究》1941年第九號；6. 羅常培《羅常培語言學論文選集》，北京：中華書局，1963；7. 應裕康《清代韻圖之研究》，臺北弘道文化事業有限公司，1972；8. 邵榮芬《漢語語音史講話》，天津：天津人民出版社，1979；9. 邵榮芬《邵榮芬音韻學論集》，北京：首都師範學院出版社，1997；10. 李新魁《漢語等韻學》，北京：中華書局，1983；11. 李新魁《漢語音韻學》，北京：中華書局，1985；12. 王力《漢語語音史》，北京：中國社會科學出版社，1985；13. 楊耐思《北方話濁上變去來源試探》，《學術月刊》1987年第2期；14. 陸志韋《陸志韋近代漢語音韻論集》，北京：商務印書館，1988；15. 俞敏《中國大百科全書・語言文字》卷"《五方元音》條"，北京：中國大百科全書出版社，1988；16. 龍莊偉《畧説〈五方元音〉》，《河北師範學院學報》（哲學社會科學版）1988年第2期；17. 龍莊偉《〈五方元音〉音系研究》，《語言研究》1989年第2期；18. 龍莊偉《論〈五方元音〉的入聲》，《河北師範學院學報》（哲學社會科學版）1990年第3期；19. 龍莊偉《〈五方元音〉與〈元韻譜〉》，《河北師範學院學報》（哲學社會科學版）1996年第3期；20. 王平《〈五方元音〉音系研究》，《山東師範大學學報》（哲學社會科學版）1989年第1期；21. 王平《從〈五方元音〉和〈中原音韻〉的差異看近代漢語語音的發展》，《語文研究》1989年第3期；22. 王平《〈五方元音〉韻部研究》，《鄭州大學學報》（哲學社會科學版）1996年第5期；23. 王平《小學派韻書之後殿——〈五方元音〉》，《辭書研究》1996年第5期；24. 林慶勳《從編排特點論〈五方元音〉的音韻現象》，《高雄師範大學學報》1990年第1期；25. 林慶勛《論〈五方元音〉年氏本與樊

① 葉寶奎：《明清官話音系》，厦門：厦門大學出版社，2001，第182—189頁。

② 李靖：《〈青郊雜著〉與〈五方元音〉研究現狀簡評及展望》，《安徽文學》2008年第7期。

氏原本的音韻差異》,《高雄師範大學學報》1991 年第 2 期; 26. 耿振生《明清等韻學通論》, 北京: 語文出版社, 1992; 27. 蔣冀騁《近代漢語音韻研究》, 長沙: 湖南師範大學出版社, 1997; 28. 張玉來《〈韻畧匯通〉音系研究》, 濟南: 山東教育出版社, 1994; 29. 何九盈《中國古代語言學史》, 廣州: 廣東教育出版社, 1995; 30. 薛鳳生《漢語音韻史十講》, 北京: 華語教學出版社, 1999; 31. 葉寶奎《明清官話音系》, 厦門: 厦門大學出版社, 2001; 32. 張曉《〈五方元音〉音系》, 2007 年蘇州大學碩士學位論文; 33. 高鋭霞《從現代隆堯方言看〈五方元音〉的語音特點》, 2007 年河北大學碩士學位論文; 34. 李清桓《〈五方元音〉音系研究》, 武漢: 武漢大學出版社, 2008; 35. 李靖《〈青郊雜著〉與〈五方元音〉研究現狀簡評及展望》,《安徽文學》2008 年第 7 期; 36. 汪銀峰《明末以來内丘堯山語音的演變研究》, 瀋陽: 遼海出版社, 2010; 37. 張貝貝《〈五方元音〉與邯鄲方音音系比較》,《文教資料》2012 年 1 月號下旬刊等。

此次據清文秀堂刻本影印。

增廣剔弊五方元音

清年希堯、趙培梓譔。

李新魁認爲年希堯增訂時間在雍正五年(1727),[①] 董仲湘、楊樹玉、張學榮提出反對意見, 認爲年希堯對《五方元音》的增補在康熙四十九年(1710), 而不是雍正五年(1727)。[②] 年希堯增訂本有康熙庚寅(1710)、雍正五年(1727)版本傳世, 李清桓則認爲年希堯對《五方元音》進行了兩次增補, 第一次在康熙庚寅(1710), 第二次在雍正五年(1727),"這兩次增補雖説語音體系没有很大的改動, 但局部的改變還是有的, 特别入聲的移動是顯著的, 並改正原本錯訛之處"。[③] 今從其説。

在年希堯的基礎上, 趙培梓對《五方元音》又做了增補, 改名爲《剔弊廣增分韻五方元音》(或作《增廣剔弊五方元音》), 刊刻于嘉慶十五年

① 李新魁:《漢語等韻學》, 北京: 中華書局, 1983, 第 307 頁。

② 董仲湘、楊樹玉、張學榮:《年希堯增補〈五方元音〉不在雍正五年》,《承德師範專科學校學報》(哲學社會科學版)1988 年第 2 期。

③ 李清桓:《〈五方元音〉音系研究》, 武漢: 武漢大學出版社, 2008, 第 7—8 頁。

（1810）。

趙培梓所做的工作，李新魁概括爲：[①]

1. 將二十字母改用三十六字母作代表字，各韻之下另標明屬於"詩韻"一百零六部中哪個部，一韻之中標明開合呼。上聲分出一個濁上，去聲分清濁，入聲分上下，共八個聲調。每韻之前的韻圖，趙氏也加以改易，編爲新的韻圖。

2. 趙氏雖仍以十二韻分列韻字，但將原圖按開、合兩呼加以調整，增爲十五圖。在樊氏十二韻框架下，恢復宋元舊韻圖的面貌。

3. 入聲韻兼配陰、陽聲韻。牛、獒無入聲相配。駝、蛇、馬韻中許多原入聲字單獨排列，不與平上去韻字相配，反映了當時的實際語音變化。

可見，趙培梓的《增補剔弊五方元音》本欲另起爐灶，但做得很不徹底。韻部照舊襲用《五方元音》十二韻部，衹是注明"詩韻"一百零六韻目。復用傳統三十六字母更易《五方元音》二十聲類領字。入聲在韻圖中的安排依舊，但注明相配的陽聲韻部，似欲恢復中古的入陽相配。

《五方元音》在有清一代影響很大，出現了多種增補本和改訂本。據陽海清等主編的《文字音韻訓詁知見書目》統計，《五方元音》的增補本和改訂本有四十五種之多，[②]時間跨度從康熙四十九年（1710），直至民國初年。

《五方元音》的增補本林慶勳列有：[③]

1.《新纂五方元音全書》，康熙四十九年（1710）年希堯增補本，藏京都大學人文科學研究所；

2.《銅版五方元音大全》，康熙四十九年（1710）年希堯增補本，文盛堂藏版，藏東洋文庫；

3.《新纂五方元音全書》，雍正五年（1727）年希堯增補本，善成堂藏版，藏東京大學東洋文化研究所；

4.《新纂五方元音全書》，雍正五年（1727）年希堯增補本，文興堂藏版，藏東京大學東洋文化研究所；

---

① 李新魁：《漢語等韻學》，北京：中華書局，1983，第 307 頁。

② 陽海清等：《文字音韻訓詁知見書目》，武漢：湖北人民出版社，2002，第 288—290 頁。

③ 林慶勳：《從編排特點論〈五方元音〉的音韻現象》，《高雄師範大學學報》1990 年第 1 期。

李清桓（2008）列有：[①]

1.《五方元音》二卷，康熙四十九年（1710）年希堯增補本，藏上海圖書館。

2.《五方元音大全》，康熙四十九年（1710）年希堯增補本，刊刻時間未詳，上海廣益書局印行。

3.《新纂五方元音全書》，雍正五年（1727）年希堯增補本，刊刻時間未詳，善成堂藏版。

4.《增補五方元音》，雍正五年（1727）年希堯增補本，民國十五年（1926）上海昌文書局印行。

據筆者蒐訪，不完全統計，知國内館藏即有44種，版本數量遠逾兩家總和。玆開列如下，並附藏舘，以便讀者訪查。

序號	書名	卷數	作者	刊刻時間及堂號	藏舘
1	五方元音	2	樊騰鳳撰，年希堯增補	康熙四十九年同文堂刻本	上海
2	五方元音	2	樊騰鳳撰，年希堯增補	康熙間	福建師大
3	五方元音	2	樊騰鳳撰，年希堯增補	雍正五年善成堂刻本	上海、天津
4	五方元音	2	樊騰鳳撰，年希堯增補	雍正間刻本	中科院
5	五方元音	2	樊騰鳳撰，年希堯增補	道光二十年刻本	人大、天津
6	五方元音	2	樊騰鳳撰，年希堯增補	道光二十三年聚錦堂刻本	遼寧
7	五方元音	2	樊騰鳳撰，年希堯增補	道光二十三年宏道堂刻本	遼寧
8	五方元音	2	樊騰鳳撰，年希堯增補	道光二十七年銅活字本	湖南
9	五方元音	2	樊騰鳳撰，年希堯增補	道光二十九年	南京
10	五方元音	2	樊騰鳳撰，年希堯增補	同治五年五雲樓刻本	復旦
11	五方元音	2	樊騰鳳撰，年希堯增補	同治八年修文堂刻本	北大
12	五方元音	2	樊騰鳳撰，年希堯增補	同治十二年同文堂刻本	湖南
13	五方元音	2	樊騰鳳撰，年希堯增補	光緒七年寶文堂刻本	國圖
14	五方元音	2	樊騰鳳撰，年希堯增補	光緒八年掃葉山房刻本	遼寧
15	五方元音	2	樊騰鳳撰，年希堯增補	光緒九年校經山房刻本	復旦
16	五方元音	2	樊騰鳳撰，年希堯增補	光緒十年文興堂刻本	遼寧
17	五方元音	2	樊騰鳳撰，年希堯增補	光緒十三年兩儀堂刻本	國圖
18	五方元音	2	樊騰鳳撰，年希堯增補	光緒十六年京都買書堂刻本	北師大

① 李清桓：《〈五方元音〉音系研究》，武漢：武漢大學出版社，2008。

續表

序號	書名	卷數	作者	刊刻時間及堂號	藏館
19	五方元音	2	樊騰鳳撰，年希堯增補	光緒十七年天津煮字山房刻本	國圖
20	五方元音	12	樊騰鳳撰，年希堯增補	光緒十九年石印本	天津
21	五方元音	2	樊騰鳳撰，年希堯增補	光緒二十五年三義堂刻本	南開
22	五方元音	2	樊騰鳳撰，年希堯增補	光緒三十二年北京文成堂刻本	國圖
23	五方元音	12	樊騰鳳撰，年希堯增補	光緒三十四年石印本	遼寧
24	五方元音	12	樊騰鳳撰，年希堯增補	光緒間石印本	天津
25	五方元音	2	樊騰鳳撰，年希堯增補	光緒間刻本	遼寧
26	五方元音	2	樊騰鳳撰，年希堯增補	宣統二年天津文賢書局石印本	國圖
27	五方元音	12	樊騰鳳撰，年希堯增補	宣統三年上海鑄記書局石印本	北大
28	五方元音	2	樊騰鳳撰，年希堯增補	清末刻本	北大
29	五方元音	2	樊騰鳳撰，年希堯增補	民國六年上海石竹山房石印本	湖南
30	五方元音	2	樊騰鳳撰，年希堯增補	民國北京石印發行所石印本	國圖
31	增篆五方元音大全	2	樊騰鳳撰，年希堯增補	民國上海自强書局石印本	國圖
32	增補五方元音	不分卷	樊騰鳳撰，年希堯增補	光緒上海章福記書局石印本	國圖
33	增補五方元音	不分卷	樊騰鳳撰，年希堯增補	民國四年上海鑄記書局石印本	國圖、湖南
34	剔弊增廣五方元音	2 韻法析説 1 卷	樊騰鳳撰，趙培梓重編	嘉慶間刻本	中科院
35	剔弊增廣五方元音	2 首 1 卷	樊騰鳳撰，趙培梓重編	同治三年文業堂刻本	國圖、人大
36	剔弊增廣五方元音	2 首 1 卷	樊騰鳳撰，趙培梓重編	光緒北京文成堂刻本	國圖
37	剔弊增廣五方元音	2	樊騰鳳撰，趙培梓重編	光緒間刻本	國圖
38	剔弊增廣五方元音	2 首 1 卷	樊騰鳳撰，趙培梓重編	清末善成堂刻本	國圖

續表

序號	書名	卷數	作者	刊刻時間及堂號	藏館
39	剔弊增廣五方元音	2	樊騰鳳撰，趙培梓重編	清末石印本	遼寧
40	剔弊增廣五方元音	3 首1卷	樊騰鳳撰，趙培梓重編	民國六年上海章福記書局石印本	遼寧
41	剔弊增廣五方元音	3 首1卷	樊騰鳳撰，趙培梓重編	民國間上海錦章書局石印本	國圖、北師大
42	剔弊增廣五方元音	3 首1卷	樊騰鳳撰，趙培梓重編	民國間上海大成書局石印本	遼寧
43	剔弊增廣五方元音	3 首1卷	樊騰鳳撰，趙培梓重編	民國間會文堂新記書局石印本	國圖
44	剔弊增廣五方元音	3 首1卷	樊騰鳳撰，趙培梓重編	民國間上海廣益書局石印本	國圖

此次據清光緒八年（1882）上海掃葉山房刻本影印。

諧聲韻學

《諧聲韻學》原書系稿本，共十八卷，無著者姓氏。

關於《諧聲韻學》的作者，迄無定論。概言之，主要有：1. 虞嗣；2. 王蘭生；3. 南書房某位大學士；4. 虞嗣集四種説法。趙蔭棠持第1種意見，指出《諧聲韻學》系根據阿摩利諦《三教經書文字根本》而作。[①] 林慶勳持第2種意見，推測是王蘭生在入蒙養齋纂修韻書時，趁機修了一部諧俗的《諧聲韻學》。[②] 詹滿福持第3種説法，推測作者是南書房某位大學士（《〈諧聲韻學稿〉音系研究》，1988年臺灣高雄師範學院國文研究所碩士學位論文）。[③] 馮蒸持第4種觀點，認爲《諧聲韻學》的作者虞嗣與《諧聲品字箋》的作者虞嗣集是同一人。[④] 周賽華贊同趙蔭棠的觀點，他從《三教經書文

① 趙蔭棠：《〈康熙字典·字母切韻要法〉考證》，《中央研究院歷史語言研究所集刊》第三本第一分册，1931；《〈諧聲韻學〉跋》，《中法大學月刊》1931年一卷三期。

② 林慶勳：《〈諧聲韻學〉的幾個問題》，《高雄師範學院學報》1989年第17期。

③ 詹滿福：《〈諧聲韻學稿〉音系研究》，1988年臺灣高雄師範學院國文研究所碩士學位論文。

④ 馮蒸：《〈諧聲韻學〉的作者蠡測》，《漢字文化》1990年第2期。

字根本》《諧聲韻學》與《大藏字母九音等韻》的關係入手，認爲這三部著作的成書過程大致是："阿摩利諦是佛門弟子，他負責從《五音集韻》歸併韻部和改造反切，形成《九音等韻》。然後他再歸併聲母和聲調，胡文伯改造反切，形成了類似《諧聲韻學》的韻圖。漢人虞嗣根據這個韻圖剪切《五音集韻》並校訂，然後《諧聲韻學》黏貼形成。同時阿摩利諦簡化韻圖（衹選一個小韻首字），《三教經書》成書。最後《三教經書》和《諧聲韻學》相配，形成韻書和韻圖相配的格局（此步驟未完成）。"[①] 筆者綜合諸家觀點，認爲阿摩利諦在《諧聲韻學》編纂中起了重要作用，是主要編纂者。在没有發現更直接史料證明《諧聲韻學》作者爲誰之前，主張將《諧聲韻學》著作權暫歸阿摩利諦。

關於《諧聲韻學》的編譔年代，趙蔭棠説："《諧聲韻學》之修纂，由避諱字樣斷起來，亦在康熙之世，其確切的時間雖不能斷，恐怕也在四十年左右。"[②] 趙蔭棠推斷該書刊行時間在康熙三十八年（1699）到四十一年（1702）之間。[③]

《諧聲韻學》傳本兩種：

1. 稿本

現藏臺灣故宫博物院。趙蔭棠云："故宫圖書館藏有《諧聲韻學》稿本十八册，系清南書房舊藏。"[④] 後來，該書被運到臺灣。據林慶勳介紹，"《諧聲韻學》稿本十八册，今藏臺北故宫博物院圖書館，原書有清點編目卡片稱其爲'明刊本'恐不可信，或許因該書系以明刊本《五音集韻》剪貼而成，致有此誤亦未可知"。[⑤] 該稿本主要以明代成化六年（1470）重刊金韓道昭《改併五音集韻》剪貼而成，並輔之於其他版本。剪貼時基本按每半頁十行黏貼，偶見八行或九行，致行格空白之處甚多。

2. 抄本

藏上海圖書館，殘缺卷二、卷十和卷十五，[⑥] 每半頁七行。

---

① 周賽華：《諧聲韻學校訂 · 弁言》，北京：中華書局，2014，第 5 頁。

② 趙蔭棠：《〈諧聲韻學〉跋》，《中法大學月刊》1931 年一卷三期。

③ 趙蔭棠：《〈諧聲韻學〉跋》，《中法大學月刊》1931 年一卷三期。

④ 趙蔭棠：《〈諧聲韻學〉跋》，《中法大學月刊》1931 年一卷三期。

⑤ 林慶勳：《〈諧聲韻學〉的幾個問題》，《高雄師範學院學報》1989 年第 17 期。

⑥ 中國古籍善本書目編輯委員會編：《中國古籍善本書目》，上海：上海古籍出版社，1986，第 60 頁。

耿振生認爲《諧聲韻學》與《三教經書文字根本》是相配套的兩種書，《諧聲韻學》是韻書，《三教經書文字根本》是等韻圖。並認爲《諧聲韻學》音系“帶有顯著地官話區方言特徵，但其基礎方言地點還不清楚，不能標示它屬於何處方言”。①

《諧聲韻學》聲母有二十二個，與《元韻譜》同。韻母系統分爲十二攝：㮟攝 [a]、傑攝 [ɛ]、罡攝 [aŋ]、庚攝 [əŋ]、及攝 [ï][i][u][y]、高攝 [au]、該攝 [ai]、裓攝 [ei]、根攝 [ən]、幹攝 [an]、勾攝 [ou]、革攝 [o]。聲調分調、理、韻、音四聲，即陽平、上聲、去聲、陰平。古入聲字派入四聲之中，其分派情況與現代北京話不同，歸入陰平的字特別多。②

相關研究成果主要有：1. 趙蔭棠《〈康熙字典・字母切韻要法〉考證》，《中央研究院歷史語言研究所集刊》第三本第一分，1931；2. 趙蔭棠《〈諧聲韻學〉跋》，《中法大學月刊》1931 年一卷三期；3. 陸志韋《三教經書文字根本・附〈諧聲韻學〉》，《燕京學報》1948 年第三、四期；4. 李新魁《漢語等韻學》，北京：中華書局，1983；5. 詹滿福《〈諧聲韻學稿〉音系研究》，1988 年臺灣高雄師範學院國文研究所碩士學位論文；6. 林慶勳《〈諧聲韻學〉的幾個問題》，《高雄師範學院學報》1989 年第 17 期；7. 耿振生《明清等韻學通論》，北京：語文出版社，1992；8. 劉凱雲（馮蒸）《〈諧聲韻學〉作者蠡測》，《漢字文化》1990 年第 2 期；9. 陳晨《漢語音韻劄記四則》，《漢字文化》1990 年第 4 期；10. 周賽華《諧聲韻學校訂》，北京：中華書局，2014。

此次據清抄本影印，清抄本殘缺及不清晰處，以原稿本補配。

三教經書文字根本

阿摩利諦等譔。

該書卷首題“阿摩利諦訂集十二攝、司馬温公訂集二十一母、滿洲胡文伯訂集切音、漢人虞嗣訂集諧聲韻學”，是則該書爲集體譔作。

陸志韋《記〈三教經書文字根本〉》認爲“虞嗣的生卒籍貫無可考”。③

---

① 耿振生：《明清等韻學通論》，北京：語文出版社，1992，第 196 頁。

② 耿振生：《明清等韻學通論》，北京：語文出版社，1992，第 196—197 頁。

③ 陸志韋：《記〈三教經書文字根本〉》，《燕京學報》1932 年第 34 期。

趙蔭棠《〈諧聲韻學〉跋》也認爲："至於虞嗣，更不可考矣。"[1] 所以該書一般著録爲阿摩利諦等著。

趙蔭棠《明清等韻之北音系統》認爲《三教經書文字根本》成書於康熙三十八年至康熙四十年之間（1699—1701）。[2] 該書現存和通用的是清康熙年間刊本。

《三教經書文字根本》和《諧聲韻學》作者相同，音系相同，相輔相成。《諧聲韻學》是韻書，《三教經書文字根本》是韻圖。

《三教經書文字根本》共有二十一個聲母，即：

見、群、疑、端、透、娘、幫、滂、明、奉、微

精、從、邪、照、床、審、影、曉、來、日

設有十二攝，分爲開口與合口兩呼。聲調分調、理、韻、音四聲，即陽平、上聲、去聲、陰平。

韻圖按開、合分圖，共有二十四圖，每圖横列二十一聲母，縱列分上下兩欄，一欄列一呼之字，另一欄按陽平、上聲、去聲、陰平的順序縱列四聲，最後兩行説明其發音狀況。

陸志韋、[3] 李新魁 [4] 認爲《三教經書文字根本》反映的是官話音系或者明清時期的口語標準音，耿振生 [5] 將其歸入清代官話方言。

永島榮一郎《近世支那語特に北方語系統に於けて音韻史研究資料に就いて》的長篇論文（載《言語研究》第7、8號，第147—161頁；第9號，1941，第17—79頁）、趙蔭棠《等韻源流》（北京：商務印書館，1957）、耿振生《明清等韻學通論》（北京：語文出版社，1992）、李新魁《漢語等韻學》（北京：中華書局，1983）和《韻學古籍述要》（西安：陝西人民出版社，1993）都對《三教經書文字根本》有所研究。永島榮一郎就該書提到的八分、六分、四分、二分的不同開口度的韻加以擬音，耿振生探討了

① 趙蔭棠：《〈諧聲韻學〉跋》，《中法大學月刊》1931年一卷三期。

② 趙蔭棠：《輔仁學志》1936年第6卷第1—2期。

③ 陸志韋：《記〈三教經書文字根本〉》，《燕京學報》1932年第34期。

④ 李新魁：《漢語等韻學》，北京：中華書局，1983，第315—317頁。

⑤ 耿振生：《明清等韻學通論》，北京：語文出版社，1992，第196—197頁。

其聲、韻、調特點以及反切用字的特點和規律，李新魁將該書與《大藏字母九音等韻》加以比較，指出兩者的不同與聯繫。

1. 周賽華《徐孝〈等韻圖經〉中捲舌母音之再探——兼説捲舌母音與兒化韻的關係》(《語言研究》2003年第2期）考察了該書中的“而二耳”等字的歸屬。2. 許良越《等韻字音分析與非綫性音節理論》(《西南民族大學學報》2005年第9期）指出該書的反切用字特點，每個聲母依開、齊、合、撮分四個切上字，而切下字每個韻類只用一個字表示，簡潔而規整。3. 李清桓《〈五方元音〉音系性質新論》(《南京師範大學學報》2004年第2期）將《五方元音》與該書在聲、韻、調等方面加以對比，進而指出各自的音系特徵，其中還指出《三教經書文字根本》中獨立存在的疑母並不代表當時的語音實際。4. 秦曰龍《清抄本〈五音通韻〉研究》(2010年吉林大學博士學位論文）將《五音通韻》與《三教經書文字根本》做了比較研究。5. 周賽華《諧聲韻學校訂》(北京：中華書局，2014）對《三教經書文字根本》做了校勘。

此次據康熙年間刻本影印。

字母切韻要法

阿摩利諦譔。

《字母切韻要法》是《康熙字典》卷首收録的兩種韻圖之一，不署作者名姓。據趙蔭棠考證，大概成書於康熙四十年（1701）前後。[①]

《字母切韻要法》與清初阿摩利諦的《大藏字母九音等韻》《三教經書文字根本》有密切的關係，是以《大藏字母九音等韻》爲藍本改訂而成，而其所反映的語音系統與《三教經書文字根本》相當接近。因此，耿振生《明清等韻學通論》認爲，《字母切韻要法》與《三教經書文字根本》出於同一作者之手，即阿摩利諦所作。[②] 我們遵從耿振生的觀點。

《字母切韻要法》包括兩種不同的韻圖和一些歌訣，其中韻圖爲《內含四聲音韻圖》和《明顯四聲等韻圖》，而歌訣中有些與韻圖有直接關係，有些則没有。

① 趙蔭棠:《等韻源流》，北京：商務印書館，1957，第294頁。

② 耿振生:《明清等韻學通論》，北京：語文出版社，1992，第232頁。

《内含四聲音韻圖》是一個聲韻拼合表，不涉及聲調。它將韻母分爲十二攝，即迦、結、岡、庚、裓、高、該、傀、根、幹、鉤、歌，與《大藏字母九音等韻》相同，這是在元代韻圖十六攝中減去四攝形成的，是對元、明、清漢語韻母系統發展的歸納。《内含四聲音韻圖》將韻母分爲開口正韻、開口副韻、合口正韻、合口副韻，即開、齊、合、撮四呼。其聲母采用了宋代的三十六字母。《内含四聲音韻圖》按四呼分爲四個圖，每圖横列三十六字母，字母之下標出清濁不同，縱列十二攝代表韻母，縱横交合處列聲韻相拼之字。

《明顯四聲等韻圖》是一個聲、韻、調拼合表，是《内含四聲音韻圖》的擴展，體現四聲和聲韻的配合關係。它將《内含四聲音韻圖》中所分的十二攝列成十二個圖，每圖横列三十六字母，同樣標明清濁，再按四呼分爲四大行，每行按平、上、去、入分分四格列字，原没有入聲的攝也列相應的入聲字，但有標記。

關於《字母切韻要法》的音系性質，李新魁認爲該韻圖表現了當時的實際語音，很接近當時的口語語音。[①]耿振生將《字母切韻要法》定位爲折中古今音而成的音系，聲母系統用宋元等韻圖中的三十六字母，聲調系統襲用中古的平、上、去、入四聲，而其韻部的劃分和四呼系統依據的是時音，是與官話方言口語音系較接近的韻母系統。[②]

《字母切韻要法》的研究成果主要有：1. 趙蔭棠《等韻源流》（北京：商務印書館，1957）、李新魁《漢語等韻學》（北京：中華書局，1983）和耿振生《明清等韻學通論》（北京：語文出版社，1992）都做了簡單介紹與分析，但皆側重於概括説明。2. 趙蔭棠《〈康熙字典〉字母切韻要法考證》（《中央研究院歷史語言研究所集刊》1931 年第 1 期）是對《字母切韻要法》較早的研究。3. 李新魁《〈康熙字典〉的兩種韻圖》（《辭書研究》1980 年第 1 期）、耿振生《〈字母切韻要法〉再辨》（《語言學論叢》，北京：商務印書館，1992）對《字母切韻要法》做了較爲全面系統的分析研究，涉及聲韻調、體例和韻母擬音等方面。4. 李國華《從兩個韻圖的對比中看明清時期的語音發展變化》（《雲南民族大學學報》1984 年第 4 期）主要側重考

① 李新魁：《漢語等韻學》，北京：中華書局，1983，第 317—319 頁。

② 耿振生：《明清等韻學通論》，北京：語文出版社，1992，第 127—128 頁。

查其所反映的實際語音情況。

另外，還有一些論著涉及了該圖，如：1. 耿振生《論近代書面音系研究方法》（《古漢語研究》1993 年第 4 期）談到此韻圖的音系性質。2. 魏薇《韻圖中入聲韻與陰陽聲韻相配研究》（2008 年福建師範大學碩士學位論文）分析了該韻圖的入聲韻兼配情況。3. 余躍龍《〈等韻精要〉研究》（2010 年山西大學博士學位論文）將《字母切韻要法》與《等韻精要》進行對比研究。

此次據同文書局《康熙字典》本影印。

大藏字母九音等韻

阿摩利諦等譔。

阿摩利諦，中天竺沙門，生平不詳，另著有《諧聲韻學》《三教經書文字根本》等。

《大藏字母九音等韻》十二卷，原附於《大藏字母文字陀羅尼經》之後，署中天竺沙門阿摩利諦譯，卷末題康熙四十一年（1702）。趙蔭棠《等韻源流》推斷此書與《三教經書文字根本》均作於康熙三十八年至四十一年（1699—1702）之間。[①]

現有康熙四十二年（1703）滄江愚叟抄本傳世，藏北京大學圖書館，收入《續修四庫全書·經部·小學類》第 257 册。

《大藏字母九音等韻》分十二攝，各攝之内再分開、合正副，有開口正韻、開口副韻、合口正韻、合口副韻四類，實爲開、齊、合、撮四呼。十二攝及所統各韻，李新魁做了構擬：[②]

	開正	開副	合正	合副
迦攝：	a	ia	ua	
結攝：		ie		ye
岡攝：	aŋ	iaŋ	uaŋ	yaŋ
庚攝：	əŋ	iŋ	uŋ	yŋ

① 趙蔭棠：《等韻源流》，北京：商務印書館，2011，第 256 頁。

② 李新魁：《漢語等韻學》，北京：中華書局，1983，第 313—314 頁。

祴攝：	ə	i	u	y
高攝：	au	iau		
該攝：	ai	iai	uai	
傀攝：			uei	yei
根攝：	ən	in	un	yn
干攝：	an	iɛn	uan	yan
鉤攝：	ou	iou		
歌攝：	o	io	uo	yo

表中岡攝合口副韻收“恇獷誆恇庄壯牀”等字不入 [uaŋ] 韻，“詐鲊札叉刹乍沙灑殺”等入 [ia] 韻，近《韻法横圖》；傀攝合口副韻“圭鬼龜跪魏觜醉翠雖歲水鋭委”等列法近《西儒耳目資》。

全書按十二攝分圖，一圖之内横列三十六字母，一母之下分行列平上去入四聲之字，字下註反切及同音字數，同音字不列出，如“見平迦”註：“干麻切，三字。”反切均系自創，不采傳統韻書音切。一母之下，有來自中古不同韻部的韻字，則開列數字以爲各韻代表，如庚攝章合口正韻“端平”下列“東”字，註：“端洪切，三十字；冬，十一字。”“端上”下列“董”字，註“都嗔切，十九字，湩三字。”“端去”列“棟”字，註：“堆奉切，涷十五字，湩一字。”入聲配陰聲，不配陽聲。

相關研究成果主要有：1. 趙蔭棠《等韻源流》，北京：商務印書館，1957；2. 趙蔭棠《〈大藏字母九音等韻〉跋》，《隴上學人文存・趙蔭棠卷》，蘭州：甘肅人民出版社，2015；3. 李新魁《漢語等韻學》，北京：中華書局，1983；4. 耿振生《明清等韻學通論》，北京：語文出版社，1992；5. 李新魁、麥耘《韻學古籍述要》，西安：陝西人民出版社，1993 等。

此次據康熙四十二年（1703）滄江愚叟抄本影印。

聲位

清林本裕撰。

林本裕（1652—？），字益長，雲南姚安人，祖籍奉天蓋州（今遼寧蓋縣），清代康、雍、乾三朝著名學者。卒年不詳。武玉梅、安大偉據朝鮮史料推測其確切生年爲順治九年（1652）。[①] 張傑考證，林本裕一生“生於吴楚”“長於雲貴”“官於陝西”“囬籍於關東”。[②] 林氏所著《遼載前集》，是東北地區有史以來第一部由私人譔寫並保存下來的地方志。

《聲位》是對馬自援《等音》的修正，具體成書時間不詳。耿振生考證，大約成書於康熙四十七年（1708）前後。[③] 高奣映將《等音》《聲位》合編爲《等音聲位合匯》。

《聲位》單行本未見，《續修四庫全書·經部·小學類》所收即《等音聲位合匯》。

《聲位》中聲母有二十四個，即：見、溪、疑、端、透、泥、幫、滂、明、精、青、心、知、穿、審、非、微、曉、來、日和來自佛經的瑟叱、訶婆、曷羅多三個聲母以及零聲母。聲調分爲開、承、轉、縱、合五聲，即陰平、陽平、上聲、去聲和入聲，並且將入聲分爲本聲和借聲，定配陰聲韻者爲本聲，配陽聲者爲借聲。韻母分爲十三類，即光、官、宮、昆、高、乖、鉤、圭、鍋、遮、沽、初、瓜，每韻類再按五種聲調加以區别，還以“宫商角徵羽”五音來分析韻類，實際爲合口呼、開口呼、閉口捲舌混呼、啓口齊齒呼、撮口呼。

全書共分二十五圖，以調統呼，以五聲爲綱，五音爲目，分列各字。

關於《聲位》的音系性質，李新魁認爲反映共同語口語的語音。[④] 耿振生將其歸爲混合型等韻音系，是兼采南北或折中古今音的等韻著作。[⑤] 群一指出，《聲位》的創造意圖是爲推廣當時的“正音”即官話的，所以其應該是反映北方官話系統的。由於作者受所處語言環境的影響，《聲位》也記載了一些當時的雲南方音，成爲研究雲南方音史的重要史料。[⑥]

由於《聲位》是在馬自援的《等音》的基礎上修正形成的，所以對《聲位》的研究大多着眼於兩書的比較。如李新魁《漢語等韻學》和耿振生《明清等韻學通論》從與《等音》相比較的角度，對《聲位》做了概括研

① 武玉梅、安大偉：《清代盛京私志〈遼載前集〉考述》，《史學史研究》2019 年第 4 期。

② 張傑：《林本裕與〈遼載前集〉考論》，《遼寧大學學報》2009 年第 5 期。

③ 耿振生：《明清等韻學通論》，北京：語文出版社，1992，第 251 頁。

④ 李新魁：《漢語等韻學》，北京：中華書局，1983，第 311—313 頁。

⑤ 耿振生：《明清等韻學通論》，北京：語文出版社，1992，第 251 頁。

⑥ 群一：《〈等音〉〈聲位〉比較研究（一）》，《昆明高等師範專科學校學報》（哲學社會科學版）1991 年第 4 期。

究。應裕康、[①] 李新魁、[②] 群一[③] 在對比《聲位》和《等音》聲韻調的各個方面基礎上，來進行的比較全面的研究。

另外，在對高奣映的《等音聲位合匯》的研究中，也涉及對《聲位》的研究，如趙錦華的《清代雲南地方文獻中傳世的語言文獻考述》(《思想戰綫》2009年第35卷)。

在研究其他相關韻書時也會涉及《聲位》，如余躍龍的《〈等韻精要〉研究》(2010年山西大學博士學位論文)將《等韻精要》與《等音》《聲位》進行了比較研究。

此次據民國三年(1914)《雲南叢書》本《等音聲位合匯》影印。

韻助畧集

清劉爾整譔。

劉爾整，字肅若，山東長山(今鄒平)人，生卒待考。

《韻助畧集》康熙壬辰(1712)草成，己亥(1719)修改定稿。未見刻本，僅有孤抄本傳世，藏吉林省社會科學院。

該本一函六册，分别以六樂之“雲門”“咸池”“大詔”“大夏”“大護”“大武”命名。首册“雲門”載序文、凡例、圖表。“咸池”“大詔”爲上卷，“大夏”“大護”“大武”爲下卷。上卷卷首題“古於陵後學劉爾整肅若氏輯著，男希曾亦魯、希孟念遷、侄希顏悦庵、昌邑門人孫爾周懷音氏同校”。下卷同校人無二男，侄增“希孔又思”。《韻助畧集》序言和凡例中都明確交代了跟蘭茂《韻畧易通》、馬自援《等音》的密切關係。

首册所列圖表分别是“歷代韻圖”“蔡西山十四韻”“等韻十六攝”“《等音》韻首圖”“《韻助畧集》改換圖”“沈韻四聲全圖”“新韻十三橫圖”“歷代韻法字母圖”“舊韻目誤用上下平字圖”“新立入聲六韻半十三

① 應裕康:《論馬氏等音及林氏聲位》,《輔仁人文學報》1972年第3期。

② 李新魁:《談〈等音〉和〈聲位〉》,《中國語文研究》1981年第3期。

③ 群一:《〈等音〉〈聲位〉比較研究(一)》,《昆明師範高等專科學校學報》(哲學社會科學版)1991年第4期；群一:《〈等音〉〈聲位〉比較研究(二)》,《昆明師範高等專科學校學報》(哲學社會科學版)1992年4期；群一:《雲南漢語方音史稿(五)》,《昆明師範高等專科學校學報》(哲學社會科學版)2000年第1期。

字頭直圖”“新立入聲六韻半十三字頭横圖”。根據所列韻圖及所附辨語，可知劉爾整對前代韻書、韻圖的評判標準是“合乎人之所同然”（《韻助畧集・又敘》），也就是劉氏自己所感知的同鄉、同時人的自然之音。他對前人的批評完全憑藉自己的方言語感，客觀地反映了作者方音的實際面貌。

《韻助畧集》分韻十四部（劉氏自謂十三韻半），聲類二十一，聲調五。聲韻調編排體例與《蒙古字韻》同，即：韻部—韻類—字母—聲調—小韻。

《韻助畧集》韻部以序數爲名，曰第一韻、第二韻等。劉爾整推崇馬自援《等音》的“五音”劃分，繼承“宫、商、角、徵、羽”的分類和名稱。但每韻内以宫、商、徵、羽分爲四類，擯棄“角”音。“宫、商、徵、羽”即今之“四呼”，相當於合口呼、開口呼、齊齒呼、撮口呼。在韻部的劃分上，劉氏與馬自援有明顯的分歧，他在“又敘”中委婉地批評馬氏並闡明了自己的觀點，説：“然其中不無一二未安者，乃其改正舊韻不盡渣滓。如：‘規’與‘國’、‘孤’與‘骨’、‘俱’與‘居’，不宜各分韻頭；‘孤’與‘俱’、‘基’與‘居’，不宜混作一韻；‘結’之與‘决’又系半韻而非全韻；入聲五韻，當分爲六韻半，適得十三韻之半。”

《韻助畧集》共有597個小韻，收字8760個。無切語，所收韻字及注釋，大抵因襲《韻畧易通》。各韻韻部及韻類代表字，被稱之爲“韻首”。“韻首”均選取見母字，且儘量選用舒聲韻字。甯忌浮認爲全書共有三十七個韻類，並參照今鄒平、周村等地方音，用國際音標擬出。[①] 張鴻魁則認爲共有三十六個韻類，亦參照鄒平現代方音擬出。[②]

《韻助畧集》跟《等音》的韻類差異，主要表現在入聲字的歸併上。《韻助畧集》古入聲字全部併入陰聲韻，《廣韻》的三十四個入聲韻分别併入第八至第十三計7個韻部中。所表現的語音特徵，與今山東方音有很明顯的一致性，與《中原音韻》及今北京方音相距較遠。

《韻助畧集》用傳統字母標注聲類：見溪疑端透泥幫滂明精清心照穿審曉影非微來日，總計21個。照穿審分爲兩類，《韻助畧集》實有聲母24個。其中“耳而”讀來母，“是今天能見到的山東方言‘兒而二’讀來母的最早

---

① 甯忌浮：《〈韻助畧集〉與十八世紀初葉的山東長山方音》，《南開語言學刊（第4輯）——慶祝刑公畹先生九十華誕專號》，2004。

② 張鴻魁：《明清山東韻書研究》，濟南：齊魯書社，2005，第78頁。

記録”。[①]《韻助畧集》的24個聲母，甯忌浮（2004）、[②]張鴻魁（2005）[③]兩先生已擬出。

《韻助畧集》有五個聲調：平、上、去、入、全。全即陽平，陽聲韻無入聲，只有四個聲調。“古入聲字完好地保存在陰聲韻的入聲調中，不與其他四個聲調字相混。這或許就是三百年前長山話的真實寫照。”[④]

研究成果主要有：1. 甯忌浮《〈韻助畧集〉與十八世紀初葉的山東長山方音》，《南開語言學刊（第4輯）——慶祝刑公畹先生九十華誕專號》，2004；2. 張鴻魁《明清山東韻書研究》，濟南：齊魯書社，2005。

此次據清抄本影印。

圓音正考

清代佚名撰。[⑤]

《圓音正考》又名《清漢圓音正考》，成書於1743年。[⑥]

《圓音正考》目前有三種版本傳世：木刻本、石印本及清抄本（早於刻本）。“刻本封裡在書名《圓音正考》的上方及左右兩方分别題有‘道光庚寅年鐫’和‘京都隆福寺對門三槐堂書坊發兑’等字”，“該書正文每面六行，每行八字。此本刻於公元1830年”。[⑦]“石印本的版面大小及行款格式

① 甯忌浮：《〈韻助畧集〉與十八世紀初葉的山東長山方音》，《南開語言學刊（第4輯）——慶祝刑公畹先生九十華誕專號》，2004。

② 甯忌浮：《〈韻助畧集〉與十八世紀初葉的山東長山方音》，《南開語言學刊（第4輯）——慶祝刑公畹先生九十華誕專號》，2004。

③ 張鴻魁：《明清山東韻書研究》，濟南：齊魯書社，2005，第79頁。

④ 甯忌浮：《〈韻助畧集〉與十八世紀初葉的山東長山方音》，《南開語言學刊（第4輯）——慶祝刑公畹先生九十華誕專號》，2004。

⑤ 關於《圓音正考》編者，學界有三種説法：1. 存之堂説。2. 無名氏説。3. 烏紮拉文通説。詳參馮蒸：《〈圓音正考〉及相關諸問題》，《古漢語論文集》二，北京：北京出版社，1984，第83—85頁。

⑥ 關於本書成書年代，有“1743年”説和“1830年”説，學術界多認可前者。詳參馮蒸：《〈圓音正考〉及相關諸問題》，《古漢語論文集》二，北京：北京出版社，1984，第85頁。

⑦ 林慶勳《刻本〈圓音正考〉所反映的音韻現象》（《聲韻論叢》第三輯，臺北：臺灣學生書局，1991）、葉寶奎《明清官話音系》（厦門：厦門大學出版社，2001）均認爲三槐堂刻本，可能是《圓音正考》最早的刻本，1830年以前都是抄本。

幾乎全仿刻本，只增加了一個新的‘説明’，並對刻本的‘序’和‘原序’的行款字數稍微作了一點更動。全書共三十五頁。此本印於 1929 年。”[①] 抄本題名《清漢圓音正考》，收在一套題爲《同音合璧》的手抄叢書内，現藏於中國國家圖書館，該本抄于道光元年（1821）。[②]

《圓音正考》凡四十八音，即四十八組不同的韻母，每組各分尖、團音（其中有十一組尖音標明“漢字無”），共計 1650 字。四十八組依順序每三組爲同一單位（屬同一韻母），共十六單位，在尖、團列字之前標注滿文。該書體例前無所承，“不論全書四十八組音節的次第，或者每三組同韻母的先送氣次不送氣最後殿以擦音，都是仿滿文十二字頭先後順序而來”。[③]

關於《圓音正考》所反映的語音系統，林慶勳認爲“《圓音正考》一書的排列字音，並不是依據傳統韻書去歸納，而是記載當時的實際讀音”，此書反映的應該是以北方官話爲基礎的十八世紀初的語音。[④]

就目前資料所見，尖、團音的概念最早出現在《圓音正考》中，據王爲民等考察，“尖團音原本分别指滿文的尖頭字母（j、c、s）和圓頭字母（g、k、h），《圓音正考》將二者與漢語精組字和見組字分别對應起來，並且在列字中特别用尖頭字母和圓頭字母的形狀來區别漢語的精組細音字和見組細音字，由此出現了尖團音的概念。”當時滿語 g、k、h 已經齶化。[⑤]

相關研究成果主要有：1. 馮蒸《〈圓音正考〉及相關諸問題》，《古漢語論文集》二，北京：北京出版社，1984；2. 林慶勳《刻本〈圓音正考〉所反映的音韻現象》，《聲韻論叢》第三輯，臺北：臺灣學生書局，1991；3. 葉寶奎《明清官話音系》，厦門：厦門大學出版社，2001；4. 楊亦鳴、王爲民《〈圓音正考〉與〈音韻逢源〉所記尖團音分合之比較研究》，《中國語

① 馮蒸：《〈圓音正考〉及相關諸問題》，《古漢語論文集》二，北京：北京出版社，1984，第 85—87 頁。

② 馮蒸：《〈圓音正考〉及相關諸問題》，《古漢語論文集》二，北京：北京出版社，1984，第 85—87 頁。

③ 林慶勳：《刻本〈圓音正考〉所反映的音韻現象》，《聲韻論叢》第三輯，臺北：臺灣學生書局，1991。

④ 林慶勳：《刻本〈圓音正考〉所反映的音韻現象》，《聲韻論叢》第三輯，臺北：臺灣學生書局，1991。

⑤ 王爲民、張楚：《〈圓音正考〉索解》，《南京社會科學》2007 年第 8 期。

文》2003年第2期；5. 王爲民、張楚《〈圓音正考〉索解》，《南京社會科學》2007年第8期；6. 周好璐《〈圓音正考〉注説》，北京：中國戲劇出版社，2007等。

此次據清道光十年三槐堂刻本影印。

黄鐘通韻

清都四德譔。

都四德，字乾文，號秋莊，自署長白人，隸滿洲鑲紅旗。生平仕履多不可考，清代唐鑒《國朝學案小識》卷十四記云：

> 先生諱都四德，字乾文，號秋莊，鑲紅旗人。譔《黄鐘通韻》二卷，凡十篇：曰律度量衡第一，五音位次第二，六律第三，七均第四，五音六律第五，律吕名義第六，律本第七，循環爲宫第八，聲字第九，律數第十。又附以琴圖，共爲上下二卷。多本蔡氏《律吕新書》，而附益以己意。如“聲字”一篇，於國書十二字頭，獨取第一、第二、第四、第五、第十二章之字，而其餘皆不之及，蓋未究國書製作之本也。惟所論清字初音之法，皆中窾要，爲有益於學者耳。[①]

清代李桓《國朝耆獻類徵》、巴噜特思華詠春《八旗藝文編目》關於都四德的記載，内容與《國朝學案小識》同。

《黄鐘通韻》成書於乾隆甲子清和月（1744年舊曆4月），附録的“琴圖”於癸酉（1753）年譔成。其子寳瑺玉集校，德馨蘭谷、羅多和立禮仝校。

筆者寓目《黄鐘通韻》版本，僅有乾隆甲子（1744）刻本和丁顯《音韻學叢書》四十一種本。

該書深受宋代蔡元定《律吕新書》影響，都四德《自序》交代得很清楚，云：“本書獨得蔡西山者十有七八，前賢苦心何敢冒昧？若蔡西山當日

① 周駿富：《清代傳記叢刊》第2册，“學林類三”，臺北：臺灣文明書局，1986，第43頁。

得被之管弦别爲樂書，必更有大雅元音中和正律流傳，又何待今日予之鼓盪也？”

都四德稱：“黄鐘蕤賓二律圖内，方圍一等字，即是字母。”“方圍中字母，特爲正字、正音而設，具系借用，不可仍呼作原音，須隨現在格内，所有聲字之音呼之，字音方正。其餘圓圈無字之音，衹可各隨本律本格。”鄒德文認爲《黄鐘通韻》共有聲母二十個：[①]

喉屬：歌 [k] 柯 [k‘] 呵 [x] 哦 [ø]
舌屬：得 [t] 特 [t‘] 搦 [n] 勒 [l]
齒屬：知 [tʂ] 癡 [tʂ‘] 詩 [ʂ] 日 [j]
唇屬：白 [p] 拍 [p‘] 默 [m] 佛 [f] 倭 [v]
牙屬：貲 [ts] 覰 [ts‘] 思 [s]

《黄鐘通韻》正文列圖十二，《自序》云：

> 見詩有三十韻，韻有上平下平之分，上平十五韻中，又分一東二冬六魚七虞十一真十二文十四寒十五删各次第，下平十五韻中，又分二蕭三肴四豪八庚九清十蒸十三覃十四鹽十五咸各次第，或通用或獨用不一。上去二聲，亦各三十韻，又不分上下；入聲又祇得十七韻，細詳其義，茫然不解。遂即翻閲各家韻學等子諸書者數年，雖知音有清濁之分，字有次第之辨，門類繁多，聲字牽混，祇可强記，難以貫通；祇可臆説，難以切指。唯我朝清文，音祇有陰陽開合十二聲，字祇有輕重上下四等，統之則爲五音，分之則爲六律，門類簡明，聲字齊備，可以包括上平、下平三十韻，貫通一東二冬各次第，是以繪圖十二章，隨聲取字，以爲《通韻》。

《黄鐘通韻》“聲字”第九，記述了滿文十二字頭，並以十二字頭譜爲十二律吕圖。十二律吕圖分别是：元音黄鐘律咿聲字、極音蕤賓律嗚聲字、羽音大吕律唉聲字、羽音應鍾律哀聲字、角音太簇律哦聲字、角音無射律

① 鄒德文：《清代東北方言語音研究》，北京：中國社會科學出版社，2016，第 57 頁。

阿聲字、宫音夾鍾律喑聲字、宫音南吕律唵聲字、商音林鍾律嗷聲字。每圖分輕上、輕下、重上、重下四等，實即開、齊、合、撮“四呼”，與中古“等”的概念不同。趙蔭棠認爲“十二律圖實與《三教經書文字根本》之十二攝相同”。[①]

鄒德文構擬出《黄鐘通韻》韻母表：[②]

十二律圖	開口呼	齊齒呼	合口呼	撮口呼
咿聲字	ʅ/ʅ	i		
嗚聲字			u	y
唉聲字	ei	iei	uei	yei
哀聲字	ai	iai	uai	
哦聲字	ə	iə	uə	yə
阿聲字	a	ia	ua	
喑聲字	ən	iən	uən	yən
唵聲字	an	ian	uan	yan
嚶聲字	əŋ	iəŋ	uəŋ	yəŋ
呋聲字	aŋ	iaŋ	uaŋ	yaŋ
嘔聲字	əu	iəu		
嗷聲字	au	iau		

“聲字”第九云：

> 韻書以口齒調字。一字祇有平上去入四聲，以管弦律字，一字有合、四、上、尺、工、六、五七聲，七聲方足五音六律，四聲不足五音六律。雖有上平下平、純清次清、全濁半濁之論，不合律數，無憑分晰。細調其聲，側聲卻有上下，平聲惟有長短。如咿宜、嗚吾、威微、台臺、奢蛇、花華、申神、天田、通同、汪王、幽由、蒿豪之類，上音俱長，下音俱短。等韻舊例，横用三十六字母，長短並列在一層，各有一母。竊謂各有一母，似不能各統平上去入四聲。平聲有長短，側聲無長短，側聲不敷兩用，未免有就長棄短，就短棄長之偏廢。是

① 趙蔭棠：《等韻源流》，北京：商務印書館，1957，第238—239頁。

② 鄒德文：《清代東北方言語音研究》，北京：中国社会科學出版社，2016，第72頁。

以於右十二律圖内，以長平、短平，直立爲上下兩層，共用一母。一母通統長平短平、上去入五聲。

結合圖中例字考察，“長平”指陰平，“短平”指陽平。陰平、陽平、上聲、去聲四聲與現代普通話基本一致。最大的差别則在對入聲的認識與處理。

《黄鐘通韻》入聲衹配咿、嗚、哦、阿陰聲四律，“聲字”第九云：

入聲音少字少，不敵平上去三聲音字，似屬方音。况五方土音，唯南方有入聲，北方無入聲。北方呼入聲字，俱如短平聲字。其餘他方，或呼爲上，或呼爲去，或轉爲别音者，各有不同。以管弦之聲考之，本律重聲如長平聲，輕聲如短平聲，上進一律如上聲，下退一律如去聲，詳細聞聽，惟有長短平聲，上下側聲，亦無入聲。是知入聲字，衹可各隨方音，輕呼入平，重呼入側，以便叶韻。

可見《黄鐘通韻》的入聲並非現實語音。

關於《黄鐘通韻》的音系性質，音韻學界有兩種認識：一種認爲反映的是清代北京官話，另一種認爲反映的是清代東北官話。考滿族都姓的老姓系都佳氏，世居輝發（今吉林省輝南縣）、索倫（今黑龍江嫩江以西）等地。都四德自署“長白人”，當是滿族人自稱郡望，而不是指確切的出生地或生長地。我們傾向於《黄鐘通韻》反映的是清代北京官話的觀點。

書中對律吕、律度、樂器、衡量等的討論，音韻學者通常認爲“考衡究度，審音窮理，較定五音六律、管弦工尺，毫髮無差，然終與等韻之學無關也”。[①] 王松木《等韻研究的認知取向——以都四德〈黄鐘通韻〉爲例》指出律吕與滿文十二字頭在解析《黄鐘通韻》的構造中起着重要作用。[②] 王爲民《〈黄鐘通韻〉韻圖的構造原理與音系解析》對《黄鐘通韻》韻圖構造與律吕、滿文十二字頭之間的内在聯繫進行了較爲透徹的考察，認爲

① 應裕康：《清代韻圖之研究》，臺北：弘道文化事業有限公司，1972，第 464 頁。

② 王松木：《等韻研究的認知取向——以都四德〈黄鐘通韻〉爲例》，《漢學研究》2003 年第 21 卷第 2 期。

“都四德正是利用律吕的表象正確地將十二律所代表的韻進行成對對比分析的，這與音位學中的最小對比的思想是暗合的。”①

相關研究成果主要有：1. 趙蔭棠《等韻源流》，北京：商務印書館，1957；2. 應裕康《清代韻圖之研究》，臺北：弘道文化事業有限公司，1972；3. 李新魁《漢語等韻學》，北京：中華書局，1985；4. 耿振生《明清等韻學通論》，北京：語文出版社，1992；5. 陳雪竹《〈黄鐘通韻〉音系研究》，1999 年北京大學博士學位論文；6. 陳喬《〈黄鐘通韻〉研究》，2001 年吉林大學碩士學位論文；7. 王松木《等韻研究的認知取向——以都四德〈黄鐘通韻〉爲例》，《漢學研究》2003 年第 21 卷第 2 期；8. 王爲民《從滿漢對音規則看〈黄鐘通韻〉所表現的尖團音分合狀况——兼論北京官話尖團音合流完成的年代》，《漢學研究》2006 年第 24 卷第 2 期；9. 王爲民《〈黄鐘通韻〉韻圖的構造原理與音系解析》，《語言科學》2012 年第 2 期；10. 鄒德文《清代東北方言語音研究》第 3 章，北京：中國社會科學出版社，2016。

此次據清乾隆甲子（1744）刻本影印。

增補萬韻新書

清劉振統譔。

《增補萬韻新書》又名《五音正韻萬韻圖》《萬韻書》。該書卷首有劉振統乾隆六年（1741）所寫的《萬韻書序》，大概此書成書於乾隆初年，即 18 世紀中葉。

關於該書作者，李新魁“譔人不詳。清乾隆六年（1741）山東歷城人劉振統（字率公）爲之刊表……乾隆九年，鄭尚信爲之增補”②；耿振生認爲“作者不詳，乾隆初年由歷城人劉振統、鄭尚信補訂刊行”。③張鴻魁認爲是高苑（非歷城）縣人劉振統。

張鴻魁考定此書當名爲《萬韻書》，“序文中‘萬韻新書’一語，意爲

① 王爲民：《〈黄鐘通韻〉韻圖的構造原理與音系解析》，《語言科學》2012 年第 2 期。

② 李新魁：《漢語等韻學》，北京：中華書局，1983，第 258—259 頁。

③ 耿振生：《明清等韻學通論》，北京：語文出版社，1992，第 186 頁。

‘萬韻’爲全新之書，非指書名爲‘新書’也”。[①]

《萬韻新書》二册，以元、亨、利、貞標爲四卷。卷首有乾隆六年（1741）劉振統《萬韻新書序》、乾隆九年（1744）鄭尚信《增補萬韻新書序》、乾隆二十三年（1758）劉桂《重鐫萬韻新書增直圖序》。序後依次爲“三十六母總名”“三十六母分清濁”“七音分母”“等字部位”“字母歌”“七音分母補遺”“字母分韻共計十五韻”等。

筆者寓目版本有光緒丁丑（1877）子雲堂刊《增補萬韻新書》和光緒甲申（1884）順和堂刊《增補萬韻新書》。子雲堂刊本序言末頁鐫“刊於學古堂藏板”牌記一行。張鴻魁認爲“學古堂版是存在的。學古堂版有劉桂序文，也應是四卷本（韻書正文三卷加韻圖一卷），但未必是四卷本的最早一種，學古堂本前還該有一本缺鄭序的四卷本”。[②]

張鴻魁對光緒丁丑年子雲堂版《增補萬韻新書》進行了研究，指出《萬韻書》的編寫刊布過程爲：

無名氏同音字表—劉振統依據時音系統分15韻部34韻母19聲母加以編排，並增補字形釋文著成《萬韻書》（韻書部分）—鄭尚信又增補若干字，並付印成書《增補萬韻新書》—劉桂又抽取各音節代表字參照《韻法直圖》編成音節表叫《新編字韻》，附韻書後，刻成四卷一帙的《萬韻書增直圖》。[③]

該書聲母有十九個，用三十六字母表示爲：

見、溪、影、端、透、泥、幫、滂、明、精、清、心、曉、來、日、莊、初、生、非

李新魁將其構擬出來：[④]

k　k‘　x　ø
t　t‘　n　l

① 張鴻魁：《〈萬韻書〉述略》，《中國語文》2001年第6期。
② 張鴻魁：《〈萬韻書〉述略》，《中國語文》2001年第6期。
③ 張鴻魁：《〈萬韻書〉述略》，《中國語文》2001年第6期。
④ 李新魁：《漢語等韻學》，北京：中華書局，1983，第260—261頁。

p	p‘	m	f
ts	ts‘	s	
tʂ	tʂ‘	ʂ	ʐ

跟普通話相比，只缺少三個舌面音。據張鴻魁研究，《萬韻書》無“四呼”之名而有“四呼”之實。介音有三種：i、u、y，韻母分爲十五部：宫、剛、高、子、舉、官、該、家、傑、孤、金、國、勾、吉、戈。李新魁認爲《萬韻新書》韻母有三十四個，並將其構擬出來：①

宫	uŋ	iuŋ	əŋ	iŋ
剛	aŋ	iaŋ		
高	au	iau		
子	ɿ	ʅ		
舉	y			
官	an	iɛn	uan	yan
該	ai	iai	uai	
家	a	ia	ua	
傑		ie		ye
孤			u	
金	ən	in	un	yn
國	ei			uei
勾	ou	iou		
吉		i		
戈	o		uo	

聲調五個：陰平、陽平、上聲、去聲、陰入。② 入聲字中雜有非入聲

① 李新魁：《漢語等韻學》，北京：中華書局，1983，第 259—260 頁。

② 耿振生（1992）、李新魁（1983）均認爲無入聲，耿振生認爲“入聲字分歸陽平和去聲”（《明清等韻學通論》，第 187 頁），李新魁認爲“入聲字雜入陰聲韻各字之中”（《漢語等韻學》，第 260 頁）。

字，張鴻魁認爲這一類字很可能是“當時調值近似陰平的字”的聚合。[①]

李新魁認爲“反映了當時口語的實際語音”，[②]“此書則完全没有入聲，這可能是山東方音的反映”。[③] 耿振生將其列入山東等韻音系，[④] 張鴻魁認爲“除了總體框架顯示出其具備山東方言音系的特點外，很多聲韻特殊字也可用來檢驗其音系的地方特點”，是一部“方言韻書”。[⑤]

相關研究成果主要有：1. 李新魁《漢語等韻學》，北京：中華書局，1983；2. 耿振生《明清等韻學通論》，北京：語文出版社，1992；3. 張鴻魁《〈萬韻書〉述畧》，《中國語文》2001 年第 6 期；4. 張鴻魁《明清山東韻書研究》，濟南：齊魯書社，2005；5. 張樹錚《清代山東方言語音研究》，濟南：山東大學出版社，2005 等。

此次據清光緒丁丑（1877）子雲堂刻本影印。

等韻精要

清賈存仁譔。

賈存仁（1724—1784），山西臨汾浮山縣人。據清代光緒版《浮山縣誌》載：“賈存仁，字木齋，乾隆辛卯科副榜，事親至孝，朝夕承歡，不樂仕進。家雖淡泊，而甘旨未嘗少缺。尤工書法，精韻學，著有《等韻精要》及《弟子規正字畧》諸書行世。”由浮山縣發現的賈存仁墓志銘可知，賈存仁生於雍正二年（1724）二月二十二日，卒於乾隆甲辰年（1784）三月七日。賈氏還著有《四書千一録》《詩韻考源》《音匯》等。

《等韻精要》成書於乾隆四十年（1775），現存有乾隆四十年（1775）河東賈氏家塾定本，收入《續修四庫全書·經部·小學類》。

《等韻精要》卷首爲作者自序、凡例和目録，之後是正文。正文包括“述原”“音韻總論”“圖説”“别傳”和“備考”五個部分，“圖説”是一部等韻圖，其餘四部分是理論解説。“述原”部分，作者引用《性理精義皇極

① 張鴻魁：《〈萬韻書〉述畧》，《中國語文》2001 年第 6 期。

② 李新魁：《漢語等韻學》，北京：中華書局，1983，第 261 頁。

③ 李新魁、麥耘：《韻學古籍述要》，西安：陝西人民出版社，1993，第 374 頁。

④ 耿振生：《明清等韻學通論》，北京：語文出版社，1992，第 186—187 頁。

⑤ 張鴻魁：《〈萬韻書〉述畧》，《中國語文》2001 年第 6 期。

篇》和《音韻闡微》有關等韻學的内容加以闡述。"音韻總論"分上、下兩部分，主要是闡述作者的等韻學觀點。"别傳"部分，主要闡釋了反切原理和教授如何使用反切。"備考"部分，分析了幾部韻圖的利與弊。"圖説"部分是該書主體部分，包括"韻頭總圖""音頭總圖""五聲説""韻頭音頭合併總圖""十二韻圖"，構成一部完備的韻圖。

該韻圖聲母分爲三十類，除去重複和虚位者，實際只有二十一母。韻母分爲十二部，以動物名稱作爲韻目，即：一獅、二馬、三蛇、四駝、五牛、六獒、七豺、八龜、九龍、十羊、十一猿、十二麟。每一韻又分爲開、齊、合、撮四呼。聲調分陰平、陽平、上聲、去聲、入聲五聲。

關於《等韻精要》的音系性質，學者有不同的看法：1. 李新魁認爲顯示的語音框架是綜合音系。[①]2. 耿振生將該書歸入官話方言區等韻音系的"普通音"一類，即屬於官話方言一系，但難以確定具體的方言區。[②]3. 竺家寧指出《等韻精要》基本反映了 18 世紀的北方官話，但受到晉方言的影響。[③]4. 宋珝映認爲《等韻精要》反映的是北方話音系，但有一定的存古思想。[④]

除上述學者的研究成果外，以《等韻精要》作爲研究對象的論著尚有：1. 張輝《〈等韻精要〉研究》，2007 年吉林大學碩士學位論文；2. 鄒湘梅《〈等韻精要〉音系研究》，2007 年厦門大學碩士學位論文；3. 佘躍龍《〈等韻精要〉研究》，2010 年山西大學博士學位論文；4. 佘躍龍《〈等韻精要〉音系基礎再論》，《山西大學學報》（哲學社會科學版）2013 年第 4 期；5. 佘躍龍《〈等韻精要〉音系性質再認識》，《大同大學學報》（哲學社會科學版）2013 年第 4 期等。

另外，還有一些學者的論著涉及《等韻精要》的某些問題，如：1. 金基石《尖團音問題與朝鮮文獻的對音》（《中國語文》2001 年第 2 期），探討了《等韻精要》曉、精組聲母的齶化情况；2. 萬獻初《撮口呼形成、發展與應用的歷時進程》（《勵耘學刊》2011 年第 1 期），論證了賈存仁確認

① 李新魁：《漢語等韻學》，北京：中華書局，1983，第 370—373 頁。

② 耿振生：《明清等韻學通論》，北京：語文出版社，1992，第 198—199 頁。

③ 竺家寧：《〈等韻精要〉與晉方言》，《首届晉方言國際學術研討會論文集》，太原：山西高校聯合出版社，1996，第 156 頁。

④ 宋珝映：《〈等韻精要〉聲母系統的特點》，《中國語文》1997 年第 2 期。

“開齊合撮”四呼的合理性；3. 萬獻初《近古百種韻書 -m 韻尾消變的歷時進程》(《勵耘學刊》2012 年第 2 期）分析了《等韻精要》-m 韻尾字的收録情況；4. 劉明志《〈廣韻〉莊組聲母在北方方言中的演變》(2012 年山東大學碩士學位論文）論及《等韻精要》莊組字的四呼歸類和精莊章組字反映的官話語音等問題。

此次據清乾隆四十年（1775）河東賈氏家塾刻本影印。

本韻一得

清龍爲霖譔。

龍爲霖，字雨蒼，號鶴坪，巴郡人。幼聰慧，九歲能文，十一歲入縣學，十六歲中舉人。康熙三十年（1691）貢生，年羹堯督川深器之。康熙四十五年（1706）中試，因病歸。康熙四十八年（1709）補殿試，授中書。歷官雲南太和知縣、石屏知州、廣東肇慶同知、潮州知府。著有《本韻一得》《蔭松堂詩集》《橐駝集》《讀詩管見》等。

《本韻一得》大致始作于雍正年間，成書於乾隆十五年（1750）。筆者僅得寓目乾隆十六年（1751）刻本。

全書二十卷，卷首有蔡時田序、彭端淑序、胡田游序。前六卷爲論説，論述音韻與音律、陰陽五行、文字的關係，分别論述“陰陽”“五音”“七韻”“十二律”“四聲”“字母”“反切”“轉注”“假借”“協韻”“轉韻”等論題。附有“字母新圖”“十二平韻陰陽四聲縱横總綱圖”“十二韻兩界分合圖”等。後十四卷爲韻譜，所録之字本諸《古今韻會舉要》《洪武正韻》，先依平、上、去、入四聲之序分韻，每聲之下再依黄鐘、大吕、太簇等十二律之次排列十二韻部。每部之前附簡明音節表，標示韻中小韻及排布次序。

該書正文之前，列有一個四呼圖，他稱之爲“十二平韻陰陽四聲五音縱横圖”，分列下述四種“呼”：太陽韻（合口)、太陰韻（撮口)、少陽韻（開口)、少陰韻（齊齒)。每呼一圖，共四圖。陽韻相當於“正”，陰韻相當於“副”，這四韻實際上就是開合正副的另一種叫法而已。

李新魁説：“《本韻一得》把書、圖合在一書中共用一個名稱。韻圖展現全書的聲類、韻類、調類及其拼合關係，圖上一個字就代表韻書中一個小韻。這種圖是韻書的音系框架、綱領。韻書則廣泛收羅同音字，詳細地加反切、釋字義，等於在框架内填充了材料。”①

各韻之前，列一韻圖。每一個韻類之中，再分爲宫羽角徵等音。宫羽角徵被用來區分不同的“呼”。書眉上即列“宫之宫”等名稱，縱行列聲母，聲母又注明宫商角徵羽五音。

該書聲母分成二十四類：

公、空、烘、翁、峣、東、通、籠、齈、終、充、鶬、戎、駿、忽、鬆、○（瀼松切）、緶、攞、○（巫峰切）、濛、○（如宗切）、○（華嚴曷　攞多三合母）

書中立二十四字母，除去三個虚設，實有二十一母，與《元韻譜》聲母相同。

龍氏從音律的十二律出發，將今古音分爲十二部，入聲分作七部，用律名黄鐘、大簇、姑洗、蕤賓、夷則等來標明韻類。龍氏歸納的平聲十二韻爲：公、光、高、瓜、乖、鉤、孤、關、鍋、規、居、昆；入聲七韻爲：谷、虢、各、吉、橘、訣、刮。

韻類排列的次序是先合口、撮口，後開口、齊齒。

聲調爲陰、陽、上、去、入。

《本韻一得》的韻學特徵主要有兩點：1. 以陰陽五行及音律來解釋古今音韻。龍氏在十二韻的每一大韻中各含四小韻——宫角徵羽。每一小韻中又各具五音二變，缺一不成韻。2. 反對叶音説，主張轉韻説。在古音本原問題上，龍氏堅決反對叶音説。他贊成陳第、顧炎武的古詩無叶音説。然而龍氏並不接受陳第、顧炎武的古本音説，並試圖用轉韻説理論來解釋古詩用韻的問題。②

相關的研究成果主要有：1. 李新魁《漢語等韻學》（北京：中華書局，1983）將《本韻一得》劃分在《五方元音》一類的等韻圖中，認爲該書反映了當時共同語口語的語音，屬於清代的普通話音系；2. 耿振生《漢語等

① 李新魁：《漢語等韻學》，北京：中華書局，1983，第 323 頁。

② 張民權：《清代古音學研究》，北京：北京廣播學院出版社，2001，第 275 頁。

韻學通論》（北京：語文出版社，1992）將該書劃分爲官話方言中，耿氏認爲，雖同屬於官話方言，但是此書没有什麽獨特之處，音類按照北方話中較爲普遍的讀音來歸納，難以確定爲某一地點的方音，屬於"普通音"；3. 張民權《清代古音學研究》（北京：北京廣播學院出版社，2001）認爲，龍氏十二韻部是以古韻爲參照，以今音爲基礎的古今雜糅的音學體系；4. 王松木《墜入魔道的古音學家——論龍爲霖〈本韻一得〉及其音學思想》（臺灣《清華中文學報》2012 年第 8 期）旨在通過對《等韻一得》的探究，深入考察了龍爲霖的音韻學思想與設計理念。

此次據清乾隆十六年（1751）刻本影印。

李氏音鑒

清李汝珍譔。

李汝珍（約 1763—1830），字松石，號松石道人，直隸大興（今北京）人，音韻學家、小説家。李汝珍青年時代離開大興，隨兄宦游江南，長住海州板浦（今江蘇連雲港市灌雲縣板浦鎮）。[①] 著有《鏡花緣》《受子譜》《李氏音鑒》等。

《李氏音鑒》同《音泭》一樣，是爲蒙童而作的音學入門書。《李氏音鑒》成書於嘉慶十年（1805），全書共分六卷。前五卷用問答的方式討論了字母、反切、韻書、四聲平仄、南北方音、擊鼓射字等 33 個音韻方面的問題，第六卷爲《字母五聲圖》，按字母分爲三十三圖，横列二十二韻之字，縱列五種聲調，是聲韻調相配的字表。

與傳統韻圖不同，《李氏音鑒》中不用"等""呼"等術語，提出語音有粗（開合）細（齊撮）之别，"粗細，是李汝珍劃分聲母、韻部的一條重要原則"。[②]《李氏音鑒》聲類爲"松石三十三字母"，用一首"行香子詞"來代表，詞的内容爲：

> 春滿堯天，溪水清漣，嫩紅飄，粉蝶驚眠。松巒空翠，鷗鳥盤翻，

① 孫佳訊：《〈鏡花緣〉作者的疑案》，《中華文史論叢》1980 年第三輯。

② 何九盈：《中國古代語言學史》，廣州：廣東教育出版社，2000，第 343 頁。

對酒陶然，便博個醉中仙。

若把洪細音合併，則實際只有十九個聲母。李新魁《漢語等韻學》將十九聲母用國際音標構擬了出來：[①]

p 博、便　p‘ 盤、飄　m 滿、眠　f 粉
t 對、蝶　t‘ 陶、天　n 嫩、鳥　l 巒、漣
ts 醉、酒　ts‘ 翠、清　s 松、仙
tʂ 中　tʂ‘ 春　ʂ 水　ʐ 然
k 箇、驚　k‘ 空、溪　x 紅、翱　ø 鷗、堯

耿振生《明清等韻學通論》把這十九聲母用三十六字母表示爲：

見溪影曉、端透泥來、幫滂明非、精清心、照穿審日[②]

《李氏音鑒》二十二韻，李新魁也做出了構擬：[③]

第一韻：江陽　aŋ　iaŋ	第四韻：魚虞　u　iuŋ
第二韻：真文元侵　ən　in	第五韻：蕭肴豪　au　iau
第三韻：東冬　uŋ　iuŋ	第六韻：支佳灰　ai　iai
第七韻：支微齊　i　ï	第十五韻：支微齊佳灰 ei　uei
第八韻：麻　e　ie	第十六韻：真文元　un　yn
第九韻：元寒删覃咸　an　ian	第十七韻：庚青蒸 əŋ　iŋ
第十韻：先鹽　iɛn	第十八韻：删咸 uan
第十一韻：元寒先　uon　yan	第十九韻：歌 uo　yo
第十二韻：尤 ou　iou	第二十韻：麻 ua
第十三韻：歌　o	第二十一韻：支佳灰 uai
第十四韻：麻 a　ia	第二十二韻：江陽 uaŋ

① 李新魁：《漢語等韻學》，北京：中華書局，1983，第 393 頁。
② 耿振生：《明清等韻學通論》，北京：語文出版社，1992，第 252 頁。
③ 李新魁：《漢語等韻學》，北京：中華書局，1983，第 393 頁。

《李氏音鑒》聲調分爲陰平、陽平、上聲、去聲、入聲五類，入聲韻配陽聲韻。當時北音已無入聲，李氏設置入聲的目的大概與《音泭》一樣，爲便於文人吟誦、寫詩作賦而設。

《李氏音鑒》自云“此編兼列南北”，李新魁將其歸入“兼表南北方音的等韻圖”中，認爲《字母五聲圖》“從某種程度上正反映了這種論定‘南北是非，古今通塞’的觀念”①。楊亦鳴從三個方面論證了《李氏音鑒》的語音系統是“從十八世紀末的北京語音爲基礎，兼列當時海州語音與北京語音相異的部分，在音系安排上，這一部分只是在北京音系之外重出，並未影響到北京音系的完整性”②。葉螢光根據《李氏音鑒·北音入聲論》中古入聲一韻兩讀現象，認爲“李氏記音帶有注重讀書音的傾向”，“並非單純的口語音系統”。③

《李氏音鑒》的傳世版本，現知三種：1. 嘉慶十五年（1810）寶善堂原刻本，六卷，一函四册。2. 同治七年（1868）木樨山房重修刊本，六卷，附清洪棣元譔《書目》一卷，一函四册。3. 光緒十四年（1888）掃葉山房刻本，六卷四册。原刊本與翻刻本之異同，可參看陳晨《漢語音韻劄記四則》。④

對《李氏音鑒》研究的成果主要有：1. 李新魁《漢語等韻學》，北京：中華書局，1983；2. 楊亦鳴《〈李氏音鑒〉音系的性質》，《語言研究》1989 年第 2 期；3. 楊亦鳴《〈李氏音鑒〉的粗細理論及反切特點》，《徐州師範學院學報》（哲學社會科學版）1990 年第 1 期；4. 楊亦鳴《〈李氏音鑒〉的聲韻調系統》，《徐州師範學院學報》（哲學社會科學版）1991 年第 3 期；5. 楊亦鳴《〈李氏音鑒〉音系研究》，西安：陝西人民教育出版社，1992；6. 耿振生《明清等韻學通論》，北京：語文出版社，1992；7. 徐復《〈李氏音鑒音系研究〉述評》，《徐州師範學院學報》（哲學社會科學版）1995 年第 1 期；8. 何九盈《中國古代語言學史》，廣州：廣東教育出版社，2000；9. 陳雪竹《〈李氏音鑒〉音系中“博盤滿粉”四母字的介音》，《語言教學

① 李新魁：《漢語等韻學》，北京：中華書局，1983，第 395 頁。

② 楊亦鳴：《〈李氏音鑒〉的性質》，《語言研究》1989 年第 2 期。

③ 葉螢光：《〈李氏音鑒〉北京音的文白異讀——也談〈李氏音鑒〉音系的性質》，《古漢語研究》2010 年第 4 期。

④ 陳晨：《漢語音韻劄記四則》，《漢字文化》1990 年第 4 期。

與研究》2008 年第 3 期；10. 王爲民《非綫性音系學與〈李氏音鑒〉的反切原理》，《南京社會科學》2008 年第 8 期；11. 葉螢光《〈李氏音鑒〉北京音的文白異讀——也談〈李氏音鑒〉音系的性質》，《古漢語研究》2010 年第 4 期等。

此次據清嘉慶十五年（1810）寶善堂刻本影印。

中州全韻

明范善溱譔。

范善溱，字昆白，疁城（今上海嘉定）人。少善音律，長游姑蘇（江蘇蘇州）。《中州全韻》成書於明末崇禎四年（1631）。[①]

《中州全韻》，又名《北詞韻正》，主要版本有兩個：

1. 原北京孔德學校所藏清抄本

抄本是全本，每半頁八行，行大字十六，卷首有燃藜居士序。考其諱字，道光以上清帝禦諱均空格不書，道光禦諱“旻”字不諱，可斷其爲嘉慶年間（1796—1820）抄本。據卷端收藏印鑒和連夢星題跋，知最初爲余集（號秋室，1738—1823）所有，清末歸著名藏書家潘祖蔭所藏，後流落琉璃廠書肆，民國二年（1913）連夢星購得，後歸北京孔德學校，今藏首都圖書館，收入《續修四庫全書·經部·小學類》第 1747 册。

2. 中國國家圖書館所藏明刻本

明刻本殘闕，封面鈐紫色長方印章“蘇州吴梅字瞿安别號霜厓藏書”，章内刻有吴梅生卒年，説明此書是吴梅卒後，其家人捐贈。首頁缺，卷首袁晉序缺前半，序文落款時間爲“辛未”，當崇禎四年（1631）。正文韻譜殘缺 10 頁，後人補配完全。據鈴木勝則考證，補配内容系葉以震《重訂中原音韻》。[②] 但陳寧經過比對，“發現補配部分也不是忠實地依照葉以震原書，而是胡亂删削，錯誤百出。可能是書商爲賺錢而胡亂補配的”。[③]

---

① 孔永：《〈中州全韻〉的成書年代及其成書價值考論》，《佳木斯大學社會科學學報》2008 年第 26 卷第 6 期。

② ［日］鈴木勝則：《明范善溱〈中州全韻〉考》，《中國語學》第 233 號，1986，第 54—62 頁。

③ 陳寧：《明清曲韻書研究》，武漢：華中師範大學出版社，2013，第 115 頁。

清抄本與明刻本行款相同，陳寧推斷“清抄本可能是以明刻本爲底本抄録的”。[①] 兩種版本最大差異是卷首序文一爲燃藜居士序，一爲袁晉序。另外，内容上也有一些微小差異，如明刻本“松，思宗切，木名”。清抄本誤“木名”爲“木器”。

《中州全韻》與葉以震《重訂中原音韻》有傳承關係。全書共收字17025，共有小韻1779個。按韻分爲十九卷，以韻部分卷，每卷之下以聲調再分具體韻字。各小韻之間用空格相隔，每空一音。各小韻首字之下先列出反切，然後釋義。調分五聲，即陰平聲、陽平聲、上聲、陰去聲、陽去聲。入聲派入平、上、去三聲。《中州全韻》的體例與葉以震《中原音韻》的體例具有傳承關係。[②]

孔永《〈中州全韻〉研究》仔細研究了《中州全韻》的聲、韻、調的情況。指出《中州全韻》的聲母系統具有濁音清化、大部分疑母字與影雲以母字合併、知莊章組字合流、非敷奉組字合流、微母獨立等特點，可以看出《中州全韻》共有21個聲母。《中州全韻》共有45個韻母。二等喉牙音開口字出現了韻頭 [i]；入聲韻消失，新産生了支時和車蛇兩個新的韻部；入聲韻尾 -p、-t、-k 消失。對於《中州全韻》來説，聲調最大的特點是去分陰陽，這是南曲中的語音現象的反映。其他“平分陰陽、入派三聲”“濁上歸去”承襲了《中原音韻》。[③]

孔永《〈中州全韻〉研究》認爲《中州全韻》的音系基礎應該和《中原音韻》是相近的，是中原地域廣爲流行的共同語的語音。同時，韻書本身的語音又帶有强烈的南音化傾向。甯忌浮認爲《中州全韻》染有吴音，但因不放棄“入派三聲”和十九韻部，所以不是南曲韻書。[④]

《中州全韻》的研究成果主要有：1.［日］鈴木勝則《明范善溱〈中州全韻〉考》，《中國語學》第233號，1986年，第54—62頁；2.［日］緒方哲也《〈中州全韻〉音注研究——〈音韻表〉作成のための音韻的考察》，《東北大學中國語學文學論集》第9號，2004年，第137—174頁；3.［日］

① 陳寧：《明清曲韻書研究》，武漢：華中師範大學出版社，2013，第115頁。

② 孔永：《〈中州全韻〉研究》，2007年吉林大學碩士學位論文。

③ 孔永：《〈中州全韻〉聲調探析》，《長春師範學院學報》（哲學社會科學版）2011年第30卷第1期。

④ 甯忌浮：《漢語韻書史》（明代卷），上海：上海人民出版社，2009，第423—430頁。

石井望《〈中州全韻〉圖稿》,《長崎綜合科學大學紀要》2005 年第 45 卷第 2 號，第 28—59 頁; 4. 孔永《〈中州全韻〉研究》，2007 年吉林大學碩士學位論文; 5. 孔永《〈中州全韻〉的成書年代及其成書價值考論》,《佳木斯大學社會科學學報》2008 年第 6 期;6. 孔永《〈中州全韻〉聲調探析》,《長春師範學院學報》(哲學社會科學版) 2011 ; 7. 陳寧《明清曲韻書研究》第五章，武漢：華中師範大學出版社，2013。

此次據清抄本影印。

韻畧新抄便覽

清周雲熾譔。

周雲熾，字夢白，號魯詹，又號定齋主人，山東掖縣（今萊州市）人，乾隆辛巳（1761）舉人。

《韻畧新抄便覽》始編于乾隆辛未（1751），逾年成書，閱十載，乾隆癸未（1763）謄清定稿爲序。由自序可知，該書是作者據鄉前輩畢拱辰《韻畧匯通》增訂改易而成。書名“新抄便覽”，意即在抄録《韻畧匯通》的基礎上，改换編排次序，以求“按覽之至便”，且“竊爲增訂”“隨筆增入”。

正文前有自序一篇、凡例十八條，另有“原編翻切法並早梅詩歸三十六字母附後”，乃抄録《韻畧匯通》的“翻切字法”“早梅詩”和“歸併三十六字母”。《韻畧新抄便覽》分韻十四部：

東晴　江陽　真尋　先寒　支齊　居虞　呼模
灰微　皆来　蕭豪　戈何　家麻　遮蛇　幽樓

每韻按 20 聲母（“早梅詩”的次序）列字，每個聲母下按介音的不同劃分小韻，每個小韻再用陰文“平、上、去”把三個聲調的韻字分開，並在平聲字下注明反切，音切依據是《字彙》《字彙補》《正字通》，此例與《韻畧匯通》相似。《韻畧新抄便覽》十四韻部收字 12340 個，比《韻畧匯通》多出二分之一。

《韻畧新抄便覽》對《韻畧匯通》韻部的歸併及所反映的實際語音現

象，張鴻魁認爲主要體現在六個方面：1. 入聲韻並歸陰聲韻；2. 東洪、庚晴合併爲東晴；3. 先全、山寒合併爲先寒；4.“枝、春、上”三母合口三等韻字介音消失；5.“遮蛇”韻存在齊齒、撮口兩呼的對立；6.《韻畧新抄便覽》的“眉注”，也反映了不少山東方音的特點。[①]

《韻畧新抄便覽》現有光緒乙未（1895）文興成刊本、光緒庚子（1900）成文堂刊本傳世。

主要研究成果：1. 張鴻魁《明清山東韻書研究》，濟南：齊魯書社，2005；2. 張樹崢《清代山東方音語音研究》，濟南：山東大學出版社，2005。

此次據清光緒乙未（1895）文興成刻本影印。

音泭

清徐鑒譔。

徐鑒，字香均、鏡人，號藕船，清順天府大興（今北京）人。嘉慶十年（1805）進士，官滎澤（今河南省滎澤縣）知縣，後升直隸州知州。

《音泭》是徐鑒編寫的一部蒙學韻書，成書於清嘉慶丙子年（1817）。該書以當時北京音爲語音基礎，是研究清朝中期北京語音的重要材料。

《音泭》有兩個傳世版本：1. 清嘉慶二十二年（1817）刻本，藏於中國科學院圖書館，收入《續修四庫全書》經部小學類第258册。2. 趙由忠藏本，書前有趙氏作的序，藏臺灣師範大學圖書館特藏室。

《音泭》共分六部分：五聲、切韻、射字、字韻、字母、餘論。依三十六字韻分列三十六圖，每圖中以聲調爲經，聲母爲緯排列例字。

《音泭》在每圖中縱列19聲母，按發音部位分爲六部分。趙蔭棠認爲衹有19母，[②]耿振生也認爲所分聲母與徐孝《重訂司馬温公等韻圖經》一致，爲19母。[③]《音泭》十九聲母是：

見溪影端透泥幫滂明精清心照穿審曉非來日

① 張鴻魁：《明清山東韻書研究》，濟南：齊魯書社，2005，第120—131頁。

② 趙蔭棠：《等韻源流》，北京：商務印書館，1957，第248頁。

③ 耿振生：《明清等韻學通論》，北京：語文出版社，1992，第260頁。

然而，根據徐鑒在《餘論·字韻》中所舉的“穹、厥、接”等字來看，《音泭》時期，北京音中的喉牙音字已經混同，即尖團音已不分。因此，19 聲母還應加上舌面音 [tɕ]、[tɕ‘]、[ɕ]，共 22 個聲母。

徐鑒按照北京音來定字韻，由於開齊合撮四呼俱備，因此該圖韻母尤多，共三十六字韻。三十六字韻都用喉音字，爲了便於記憶，每個字韻都取本韻中以“木”爲偏旁的字作爲韻目名稱，陰聲韻共有 21 個：桃、椒、槉、榴、橛、桝、梔、榫、梧、樗、梅、栭、槐、柰、楷、樺、櫨、柙、櫂、柯、榛；陽聲韻 15 個，其中“松、榕、橙、櫻、桄、櫚、楊”七韻收 -ŋ 尾，“椿、桾、榛、檎、桓、櫞、柑、棉”八韻收 -n 尾。[①]

聲調有五個：陰、陽、上、去、入。徐氏在《餘論》中云：“北人無入聲，其入聲字皆讀入平上去四聲。”可見入聲的設置是爲方便文人填詞作賦所用，當時北京語音中已無入聲。

相關研究成果主要有：1. 趙蔭棠在《等韻源流》（北京：商務印書館，1957）裡對《音泭》進行簡單介紹，歸納了《音泭》的聲母和韻母；2. 耿振生《明清等韻學通論》（北京：語文出版社，1992）對《音泭》亦僅做簡單介紹，列出三十六字韻；3. 竺家寧《聲韻學》（臺北：學生書局，1991）簡要介紹了《音泭》的聲、韻、調，並對聲母和韻母的音值進行構擬；4. 周賽華《近代北音音韻文獻〈音泭〉述要》（《古漢語研究》2004 年第 3 期）簡述了《音泭》在研究近代北音時較有價值的幾個方面，如提供了可供判斷“尖團合流”下限期的語言事實和近代所發生的幾次音變的有關證據；5. 彭志宏《徐鑒〈音泭〉研究》對《音泭》的聲母和韻母進行了詳細的研究，並認爲其音系中雜有南音；6.［韓］安奇燮《清代官話音系研究》中認爲《音泭》是清代北京官話音系最可靠的資料，文中考察了《音泭》的聲母和韻母，提出舌面音的產生時間最晚在十八世紀初之前，且撮口呼 [y] 韻類的形成比見曉組顎化要早；7.［韓］金恩希《〈音泭〉音韻體系研究》對《音泭》聲、韻、調進行研究，認爲其聲母所使用的字母是按照各地區共通的語音進行設定的，韻母則是以北音爲基礎，聲調采用“陰陽上去入”五聲是由於意識到入聲存在的語音

① 耿振生所列三十六韻爲：公、穹、更、京、昆、君、根、斤、官、捐、干、姦、高、交、鉤、鳩、橛、接、茲、基、姑、拘、歸、而、光、岡、薑、乖、該、皆、瓜、渣、家、鍋、哥、約。《明清等韻學通論》，第 260 頁，北京：語文出版社，1992。

系統而立的入聲，實際與北音並無關係；8. 鄭智穎《〈重訂司馬温公等韻圖經〉與〈音泭〉之比較》（2006年福建師範大學碩士學位論文）對《等韻圖經》與《音泭》做了比較，揭示了明末到清代中期北京音嬗變的規律。

此次據清嘉慶二十二年（1817）刻本影印。

翻切簡可篇

《翻切簡可篇》二卷，譔人不詳。

《續修四庫全書總目提要》謂"清張燮承譔。燮承字師筠，含山人"。咸豐十年陳奐序該書云："師筠張先生《簡可篇》二卷，僅數十紙，音韻奥旨已較列眉，且並爲十九字母，作横直三十三圖，比之《音鑒》，簡而易讀。"

然道光十九年（1839）張燮承之記云："乙未秋獲見《李氏音鑒》，少少領悟，然其圖難以記誦，未能卒業。是竹均葛君出示此篇，潛心諷誦，崇朝乃畢，口授童子，三五日亦背誦了了……至譔於何人，竹均亦未詳。"故李新魁《漢語等韻學》謂此書"譔人不詳，清人葛筠爲其刊表"。葛筠，字竹均，江蘇句曲人。

此書編次，上卷爲"翻切入門簡易篇"三篇，第一篇爲"讀韻首圖口訣""讀横直圖口訣"及"讀入聲口訣"。第二篇爲"韻首圖""各韻横直圖"。第三篇爲"翻切樣子"，附"打碼樣子""撲席樣子"。下卷爲"音鑒節要"，乃節録李汝珍《李氏音鑒》，另有"愳商瑣言"，泛論音韻。末附神珙《四聲五音九弄反紐圖》。

現知版本有：1. 道光十九年（1839）張燮承題記本；2. 咸豐元年（1851）陳奐序、鳩茲周跋本；3. 同治十一年姑蘇刊本；4. 丁顯《韻學叢書四十一種》本、《韻學叢書四十二種》本等。

書中有二十一母，除去虛設，影母重出三次，實有十九個聲母。它們是：

見、溪、影、曉、端、透、泥、幫、滂、明、非
精、清、心、知、穿、審、來、日

與徐孝《重訂司馬温公等韻圖經》聲母相同。

此書分韻母爲三十三類，統爲開、合、正、副韻，未歸納韻部。高、該、鉤、歌、岡、幹、根、庚、迦，爲開口呼正韻；光、官、工、昆、傀、乖、鍋、孤、瓜，爲合口呼正韻；江、經、交、鳩、加、堅、金、皆、饑、結，爲開口呼副韻；弓、涓、君、居、訣，爲合口呼副韻。

全書共分三十三圖，每韻一圖，作者將四呼韻母分爲四"條"，各圖以"條"爲綱分列韻字，稱爲"第某條某韻便讀橫直圖"，圖中橫列調類，分爲陰平、陽平、上、去、入五聲，縱列二十一類聲母，在排列上先開口呼，與其他韻圖以合口呼居首不同。入聲字以配陰聲韻爲主，借配陽聲韻。

此書有"入聲口訣"一首，云：

> 入聲最少難調停，或全或借記須清。高鉤岡根歌俱革，該迦幹蛤裓歸庚。
>
> 光昆鍋韻俱郭也，工傀乖孤骨有聲。官瓜乃刮加獨甲，交鳩金江角韻生。
>
> 豎皆結劫經饑吉，矍韻卻向君中行。菊入弓居無可議，涓訣得訣聲乃平。

講的是入聲韻與何韻相配的情況。

此書所反映的語音特點主要有："沙叉茶詐劄"等字入齊齒，兼入開口。[ʅ] 韻母"貲紫資雌慈此思死四"等字列在齊齒，與 [i] 韻字並列，有如《字母切韻要法》。[ʅ] 與 [i] 明顯不同，所以作者在書末"打碼樣子"一項中指出 [i][ʅ] 字的打法應該有所區别。[-m] 韻尾已經消失。照系字仍拼 [i] 音，許多照系聲母字列在開口，兼入齊齒，如"昌長掌整正稱爪超抽收"等。列入開口呼者，一部分字外加圓圈爲識，表示屬於"寄借"，這説明此時的照系字仍讀 [tʂi]，但已有讀爲 [tʂo]，後者處在過度時期，故尚表示爲"借"。[①]

《翻切簡可篇》中"讀橫直圖口訣"注解云："填圖字樣皆系按中州韻填入，學者不可因今古音訛、南北音妄自更改。"李新魁認爲此圖所表現的

① 李新魁：《漢語等韻學》，北京：中華書局，1983，第 296 頁。

語音系統，用的是中原音。[1]耿振生將其劃分在北方官話系統中。[2]

此次據清同治十一年（1872）刻本影印。

正音撮要

清高靜亭譔。

高靜亭，史籍無傳。關於高氏里籍，學術界有四種意見：1. 岩田憲幸[3]和李新魁、麥耘[4]認爲高氏是廣東南海人；2. 葉寶奎認爲是廣東順德人；[5] 3. 長澤規矩也則籠統認爲是廣東人；[6] 4. 王爲民認爲是廣東佛山市南海區西樵鎮人。[7]其生平仕履，高氏在《正音撮要·正音集句序》中有點滴交代：

> 僕生於南邑西樵隅僻之地，少不習正音。年十三隨家君赴任北直，因都中受業於石雲朱夫子，數年講解經書，指示音韻，姑得畧通北語。及壯返里，入撫轅充當弁職，不時奉公入都，車馬風塵，廿年奔走南北，方言歷歷窮究。告致之後，小隱泉林，鄉族後進及附近戚友問正音者接踵而至，僕不惴冒昧，妄爲指引，歲嘉慶庚午館於桂洲之平山堂，口談餘暇，蒐集字音聲韻及尋常應酬成語譔成數卷，以備觀覽。閒有俚語巴言，未詳字義，惟諸君子正之，幸勿以謬妄爲哂焉。

《正音撮要》成書於嘉慶庚午（1810），傳世版本主要有：1. 目前所見最早刻本爲道光十四年（1834）學華齋刻本，卷首題“道光甲午春鐫”“五雲樓發兑”“學華齋藏板”，單黑魚尾，上題“正音撮要”，下爲卷次、頁碼，收入長澤規矩也主編《明清俗語辭書集成》和蔣致遠主編《中國方言謠諺

---

① 李新魁：《漢語等韻學》，北京：中華書局，1983，第296頁。

② 耿振生：《明清等韻學通論》，北京：語文出版社，1992，第199頁。

③ ［日］岩田憲幸：《清代後期的官話音》，高田時雄主編：《中國語史の資料と方法》，京都大學人文科學研究所，1994。

④ 李新魁、麥耘：《韻學古籍述要》，西安：陝西人民出版社，1993，第391頁。

⑤ 葉寶奎：《明清官話音系》，厦門：厦門大學出版社，2001，第230頁。

⑥ ［日］長澤規矩也：《明清俗語辭書集成》，東京：東京汲古書院，1974。

⑦ 王爲民：《〈正音撮要〉的作者里籍與版本考論》，《古籍整理研究學刊》2006年第6期。

全集》; 2. 道光丙午（1846）寧波華花聖經書房刻本，卷首抬頭題“道光丙午鐫”，中題“正音撮要上卷”，“正音撮要”四字，左滿文右漢文對照。左題“大清靜亭高氏纂輯，大英羅伯聃譯述”，右題“歷盡水陸艱辛路，那卜安危自在機”，下題“寧波華花聖經書房珍藏”; 3. 咸豐壬子（1852）刻本; 4. 同治丁卯（1867）刻本; 5. 光緒乙巳（1905）年麟書閣刻本; 6. 光緒丙午（1906）廣州時雅書局石印本; 7. 光緒丁未（1907）廣州福芸樓刻本。

以上諸本藏舘未允複製，茲僅依光緒乙巳（1905）年麟書閣刻本進行考察。

《正音撮要》四卷，卷首依次爲“正音集句序”“上諭一道論閩廣正鄉音”“論官話能通行”“初學調口音”“分四聲法”“五音所屬”“五音根本”“分九音法”“蒐齊字典切字平仄俱全法”“切字捷法”“手談之法”“土話同音官話異音”“土話異音官話同音”。正文主要是短文和對話，第二、三卷是分類詞彙，第四卷由“正音千字文集類”和“尋字捷法”組成，“每字蒐集北音，彙注眼下，以備觀覽”，編成同音字彙，用反切注音，“所注音切必須以正音切之”，以反切爲綱，所注同音字列爲一列，如某字與前文某字同音，則在被切字下注“入某字”。該卷音切真實地反映了清代中期官話的語音面貌，爲我們認識《正音撮要》語音特徵打開了一扇窗口。

主要研究成果有：1. 吕朋林《清代官話讀本研究》（《古籍整理研究學刊》1986年第3期）簡要介紹了《正音撮要》《正音咀華》等的體例及内容，並總結了各個讀本在詞彙、語法、文字方面的特點，但未涉及語音。2.［日］高田時雄《中國語史の資料と方法》（京都大學人文科學研究所，1994）比較了《正音撮要》《正音咀華》，認爲當時北京音系裡口語音系與讀書音系並存。3.［日］岩田憲幸《清代後期的官話音》（高田時雄主編《中國語史の資料と方法》，京都大學人文科學研究所，1994）考察了《正音撮要》的聲類、韻類、調類，認爲《正音撮要》是以當時北京口語音系爲基礎，再基於“正音”觀念進行調整的一種人爲的音系。4. 麥耘《〈正音撮要〉中尖團音的分合》（《古漢語研究》2000年第1期）認爲《正音撮要》反映的是清代中期北京音系，論證“尖團音的對立在齊齒呼中嚴格保存著，在撮口呼中則大多數消失，尖團合流”。5. 黄薇《〈正音撮要〉研究》（2014年福建師範大學博士學位論文）、《從〈正音撮要〉的語音特點看清代“正音”問題》（《福州大學學報》哲學社會科學版2015年第1期）、《粵地正音書〈正音撮要〉的聲母系統》(《寧夏大學學報》哲學社會科學版2015年第4期)、《粵地正音書〈正音撮要〉的語音性質》(《電子科技大學學報》哲學社會科學版2016年第6期)，認爲“《正音撮要》是具有復合性質的語音系統，其主要記録的是清代中後期讀書音與口語音並存的北京官話音，但也摻雜著一些作者的廣州方音”。

此次據清光緒乙巳（1905）麟書閣刻本影印。

韻籟

清華長卿譔。

音韻學界通常認爲《韻籟》的作者是華長忠。華長忠（1805—1858），天津人，生平事迹不詳。

但據馮志白考證，《韻籟》的作者是華長卿——華長忠的同曾祖父堂兄，譔著年代當在1824—1854年之間。馮文還考證《韻籟》原名作《韻類》，衹有一卷。[①] 我們遵從馮先生的考證。

華長卿（1805—1881）原名長懋，字枚宗，號梅莊，晚名長佩，晚號米齋老人，直隸天津（今天津市）人，近代學者、詩人，道光十一年（1831）恩科舉人，歷官房山、豐田縣訓導。華長卿爲津門詩派代表人物，著有《梅莊詩鈔》《蹇言集》等。

《韻籟》現存光緒十五年（1889）華氏松竹齋刻本，收録于《續修四庫全書·經部·小學類》。

《韻籟》四卷，卷首有總圖，上列聲母各音，凡十四組，右列韻目，共十二韻。該圖以聲母爲綱，共有五十聲類，所以共五十“衍章”，以符合“大衍之數”。每一“衍章”代表一個聲類，順序是按發音部位排列。其五十聲類，李新魁構擬如下：[②]

各k	客k‘	赫x	額ø	額ɚ
德t	特t‘	諾n	勒l	

① 馮志白:《〈韻籟〉作者考辨》,《語言研究論叢》第5輯，南開大學中文系編，1988。

② 李新魁:《漢語等韻學》，北京：中華書局，1983，第332頁。

狄 t(i)　惕 t‘(i)　匿 n(i)　力 l(i)　日 ʐ(i)
獨 t(u)　秃 t‘(u)　訥 n(u)　鹿 l(u)　弱 ʐ(u)
伯 p　迫 p‘　莫 m　弗 f
必 p(i)　僻 p‘(i)　覓 m(i)
角 tɕ(y)　闕 tɕ‘(y)　雪 ɕ(y)　月 y
節 tɕ(i)　妾 tɕ‘(i)　挈 ɕ(i)　葉 j
國 k(u)　廓 k‘(u)　或 x(u)　渥 w
責 ts　測 ts‘　瑟 s
浙 tʂ　徹 tʂ‘　涉 ʂ
作 ts(u)　錯 ts‘(u)　索 s(u)
卓 tʂ(u)　綽 tʂ‘(u)　説 ʂ(u)

需要指出的是作者采用“聲介合母”的辦法，故有五十之多，其實可歸併爲二十四個聲母。該書共分三十八韻母列爲十二行：

江陽 aŋ　　歌麻 o
真文元庚青侵 ən　　元寒删先覃鹽咸 an
東冬庚青蒸 əŋ　　麻佳 a
尤 ou　　支微齊灰 ei
蕭肴豪 au　　支齊微 i
佳支灰麻 ai　　魚虞 u

《韻籟》中對聲調的調值並没有具體的描寫，但每個韻母下的韻字是按照陰平、陽平、上聲、去聲的調類排序的，並且在每個聲母下的十二個韻字列完後，將該聲母下的入聲字分爲幾類。

關於《韻籟》音系的性質，學者有不同的看法。1. 趙蔭棠（《等韻源流》，北京：商務印書館，1957）將其歸入“明清等韻之北音系統”；[①] 2. 李新魁將其歸入“表現明清口語標準音的等韻圖”；[②] 3. 馮志白認爲其反映天

① 趙蔭棠：《等韻源流》，北京：商務印書館，1957，第 272—277 頁。
② 李新魁：《漢語等韻學》，北京：中華書局，1983，第 333 頁。

津方言；[①] 4. 耿振生認爲其“聲母系統所體現的特點與現代天津方言基本一致”，因此稱《韻籟》是“最早較完整地記録天津話語音的著作”；[②] 5. 曹祝兵《〈等韻一得〉與河北保定方言》(《哈爾濱師範大學社會科學學報》2012 年第 4 期）將其作爲明清北方官話代表音系，但認爲它“既反映了共同語的實際語音，也帶有某些方言的特點”。[③]

除了上述關於《韻籟》的音系性質的研究成果外，可資借鑒的成果尚有：1. 竺家寧將《韻籟》作爲研究對象，譔寫系列學術論文，主要有《〈韻籟〉的幾個次濁聲母》(《第三届國際清代學術研討會論文集》，臺北：臺灣國立中山大學，2004)、《〈韻籟〉聲母演變的類化現象》(《語言學論叢》第 29 輯，北京：商務印書館，2004)、《〈韻籟〉的零聲母和鄂化現象》(《語言文字學研究》，單周堯編，北京：中國社會科學出版社，2005）等。2. 金基石《尖團音問題與朝鮮文獻的對音》(《中國語文》2001 年第 2 期）指出了《韻籟》中“聲母尖團不分”的特點，並且支援其聲母系統的特點與現代天津方言基本一致的觀點。3. 陳寧《也談“鄂近音的日化”》(《北京大學研究生學志》2005 年第 3 期）探討了《韻籟》中顎近音日化的情況。4. 許良越《等韻字音分析與非綫性音節理論》(《西南民族大學學報》2005 年第 9 期）分析了《韻籟》中“聲介合母”的現象，並做了聲類和韻類的歸納分析。5. 萬獻初《近古百種韻書 -m 韻尾消變的歷時進程》(《勵耘學刊》2012 年第 2 期）討論了《韻籟》中 -m 韻尾的消變情況。

此次據清光緒十五年（1889）華氏松竹齋刻本影印。

等韻簡明指掌圖

清張象津譔。

張象津，字漢渡，號莪嵐，山東新城（今桓台）人，乾嘉年間山左名

---

① 馮志白:《〈韻籟〉作者考辨》,《語言研究論叢》第 5 輯，南開大學中文系編，1988。

② 耿振生:《明清等韻學通論》，北京：語文出版社，1992，第 183 頁。

③ 曹祝兵:《〈等韻一得〉與河北保定方言》,《哈爾濱師範大學社會科學學報》2012 年第 4 期。

儒，是著名的文學家、教育家和詩人。出生於書香門第，一生致力於教書育人，弟子遍布各地，並且在教學之餘勤於著述，後人將其著作合訂爲《白雲山房集》,《等韻簡明指掌圖》即是其中之一。

該書自序作于嘉慶己亥年（1815),《白雲山房集》卻是道光九年（1829）初刊，道光十六年（1836）再版。

《等韻簡明指掌圖》現存版本有道光十六年（1836）捧經堂刻本和道光十六年（1836）張繩武刻本。

《等韻簡明指掌圖》是一部韻圖，取法《字母切韻要法》而成。分十二攝：迦攝、歌攝、岡攝、庚攝、祴攝、高攝、該攝、傀攝、根攝、干攝、鉤攝和歌攝。第二攝和第十二攝重見，實爲十一攝，每攝一圖。每圖以十九母爲經，四呼爲緯，每呼内按平聲、上聲、去聲、入聲和下平聲（陽平）的順序來分列代表字，無字者則列反切。需要指出的是張象津所謂的"四呼"爲開口正韻、開口副韻、合口正韻和合口副韻。

聲母分牙、舌頭、重脣、齒、舌上、輕脣、半齒、半舌七音、轄十九個聲母：

牙音	干 k	堅 tɕ	堪 k^h	牽 $tɕ^h$	安 ø				
舌頭音	丹 t	貪 t^h	南 n			舌上音	占 tʂ	攙 $tʂ^h$	山 ʂ
齒音	簪 ts	餐 ts^h	三 s			喉音	憨 x	掀 ɕ	
輕脣	幡 f					重脣	班 p	潘 p	滿 m
半齒	藍 l					半舌	染 ʐ		

聲調分平、上、去、入、下平五類。"兩平相迭於序爲不合，讀之亦不順。"可見他効法的是馬自援《等音》的作法，將下平（陽平）殿後。①

《等韻簡明指掌圖》反映的是當時山東新城（今桓台）的方音，因此該書爲研究山東方言提供了重要語料。

學術界對《等韻簡明指掌圖》的研究主要有：1. 耿振生（《明清等韻學通論》，北京：語文出版社，1992）稱其爲明清時期山東等韻著作中的上乘之作，總結出其中聲母、韻母和聲調特點，並歸納出圖中體現的方音特徵；2. 岳長志《張象津等韻簡明指掌圖研究》稱："《等韻簡明指

① 李新魁：《漢語等韻學》，北京：中華書局，1983，第 327 頁。

掌圖》的作者、年代、版本相當明確，語音性質亦相對突出，在近代北方語音史特別是山東方音史的研究上具有重要的學術價值”；3. 宋韻珊《清代的一種山東方音——〈等韻簡明指掌圖〉》（《興大中文學報》2006年第20期）較爲系統地分析此韻圖的語音系統特點，並與現今方音加以對比，窺探當時山東方音的面貌，並指出其在編排體例上的保守與創新；4. 張樹錚《清代山東方言語音研究》（濟南：山東大學出版社，2005）將此書作爲清代的山東方言資料，在討論清代山東方言的聲母、韻母和聲調時，都援引該書爲例；5. 丁治民《山東方言曾梗通三攝舒聲韻的歷時演變》（《東南大學學報》2012年第4期）討論了其中曾梗通三攝的情況；6. 吴永焕《山東三調方言類型考察》（《語言論集》2008年第5期）指出了《等韻簡明指掌圖》中陽平獨立歸爲一調的處理方式，並借此分析當時桓台一帶方言的聲調情況；7. 孫志波《山東方言的文白異讀研究》（2012年江蘇師範大學碩士學位論文）重點分析了該書文白異讀的情況。

此次據清道光十六年（1836）捧經堂刻本影印。

同音字辨

清劉濰坊譔。

劉濰坊（1796—1848），字言可，號樂山公，單名珂，山東壽光縣孫莊人。清篆刻家，精音韻，“篆刻之暇，旁及音韻，輯成《同音字辨》一帙”[①]，另有《印文詳解》一書。《同音字辨》譔于道光二十九年（1849），北平徐沅瀓同參訂，又于同治十二年（1873）重訂。

傳世版本有：1. 清道光二十九年（1849）刻本，藏中國科學院圖書館，收入上海古籍出版社1995年影印出版的《續修四庫全書》第260册；2. 清同治十二年（1873）京師琉璃廠善成堂刊本，現藏遼寧省圖書館。

據郝新澤比勘，兩個版本書前皆有賈植序及作者的自序，且兩書版式、字體、小韻、釋義、反切俱同。[②]

① 劉維坊：《同音字辨・自敘》。

② 郝新澤：《〈同音字辨〉音系研究》，2010年福建師範大學博士學位論文。

《同音字辨》全書共二十八韻，一韻之字列一圖，共二十八圖，每圖横列五聲，縱列二十聲母，聲母無固定標目，聲母標目視韻部之不同而異，共二十個，李新魁將其構擬了出來：[①]

k	t	p	ts	tʂ	x
kʻ	tʻ	pʻ	tsʻ	tʂʻ	f
ø	n	m	s		ʂ w
					l ʐ

二十八韻如下：

姜　公　庚　高　居　鉤
干　京　姑　涓　巾　歌
扃　官　裩　瓜　家　岡
根　基　堅　交　鳩　皆
光　規　該　鈞

聲調五個：陰平、陽平、上聲、去聲、入聲。平分陰陽、保留全濁上聲及入聲。

關於《同音字辨》音系，李新魁將其歸入“表現明清時代讀書音的等韻圖”中，認爲“基本上還是屬於讀書音系統”[②]。許嘉璐認爲“這個系統看起來比較接近當時的口語語音系統，但作者給所收字的注音則參用《中州音韻輯要》《經韻集字》及《佩文詩韻》，又顯得保守”[③]。耿振生將其歸爲“普通音”一類等韻音系[④]。郝新澤認爲“整體上來説還是屬於清代後期共同語的讀書音音系”[⑤]。

此次據清道光二十九年（1849）刻本影印。

① 李新魁：《漢語等韻學》，北京：中華書局，1983，第 246 頁。
② 李新魁：《漢語等韻學》，北京：中華書局，1983，第 247 頁。
③ 許嘉璐：《傳統語音學辭典》，石家莊：河北教育出版社，1990，第 433 頁。
④ 耿振生：《明清等韻學通論》，北京：語文出版社，1992，第 200 頁。
⑤ 郝新澤：《〈同音字辨〉音系研究》，2010 年福建師範大學博士學位論文。

音韻逢源

清裕恩撰。

裕恩，號容齋，出生年不詳。滿洲正藍旗人，清太宗努爾哈赤第十五子多爾袞裔孫，和碩睿恭親王淳穎第五子，卒於道光二十六年（1846），《清史稿》有傳。

《音韻逢源》是一部字譜式的等韻圖，成書於道光二十年（1840）。現存通用的版本是道光二十年（1840）聚珍堂刻本，收入《續修四庫全書·經部·小學類》。

《音韻逢源》前有裕禧的《音韻逢源序》，“其法以國書十二字頭，參合華嚴字母，定爲四部、十二攝、四聲、二十一母，統一切音，編成字譜，凡四千零三十二聲”，[①] 概括説明了《音韻逢源》的體例。

“四部”爲乾、坎、艮、震，即合口、開口、齊齒、撮口四呼。“十二攝”即爲十二韻部，用十二干支來代表。耿振生對其韻母系統做了構擬，可參見。[②]“四聲”以巽、離、坤、兑命名，即陰平、上聲、去聲、陽平四聲，無入聲。“二十一母”用二十一宿來代表：[③]

角一 k	亢二 k‘	氐三 ŋ	房四 t 心	五 t‘
尾六 n	箕七 p	斗八 p‘	牛九 m	女十 ts
虚十一 ts‘	危十二 s	室十三 tʂ	壁十四 tʂ‘	奎十五 ʂ
婁十六 x	胃十七 ø	昂十八 f	畢十九 w	觜二十 l
參二十一 ʐ				

整個字譜分爲元、亨、利、貞四個部分，其中每個韻部先按乾一、坎二、艮三、震四分圖，共四十八個圖，每個圖中横列二十一聲母，下有滿文標音，縱列四聲。對於有音無字者，用反切注音。

《音韻逢源序》中還指出“惜其不列入聲，未免缺然，問之則曰：五方

① 裕恩：《音韻逢源》，第 2 頁。

② 耿振生：《明清等韻學通論》，北京：語文出版社，1992，第 177 頁。

③ 李新魁：《漢語等韻學》，北京：中華書局，1983，第 375 頁。

之音，清濁高下，各有不同，當以京師爲正"[①]，由此可知，《音韻逢源》的音系基礎當爲"京師"音系，記録了當時北京話的語音，反映了清代後期北京音系的基本面貌，是研究北京語音史的重要材料之一。

但許多學者認爲《音韻逢源》的聲母系統不合北京音系的地方較多，如耿振生認爲："本書聲母系統没有嚴格從北京實際語音歸納，而比《等韻圖經》多出疑母 [ŋ] 和微母 [v]，共立二十一；並且也不反映已出現的'尖團不分'現象。"[②] 耿先生認爲這是兼顧滿文的結果。鄒德文將其歸結爲東北方言的影響，將《音韻逢源》作爲探討清代中期漢語東北方音特徵的研究對象，進而指出其基礎音系是東北方言。[③]

研究成果主要有：1. 應裕康對《音韻逢源》的作者、内容及體例做了簡要的介紹，並對其音系進行了簡要的分析和歸納，得出聲母二十一個，韻母三十五個，並分别加以擬音；[④] 2. 李新魁認爲"這部書是根據當時的北京音來編譔的，但是，它擺開來的音系，也是一個語音骨架，其中也有許多有音無字的'虛位'"。並指出其所反映的語音特點；[⑤] 3.［日］岩田憲幸利用滿漢譯音材料與現代北京語音進行比較；[⑥] 4. 耿振生通過對聲母和韻母系統的考察和歸納，將《音韻逢源》作爲北京官話的代表；[⑦] 5. 高曉虹對該書八個陰聲韻的中古來源做了較爲細緻的分析，並將其陰聲韻母與北京話進行了比較，總結出《音韻逢源》比北京話要多 iai、yə 兩個韻母，其中 iai 和 iɛ 合併，在北京話變爲 iə，yə 和 yɛ 合併爲北京話的 yə；[⑧] 6. 王爲民、楊亦鳴從滿漢對譯的角度研究，指出《音韻逢源》的微母和疑母已經消失，裕恩設立"氐、胃、畢"三母是爲了解決滿漢翻譯中的困難而實施的一項人爲舉措。[⑨] 還説《音韻逢源》中精組細音和見組細音的對立是人爲區分

① 裕恩：《音韻逢源》，第 2 頁。

② 耿振生：《明清等韻學通論》，北京：語文出版社，1992，第 176—178 頁。

③ 鄒德文：《清代東北方言語音研究》，北京：中國社會科學出版社，2016，第 76—108 頁。

④ 應裕康：《清代韻圖之研究》，臺北：臺灣弘道文化事業有限公司，1972。

⑤ 李新魁：《漢語等韻學》，北京：中華書局，1983，第 373—375 頁。

⑥［日］岩田憲幸《音韻逢源の音系現代北京語音との比較》，《近畿大學教養部研究紀要》1988 年第 20 卷第 1—3 號。

⑦ 耿振生：《明清等韻學通論》，北京：語文出版社，1992，第 176—178 頁。

⑧ 高曉虹：《〈音韻逢源〉的陰聲韻母》，《古漢語研究》1999 年第 4 期。

⑨ 王爲民、楊亦鳴：《〈音韻逢源〉氐畢胃三母的性質》，《民族語文》2004 年第 4 期。

的結果，是一種假像；[①] 7. 鄒德文將《音韻逢源》作爲研究清代東北方言的韻書資料，通過對其聲、韻、調系統進行考察與歸納來透析清代東北方言的語音特點。[②]

此次據清道光年間聚珍堂刻本影印。

古今中外音韻通例

清胡垣譔。

胡垣，字紫庭，約1836年生，卒年不詳，江蘇浦口人，一生未仕。

《古今中外音韻通例》成書於光緒丙戌年（1886），書前有作者光緒丙戌（1886）自序和孫鏘鳴光緒丁亥（1887）序。“是書對於古今聲韻、中外譯語、《空谷傳聲》，都有論説。然開宗明義，即以《音呼聲韻總圖》與讀者相見，可知著者之於古今中外，全以等韻爲綱領。”[③]

筆者寓目中國國家圖書館所藏《古今中外音韻通例》，刊於“光緒戊子（1888）相月既望”，内容共列二十八部分，前有胡氏自序一篇。

根據《十五韻分五舌張籠口圖》，韻部爲十五個：根、公、岡、甘、堅、官、支、基、該、家、孑、歌、鉤、高、孤。《四呼分正副高低狹闊圓扁圖》根據四呼把各韻類的韻母進行分類，並取根韻見母字作爲代表。

《二十二母分五音輕重圖》將聲母列爲二十二個，共分成喉音、齶音、齒音、牙音、唇音五類，具體如下：

喉音：根（見）、鏗（溪）、亨（曉）、恩（影）
齶音：登（端）、吞（透）、能（來）、仍（穰）
齒音：真（照）、稱（穿）、申（審）、人（日）
牙音：增（精）、層（清）、僧（心）、顙（耶）

① 王爲民、楊亦鳴：《〈圓音正考〉和〈音韻逢源〉所記尖團音分合之比較研究》，《中國語文》2003年第2期。

② 鄒德文：《〈黄鐘通韻〉〈音韻逢源〉的東北方言語音特徵》，《佳木斯大學學報》（哲學社會科學版）2008年第6期；《清代東北方言語音研究》，北京：中國社會科學出版社，2016。

③ 趙蔭棠：《等韻源流》，北京：商務印書館，1957，第249—250頁。

脣音（重脣）：奔（邦）、噴（滂）、捫（明）、聞（微）
（輕脣）：分（非）、文（喻）

耿振生認爲有三個字母爲虛設，實際共有十九聲母。[①]

《五聲分平仄陰陽上去入圖》將聲調分成平聲和仄聲兩類，其中平聲分爲陰聲和陽聲，仄聲分成上聲、去聲、入聲。入聲兼配陰聲韻和陽聲韻。

李新魁將《古今中外音韻通例》歸入“兼表南北方音的等韻圖”中；[②]耿振生認爲反應的是江淮官話；[③]方環海認爲其音系基礎是“以十九世紀中葉的金陵音系（老南京音系）爲基礎，廣泛地揭示清代後期江淮官話的語音特徵，並兼列了當時福建、浙江、廣東、蘇州等地的語音中與金陵音系相異的方音成分……胡垣《古今中外音韻通例》的音系是單一的，其中的古音成分也是該音系原本就有的”。[④]

相關研究成果主要有：1. 李新魁《漢語等韻學》，北京：中華書局，1983；2. 耿振生《明清等韻學通論》，北京：語文出版社，1992；3. 方環海《論〈古今中外音韻通例〉的音系性質及其語音史地位》，《古漢語研究》1998 年第 2 期；4. 方環海《〈古今中外音韻通例〉與十九世紀的江淮官話音系——兼論該韻書對漢語官話語音史研究的價值》，《徐州師範大學學報》（哲學社會科學版）1998 年第 3 期；5. 雷恩海、方環海《論〈古今中外音韻通例〉的聲調系統》，《西北師大學報》（哲學社會科學版）1998 年第 5 期；6. 方環海、張有智《〈古今中外音韻通例〉的體制與性質》，《辭書研究》1999 年第 1 期；7. 方環海《〈古今中外音韻通例〉聲系的幾個問題》，《語言研究》2005 年第 2 期；8. 方環海《清末江淮官話音系中的聲母系統述論》，《徐州師範大學學報》（哲學社會科學版）2005 年第 2 期。

此次據清光緒十四年（1888）刻本影印。

---

① 耿振生：《明清等韻學通論》，北京：語文出版社，1992，第 194 頁。

② 李新魁：《漢語等韻學》，北京：中華書局，1983，第 401—406 頁。

③ 耿振生：《明清等韻學通論》，北京：語文出版社，1992，第 194 頁。

④ 方環海：《論〈古今中外音韻通例〉的音系性質及其語音史地位》，《古漢語研究》1998 年第 2 期。

韻史

清何萱譔。

何萱（1774—1841），字石閭，泰興（今泰興市）黄橋鎮人。父何松齡，貢生出身，屢試不第，家居賦詩作文，著有《雲山閣遺稿》。何萱以歲貢升國子監肄業，後家道中落，徙如皋石莊賃屋授館，束脩之餘悉數購書，積書至數千卷。年三十餘歸泰興，擯棄舉業，閉門著述，與泰興陳潮（書法家、經學家、音韻學家）、武進李兆洛（文學家，通音韻、史地、曆算之學）、仁和龔自珍（思想家、文學家、哲學家、經學家）、邵陽魏源（思想家、史學家、文學家）相友善。何萱治學，涉獵廣泛，尤精於音韻、訓詁。所著《韻史》八十卷，從音韻以治文字訓詁，以《説文解字》爲本，以《玉篇》《廣韻》等相佐。以前者爲正編，後者爲副編，韻字之下，博引群書，詳注出處，復加案語，以補疏畧。著作另有《紅露舘文集》十卷、《詩集》一卷、《琴法指掌》二卷等。

何萱著作大多散佚。1924年水利專家鄭肇經回國，公餘致力於蒐集鄉邦文獻，花費幾年時間，先後將何萱《韻史》《泰興縣志畧》《紅露舘古文》蒐集、校訂完整。將《韻史》手稿攜至南京中央研究院歷史語言研究所，請向培良鑒定，羅常培作跋。嗣後會同丁文江、王雲五商談，1936年由商務印書館影印出版，分裝14巨册，大半爲日本人購走館藏。手稿由鄭肇經之子鄭玉龍保存，“文革”中被抄走，不知所終。

《韻史》打破《説文》540部首次序，“仿段懋堂先生十七部之説而擴之”，按十七部：該、高、鳩、溝、姑、絙、金、甘、江、岡、耕、臤、跟、干、幾、街、柯排列韻字，平聲71韻、上聲66韻、去聲70韻、入聲74韻，共282韻。

每部列“形聲”，即該部諧聲偏旁。“音讀”含“四呼表”“四聲表”，是兩種不同形式的韻圖。前者於平、上、去、入每聲列一表，表内分列四呼，每呼與二十一母（平分陰陽爲四十二母）相拼；後者於開、齊、合、撮四呼列一表，表内分列陰、陽、上、去、入，每聲内與二十一母相拼。

卷首列“韻目”，即字譜，分正、副兩編。正編收《説文》字頭，副編依《廣韻》《玉篇》收字，皆分列五聲，注明四呼，按二十一母排列小韻，每個小韻先列何萱自創的切語，次列同音字及異體。

韻書與韻譜相應，十七部亦各分正、副編，每編轄若干韻，韻内分呼，呼下分小韻。正編韻字釋義詳明，副編釋義簡約。

何萱認爲見溪群疑等三十六母，有複有漏，未爲精善，云：

> 非敷泥娘，皆一誤爲二，複矣；見端等母有陰無陽，明微等母有陽無陰，漏矣。知徹澄三母之字古音同於端透定，今音同於照穿床，不必另出，另出亦複矣。……故愚之《韻史》定爲二十一字母，平聲有陰陽，則以二十一爲四十二也，舊時言字母者或云九音，或云七音，今細審之，祇須言四音耳。見溪影曉喉音也，見溪不必言牙音。端透泥來舌音也，來不必言半舌。照穿日審精清疑心正齒、齒頭音也，日不必言半齒，疑乃鼻音，非牙音也，附齒頭差近。幫滂明非微唇音也，重唇三輕唇二。萱之所擬二十一字母曰：見起影曉，短透乃賚，照助耳審，井淨我信，謗並命匪未。

羅常培認爲："何説本于潘耒《類音》，觀其二十一字母，又本于方密之説而别出影母，是元明以來北音之聲系。""此書雖以《韻史》名，而其所以嘉惠來學者，乃在訓詁，不在音韻。"① 魯國堯則指出："羅先生對何萱的音韻觀點進行了仔細的剖析與批評，然而卻未道出癥結所在——何氏的音韻學體系根源于泰興方音。"②

《韻史》二十一字母都注明與傳統三十六字母的對應關係。見$_{\text{見}}$、起$_{\text{溪群}}$、影$_{\text{影喻}}$、曉$_{\text{曉匣}}$、短$_{\text{端}}$、透$_{\text{透定}}$、乃$_{\text{泥娘}}$、賚$_{\text{來}}$、照$_{\text{照知}}$、助$_{\text{穿徹床澄}}$、耳$_{\text{日}}$、審$_{\text{審禪}}$、井$_{\text{精}}$、淨$_{\text{清從}}$、我$_{\text{疑}}$、信$_{\text{心邪}}$、謗$_{\text{幫}}$、並$_{\text{滂並}}$、命$_{\text{明}}$、匪$_{\text{非敷奉}}$、未$_{\text{微}}$。這種對應關係一直延續至今，泰興、如皋方言有 21 個聲母，古全濁上、濁去遇塞音、塞擦音不論平仄一律變送氣清音，與何氏所記完全一致。③ 魯國堯據《韻史》

① 羅常培：《泰興何石閭〈韻史〉稿本跋》，原載《中央研究院歷史語言研究所集刊》第 4 本第 2 分，1933；又收入《羅常培語言學論文選集》，北京：中華書局，1963；《羅常培文集》第八卷，濟南：山東教育出版社，2008，第 23 頁。

② 魯國堯：《泰州方音史與通泰方言史研究》，《アジア・アフリカ語の計數研究》第 30 號，日本亞非語言文化研究所，1988 年 3 月；又見《魯國堯語言學論文集》，南京：江蘇教育出版社，2003，第 66 頁。

③ 顧黔：《何萱〈韻史〉及其音韻學思想研究》，《南京大學學報》1996 年第 4 期。

所附"聲母表"和書内所用每母切語上字，參酌現在如皋、泰興方音，對《韻史》21聲母進行構擬："見起曉"爲k、k^h、x，tɕ、$tɕ^h$、ɕ；"井淨信"爲ts、ts^h、s，tɕ、$tɕ^h$、ɕ；"照助審"爲ts、ts^h、s，其他爲ø、t、t^h、n、l、z、ŋ、p、p^h、m、f、v。①

方以智《切韻聲原》定開啌、承嘡、轉、縱、合五聲，即陰平、陽平、上聲、去聲、入聲。②李汝珍《李氏音鑑》云："敢問五聲何謂也？對曰：陰、陽、上、去、入也。"③何萱對聲調的認識：

> 音之有清濁也，爲平聲言之也。陰平爲清，陽平爲濁，不容淆也。上、去聲各只一音，無陰陽清濁之可言也。强欲言之，亦姑曰上去相爲陰陽而已。舊乃有上濁、最濁之說，非自擾歟？……入聲每字皆含陰陽二聲，視水土之輕重而判，輕則清矣，其出音也送之不足而爲陰；重則濁矣其出音也送之足而爲陽。《韻史》内入聲陰陽合併者此也。

何氏此論上承元明以降"五聲之説"，《韻史·四聲表》實含：陰平、陽平、上聲、去聲、入聲五聲。

漢語入聲分陰陽的方言，只有通泰、贛、客及山西的幾個方言點陰入調值低於陽入。魯國堯把它作爲一個重要依據，首倡"通泰—贛客方言同源學説"，爲通泰方言史的研究打開了新的局面。④

何萱承認他的方音有陰平、陽平、上聲、去聲、陰入、陽入六調，明確指出陰入、陽入之分在"出音送"之足與不足，亦即聲母送氣與否，這是對兩個入聲調值高低的具體描述——陰入調值低於陽入，這正是今江淮方言泰如片的重大語音特徵之一。但何萱囿于傳統，拘執"五聲之説"，不顧語音事實，過而合之，這是時代局限性的體現。

音韻學者對《韻史》關注不夠，我們所見成果主要有：1. 羅常培《泰

---

① 魯國堯:《泰州方音史與通泰方言史研究》,《アジア・アフリカ語の計數研究》第30號，日本亞非語言文化研究所，1988年3月；又見《魯國堯語言學論文集》，南京：江蘇教育出版社，2003，第67頁。

② ［明］方以智:《切韻聲原》,《通雅》卷五十，北京：中國書店，第602頁上左。

③ ［清］李汝珍:《李氏音鑑》卷一，嘉慶十五年（1810）寶善堂原刻本。

④ 魯國堯:《客、贛、通泰方言源於南朝通語説》,《魯國堯語言學論文集》，南京：江蘇教育出版社，2003，第123—135頁。

興何石閭〈韻史〉稿本跋》,《中央研究院歷史語言研究所集刊》第4本第2分，1933；又收入《羅常培語言學論文選集》，北京：中華書局，1963；《羅常培文集》第八卷，濟南：山東教育出版社，2008，第23頁；2. 魯國堯《泰州方音史與通泰方言史研究》,《アジア・アフリカ語の計數研究》第30號，日本亞非語言文化研究所，1988年3月；又載《魯國堯語言學論文集》，南京：江蘇教育出版社，2003，第12—122頁；3. 魯國堯《通泰方言研究史脞述》,《方言》2001年第4期，又載《魯國堯語言學論文集》，南京：江蘇教育出版社，2003，第193—216頁；4. 顧黔《何萱〈韻史〉及其音韻學思想研究》,《南京大學學報》1996年第4期。

今據民國二十五年（1936）商務印書館石印本影印。

正音咀華

清莎彝尊譔。

莎彝尊，字秬薌，長白人，事迹不可考。

《正音咀華》刊于清咸豐癸丑年（1853），原名《正音辯微》，曾於1837年至1843年間刊行過一次，1853年對原書做了修訂，分爲三卷，又《續篇》一卷，更名爲《正音咀華》。

莎彝尊另著有《正音切韻指掌》，刊於咸豐庚申（1860），該書爲《正音咀華》的姊妹篇。《正音咀華》是教正音的讀本，涉及語音、詞彙及長篇材料，是廣東人學習官話的手册;《正音切韻指掌》是“官話”的同音字表，是學習“正音”的工具書，兩書相爲表裏，屬同一語音系統。除此之外，莎氏還著有《正音再華傍注》(1867)、《紅樓夢摘華》(1868)等。

筆者僅得寓目清咸豐三年（1853）麈談軒雙色套印本，該本正文三卷，第一卷爲語音部分，著者運用等韻學方法，詳細闡釋“正音”音切原理，列舉“正音”與“北音”、“正音”與“土音”的語音比較字彙，並以千字文爲綱列出“正音”同音字表。第二卷爲會話材料。第三卷爲詞彙部分，收集當時“官話”詞語一千多條，分爲二十七類。

《正音咀華・凡例》第一欄列有“字音”八十字（内有四字加圈），爲聲母代表字，字音八十横列四行、豎分二十列，分爲“牙音、喉音、舌尖音、重唇音、捲舌音、頂齶音、齒縫音、輕唇音”八類（八類二十聲母）。

《正音咀華・音韻》第二欄有“字韻”三十五字，爲韻母代表字，均爲零聲母平聲字，三十五字韻實際包含48個韻母（含入聲韻12個）。《正音咀華》含陰平、陽平、上聲、去聲五個調位，特點爲平分陰陽、濁上變去，保留入聲。

葉寶奎將《正音咀華》聲母系統與《李氏音鑒》比較：1. 微母保留；2. 精組尚未齶化；3. 見組洪細已有區别，但尚未分離，見組細音與精組尚有區别。“《正音咀華》的韻母系統開齊合撮的格局已經形成，與《羅馬字官話新約全書》的韻母系統基本相同，跟北京音也比較接近，差别主要在於官話音仍保留一套入聲韻。”①

關於《正音咀華》所反映的音系，學界有爭議：侯精一認爲“大致能反映北京話的音系”。②李新魁認爲“書中所描述的‘正音’，並不是當時的北京音，而仍是中州音”，“而他所教習的，就是中原地區的官話、官音，具體依據就是李光地《音韻闡微》所代表的語音”。③馮蒸認爲“很可能是下江官話”。④耿振生認爲“莎氏所説的‘正音’是一個極其空洞的口號，没有任何現實意義”。⑤岩田憲幸認爲是一種總體虚構，部分實録的混合産物。⑥葉寶奎認爲“是近代變化了的北方話的傳統讀書音”。⑦

相關研究成果主要有：1. 侯精一《百年前的廣東人學“官話”手册〈正音咀華〉》，《文字改革》1962年第12期；2. 侯精一《清人正音書三種》，《中國語文》1980年第1期；3. 李新魁《論近代漢語共同語的標準音》，《語文研究》1980年第1期；4. 馮蒸《關於〈正音切韻指掌〉的幾個問題》，《漢字文化》1990年第1期；5. 耿振生《明清等韻學通論》，北京：語文出版社，1992；6.［日］岩田憲幸：《清代後期の官話音》，高田時雄編：《中國語史の資料と方法》，京都大學人文科學研究所，1994；7. 葉寶奎《明清官話音系》，厦門：厦門大學出版社，2001。

---

① 葉寶奎：《明清官話音系》，厦門：厦門大學出版社，2001，第232—244頁。

② 侯精一：《清人正音書三種》，《中國語文》1980年第1期。

③ 李新魁：《論近代漢語共同語的標準音》，《語文研究》1980年第1期。

④ 馮蒸：《關於〈正音切韻指掌〉的幾個問題》，《漢字文化》1990年第1期。

⑤ 耿振生：《明清等韻學通論》，北京：語文出版社，1992，第126頁。

⑥［日］岩田憲幸：《清代後期の官話音》，高田時雄編：《中國語史の資料と方法》，京都大學人文科學研究所，1994。

⑦ 葉寶奎：《明清官話音系》，厦門：厦門大學出版社，2001，第241頁。

此次據清咸豐三年（1853）麈談軒雙色套印本影印。

重訂空谷傳聲

清汪鎏編訂。

汪鎏，字金門，安徽全椒人。

《重訂空谷傳聲》又名《翻切指掌空谷傳聲》，筆者僅得寓目清直芳齋寫本。卷首“識語”云:“此謹遵《康熙字典·等韻》，法從簡易而爲之也。《等韻》字母五六十，此減爲三十二;《等韻》‘見溪郡疑’等音三十六，此減爲二十。惟《等韻》‘平上去入’四聲，此於平聲中分出陰平、陽平。”光緒七年（1881）薛時雨爲此書所作序亦云:“宋趙與時《賓退録》載擊鼓射字之技，其法全用切韻，該以兩詩，詩皆七言，一篇六句四十二字以代三十六字母，一篇七句四十九字以該平聲五十七韻而無側聲……此《空谷傳聲》一卷，吾邑江金門同年用鄉先生吴杉亭、江雲樵兩君舊譜增損之，其省三十六字母爲三十二，省平聲五十七韻爲陰陽平各二十音。不用歌括，兼備仄聲，視趙氏所述之法尤其簡要。平聲分陰陽者，用周氏《中原音韻》之例也……金門歿逾二十載，哲嗣牖民孝廉重爲校訂。出以見示，因爲述其大畧如此。”

李新魁據薛時雨序文推斷:“由薛氏這段序文可知，這本韻圖是汪鎏用吴杉亭、江雲樵的‘舊譜’删訂而成的。吴、江兩人的舊譜，就是胡垣《古今中外音韻通例》所説的《金陵傳聲譜》。”[①] 吴杉亭是作《五聲反切正韻》的吴烺。

胡垣《古今中外音韻通例》云:“《金陵傳聲譜》二十字母，分爲六句，曰：公空喉東通齈舌琫蓬蒙脣宗怱松齒中充鏞腭烘喉齒風齒脣温喉捲戎腭齒，前十五字分爲五句，後五字爲一句。三十二韻分爲八句，曰：公絅岡薑，光貲飢圭，居孤皆該，乖根巾昆，君干官堅，涓驕高歌，鍋瓜加他，結厥鳩鉤，此用《詩韻》次序，依金陵方音，併陽入江，併庚青蒸侵入真文，併覃鹽咸入寒删先，分麻遮爲二也。全椒汪氏不解斯理，乃易‘他、結、厥’三

① 李新魁:《漢語等韻學》，北京：中華書局，1983，第 302 頁。

韻爲‘迦、庚、經’三韻。”[①]

《重訂空谷傳聲》的成書時間，李新魁認爲：“按胡氏的説法，汪氏此書是修訂吴、江的書而成的。……汪氏編訂此書，當在薛氏作序之前幾十年。”“此書的三十二字母，就是改併《金陵傳聲譜》而來，但它用的不是金陵方音，而是當時口語的正音。”[②]

該書聲母分爲二十類：没有標目。除去虚位，實有十九聲母，與《重訂司馬温公等韻圖經》聲母相同。胡垣評價汪氏的二十聲類云：“汪氏字母襲方氏以智序次，由《韻法直圖》删節而來，其注末五字兼音，最爲紕繆。”[③] 二十聲類“兼音”中除ø聲母與喉音ø聲母重出外，餘者幾乎完全照搬吴烺的做法。李新魁將其二十聲母擬了出來：[④]

喉音：k　k‘　ø
舌音：t　t‘　n
脣音：p　p‘　m
齒音：ts　ts‘　s
腭音：tʂ　tʂ‘　ʂ
兼音：x　f　ø　l　ʐ

韻母分三十二韻，即（照録李新魁擬音[⑤]）：

公uŋ、弓iuŋ、岡aŋ、薑iaŋ、光uaŋ、貲ï、饑i、圭ui
居y、孤u、皆iai、該ai、乖uai、根ən、巾in、昆un
君yn、幹an、官uan、堅iɛn、涓yan、驕iau、高au、歌o
鍋uo、瓜ua、嘉ia、迦ie、庚əŋ、經iŋ、鳩iou、鉤ou

李新魁認爲，“這個韻母系統與吴烺的《五聲反切正韻》很相近，衹是

① ［清］胡垣：《古今中外音韻通例》卷一，光緒十四年（1888）刻本。
② 李新魁：《漢語等韻學》，北京：中華書局，1983，第302頁。
③ ［清］胡垣：《古今中外音韻通例》卷四，光緒十四年（1888）刻本。
④ 李新魁：《漢語等韻學》，北京：中華書局，1983，第303頁。
⑤ 李新魁：《漢語等韻學》，北京：中華書局，1983，第302—303頁。

改併幾個韻母而已”。[①]

聲調分爲陰平、陽平、上聲、去聲、入聲。

韻圖中按照三十二韻分爲三十二圖，豎列二十聲母，橫排五調，聲與調俱無標目。同韻之字列於一圖之内，縱横交合處列切出之字，所列之字間注明切語。

勞乃宣對此書删併聲母頗有微詞。勞氏云：“其書定母爲二十，妄爲删併，與蘭廷秀‘東風破早梅’二十母同，稱謂舛誤。定陰陽平上去入五聲，不知仄聲清濁，與《中原音韻》同。”[②]勞乃宣的批評是從他的拘守三十六字母，堅持仄聲母也分清濁兩類的立場出發，事實上，《重訂空谷傳聲》的語音系統，是頗能反映語音實際的。胡垣《古今中外音韻通例》云：“趙（與時）、陶（宗儀）、李（汝珍）字母、字韻，皆亂雜無次，更不如汪譜矣。”[③]這種説法頗有道理。

《重訂空谷傳聲》在清代是一部有影響的韻圖，勞乃宣《等韻一得·外篇》云：“世俗盛傳《空谷傳聲》，《李氏音鑒》二書。”李新魁認爲，此書三十二字母，是改併《金陵傳聲譜》而來，但它用的不是金陵方音，而是當時的口語。這部韻圖因是用來作擊鼓傳聲的字音譜用的，所以不能不切合當時的實際語音。[④]耿振生將《重訂空谷傳聲》劃分在北方官話系統中。[⑤]

此次據清直芳齋寫本影印。

增補十五音

《增補十五音》是一部通俗韻書，作者佚名，張鴻魁推測是山東掖縣（今萊州市）人，可能是《韻畧新抄》作者周雲熾的弟子。[⑥]

全書分韻十五部：

一東、二江、三蕭、四支、五齊、六元、七真、八微、九虞、十

① ［清］李新魁：《漢語等韻學》，北京：中華書局，1983，第 303 頁。
② 勞乃宣：《等韻一得》，光緒二十四年吳橋官廨刻本。
③ ［清］胡垣：《古今中外音韻通例》，光緒十四年刻本。
④ 李新魁：《漢語等韻學》，北京：中華書局，1983，第 302 頁。
⑤ 耿振生：《明清等韻學通論》，北京：語文出版社，1992，第 200 頁。
⑥ 張鴻魁：《明清山東韻書研究》，濟南：齊魯書社，2005，第 160 頁、第 176 頁。

姑、十一皆、十二歌、十三家、十四遮、十五幽

韻部内按聲母不同分爲若干小韻。《增補十五音》與《韻略新抄》有密切關係，它的小韻“幾乎是《韻略新抄》小韻的直接遷移歸併”。[①] 但聲母比《韻略新抄》少一類，即把微母（《韻略新抄》的無母）併歸影母合口，共 19 個聲母。《增補十五音》聲母不設名稱，比照三十六字母，可定名爲：

見溪影端透泥幫滂明非精清心照穿審曉來日

聲母按“牙、舌、唇、齒頭、正齒、半舌、半齒”傳統次序排列，跟《韻略新抄》依據“早梅詩”不同。韻字編排以四呼爲目，但四呼不設名稱，一如《韻略新抄》。同呼韻字再按平、上、去、入四聲排列。韻字下均有釋義。韻字總數比《韻略新抄》多出 1080 個。

張鴻魁《明清山東韻書研究》研究表明，《增補十五音》比《韻略新抄》更重視方音。其透視出的方音現象，主要體現在以下方面：

1. 古微母並歸零聲母合口，現代山東方言乃至整個北方官話都具有此特點。

2. 古日母字歸併到零聲母齊齒、撮口兩呼。從現代山東方言看，膠東半島各市縣都是如此。

3. 古精組聲母字、古知莊章三組聲母合口字、知章組二等開口字、莊組開口字都讀舌尖前音，只有知章組三等（止攝除外）讀舌尖後音。現代膠東方音，只有掖縣如此。[②]

《增補十五音》有民國元年上海德知義書局石印本，未見更早的刊本。張鴻魁推測：“《十五音》整個地歸併《新抄》小韻似乎不是偶然，可能就是鄉後學據時音對先賢著作的增補增修。如果這種假設有理，那麽《十五音》産生時間應是在《新抄》流傳之後，約在道光、咸豐時期。”[③]“也許最早的《十五音》只是改變《新抄》的框架結構，如拆分韻部、合併聲類，而把《新抄》小韻收字整塊搬移歸併，並没有現在所見添加在小韻後的字。

① 張鴻魁:《明清山東韻書研究》，濟南：齊魯書社，2005，第 160 頁。

② 張鴻魁:《明清山東韻書研究》，濟南：齊魯書社，2005，第 165—171 頁。

③ 張鴻魁:《明清山東韻書研究》，濟南：齊魯書社，2005，第 161 頁。

後來不斷有‘增補’的新版本，釋義也不斷補充漸趨完備。現見本是後來多次的‘增補’累積而成的面貌。”①

研究成果主要有：1. 羅常培《漢語方音研究小史》，《羅常培語言學論文選集》，北京：中華書局，1963；2. 羅常培：《京劇中的幾個語言問題》，《羅常培語言學論文選集》，北京：中華書局，1963；3. 魏建功《説轍兒》，《魏建功文集》（三），南京：江蘇教育出版社，2001；4. 張鴻魁《明清山東韻書研究》，濟南：齊魯書社，2005。

此次據民國元年上海德和義書局石印本影印。

京音字彙

清末民初王璞譔。

王璞，字潤山，直隸宛平縣（今北京東城區）人，清末秀才，師從王照（1859—1933），精於音韻訓詁之學，具有開明進步思想，是“切音運動”“統一國語運動”的風雲人物。

1898 年 7 月 28 日，軍機處奉上諭，調取盧戇章等著作之書，“國語運動”第一期“切音運動”拉開了序幕。1900 年王照《官話合聲字母》著成，强調“言語必歸劃一”，主張“宜取京話，因北至黑龍江，西逾太行宛洛，南距揚子江，東傳於海，縱橫數千里之土語，與京語畧通。是以京話推廣最便，故曰‘官話’。余謂‘官’者，公也。‘官話’者，公用之話，自宜擇其佔幅員人數多者”。王照是近代拼音文字的領袖、“官話字母”方案的制定者。王璞作爲他的學生，在“統一讀音會”醞釀期間，在經大會討論投票的《國音檢字》公布之前，出版了《京音字彙》，該書代表了王璞對京話字音的認識，是王照“言語必歸劃一，宜取京話”主張的實際踐行者。

《京音字彙》初名《北京發音字彙》，王璞序言云：“此書之作，因我國幅員遼闊，各省語言發音不同。時當召備立憲國會將開，而同國之人言語不通，對面不能交談，表情無由達而團體何由結也。不敏有感於斯，不惴譾陋，著成《北京發音字彙》一書。”

① 張鴻魁：《明清山東韻書研究》，濟南：齊魯書社，2005，第 163 頁。

《京音字彙》語音系統實際有 21 個聲母、38 個韻母，陰平、陽平、上聲、去聲 4 個聲調，與現代北京話基本一致，但也表現出了一定的差異。

該書采用聲介合母，即 [i]、[u]、[y]3 個介音與聲母合在一起，使聲母系統多出了與 [i]、[u]、[y] 相拼合的復合聲母。《京音字彙》所列五十“聲介合母”如下：

撲 [p] 莆 [p‘] 木 [m] 夫 [f] 必 [pi] 皮 [p‘i] 米 [mi]
姿 [ts] 辭 [t‘s] 絲 [s] 租 [tsu] 粗 [t‘su] 蘇 [su]
德 [t] 特 [t‘] 訥 [n] 洛 [l] 低 [ti] 題 [t‘i] 尼 [ni] 離 [li] 都 [tu] 土 [t‘u] 奴 [nu] 盧 [lu] 女 [nv] 吕 [lv]
之 [tʂ] 遲 [tʂ‘] 詩 [ʂ] 日 [ʐ] 朱 [tʂu] 初 [tʂ‘u] 書 [ʂu] 入 [ʐu]
基 [tɕ] 其 [tɕ‘] 希 [ɕ] 居 [tɕv] 趨 [tɕ‘v] 須 [ɕv]
戈 [k] 科 [k‘] 禾 [x] 孤 [ku] 刳 [k‘u] 乎 [xu]
衣 [i] 五 [wu] 於 [y]

馮蒸認爲，《京音字彙》在北京話語音史上的價值主要體現在兩方面：一是古入聲字的聲調今讀問題，一是北京話的異讀問題。① 我們認爲這兩個問題可以歸結爲一個問題——“異讀問題”。

《京音字彙》聲母的異讀主要表現在：

1. 中古知莊章組字與精組字異讀，如：疏 [su^{1}][ʂu^{1}]、豺 [ts‘ai^{2}][tʂ‘ai^{2}]；

2. 部分中古全濁平聲字，有送氣塞擦音與擦音的異讀，如：酬 [tʂ‘ou^{2}][ʂou^{2}]、蟬 [tʂ‘an^{2}][ʂan^{2}]；

3. 部分中古全濁平聲字，有送氣塞擦音與不送氣塞擦音的異讀，如：鋤 [tʂ‘u^{2}] [tʂu^{2}]、詞 [ts‘ɿ^{2}] [tsɿ^{2}]；

4. 曾攝開口三等莊組字與梗攝開口二等知莊章組入聲有 [ts][tʂ] 的異讀，如：澤 [tsɤ^{2}][tʂai^{2}]、窄 [tsɤ^{2}][tʂai^{1}]；

5. 尖團異讀，如：俊 [tsuən^{4}][tɕuən^{4}]、西 [sɿ^{1}][ɕɿ^{1}]。

1924 年“國語統一會”修改“讀音統一會”制定的“國音”，改爲以

① 馮蒸：《〈京音字彙〉評介》，周建設主編：《明、清、民國時期珍稀老北京話歷史文獻整理與研究 · 京音字彙》，北京：首都師範大學出版社，2015，第 2—3 頁。

北京語音爲標準音，被稱爲“新國音”。王璞在《京音字彙》基礎上，編製《國音常用字匯》，1932 年 5 月教育部正式頒布《國音常用字彙》，作爲規範字音、推行國語的標準字典。《京音字彙》爲其所掩，隱而不彰。

《京音字彙》的研究成果主要有：1. 陸志韋《國語入聲演變小注》（《燕京學報》1948 年第三十四期）提及該書，並未展開系統論述；2. 陳澤平《〈京音字彙〉的價值》（《辭書研究》1996 年第 4 期）闡述了《京音字彙》的體例、聲韻調系統及收字，但僅僅是概述，爲後繼者留下了很大的研究空間；3. 翁希典《〈京音字彙〉》（2011 年首都師範大學博士學位論文）將中古去聲、入聲字，在《京音字彙》《國音常用字彙》《現代漢語詞典》的異讀進行比較，認爲《京音字彙》特有的異讀多數都有中古音的依據，但它們基本都是舊讀書音，在口語中並不使用；4. 孫玲玲《〈京音字彙〉異讀研究》（2013 年吉林大學碩士學位論文）從聲、韻、調三個方面對《京音字彙》的異讀現象進行了窮盡式研究，發現知莊章組與精組、舌尖前音與舌尖後音、送氣塞擦音與擦音、送氣塞擦音與不送氣塞擦音等存在異讀。合口呼介音 u 在某些音節中消失，韻尾存在舌尖中鼻音與舌根鼻音異讀現象，曾梗攝開口二等陌韻、麥韻中有 [ai] [ei] 或 [o] 的異讀，宕江攝 [ou][ɤ] 異讀等現象。入聲字的讀音在派入四聲的過程中讀音不穩定，異讀現象與今音存在一定差異；5. 馮蒸《〈京音字彙〉評介》（周建設主編《明、清、民國時期珍稀老北京話歷史文獻整理與研究·京音字彙》，北京：首都師範大學出版社，2015）參考陳澤平和翁希典的論文，對《京音字彙》在北京話研究史上的價值做了評介。

此次據民國二年（1913）石印本影印。

正音切韻指掌

清莎彝尊譔。

莎彝尊，字秬薌，長白人，生卒年履歷不詳。

莎氏著作尚有《正音咀華》等，由《正音咀華》序文可知，莎氏在廣州做了二十幾年的教書先生，爲“粵東知名之士”。《正音切韻指掌》成書於咸豐庚申年（1860）。

現存版本筆者僅見咸豐十年（1860）塵談軒刊本，收入《續修四庫全書·經部·小學類》。

《正音切韻指掌》卷首有遊顯廷和梁次楠的序。前八十三頁爲本書正文，包括“凡例”“每韻首句首切提綱歌”“新訂切字捷法”“三十五字韻韻字表”，最後三頁“塵談清語”與正文内容無關。

《正音切韻指掌》相當於一個同音字表，韻目居首，下注發音“口法”，縱列二十個聲母，每一韻中選一聲母代表字作爲標目，旁用反切和滿文字母注音，横列與此聲目同音之字，按陰平、陽平、上聲、去聲順序各列一表，入聲另列。

此書聲母有二十個，分三十五韻，聲調分陰平、陽平、上聲、去聲和入聲五聲。

侯精一認爲《正音切韻指掌》有二十六個聲母。[①] 耿振生認爲該書分三十四韻，分别是：[②]

> 㖞、㕣、翁、安、恩、灣、温、汪、央、英、雍、淵、奫、煙、因、阿、婀、衣、哀、餩、歪、威、挨、窊、窩、烏、爊、歐、夭、幽、呀、爺、於、約

關於該書的音系基礎，侯精一認爲大致反映了北京話的音系。[③] 耿振生認爲《正音切韻指掌》的“凡例”中指出“此書以《中州韻》爲底本，而參之以《中原韻》《洪武正韻》，更探討于《詩韻輯畧》《五車韻瑞》《韻府群玉》《五音篇海》《南北音辨》《康熙字典》《音韻闡微》諸書”。[④] 因此，確定該書反映的應是北方官話，但具體爲哪一地區，目前還没有明確的論定，而將該書歸爲“普通音”一類等韻系。馮蒸雖同意耿振生的觀點，但指出該書描述的不是純粹的北京話，對考察漢語的音韻史具有參考價值。[⑤]

關於《正音切韻指掌》研究的成果主要有：1. 侯精一《清人正音書三

---

① 侯精一：《清人正音書三種》，《中國語文》1980 年第 1 期。

② 耿振生：《明清等韻學通論》，北京：語文出版社，1992，第 201 頁。

③ 侯精一：《清人正音書三種》，《中國語文》1980 年第 1 期。

④ 耿振生：《明清等韻學通論》，北京：語文出版社，1992，第 55 頁。

⑤ 馮蒸：《關於〈正音切韻指掌〉的幾個問題》，《漢字文化》1990 年第 1 期。

種》,《中國語文》1980 年第 1 期;2. 李新魁《漢語等韻學》,北京:中華書局,1983;3. 馮蒸《關於〈正音切韻指掌〉的幾個問題》,《漢字文化》1990 年第 1 期;4. 馮蒸《〈正音切韻指掌〉再探》,《漢字漢語學術研討會論文集》,長春:吉林教育出版社,1992;5. 楊亦鳴、王爲民《〈圓音正考〉和〈音韻逢源〉所記尖團音分合之比較研究》,《中國語文》2003 年第 2 期;6.[日]岩田憲幸《音韻資料をあつかうことのむづかしさ——〈正音切韻指掌〉を例にして》,《明清時代の音韻學》,京都大學人文研,2001;7. 董建交《〈正音切韻指掌〉中的古全濁上聲字》,2002 年復旦大學碩士學位論文等。

此次據清咸豐十年(1860)麈談軒刻本影印。

中華拼音等韻易簡

清張恩成譔。

張恩成,字仲仁,號一麋,天津人,生卒年待考。所著《中華拼音等韻易簡》一卷,後代一般稱爲《等韻易簡》。此圖乃張氏"取新安《直圖》,参以他書"而成。張氏自序作於道光十七年(1837),光緒庚子(1900)津門陳塏作跋。

筆者僅得寓目光緒壬寅(1902)刊本,卷首依次爲"平聲陰陽論""五音正名""《韻會》《正字通》《韻學集成》之誤""《五方元音》非正書""俗音混同正誤""俗讀貲音正誤""韻母併歸三十二""非敷奉微四母讀法""直圖歸併三十二""閉口字音易知""横圖可寘""三十二韻母次序歌""三十三韻目次序歌"等,闡明聲、韻拼讀的規則和方法。

每圖注明開、齊、合、撮四呼,横列四聲,縱列三十二行,與《韻法直圖》同。前四韻注明"字母""句序(一組聲母爲一句)""五音""清濁""陰陽"。如公韻第一注三十二字母和"句序",庚韻第二注宫、商、角、徵、羽五音,京韻第三爲聲母注清濁,迥韻第四注陰陽,以清聲母爲陰,濁聲母爲陽,暗示聲調"平分陰陽"。陰聲韻咸配入聲,注"舊圖無入聲",與《韻法直圖》相異。

該圖聲母立三十三位,但全濁聲母衹見於平聲不見於仄聲,實際是按調類陰陽而定。如删去濁聲母,實有二十二母,其中非、敷分立,沿襲《韻法直圖》舊例。知照組“張掌障酌”“知止智質”“遮者蔗折”“昭沼照灼”“周肘晝酌”“真軫震炙”“讀展戰浙”“征整正隻”等列於齊齒呼，“專轉囀拙”“諄準稕黜”“朱主著粥”等列於撮口呼，亦與《韻法直圖》同。

全圖分韻三十三：公、庚、京、扃、官、干、堅、涓、裩、根、巾、鈞、光、岡、江、基、居、乖、該、皆、貲、規、姑、瓜、拏、嘉、迦、驕、鍋、歌、鉤、鳩、高。韻目名稱幾乎全用見母字，除以“扃”易“弓”、以“鍋”易“戈”外，與張序賓《等韻法》完全相同。

張序賓《等韻法》，又名《聲韻指掌》，全書亦分三十三韻。《等韻法》韻母系統，除缺㴲韻（迦韻之撮口）外，與佚名《翻切指掌空谷傳聲》同，與《韻法直圖》相較，取消了 -m 尾韻，合併了驕交、堅艱、官關、弓扃、公觥等。《中華拼音等韻易簡》韻母系統與《等韻法》全同。陰聲韻皆配入聲，並注明“舊圖無入聲”，則與《韻法直圖》相異。

音韻學界對《中華拼音等韻易簡》關注不夠，我們所知研究成果主要有：1. 李新魁《漢語等韻學》第八章第二節，北京：中華書局，1983；2. 耿振生《明清等韻學通論》第五章第一節，北京：語文出版社，1992；3. 李新魁、麥耘：《韻學古籍述要》，西安：陝西人民出版社，1993。

此次據清光緒壬寅（1902）刊本影印。

七音譜

清末民初張祥晉譔。

張祥晉 1863 年生，山東高密人，自稱“漢大儒高密鄭公康成”之“鄉後學”。《七音譜》成於 1924 年，刊於 1936 年。

筆者僅得寓目民國十七年（1928）至二十五年（1936）年間松石堂本。全書共分三卷，第一卷爲“自序篇”，共十章，主要談論張氏對音韻問題的看法；第二卷有“音聲通論”“七音”“四聲”“反切要訣”“反切原始”“字母源流”等內容，“音模切韻樣總圖”是一個表現語音系統的等韻圖；第三卷有“音模分圖”“韻樣統音”“俗音旁證”等內容。《七音譜》中的七音指的是鼻、喉、牙、舌、顎、齒、唇。

該書聲母分爲四十音模，張氏講四十聲母依呼不同分爲十一音類。由

於根據開合、洪細不同來區分聲類，所以聲母較多。四十音模如下：[①]

鼻音：　庚磴甖亨
喉音：　公空翁烘
牙音：　驚輕纓興
重舌音：東通農隆
輕舌音：丁聽寧靈
重齶音：中充●生
輕齶音：蒸稱●升
外齒音：宗蔥●松
内齒音：精青●星
外唇音：崩蓬蒙風
内唇音：冰平明（芙蓉峰）

爲了保持系統性，有音無字之處用“●”表示，最後一位也是有音無字，該處語音需將三字拼合得出。

韻母系統分爲十三韻類，張氏稱之爲“十三韻様”，具體如下：

1. 罌 [əŋ]　2. 昂 [aŋ]　3. 恩 [ən]　4. 安 [an]
5. 烏 [u]（y）　6. 敖 [au]　7. 歐 [ou]　8. 阿 [ə]
9. 瓦 [a]　10. 耶 [iɛ]　11. 伊 [i] (ï)　12. 威 [ei]
13. 愛 [ai]

聲調分爲上平（陰平）聲、下平（陽平）聲、上仄聲（上聲）、去仄聲（去聲）四類。入聲字歸入其他各調。

爲適應語音的變化，《七音譜》使用固定的反切上、下字，上字定開合、下字表示聲調的不同。圖表的編排也多具新意。音系上，李新魁將其

① 關於“音模”擬音，可參看：李新魁《漢語等韻學》，北京：中華書局，1983，第 342 頁；耿振生《明清等韻學通論》，北京：語文出版社，1992，第 189 頁；張樹錚《清代山東方言語音研究》，濟南：山東大學出版社，2005，第 251 頁。

歸入表現北方方音的等韻圖中，[①] 耿振生將其歸入反應山東方言的等韻音系中，認爲《七音譜》的韻圖“主要依高密方言編定，個別字音用平度、濟南等地的方音”。[②] 張樹錚也持此觀點。[③]

相關介紹、研究可參看：1. 李新魁《漢語等韻學》，北京：中華書局，1983；2. 李新魁《讀祥晉的〈七音譜〉》，載《語海新探》第一輯，濟南：山東教育出版社，1984；3. 耿振生《明清等韻學通論》，北京：語文出版社，1992；4. 張樹錚《清代山東方言語音研究》，濟南：山東大學出版社，2005。

此次據民國十七年（1928）至二十五年（1936）年間松石堂本影印。

---

① 李新魁：《漢語等韻學》，北京：中華書局，1983，第 342 頁。

② 耿振生：《明清等韻學通論》，北京：語文出版社，1992，第 189 頁。

③ 張樹錚：《清代山東方言語音研究》，濟南：山東大學出版社，2005，第 249—257 頁。

第二輯 《近代漢語湘方言文獻集成》提要

聲律易簡編

《聲律易簡編》，星沙楊世樹編撰。星沙即今長沙之别名，作者生平事迹無可考。書中未注明撰寫年代，但書前“識字紀儆”引録曠岣嶁[①]之語，由此知其上限不過曠氏，下限應在長沙方言韻書《訓詁諧音》(1882)之前。跟《訓詁諧音》比較，此書記録的語音層次更早一些，如知三章開口字大部分有 i 介音，蟹攝三、四等開口字與止攝開口有别，全濁上聲字多讀上聲等。現據北京師範大學圖書館藏清抄本影印。

此書前面不少篇幅論及聲音、樂理，附和五音、六律、陰陽之説，大多不足爲法。正文分“甄驚岡公高昆驕饑訶居間孤嘉鈎干薑鳩乖[②]庚歌傀迦該結瓜官關軍龜勬恇光根肱柦鷄”36 韻；正文後有“二音相似”“三音相似”“四音相似”，實則辨韻母四呼。於此處知另有蹶韻、皆韻，故全書實分 38 韻。聲調列平、上、去、入四聲，入聲兼配陰聲、陽聲韻。聲母列 36 位，大體按“見溪群疑影曉匣喻幫滂並明非敷奉微端透定泥知徹澄娘精清從心邪照穿床審禪來日”排列，實際列字多有不合。據我們考察，此書收字大部分跟《四聲等子》一致，但分韻與之大有區别，如閉口韻無一獨立，臻攝絶大部分與梗攝合并。此書應是參考《四聲等子》的收字，結合作者方音所編。

韻圖列字不少地方有大、小之别，大字列正位，小字列正位之右。據我們考證，這主要包括三種情況：1. 大字表示作者認可的正音，小字表示又讀。如薑韻舌上音位以大字列“張長娘”，正齒音位以大字列“章昌商

① 岣嶁爲衡山之别稱，曠岣嶁即衡陽人曠敏本(1700—1784)。

② 乖，原文作“媧”，但“媧”在《廣韻》讀古華切，不能代表圖中所列“懷壞蒯”等字的韻母讀音。作者在“媧”字右邊以小字注“乖”，故改“乖”代表此韻。

裳”；“張”“章”兩組字又以小字列岡韻正位之右，正位列“○”，表示缺字。這表示在作者看來，《廣韻》陽韻知三章組字，以收在薑韻有 i 介音的讀音爲正音，而岡韻丢失了 i 介音的讀法爲又音。《四聲等子》兩組字均衹列宕攝三等知組和照組聲母位，不重出。2. 小字爲大字注音。如勬韻見母位依《四聲等子》列“勬”，“勬”不是常用字，作者在右邊以小字注章母字“專”，表示“勬”讀同長沙話的“專”；又如間韻“間”旁注“甘”，説明長沙話“間”的讀音不同於官話，而與“甘”同音。3. 大字參考《四聲等子》所列，小字代表作者方音的實際讀音。如《四聲等子》宕攝開口非敷奉微四母位分别列“方芳房亡”，止攝合口列“非霏肥微”。《聲律易簡編》恇韻輕唇音位，以大字列“方芳房亡”，龜韻以大字列“非霏肥微”。但在“方”“非”兩字右邊，用小字分别列“汪影”[①]“威影”。這樣一來，此二韻中這一組字的聲母、聲調讀音就與多數韻一致，即作者所設非母實爲零聲母陰平。

此圖反映的主要語音特點及體系如下。

一、聲母

（一）全濁聲母清化

韻圖形式上列 36 字母，實際全濁聲母已經清化，理由如下：作者在“分母清濁”中，稱“見影幫非端知精照來九母屬純清。溪曉滂敷透徹清穿八母屬次清。匣奉邪禪四母屬全濁。郡並定澄從狀六母，重讀屬全濁，輕讀屬次清。疑喻明微泥[②]娘心審日九母半濁”。來母屬“純清”，曉母爲“次清”，心、審二母則爲“半濁”，可見這是作者按自己所謂“清濁”分的類，與中古聲母的清濁不同。這説明作者韻學不精，方音實際上也不能分清濁。楊氏認爲群母平聲“檠”字和上聲“近”字都要“重讀全濁”，“重讀全濁”的實際含義可通過韻圖這兩處列字得知：饑韻入聲見母位列“暨群”，旁注“吉見”；恇韻見母位所列“惶”就是“狂”的異體。《説文·犬部》：“狂，狾犬也。惶，古文從心。”作者將群母字“暨”“惶”當成見母列，還以見母字爲其注音，可見群母清化，不論平仄都讀不送氣音，

① 除特别説明外，小字注明前字在《廣韻》所屬聲母或韻，均爲本書編著者所加，下同。

② “泥”，原文作“泥”，誤，今改。

即“重讀全濁”實際就是讀成不送氣音清音。

（二）分尖、團音

如甄韻既有“甄牽乾”，又有“箋千前”；驚韻所列“精清情星”不同於“驚卿檠馨”。各韻見組細音均不與精組細音相混。

（三）知三章開口字聲母獨立，知二莊與精組合并

圖中舌上、正齒兩組聲母混淆，如岡韻“昌”字既列在舌上音之徹母位，又列在正齒音之昌母位；公韻船母位以小字列“崇”，旁注“虫”。除詞韻外，其他韻中的知三章開口字多數兩讀，一讀韻母爲 i 或有 i 介音，且不與見組字混淆，這些知三章字的聲母應讀舌葉音 tʃ 組；另一讀韻母失去 i 介音，聲母應讀翹舌音 tʂ 組。

詞韻主要收止攝精組和莊組字，如平聲精組聲母位列“貲雌慈思詞”，“菑差茬師”以小字列於照組聲母右側。“菑差茬師”爲《廣韻》莊組字，作者將其列於照組位是依《四聲等子》舊例。以其方音而論，實不與照三組聲母同，而與精組同，但精組已列“貲”等，故以小字將其列於照組之右，而不列在正位。

（四）知莊章合口字與見組相混

《廣韻》章母字“專”既列在勬韻正齒音照母位，又以小字列在見母位“勬”字的右邊；《廣韻》知母字“追”既列在龜韻知母位，又以小字列在見母位；禪母字“誰”列在匣母位。這些與見系相混的知章組合口字聲母讀 tɕ 組，與今長沙話一致。

《聲律易簡編》將“莊床霜”“壯創狀”等宕攝莊組字列在性韻，則韻母爲 yaŋ，説明這些字的聲母跟知三章合口一樣讀 tɕ 組。這正與今長沙話同，而不同於寧鄉、湘潭、株洲等地方言。在長株潭小片内部，這正是長沙話區別於其他各點的一項重要特徵。

（五）見組三、四等腭化，二等未腭化

見組三、四等腭化，與知三章組合口字相混。二等字未腭化，如間韻“間”旁注“甘”，説明二等見母字“間”的聲母跟一等字“甘”同爲 k。

（六）曉、匣母拼合口韻與非、敷母相混

如干韻輕唇音位列“灣影翻敷還匣頑疑”，《廣韻》曉母字“花”字列在迦韻輕唇音敷母位，可見曉、匣母拼合口韻混入非、敷。

以上聲母特徵，除了部分知三章開口字的音值，其餘均與鮑厚星《長沙方言研究》所記老派長沙話一致。

經歸納，此書有26個聲母：k kʻ ŋ x tɕ tɕʻ ȵ ɕ ø p pʻ m f t tʻ l ts tsʻ s tʂ tʂʻ ʂ ʐ tʃ tʃʻ ʃ。

二、韻母

（一）臻攝與曾、梗攝字相混

韻圖中《廣韻》臻攝開口三等字未獨立立韻，但驚韻“驚卿檠迎兵平明”等曾、梗攝三等字右邊，又以小字列“勤純云辰人”等《廣韻》臻攝字；庚韻既收“庚鏗行怦彭甍争生”等梗攝二等字，又以小字列“温穩問”等臻攝字；昆韻列“昆坤昷昏魂尊村存孫”等臻攝合口字，又以小字列“能貞永咏”等曾、梗攝字，可見臻攝與曾、梗攝字相混。

（二）閉口韻尾 -m 并入前鼻韻尾 -n

間韻既收“間班攀瓣蠻丹山”等山攝二等字，又以小字列咸攝“甘簪參三”等字。韻圖所列36韻中未有與深攝對應的韻，各韻也未見列深攝字，但咸攝既已并入山攝，可推知深攝也已并入臻攝。

（三）遇攝知照組字韻母讀 y

“猪除諸樞書”等遇攝三等字，收在居韻而不是孤韻，可見韻母讀y。

（四）部分模韻字與尤侯韻字混淆

孤韻收遇攝“孤枯吾烏呼”等模韻字，但舌上音、正齒音位以小字列“舟抽周”等流攝字，“疏”旁注尤韻“收”。

（五）山咸攝按等、呼分韻

一等立干韻和官韻。干韻收“干看安寒單灘”等寒韻開口字，但“丹殘”等在間韻以小字重出；官韻收“官寬歡潘盤瞞”等桓韻合口字。二等

分間韻和關韻。間韻收“間班攀瓣蠻丹山”山攝二等開口字和“甘簪参三”等咸攝一等開口字；關韻收“關頑灣栓”等山攝二等合口字。三、四等立甄韻和勬韻。甄韻收“堅牽妍年鞭篇便眠”等三、四等開口字，勬韻收“專權元暄員穿船”等三、四等合口字。

（六）大部分知三章開口字韻母兩讀

知三章開口字韻母有保留 i 介音和丢失 i 介音的兩讀。“章昌商裳”等用大字排在薑韻，又在岡韻以小字重出，列正位之右。“朝超晁昭怊燒韶”以大字列在驕韻，“昭超燒韶”又以小字列在高韻。作者在論“此韻有音有字彼韻有音無字”時，舉“章昌商裳”“昭怊燒韶”爲例，説這些字在薑韻、驕韻屬“有音有字”，在岡韻、高韻屬“有音無字”，説明這些字主要讀有 i 介音的音，但已經産生丢失 i 介音的又讀。作者稱其“有音無字”，是因爲不明白丢失了 i 介音的又讀，其本字就是“章”“昭”等。

（七）詞韻主要讀ɿ

詞韻主要收止攝精組和莊組開口字，平聲列“貲雌慈思詞菑差茌師”，這些字韻母爲舌尖元音ɿ。止攝知三章開口字絶大部分收在饑韻，但“之池施時”等以小字列詞韻，説明這部分字的韻母正由舌面元音向舌尖元音轉變。《廣韻》來母字“離”、日母字“兒”也列在詞韻，説明二字之韻母曾讀舌尖元音。

（八）蟹攝三、四等開口字獨立

蟹攝三、四等開口字收在鷄韻，但“低梯題泥躋妻齊西”在饑韻用小字重出。我們認爲鷄、饑二韻讀音接近但不同，而不是《明清等韻學通論》所論“饑、鷄二韻實無區别”。

（九）根韻、揯韻的區别和讀音

根韻列《廣韻》痕韻字，揯韻列《廣韻》登韻字。今長沙話臻梗曾深四攝字韻母無異，均讀 en、in 等。根據《湖南漢語方音字彙》，根韻所收“根吞”等《廣韻》痕韻字在株洲話中白讀韻母爲ĩ，揯韻所收“登增層僧”等《廣韻》登韻字在益陽話中韻母讀爲õ，《聲律易簡編》

根、㮓二韻舒聲所記，或與株洲、益陽等地方言類似。

經歸納，《聲律易簡編》有 42 個韻母。結合今長沙及周邊方言，擬音如下（分隔號後面是來自入聲的韻母）：

甄韻：iẽ　勬韻：yẽ　根韻：ĩ　㮓韻：ɛ̃　庚韻：en/ə　驚韻：in
昆韻：uən　軍韻：yn
岡韻：aŋ　薑韻：iaŋ/io　光韻：uaŋ　㞷韻：yaŋ　公韻：oŋ　肱韻：n̩/uə
間韻：an　關韻：uan
干韻：õ　官韻：uõ　傀韻：ei　龜韻：uei　嘉韻：a　迦韻：ia
瓜韻：ua　蹶韻：ya
高韻：au　驕韻：iau　饑韻：i　詞韻：ʅ ʅ　鷄韻：ɪ　居韻：y
孤韻：u　鈎韻：əu
鳩韻：iəu　該韻：ai　皆韻：iai　乖韻：uai　結韻：ie　歌韻：o

三、聲調

（一）平聲分陰、陽

如驚韻輕唇四母位以小字列“贇$_{\text{影}}$熏$_{\text{曉}}$純$_{\text{禪}}$云$_{\text{云}}$”，喉音四母位列“霙$_{\text{影}}$馨$_{\text{曉}}$刑$_{\text{匣}}$盈$_{\text{以}}$”，可見非母和影母所列均爲《廣韻》影母字，實代表零聲母陰平；微母和喻母所列爲《廣韻》微、云、以等聲母字，代表零聲母陽平。

（二）全濁上聲字仍讀上聲

書中全濁上聲字列上聲中，正文中“濁聲法”條，稱“動$_{\text{定}}$兆$_{\text{澄}}$罪$_{\text{從}}$皆上聲”。

（三）去聲分陰去、陽去

因爲濁聲母已經清化，則高韻去聲“耗”“號”等音的對立，實際是聲調陰去、陽去的不同。

（四）入聲獨立一調

此書入聲既配陰聲，又配陽聲，應該是沿用《四聲等子》舊例。我們認爲其入聲不帶塞音韻尾，祇是一個獨立的調類。38 韻中祇有結韻爲入聲韻目，但結韻所收不僅有"結齧蹩蔑節切"等山攝入聲字，也有"耶爹嗟些姐且"等麻韻三等字，作者更以"結"作爲平聲見母代表字，下注"本入聲字，借作平聲讀"，可見結韻不可能有塞音韻尾。由此，可推及其他入聲韻都不具有韻尾。部分入聲字還與去聲相混。饑韻入聲見母位列《廣韻》去聲未韻"暨"字，旁注"吉"，"吉"爲入聲質韻字，這一方面將去聲當成入聲，另一方面又給去聲字注一個入聲字的讀音，説明入聲不僅没有韻尾，還與去聲相混。

經歸納，此書聲調分六類：陰平、陽平、上聲、陰去、陽去、入聲。

訓詁諧音

《訓詁諧音》，星沙槐蔭主人編撰，星沙淡雲子校。二人生平事迹均無可考，但"星沙"即今長沙的别稱，故此書編校者爲長沙人。此書有光緒壬午年（1882）唸楳書室刻本、宣統元年（1909）寶慶詳隆書局刻本，1912 年上海鴻文書局、1915 年上海廣益書局、1915 年長沙謙善書局發行的石印本等，流傳頗廣。今據 1915 年長沙謙善書局發行的石印本影印。

此書前有作者自序、凡例，正文分平、上、去、入四卷，根據主元音和韻尾的區别，平、上、去各分十六韻，入聲七韻，配陰聲韻，即同懂洞、香享向、詩史示實、非匪會、西洗細息、諧海害、乎府附服、樓魯路六、丫雅亞押、耶也夜謁、林領令、凡反汎、端短段、全翦賤、招沼詔、多朵惰奪。正文先標韻目，下注所含音節數，再按同音字分組，不注反切或直音，而"選易識字標首"，首字高出一格，旁注所屬"詩韻"韻目。"詩韻"未收之字，右側標"●"，借載他韻或方言讀如本韻者標"△"，字下有簡單釋義，收字"通計九千有奇"。根據書中反映的語音特點，結合作者籍貫，我們認爲此書記録的是十九世紀中晚期的長沙話。

此書反映的語音特點及體系如下。

一、聲母

（一）全濁聲母清化

全濁塞音、塞擦音舒聲讀不送氣清音，入聲讀送氣、不送氣音約各占一半，讀送氣音的比例比今長沙話高，“粥愎勃曝鐸擲截倔掘竭”等字當時均讀送氣音，今長沙話讀不送氣音。

（二）知三章開口聲母獨立一類，知二莊開口與精組混并

知三章開口字聲母讀 tʂ 組，知二莊開口與精組讀 ts 組。如詩韻“資姿滋孳$_{\text{精}}$淄緇輜錙$_{\text{莊}}$”同音 tsɿ，“知$_{\text{知三}}$支之枝脂$_{\text{章}}$”同音 tʂʅ；“私思司撕絲嘶$_{\text{心}}$師獅$_{\text{生}}$”同音 sɿ，“詩施屍$_{\text{書}}$”同音 ʂʅ。

（三）知莊章合口與見組相混

知莊章合口與見組相混，讀 tɕ 組，如乎韻“蛛猪$_{\text{知三}}$朱諸$_{\text{章}}$居駒$_{\text{見}}$”同音 tɕy，“黜$_{\text{徹}}$處杵$_{\text{昌}}$區驅軀$_{\text{溪}}$”同音 tɕʻy。香韻“莊妝裝”讀 tɕyaŋ，“雙霜孀”讀 ɕyaŋ。這些宕江攝莊組字在《聲律易簡編》中列在恇韻（yaŋ），而不是光韻（uaŋ），故聲母也讀同見組細音。

（四）分尖、團音

《訓詁諧音》各韻尖、團音對立，如西韻“躋妻西”與“鷄欺奚”，多韻“嚼雀削”與“腳覺學”，招韻“焦蕭”與“交梟”等。尖、團對立各音節所轄字均不相混，如林韻“精”音收“精睛旌晶菁津腈”等字，全是《廣韻》精母字，“金”音收“金今禁襟京驚荆鯨斤筋經矜”等字，全是《廣韻》見母字，可見當時尖、團音涇渭分明。

（五）合口韻前 f、h 相混

如乎韻“扶符苻芙孚夫$_{\text{奉}}$胡湖糊瑚狐弧$_{\text{匣}}$”同音，非韻“非飛扉緋$_{\text{非}}$菲妃霏$_{\text{敷}}$揮灰輝恢徽詼$_{\text{曉}}$”同音，“肥淝$_{\text{奉}}$回徊茴洄$_{\text{匣}}$”同音。

（六）開口韻前 n、l 不分

如同韻“隆龍籠瓏$_{\text{來}}$農濃醲$_{\text{泥}}$”同音，害韻“賴癩籟瀨賚$_{\text{來}}$耐鼐奈柰$_{\text{泥}}$”同音。

經歸納，此書有 23 個聲母：p pʻ m f t tʻ l ts tsʻ s tʂ tʂʻ ʂ ʐ tɕ tɕʻ ȵ ɕ k kʻ ŋ x ø。

二、韻母

（一）臻梗曾深四攝混并

臻梗曾深四攝在《訓詁諧音》中合并爲一韻，平、上、去分别作林韻、領韻、令韻。林韻“真珍甄振$_{\text{真}}$貞偵征正$_{\text{清}}$蒸烝$_{\text{蒸}}$針箴砧斟$_{\text{侵}}$”同音，“筋斤$_{\text{欣}}$巾$_{\text{真}}$京驚鯨荆經涇$_{\text{青}}$兢矜$_{\text{蒸}}$今禁襟$_{\text{侵}}$”同音。四攝之混并，可見一斑。

（二）咸攝與山攝混并，但山攝合口一等獨立

《訓詁諧音》中山攝（桓韻除外）和咸攝一、二等字組成凡韻，如“彈檀壇$_{\text{寒}}$譚潭$_{\text{覃}}$曇覃談痰惔$_{\text{談}}$”同音；兩攝三、四等字爲全韻，“田填闐畋$_{\text{先}}$恬甜$_{\text{添}}$”同音；山攝合口桓韻獨立爲端韻。

（三）部分遇攝字、通攝入聲字混入流攝

《訓詁諧音》的韻目“樓魯路六”組成平上去入相配的四聲，就體現了這一點。樓韻“樓婁螻蔞僂$_{\text{侯}}$盧廬爐奴駑$_{\text{模}}$驢閭$_{\text{魚}}$”同音，“頭投$_{\text{侯}}$圖徒塗屠$_{\text{模}}$”同音，“鄒騶$_{\text{尤}}$陬侯租$_{\text{模}}$”同音。混入流攝的都是遇攝、通攝入聲的端系、精莊組字。

（四）假攝二、三等字分化

《廣韻》假攝在《訓詁諧音》中分爲兩韻，二等爲“丫雅亞”，主元音應爲 a；三等爲“耶也夜”，主元音爲 ə、e。《訓詁諧音》將其稱作“俗呼”，説明其爲晚近新產生的讀音。

（五）魚、虞韻精莊組和來母字，入聲術韻字，韻母多讀 i

《訓詁諧音》中，部分魚、虞韻和入聲術韻字混入西、洗、細、息四韻，如西韻“西犀$_{\text{齊}}$雖綏$_{\text{脂}}$胥$_{\text{魚}}$需須$_{\text{虞}}$”同音，細韻“細$_{\text{霽}}$序叙溆$_{\text{語}}$絮$_{\text{禦}}$”同音，息韻“息熄$_{\text{職}}$席昔惜$_{\text{昔}}$析錫$_{\text{錫}}$習襲$_{\text{緝}}$恤洫$_{\text{術}}$”同音。

經歸納，此書有 42 個韻母：

同韻：oŋ ioŋ　　香韻：aŋ iaŋ uaŋ yaŋ　　詩韻：ɿ ʅ

西韻：i　　非韻：ei uei yei

諧韻：	ai uai yai	乎韻：	u y	樓韻：	əu iəu
丫韻：	a ia ua ya	招韻：	au iau		
耶韻：	ə ie uə ye	林韻：	ən in uən yn	凡韻：	an uan yan
全韻：	ẽ iẽ ye	端韻：	õ	多韻：	o io

三、聲調

（一）平聲分爲陰平、陽平

如同韻既有“聾”音，也有“隆”音；既有“風”音，也有“逢”音。

（二）去聲祇有一類

《訓詁諧音》去聲不分陰、陽，如路韻“救究厩疚見咎臼舊舅群”同音，“鬥妒蠹端度渡鍍豆痘逗杜定”同音。《湘音檢字》是比《訓詁諧音》晚出約半個世紀的另一部長沙方言韻書，其《編輯例言》第十二條稱：“湘省語音[①]本具六聲，而讀音分五聲，即陰平、陽平、上、去、入。”可見《訓詁諧音》的聲調分類以長沙讀書音爲據。

（三）入聲獨立一調

《訓詁諧音》的入聲與陰聲韻相配，并無塞音尾，祇是表示獨立一調。早於此書的《聲律易簡編》入聲就已無塞音韻尾。

經歸納，此書分五調：陰平、陽平、上聲、去聲、入聲。

天籟新韻

《天籟新韻》，清末蕭承煊編撰，與蕭氏字學著作《字體存正》合刻。因自序署“黔南蕭承煊”，李新魁《漢語等韻學》稱此書某些語音特徵“可能是當時黔南方言的反映”。實際上，《天籟新韻條例》後署名“原籍湘衡蕭承煊”，《字體存正》則直接署“衡陽蕭承煊”。蕭氏還曾增訂明人

① 指長沙話口語音。《編輯例言》第二條：“所謂‘湘音’……以省會之長沙音爲其具體標準。”

顧回瀾所編《史學綱領》，署名“衡清蕭承煊鑑堂”，“衡清”之“清”應指當時清泉縣，即今之衡南縣。且《天籟新韻》所反映的語音特點，如全濁聲母清化方式，知三、照三組字有 i 介音，陽聲嚴重混并等，都與現在衡南及其周邊方言一致，而不與黔南通行的西南官話相符。故蕭氏應爲衡南人。今據湖南圖書館藏清光緒十二年（1886）刻本影印。

此書書名爲清末學者俞樾所題，書前有趙以炯、朱樹棠等人之《序》，編者《自序》，《條例》《韻法圖説》等内容。正文共分七圖，每一圖列四韻，共二十八韻。“關官公規乖戈孤瓜”爲宫音，“岡甘庚高該鈎歌迦”爲商音，“江京驕鳩嘉”爲角音，“堅結基貲”爲徵音，“涓君居”爲羽音。聲母列三十二位，作者意欲按“見溪群疑端透定泥幫滂並明精清從心邪照穿床審禪[①]曉匣影喻非敷奉微來日”的順序排列，實際上多有不合。聲調分平、上、去、入四聲，入聲兼配陰聲、陽聲韻。韻圖縱分四欄，每欄四行，列一韻之平、上、去、入四聲。

韻圖上不少字重出，不同韻之間的重出絶大多數是又讀，如“昌長商常”既列在岡韻，又列在江韻；“周肘晝”既列在姑韻，又列在鳩韻。這些知三章字有兩讀，一讀失去 i 介音，一讀保留 i 介音。同一韻重出的字多是凑字，不涉及字音區别。如岡韻上聲“影”“喻”二母位均列“枉”，“非”“敷”二母位均列“訪”。韻圖上“影”“喻”兩位實際上都是零聲母，“非”“敷”都是 f 聲母，因爲平聲、去聲有聲調陰、陽的對立，故“影”“喻”“非”“敷”列爲不同的音。但在上聲則“影”“喻”兩位在聲、韻、調三方面都没有區别，“非”“敷”也一樣。作者爲了使這些位置都有字，就讓“枉”“訪”重複出現。又如關韻去聲透母、定母位均列“歎”字，滂母、並母位置均列“盼”字，説明作者認爲全濁的定母、並母就是“歎”“盼”這樣的送氣清音，而不表示“歎”“盼”二字有送氣清音和濁音兩讀。

《漢語等韻學》認爲《天籟新韻》的語音系統與《韻法直圖》差不多，《明清等韻學通論》認爲《天籟新韻》是改并《韻法直圖》而成。《韻法直圖》分四十四韻，此圖衹分二十八韻，分韻區别很大。此書名爲《天籟新韻》，《條例》第三條稱“將無圈者横念……則天籟之韻自然出矣”，可見

① 知組聲母合并在照組中。

韻圖爲體現作者方音而作。

此書反映的一百多年前衡南方音特徵和體系如下。

一、聲母

（一）全濁聲母清化，全濁塞音、塞擦音不論平仄都讀送氣清音

韻圖上雖設有全濁聲母的位置，全濁聲母平聲位所列亦均爲《廣韻》全濁字，但全濁仄聲位上列的絶大多數是次清聲母字，如關韻上聲群、定、並、從四母位列“款”“菼”“昄”“鏟”四字，分别爲《廣韻》溪、透、滂、初母字；公韻去聲群、定、床三母位列“控”“痛”“銃”，爲《廣韻》溪、透、昌母字，可見作者將送氣聲母當成全濁音。平聲因爲濁聲母字與清聲母字有聲調對立，故清、濁不相混淆，濁聲母實際上也已清化。故此書中全濁塞音、塞擦音無論平仄都讀送氣清音，而不是《漢語等韻學》所言“全濁聲母已經消變，在平聲字中變爲送氣清音，在仄聲字中變爲不送氣清音”。衡南縣南部與常寧、耒陽兩贛語點相連，一些地方在全濁聲母的演變上表現出與贛語一致的特徵是可能的。全濁擦音則讀同部位或相應部位清擦音，如君韻去聲，心母字“宋”列在邪母的位置，而審母位置列的是船母字“順”。

（二）知三章獨立，知二莊與精組同音

韻圖中知三章開口字大部分有 i 介音，如驕韻平聲列“昭超潮燒韶”，去聲列“照鈔召少邵”等。章母字“準圳”排在君韻見母的位置，説明這些字的聲母讀 tɕ、tɕʻ、ɕ。據《湖南省志·方言志》之《湖南各方言點單字音對照表》，今衡南方言知三章組字正讀 tɕ 組聲母。韻圖中舌尖元音貲韻及丢失了 i 介音的知三章組字聲母應讀 tʂ 組。

知二莊字聲母讀同精組，如關韻精組聲母位，上聲列“斬$_{\text{莊}}$産$_{\text{生}}$鏟$_{\text{初}}$散$_{\text{心}}$”，去聲列“贊$_{\text{精}}$燦$_{\text{清}}$湛$_{\text{澄二}}$散$_{\text{心}}$”，入聲列“察$_{\text{初}}$雜$_{\text{從}}$煞$_{\text{生}}$”；瓜韻精組聲母平聲列“渣$_{\text{莊}}$叉$_{\text{初}}$查$_{\text{祟}}$沙$_{\text{生}}$”，上聲列“鮓$_{\text{莊}}$耍$_{\text{生}}$”；鉤韻“鄒愁”二字既列精組位，又列照組位。

（三）分尖、團音

各韻見、精兩組細音絶大多數分别而立，如堅韻見組平、上、去三

聲分别列“堅牽乾研”“檢遣歉獻”“見健欠彦”三組字，精組列“煎千前先”“剪淺踐銑”“箭蒨賤霰”；基韻見組平、上、去三聲列“基欺其傀”“已起技擬”“寄器契義”，精組列“沮妻齊西”“舉泚臍徙”“濟砌聚細”，見組、精組不相雜亂。但見母字“舉”列在基韻精母上聲位，説明見、精細音開始出現混淆。

（四）二等韻牙喉音大多未腭化

如甘韻見組平聲列“甘$_{\text{談}}$慳$_{\text{山}}$顔$_{\text{删}}$”，上聲列“感$_{\text{感}}$坎$_{\text{感}}$坎$_{\text{感}}$眼$_{\text{産}}$”，説明“慳$_{\text{溪}}$顔$_{\text{疑}}$眼$_{\text{疑}}$”等山攝見組二等字的聲母仍與“感$_{\text{見}}$坎$_{\text{溪}}$”等咸攝一等字一樣讀k組。但假攝二等字開始腭化，“嘉賈駕”列在嘉韻，聲母爲tɕ；“牙”在迦韻、嘉韻重出，聲母k、tɕ兩讀。

（五）泥、來母洪音相混

乖韻平聲泥、來母位均列“來”，戈韻平聲泥、來母位均列“羅”，岡韻上聲泥、來母位均列“朗”，迦韻平聲來母位列泥母字“拏”，可見泥、來母在洪音前混淆。

《天籟新韻》包含23個聲母：k　kʻ　ŋ　x　t　tʻ　l　p　pʻ　m　f　ts　tsʻ　s　tʂ　tʂʻ　ʂ　ʐ　tɕ　tɕʻ　ȵ　ɕ　ø。

二、韻母

（一）-ŋ、-n、-m三尾混淆

《天籟新韻》將《廣韻》臻梗曾深四攝字收在庚韻、京韻、君韻。京韻照組平聲列“征$_{\text{清}}$稱$_{\text{蒸}}$成$_{\text{清}}$升$_{\text{清}}$純$_{\text{諄}}$”，上聲列“整$_{\text{静}}$逞$_{\text{静}}$逞$_{\text{静}}$審$_{\text{寑}}$審$_{\text{寑}}$”，幫組上聲列“丙$_{\text{梗}}$頩$_{\text{迥}}$品$_{\text{寑}}$茗$_{\text{迥}}$”，精組去聲列“净$_{\text{勁}}$靖$_{\text{静}}$浸$_{\text{沁}}$性$_{\text{勁}}$信$_{\text{震}}$”，四攝混淆可見一斑。

通攝字韻圖上主要列在公韻，但也有一些字與臻梗曾深四攝混淆，如京韻去聲照組列“正$_{\text{勁}}$秤$_{\text{證}}$仲$_{\text{送}}$聖$_{\text{勁}}$盛$_{\text{勁}}$”；君韻上、去聲混有通攝“捧總”“送宋”等字，公韻平聲、上聲中也雜有臻攝“申辰”“審”等字。

宕江攝也開始與山咸攝相混，岡韻上聲喉音列“罕$_{\text{旱}}$盱$_{\text{蕩}}$枉$_{\text{養}}$枉$_{\text{養}}$”，去聲見組列“擱$_{\text{宕}}$抗$_{\text{宕}}$勘$_{\text{勘}}$岸$_{\text{翰}}$”，喉音列“漢$_{\text{翰}}$汗$_{\text{翰}}$望$_{\text{漾}}$旺$_{\text{漾}}$”。

（二）知三章組開口字韻母有 i 介音

"征稱成升純"列在京韻，"展諂邅閃善"列在堅韻，説明這些知三章組字保留 i 介音；"昌長商常"既列在岡韻，又列在江韻，韻母兩讀，一讀失去 i 介音，一讀保留 i 介音。

（三）部分止攝、蟹攝開口細音與遇攝三等精組字相混

止攝、蟹攝開口字"低皮迷妻帝細"，遇攝三等字"沮徐舉聚序"均在基韻、居韻重出。從現在衡陽地區及絶大多數湘語點這些字的讀音情況看，應是遇攝精組字混入止攝。

（四）遇攝知三章組字的讀音

遇攝知三章組字"朱樞除書殊"等列在居韻，而不是姑韻，可見其韻母爲 y。

（五）部分流攝字混入遇攝

流攝知三章"周抽儔收"等字既列在鳩韻，又列在姑韻。今衡陽話這些字韻母不與遇攝字相混。但與衡南南部接界的常寧的方音中，"周抽"等流攝字韻母爲 ɯ，[①] 與遇攝一等字韻母 u 非常接近。衡南話這些字的讀音或曾與常寧類似。

（六）假攝三等字韻母三讀

假攝三等"遮車奢射"等字既收入迦韻讀 a 韻母，又在嘉韻讀 ia，還收入結韻讀 ie。

（七）讀舌尖元音的字較多

《天籟新韻》中貲韻所收字包括止攝精組、知照組、喉音及來、日母，可見當時讀舌尖元音的字比較多。今衡南話讀舌尖元音的衹有止攝知二莊精及部分知三章組字，但與衡南西南部相鄰的祁東，其方言中"衣移已意"等中古止攝喉音字韻母讀 ʅ。

---

① 吴啓主：《常寧方言研究》，長沙：湖南教育出版社，1998，第 51 頁。

《天籟新韻》包含33個韻母，結合今衡南及周邊方言，擬音如下（分隔號後面是來自入聲的韻母）：

甘韻：an 堅韻：ien 關韻：uan 涓韻：yen/ye 官韻：uon

庚韻：en/e 京韻：in 君韻：yn

公韻：oŋ 岡韻：õ 江韻：iõ/io 基韻：i 貲韻：ɿ ʅ

迦韻：a 嘉韻：ia 瓜韻：ua

歌韻：o 戈韻：uo 孤韻：u 居韻：y 該韻：ai

乖韻：uai/ue 規韻：uei 高韻：au

驕韻：iau 鈎韻：əu 鳩韻：iəu 結韻：ie

三、聲調

韻圖列平、上、去、入四聲，實際平聲分陰、陽，故全濁塞音、塞擦音雖已清化，讀同送氣聲母，但各韻平聲全濁字與次清字仍迥然兩别，因爲前者爲陽平，後者爲陰平。全濁上聲字如“伴動丈仗倍罪”等仍列在上聲，未變去聲；“諷”與“鳳”、“望”與“旺”不同音，説明去聲實際分陰去、陽去；韻圖上雖然入聲兼配陰聲、陽聲韻，但結韻所收主要是假攝三等字，“結怯”兩入聲字分列平聲見、溪母之位，可見此書所謂入聲不可能有韻尾。現在衡南方言大部分中古入聲字自成一調，《天籟新韻》的入聲應該也衹是一個獨立的調類。

《天籟新韻》聲調分六類：陰平、陽平、上聲、陰去、陽去、入聲。

天籟字彙

《天籟字彙》，清末邵陽楊唐編撰，共四卷。作者自序稱“此書專爲識字而作。而其所謂‘天籟’者，探字之本，以握識字之源。與生俱來，無人不具”，可見其編寫目的是教人據方音識字。此書記録了一百多年前的邵陽方言。今據湖南圖書館藏清宣統三年（1911）刻本影印。

書前有作者《序》《字母七音》《尋字法》《七便》《指疵説》《字母定位十字圖》等内容。《字母定位十字圖》中分“姑機之居爵歌高交君根金觥圭岡薑光鈎鳩皆乖瓜家架專甘尖官國接格厥弓公”三十三韻，韻書正文缺架韻。正文每頁分兩欄，列兩韻。每韻先列平聲各音，再列上聲，後列去聲；音節按牙音、唇音、舌音、齒音的聲母順序排列；不注反切或直音；選易識字標首，首音高出一格。

雖然此書正文前的“字母七音”提到“新訂三十二字母”，即“興修雲移喉音，型瑶雍葉喉音，波班彼眉重脣音，髣鬅諷扶輕脣音，多達頂遼舌頭音，草笋村初茶齒音，昭哲酌斟霑反舌音，〇兒舌上音”（編著者按：小字爲作者自注），但這三十二字母并不代表此書聲母系統。如“波班彼”均爲《廣韻》幫母字，“波”收在《天籟字彙》歌韻之“玻”音，歌韻中與“玻”對立的雙唇音還有“頗”“婆”二音，“玻幫”“頗滂”“婆並”應讀po、p'o、bo；“班”收在甘韻之“斑”音，與“攀”“蹩”二音對立，“斑幫”“攀滂”“蹩並”分別讀pan、p'an、ban；“彼”在已韻，尚有“鄙”“陛”二音與之對立，“彼幫”“鄙幫”[①]“陛並”分別代表pi、p'i、bi，故“新訂三十二字母”之“波班彼”三字聲母相同，實際均爲p。此書的聲母系統仍需全面考察各韻内各音節的對立，及其與《廣韻》聲母的對應關係，并聯繫現代邵陽話聲母讀音才能歸納。

書中不少字的右側畫有一條直墨綫。作者稱“凡字之旁有一直墨者，皆本鄉之俗音字也”。如“精晶”“青親侵”“情晴秦”“星腥”四組精組細音字在金韻重出，列於“金”“卿”“琴”“欣”四音之下時，四組字之右側均畫有直墨綫；列於“精”“清”“情”“星”四音之下時，則不加直墨綫。説明在作者看來，“精青情星”等精組細音讀同見組細音，即聲母讀tɕ、tɕ'、ɕ爲俗音。又如群母“技”列在上聲已韻不加直墨綫，列去聲既韻則加，説明全濁上讀同去聲是俗音。定母字“狄荻”在去聲既韻兩讀，一讀與“帝蒂的滴”等端母字同音，加直墨綫爲俗音；另一讀與“第弟遞”等定母字同音，不加直墨綫。説明全濁入聲字讀同清音是俗音。故字之右側加直墨綫者，絶大多數表示近代音變産生的又讀，因與方言本來讀法不符，作者稱之爲“俗音”。

此書反映的一百多年前邵陽話的語音特徵及體系如下。

---

① “鄙”，《廣韻》爲幫母字。據《湖南漢語方音字彙》，長沙、寧鄉、邵陽、武岡、婁底等絶大多數湘語點均讀送氣音p'。

一、聲母

（一）全濁舒聲讀濁音，全濁入聲大部分清化

來自《廣韻》全清、次清、全濁的平、上、去三聲字，在《天籟字彙》各韻内形成整齊的對立，如平聲金韻有“丁”“廳”“庭”三音，上聲錦韻“頂”“町”“艇”對立，去聲鏡韻“訂”“聽”“定”三分。三組字聲母分屬《廣韻》端、透、定三母，在鮑厚星《湖南邵陽方言音系》所記老派邵陽話中，這些字的聲母分别爲 t、tʻ、d。平聲機韻有“機”“欺”“棋”三音，上聲己韻有“己”“起”“技”三音，去聲既韻有“既”“氣”“忌”三音。三組字聲母分屬《廣韻》見、溪、群三母，鮑文所記聲母爲 tɕ、tɕʻ、dʑ。可見《天籟字彙》舒聲保留濁聲母的讀音。

《天籟字彙》中全濁入聲大部分清化，小部分讀濁音或清、濁兩讀，塞音、塞擦音清化後既有讀不送氣音的，也有讀送氣音的。讀送氣音的比現代邵陽話多，如“笛”“逐”等，此書讀送氣音，鮑文讀不送氣音。

（二）知二莊精一類，知三章一類（支韻除外）

根韻“蓁臻争狰箏$_{\text{莊}}$曾尊遵$_{\text{精}}$”同音，“生牲笙$_{\text{生}}$僧孫$_{\text{心}}$”同音。諫韻“站$_{\text{知二}}$贊濺$_{\text{精}}$”同音，“棧$_{\text{崇}}$湛$_{\text{澄二}}$暫鏨$_{\text{從}}$”同音。

知三章開口字（支韻除外）大部分仍有 i 介音，如“真稱成身人”等音收在金韻，不與精組和見組字混，聲母應讀舌葉音 ʧ 等。但舌尖元音精知莊章四組聲母混淆，如指韻“子紫梓$_{\text{精}}$徵黹$_{\text{知}}$指止紙$_{\text{章}}$”同音，“死$_{\text{心}}$史使$_{\text{生}}$屎矢始$_{\text{書}}$”同音。知三章合口與見組混同，如居韻“居駒拘$_{\text{見}}$株蛛猪$_{\text{知}}$珠朱諸$_{\text{章}}$”同音。

（三）尖、團音處於合并途中

《天籟字彙》中大部分尖音字讀團音或尖、團兩讀，小部分僅讀尖音，如金韻“新心辛”等心母字與“欣忻歆興”等曉母字同音，且僅此一讀；“精晶津”等字則“金”音、“精”音兩收，作者將其團音讀法稱爲“俗音”。今邵陽話尖、團音已完全合流。

（四）見組二等大部分未腭化

甘韻“乾肝杆$_{\text{寒}}$甘柑$_{\text{談}}$間艱$_{\text{山}}$緘$_{\text{咸}}$”同音，“寒韓$_{\text{寒}}$含函$_{\text{覃}}$閑$_{\text{山}}$鹹$_{\text{咸}}$銜$_{\text{銜}}$”同

音。皆韻“皆階皆街佳該垓賅哈”同音，“偕諧骸皆鞋佳孩哈”同音。假攝二等基本已經腭化。

經考察、歸納，此書有33個聲母：k kʻ g ŋ x ɣ t tʻ d l p pʻ b m f v ts tsʻ dz s z tʃ tʃʻ dʒ ʃ ʒ tɕ tɕʻ dʑ ȵ ɕ ʑ ∅。

二、韻母

（一）三等字大多數有 i 介音

《天籟字彙》“章昌常傷嘗”等收在薑韻，韻母仍有 i 介音；“公”“弓”不同韻，説明“弓”等通攝三等見組字也保留 i 介音。止攝“知池兒”收入機韻，臻梗曾深四攝入聲“智織質執”收入既韻，説明這些知三章組字韻母仍讀 i。

（二）臻梗曾深四攝相混

《廣韻》臻梗曾深四攝在《天籟字彙》分屬根、金、觥、君四韻，根韻“尊魂遵諄臻蓁臻争筝耕曾罾繒登”同音，金韻“筋斤欣巾津真矜蒸精清經青京荆驚庚金今襟侵”同音。

（三）假攝三等字韻母兩讀

“斜遮車奢蛇”等假攝三等字收在家韻，與二等字韻母同讀 ia，而“姐且也寫者扯舍惹”收入姐韻，韻母爲 iɛ。

（四）只有舌尖前元音

《廣韻》止攝精知莊章四組字收在之韻，讀音混淆，如“姿資諮孜精淄莊支肢芝之脂章”同音，韻母均爲 ɿ。

此書含33個韻母，參考老派邵陽話，擬音如下：

姑韻：u　居韻：y　機韻：i　之韻：ɿ　歌韻：o　爵韻：io
架韻：a　家韻：ia
瓜韻：ua　皆韻：ai　乖韻：uai　高韻：au　交韻：iau　圭韻：ui
鈎韻：əu　鳩韻：iəu

格韻：ɛ　接韻：iɛ　國韻：uɛ　厥韻：yɛ　公韻：oŋ　弓韻：ioŋ
甘韻：an　尖韻：iɛ̃
官韻：uan　專韻：yɛ̃　根韻：ən　金韻：in　觥韻：uən　君韻：yn
岡韻：ã　薑韻：iã
光韻：uã

三、聲調

此書表面上衹列平、上、去三聲，實際上平、去均分陰、陽，部分濁上字歸去聲。入聲雖然全部歸入去聲，但此書《指疵説》稱“入聲之字與音，均少於平上去三聲……又況入聲之音，與平聲相近，人多誤用，惟置之去聲，以後平仄萬無一失”。這説明當時邵陽話口語中已有入聲調。跟現代邵陽話比較，此書聲調有兩大特徵。

（一）中古入聲全部有去聲讀音

清入、絶大部分次濁入和已清化的全濁入與清去字同音，未清化的全濁入聲字與濁去字同音。現代邵陽話中古入聲基本獨立一調，但約五分之一讀去聲。

（二）全濁上聲多數讀上聲

此書全濁上聲字超過一半仍讀上聲或有上聲讀音，現代邵陽話全濁上聲全部讀陽去。

經歸納，此書分六調：陰平、陽平、上聲、陰去、陽去、入聲。

湘音檢字

《湘音檢字》全名《國音標準湘音檢字》，長沙李旦冀編撰，是一部記録二十世紀初長沙方言的韻書。現據長沙錦文印務館1937年印行本影印。

此書内容分爲三部分：第一部分包括《序》《本書指南》《編輯例言》《檢音表》等；第二部分是韻書正文，共221頁；第三部分包括《湘音補遺》《注音符號表》《湘音國音差異之統系》《國音索引》四項内容。全書用注音符號注音。

《湘音檢字》在編排上可謂煞費苦心，《編輯例言》第四條："本書編彙，以韻爲綱，韻下轄本韻之各音。音下分五聲。一聲之下，先之以與國音相同之字，次之以國音異讀之字，此二者用大型字，并加注釋；再次爲'或音''俗音'及'國音讀此而湘音別讀'之字，皆用次型字，不加注釋，旁注'通讀湘音'，每類以二三字示例，依所注之音另檢之，可得其詳也。"作者所謂"或音"主要指長沙話中符合《廣韻》等韻書音類劃分而存古的讀音，加"▲"號表示。"俗音"主要指受國音或其他語音影響産生的音，用"▼"表示。"通讀湘音"即長沙讀書音。書中還有"〰""●"等表示各種不同含義的符號。由於作者的巧妙構思、設計，此書在同一書寫平面上，叠置了三套完整的語音系統：二十世紀初的國音、長沙讀書音、長沙口語音。

一、二十世紀初的國音

《編輯例言》第八條指出，國音以《國音常用字彙》爲標準，但《國音常用字彙》没有入聲，而《湘音檢字》的國音有入聲。作者可能出於以下考慮給國音立入聲：首先，國音立入聲，與長沙話讀書音調類一致，方便編排；其次，明清以來的官話有入聲，1918 年頒行的"老國音"也有入聲，也許作者心中認準的"國音"有入聲。

二、二十世紀初的長沙讀書音

《湘音檢字》明確提出了"讀音""語音"的概念，全書按長沙話讀書音十九韻編排。"或音""俗音""國音讀該音而湘音異讀字""國音通讀湘音俗音字""國音通讀湘音或讀字"都會旁注"通讀音"，即讀書音。下面是長沙話讀書音系統，注音符號改爲國際音標。

（一）聲母共 23 個

p pʻ m f t tʻ l ts tsʻ s tʂ tʂʻ ʂ ʐ tɕ tɕʻ ȵ ɕ k kʻ ŋ x ø。

（二）韻母共 42 個

衣韻：i　烏韻：u　余韻：y　資韻：ɿ

知韻：ʅ　大韻：a ia ua ya

多韻：o io　德韻：ə uə　跌韻：ie ye　代韻：ai uai yai
道韻：au iau　堆韻：ei uei yei
兜韻：əu iəu　單韻：an uan yan　田韻：ẽ iẽ yẽ　端韻：õ
東韻：oŋ ioŋ　當韻：aŋ iaŋ uaŋ yaŋ
敦韻：ən in uən yn

（三）聲調分五聲

陰平、陽平、上聲、陰去、入聲。

《湘音檢字》的讀書音聲、韻、調體系與《訓詁諧音》完全一致。

三、二十世紀初的長沙口語音

（一）聲母共 20 個

p pʻ m f t tʻ l ts tsʻ s z tɕ tɕʻ ȵ ɕ k kʻ ŋ x ø。

（二）韻母共 37 個

衣韻：i　烏韻：u　余韻：y
資韻、知韻：ʅ　大韻：a ia ua ya
多韻：o io　德韻：ə uə
跌韻：ie ye　代韻：ai uai yai
道韻：au iau　堆韻：ei uei yei　兜韻：əu iəu
單韻、當韻：an uan yan ian　田韻：ẽ iẽ yẽ　端韻：õ
東韻、敦韻：ən in uən yn n̩

（三）聲調分六聲

陰平、陽平、上聲、陰去、陽去、入聲。

四、二十世紀初長沙讀書音與口語音的區別

（一）聲母的區別

1. 讀書音分 ts、tsʻ、s 和 tʂ、tʂʻ、ʂ，口語音 tʂ、tʂʻ、ʂ 并入 ts、tsʻ、s

《湘音檢字》十九韻中既有知韻，又有資韻；其他各韻精知二莊組字與

知三章組字對立，如兜韻“周抽收”三音與“鄒初搜”對立，敦韻“珍稱身”與“争村森”不同，這是按讀書音的聲母情况分音的。口語音 tʂ、ts 兩組合并，如資韻“孜”音後列“之知支”，標符號“▼”和“﹏”，表示“之知”等讀 tʂʅ 音的全部字都俗讀（即口語音）tsɿ。“私”音後列“屍詩”等字，讀 ʂʅ 音的字全部俗讀 sɿ。可見口語音中 tʂ、ts 兩組已經混并。

2. 日母讀音有區别

口語音有部分日母字如“弱篛惹熱譊鐃燃人忍”等聲母讀 ȵ，讀書音讀 ʐ。

3. 見系開口二等字腭化情况不一樣

見系開口二等字口語音基本讀舌根音，没有腭化；讀書音假攝及山攝入聲已腭化，其他各攝也開始腭化。如大韻“家、卡、牙、蝦”四字，讀書音讀 tɕia、tɕʻia、ia、ɕia，俗讀爲 ka、kʻa、ŋa、xa。

4. 知二莊組合口字讀音不同

“要刷甩賺閂窗涮瘡霜雙撞”等知二莊組合口字，讀書音讀 tɕ 組聲母，口語音多讀 ts 組。

（二）韻母的區别

1. 宕、江攝字讀書音獨立爲當韻，口語音混入單韻

十九韻之當韻來自《廣韻》宕、江攝，單韻來自山攝（桓韻除外）和咸攝一、二等字，田韻來自山、咸攝三、四等字，端韻全部來自山攝桓韻。宕、江攝與山、咸攝互不相混，故讀書音既有韻母 an、uan、yan，也有 aŋ、iaŋ、uaŋ、yaŋ。但《湘音檢字》正文後之《湘音國音差異之統系》稱長沙話“唐、譚不分”，“楊、言不分”，此爲“特殊之俗音”，可知來自宕、江攝的字在口語音并入單韻，韻母爲 an、ian、uan、yan，今長沙話正是如此。

2. 梗攝字讀音不同

梗攝舒聲在十九韻中收入敦韻，讀書音讀 en、in 等韻母；《湘音補遺》記載“平明釘聽零頸輕精青”等梗攝字俗讀韻母爲 ian；梗攝入聲字“隻”讀書音韻母爲 ʅ，口語讀 a；“錫壁劈”等字讀書音韻母爲 i，口語音讀 ia。

3. 通攝字讀書音獨立爲東韻，口語音并入臻攝

通攝字在十九韻中立爲東韻，讀書音韻母爲 oŋ、ioŋ。口語音通攝字并

入敦韻，讀 ən、in，如敦韻去聲“振”音後，以“俗讀”收“重仲”等全部同音字，“滲”音後收“送宋”等全部同音字。

4. 麻韻三等字讀書音、口語音不同

假攝“姐借些邪寫卸”等字收在跌韻，即讀書音韻母讀 ie。這些字在大韻重收，標“或讀”（符號“▲”），即口語音韻母讀 ia。

5. 止、蟹攝合口字讀音不同

“歸虧鬼爲”等字讀書音韻母爲 uei，而口語音爲 ui。“吹誰水追”和“槌錘垂”等字，讀書音韻母均爲 yei，但“吹誰水追”口語音韻母爲 ye，“槌錘垂”口語音韻母爲 y。

6. 讀書音、口語音的 ei 韻母轄字不一樣

讀書音 ei 韻母的字如“培賠裴貝倍輩枚煤玫”主要來自蟹攝一等，這些字口語音韻母讀 i。口語音讀 ei 韻母的字主要是止攝三等唇音字，如“閉臂避弊蔽痹迷謎糜彌”等。

7. 舌尖元音不一樣

讀書音有舌尖後元音 ʅ。口語音中舌尖後元音與舌尖前元音合并，讀 ɿ。

8. 知二莊組合口字讀書音讀撮口韻，口語音大部分讀開口韻

（三）聲調的差別

讀書音聲調分五聲，去聲不分陰、陽；口語音聲調分六聲，去聲分陰去、陽去。《編輯例言》第十二條稱“湘省語音本具六聲，而讀音分五聲，即陰平、陽平、上、去、入”。

第三輯 《近代漢語客贛方言文獻集成》提要

辨字摘要*

該書是江西臨江（今樟樹市臨江鎮）人饒應召於乾隆二十二年（一七五七）編寫的一部方言字書，分平上去入四卷，以同音字組的形式列字，所列字都有簡單的釋義。卷首有四聲“目次圖形”，相當於音節檢字表。該書可以看作一部較早的音節檢字表的字書。“凡例”指出：“此書與《字彙》相表裏，凡字有形而不能識認者，則用《字彙》考之。用字而不知其形與義者，則舉此書閱之。”

根據我們對其語音系統的研究，該書語音是以臨江方言爲基礎的，比較完整、系統地反映了兩個多世紀以前的江西贛方言，在方言、語音史方面都具有較高的研究價值。該書流傳較廣，版本較多，我們以最接近原貌的南京圖書館所藏咸豐十年刻本《太乙樓辨字摘要》爲底本，對其進行了校録，並附民國二年富華圖書館印行的《增註辨字摘要》四卷影印本[①]。

類字蒙求

《類字蒙求》是光緒元年由南州（今南昌）人燕果安刊刻的一部童蒙識字刻本，前言指出：“此先師齊掌蘅、何蕡階兩夫子苦度金鍼，藏之祕篋，幾六十年。”則其成書年代當在一八一五年前後，距今近兩百年。此書共分上、下兩册，二十六類目，列出相關詞語，並在疑難字詞右上角以直音、紐四聲法的方式注音。注音依據的是十九世紀初的南昌方言，爲研究贛方言的代表南昌話兩百年前的語音面貌提供了豐富的材料。該版本爲本人所收藏。

* 本提要爲《太乙樓辨字摘要》《增註辨字摘要》所共用。

① 該影印本蒙安徽大學王曦教授提供。

重訂類字蒙求

《重訂類字蒙求》是燕果安學生師竹齋主人在《類字蒙求》基礎上的改編本，除調整了類目之外，也增加了注音。其注音依據同樣是十九世紀初的南昌方言，與《類字蒙求》注音可以互相印證。此次據南昌廣文書店木刻本影印。

翻切指掌空谷傳聲

《翻切指掌空谷傳聲》，稿本，著者不詳。據卷尾南豐劉孚周（字三安）跋文，稱作者爲“九叔”，則著者當爲江西南豐劉孚周族人。劉孚周爲光緒十七年（一八九一）舉人，據跋文知此書成於一九〇一年之前。劉孚周曾於光緒癸卯年（一九〇三）刊刻了清代著名循吏、數學家南豐劉衡（一七七六—一八四一）的《六九軒算書》。劉衡很可能是劉孚周同族先人，而《翻切指掌空谷傳聲》作者很可能是劉衡之孫，清末著名文學家、語言學家劉庠（一八二四—一九〇一）。

《翻切指掌空谷傳聲》是一部以反映官話語音爲宗旨的韻圖。劉孚周以旁注的形式比較了韻圖“官話”音與南豐“土語”的異同，並增列了部分切字。這些旁注内容、增列的切字以及原本韻圖透露了百年前江西南豐方言的語音特徵，提供了清晰勾勒清末南豐方言聲母、韻母、聲調三方面語音特徵的文獻資料。

空谷傳聲

《空谷傳聲》題“錦里遺人墨農”著，該書是一部仿照《韻法直圖》而編撰的韻圖，按五音分類。韻圖反映了非常鮮明的贛方言特點，本書據江西省圖書館所藏稿本進行校録。

國音四種（節録）

《國音四種》是一部稿本，作者爲江西高安人涂鏊。“國音四種”實際上是指書中的四大綱，即:（一）國音和舊音韻及羅馬字的比較，（二）發音學補義，（三）拼音群説，（四）改正土音法。從内容上看，該書主要是爲推廣國語服務的，具有講義的性質，其寫作時間當在一九一八年後。

《國音四種》前三篇主要是對注音字母音值的説明、發音方法的解説、國音拼法與舊反切的比較等，衹能算一般的語音知識介紹。對我們來説，最有價值的是第四篇“改正土音法”。他的主要方法是“用注音字母作媒介，尋找他們相差的條理”。也就是通過土音與國音的對比，從中發現二者的對應規律，因此是一篇非常有價值的方言研究的學術論著。在比較過程中，作者不但完整地歸納了高安土話的聲韻調系統，而且在“國音和土音的差異”部分從“聲母的變動”“韻母的變動”“聲母韻母的共同變動”“平仄的變動”四方面總結了高安方言與國音之間的差異，共計五十一條條例，也就是方言與標準語之間的五十一條對應規律。這是涂銼對當時高安話深入研究的結果，也是對八十年前高安話的真實記録。雖然涂氏没有對高安話的語音系統進行詳細的描寫，不過他在把土音與國音進行對比的過程中，舉了不少的例證，其中就反映出了一個完整的音系。這對探討近百年前高安方言的語音狀況，近百年來高安方言的語音演變具有重要價值。涂銼對江西高安方言的研究，比羅常培對臨川方言的研究要早十多年，可以説，涂銼是真正意義上最早對江西境内贛方言進行研究的學者。

這次整理我們根據江西省圖書館所藏稿本，衹對前三篇的内容做大致介紹，重點將第四篇“改正土音法”進行整理校録，爲學術界瞭解近百年前的高安方言、瞭解江西本土學者對江西贛方言的研究狀況、瞭解江西贛方言研究學術史提供一份珍貴材料。

贛南方音考

《贛南方音考》與《贛方言考》均爲南康人鄔榮治所著，鄔榮治（一八八一——一九四九），字心普，清末秀才，民國初年畢業於北京警官學校，歷任南康農業學校校長、省立贛縣中學校長。參加了第一批北京國語培訓班。該書爲江西省立第二師範學校叢刊之一，仿章太炎《新方言》之例，分類訓釋了南康方言的方言詞彙，並以方音與國音對比的方式，研究了南康方言的特點。

贛方言考

《贛方言考》是一部稿本，分“贛方言字考”“贛方言新考”“古音新考”三部分。“贛方言字考”分十二類，對贛南方言（實指南康方言）的方言詞從音義兩方面進行考釋。“贛方言新考”實際就是《贛南方音考》的擴充版，以注音字母爲工具，對南康方言與國語進行了比較。“古音新考”是以方音證古音，提出了“古無曉匣紐”的觀點。

該書是將傳統方言考釋法、反切法和注音字母注音法相結合，對贛南方言詞彙音義進行研究的力作。内容非常豐富，論述非常細緻，是目前所見第一部研究贛南方言的著作，對研究二十世紀初的贛南方言詞彙、語音具有非常重要的價值。

南康古語考

《南康古語考》，南康人謝震孚著，刊刻於民國二十二年。謝震孚曾任教于北平中法大學文學院。自敘指出：“南康位於江西南部，邊遠之區也。以崇山峻嶺梗阻，交通不便，居民質樸，習俗猶存古風。語言多保持其固有，往往間存古語。故窮鄉宿老，囿於鄉音，而語不失方，轉與古語合。或音稍異，亦近于古，或爲一聲之轉，或爲一韻之轉。究其通轉之則，以求其實證，探討根源，使之返本復始，由是可察古今聲韻變化，得其會通也。觸類而引申，知今言可通古語，而古語亦可證今言。古語因今言而通，今言因古語而明矣。此古語之所以探求者焉。”因此“搜討吾邑語言中之存古語者，稍加詮次，名曰‘南康古語考’”。

這同樣是一部以方言證古音，或研究方言存古現象的方言詞彙考釋的專著。一共考釋了一百三十五個方言詞，從詞義、語音方面進行了考釋，語音以傳統反切爲主。是研究客家方言詞彙的又一部重要文獻。

第四輯 《近代漢語客家方言域外文獻集成》提要

客家俗話馬太傳福音書

最早的羅馬字拼音本的客家方言《聖經》譯本，正文28章。扉頁用德文標明由巴色會傳教士黎力基（R.Lechler）1860年出版於德國柏林，有德文書名 *Das Evangelium des Matthaeus im Volksdialekte der Hakka-Chinesen* 和對應的客家方言羅馬字拼音譯名“Mɑ^{1} thɑi^{4} tšhon^{2} fuk^{6} yim^{1} šu^{1}，Hɑk^{6} kɑ^{1} syuk^{5} wɑ^{4}”。根據拼音譯名可知其中文書名應爲《客家俗話馬太傳福音書》。正文前有1頁用德文撰寫的前言，指出此書乃是采用萊普修斯（K.Lepsius）教授的拼音方案來拼寫香港客家方言，并對一些拼寫規則做了説明，例如用 š 來拼寫類似英語 sh、德語 sch 之類的輔音，用 ṅ 來拼寫類似德語 ng 之類的輔音；有上平、下平、上、去、上入和下入6個調（即現在通常所説的陰平、陽平、上聲、去聲、陽入和陰入6個調），聲調符號都標在羅馬字拼音的右邊，平聲、入聲在右下方，上聲、去聲在右上方，6個調分别標“ˏ”“∠”“/”“\”“ˎ”“>”（本書提要全部改用音標右上角的數字1—6表示）。全書没有出現任何一個漢字，正文全用羅馬字拼音寫就，斜體横排，還没有采用加“-”的詞語連寫規則，如第1頁第一章的第一句和第二句：

Aˏ pak˪ laˏ hon', thai` phit˪ kai` tẓ' sunˏ, ya˪ sẓˏ kiˏ tuk˪ kai` tshukˎ phu'. Aˏ pak˪ laˏ hon' saṅˏ tau' yiˏ sat˪.

這兩句話轉寫爲漢字應該是：“亞伯拉罕，大辟嘅子孫，耶穌基督嘅族譜。亞伯拉罕生倒以撒。”

黎力基（Rudolph Lechler，1824—1908），1824年7月26日出生於德國威登堡（Wurttenburg）漢登斯根村（Hundersingen），1838年開始做商人學

徒，18 歲受到感召立志傳道，1844 年成爲巴色會的傳道學徒，是總部位於瑞士的巴色會首批來華的兩個傳教士之一。受到巴色會的派遣，黎力基和韓山明（Theodore Hamberg，1839—1854）於 1847 年 3 月 19 日抵達香港。黎力基被巴色會指定專向潮汕人傳教。到了 1852 年 2 月，黎力基牧師被潮州府尹驅逐出境，衹好返回香港，轉而向客家人傳教，與韓山明將教務拓展到新安縣的李朗、布吉和沙頭角一帶（今屬深圳）。1854 年韓山明去世後，黎力基接替巴色會的領導工作，進一步開展專門面向客家人的傳教事業。1858 年黎力基返德，1860 年於柏林出版了羅馬字拼音本的《客家俗話馬太傳福音書》。1861 年黎力基第二次來華，抵達香港後便開始籌劃興建巴色會會所，并着手組織傳教士到粵東等客家地區傳教。1863 年 9 月，黎力基到達長樂縣樟村（今屬五華縣長布鎮），并住了一段時間，回港後即寫信請求巴色會委派傳教士駐扎樟村。1865 年黎力基在香港出版了第二部羅馬字拼音本《客家俗話路加傳福音書》。1874 年黎力基被選爲巴色會首領，與同工們一共建立了 51 所傳教站、56 間學校。黎力基還著有手稿《客英詞典》（*Wörterbuch Hakka-English*）和《客德詞典》（*Wörterbuch Hakka-Deuthch*），以及《養心神詩》（*Hymn Book*，1851）、《中國論集》（*Acht Vorträge über China*，1861）。黎力基在香港和廣東工作了 52 年，至 1899 年退休返回德國，1908 年 3 月 29 日去世。

《客家俗話馬太傳福音書》是目前所見最早出版的羅馬字拼音本的客家方言《聖經》譯本，也是最早出版的一部客家方言文獻。19 世紀中葉巴色會傳教士在香港編譯客家方言《聖經》譯本及其他客家方言文獻的過程中，新安（今香港新界及廣東省深圳市一帶）客家人戴文光（1823—1889）發揮了重要的作用。作爲巴色會的助手，戴文光擔任了首批來華傳教士韓山明和黎力基的語言教師。根據有關記載，戴文光掌握萊普修斯的拼音方案，也是《客家俗話馬太傳福音書》的重要翻譯者。根據有關研究，該書羅馬字拼音準確地記録了 19 世紀中葉廣州府新安縣一帶客家方言的語音系統。

客家俗話路加傳福音書

羅馬字本的客家方言《聖經》譯本，没有前言，正文 24 章。扉頁用德文標明此書由巴色會傳教士 1865 年出版於香港，由大英聖書公會（British and Foreign Bible Society）支付費用。大英聖書公會是 1804 年成立於英國倫敦的一個專門從事《聖經》和其他基督教書籍翻譯、出版、銷售的機構。根據柯理斯（Christine Lamarre）的考察，這個《聖經》譯本由黎力基（R. Lechler，1824—1908）翻譯。

與 *Das Evangelium des Matthaeus im Volksdialekte der Hakka-Chinesen* 一樣，全書没有任何一個漢字，扉頁上衹有德文書名 *Das Evangelium des Lucas im Volksdialekte der Hakka-Chinesen* 和對應的客家方言羅馬字拼音譯名 “Lu^{4} kɑ^{1} tšhon^{2} fuk^{6} yim^{1} šu^{1}，Hɑk^{6} kɑ^{1} syuk^{5} wɑ^{4}”。根據拼音譯名可知其中文書名應爲《客家俗話路加傳福音書》。這是目前所知的第二種羅馬字拼音本的客家方言《聖經》譯本，全用羅馬字拼音寫就，斜體橫排，也還没有采用加 “-” 的詞語連寫規則。該書羅馬字拼音也準確地記録了 19 世紀中葉廣州府新安縣一帶客家方言的語音系統。

客家俗話新約聖經全書

羅馬字拼音本的客家方言《新約全書》系列譯本，包括《馬太傳福音書》《路加傳福音書》《馬可傳福音書》《使徒行傳》《約翰福音書》等。《馬太傳福音書》《路加傳福音書》合訂本出版於 1866 年，《馬可傳福音書》《使徒行傳》合訂本出版於 1874 年，《約翰福音書》出版於 1879 年，記録的語音系統與《客家俗話馬太傳福音書》（1860）和《客家俗話路加傳福音書》（1865）相同。三個譯本都不再出現德文書名，而統一改用英文書名 *The New Testament in the Colloquial of the Hakka Dialect*，相應的客家方言羅馬字拼音譯名則是 “SIN^{1} YOK^{6} ŠIN^{4} KIN^{1} TSHEN^{2} ŠU^{1}，HAK^{6} KA^{1} SYUK^{5} WA^{4}”。根據拼音譯名可知其中文書名應爲《客家俗話新約聖經全書》。1866 年合訂本的扉頁上還用英文標明：由巴色會一些傳教士編著。巴塞爾，1866，爲大英聖書公會而印。印刷者 C. Schultze。1874 年合訂本的扉頁除了年份换成 “1874”，其他的基本一樣（1866 年的英文標題中 “COLLOQIAL” 缺了一個字母 “U”）。1879 年譯本也是一個合訂本，目前衹能見到其中的《約翰福音書》，印刷者是 “Schultze（L. Reinhardt）”。

1866 年、1874 年和 1879 年三個譯本都没有出現任何一個漢字，羅馬字拼音改用正體，專有名詞的第一個字母大寫，而且采用加 “-” 的詞語連寫規則。如 1866 年的 MA[1] - THAI[4] TŠHON[2] FUK[6] - YIM[1] ŠU[1]（《馬太傳福音書》）第 27 章第 58 句：

Tshinˏ-šinˏ nyipˎ hiˋ ṅaˏ-munˏ liˏ kenˋ Piˊ-laˏ-toˏ, pinˊ-khyuˏ, tšunˊ kiˏ šuˏ-lyamˏ Yaˏ-sz̥ˏ šiˏ-šuˊ maiˏ-tsoṅˋ.

這句話轉寫爲漢字應該是："親身入去衙門裏見彼拉多，稟求，准佢收斂耶穌尸首埋葬。"

1866 年合訂本包括 MA[1]-THAI[4] TŠHON[2] FUK[6]-YIM[1] ŠU[1]（*The Gospel of Matthew*）、LU[4]-KA[1] TŠHON[2] FUK[6]-YIM[1] ŠU[1]（*The Gospel of Luke*），分别有 28 章、24 章。根據大英聖書公會的第 61 次報告（1865 年）以及 1867 年度的報告，1866 年的羅馬字本的客家方言《聖經》譯本由黎力基（R. Lechler，1824—1908）翻譯，所記録的這種方言在香港及其周邊島嶼的大量人群中使用。

1874 年合訂本包括 MA[1]-KHO[3] TSHON[2] FUK[6] YIM[1] ŠU[1]（*The Gospel of Mark*）、SZ[3]-THU[2] HAŃ[2] TŠHON[2]（*The Acts*），分别有 16 章、28 章。根據大英聖書公會 1873 年度的報告，巴色會向該會申請承擔 1000 份《馬可傳福音書》和《使徒行傳》客家譯本的印刷費用，與以前印刷的部分書籍一樣，采用萊普修斯教授的羅馬字拼音。該報告還指出，巴色會等教會的傳教士在其學校裏教授羅馬字母，并且試圖使《聖經》教義影響到他們父母及其他人。另外，這些傳教士積極主張用方言翻譯。因爲他們相信，僅僅通過傳授教士版《聖經》，很難使文盲接受《聖經》。現在準備印刷的客家書籍力圖遵循通常規則，借以安排翻譯者，并要求該傳教士熟悉這種方言。

1879 年合訂本包括 Yok[6]-hon[4] fuk[6]-yim[1]-šu[1]（*The Gospel of John*），及《羅馬書和哥林多前書》（*The Epistles of 5 St. Paul to the Romans and Corinthians*）。本書衹收入目前所能見到的《約翰福音書》（Yok[6]-hon[4] fuk[6]-yim[1]-šu[1]），21 章。根據大英聖書公會 1880 年度的報告，1879 年的合訂本一共印刷了 1000 册，其中《約翰福音書》由畢安（Charles Piton，1835—1905）翻譯，《羅馬書》由邊得志（Heinrich Bender）翻譯，《哥林多前書》由江亞雲（Kong Ayun，1845—1928）翻譯。該報告還指出，不同的譯本由資深傳教士、香港的黎力基仔細修改，并轉交巴色會出版。

畢安 1835 年 11 月 9 日生於法國東北部的斯特拉斯堡，1859 年至 1862

年在巴色會的神學院學習，1862 年被按立爲牧師。1862—1863 年在非洲黄金海岸（今加納）傳教。畢安 1864 年來華，次年駐扎長樂縣（今廣東省五華縣）大田鄉樟村布道，此後主要活動地區多在今五華縣。1869 年他和夫人前往長埔鄉源坑里（今屬五華縣長布鎮）管理一所男校。1874 年到新安縣李朗（今屬深圳市龍崗區），開始《聖經》的翻譯。在華 20 年之後，1884 年回歐洲，1905 年 8 月 29 日在德國符騰堡去世。畢安還著有《客家源流與歷史》（*On the Origin and History of the Hakkas*，1874）、《中國：宗教、風俗、差會》（*La Chine sa Religion, ses Moeurs, ses Missions*，1902）等。

自從 1866 年以來，*The New Testament in the Colloquial of the Hakka Dialect* 的客家方言《新約全書》譯本分批出版，直到 1883 年《帖撒羅尼迦前後書》《提摩太前後書》《提多書》等合集出版之後始告完成。《基督教傳行中國紀年（1807—1949）》指出，1883 年“巴色會駐粵教士黎力基和畢安所譯羅文客語《新約全書》完成”。實際上，一直持續到 19 世紀末，還在出版羅馬字拼音本的客家方言《新約全書》修訂本。本書還收録了 1893 年羅馬字拼音本的《使徒行傳》（*The Acts of the Apostles*）。該譯本扉頁上顯示的印刷日期爲 1892 年，但手工更正爲 1893 年。扉頁上除了用英文標識 *The New Testament in the Colloquial of the Hakka Dialect* 系列客家書的常規信息，還指明這是第二修訂版，印刷者是 L. Reinhardt。1893 年版的羅馬字拼音本《使徒行傳》共 28 章，100 頁。與 1874 年的羅馬字拼音本相比，内容上有不少改動（羅馬字拼寫法也略有不同，不采用加“-”的詞語連寫規則，如“使徒行傳”拼爲“S^3 thu^2 haṅ^2 tšhon^4”），但與 1883 年的漢字本《使徒行傳》基本吻合。1893 年羅馬字拼音本和 1883 年漢字本的《使徒行傳》，從有的用詞來看不屬於純粹的廣州府新安縣一帶的客家方言，如近指代詞不是“嗻 nya^3”，而是“哱 le^3”，這個特點與粵東五華的客家方言一致。

路加福音傳

最早的漢字本客家方言《新約全書》譯本。該譯本出版於 1881 年，24 章，正文雕版印刷，折頁 73 頁（單頁 146 頁），繁體竪排。扉頁右邊竪行標明出版年份“光緒七年新鎸”“主後一千八百八十一年”，居中是竪行大字號的書名“路加福音傳”，左邊竪行標明“按希利尼原文翻譯”“客話”。根據有關記載，該譯本是巴色會傳教士畢安（Charles Piton，1835—1905）所編譯。畢安1864年來華，次年駐扎長樂縣（今廣東省五華縣）樟村佈道，早期的主要活動範圍多在今五華縣。爲此，由畢安編譯的《路加福音傳》體現了五華客家方言的一些特點，與新安縣一帶的客家方言明顯不同，如近指代詞不是“嗟”而是“哱”。該譯本的用字前後一致，可讀性强，特別是那些高頻出現的封閉類詞也都有相應的寫法，如：涯（我）、禺（你）、佢（他/她/它）、啀（我的）、嗟（你的）、喙（他的）、哱（這）、啵（那）、哚儕（誰）、乜嘅（什麼）、啾（這麼）、奔（動詞、介詞“給”）、摘（介詞、連詞“和”等）、唔（不）、冇（没有）、嘅（的）、竟（持續體標記“著”）。全書没有出現羅馬字拼音，體現了較高的用字水準。

新約聖書

——帖撒羅尼迦（前後）、提摩太（前後）、提多、腓利門、希伯來

漢字本的客家方言《新約全書》譯本《帖撒羅尼迦前書》《帖撒羅尼迦後書》《提摩太前書》《提摩太後書》《提多書》《腓利門書》和《希伯來書》的合刊出版於1882年，都是《新約》中的使徒書信。扉頁右邊竪行標明出版年份“主後一千八百八十二年”“光緒八年新鎸”，居中是竪行大字號書名“新約聖書”四字，左邊竪行標明“帖撒羅尼迦（前後）”“提摩太（前後）”“提多”“腓利門”“希伯來”以及“客話”字樣。全書正文雕版印刷，繁體竪排。其中：《帖撒羅尼迦前書》《帖撒羅尼迦後書》共8章（前書5章，後書3章），折頁11頁（22單頁）；《提摩太前書》《提摩太後書》共10章（前書6章，後書4章），折頁15頁（30單頁）；《提多書》3章，折頁4頁（7單頁）；《腓利門書》不分章，折頁2頁（4單頁）；《希伯來書》13章，折頁24頁（47單頁）。版式、方言用字等都與《路加福音傳》（1881年）非常接近，最明顯的不同是遠指代詞“啵”（那）改爲“該ʾ”（右上角加半圈是勾硃法，表示轉讀去聲）。根據有關記載，這個譯

本也是畢安編譯的，因此詞彙、語法方面都帶有五華方言的特徵。

新約聖書

——雅各、彼得（前後）、約翰（一二三）、猶他、默示

漢字本的客家方言《新約全書》譯本《雅各書》《彼得前書》《彼得後書》《約翰第一書》《約翰第二書》《約翰第三書》《猶他書》和《約翰默示書》的合刊出版於1882年，都是《新約》中的使徒書信。扉頁右邊豎行標明出版年份“主後一千八百八十二年”“光緒八年新鐫”，居中是豎行大字號書名“新約聖書”四字，左邊分別豎行標明“雅各”“彼得（前後）”“約翰（一二三）”“猶他”“默示”以及“客話”字樣。全書正文雕版印刷，繁體豎排。其中:《雅各書》5章，折頁8頁（單頁16頁）;《彼得前書》《彼得後書》共8章，折頁15頁（單頁29頁）;《約翰第一書》5章，《約翰第二書》《約翰第三書》不分章，共有折頁12頁（單頁23頁）;《猶他書》不分章，折頁3頁（單頁5頁）;《約翰默示書》22章，折頁36頁（72單頁）。版式、方言用字等都與《路加福音傳》（1881年）非常接近，最明顯的不同是遠指代詞“𠲜”（那）改爲“該⁾”（右上角加半圈是勾硃法，表示轉讀去聲）。根據有關記載，這個譯本也是畢安編譯的，因此詞彙、語法方面也都帶有五華方言的特徵。

新約聖書

——馬可福音傳、使徒行傳

漢字本的客家方言《新約全書》譯本《馬可福音傳》和《使徒行傳》出版於1883年。《馬可福音傳》屬於《新約》的四部福音書之一，而《使徒行傳》是一部教會歷史書。扉頁右邊豎行標明出版年份“主後一千八百八十三年”“光緒九年新鐫”，居中是豎行大字標題“新約聖書”四字，左邊豎行標明“馬可福音傳”“客話”“使徒行傳”“客話”。《馬可福音傳》16章，正文雕版印刷，折頁43頁（單頁85頁），每頁豎排;《使徒行傳》28章，正文雕版印刷，折頁71頁（單頁142頁），每頁豎排。版

式、方言用字等都與《路加福音傳》(1881年)非常接近，最明顯的不同是“涯”(我)改爲“厓”，“嗐”(那)改爲“該)”(右上角加半圈是勾硃法，表示轉讀去聲)。根據有關記載，這兩個譯本也是畢安編譯的，因此詞彙、語法方面也都帶有五華方言的特徵。

1883年出版的漢字本《新約全書》譯本還有《馬太福音傳》《約翰福音書》《羅馬書》《格林多前後書》等，本書没有收録。

馬太福音傳

漢字本的客家方言《新約全書》譯本《馬太傳福音書》出版於1883年，28章。扉頁右邊竪行標明出版年份“主後一千八百八十三年”“光緒九年新鐫”，居中是竪行大字標題“新約聖書”四字，左邊竪行標明“馬太福音傳”“客話”。同年出版的漢字本客家方言《新約全書》譯本還有《馬可福音傳》《約翰福音書》《使徒行傳》《羅馬書》《哥林多前後書》等。

收入本書的漢字本《馬太福音傳》出版於1900年，28章，正文雕版印刷，折頁68頁(單頁135頁)。扉頁右邊竪行標明“耶穌降世一千九百年”“客話”，居中是竪行大字標題“新約聖書”和小字“上卷”，左邊竪行標明“大清光緒二十六年庚子”“大英聖書公會印發”，可見《馬太福音傳》只是同時出版的《新約聖書》中的一種。

1900年版的《馬太福音傳》漢字竪行，停頓處或句末標有“、”“。”的句逗。與1860年第一版的羅馬字本《客家俗話馬太傳福音書》相比，用詞和語句都頗爲不同，因此不是1860年羅馬字本的漢字轉寫本。最明顯的是表近指的指示代詞，1860年羅馬字本是nya^3kai^4，nya^3teu^1(若轉寫爲漢字則分别是“噫箇”“噫啤”)，1900年漢字本則是“哷隻”“哷兜”。前者是新安客家方言的特徵，而後者是五華客家方言的特徵。

舊約聖書

——創世記、埃及記

最早出版的漢字本客家方言《舊約》譯本，《創世記》和《埃及記》

合刊，出版於1886年，由巴色會傳教士畢安編譯。賈立言、馮雪冰《漢文聖經譯本小史》指出："一八八六年《創世記》與《埃及記》由平牧師（Charles Piton）譯成，以後《舊約》全書由瑞牧師（Otto Schultze）完成。"這裏所説的平牧師也就是巴色會的畢安牧師，瑞牧師也就是巴色會的瑞靄多牧師（1881年來華）。合刊本扉頁右邊都用竪行標明出版年份"主降一千八百八十六年""光緒十二年新鐫"，居中是竪行大字標題"舊約聖書"四字，左邊竪行標明"創世記""埃及記"。正文雕版印刷，每頁竪排，《創世記》50章，折頁32頁（單頁63頁）；《埃及記》40章，折頁26頁（單頁51頁）。

這個譯本内文的版式與漢字本《新約聖書》有所不同，但方言用字基本相同，顯然也是巴色會的客家方言出版物。

聖經書節擇要

客家方言《聖經》語録，是目前所能見到的唯一一個漢字、羅馬字拼音對照本，出版於1884年。扉頁右邊竪行標明出版年份"西曆一千八百八十四年"，居中是竪行大字標題"聖經書節擇要"，左邊竪行標明"光緒十年新刻""香港和盛印字館活版"。目録折頁2頁（單頁4頁），列出了所摘内容的篇名及其簡稱，即《聖經》新舊約書名及簡稱。如《舊約書》的《創世記》簡稱"創"。每一個漢字之下都有客家方言的羅馬字拼音。正文共4卷，折頁103頁（單頁206頁），附有折頁17頁（單頁34頁）的《結過洗禮約問答書》。本書是《聖經》新舊約各篇的語句、片段摘録，共395個片段。正文分上下兩欄竪排排印，每條摘録開頭編以阿拉伯數字序號，末尾標明出處。每個漢字下標注羅馬字拼音，一一對照。

從内容來看，《聖經書節擇要》是從《聖經》新舊約的各篇中精選一些語句而編寫成的一部客家方言《聖經》語録，一共395條。如第一卷的第一條"厓系萬權萬能嘅上帝，禺愛在嗰面前來行，𠻹全完嘅"，就是節選自《舊約》中的《創世紀》篇，所以，其編者應該也是巴色會的傳教士畢安等人。《結過洗禮約問答書》以一問一答的形式簡要闡述基督教教義，一共73個問題。如第一個問題是"人在世間，至緊要愛求啖件事"，回答的内容是"佢愛求後世永久嘅生命，照基督有講過，話禺兜至先愛求上帝嘅國，摑喙公義，哰完下就還噲奔禺添”。

舊新約聖經

完整的漢字本客家方言《聖經》譯本，包括《舊約聖經》《新約聖經》。完整的漢字本客家方言《舊新約聖書》最早出版於 1916 年，收入《域外客家方言文獻集成》的版本出版於 1923 年，書名是《舊新約聖經》。全書以及其中的《舊約聖經》《新約聖經》都分別有扉頁，都標明“客話”“上海大英聖書公會印發”，下方英文標明“British and Foreign Bible Society, Shanghai, 1923 (Ed. 2031), Hakka Bible”。除了扉頁，《舊約聖經》包括目録 2 頁，《客話音表》2 頁，正文 1356 頁;《新約聖經》包括目録 2 頁，正文 412 頁。

《舊約聖經》目録之後、正文之前有 2 頁《客話音表》，内容大同小異（頭兩竪行和第三竪行頭三字完全相同），列出了這個《聖經》譯本最常用的訓讀字或方言字，并用小字注明其客家方言的讀音，有的近音字或訓讀字在字的四角加小圓圈表調類。如“個（音介）”，表示“個”字讀如“介”；“与（老上平）”，表示“与”字讀如“老”字的陰平調（巴色會其他的客家方言漢字本文獻也寫爲“摑”或“挨”）；“畀俾被（俱音兵）”，表示“畀俾被”這三個字都讀如“兵”（巴色會其他的客家方言漢字本文獻也寫爲“奔”）；“我（音雅）”，表示“我”字讀如“雅”，陰平（巴色會其他的客家方言漢字本文獻也寫爲“啀”）。《客話音表》中最值得注意的是“這（李洗切或音惹上聲）”字，以前巴色會其他的客家方言漢字本文獻或者寫爲“哰”（反映五華客家方言的特點），或者寫爲“噁”（反映新安客家方言的特點）。“這”是一個訓讀字，一字表兩音，試圖調和五華、新安兩地客家方言的不同，可以看出《舊新約聖經》編譯者的良苦用心。

《舊約聖經》正文從《創世記》始，到《馬拉基書》止，共 39 種;《新約聖經》從《瑪太福音書》始，到《默示書》止，共 27 種。全書規模宏大，純粹漢字，沒有羅馬字拼音。

聖會腔調

羅馬字拼音記音、五綫譜記譜的客家方言基督教頌歌，出版於 1868

年。扉頁上羅馬字拼音標題是“ŠIN^{4} FUI^{4} KHYON^{1} THYAU^{4}”。根據拼音譯名可知其中文書名應爲《聖會腔調》，德文書名是“Melodienbuch zum Gesangbuch der chinesischen Christengemeinden”。扉頁上還用德文標明由巴色會出版，用英文標明定價 15 美分。扉頁最下方還用德文標明印刷者是巴色會的 C. Schultze，出版年份是 1868 年。

該書正文 75 頁，一共收録了 59 首頌歌。其中：前 57 首有五綫譜及歌詞，歌詞都用羅馬字拼音拼寫，没有出現任何一個漢字；後 2 首衹有五綫譜，没有歌詞。最後還附有目録等。前 57 首有歌詞的頌歌，標題多是德文，少數爲英文；歌詞有七言四句體（前 10 首）、八言四句體（第 22—26 首），還有其他多種形式。如第 5 首《你想知道我的價格是多少嗎》（Wollt ihr wissen, was mein Preis）是七言四句體，歌詞若轉寫爲漢字是：“律法條戒頭一個，教人敬愛皇上帝。盡心盡力去服侍，無時無刻不敬拜。”又如第 54 首《在這裏我們遭受悲傷和痛苦》（Here we suffer griet and pain）則類似自由體，歌詞若轉寫爲漢字是：“今世受苦及憂悲，凡人相見必分離。來生永無離别，嗽樣真係安樂。安樂，安樂，安樂。嗽樣真係安樂，永遠相見無離别。”

聖會白話歌

羅馬字拼音本的客家方言基督教贊美詩集，出版於 1884 年。扉頁上羅馬字拼音標題是“ŠIN^{4} FUI^{4} PHAK^{5} VA^{4} KO^{1}”，根據拼音譯名可知其中文標題應爲《聖會白話歌》，英文標題是“Hymnbook in the Romanised Colloquial of the Hakka Chinese in the Province of Canton”。扉頁下方還用英文標明了出版者巴色會和出版年份 1884 年。

《聖會白話歌》正文 91 頁，收録了 129 首贊美詩，標題和詩句全部采用羅馬字拼音，没有出現任何一個漢字。若轉寫爲漢字，第 1 首是《有愁悶，冇安》，詩句一共 5 段，每段 3 行：“有愁悶，冇安，/ 心黑，冇滴寬，/ 主有仁愛，安慰嗻心肝。// 苦難冇時停，/ 愁慮上心神；/ 做嗎唔求主摛你相親？ // 有苦難在前，/ 求耶穌可憐。/ 倚賴嗲大力，魔鬼冇權。// 主時時顧佢，/ 莫啀虎摛豺，/ 擔心倚靠佢，仇敵驚駭。// 好痛心悔改，忍過暫時害。主賜福俾你大過海河。”第二首是《贊美上帝》。最後 3 頁是《首韻録》，也就是該書所收録的 129 首贊美詩的首句的音序索引。最末尾是“補遺”（羅馬字拼音提示“下背嘅歌在《腔調》書裏正有”），列出了該書没有但在《聖會腔調》中出現的篇目，如《神心所願》等。

客家俗話聖經之史撮文

羅馬字拼音本的客家方言《聖經》歷史故事，出版於 1868 年。扉頁上羅馬字拼音標題是“ŠIN^4 KIN^1 TSI^1 SZ^3 TSHOT^6 WUN^2，HA^2-KA^1 SYUK^5-WA^4”（HA^2 應爲 HAK^6 之誤）。根據拼音譯名可知其中文標題應爲《客家俗話聖經之史撮文》（“撮文”意爲摘取文句），英文標題是“Biblical Histories in the Hakka Colloquial”。扉頁下方還用英文標明了定價 25 美分，以及出版者巴色會、出版年份 1868 年、印刷者 C. Schultze。

本書全部采用羅馬字拼音，没有出現任何一個漢字。正文 85 頁，包括《舊約》部分 31 篇，《新約》部分 41 篇。目録 3 頁。若轉寫爲漢字，《舊約》部分第一篇是《造化天地》，第二篇是《罪惡入世界》。《新約》部分第一篇是《撒加利亞摛以利沙伯》，第二篇是《耶穌出世》。若轉寫爲漢字，《造化天地》第一段是：“本來冇天冇地，獨獨有上帝。今下有天地，有人物，完下係上帝造倒嘅。但係上帝造化世界之時，佢唔想一下就造正，佢想用六日來造。第一日上帝造化江。第二日上帝造天頂。第三日上帝分出水摛陸地。”

聖書嘅事實

羅馬字拼音本的客家方言《聖經》歷史故事，第一版出版於 1878 年，第二版出版於 1889 年。本書爲第二版。扉頁上羅馬字拼音標題是“ŠIN^4 ŠU^1 KAI^4 S^4 ŠIT^5”。根據拼音譯名可知其中文標題應爲《聖書嘅事實》，英文標題是“Biblical Histories in the Romanised Colloquial of the Hakkka-Chinese in the Province of Canton”。扉頁下方還用英文標明出版者巴色會、出版年份 1889 年等。1878 年第一版的印刷者是 C.Schultze。

本書全部采用羅馬字拼音，没有出現任何一個漢字，但有不少插圖。正文一共 206 頁，包括《舊約》部分 54 篇，《新約》部分 52 篇。目録 4 頁，置於最後。若轉寫爲漢字，《舊約》部分第一篇是《開天地》;《新約》部分第一篇是《加伯列去撒加利亞摘馬利亞個裏》，第二篇是《耶穌出世》，第三篇是《博士來拜耶穌》。若轉寫爲漢字，《開天地》第一段："上帝造天造地就用喙説話來造。唔曾造倒個時，除開上帝就乜個都冇。單單上帝正係自都有嘅，佢又照喙嘅主意來造萬物。但係佢唔想一下就造正天地，佢想漸漸來造較好。"

破學仔嘅聖經事實

羅馬字拼音本的客家方言《聖經》歷史故事，第一版出版於 1879 年，第二版出版於 1895 年。本書为第二版。扉頁上羅馬字拼音書名是 "Pho^4 hok^5 tsai^3 kai^4 ŠIN^4 KIN^1 S^4 ŠIT^5"。根據拼音譯名可知其中文書名應爲《破學仔嘅聖經事實》。英文標題是 "Bible Stories in the Romanised Colloquial of the Hakka Chinese in the Province of Canton"。扉頁下方還用英文標明出版者巴色會、出版年份 1895 年等。客家稱童蒙入學讀書爲 "破學"，所以剛入學不久的孩童被稱爲 "破學仔"。顧名思義，這是一本適合幼童的《聖經》故事書。本書與其他《聖經》歷史故事書相比，篇幅較簡短，内容較簡單。

本書全部采用羅馬字拼音，没有出現任何一個漢字。正文 71 頁，包括《舊約》部分 32 篇，《新約》部分 40 篇。目録 3 頁，置於最後。若轉寫爲漢字，《舊約》部分第一篇是《造天地》，第二篇是《罪個來由》;《新約》部分第一篇是《撒加利亞摘以利沙伯》，第二篇是《耶穌出世》。若轉寫爲漢字，《造天地》第一段是："初初冇天冇地，獨獨有上帝。今下有天有地，有人有物，噉完下都係上帝造倒嘅。但係上帝造世界嘅時，佢唔一下就造正，佢想分做六日來造。"

加除乘分初學

羅馬字拼音本的四則運算課本，第一版出版於 1868 年，第二版出版於 1892 年，第三版出版於 1899 年。本書是第一版。扉頁上羅馬字拼音書名是 "KA^1 TŠHU^2 ŠIN^4 FUN^1 TSHO^1 HOK^5. ŠOṄ^4 PUN^3"。根據拼音譯名可知其中文書名應爲《加除乘分初學》，英文書名是“The Four First Rules of Arithmetic”。扉頁下方還用英文標明了定價 7 美分，以及出版者巴色會、出版年份 1868 年、印刷者 C. Schultze。

該書分上、下兩本，都有扉頁，獨立編頁，全部采用羅馬字拼音，没有出現任何一個漢字。上本正文 41 頁，下本正文 9 頁。上本分 6 部分：“1. 寫數目字嘅法”“2. 學加添嘅法”“3. 學除法”“4. 學乘法”“5. 學分法”“6. 練加除乘分”，其中“除法”今天稱爲減法，“分法”今天稱爲“除法”。“加除乘分”實際上就是“加減乘除”。下本是上本算術練習題的答案。上本第 1 部分没有算術練習題，所以下本的答案從第 2 部分開始，分別是：“2. 加添嘅法”“3. 除法”“4. 乘法”“5. 分法”“6. 加除乘分”。例如上本“6. 練加除乘分”的最後一題，即第 28 題：

> **28.** Yuˏ 2 tšakˎ nyinɩ thuṅɩ haˋ tšhutˎ nyunɩ, khyuṅˋ heˋ 16 yenɩ. Thiˋ 1 nyinɩ kaiˋ nyunɩ piˊ thiˋ 2 nyinɩ kaiˋ yuˏ 7 phuiˋ kanˋ toˏ. Kokˎ nyinɩ yuˏ kiˊ toˏ?

以上的第 28 題若轉寫爲漢字是：“ 28. 有 2 隻人同下出銀，共係 16 元。第 1 人嘅銀比第 2 人嘅有 7 倍唻多。各人有幾多？”

下本“6. 加除乘分”相應的答案是：

> **28.** Thiˋ 1 nyinɩ 14 yenɩ, thiˋ 2 nyinɩ 2 yenɩ.

若轉寫爲漢字是：“第 1 人 14 元，第 2 人 2 元。”

啓蒙唱法

羅馬字拼音的五綫譜教本，手寫本，没有出現任何一個漢字。扉頁上手寫的羅馬字拼音書名是“Khi^{3} muṅ^{2} tšhoṅ^{4} fap^{6}”。根據拼音譯名可知其中文書名應爲《啓蒙唱法》。扉頁上還有作者 Wilhelm Bellon 的署名，以及地點“Lilong”（李朗）、時間“im Spätjahr 1868”(1868 年年底)。Wilhelm Bellon 是德國籍的巴色會傳教士，中文名爲貝德明。其於 1864 年來華，在李朗（今屬深圳市龍崗區）創辦存真書院（傳道書院和李朗神學院的前身)，西式的辦學模式、教學内容、教學方法等均不同於中國傳統的私塾教育。黄光域（2017）指出，1864 年“巴色會教士貝德明（Wilhelm Bellon）來華佈道，初抵香港，嗣轉駐廣東李朗”。其實，早在 1851 年巴色會首批來華傳教士韓山明就到布吉李朗村設立教堂和學校。1855 年黎力基到李朗傳教并購地建堂。3 月 11 日李朗新堂落成，是福音教會在中國内地第一座新建教堂。1856 年黎力基還創辦了李朗女校。

西式的音樂教育自然要從五綫譜入手。貝德明編寫的這本《啓蒙唱法》從最基礎的樂理開始，全書依次是封面、目録、序言、正文和附録。封面 1 頁，目録 1 頁，序言、正文和附録共 69 頁。正文共分 16 章，由淺入深，層層遞進，如第 1 章介紹了音符（稱爲“音字”）、五條平行横綫（稱爲“音字架”或“音架”）、高音譜號、休止符，還介紹了全音符和全休止符（稱爲“滿度”）、二分音符和二分休止符（稱爲“半度”）、四分音符和四分休止符（稱爲“4 份度”）、八分音符和八分休止符（稱爲“8 份度”）、十六分音符和十六分休止符（稱爲“16 份度”）；第 2 章分析聲音的高低，也就是音階，開頭就指出：“聲音高低看嗲音字嘅位，就可以知得，嗱隻係高，嗱隻係低。”然後在 8 音的框架上提出了全音（稱爲“滿音”）和半音（也稱爲“半音”）的概念，并進行分析。關於第 3—16 章的内容，限於篇幅，此處不贅。

《啓蒙唱法》的後面附有“Suṅ^{1} yim^{1} kai^{4} thyau^{4}”。根據拼音譯名，猜測其中文標題可能是《雙音嘅調》，這裏“雙音”指兩個音的同時彈奏或演唱，而“雙音嘅調”指二聲部的歌曲。《雙音嘅調》一共收録了 13 首用羅馬字拼音記歌詞、用五綫譜記樂曲的二聲部宗教歌曲。若轉寫爲漢字，第 1 首標題是《嗺生爲耶穌》，其中第一段的歌詞是：“嗺生爲耶穌，嗺死爲耶穌。時常都爲佢，生死都爲耶穌。”

客家俗話破學

羅馬字本客家方言讀寫初級教科書，第一版出版於 1869 年。扉頁上羅馬字拼音標題是“HAK^{6} KA^{1} SYUK^{5} WA^{4} PHO^{4} HOK^{5}”。根據拼音譯名可知其中文標題應爲《客家俗話破學》。英文標題是“First Lessons in Reading and Writing the Hakka Colloquial”。扉頁下方還用英文標明了定價 12 美分，以及出版者巴色會、出版年份 1869 年、印刷者 C. Schultze。收入《域外客家方言文獻集成》的有 1869 年第一版和 1909 年第三版，兩個版本在内容編排上差别很大。

客家方言中“破學”指學齡兒童上學之始。1869 年第一版《客家俗話破學》60 頁，全書都没有出現漢字，正文從第 3 頁開始，55 頁上半頁之前用手寫體花體排印，之後用印刷體排印。第 3 頁首先是與 i、u、e、n、m 這五個音有關的音節的教學内容，如第一行是 mi^{3}、ni^{2}、in^{3}、im 、min^{2}、nim(有的音節没有標聲調)，接着是 eu^{3}-meu^{2}、neu^{1}-ui、nui^{1}、mui^{1} 等，整體上似乎没有什麽規律。第 4 頁之後直至 54 頁，多是詞和短語的“練讀句話”(len^{4} thuk^{5} ki^{4}-wa^{4})，由淺入深。第 55 頁有半頁的手寫體花體和印刷體拼音字母對照表，接着到 57 頁上半頁是印刷體的“練讀句話”。最後還有拼音字母大小寫對照表及《聖經》名字拼寫範例、數字及《聖經》年表、乘法表等。

1909 年第三版《客家俗話破學》扉頁没有定價，也没有標明印刷者 C. Schultze，全書 56 頁都没有出現漢字，前 16 頁用手寫體花體排印，第 17—56 用印刷體排印。主要包括 13 段元音輔音字詞練習課程，以及拼音字母大小寫對照表、一些詞和短語的“練讀句話”，後附《聖經》名字、數字、《聖經》年表、乘法表等。其中練讀句話内容涉及名詞、疊字形容詞(分 12 個主題)、祈禱詞、宗教、日常生活短語、兒歌等。

啓蒙淺學

專供客家子弟讀書識字的啓蒙教材，羅馬字拼音本出版於 1879 年，漢字本出版於 1880 年。

羅馬字拼音本全書没有出現漢字，扉頁上的羅馬字拼音標題是“HAK^{6}-KA^{1} ŠU^{1}—khi^{3} muṅ^{2} tshen^{3} hok^{5}”。根據拼音譯名可知其中文標題應爲《客家書——啓蒙淺學》，英文標題是“First Book of Reading in the Romanised Colloquial of the Hakka-Chinese in the Province of Canton”。下面還用英文標明巴色會1879年出版。該書分上、下兩段，每段各上、下兩卷，共238課，正文 198 頁。全書羅馬字拼音横排，語料豐富，口語化程度很高，内容涉及自然知識及反映客家社會的物種、風俗、習慣和觀念等。根據有關記載，《啓蒙淺學》的第二版修訂版出版於 1892 年，第三版出版於 1900 年，印刷者爲巴色會的 C. Schultze（L. Reinhardt）。

漢字本是雕版印刷，折頁 99 頁（單頁 198 頁），每頁上下兩欄竪排。内容與 1879 年出版的羅馬字拼音本一致，全書也是分上、下兩段，每段各上、下兩卷，共 238 課。上段上卷是“講論各樣生物挼死物又挼人”，從第 1 課到第 120 課；下卷是“講論生物挼死物個性情”，從第 121 課到 162 課。下段上卷是“比喻勸人”，從 163 課到 179 課；下卷是“報應篇”，從 180 課到 238 課。上段上卷第 1 課是《講論眼看得倒個東西》，第 2 課是《講論造倒個物件》……下段下卷第 237 課是《細子祈禱歌》（七言詩），第 238 課是《睡目歌》（七言詩）。課文由淺入深，由短變長。全書的方言用字較爲統一和科學，大量使用本字，如：罌（瓶）、舐（舔）、掌（看管）、猋（奔跑）、絇（捆綁）；有的借用民間已有的一些俗字，如：倨（我）、佢（他 / 她 / 它）、䞘（兒子）、俾（動詞、介詞“給”）、𪃿（蛋）、冇（没有）。由於《啓蒙淺學》的口語化程度高，形象性强，許多方言詞讀音特別，難以在方言中找到本字或俗字，於是編寫者借鑒傳統的反切注音，新創了一種表音的構字法，可稱爲“反切構字”，如：皮丫（皮丫切）（分開）、挼（拉夭切）（介詞、連詞“和”等）、乃見（乃見切）（奶）。

教會小女歌

供少女誦讀的漢字本客家方言教會歌謡，出版於 1915 年。原書扉頁上標有“主降生一千九百十五年”“客話”“教會小女歌”“民國四年”“巴色傳道會藏板”等版本信息，收入《域外客家方言文獻集成》的没有扉頁。全書漢字雕版印刷，竪排單欄，折頁 18 頁（單頁 35 頁）。

本書正文前有一幅《十女接郎圖》。正文一共有《聖經事實》《祈禱文》《頌主歌》三卷，收録了 34 首教會歌謡。卷一從第 1 首《耶穌設十個女子比喻》到第 14 首《論三人同在火爐》，卷二從第 15 首《起身歌》到第 21 首《求主帶路歌》，卷三從第 22 首《耶穌聖誕歌》到第 34 首《論人要仰望樂國》。該書所收的教會歌謡多爲七言詩，如第 2 首《論耶穌祝福小孩》：“有日耶穌行瘖哩，好多病人被佢醫。佢也安慰人心倒，咁⁾窮佢都可憐佢。// 該⁾晚還有婦女來，攬緊細子貯在背。求主耶穌看顧佢，祝福亞₍蕉及小妹。// 門生看倒婦女儕，煩勞先生佢就駡。先生今日事幹多，好帶細子轉屋家。// 耶穌講在門生前，愛等細子來 (我叮。唔好禁佢入天國，因爲天國屬這等)。” 在有的字四角用勾硃法表明讀轉不同的聲調或由文言讀轉口語音。該詩有四段，每段七言四句，可以換韻，如第一段押 [i] 韻，第二段押 [ɔi] 韻，第三段押 [a] 韻，第四段押 [ɛn] 韻。也有一些歌謠不是七言詩，還有少數歌謠類似自由詩，如第 34 首《論人要仰望樂國》：“等 (吾去，等 (吾去，同主耶穌來相遇。(我心日夜竟係戀慕，永永遠遠𠊎主共住，時當寶座前來企……”

女鏡

專門針對女教徒的漢字本客家方言宗教説教小册子，出版於 1916 年。扉頁右邊竪行標明出版年份“主後一千九百十六年”，居中是竪行大字標題“女鏡”，左邊竪行標明“巴色會藏板”。全書漢字雕版印刷，竪排單欄，折頁 17 頁（單頁 34 頁），包括序言、目録和正文。每個折頁的頁碼之上有“女鏡全書”字樣，之下有“省城南關太平沙泰華承刊”字樣。

序言首先指出：“中國重男輕女，成爲風俗。……殊不知上帝造倒男女，成爲一體。……在上帝前，男女平等，男固然愛教育，但係女也更過愛教育，因爲女子係國民嘅母親，對於國家，擔有好重大嘅責任。……就佢應盡嘅義務，也好緊要。”序言還指出：“女人愛盡嘅義務，就詳細寫在舊新二約書，及教會歷史。兹試揭於下，俾各女徒眼看口讀之下，用佢來作鏡，擇善來從，不善就來改。”可見作者編寫這本書的意圖非常明確。

從目録可以看出，該書的内容包括：一、“舊約女人有乜嘅好樣俾今下嘅女人學”（《舊約》中的女性有什麼榜樣供今天的女性學習）；二、“耶穌道理樣邊在女界中發明”（耶穌基督教義如何在女性中發揚光大）；三、“基督女徒應當愛有嘅言行”（基督教女教徒應該具備的言行規範）。從正文標題下可以看到，内容一的作者是萬恩鴻，内容二的作者是陳天樂，内容三的作者是張得恩。

希望説

漢字本客家方言宗教説教小册子，出版於 1917 年。扉頁右邊竪行標明出版年份“主後一千九百十七年 / 即民國六年歲次丁巳”，居中是竪行大字標題“希望説”，左邊竪行標明“巴色會藏版”，最上方是横行的“客話教友編之二”。雙面竪行印刷，正文 16 頁，正文標題之下署有作者姓名張得恩。該書一開篇，就指出“人與禽獸唔同嘅，就系因爲人有希望”，闡述了希望之於人的重要性。從内容來看，該書從四個方面進行説教：第一是“信徒嘅希望，由那哩生出”（信徒的希望，從哪裏産生），第二是“所望嘅係乜嘅”（所希望的是什麽），第三是“還望緊當時愛樣邊”（懷有希望的時候要怎樣），第四是“希望必得成就”。

該書的客家方言口語化程度不高，這與其宗教題材和説教内容有關。正文有的破音字或訓讀字會特别在字的四角用小圓圈標明聲調，如“作爲我靈魂穩固嘅船錨，等到經過這些須嘅苦難以後，就接得天上嘅榮華，來止吾等嘅渴望”。在這句話中，小圓圈在左下角的表示平聲，在右上角的表示去聲。在巴色會的其他客家方言文獻中，“我”也寫爲“啀”，“吾”也寫爲“涯”“厓”或“侄”。

天路歷程

漢字手稿本的客家方言《天路歷程》譯本，具體書寫年份不詳，譯者爲蕭國安。根據巴色會 1936 年編寫於廣東龍川老隆的一份《巴色會入華傳教士名録》，蕭國安（Alfred Sautter）於 1903 年來華傳教。

該手稿本開頭有“天路歷程原引（客話）”3 頁，介紹英國基督教徒約翰・本人（現在一般翻譯爲“約翰・班揚”）因傳教佈道而被捕，在監獄中度過了 12 年的時間，創作《天路歷程》這本書的過程，并闡述這本書的立意是“教人樣邊信上帝嘅真道，樣邊依賴耶穌嘅功勞，愛樣邊用心、樣邊謹慎，咵就實在係行天道第一快捷嘅路程”。

這個漢字手稿本的客家方言譯本正文共五卷，竪行正楷書寫。卷一標題“天路歷程”之下用一行小字“即係話行天道上天堂所經歷嘅路程”點題。正文也出現了少數的羅馬字拼音，如卷一“噫至親嘅人莫過於厓，厓今下有項重嘅擔子 khai 等”，用實際讀音 khai 來代替寫不出的漢字（“挑擔”義的這個詞，有的客家方言文獻寫爲“孩”）。除了夾用少數的羅馬字拼音，這個手稿本的用字與 1883 年漢字本《馬可福音傳》《使徒行傳》非常接近。

簡明德客詞典

花體德文與客家方言羅馬字拼音對照的客家方言詞彙集，出版於 1909 年。扉頁上德文標題是“Kleines Deutsch-Hakka Wörterbuch für Anfänger”（直譯應爲《初學者簡明德客詞典》），標明由巴色會傳教士編寫，巴色會 1909 年出版。共有兩集：第一集 22 節，大約收詞 3300 條；第二集扉頁標明“II. Teil”，28 節（第 21 節、22 節闕如，實際只有 26 節），收詞 5000 多條。全書用萊普修斯的羅馬字拼音系統給客家方言詞彙注音，没有出現漢字。第一集和第二集的前 20 節的類别相同，不少詞條重複出現，每個詞條先列德語詞語，再列對應的客家方言羅馬字拼音，有些還會給出相關的德語詞語及其客家方言羅馬字拼音。第一集的每一節中詞條的排列没有一定的順序，第二集的每一節中詞條按德文音序排列。

根據曹茜蕾、柯理思（Chappell and Christine，2005），這個詞彙集是巴色會傳教士畢安從韓山明、黎力基和助手戴文光以及巴色會其他傳教士彙編的更長的字典手稿“Kleines Deutsch-Hakka Wörterbuch”删節而來的。

該詞彙集不像傳統的漢語外語雙語詞典一樣按照詞彙的音序排列，而是按照詞彙的義類和用法進行分篇編排。兩集的詞彙綜合起來包括宗教、天地人物、氣候、城市鄉村、時間、器物、房屋、傢具、身體、疾病和藥物、食物、衣裳、親屬、官職、動物、植物、礦産、職業、地理名稱、《聖經》和歷史上的人名、名詞、形容詞、動詞、狀語、介詞、連詞及出行用語、禮貌用語等 28 類。其中，出行用語和禮貌用語在第一集中列在第 21 篇和 22 篇，在第二集中却没有列出。第二集增加了名詞、形容詞、動詞、狀語、介詞、連詞 6 類詞。

曹茜蕾（Hilary M. Chappell）、柯理思（Christine Lamarre）的 *A Grammar and Lexicon of Hakka: Historical Materials from the Basel Mission Library*（《客家話的語法和詞彙：瑞士巴色會館所藏晚清文獻》，2005 年）一書由巴黎的高等社會科學學院東亞語言研究中心出版。該書根據 *Kleines Deutsch-Hakka Wörterbuch für Anfänger* 第二集的原文翻譯成英文版的 *Concise German-Hakka Lexicon for Beginners*，并加上第一集的第 21 節“出行用語”和第 22 節“禮貌用語”的内容，作爲該書的第 27 節和第 28 節。

簡明客家語法

第一部客家方言語法著作，出版於1909年。扉頁上德文標題是“Kleine Hakka - Grammatik”，標明由巴色會傳教士編寫，巴色會1909年出版。全書50頁，看不到任何一個漢字，行文中的客家方言例詞和例句均使用萊普修斯拼音系統進行注音，其他敘述性的文字則使用花體德文。扉頁之後有1頁的目録，目録之後是正文，共分三大部分，其中第二部分和第三部分所占的篇幅較多。

第一部分 yim[1] šot[6] “音説”。主要是關於客家方言音系和聲調的介紹。首先指出客家方言像通常的漢語一樣是單音節語言，没有詞形變化；接着介紹客家方言發音的一些特點，如德語中的ö、ü、ei、eu、r、st、sp等，尤其是複輔音，客家方言中則没有；接着指出Lepsius拼音方案在客家方言詞語標音上的正確應用；最後列舉例字和拼音説明客家方言的六個聲調：上平、下平、上聲、去聲、上入、下入（今天一般分别稱爲陰平、陽平、上聲、去聲、陽入、陰入）。

第二部分 kai[4] šot[6] “界説”。介紹了八大類詞的用法，即：1. 實字、2. 代字、3. 静字、4. 數字、5. 狀字、6. 介字、7. 連字、8. 生字、活字或動字，論述最爲詳細。第一類“實字”，相當於現在所説的名詞和量詞等，内容包括一般的名詞構成、量詞、名詞性四字格成語，最後指出表示複數的唯一途徑是指示代詞和複數標記“teu1”（兜）。第二類“代詞”，包括人稱代詞、物主代詞（所有格代詞）、指示代詞、複指代詞、疑問代詞、不定代詞，每一小類都舉例進行分析。第三類“静字”，相當於現在所説的形容詞，有原級、比較級和最高級。第四類“數位”，也就是數詞，包括定數、不定數和複合數，定數包括基數和序數，複合數包括倍數、分數等等。第五類“狀字”，相當於現在所説的副詞，有表示處所的、表示時間的、表示方式習慣的。第六類“介字”，也就是介詞。第七類“連字”，相當於現在所説的連詞（連接詞）。第八類“生字、活字或動字”，也就是動詞。

第三部分是 tshau[4] ki[4] fap[6] “造句法”。先簡單列舉了客家方言句法的一般規則，特别指出對於句子來説，語序非常關鍵；接着從間接引語、疑問句、間接疑問句、情態從句、感嘆形式等幾方面條分縷析地進行描寫；最後討論了各種各樣的從句，包括方位句、時間從句、方式狀語從句、比較句、“越發……越發……”句、限制性從句、結果從句、原因從句、目的從句、條件從句、讓步從句。不難看出，上述分析客家方言句法的理論框架基本上都出自希臘–拉丁語法的體系，有生搬硬套之嫌，對客家方言句子的分類尚有許多方面不盡符合實際。

橋本萬太郎（1971）評價《簡明客家語法》是第一部有框架的客家方言語法書。2005 年，Hilary Chappell（曹茜蕾）和 Christine Lamarre（柯理思）將 1909 年巴色會德文版的 *Kleine Hakka-Grammatik*（《簡明客家語法》）和 *Kleines Deutsch-Hakka Wörterbuch für Anfänger*（《簡明德客詞典》）譯成英文并進行注釋，另加入了其他一些重要的研究資料，彙集成 *A Grammar and Lexicon of Hakka, Historical Materials from the Basel Mission Library*（《客家話的語法和詞彙：瑞士巴色會館所藏晚清文獻》）一書，由巴黎的高等社會科學學院東亞語言研究中心出版。

客家方言：語音、音節和聲調

本書是第一部客家方言的學位論文，也是第一部現代學術論文範式的客家方言研究專著，發表於 1913 年。德文標題“Der Hakkadialekt: Lautlehre,silbenlehre und betonungslehre”，是提交給德國萊比錫大學哲學系的博士學位論文，作者約翰·海因里希·佛默爾（Johann Heinrich Vömel）。該學位論文 2013 年發表於國際漢學著名刊物《通報》（*T'oung Pao*）第 14 卷，第 597—692 頁。1914 年由萊頓的 E. J. Brill 出版單行本。

橋本萬太郎（1971）指出：“戰前文獻中，約翰·佛默爾的《客家方言：語音、音節和聲調》對巴色會傳教士的工作作了最爲詳盡的描述，該書在本世紀初作爲學位論文提交給了萊比錫大學哲學系。”根據柯理思（Lamarre），佛默爾 1878 年出生於普魯士，1901 年作爲巴色會的傳教士來華服務，在客家地區待了 10 年，直至 1911 年回國。佛默爾回國後兩年就寫出了這部有關客家方言語音的學位論文。根據巴色會 1936 編寫于廣東龍川老隆的一份《巴色會入華傳教士名録》，有一位中文名爲花裏仁（Dr. H.Vömel）的傳教士于 1901 年來華。無疑的，這位花裏仁應該就是《客家方言：語音、音節和聲調》的作者。

《客家方言：語音、音節和聲調》對當時有關客家民系和客家方言的資料進行了詳細的梳理，開列了當時巴色會已經出版的各種客家方言語料，包括各種聖經譯本、客話課本和 1909 年的 *Kleine Hakka-Grammatik*（《簡明客家語法》）和 *Kleines Deutsch-Hakka Wörterbuch für Anfänger*（《簡明德客詞典》）。該文還就客家方言音韻等問題展開科學的分析研究，全文分爲緒論、聲調、聲母韻母、音節、聲韻調配合表。

華德辭典附録

利定白《華德辭典》中 6400 個漢字的廣東話讀音和客家話讀音的附録，由 Hamburg, L. Friederichsen 出版於 1925 年，德文標題是“Anhang zum chinesisch-deutschen Wörterbuch von Werner Rüdenberg enthaltend die 6400 Schriftzeichen mit ihren Aussprache- und Tonbezeichnungen in der Kantoner und Hakka-Mundart”，没有中文標題，暫時譯作《華德辭典附録》。

《華德辭典》（*Chinesisch-Deutschen Wörterbuch*）的發行者是柏林大學東方語言系中文部，編者是一位曾經在上海經商的中文名叫利定白（Werner Rüdenberg）的德國人，1924 年出版於柏林。曾垂祺所作的中文序對《華德辭典》給予很高的評價：“觀日英文辭書雖多，而德華辭書則絶鮮。……適德友利定白君以新纂《華德辭典》見示，乞爲一言以告讀者。查是書最便德人之初學華文者無待言矣。同時亦予我國青年一大便利。……況是書搜討之勤、著録之博，即擬之較多之中日、中英、中法辭書中亦不多見。謂爲中德文化間破天荒之一大實筏允無愧色。”

《華德辭典附録》的編者是巴陵信義會（Berlin Missionary Society，又稱“巴陵會”）傳教士郭宜堅（Carl August Kollecker，1857—1943）。他 1924 年獲得哥尼斯堡大學榮譽博士學位。根據利定白 1925 年 12 月於柏林爲該《附録》所寫的《前言》，得知編者郭宜堅是巴陵會的教區牧師總長，在華南地區已有 40 年的工作經驗。另據巴陵會檔案的有關記載，郭宜堅 1857 年 8 月 16 日生於東普魯士戈爾達普縣的朗基什肯，1883 年 9 月 29 日前往中國廣東，1922 年返回，1943 年 5 月 11 日逝世。《基督教傳行中國紀年（1807—1949）》指出，1883 年“巴陵會教士郭宜堅（A. Kollecker）來華布道，駐廣州”。

根據利定白的《前言》，得知該《附録》的編寫背景是:《華德辭典》的注音以北京音爲基礎，但是對於在華南地區傳教的傳教士而言，需要額外提供客家話、廣東話的讀音。在利定白的要求之下，郭宜堅表示願意爲彌補這一缺陷而編撰此份《附録》。《前言》中還誠摯感謝巴色會傳教士經緹福（G. Kilpper），説他在審讀稿件的過程中爲郭宜堅提供了寶貴的啓發。

《前言》之後，是按筆劃由少到多排列的 214 個部首，每個部首都標注了廣東話讀音（斜體）和客家話讀音（正體），如前 6 個部首分别是：1. 一（*yat*^{7}/yit^{6}）, 2. 丨（*kw'an*^{3}/kwun^{3}）, 3. 丶（*chü*^{3}/tšu^{3}）, 4. 丿（*p'it*^{7}/phet^{6}）, 5. 乙（*üt*^{7}/nyet^{6} yet^{6}），6. 亅（*küt*^{7}/khet^{6}）。最後一個部首是 17 畫：214. 龠（*yeuk*^{7}/yok^{6}）。部首表之後，按照 214 個部首的順序，開列 6400 個字的廣東話語音（斜體）和客家話語音（正體），如第 1 是部首爲“一”的字，包括“一、丁、七、丈、下、三、上、萬……”等 24 字。每頁 3 欄，每欄主要有 4 個竪行，從右到左依次是字頭編號、字頭、廣東話讀音、客家話讀音。客家話讀音是巴色會所慣用的萊普修斯拼音，只是調類符號不再使用陰平“/”、陽平“∠”、上聲“/”、去聲“\”、陰入“>”、陽入“\”，而全面改爲阿拉伯數字 1—6，標在音節的右上角。

白話教科

漢字本客家方言讀物。近代傳世文獻中鮮有把客家方言稱爲“白話”者。封面只標注中文標題“白話教科”和卷數，未説明編者、出版日期和地點。曹茜蕾（Hilary Chappell）、柯理思（Christine Lamarre）將《白話教科》與巴色會各版本的“讀本”同置於“客話讀本”（Hakka textbook）的目録下，并説明“橋本萬太郎先生認爲這是經緹福在 1917—1918 年間編寫”。

《白話教科》共 5 卷 46 篇課文，折頁竪排，第一卷到第三卷連續編頁，共 156 頁；第四卷、第五卷獨立編頁，分别是 58 頁、62 頁。全書大部分使用漢字，在漢字四角用勾硃法表明讀轉不同的聲調或由文言讀轉口語音；具有同一意義的兩個方言詞分雙行同時列出；有些方言詞寫不出漢字的則直接用羅馬字拼音標注讀音。前三課是相關主題的句子羅列，并未連貫成文，其餘課文多是情景對話或者小故事，主題以客家民間故事、文化啓蒙、《聖經》道理爲主，與此後出版的《客話讀本》（1929—1930、1936—）主題接近，但課文内容較淺白，課文編排的邏輯性弱於《客話讀本》，編寫時間應早於1929年的《客話讀本》。

從用字特點上看，《白話教科》與《客話讀本》有不少相同之處，如第一、三人稱代詞都采用訓讀字“₍吾”和俗字“佢”，人稱代詞領格都采用訓讀字“₍我”“₍爾”“₍其”，近指和遠指代詞用“這”“該⁾”，均使用勾硃法標明特殊讀音和用法，但是如第二人稱代詞用“汝”，疑問代詞用“乜嘅”，結構助詞用“嘅”，則與《客話讀本》不同。從内容上看，《白話教科》的體例和用字特點接近《客話讀本》，但又比《客話讀本》簡單。可以説，《白話教科》是巴色會《客話讀本》系列教材的“第一個版本”，1936年起出版《客話讀本》的前言指出“客話讀本在15年前面世，這是聊勝於無的第一步嘗試”。如果這個説法無誤的話，則《白話教科》面世的時間應該是在1921年前後。在經緹福看來，《白話教科》是舊版本，而1929—1930年的《客話讀本》纔是新版本。

客話讀本

《客話讀本》初版，屬漢字本客家方言讀物。共6册，每册封面都有竪排的漢字標題“客話讀本”和横排的德文標題“HAKKA-LESEBUCH”，并標注“基督教巴色會編”及出版時間（第一册1929年4月，第二册1929年8月，第三册1929年10月，第四册1930年5月，第五册1930年8月，第六册1930年12月）。全書正文共1027頁，每册連續編號。全書每篇課文均連貫成文，内容由淺入深。第一册有經緹福（G. Kilpper）所寫的德文前言，第四、五、六册還另附德文説明。

經緹福應該就是《客話讀本》系列教材的編者。根據巴色會1936編寫於廣東龍川老隆的一份《巴色會入華傳教士名録》，經緹福全名爲Christian Gotthilf Kilpper，1884年8月27日生於德國符騰堡地區費興根一帶的韋薩赫（Weissach），1910年受瑞士巴色會的委派來華傳教。經緹福1910年12月至1912年1月在李朗（今屬深圳市龍崗區）服務，1912年之後到達東江流域和梅江流域客家地區，先後在和平、鶴樹下（今廣東省龍川縣鶴市鎮)、源坑里(今屬廣東省五華縣)、嘉應(今廣東省梅州市)工作和生活，直至1938年纔離開中國，在華長達27年，是巴色會在中國傳教時間最長的傳教士之一。經緹福從來華傳教開始，就着意編寫通俗易懂的客話教材。

《客話讀本》初版第一册有經緹福1929年3月7日寫於嘉應的德文前言，前言一開始就指出客家族群擁有自己的語言，但是却没有自己的書面文獻，這給外國人學習客家方言增加了難度，當前這個《客話讀本》可以彌補缺失。編寫這個讀本的目的，正是通過使用文字來教授儘量多的詞彙以及介紹這門語言的句子結構。前言裏還特别感謝以下幾位先生的合作：謝化園、張祖基、陳滌新、古恩倫、孫時略。前言還指出，“我們也曾短暫疑惑過這個讀本應該用漢字還是用羅馬字出版好。最終，還是决定使用漢字。一方面是因爲用漢字書寫時，客家話能够更容易地被理解；另一方面是因爲對於中國人民來説，工作和生活裏認識幾千個常用漢字是不可或缺的”。

從用字特點上看，《客話讀本》與此前的《白話教科》有不少相同之處，如第一、三稱代詞都采用訓讀字“(吾”和俗字“佢”，人稱代詞領格都采用訓讀字“(我”“(爾”“(其”，近指和遠指代詞用“這”“該)”，均是在漢字四角用勾硃法表明讀轉不同的聲調或由文言讀轉口語音，但是如第二人稱代詞用“你”，疑問代詞用“乜個”，結構助詞用“介”，則與《白話教科》不同。

《客話讀本》初版的語言特點帶有一定的混合性，如完成體標記既用“哩”又用“開”，如第8課《寫字》：“寫哩大字就寫細字，寫哩細字又寫大字。”第14課《做工》：“做開工就去讀書，讀開書又來做工。”《客話讀本》初版中，具有兩種説法的方言詞語分兩行同時出現，如第8課《寫字》：“讀哩/開書就寫字，寫哩/開字又讀書。”表明這個句子中“哩”和“開”可以自由替换，這很能説明《客話讀本》語言特點所帶的混合性。

客話讀本注解

對1929—1930年《客話讀本》第一至第六册的一些高頻詞和生僻詞的音義進行注解的輔助讀物。没有中文書名，也未標注出版時間和地點，封面是德文手寫的“Anmerkungen zum Hakka-Lesebuch”(《客話讀本注解》)，以及“No.1—262”的字樣。實際上這是一個客家方言單詞表彙集，對262條高頻詞或生僻詞的音義進行注解，并常常與梅縣等地方言進行比較。比如第8條是對《客話讀本》第一册第24課《鋸酒杯》“這半節唔裝酒”這句原文中“裝”的注解（原文“裝”字右邊出現編號“8”），指出這個口語詞的意思是“填充”（把東西放進器物内），讀tschong1，用於其他情况下讀tsong1，梅縣則都讀tsong1（實際上，讀tschong1［ʧɔŋ1］的這個詞本字是“張”而不是“裝”，詳見莊初昇《論贛語中知組三等讀如端組的層次》,《方言》2007年1期）。值得注意的是，其羅馬字拼音不是采用巴色會常用的萊普修斯方案，而是自成一體，如用tsch/tschh/sch拼舌葉音聲母［ʧ］［ʧʰ］［ʃ］，用1—6的阿拉伯數字標6個調，可能是爲了方便印刷。

《客話讀本注解》共6個部分，各部分獨立編頁，但詞條則是從1—262條連貫編號。其中：第1部分7頁，列1—44的詞條；第2部分12頁，列45—99的詞條；第3部分8頁，列100—152的詞條。以上3部分是排版印刷，分别對1929年的《客話讀本》第一至第三册的高頻詞、生僻詞進行注解，這三部分估計也是在1929年排印的。第4部分7頁，列153—192的詞條；第5部分4頁，列193—227的詞條；第6部分4頁，列228—262的詞條。以上三部分是手寫本，原本分别附在1930年的《客話讀本》第四至第六册之後（收入本書時把這三部分抽出，與第1至第3部分合併爲一種文獻，統一置於標題“Anmerkungen zum Hakka-Lesebuch”之下。每個詞條先列出漢字及詞組，一般再對其進行羅馬字注音，然後是德文解釋。第1至第3部分的標題都是“Anmerkungen”（注解），第4部分標題則是“Anmerkungen zu Band Ⅳ”（第4册注解），第5、第6部分標題也分别標明是第5册注解、第6册注解。毫無疑問，《客話讀本注解》是爲了配合《客話讀本》初版（1929—1930）的使用而編寫的客家方言字、詞解釋總表，編寫的年份也是在1929—1930年。行文中非常注意Umgangssprache（口語，簡稱US）與Buechersprache（書面語，簡稱BS）的區别，極爲難能可貴。

該書對客家方言高頻詞和生僻詞的注解，也適用於1931年編寫的《醫界客話讀本》。如《醫界客話讀本》第1課《梅縣基督教德濟醫院》中的“₍毛”字，右邊標有“37”字樣，表示其注解見“Anmerkungen zum Hakka-Lesebuch”(《客話讀本注解》)第37條。

客話讀本講解

對1929—1930年《客話讀本》第一至第三卷的字詞進行詳細講解的輔助讀物。共两卷，第1卷講解的是《客話讀本》第一册，從第1課到第100課，正文52頁；第2卷講解的是《客話讀本》第二册、第三册，從第101課到240課，正文96頁。两卷都没有中文書名，也未標注出版時間和地點，作者也闕如，封面是舊式打字機列印的德文書名“Erklaerungen zu dem Hakka-Lesebuch”(《客話讀本講解》)，第1卷書名之下還有“1”字樣（指《客話讀本》第一册），第2卷書名還有“2/3”字樣（指《客話讀本》第二册、第三册）。第1卷開頭有經緹福（G. Kilpper）1931年10月9日寫於嘉應的前言，共7頁；接着一頁的抬頭有“Erklaerungen zu dem Hakka-Lesebuch Bd.1-6 und zu dem Medizinischen Hakka-Lesebuch”字樣，表明編者計劃編寫的講解内容包括《客話讀本》第一至第六册（實際上目前我們所能看到衹有第一至第三册的講解，第四至第六卷闕如），以及《醫界客話讀本》。同頁接着是縮略詞表，如“B”是“Bedeutung”（意義）的縮略，“BS”是“Buechersprache”（書面語）的縮略。正文以阿拉伯數字編序，如第1頁的“1”“2”“3”這三節所對應的是《客話讀本》第一册的第一課《接客》、第二課《飲食》和第三課《兩兄弟》。如第1節講解了《接客》一課中的一些字詞，共有8個：接、客、想、見、爸、₍吾、就、屋（“₍吾”誤寫爲“吾₎”）。該書的羅馬字拼音，與巴色會一貫采用的萊普修斯方案和“Anmerkungen zum Hakka-Lesebuch”(《客話讀本注解》)均不相同，而與“Hakka-Lesebuch Übertragung in romanisierte Schrift，1.Band”(《羅馬字客話讀本》第一册，1932年）一致，都是河源方案。釋義方面都用德文，有的講解較爲簡潔，如“₍吾 ngâi ich”；有的講解則較爲詳細，如第15節的“還”：

還 1. fân ist Lesart in BS zurueckkehren,zurueckgeben,für letztere Bedeutung lesen die Hakka fast immer wan.In vorliegendem Zusammenhang ist aber

2. hân zu lesen. Bedeutung:noch,auch,ausserdem

雙音節、多音節詞或短語，則没有出現漢字，如第 4 節講解第 4 課《客來》的“打開”和“老人家”：

dà hōi oeffnen, aufmachen

láo njîn gā alter Herr (ist oft auch ehrende Anrede)

該書第 2 卷另起編頁，從講解 101 課《父子不相識》(《客話讀本》第二册）開始，直接進入正文，共 96 頁。

羅馬字客話讀本

《客話讀本》初版第一册的羅馬字拼音本“Hakka-Lesebuch Übertragung in romanisierte Schrift”(《羅馬字客話讀本》）出版於 1932 年，封面衹有德文標題而没有漢字標題，作者注明是“Miss. Kilpper”（經緹福傳教士）。德文前言的落款亦爲“G. Kilpper”（經緹福），并標注撰寫時間爲 1932 年 10 月。前言指出：“這一轉録本不能代替對漢字本的學習。”可見在編者的心目中，編寫漢字讀本要重要得多。這一册羅馬字拼音本共 100 篇課文，34 頁，全書均爲羅馬字拼音，包括大量重複的共約 13000 個音節。將羅馬字拼音轉寫爲漢字後，發現課文題目和内容與 1929 年版《客話讀本》第一册相同，所以它應該是《客話讀本》第一册（1929）的羅馬字對照本。這一册所使用的羅馬字拼音方案與此前巴色會一貫采用的萊普修斯方案很不一樣，例如兩套塞擦音、擦音的注音：早 zao、做 zu、酒 zju、抄 zhao、助 zhu、愁 seo、朝 dschao、遲 dschhi、書 dschu、招 dschao、住 dschhu、燒 schao，帶有德式拼音的特點。根據“Zur Einfuehrung in die Chinesische Sprache und Schrift”(《漢語文入門》）第 1 卷的介紹，這是 1931 年在河源（Honyen）舉行的大會上采用的拼音方案。之所以不采用萊普修斯方案，可能與這套方案的聲調標注法較爲特殊，印刷難、費用貴有關。下面以第 1 課《接客》爲例（漢字來自 1929 年漢字本《客話讀本》，羅馬字拼音來自 1932 年羅馬字本《羅馬字客話讀本》）：

有人客來，想見 (我爸。—— jū njîn hág lôi, sjóng gèn ngā bā.

(吾就去接人客，請佢入 (我屋家。—— ngâi zhjù hì zjáb njîn hág, zhjáng gî njìb ngā wúg kā.

漢語文入門

巴色會傳教士經緹福（G.Kilpper）用德文編寫的 3 卷本漢語文入門教材，是 1929—1930 年版《客話讀本》的輔助讀物。作者在第 2 卷的引言中指出，漢字本《客話讀本》雖然從其誕生起就成爲漢語學習的最主要入門書籍，但它給部分初學者造成了極大困難，很容易令其感到疲憊、喪失信心，因此本教材試圖減少此類困難。這 3 卷本教材的封面都有德文標題“Zur Einfuehrung in die Chinesische Sprache und Schrift”（暫時翻譯爲《漢語文入門》），而且都在卷首標明作者是 G.Kilpper。全書德文、羅馬字拼音和阿拉伯數字都用舊式打字機列印，第 3 卷還出現了不少漢字，則都用手寫。該書可能還是一個非正式出版的讀物，故封面没有標明地點和年份。

從目録列舉的内容來看，第 1 卷包括與語言教師的溝通、關於語言學習的一般建議、語言學習工具、客家方言語音系統、客家方言聲調教學及練習等，後面的兩部分涉及的内容尤其重要，特别是比較該書所采用的羅馬字拼音的 Honyen 方案（河源方案）與 MacIver 方案（英國長老會粵東客家方言拼音方案）、Lepsius 方案（巴色會萊普修斯方案）的不同之處，很有參考價值。

第 2 卷扉頁下半部分有“Beispielsaetze fuer Anfaenger”字樣，意爲“初學者示例”；接着有 3 頁經緹福 1934 年 11 月 25 日寫於嘉應的引言，指出第 2 卷旨在提供一個學習口頭語言的最初指南；課文一共 35 課，第 1 課從高（hoch）、低（tief）、平（eben）、降（fallend）、長（lang）、短（kurz）比較了興寧、李朗的四個舒聲調，觀察到第一聲（陰平）、第二聲（陽平）是平調（ebene Toene），第三聲（上聲）、第四聲（去聲）是降調（fallende Toene）；其餘的從第 2 課到第 35 課，由簡入繁對客家方言詞彙和常用句子用德文進行釋義，如第 2 課所解釋的前 3 條詞是人稱代詞：ngâi（我）、ngî（你）、gî（他 / 她 / 它）。作者認爲，句法的學習比詞彙更加重要。

第 3 卷扉頁下半部分有“Einfuehrung in die Schriftsprahe”字樣，意爲“書面語簡介”；接着是 7 頁經緹福 1935 年 4 月 1 日寫於嘉應的引言（Einleitung）；課文一共 26 課，由淺入深、由簡入繁介紹偏旁部首、常用漢字以及相關的詞語、單句，如第 3 課介紹的偏旁和常用漢字有“明、白、刀、刂、心、忄、⺗、力、田、百、天、女、女、子、孑、好、好）”，相關的詞語和單句有“明天、明日、明白、白白……一日、山水好、好山水、明明有、好小心、心大力小、明明有心、一心一力、一人二心、二人一心、小人心有刀”。大部分是書面語，也有一些客家方言口語。一頁之中由左到右依次出現漢字、河源方案的客家方言羅馬字拼音和德文解釋。衹有偏旁和常用漢字的右邊纔有舊式打字機列印的羅馬字拼音，相關的詞語和單句都没有（部分有鉛筆書寫的羅馬字拼音）。課文之後有附録性質的内容，包括漢字書寫練習、214 個部首、中國朝代、明清帝王和民國總統、天干地支、中外地名等。第 3 卷專攻書面語言，作者認爲，曠日持久的漢字學習是一種阻礙，本教材爲其開闢一條更爲便捷的道路。

可以説，該書是經緹福在粵東客家地區學習、研究和教授客家語言文字的理論和實踐的系統總結。

客話讀本（增訂版）

《客家讀本》增訂版，屬漢字本客家方言讀物，1936 年起出版。共 8 册，第一册封面没有出現“第一册”字樣，有竪排的漢字篆書標題《客話讀本》和横排的德文標題“HAKKA-LESEBUCH”，并用德文標注編者是 C.G.Kilpper（經緹福），出版地點是中國老隆巴色會（老隆今屬廣東省龍川縣，也是巴色會的傳教地之一），出版時間是 1936 年。第二册至第八册封面均分别標明“第二册”“第三册”“第四册”等字樣，而且均有竪排的楷體標題“客話讀本”和横排的德文標題“HAKKA-LESEBUCH”，但没有出現編者、出版地點和時間等信息。其中，第七册中的第 742 課《光榮介八百》，講了 1937 年 10 月 27 日上海抗戰中八百壯士的悲壯故事，由此可見這套八册本讀本是 1936 年之後陸續出版的，并非都出版於 1936 年。

德文《前言》由經緹福 1936 年 3 月寫於嘉應（今屬廣東省梅州市），一開頭也强調了客家方言没有書面文獻的缺陷，這給外國人學習客家方言帶來很大的困難，對於傳教工作造成的不便尤其大，因此《客話讀本》對於彌補這一缺陷是非常必要的，它將盡可能多地收録客家話的詞彙并將其應用在客家話的句子中。《前言》還提到，編者從民間故事的收集入手，然後在口述的基礎上通過文字復述將它們記録下來，從而獲得了一些客家話的口頭文本，再將這些編寫到了讀本之中。《前言》中還特別感謝了包括張祖基、古恩倫、謝化園、陳滌新在内的10位中方合作者，强調“如果不是有他們之前數次的檢查和修正，對於外國人來説，基本上無法下手做任何工作”。《前言》還指出“當前的第三個版本是第一版的精選和幾乎第二版全部的内容，另外還有相當大部分新的閲讀材料”。也就是説，1936年起出版的《客話讀本》已是第三個版本，而第二個版本是1929—1930年的《客話讀本》，第一個版本則是《白話教科》。

經緹福1910年來華，從1911年開始着手收集材料編寫客家方言讀物，其中以1936年起出版的這套客家方言讀本體量最大，共8册840篇，約40萬字。第一册是1—120課，第二册是121—320課，第三册是321—480課，第四册是481—600課，第五册是601—680課，第六册是681—740課，第七册是741—790課，第八册是791—840課。第二册開始目録之前有一兩幅插圖，如第三册的插圖是“負米養親”。8册正文均爲手寫，第一册正文之前首先是經緹福的德文序言，接着是關於勾硃法的説明（即在漢字四角用勾硃法表明讀轉不同的聲調或由文言讀轉口語音），接着纔是第一册的目録。課文内容以中國民俗故事、古代典籍故事、日常生活對話、基督教道理、客家風俗介紹爲主，口語程度較高，對20世紀初廣東中、東部客家方言的研究具有重要價值。

1936年起出版的《客話讀本》的語言特點也具有混合性，完成體標記也是既用“哩”又用“開”，如第32課《入學校》:“食哩飯，羅阿二去學校裏讀書，大路上看倒幾隻掌牛介，在山上掌牛。”第107課《有人客來》:“吾一日做八點鐘。做哩工逗一下，以後食夜。食開夜就讀書寫字！”《客話讀本》初版中，具有兩種説法的方言詞語分兩行同時出現，1936年版則不這樣處理，如第12課《寫字》:“讀哩書就寫字，寫哩字又讀書。”這正如《前言》所指出的，“之前一起出現的一些同義詞，它們對少部分人是很有價值的，但對大多數人是比較困難的負擔。這些詞我們做了删除”。

醫界客話讀本

漢字本客家方言醫學讀物，出版於1931年。扉頁右和左分别竪行標明“西曆一九三一年六月初版”“梅縣德濟醫院編”，居中是中文標題《醫界客話讀本》。上方横行是德文標題“Medizinisches Hakka-Lesebuch”。梅縣德濟醫院又稱黄塘醫院，爲梅州市人民醫院的前身，由巴色會建於 1896 年，是中國最早的西醫醫院之一。

《醫界客話讀本》扉頁之後有“四海爲鄰”插圖一幅，還有 2 頁重點字詞的德文注解（Anmerkungen，序號起止爲 263 到 274）。根據經緹福（G.Kilpper）的説明，編號 1—262 的漢字注解在《客話讀本》中出現過。隨後是兩個都用德語寫就的前言，作者分别是巴色會傳教士經緹福和露潤黎（Dr.H.Lutz）。後者於 1926 年來華，任梅縣基督教德濟醫院傳教士醫師。露潤黎的前言中提到了中方合作者謝恩光、陳滌新、孫時略等。

《醫界客話讀本》的目録和正文由楷書手寫而成，目録 2 頁，正文共 1 册 19 篇課文，189 頁（巴色會檔案館藏原書缺第 43、44 頁，即第 4 課後一部分和第 5 課前一部分），體例與 1929—1930 年《客話讀本》大致相同，在漢字四角用勾硃法表明讀轉不同的聲調或由文言讀轉口語音。内容包括梅縣基督教德濟醫院、梅縣常見病症、當時中國醫療狀況介紹，一些疾病的診療手段、診療過程的記録，以及幾個與醫學相關的古代故事和醫學諺語等，如第 1 課《梅縣基督教德濟醫院》，第 2 課《梅縣通常介病症》，……最後一課第 19 課《一個女傳道自述悔改歸主介經過》。涉及醫學方面的術語較多，有些書面語的色彩。

《醫界客話讀本》中具有兩種或三種説法的方言詞語分兩行或三行同時出現，這與 1929—1930 年版的《客話讀本》類似，如第 16 課《華陀》：“(吾今下就下落手，請將) 軍莫畏驚！”表明這個句子中“下”和“落”、“畏”和“驚”分别可以自由替换。“若使唔係早滴) 哩醫治，這隻脚就會毛用廢開。”表明這個句子中“(毛用”和“廢開”可以自由替换。有的口語詞因爲寫不出漢字，也用羅馬字拼音代替，如第 18 課《扁鵲醫虢國介太子》：“舌嘰 lai2 出來唔曉縮。”

醫界客話讀本講解

對 1931 年梅縣德濟醫院編的《醫界客話讀本》的字詞進行詳細講解的輔助讀物。没有中文書名，也未標注出版時間和地點，作者也闕如，封面是舊式打字機列印的德文書名“Erklaerungen zu dem medizinischen Hakka-

Lesebuch”(《醫界客話讀本講解》)。没有扉頁和目録，正文共 68 頁。正文的羅馬字拼音和阿拉伯數字用舊式打字機列印，漢字則爲手寫。正文 19 章，每一章對應《醫界客話讀本》的一課。如第 1 章即是對《客話讀本》第一課《梅縣基督教德濟醫院》的字詞講解，非常詳細，一共包括如下 124 個字：梅、縣、院、濟、差、址、廣、離、合、潮、州、汕、韋、嵩、墳、墓、建、築、藥、略、衛、感、費、駐、瑞、肅、遜、强、薛、克、殷、招、畢、業、習、鬧、簡、陋、漸、擴、容、庶、種、姑、娘、症、驗、專、液、痰、料、夥、佚、診、查、裏、午、消、耗、劑、急、測、適、屬、允、迫、切、翻、怨、謡、敗、譽、癲、狂、痳、瘋、癩、列、規、則、蒸、融、砸、按、櫃、炭、筒、壺、尿、罌、闊、吐、吸、煙、炰、度、測、次、廉、結、患、染、隔、擅、滯、毒、臭、蓋、拾、坑、廁、屎、窖、納、妨、酷、族、律、津、雜、諒、章、酌、達。有個别字重出，如“測”，但釋義不同。該書的羅馬字拼音，與巴色會一貫采用的萊普修斯方案和“Anmerkungen zum Hakka-Lesebuch”(《客話讀本注解》)均不相同，而與“Hakka-Lesebuch Übertragung in romanisierte Schrift, 1.Band”(《羅馬字客話讀本(第一册)》，1932 年)一致，都是河源方案。釋義方面都用德文，也較爲詳盡，如第 1 章解釋第一課的“症”：

症 dschìn laster, Krankheit
gód dschìn oprieren, Operation
kòn fù pflegen, Pflegeperson
kòn fù fù Pflegerin, Krankenschwester
zjáb sāng Geburtshilfe leisten
ńg sù Dame, Fraeulein
zjáb sāng g̀ ńg sù He bamme

這條除了解釋客家方言的“症”，還涉及“割症”(手術)、“看護”(護理)、“看護婦”(護士)、“接生”(助産)、“女士”、“接生介女士”(助産士)等相關詞語，可謂非常豐富。

中華舊禮俗

有關舊時禮儀、風俗的漢字手寫本客家方言讀物。共 4 集，綫裝，未標頁碼。4集封面標題《中華舊禮俗》之下分别用小字注以“一集”、“二集”（該集目録却標明“第二册”）、“三集”（該集扉頁却標明“增補”）、“四集”，其中第1集扉頁標明“1928年編於梅縣黄塘”，第3集扉頁標明編於“中華民國廿二年六月”（1933年6月），第4集扉頁標明編於“民國廿三年春”（1934年春），第2集未標明編寫時間。梅縣黄塘就是1896年巴色會創建的梅縣德濟醫院所在地。

《中華舊禮俗》爲巴色會華人牧師張祖基的一部漢字手稿，記録了客家地區的宗教、節日、嫁娶、術數、修身、迷信、治病、喪葬等方面的民間習俗，是研究早期粵東客家地區方言和民俗的一部珍貴文獻。1971年日本著名語言學家橋本萬太郎在瑞士巴色會檔案館發現，而後於1980年由日本崇正總會、世界客屬第五次懇親大會紀念出版，1984年由日本研文出版社影印出版。臺北衆文圖書公司1986年出版排印版，更名爲《客家舊禮俗》。

《中華舊禮俗》的編者張祖基作爲中方合作者，其名字出現在巴色會傳教士經緹福（G. Kilpper）分别爲1929—1930年版《客話讀本》和1936年起出版《客話讀本》寫的前言中，由此可以看出其與駐粵東傳教的巴色會關係非常密切。根據有關史志記載，張祖基（1883—1950）是興寧葉塘人，自少肄業於巴色會李朗神學院（又稱存真書院、傳道書院），1901年畢業，在東江、韓江各地傳道，擔任龍川鐵場教堂主任，後赴梅縣黄塘巴色會樂育小學任校長。《中華舊禮俗》有可能是張祖基在黄塘任校長時所作。其1917年的《諺語格言韻編》爲傳世之作，我國客家學奠基人羅香林（1906—1978）爲其作序。張祖基的兒子張敬安、女兒張和安都曾在梅縣德濟醫院學習和工作多年。

關於《中華舊禮俗》的内容，張祖基寫於1928年的序指出：“這部書喊做‘中華舊禮俗’，即係講中華舊時个禮儀風俗，内容有祭禮、婚禮、喪禮，就係屬禮儀。另外个風俗，係由儒釋道个聖賢，以及各種个異端邪説生出來个。”關於編寫這部書的目的，序中也有交代：“外國人在我國做客，固然愛研究風俗；本國人唔知風俗个來歷，仍然愛考究。至若傳道人，做基督个精兵，想攻入平民社會个大本營，就更過愛用這部書，來做其行軍个地圖。”

《中華舊禮俗》的用字與1929—1930年的《客話讀本》基本相同，如第一、三稱代詞都采用訓讀字“₍吾”和俗字“佢”，人稱代詞領格都采用訓讀字“₍我”“₍爾”“₍其”，近指和遠指代詞用“這”“該⁾”，疑問代詞用

“乜个”。結構助詞用“个”則與1929—1930年的《客話讀本》用“介”不同。《中華舊禮俗》也是在漢字四角用勾硃法表明讀轉不同的聲調或由文言讀轉口語音，如第1集《盤古神話》:“看倒天地將分未分該⁾下，輕清個陽氣，唔曉升₍上去。”

客話俗語

手稿本的漢字、萊普修斯式羅馬字拼音和德文三者對照的客家方言俗語集，收藏於瑞士巴色會檔案館。封面德文書寫，標題爲“Sammlung Chinesischer Sprichworte (mit Hakka-Aussprache) mit Umschrift und Übersetzung”(可以簡單翻譯爲《中國諺語集(含客家話發音)》)。封面還標明俗語的收集者和書寫者是Friedrich Schmoll，漢字部分則是退休牧師Zen Ku Wui(中文名不詳)書寫，1916年開始於Nyenhangli(源坑里)。根據巴色會1936編寫於廣東龍川老隆的一份《巴色會入華傳教士名録》，Friedrich Schmoll中文名是蘇慕良，於1902年來華。

正文從第2頁開始，頁碼編到289頁，收録客家方言俗語4853條，體量相當大。另外，後面還有兩個未編號碼的附録，手寫漢字、萊普修斯羅馬字拼音對照，没有出現德文，估計是後來增補的内容。第一部分是經典文言名言63條，如“入則孝，出則弟”“泛愛衆，而親仁”等；第二部分是“尹相國語”“某名士語讀書聯”“文天祥語”“元宵孔廟上燈”等19條。

該手稿本第2頁到286頁所收録的4837條客家俗語按照客家方言的讀音排序，接着286頁到289頁的4838—4853條應該是後來補遺的條目，也是按照音序排列。多達4853條的客家俗語内容豐富，形式多樣，有歇後語、諺語、成語等。歇後語如第1條“啞佬報生，挺直”和第2條“啞佬唱戲，冇聲”，諺語如第3條“啞仔漫嘗黄柏味，自家有苦自家知”和第18條“亞鵲教烏鴉，教去脚跳跳”，成語如第8條“啞毒盲精”和第51條“花多眼亂”。

從該手稿本萊普修斯式羅馬字拼音所記録的語音系統來看，顯然反映的是新安客家方言的語音特點，最明顯的是古濁去字歸去聲而不是上聲，如第62條“命長正食得飯多 *myan*^{4}*tšhon*^{2}*tšan*^{4}*šit*^{5}*tet*^{6}*fan*^{4}*to*^{1}”，“命”“飯”都讀去聲。

客話寓言

漢字手稿本的客家方言寓言譯本，收藏於瑞士巴色會檔案館。該手稿本没有封面和扉頁，也没有編頁，所有作品都有標題，都是竪行手寫。一共收録了31篇寓言，其中前25篇編了序號，後6篇没有編序號。第1篇《老鴉得水》，第2篇《猩猩與人》，第3篇《農夫救蛇》，……最後一篇《百靈搬家》，大部分篇章没有加句讀。

該手稿本的用字與《客話讀本》系列課本有所不同，如結構助詞用"嘅"而不用"介"，完成體標記用"里"而少用"哩"，等等。該手稿本的寓言顯然都不是原創，而是從其他文本翻譯過來的，因此口語程度不是很高，以《狐狸騙烏鴉》爲例："有一隻烏鴉，一日嘴咬食物，飛在樹上，啱啱恰着一隻狐狸在地下叮。該隻狐狸想騙佢食物，就該樣話：'久聽人講，先生好噲唱，特來請教。'該隻烏鴉歡喜，作爲真嘅，黏勢打開嘴子來，食物也就跌下去。狐狸即刻將食物食完，還話：'多謝！多謝！'這樣事來看，俗話'甜言愛防備'，確實係真嘅。"與《客話讀本》不同之處還有，該手稿本不在漢字四角用勾硃法表明讀轉不同的聲調或由文言讀轉口語音。1929—1930年版《客話讀本》的第25課是同名的寓言《狐狸騙烏鴉》，録全文如次供比較："老鴉銜倒一塊肉，紮緊在樹上。狐狸走到樹頭(下，想食烏鴉銜緊介肉，就對烏鴉話：'久聞你好會唱，請你唱首歌畀(吾聽下哩！'老鴉聽倒十分歡喜，打開喙想唱歌，喙上銜緊介肉就跌落地，被狐狸食開哩。"

客話勸世歌

漢字手稿本的客家方言"白話歌"，收藏於瑞士巴色會檔案館。該手稿本没有封面和扉頁，也没有編頁，所有作品都有標題，都是竪行手寫。大部分作品的內容是教導人們如何爲人處世，宣揚傳統思想和某些封建意識，整體上稱之爲"客話勸世歌"頗爲貼切。也有部分作品反映日本侵華、熱河戰役等時事題材。這些客家方言"白話歌"以押韻的七言體居多，藝術水準不高，屬於俚俗的打油詩。第一首是《食齋化樂歌》，第二首是

《男人莫離妻白話詩》，第三首是《勸孝順報恩歌》……，最後一首是《前世無修白話詩》。《末刦傷心歌》："世界看來得人狂，日本做事十分狼。日本來到東三省，百姓人民盡遭殃。"可見寫作年份應該是在1931年九一八事變後。《中日戰爭白話詩》主要描寫熱河戰役，如"戰事始終也。毛和，中兵退守失熱河""前時軍長張學良，現在辭職轉原鄉""日本熱河扎大營，現在想來進長城"，因此估計寫作年份是在1933年或稍後。

這些客家方言白話詩的詞彙和用字特點，包括勾硃法，如"。吾""。爾""。毛"等，不難看出與《客話讀本》基本相同。

客話索引

扉頁上没有中文標題，英文標題是"A Hakka Index to the Chinese-English Dictionary of Herbert A. Giles, LL. D. and to the Syllabic Dictionary of Chinese of S. Wells Williams, LL. D."，英文注明編者是汕頭五經富（Wuking-fu）英國長老會（E. P. Mission）的紀多納，1904年由上海美華書館（American Presbyterian Mission Press）出版。紀多納（D. MacIver，1852—1910），也音譯爲麥愛華，1879年從英國來華，與次年來華的長老會另一位傳教士李威廉（William Riddel）先定居於今屬揭西縣五雲鎮的上洞村，後轉移到今屬揭西縣的五經富鎮開創教務。紀多納在粵東客家地區傳教凡30年。

扉頁之後是"按語"（Note），首先是體例的介紹，即正文每個字頭後的上下兩組數字中，上一組給出的是翟理斯字典中該字所在的頁碼，下一組給出的是衛三畏字典中該字所在的頁碼。例如正文第5頁第一個字"一 5342/1095 yit"，表示"一"這個字頭所在的頁碼，翟理斯字典和衛三畏字典分别是5342頁和1095頁。"按語"部分還以Fu，Fû，Fú，Fù，Fúk，Fuk爲例，説明客家方言六個調上平（陰平）、下平（陽平）、上聲、去聲、上入（陽入）、下入（陰入）的標調法。

翟理斯（Herbert Allen Giles，1845—1935），英國駐華外交官、著名漢學家、劍橋大學第二任漢學教授；上文的翟理斯字典指1892年出版的《華英字典》（*A Chinese-English Dictionary*），共三卷。衛三畏（Samuel Wells Williams，1812—1884），最早來華的美國新教傳教士之一，也是美國早期漢學研究的先驅者，美國第一位漢學教授；上文的衛三畏字典指1874年出版的《漢英拼音字典》(*A Syllable Dictionary of the Chinese Language*)。

扉頁之後是“字部目録”，按照筆劃由少到多的順序列出了 214 個部首（最後一個爲“224 龠”，編號有誤）的客家讀音以及英文釋義，如：1 一 *Yit*, one. 2 丨 *Kwún,* to pass through. 3 丶 *Chú*, a dot. 4 丿 *Phiet*, a left stroke. 5 乙 *Yet*, one, bent. 6 亅 *Khiet*, a barb。之後有“字部別名”，如“一”的別名是“yit vâng kwò”（一横過）。

正文標題是“Hakka Index”，從第 5 頁至 150 頁，按照 214 個部首的順序排列字頭，標注兩本字典所在的頁碼，并注客家方言的讀音，没有英文釋義。正文之後還有一個另外編頁的“字目列表”(List of Characters)，按總筆劃由 2 畫到 27 畫的順序排列。

客英詞典（初版）

英國長老會傳教士紀多納（D. MacIver）在粵東當地人彭景高等人幫助下於 1905 年所編纂的“An English-Chinese Dictionary in the Vernacular of the Hakka People in the Canton Province” 在上海美華書館（American Presbyterian Mission Press）出版。這部詞典没有中文標題，臺灣學界翻譯爲《客英大辭典》。紀多納在 1905 年 8 月寫於汕頭五經富（Wukingfu）的序言中提到該詞典是根據巴色會傳教士韓山明和黎力基的詞典編成的。韓山明在 1847 年抵達中國後便開始編撰該詞典，直到 1854 年去世後纔由黎力基接手編成。韓山明和黎力基的詞典爲客家地區的傳教士廣泛使用 50 餘年，期間曾由巴色會的另一個傳教士畢安（Charles Piton）修訂及精簡。紀多納在序言中還提到巴色會傳教士所編的詞典反映的是客家地區西南部的方言，而他自己編寫的詞典則反映了客家地區東北部的方言。在編撰該詞典時，巴色會無法派人協助，但該會的傳教士瑞靄多（O. Schultze）寫下了音序從 A 到 K 及 S 的嘉應州話版本；中文編者彭景高花了整兩年的時間編寫、增訂中文及客話俚語。紀多納還提到，除了口語之外，該詞典還引進了衛三畏（S. W. Williams）和翟理斯（H. A. Giles）字典的字目，至於釋義方面還參考了翟理斯、衛三畏、歐德理（E. J. Eitel）和杜嘉德（C. Douglas）的字典。

序言之後是引言，介紹了客家人和客家方言，客家方言方面特別介紹了客家方言聲調、與其他方言的關係以及羅馬字拼音系統。關於客家方言，紀多納特别指出廣東客家人的語言態度是以嘉應客話爲正宗，此前巴色會傳教士及歐德理和莊延齡（E. H. Parker）等所描述的主要是新安一地的客家方言，而此詞典要描寫的是嘉應州、潮州府、惠州府三種客家方言。關於聲調，紀多納指出在廣東西部的客家區域讀去聲的許多字，東部區域（嘉應州，特别是潮州）讀爲上聲。關於羅馬字拼音方案，紀多納評價説，巴色會出版的書是根據萊普修斯的標準字母，一種非常科學的系統，但是因爲印刷難、費用貴以至於教會不怎麽采用。《客英詞典》采用的拼音方案是在南方方言區其他差會所通用的一種系統，中華教育會已用來作爲官話的標準羅馬字系統，這種系統有望與威妥瑪系統分庭抗禮。

《客英詞典》初版的正文長達 1216 頁，後面附有“勘誤表”，直至 1221 頁結束。正文所收的客家方言語素及相關詞條，以羅馬字拼音音節排序，而羅馬字拼音音節又以英文字母的順序排列，凡是帶送氣音符號 h 的音節排在相應不送氣音節之後。每一個條目先出現漢字，接着是羅馬字拼音，最後是英文解釋。該詞典的體例舉例如下：

A

阿 A.　A prefix to names of persons (where these are monosyllabic), and to designation of relatives, etc.

| 爸，*a pa*, father.

| 姆，*a mi*(*me*), mother.

| 公，*a kung*, grandfather.

客英詞典（第二版）

1926 年，英國長老會傳教士瑪堅綉（M.C.Mackenzie）在彭景高、黄衡（兆衡）的協助下，對 1905 年《客英詞典》（初版）進行增補和重排，出版了《客英詞典》（第二版），標題爲“A Chinese-English Dictionary：Hakka-Dialect as Spoken in Kwang-Tung Province”。瑪堅綉在第二版序言中説，《客英詞典》（初版）發行 10 年後，他應英國長老會海外宣道委員會的要求，着手進行增補和修訂。序言中提到除了請協助紀多納編寫初版的彭景高，還請黄兆衡牧師大力協助，歷時 10 年才完成修訂，於 1926 年由上海美華書館初版。《客英詞典》(第二版)正文長達1142頁，之後没有勘誤表。

《客英詞典》(第二版)，曾分别於1970年由臺灣古亭書屋、1992年由臺灣南天書局有限公司影印出版。

客音彙編

客家方言同音字表，出版於1909年。扉頁英文標題是“A Hakka syllabary”，中文標題《客音彙編》則出現在全書正文之後的目録題頭。英國長老會紀多納(D. MacIver)編寫，扉頁標明汕頭五經富(Wukingfu)英國長老會(E. P. Mission)，1909年上海長老會出版社印刷(Shanghai: Printed at the Presbyterian Mission Press)。

紀多納在1909年1月的序言中首先指出這本《客音彙編》的緣起，一是多年前編的《客話索引》被中國讀者證明行之有效，而它已被修改和重寫了好幾次；二是有人認爲應該修改《客英詞典》中的讀音。爲了達到這個目的，把《客話索引》中來自翟理斯字典和衛三畏字典的所有漢字都與《康熙字典》中的發音進行比較，於是便有了這本《客音彙編》。序言還交代了正文中附在一些漢字上的英文小字母的含義(内容與正文後的一頁“表號”相同): *a*=音異義同，*b*=音義并異，*c*=俗讀平，*d*=或讀上聲，*e*=原音，*k*=嘉應音。

正文有大寫英文標題“HAKKA SYLLABARY”。標題之下就以列表的形式編排同音字，乃是按照A、Á、À、Ai、Aí、Aì、Ak、Am、Ám、Àm、Ang、Ap、Au、Aú、Aù、Cha、Chá、Chà、Chha……的音序排列。如第一個音節是讀音爲a(抬頭寫爲大寫的A)的同音字，計有“丫鴉阿椏剄啞砑”7字，其中“丫”邊注“k. ya”，“阿”邊注“b o, ó”，“椏”旁注“b ó”，“啞”旁注“b à”，表明“丫”的嘉應音是ya，“阿”等3字有“音義并異”的其他讀音。

正文之後附有1頁“表號”、4頁“目録”和1頁“勘誤表”。目録以漢字作爲相關音節代表字，如“丫”代表3個音節A、Á、À，“挨”代表3個音節Ai、Aí、Aì，“厄”代表1個音節Ak，“庵”代表3個音節Am、Ám、Àm，這對中國讀者來説頗爲直觀。

1909年《客音彙編》上入(陽入)的標調法與1904年《客話索引》、

1905 年《客英詞典》（初版）有所不同，以“辣”字爲例，《客音彙編》在 lat 的元音 a 之上標垂直雨滴狀的“ˈ”，而此前的《客話索引》和《客英詞典》（初版）是 lát，即在 a 之上標一個小撇（與上聲調相同，衹不過上聲没有 -p/-t/-k 之類的入聲韻尾）。

救主耶穌個新約聖經全書

羅馬字本五經富客家方言《馬太福音傳》譯本，出版於 1916 年。全書没有出現任何一個漢字，扉頁上的羅馬字拼音標題是“SIN-YOK SHIN-SHU，KHAK-VÀ”，轉寫爲漢字標題應爲《客話新約聖書》。正文的羅馬字拼音標題是“MA-THAI FUK-YIM CHHON”（大寫没有標調），也就是《馬太福音傳》。扉頁下方標注“Wú-king-fù, YÌN SHU KWÀN YÌN FAT, 1916”，表明該書 1916 年在五經富印發。這個譯本目前所能看到的複印本殘缺不全，故没有收入該書。

羅馬字本五經富客家方言《新約聖經》全本，修訂本，出版於 1924 年，收入本書的即是這個版本。全書没有出現任何一個漢字，扉頁上的羅馬字拼音標題是“KIÙ-CHÚ YÂ-Sṳ KÀI SIN-YOK SHÌN KIN TSHIÊN-SHU”，轉寫爲漢字標題應爲《救主耶穌個新約聖經全書》。標題之下羅馬字拼音標明“YÍT TSÒ KHAK-KA PHÁK-VÀ”（Í、Á 的標調符號實際上標垂直雨滴狀的點，而不是小撇），也就是“譯作客家白話”。另外，扉頁下方還用羅馬字拼音和阿拉伯數字注明出版地點、機構和出版時間“汕頭：禮拜堂鴻雪軒印發，1924”。根據《基督教傳行中國紀年（1807—1949）》，1880 年“大英長老會教育傳教士汲約翰在廣東汕頭開辦鴻雪軒印書館”。汲約翰（John Campbell Gibson，1849—1919）是英國長老會赴汕頭的傳教士，著有《衛三畏〈漢英拼音字典〉及杜嘉德〈厦門方言字典〉的汕頭方言索引》（1886 年）和《汕頭方言手册》（1907 年）等。

《救主耶穌個新約聖經全書》全書正文 588 頁，一共包括《馬太》《馬可》《路加》《約翰》《使徒》《羅馬》《哥林多前書》《哥林多後書》……《啓示録》等 27 卷。全書所用的羅馬字拼音系統與 1926 年《客英詞典》（第二版）等英國長老會客家方言羅馬字拼音文獻一致，例如第 1 卷《馬太福音傳》第一章第一句“A-pak-la-hòn kài tsṳ́-sun,Thài-vùi kài tsṳ́-sun,Yâ-sṳ Kituk Kài tshuk-phú"，轉寫爲漢字是"亞伯拉罕個子孫，大衛個子孫，耶穌基督個族譜"；第二句"A-pak-la-hòn sen Yi-sat;Yi-sat sen Nga-kok;Nga-kok sen Yû-thài vo kî-kài hiung-thì"，轉寫爲漢字是"亞伯拉罕生以撒，以撒生雅各，雅各生猶太窩佢個兄弟"。特別值得注意的是，連詞"vo"（和）正是揭西客家方言的特色詞，《客英詞典》（第二版第 1047 頁）也有記載，也没有書寫漢字。

《救主耶穌個新約聖經全書》没有用羅馬字拼音注明"五經富"，但一般都認爲屬於"五經富版本"（The Wukingfu Version），是英國長老會在五經富翻譯成客家方言并在汕頭印發。該譯本由當地牧師彭啓峰翻譯，由長老會瑪堅綉（M.C.Mackenzie）等傳教士審訂，1916 年出版初版，1924 年出版修訂版。另外，瑪堅綉和彭啓峰還翻譯了《詩篇選》（Selected Psalms），1910 年出版。

客法詞典（初版）

巴黎外方傳教會傳教士賴嘉禄編寫的粵東客家方言詞典。初版的法文標題是"Dictionnaire chinois-français : dialecte Hac-ka ; précédé de quelques notions et exercices sur les tons"，没有中文標題，臺灣學界翻譯爲《客法大辭典》。扉頁標明了作者是廣東的傳教士 Ch. Rey（即賴嘉禄），1901 年由香港的外方傳教會印刷。賴嘉禄（Charles Rey, 1866—1943），又稱爲"雷神父"（臺灣音譯爲"雷却利"），1866 年 4 月 9 日出生於法國羅納省里昂教區下屬的聖伯納旺第爾教區，1885 年進入外方傳教會的修道院學習，1889 年 3 月 3 日被教廷任命爲牧師後便於同年 5 月 1 日前往中國進行傳教。賴嘉禄在粵東嘉應地區、潮汕地區傳教 50 多年，1943 年 12 月 8 日在揭西高屋寨逝世。

詞典正文前有法文前言、中文引言、法文導論、聲調練習等。法文前言有一個副標題是"關於客家人的簡介"，主要介紹客家人的風俗及遷移歷史。中文引言則指出："廣東人民大致三大類，曰本地，曰客家，曰學老。各類源流不一，而語言亦異。此書所載即嘉應州客家之土語。"還特別強調了客家方言讀書音與口語音的不同，"此地人民讀字常有兩音，一書音，一俗音。書上見其字則讀之，與官話之音相近；與同類交言則別其音，比如‘我’字别讀作‘涯’或‘雅’”。法文導論主要介紹了客家方言語音变異、羅馬字拼音以及聲調等内容。聲調練習不僅包括單字調和兩字組連調的練習，還列舉了數量短語和對話形式的閱讀練習等。

《客法詞典》初版的正文衹有 360 頁，包括附録的“洗禮名稱”（Noms de Baptême），如“亞納 /*A năp*/Anna”。正文所收的客家方言語素及相關詞條、短語，以羅馬字拼音音節排序，而羅馬字拼音音節又以字母的順序排列（Y 因爲讀 [i] 排在了字母 i 的位置），凡是帶送氣音符號“ʻ”的音節排在相應不送氣音節之後。每一個條目先出現漢字，接着是羅馬字拼音，最後是法文解釋。該詞典的體例舉例如下：

Ā

阿 Ā. Préfixe qui affecte les noms de personnes, à moins que le nom ait deux caractères.

| 善，ā chán. | 鳳 ā foúng. | 满 ā mān.

On dit aussi.

| 叔，*ā choûc*，oncle.

| 哥，*ā kō*，frère aîné.

| 公，*ā koūng*，grand-père.

《客法詞典》初版的正文之後，還有多個附録，重起編頁。首先是法客詞彙（Vocabulaire, Français-Chinois），法語詞彙、漢字和客家方言羅馬字拼音對照，按法文字母排序，共 67 頁；接着列舉客家方言親屬稱謂詞、科舉詞彙、百家姓和天干地支紀年法；最後是外國地名。

客法詞典（第二版）

前述《客法詞典》增訂補充後，於 1926 年由香港拿撒勒（Nazareth）出版第二版。正文前面附有信件 1 頁，發音説明 2 頁，語法説明 24 頁，評論 4 頁。正文 1412 頁，後面有附録 81 頁、勘誤表 2 頁。巴黎外方傳教會汕頭教區主教實茂芳（Adolphe Rayssac）作序。前言部分介紹了客家民系和客家方言形成的背景、分佈的地域。正文前還有標音説明、句法和語法説明、用法説明，對客家的語音及詞典的標音規則，句法和語法，諺語、漢字、文學知識，引用文獻等，作了概説。詞典正文以客家方言羅馬字拼音音節排序，客話羅馬字拼音音節則按照法語字母的順序排列，帶送氣音符號的音節則排在相應不送氣音節之後。同一個音節下，每個詞條以字爲單位，依次列出漢字字頭、部首代碼、筆劃數、客家方言羅馬字拼音和又讀音、法語釋義，再分段列出漢字例詞、例句及其羅馬字拼音和法語解釋。附録包括部首檢字索引以及干支、節氣、節日、親屬稱謂、珠算基礎、度量衡、歷史朝代、國家和地區、常見人名客法對照等常識。最後 2 頁是勘誤信息。《客法詞典》第二版體量宏大，字頭計 11327 個，没有有音無字的情况。

《客法詞典》第二版 1988 年由臺灣南天書局有限公司影印出版。

客家社會生活對話

巴黎外方傳教會傳教士賴嘉禄編寫的粵東客家方言日常口語課本，出版於 1937 年。法文標題是“Conversations chinoises prises sur le vif: avec notes grammaticales, Langage Hac-ka”[《客家話日常漢語對話（含語法注釋）》]，1937 年由香港拿撒勒（Nazareth）出版。

該書的引言、説明共 10 頁，目録 2 頁，正文、附録共 734 頁（實爲 733 頁）。扉頁標明著者爲 Charles Rey（即賴嘉禄）。引言部分介紹了中法語法的區别，説明部分對本書的拼法、譯法等作了説明。正文共 34 課，課文是客家社會中的常見對話，内容豐富。附録是語法索引表。每篇課文漢字、羅馬字拼音和法語對照，脚註對課文的部分詞語、句子和相關知識有詳細的注解，對於研究早期粵東客家方言的語音、詞彙和語法都具有較高的應用價值。

該書 1973 年由臺北的中國民俗學協會（The Chinese Association for Folkolre）影印出版，扉頁上還標注了中文譯名《客家社會生活對話》以及作者的中文音譯名“雷却利”。

客家社會生活對話宗教詞彙補編

除了《客家社會生活對話》，賴嘉禄還有《客家社會生活對話宗教詞彙補編》一書，也是 1937 年由香港拿撒勒（Nazareth）出版。該書法文標題是“Supplément aux Conversations Chinoises: Termes de Religion，Langage

Hac-ka”，没有出現中文標題。法文標題的右上角還注明了作者是汕頭傳教士 Charles Rey（即賴嘉禄）。導論 2 頁，正文 174 頁 14 課，最後纔是目録。全書主要是男懺悔者（Le pénitent，簡稱 P.）或女懺悔者（La pénitente，簡稱 P.）與聽懺悔者的神甫（Le confesseur，簡稱 C.）的對話，最後一課第 14 課還出現了傳教士（Le missionnaire，簡稱 M.）與教義問答專家（Le catéchiste，簡稱 C.）的對話。對話的内容，左邊是客家方言羅馬字拼音，右邊是法文對譯，没有出現漢字。注脚中偶爾會出現少數漢字。

客話導論

美國瑪利諾外方傳教會編寫的粵東客家方言教程，出版於 1926 年。英文標題是“Introduction to Hakka”，没有出現中文標題。該書標明作者是美國瑪利諾外方傳教會的詹姆斯 • 德勞特（James M.Drought），1926 年由香港拿撒勒出版社（Nazareth Press）出版。德勞特 1896 年 11 月 18 日出生於美國紐約市，1920 年加入了瑪利諾外方傳教會。德勞特在天主教大學學習一年并在維納德任教兩年之後被派往香港，而後被派往粵東嘉應地區（今廣東省梅州市）。1925 年瑪利諾傳教會從巴黎外方傳教會接管了包括粵東客屬梅縣、興寧、蕉嶺、五華、平遠、龍川、和平、連平 8 縣在内的汕頭代牧區時，德勞特協助福爾德（F.X.Ford）主教開展新的教務。德勞特衹在嘉應待了一年，就參考《客法詞典》寫出了《客話導論》，實屬不易。美國瑪利諾外方傳教會將這本課本作爲標準客家話課本，一直使用到《客話讀本》（*Beginning Hakka*）出版的 1948 年。

《客話導論》在目録之前有一段寫於 1926 年 10 月 4 日的“鳴謝”，明確提到了該書是在巴黎外方傳教會賴嘉禄（Charles Rey）的《客法詞典》和中國一位謙遜的朋友的寶貴幫助下纔得以迅速編寫。因此，《客話導論》的羅馬字拼音方案與《客法詞典》一致。《客話導論》的正文從第 7 頁到第 298 頁，分别有概述、語音練習、句子練習（課文）、英語句子翻譯、語法注釋、有關前四條戒律的閲讀練習、詞彙表等内容。

概述部分首先明確提出客家方言是漢語群體中的一種方言，標準發音是在廣東的嘉應地區；接着分别介紹了客家方言的六個聲調、聲母的送氣與不送氣特徵、賴嘉禄的法式羅馬字拼音；最後介紹了該書的練習安排等。

語音練習部分先逐一安排六個聲調的單獨練習，羅馬字與漢字對照；接着是第一調到第四調（都是舒聲調）的對照練習；最後是總的六個調的對照練習，如：番 *fān*、煩 *fân*、反 *fàn*、飯 *fán*、罰 *făt*、闊 *fât*。聲調練習之後附有發音練習，第一部分漢字之下的拼音衹列出聲母和韻母，故意省去聲調符號，讓學生進行聲調識別；第二部分是兩音節的連讀練習。

句子練習（課文）部分一共 24 課，按照由淺入深、由簡入繁的原則安排各課的詞彙和語句練習。每一課中，先列漢字、羅馬字拼音和英文對照的生詞表，接着列漢字、羅馬字拼音對照的若干個語句，再列每一個語句相應的英文翻譯，最後是從語法角度對該課語句進行解釋和分析。這一部分是整本書的主體，佔了最多的篇幅。

英語句子翻譯部分先列了 12 組的英文，再逐一翻譯成客家方言，也是漢字與羅馬字拼音對照，如第 2 組的第一句是：The vegetables are on the table in my room./ 我間肚裏個桌上有菜（*Ngaî kiān toù lî ké· tsôc hóng yoū ts'oí*）。

語法注釋部分依次包括詞的位置、名詞、小品詞、代詞、形容詞、動詞、副詞、間接短語、從句等，每個方面內容都很豐富。

有關前四條戒律的閱讀練習部分篇幅很短，也是漢字、羅馬字拼音和英文對照，都是有關天主教十戒中前四條戒律（First Four Commandments）的內容，如第一條“失信天主 /*chît sín T'iēn Tchoù.*/To fail to keep faith in God”。對於教徒而言，這部分的內容是非常實用的。

詞彙表按照羅馬字音序列舉了客家方言的單音節詞或語素，羅馬字拼音、漢字和英文解釋左右對照，如第一條是“*Ā, Á*/ 亞 /Used as a particle of address;or of euphony.Occasionally,it indicates a pause,—a separation of clauses. Cp. 阿 á”，第三條是“*Ām*/ 菴 /house or monastery of bonzes”。

客話讀本

美國瑪利諾外方傳教會編寫的粵東客家方言教程，第一版出版於 1948 年。扉頁上方注明作者是瑪利諾外方傳教會的一個會士，但沒有出現具體的姓名；下方印有地址“Maryknoll House，Stanley，Hong Kong”（香港赤柱瑪利諾神父宿舍）。

該書第二版扉頁還指明第一版出版於 1948 年，第二版出版於 1952 年。

根據比較，第一版270頁，衹是比第二版多了第270頁的勘誤表而已。第二版應該衹是對第一版的勘誤，基本内容没有改變。

該書儘管没有指明作者，但通過翻閱相關文獻，得知其作者是登甘雨（William J.Downs）。登甘雨1890年1月1日出生於美國賓夕法尼亞州米德維爾，1920年進入瑪利諾，1927年被派遣到嘉應地區，1931年在廣東蕉嶺的叟樂教堂擔任客家話學校的主任。登甘雨1938年7月在潮州時由於日軍的炸彈轟炸而嚴重受傷，爲了治療而去香港，後來作爲主任在香港赤柱瑪利諾語言學校教授客家話，1943年回美國，1946年倒回香港赤柱，1969年再回美國，直到1970年9月22日去世。結合《客話讀本》的導言部分來看，可以推斷該書是登甘雨於1946年從美國倒回香港赤柱之後寫的。

該書分爲兩大部分，第一大部分包括序言、導論、聲調練習、分級課程、字表。分級課程共60課，是第一大部分的主體，佔了全書超過70%的篇幅。

序言由嘉應主教福爾德撰寫，指出在中國内地的村莊裏，特别是在婦女和兒童中間，今後許多代人都還要使用客家方言，而衹要有人依據這種方言進行教學，天主教會就會繼續使用這種方言。福爾德對該書及作者進行高度的評價："作者由於經過二十年的客家方言的學習和十幾年向學生講授客家方言知識的經歷，對客家方言特别熟悉，因此他對客家方言的分析及其注釋和評論都是權威性的。"

該書作者在導言中開宗明義地指出該書是一本爲了學習客家方言而依據李重光（Thomas A. O'Melia）神父的"First Year Cantonese"改編的讀本，并交代了該書的篇章結構和内容安排。導論還介紹了客家方言在中國境内外的分佈，并指出客家方言與其他漢語方言一樣，在語音和聲調上均有明顯的差異，因此爲了避免初學者出現混亂，該書限於反映在嘉應城鄉（又稱爲梅縣）使用的語音和聲調。導言也特别指出該書的羅馬字拼音方案采用賴嘉禄的《客法詞典》（其實不完全相同），但是没有提及早在1926年就出版的《客話導論》及作者。導言之後是目録，目録之後安排了聲調練習，包括連讀變調練習和個别單字音聲調練習等。特别需要指出的是，作者對客家方言第一調（陰平）連讀變調的觀察非常細緻和準確。除了聲調，這部分還安排了聲母送氣和不送氣的對照練習。

分級課程60課都是配合客家方言初級語法的語法點進行内容上的安

排，比如第一課的語法點在課文一開始就指明是“主語、謂語和直接賓語，現在時”。接着列出詞彙表，每一個詞都是漢字、羅馬字拼音和英文對照，如：人 /gnîn/man, men, human。接着列出詞組，也是漢字、羅馬字拼音和英文對照，有“人客、食飯、看書、食飯、讀書”5 條，其中“食飯”出現兩次，分别對應於英語的 to eat rice（吃米飯）和 to dine（用餐）。接着列出了兩條語法規則，一是漢語句子中的主語或主格由其位置表示，一般先於動詞；一是直接賓語或定語從句一般跟隨動詞。接着是漢字、英文和羅馬字拼音對照的語句，還用小字對有關語法點進行注釋。最後列舉了日常口語中最常用的一兩個短句，如：你食哩飯麽？（Gnî chĭt lî fán mô?），我食哩（Ngâi chĭt lî），并用英文進行解讀。

分級課程之後附有按羅馬字音序排列的漢字字表，漢字、客家方言羅馬字拼音和英文對照，如前三條是：矮 ài:dwarfish，暗 ám:dark，咁 àn:so, thus。這個字表爲熟悉客家方音的讀者提供檢字之用，十分方便。

該書的第二大部分是客家方言的高級語法，乃是相對於第一大部分的初級語法而言的。在第二大部分的開場白裏，作者直言漢語没有屈折，名詞、代詞本身不顯示性、數，動詞也没有變位，因此需要使用語序、助詞等語法手段。接着按照語法點分别進行分析，内容依次是修飾語在被修飾語之前、具體名詞、抽象名詞、專有名詞、集合名詞、數量名詞、量詞、量詞重叠、量詞和形容詞的順序、性、數、格、代詞、冠詞、形容詞、指示形容詞、數字形容詞……，整體上有些雜亂，不難看出套用印歐語語法的色彩非常明顯。

第二大部分的末尾有 3 個附録性質的内容，首先是量詞表、數量名詞表、度量衡表；然後是語法術語索引，按英文的音序排列，如：Active Voice（主動語態）、Adjectives（形容詞）、Adverbs（副詞）、Articles（冠詞）、Cases（格）；最後是勘誤表。

四福音書

——馬太福音、路加福音、馬可福音、約翰福音

美北長老會傳教士編寫的粵北連南瑶族自治縣三江鎮客家方言漢字本《新約》“四福音書”譯本，出版於 1904—1905 年。《馬太福音》出版

於 1904 年，28 章，雕版印刷，正文折頁 68 頁（單頁 136 頁），每頁竪排。扉頁右邊竪行標明“耶穌降世一千九百零四年”“大美國聖經會托印”；居中是竪行大字的標題“馬太福音”，横排小字“三江土話”；左邊竪行標明“大清光緒三十年歲次甲辰”“上海華美書局擺板”。《路加福音》《馬可福音》《約翰福音》出版於 1905 年，雕版印刷，其中《路加福音》24 章，正文折頁 77 頁（單頁 154 頁）;《馬可福音》16 章，正文折頁 46 頁（單頁 91 頁）;《約翰福音》21 章，正文折頁 62 頁（單頁 123 頁）。這三册扉頁右邊都竪行標明“耶穌降世一千九百零五年”“大美國聖經會托印”；左邊都竪行標明“大清光緒三十一年歲次乙巳”“上海華美書局擺板”；居中竪行大字的標題則分别是“路加福音”“馬可福音”“約翰福音”，横排小字都是“三江土話”。

根據有關記載，這個“四福音書”譯本的譯者是美國長老會傳教士車以綸（Eleanor Chestnut）。車以綸（1868—1905）生於美國伊利諾伊州，自小由一個貧困的家庭收養。從密蘇里州派克學院畢業後轉芝加哥學習護士專業，同時到聖經學院進修。《基督教傳行中國紀年（1807—1949）》指出，1894 年“美國長老會女傳教醫師車以綸（或作車思納，Eleanor C.Chestnut）來華佈道施醫，駐廣東連州三江，開辦女贈醫所，聘華牧關就光協理教務”。車以綸用三江土白（Sankiang colloquial，實際上是三江客家話）翻譯了漢字本的“四福音書”，1904—1905 年由大美國聖經會（American Bible Society）委托出版。車以綸在 1905 年的“連州教案”中被當地不明真相的民衆誤殺。

車以綸翻譯的漢字本“四福音書”，體現了三江客家方言的詞彙和語法特點，最明顯的是代詞系統。人稱代詞複數形式，分别是“啀哮”（我們）、“你哮”（你們）、“佢哮”（他們）；指示代詞分别是“帝̥”（這）、“個̥”（那）和“帝̥的”（這裏）、“個̥的”（那裏）等；疑問代詞如“咑人”（誰）、“咑的”（哪裏）等。另外，完成體標記“嚦”也是三江客家方言的特點，如《馬太福音》第 1 章“馬利亞受嚦聖靈吤感動，有嚦身孕”；又如《路加福音》第 1 章“但係佢冇仔，因爲以利沙伯唔成得孕吤，佢兩個人年紀又老嚦”。

“四福音書”生造了不少帶“口”旁的字，用來表示單音節口語詞，如“吤”（個）、“啣”（知）、“咗”（在）、“嗳”（愛）、“啀”（我）、“嘛啲”（什麽）等。另外，“四福音書”也使用小圓圈表示聲調轉讀，如“帝”讀如“帝”字的上聲。

汀州馬太福音傳

英國倫敦會傳教士編寫的閩西長汀客家方言羅馬字《聖經》譯本，出版於 1919 年。封面和扉頁的羅馬字拼音標題爲“MA-THÁI FÛ-YENG CHHÔN，TING-CHOW”（實際上，第二個音節 THAI、第五個音節 CHHON 的聲調符號是分别標在“I”“N”之上，與正文的標題分别標在“A”“O”之上不同），轉寫成漢字標題應該是《汀州馬太福音傳》。扉頁之後還出現了英文標題“The Gospel of Saint Matthew in Ting-chow”。汀州於唐朝開元二十四年（736）建置，歷經宋、元、明、清一直是閩西客家地區的政治、經濟、文化中心，又稱爲“客家首府”，州所在地現在隸屬福建省長汀縣。《汀州馬太福音傳》譯本由倫敦傳教會的 L. R. Hughes 和 E. R. Rainey 編寫，於 1919 年在上海大英國聖經會（British and Foreign Bible Society）出版。

全書正文 28 章，91 頁，也都没有出現任何漢字，全部用羅馬字拼音排印，例如第一章第一句是“Á-pâ-la-hangh ké hàu-yi, Thài-phî ké hàu-yi, Yah-su Chi-tû ké tshù-phuh”，若轉寫爲漢字應該是“亞伯拉罕個後裔，大闢個後裔，耶穌基督個族譜”；第二句是“Á-pâ-la-hangh sang Yih-sâi, Yih-sâi sang Ngah-kô, Ngah-kô sang Yêu-thài tâ Yêu-thài ké shiang-the”，若轉寫爲漢字是“亞伯拉罕生倒以撒，以撒生雅各，雅各生猶太搭猶太個兄弟”。

鴉片戰爭之後厦門開埠，美國歸正會（Reformed Church in America）、英國倫敦會（London Missionary Society）和英國長老會（English Presbyterian Mission）等英美差會的傳教士蜂擁而至，在厦門推行一種以拉丁字母爲基礎的閩南話羅馬字，外界稱之爲“教會羅馬字”（Church Romanization），也稱爲閩南“白話字”。到了 19 世紀末，英國倫敦會從閩南進入閩西汀州一帶傳教。汀州話的羅馬字拼音方案參考了閩南“白話字”，但又不可能完全照搬，因爲汀州話畢竟是一種與閩南話很不一樣的方言，如有 ʦ 組和 ʧ 組兩套塞擦音、擦音聲母，有五個單字調等。L. R. Hughes 和 E. R. Rainey 所使用的汀州羅馬字拼音方案，聲母 tr、thr 衹出現在韻母 ur（u 的變體）的前面，實際上可以分别看作 ch[ʧ]、chh[ʧʰ] 的條件變體，這就是汀州話有别於閩南話的一個重要語音特點。

與英國長老會的拼音方案相似，倫敦會方案的聲調符號標於主要元音上面，但又不能照搬長老會方案，畢竟汀州話衹有五個調（去聲分陰陽，没有入聲）。以 fu 爲例，汀州話的標調法如：陰平 fu、陽平 fû、上聲 fuh、陰去 fú、陽去 fù。陰平和上聲不標調，但是上聲在音節後加字母 h，以示區别。

關於《馬太福音》所反映的客家方言長汀話的聲韻調，可以參閲秋谷裕幸《The Gospel of Saint Matthew in Ting-Chow の音系》（日本愛媛大學教養部紀要第 28 號，1995 年）。

陸豐方言

荷蘭文寫作的陸豐客家方言研究著作，出版於 1897 年。扉頁的荷蘭文標題是 "Het Loeh-Foeng-dialect"（譯爲《陸豐方言》），并用荷蘭文標明作者爲商克（S.H.Schaank），1897 年由萊頓 E.J.Brill 公司出版。商克（1861—1935）是荷蘭人，年輕時任職於荷屬東印度，1882 年被派往蘇門答臘向那裏的客家人學習客家方言。由於語言天賦過人，荷蘭政府同意商克到萊頓大學跟隨薛力赫研究漢語。1885 年，商克被派往西加里曼丹工作，那裏的華人主要是客家人。

全書 6 章，正文 226 頁。第一章首先介紹陸豐方言屬於客家方言的一支，使用的地域包括廣東境内惠州府的陸豐縣，潮州府的惠來縣、普寧縣、揭陽縣和豐順縣等，并指出陸豐方言處於嘉應州正宗的客家方言和沿海地區使用的潮州方言之間，因此出現了潮州話的一些音韻特徵，如有七個聲調；接着以列表的形式展現了陸豐方言 22 個聲母（包括零聲母）與 58 個韻母的拼合關係，不計聲調一共有 688 個音節；再接着描寫了聲母、韻母的音值，最後是聲調表，包括第 1 調上平、第 2 調上聲、第 3 調上去、第 4 調上入、第 5 調下平、第 7 調下去、第 8 調下入。關於該書的羅馬字拼音方案，可以參考莊初昇、陳英納（2013）的研究。

第二章是荷蘭語與陸豐客家方言羅馬字拼音對照，列舉了量詞、代詞、方位副詞、數量短語以及 452 個口語化的短句，如第 452 句："Uit hoeveel strepen bestaat het?”“Jiú kî-tó wak”。

第三章是荷蘭語與陸豐客家方言羅馬字拼音對照的會話材料，共 14 部分。如第 14 部分一共 32 條，第 32 條是：“Hij hoorde er de menschen over spreken.”“Ki tʻàng njin kông”。

第四章是按照荷蘭文的音序排列的荷蘭語與陸豐客家方言對照的詞彙表。

第五章是陸豐方言 22 個聲母、58 個韻母和 7 個聲調的配合表，首先是按照音節開頭的音（聲母或者零聲母音節的第一個元音）的音序排列：A、E、F、H、I、J、K、Kʻ、L、M、N、Ng、Nj、O、P、Pʻ、S、Sj、T、Tʻ、Tj、Tjʻ、Ts、Tsʻ、U、W；其次是按照第一章所開列的韻母的順序排列；最後是按照第一章所開列的聲調的順序排列。

第六章指出陸豐方言被稱爲“半山學”（“學”字取名於對福建人“學老”或“福老”的稱呼），并從語音上對陸豐方言與其他客家方言作了簡單的比較。

《陸豐方言》收録了包括字、詞、句在内的相當翔實的語言材料，特别是對方言音系的分析非常細緻，單從七個調的聲調格局（上平、上聲、上去、上入、下平、下去、下入）就不難看出海陸腔客家方言的基本特徵。

客家詞典

荷蘭漢學家編寫的印度尼西亞梅縣腔客家方言詞典，出版於 1912 年。扉頁荷蘭文標題是“Hakka-Woordenboek”（譯爲《客家詞典》），并用荷蘭文標明作者是范德斯達特（P.A.Van De Stadt），1912 年在巴達維亞（今雅加達）出版。范德斯達特（1876—1940）生於荷蘭東部的阿納姆市。1892 年中學畢業後，范德斯達特進入萊頓大學深造，1895 年大學畢業。之後，他大半生的時間都在荷屬東印度任職和處理對華事務。自 1918 年起，他成爲對日事務方面的顧問，期間閲讀、翻譯了不少日文讀物，還編纂了“Nichi-Ran jiten”（《日蘭辭典》）。范德斯達特 1940 年卒於巴達維亞。

該詞典在正文之前有“前言”1 頁和“緒論”25 頁。“緒論”部分先簡單介紹了客家方言的發音特點和聲調，用“風軒”“紅賢”“俸爐”“奉楥”“復穴”“福血”這 6 對漢字來代表客家方言的六個聲調；接着簡要分析了客家方言的語法特點；最後列清單比較該詞典的羅馬字拼音系統與 Mc.Iver（即 Donald MacIver 的《客英詞典》）、Schaank（即上述 S.H.Schaank 的《陸豐方言》）羅馬字拼音系統的異同。關於該詞典的羅馬字拼音方案，可以參考莊初昇、陳英納（2013）的研究。

正文共 412 頁，其中主體是第 1—324 頁的荷蘭語、客家方言雙語詞典部分，按荷蘭文字母的次序排列，每個條目都是先以荷蘭文詞條打頭（有的還在詞條後括弧加注），接着是對應的漢字詞條（寫不出漢字的用“○”代替），再接着是客家方言羅馬字拼音。一個荷蘭文詞條往往對應於兩個或兩個以上的客家方言詞條，則分別列出，中間用分號隔開。如第 1 頁第 8 個條目：

Aanbaksel（rijst aan de pan）飯焦 fàn tsiau ；鑊○ wók lat ；飯○ fàn lat

有時候，分號隔開的兩個詞條并不是等義的，而衹是具有相關性，則後面的詞條另用荷蘭文進行補充解釋，如第 5 頁倒數第 5 條：

Aardappel 荷蘭薯 hô lân sjû ；zoete —番薯 fan sjû

正文的第 325—407 頁是一個漢字、羅馬字拼音和荷蘭文對照的客家方言同音字彙，按照客家方言讀音的音序排列。正文的第 408—409 頁是常用地名一覽表，荷蘭文、漢字和羅馬字拼音對照，以荷蘭文的音序排列。正文的第 410—412 頁是勘誤表。總之，正文的第 325—412 頁三個部分的內容，可以視爲詞典的三個附録。

據初步統計，該詞典一共收録了約 18330 個條目。除了大量的詞，還包括部分的短語（如“挖地頭”“寫字潦草”“講去重重煩煩”“眼角高”“出目汁”等）、熟語（如“扳竟弓愛射箭”“拈得爾起放得爾落”“前車既覆後車當鑒”“新亞嫂三年早”“山中無鳥禾必爲王，水裏無魚蝦公爲大”“唔貪便宜唔得蝕虧”等）以及句子（如“你去過無？”“做乜個你㖼難來”“到汕頭過關愛聽佢揩”“你去過無？去過”“我詢悉佢個緣由”等），內容相當豐富。就大量的詞來説，絶大部分都保留了客家原鄉的基本面貌。值得注意的是，該詞典還收録了一些從馬來語、荷蘭語借用的詞。

簡明客話讀本

荷蘭文寫作，用羅馬字拼音注音的客家方言讀本。荷蘭文標題是

"Eenvoudig leerboekje voor het Hakka-Chineesch"，没有中文標題，可以譯爲《簡明客話讀本》。該書由 Tjen Fo Sang 所編，由 Muntok（文島，印度尼西亞）的 Typ Bangkatinwinning 出版社於 1926 年出版，另於 1930 年出版第二版。作者 Tjen Fo Sang 無考，生平事迹不詳。收入本書的爲 1926 年的第一版。該書旨在幫助在印度尼西亞礦區工作的荷蘭官員適應當地生活且與當地説客家方言的華工溝通。

本讀本共含 46 課，分爲 5 大部分。第 1 部分是聲調與本書記録所使用的符號系統的介紹。主要内容爲其他 4 個部分。第 2 部分是詞法和語法的介紹（1—22 課），如第 3 課 "Het persoonlijk voornaamwoord" 介紹了客家方言的人稱代詞；第 22 課 "Anders... ; toen... ; omdat..." 講 "否則" "然後" "因爲" 等概念在客家方言中的表達。第 3 部分是和醫藥看病相關的詞及表述（23—32 課），方便荷蘭官員在當地就醫，如第 23 課 "Geneeskundige benamingen en namen der lichaamsdeelen" 介紹藥名和身體部位名稱；第 25 課 "Asthma" 講哮喘。第 4 部分講和礦區工作相關的内容（33—39 課），如第 34 課 "De namen der materialen en gereedschappen" 介紹材料和工具的名稱；第 35 課 "De namen der verschillende gebouwen" 講礦區不同建築的名稱。第 5 部分是其他日常生活中所要用的詞彙（40—46 課），如第 42 課 "De tijd" 講時間的表達；第 44 課 "Meest gebruikelijke zelfstandige naamwoorden" 介紹常見名詞。

全書極少出現漢字，都是用羅馬字拼音給客家方言注音。通過比較，不難看出其拼音系統與范德斯達特（P.A.Van De Stadt）《客家詞典》（*Hakka-Woordenboe*，1912）同中有異，異中見同，所反映的語音系統也不完全一樣。

客家方言教程

馬來西亞北婆羅洲（今沙巴州）客家方言教程。第一版於 1917 年出版，收入本書的爲 1930 年的修訂版，由英國倫敦的 Sheldon 出版社出版。全書除前言外共 190 頁，有英文標題 "Hakka-Chinese Lessons"，没有出現漢字，亦没有中文標題，暫時譯作《客家方言教程》。該書的編者 Bernard Mercer，是英國聖公會（Church Missionary Society）的傳教士，曾於 20 世紀初在馬來西亞沙巴州仙那港（Sandakan town，一譯作山打根）的聖米迦勒與諸天使教堂（St. Michael's church）任會吏長。

該書反映的是20世紀初馬來西亞北婆羅洲的新安腔客家方言的特點。全書包括前言、正文和練習答案三部分。

前言部分，編者首先交待該書采用的是紀多納（Donald MacIver）《客英詞典》的羅馬字拼音方案。接着，通過與英語發音的比較，對新安腔客家方言的聲母、韻母（包括輔音韻尾）、聲調的音值從發音部位、發音方法等方面進行細緻的描寫，列舉了客家方言的六個聲調：上平、下平、上聲、去聲、上入、下入（今天一般分別稱爲陰平、陽平、上聲、去聲、陽入、陰入）。值得一提的是，其中還加入了編者對客家方言乃至漢語的一些發現和思考，比如：（1）指出漢語單音節居多的特點，認爲書寫上使用漢字能將聲韻皆同的音節區分開來，口語方面則是通過聲調、量詞及同義語素并用組成複合詞等手段以示區别；（2）借用西洋音樂的音符來描寫聲調的音高，并指出當地客家方言上入、下入在音高上分别和去聲、上聲相同，區别在於是否有韻尾；（3）發現聲調使漢語具有音樂性，且具有重要的辨義作用。

正文部分共分爲24課，分别對量詞、數詞、形容詞、介詞、連詞、代詞、助動詞及疑問句、被動句等句式進行講解，另外還專門介紹了進入當地客家方言中的馬來語詞。在講解中穿插大量地道口語化的例子，均附有客家方言的羅馬字標音及相應的英語釋義。每一課還循序漸進地教授一些客家方言常用語彙，偶爾涉及一些必要的中國傳統文化的介紹。每課最後均設計了客家方言和英語互譯的練習，答案附於該書最後一部分。全書講解深入淺出，語言通俗易懂，例證豐富全面，是一本質量較高的客家方言教材。

包含三種語言的詞彙表：
英語、馬來語、漢語（福建話、客家話）

包含英語、馬來語、漢語（福建話、客家話注音及漢字）三種語言的詞彙表，由新加坡衛理公會出版社（Methodist Publishing House）出版於1913年，爲第6版。扉頁上英文標題爲“The Triglot Vocabulary”，下方印

有 “English Malay Chinese (Hok-kien Hak-ka Character)”，没有中文標題及編者信息，暫時譯作《包含三種語言的詞彙表：英語、馬來語、漢語（福建話、客家話）》，以下簡稱《詞彙表》。

《詞彙表》第 1 版出版於 1891 年。封面標題爲 “The Singapore Triglot Vocabulary”，下方印有 “Containing Nearly 2,000 Words in the English, Malay, and Chinese Language”。扉頁上標明了該書由前皇家工兵部隊 William G. Shellabear 編寫，牧師 B.F.West 翻譯（漢語部分），新加坡 American Mission Press（衛理公會出版社的前身）出版。編者 William G. Shellabear 1862 年出生於英國諾福克郡，1886 年作爲部隊成員被派往新加坡，退役後成爲衛理公會（The Methodist Church）傳教士在新加坡活動，期間撰寫、翻譯了多部馬來語、英語著作。1920 年移居至美國，1947 年逝世。根據新加坡國家圖書館網頁的介紹，《詞彙表》的漢語譯者 Benjamin Franklin West 1858 年出生於美國印第安那州，1888 年前往新加坡，負責當地衛理公會的華人工作，1906 年返回美國，1933 年逝世。根據前言部分，可知該書主要面向當地的英語初學者，也旨在幫助正在學習漢語的當地華裔以及需要學習英語和馬來語的華商。1891 年版《詞彙表》包含了英語、馬來話、漢語三種語言，共收録詞彙 1983 條。其中漢語部分爲漢字，無注音，包含不少閩南方言成分。

與 1891 版相比，1913 年版補充了福建話、客家話 2 種漢語方言的注音。根據 1913 年版（第 6 版）所收録的第 3、4、5 版前言，得知該書自第 2 版發行以來，廣受歡迎。爲進一步提高實用性，第 3 版增補了福建話和客家話，并收録了本地基督教徒常用術語作爲附録。第 5 版對客家話的羅馬字拼音字母及聲調符號作了修改，使其與英國長老會紀多納（Donald MacIver）所編的《客英詞典》相一致。

1913 年版《詞彙表》包含正文 142 頁及附録 2 頁。正文前爲編寫説明，分爲 3 部分：“Pronunciation and Orthography”（發音和拼寫方法）、“Orthographical Signs in Malay”（馬來語的拼寫符號）、“The Accents And Signs in Chinese”（漢語的重音及符號）。

正文輯録了 1983 條詞彙，與 1891 年版相同。共有 142 頁，每頁 5 欄，欄目標題從左到右依次爲 “English” “Malay” “Hok-kièn” “Hak-ka” “Character”（英語、馬來語、福建話、客家話、漢字），以英文首字母爲序排列。其中，福建話、客家話 2 欄爲羅馬字拼音。附録標題爲 “The Most Common Terms Used by Native Christians”（《本地基督教徒的常用術語》），收録詞彙及短語共 30 條。編寫體例與正文基本相同，但不再標明欄目標題。

1913 年版《詞彙表》所記的客家方言，既體現了早期廣東新安縣（今屬深圳市及香港）客家方言的特點，如完成體標記用 “開”，如 “死開（Dead）”“寫開（Written）” 等，也包含了部分來自馬來語的成分，如 “ham^4 le^1 $long^2$（拍賣）” 來自於馬來語 “lelong” 等。

客家方言簡易句子
——附詞彙表

該書是彙集句子和詞彙的客家方言學習手册，扉頁標明該書爲 J. Dyer Ball（波乃耶）所編，由香港德臣印字館（The China Mail Office）於 1881 年出版，没有中文題名，扉頁之後有 1 頁目録。緒論 5 頁，正文 57 頁。全書采用英文寫作并標注客家話讀音，正文又分數詞、學習單元、語法和詞彙表四個部分。

波乃耶（James Dyer Ball，1847—1919），1847 年 12 月 4 日出生於廣州，其父是美國公理會傳教醫師 Dyer Ball（中文名也是波乃耶）。他在廣州接受中學教育之後到英國上大學，之後大部分時間是在香港殖民政府任職，共在遠東爲英國政府服務達 35 年之久，是一位著名的漢學家。1900—1901 年曾擔任《中國評論》（*The China Review*）雜志的主筆，發表過有關東莞、順德、新會、香山（澳門）等地粵語的論文。波乃耶有關客家方言的著述有 “Easy Sentences in the Hakka, with a vocabulary”（1896）和 “Hakka Made Easy”（1896）；有關粵方言的著述還有 “Cantonese Made Easy”（1883）、“A Book of Simple Sentences in the Cantonese Dialect, with Free and Literal Translations, and Directions for the Rendering of English Grammatical Forms in Chinese”（1888）、“An English-Cantonese Pocket Vocabulary, Containing Common Words and Phrases”（1888）、“How to Speak Cantonese”（1889）等。另外，《中國風土人民事物記》是波乃耶的一部 800 多頁的關於 19 世紀中國風土人情的百科全書，1882 年出版於

上海，後來在香港、美國多次再版。

"緒論"（Introduction）由波乃耶 1881 年 5 月 21 日寫於香港。作者開篇指出此書參考了翟理斯（Herbert Allen Giles）的《汕頭方言手册》（*Handbook of the Swatow Dialect*），并對部分短語和詞彙作了適當增改。"緒論"還提到，在過去的幾年裏大量客家人移居海外，有少部分歐洲人與客家人聚居，該書是爲那些想要學習客家話的歐洲人提供幫助。鑒於漢語與英語的拼音方案存在差異，作者希望"盡可能用最簡單的英語來表達漢語的讀音"。因此，作者花費大量篇幅介紹該書的拼音方案，指導初學者如何使用相近的英文發音準確地拼讀客家話一些比較難發的音節，比如聲母 [ȵ m ŋ v n l ts tʃ]，韻母 [ai oi au eu əu iu]，以及送氣聲母等。

第一部分"數詞"（The Numerals）。共列舉 32 組阿拉伯數字的讀音，左邊豎排列出阿拉伯數字，右邊豎排列出相應的客家話讀音。注音方式主要采用與客家話讀音最近的英文單詞，比如"6"以"Look"注音。

第二部分"學習單元"（Lesson）。共有 14 個單元，每個單元又包含 32 個短句，偶數頁列出英文句子，奇數頁給出對應的客家話讀音。該部分主要以日常生活用語爲主題，涉及飲食、時令、器具用品、人際關係、正反對立、貨幣、商業活動、疾病醫療、宗教、交通以及司法等方面的内容。句子大多采用對話問答的形式，提問的方式包括是非問、特指問和選擇問三種類型，口語化程度較高。

第三部分"語法"（Grammar）。簡單介紹客家話代詞和動詞的特點。首先列舉人稱代詞對應的客家話讀音，包括人稱代詞單複數形式及其領格形式，比如人稱代詞複數標記用"teu"（兜），領格標記用"ki"（個）；接着指出儘管客家話動詞没有語氣（又稱"式"）、時態、數和人稱的變化，但是這些變化可以通過添加某些助動詞（Auxiliary Verbs）表現出來，緊接着以動詞"來"（come）爲例，觀察其在不同短句中客家話的讀音表現形式。

第四部分"詞彙表"（Vocabulary）。以英語音序排列，英語與客家方言詞彙讀音一一對照，以便讀者及時、準確地查閱。

簡明客話

該書是一部包含中文、英文和客家話注音的客家方言教材，扉頁標明由波乃耶（J.Dyer Ball）及 M.R.A.S. 等人所著，由別發印書館（Kelly & Walsh, Limited）出版，1896 年首印，1913 年重印，該書爲重印本。“Hakka Made Easy”（翻譯爲《簡明客話》）分上、下兩册，該書爲上册（Part 1）。扉頁還列舉了波乃耶的三本論著，主要有《客家方言簡易句子——附詞彙表》（*Easy Sentences in Hakka, with a Vocabulary*）、《簡明粵語》（*The Cantonese Made Easy*）以及《中國人民風土事物記》（*Things Chinese*），扉頁後列舉了作者的其他論著。該書的内容主要有序言、緒論、正文三大板塊，正文共計 63 頁，序言後是目録。

“序言”（Preface）由波乃耶 1896 年 5 月 1 日寫於香港，作者簡單介紹了該書的出版緣由、體例以及内容。文末還提到，由於作者馬上要出發前往英國，因而無法繼續完成該書下册的編寫工作。

“緒論”（Introduction）部分主要是關於客家人和客家話的介紹。首先簡單總結了客家人的人口分布、生活習俗、著裝打扮以及遷徙歷史等方面的情況；接着指出了一些客家話的基本特點，比如韻母保留古音特徵，音節和擬聲詞豐富，以及元音簡單等；緊接着結合英文發音教讀者如何正確地拼讀客家話聲母和韻母，如［ŋ̩、ŋ、v、ɑ、i、u］等；接着强調該書的拼音方案與《簡明粵語》相同，是在衛三畏博士（Dr. S.W. Williams）拼音方案的基礎上修改而成；最後通過列舉例字以及和粵語聲調進行比較，詳細説明客家方言的六個聲調：上平、下平、上聲、去聲、上入、下入（今天一般分别稱爲陰平、陽平、上聲、去聲、陽入、陰入），包括每個聲調的調型、調號和發聲方式等。

正文部分共有 35 個“學習單元”（Lesson）。其中，前 31 個單元主要參考《客家方言簡易句子——附詞彙表》，并在此基礎上增加部分材料，每個單元設置 32 項條目，主要以日常生活用語爲主題，既有單音節詞和雙音節詞組，又有用於日常對話的句子；後 4 個單元是長篇語料，每個單元涉及一個主題，根據作者序言所述，這些長篇語料主要摘自巴色會（Basel Society）文獻。正文的排版體例與《簡明粵語》相同，每個版面被分成四列，第一列是英文，第二列是標注客家話的漢字，第三列是客家話注音，每個字用發圈法標注聲調，第四列是每個漢字對應的英文單詞。正文的編排設計充分考慮了學習者由易到難的學習過程，先從最簡單的一到兩個詞開始，然後逐漸過渡到短語、短句和長句。不難發現，相比《客家方言簡易句子——附詞彙表》，該書在材料内容、注音方式和編排體例方面都有了很大的改進。

客家方言音節表

英國著名漢學家莊延齡（Edward Harper Parker, 1849—1926）的“Syllabary of the Hakka Language or Dialect”（《客家方言音節表》）一文發表於《中國評論》（*The China Review*）1880年第8卷（第205—216頁）。

該文内容大體包括3個部分，基於方言比較視角展開討論。

第1部分討論客家方言的音節數量。按照作者的音系處理與統計口徑，客家話、北京話、廣州話、福州話與漢口話5個方言音節的平均數大約爲700個（不涉及聲調的對立）。

第2部分討論客家方言的音系處理與拼寫法。基於方言比較，作者指出了客家方言的某些音系特點。比如他認爲客家方言“没有聲母 *n*”，“無法清楚地區分 *hen* 與 *hien*，*ts'en* 與 *ts'ien*”，“客家話没有北京話那樣的元音 *ü*，這個元音變成了 *i* 或 *g*”。客家方言可以區分“上上”與“下上”，“上去”與“下去”。

第3部分是作者繪製的3份表格。

一是“客家方言音節表”。該表共計710行，意味着不計聲調對立的音節數總共有710個。元音韻尾、鼻音韻尾與塞音韻尾的音節没有同行。非塞音韻尾的音節若是没有某個聲調的讀音，則以兩個小點標示。塞音韻尾的音節若是没有某個聲調，則直接空白。左起第1列爲編號，第2至7列，分别是不同聲調下的拼寫形式。

二是“聲調表”。作者比較了北京話、漢口話、客家話、福州話與廣州話聲調的音高，把不同方言之間聽感上音高相似的聲調歸到一起。比如作者在正文中説“客家話的‘上平’恰好相當於廣州話的‘上去’”。客家話的“上平”在該表中編號爲10，廣州話的“上去”則編號爲34，10與34在表格下方的注釋中都歸到f組，表明這兩個方言的這兩個聲調在音高上相同或相近。

三是“元音表”。該表左起第1列爲編號，向右第2至6列分别是同個元音在Wade、Williams、Baldwin、巴色會、作者修正後用於本文5種方言的拼寫法，最右列以部分歐洲語言含有該元音的相關單詞作爲例證説明音值。比如第 1 行編號爲 1 的元音，從左至右的五家的拼寫分别是 a、á、a、a、a，最右列爲 E. father，表示這個元音相當於英語的 father 中的“a”。

評莊延齡客家方言音節表

法國籍巴色會傳教士畢安（Piton Charles, 1835—1905）對莊延齡（Edward Harper Parker）《客家方言音節表》（*Syllabary of the Hakka Language or Dialect*）一文發表題爲“Remarks on the Syllabary of the Hakka Dialect by Mr. E. H. Parker”（《評莊延齡客家方言音節表》）的文章，也見於《中國評論》（*The China Review*）1880 年第 8 卷（第 316—318 頁）。

畢安主要是從不同地區的客家方言，來審視莊延齡的音系。比如他指出，所謂的“客家方言没有聲母 *n*”適用於新安、東莞與歸善等部分地區，不適用於此外的其他地區。所謂的“客家話不能清楚地區分 *hen* 和 *hien*，*ts'en* 與 *ts'ien*”也衹適用於上述地區，但是客家話最突出的嘉應州是可以區分的。此外，他特别不認同莊延齡像處理本地話（粵方言）那樣，區分客家方言上聲爲上上、下上兩個，區分去聲爲上去、下去兩個。他説：“我自己研究這個方言已經 15 年了，還有别人研究了雙倍於我的時間，我們從來都未發現有這個不同。我肯定地説這個區别根本不存在。客話方言都衹有一個上聲、一個去聲。衹不過有許多地方的去聲字中，本地（案：廣府人）讀下去的，那些地方的客家人也讀爲上聲，造成那些地方讀上聲的字數量上要遠遠超過去聲。”

速成“國語”獨習便覽（上編）

臺灣日據時代，日本人水野春次編寫的用“廣東話”學習“國語”的課本，1917 年由臺灣日日新報社出版於臺北。該課本所謂的“廣東語”乃是指臺灣的客家方言，所謂“國語”乃是從日本人的角度所説的日語。

全書竪排，書的開頭依次是下村宏和水野春次的短序各一篇，然後爲“目次”1 頁。下村宏在序中明言此書爲便於普及日語而編，“於島民教化有重要意義”。水野春次在序言中説：“‘國語’音調抑揚、練習困難，非得良師當場聽取發音口調則不能有完美之效果也。基於此原理，本社乃製作‘國語’及廣東語并臺灣語之練習用録音帶，配以本社新著《速成‘國語’獨習便覽》，以耳聽之，徑可得獨習‘國語’之便也。初學者依此，不啻得‘國語’之良師矣。”

下村宏（1875—1957），字海南，日本和歌山縣人。水野春次生平不詳，查考未得，從其序言中“本社”的立場及書末“發行人”的地位來看，其當爲臺灣日日新報社的負責人。

目次後爲正文部分，共41頁，分20課，依次爲假名、ナニ、ダレ、ドコ、ドンナ、イツ、イクラ、ドノクライ、ドウ、ナゼ、ドチラ、ドンナ（與第五課同，原書如此）、コンナ、ソンナ、アンナ、ナサイ、クダサイ/アゲマス、テクダサイ/テアゲマス、來テ下サイ/來テ上マス、タイ。除第一課列舉日文假名外，其餘19課編寫體例均爲日客對譯。第一至十四課，每課依次爲句子對譯和單詞對譯。先出一句日文，然後在同一列的下方給出客家話譯文，如第二課首句“此ハ何デスカ/此個係甚麼東西”。單詞對譯如第二課“傘（傘仔）、眼鏡（目鏡）、靴（靴仔）、下駄（屐仔）”。第十五至二十課，衹有句子對譯。全書日文使用片假名，日文漢字均在其右側標注片假名讀音。客家話對譯全部使用漢字，無標音，無注釋。

正文後附有客家話的“勉勵歌”30首。每首均爲五言四句體例，如（一）:“細人學智育。莫念惡歌曲。將工修道德。日後有利得。”

廣東語辭典

日據時代，臺灣“總督府”於1932年3月31日編印發行的《廣東語辭典》一册，出版於臺北。日據時代户口調查或國勢調查等官方統計中以“廣東種族”的名義界定客家人，“廣東語”即指臺灣客家方言。該辭典正文共1554頁，用臺灣客家方言詞解釋日語詞彙，自稱收日語詞25000條（據董忠司，估計有26000—27000條），對譯的客家方言語詞和短句約有五六萬個（據董忠司），被認爲是日本人編寫的唯一一本客家方言辭典（據中川學）。

臺灣“總督府”是臺灣日據時代的最高統治機關，設立於1895年。該辭典由臺灣“總督府”組織人員編寫，直接服務於日本對臺灣的殖民統治。

書中未交代編寫人員姓名。据菅向榮（即編纂《標準廣東語典附臺灣俚諺集、重要單語集》的作者，1898年生，卒年不詳），"参加主編該辭典爲官元未氏"。官元未氏生平不詳，查考未得。

辭典開頭爲"凡例"5頁，然後爲"目次"1頁，然後爲正文。目次和正文均按日語五十音順序排列。辭典末尾有"正誤表"（即勘誤表）2頁。各詞條依次爲：日語片假名讀音、詞性、日語漢字、客家方言釋義。如264頁"傢俱"詞條："カグ（名）家具。傢–夥。家–物。"釋義用的客家方言詞有時不止一個，釋義部分有時包括該詞條的常用搭配及其客家方言釋義。

客家方言詞有連字符，各字均使用日語片假名（包含一些特殊假名）、送氣符號、聲調符號等標注讀音。根據"凡例"，該書使用サ、セ、ソ、チ、ツ上加横綫表示tsa、tse、tso、ti、tu，ヴ表示v，ウ上加横綫表示嘴唇扁平的ウ，使用カ、タ、パ等下加點表示相應的送氣音，使用6種符號標注上平、下平、上聲、去聲、上入、下入6個調類的"常音"（即非鼻音），使用另外6種符號標注"鼻音"的聲調，并准照"厦門音"描述了各聲調的調值。

關於客家方言詞的用字，"凡例"指出："若無恰當的字，則不拘意義，借用同音或類似音的字；若完全找不到可適用的漢字，則使用□。"該書收詞兼顧臺灣南北客家方言，兼收海陸腔、四縣腔等客家次方言的詞彙，也收録了一些客家話詞彙格言、俗諺語及不少海洋生物的客家話説法，還有一些詞來自閩南話或日語。

"凡例"有符號和聲調説明，并指出"本書所采用譯語及其發音乃是通行於臺灣北部即所謂四縣中之鎮平縣者"。張屏生（2010）認爲，該書所記臺灣客家方言有21個聲母、75個韻母、6個聲調，其主體音系是"四海話"，即四縣話和海陸話混合以後所産生的新客家話。張屏生《〈廣東語辭典〉的音系及其相關問題》整理、歸納了《廣東語辭典》的同音字表。

第五輯 《近代漢語官話方言域外文獻集成》提要

通用漢言之法

［英］馬禮遜（Robert Morrison，1782—1834）是第一位來華的基督教新教傳教士，1807 年來華，在華 25 年。《通用漢言之法》（*A Grammar of the Chinese Language*）是一部漢語語法研究著作，1811 年完成，1815 年在印度塞蘭坡（Serampore）由教會出版社（Mission Press）出版，普林斯頓神學院圖書館有藏本，是現存最早的一部英語系漢語教材，内容包括前言、目録、勘誤、正文。正文涉及語音、漢字、標點、語法、方言、韻律等方面。語法包括詞法和句法，詞類包括名詞、形容詞、代詞、動詞、副詞、介詞、連詞、感嘆詞，書中所有例句不僅以中英文列出，每一字旁邊還注有英語字母的標音，有助於研究當時的音韻、聲調、語法及其演變過程。方言主要是對比了官話和粵語。吴義雄評價“作爲第一部系統性論述中國語法的著作，該書在漢語語法研究史上具有開拓性意義”。卡薩齊、莎麗達和董方峰均有介紹。

漢語雜説

［英］馬禮遜《漢語雜説》（*Chinese Miscellany; Consisting of Original extracts from Chinese Authors, in the native character with translations and Philological Remarks*），曾於 1825 年由 S. MCDOWALL, LEADENHALL STREET 出版，爲倫敦傳教會而作。共 52 頁，還有一頁勘誤。書中概述了漢語的特點和作者學漢語的心得。介紹了六書，金文、篆書、隸書構成漢字的“象形符號”，漢字的筆劃，羅馬字母的漢字注音法等。書中還有顯示漢字、漢語特點的 12 頁插圖。

中國言法

［英］馬士曼（Joshua Marshman，1768—1837）是英國浸信會傳教士，1799年被派往印度賽蘭坡（Serampore）傳教，1837年在賽蘭坡去世。《中國言法》（*Elements of Chinese Grammar with a Preliminary Dissertation on the Characters*，*and the Colloquial medium of the Chinese, and an Appendix*）是一部文言語法著作，1814年由Mission Press出版於賽蘭坡，藏於弗吉尼亞大學圖書館。本書包括前言、目録、勘誤、正文、附録。前言單獨編頁，共16頁；正文566頁，包括緒論和漢語語法兩編，緒論分析了漢字和漢語音韻，漢語語法分爲名詞、形容詞、代詞、動詞、虛詞、句法、韻律、方言八章。附録是《大學》的英語譯文，共56頁。這本書通常被稱爲“Clavis Sinica”（漢語密鑰），是《論漢語的字體和讀音》的擴展。卡薩齊、莎麗達《漢語流傳歐洲史》（2011）和董方峰《十九世紀英美傳教士的漢語語法研究》（2011）均有介紹。鄭夢娟對《中國言法》有系列研究，如《〈中國言法〉：西方早期重要的漢語文言語法研究著作》《〈中國言法〉及其漢語韻律研究》，李焱、孟繁杰（2019）研究了《中國言法》的拼音系統，此外也有碩士學位論文以此爲選題。

漢文啓蒙

比丘林（Никита Яковлевич Бичурин，1777—1853），俄國楚瓦什人，1777年出生於一個神父家庭，1799年畢業於喀山神學院，并以修道士身份留校講授法語，曾任喀山約阿諾夫斯基修道院修士司祭、院長，伊爾庫茨克主升天修道院傳教士學校校長。1807年被派到中國，在京居住了14年，1821年回國，是俄羅斯漢學和漢語教學的奠基人。1835年出版了俄羅斯漢學史上第一部漢語語法書《漢文啓蒙》，全書由前言、第一部分、第二部分和附録組成。

在前言中，作者介紹了漢字的來歷；第一部分是“漢語和漢字的基本概念”，包括12章，從語音、文字兩大方面入手，描述漢語的基本面貌和漢字書寫的基本要素；第二部分爲“漢語的語法規則”，内容涉及詞法和句法兩個方面；附録包括漢字筆畫、偏旁、部首問題，漢字的俄、法、葡、英標音，漢語中的數字，漢語中用於謙稱的人稱代詞等内容。《漢文啓蒙》自問世後，在19世紀的俄國漢語教學中發揮着重要的作用，直到20世紀初仍是喀山大學和彼得堡大學東方系的教材，於1908年在北京由俄羅斯東正教駐北京使團印刷廠再次出版。閆華《〈漢文啓蒙〉研究》第一卷梳理了《漢文啓蒙》對漢字的論述、記録的漢語語音系統、語法體系，并把其語法系統與《馬氏文通》做了對比；第二卷是《漢文啓蒙》原著及其漢語譯文。據葉鋒《17—19世紀歐美漢語官話語法著作研究》，該書第一版叫《漢語語法基礎》，1830年前寫成，1835年大幅改編後出版第二版，正式取名《漢文啓蒙》。1836年比丘林完成第二部分的編寫工作，將新内容融入之前的版本，於1838年出版第三版。柳若梅亦有研究。

漢文啓蒙

雷慕沙（Jean Pierre Abel Rémusat，1788—1832）出生於巴黎一個醫學世家，25歲取得醫學博士學位，在學醫過程中對漢語産生濃厚的興趣。1811年，完成了第一本漢語方面的著作《漢文簡要》（*Essai sur la Langue et la Littérature Chinoises*），這也是他的成名作。1814年法蘭西學院設立中國文學和梵語語言文學教席，雷慕沙擔任首任教授。1822年創立亞洲學會。1823年獲得法國榮譽騎士團勳章。1824年任皇家圖書館東方手稿部館長，期間撰述不斷，涉及語言、地理、歷史、宗教、哲學等方面，包括專著、譯著、論文和評論等形式。1832年6月3日因霍亂去世。

《漢文啓蒙》（*Élémens de la Grammaire Chinoise,ou Principes Généraux du kou-wen ou Style Antique,et du kouan-hoa,c'est-à-dire,de la Langue Commune Généralement usitée dans L'empire Chinois*）1822年在巴黎由皇家印刷社（Imprimerie Royale）出版發行，全稱是《漢語語法的一般原則，或者古文，以及官話，即中華帝國境内通用語言的一般原則》，以法蘭西學院開設的漢學課程講義爲基礎，是“第一部科學的從普通語言學角度論述漢語語法的學術性著作”，1857年重印，包括緒論、導言、漢語語法、附録。全書將漢語分爲“古典文體”和“現代文體”兩部分分析，介紹了文字、語音、詞法、句法等内容，對詞類的介紹尤爲詳細，涉及名詞、形容詞、專有名詞、數詞、代詞、動詞、副詞、介詞、連詞、嘆詞、小品詞。附録包括標點符號，書籍的評注、編排和分類，詩歌，皇家圖書館主要中文藏書目録。《漢文啓蒙》側重文言語法，第一次如實描繪了漢語特點，如没有性、數、格、時態等變化，堪稱 19 世紀歐洲漢語語法教材的典範之作。劉志剛梳理了書中對漢字、語音和詞類的描寫。卡薩齊、莎麗達有比較詳細的介紹。董方峰也有介紹。

可用於講課、自學的漢語課本

［德］碩特（Wilhelm Schott，1802—1889）是東方語言學家，1819 年開始在哈勒（Halle）攻讀神學和東方語言。1826 年用拉丁文完成《論中國語言的特點》，獲得博士學位。後來還學習了突厥語、蒙語、波斯語、芬蘭語、日語和滿語。1832 年被聘爲柏林大學阿爾泰語、滿語和芬蘭語教授。是“德國學術性漢學的奠基人”。

《可用於講課、自學的漢語課本》（*Chinesische Sprachlehre,zum Gebrauche bei Vorlesungen und zur Selbstunterweisung*），又譯作《漢語語法教科書——適用於大學授課和自學》，簡稱《漢語課本》。《漢語課本》1857 年由費爾南德·多姆勒出版社（Ferd. Dümmler）在柏林出版發行，1—165 頁是正文，166—169 頁是索引，是德國第一本漢語課本。該書很長時間内是德國人學習漢語的教材。中國國家圖書館古籍館有藏本。

漢語語法劄記

［英］麥都思（Walter Henry Medhurst，1796—1857）是英國倫敦宣道會繼馬禮遜、米憐之後，來華重要的宣教士之一。1816 年被英國倫敦傳教會派往馬六甲，在當地學會馬來語、漢語和多種中國方言。先後在南洋、上海 40 餘載，從事宣教、著述、出版工作，翻譯《聖經》，創設了墨海書館，自號墨海老人，編纂了多部字典，也是中國近代報業之奠基人，1823 至 1826 年在巴達維亞創辦了《特選撮要每月統計傳》，1853 年在香港創辦了《遐邇貫珍》，1856 年在上海籌創了《六合叢談》，一生留

下上百種論著，爲中西文化交流做出重要貢獻。《漢語語法劄記》（*Notices on Chinese Grammar*）是一部文言語法著作，1842 年由 Mission Press 出版於巴達維亞，共 148 頁。全書分兩部分，第一部分三章：漢語語音、漢字、論詞；第二部分是語法和詞源，把詞劃分爲十類（名詞、形容詞、代詞、數詞、動詞、副詞、介詞、連詞、語助詞和嘆詞），并對十類詞進行了細緻分析，如名詞的性、數、格，形容詞的級，動詞的時態，代詞和副詞的分類等。岳嵐翻譯爲《漢語語法簡解》，并指出該書原計劃出版兩部，最後衹出版了第一部。加州大學伯克利分校、日本國立國會圖書館等地有藏本。

漢英對話、問答與例句

麥都思（Walter Henry Medhurst，1796—1857）是英國倫敦傳教會繼馬禮遜、米憐之後，來華重要的宣教士之一。1816 年被英國倫敦傳教會派往馬六甲，在當地學會馬來語、漢語和多種中國方言。先後在南洋、上海 40 餘載，從事宣教、著述、出版等工作。翻譯《聖經》，創設了墨海書館，自號墨海老人，編纂了多部字典，也是中國近代報業之奠基人。1823 年在巴達維亞創辦了《特選撮要每月統記傳》，1853 年在香港創辦了《遐邇貫珍》，1857 年在上海籌創了《六合叢談》，一生留下上百種論著，爲中西文化交流做出重要貢獻。

《漢英對話、問答與例句》（*Chinese Dialogues, Questions, and Familiar Sentences, Literally Rendered into English, with a View to Promote Commercial Intercourse, and to Assist Beginners in the Language*）1844 年出版於上海，前言 8 頁，正文 287 頁，是一本初級口語教材。其子麥華陀修訂後，1863 年再次在上海出版。全書分爲八部分:《數目》《稱法》《丈量》《量地》《量糧食》《銀錢》《雜句》《問答》。《數目》主要介紹漢語中數位的基本表達方式。《稱法》介紹重量單位及不同重量單位間的換算關係。《丈量》主要介紹漢語中的長度單位及不同長度單位間的換算關係。《量地》主要介紹漢語中丈量土地的單位“畝”及其計算方式。《量糧食》主要介紹中國人稱糧食時用的重量單位及其換算關係。《銀錢》主要介紹 19 種不同銀錢的表達方式。《雜句》共 370 個句子，包含詢問事物名稱、問時間、問路、問價格等基本對話。《問答》共278個句子，是圍繞商業行爲進行的對話，包括買茶葉、木材、棉花、毛織品及租房等。

漢語語法指南

［德］郭實臘（又作郭士立，*Karl Friedrich August Gützlaff*，1803—1851），筆名“愛漢者”，1803年出生於普魯士博美郡，1823年加入荷蘭傳道會，1827年到巴達維亞（今雅加達），師從麥都思學習馬來語和漢語，并在周邊地區向中國移民傳教。1831年到澳門任英國東印度公司翻譯。1833年創刊《東西洋考每月統記傳》（*Eastern Western Monthly Magazine*），1842年8月參與簽訂《南京條約》，1844年在香港設立福漢會。郭實臘是一位飽受爭議的傳教士，英國漢學家阿瑟·維利（Arthur Waley）評價郭實臘是“牧師與盜賊、騙子與天才、慈善家和江湖郎中的集合”。郭實臘關於中國的著作多達61本，還有英文、德文、荷蘭文、日文著作，涉及歷史、經濟、政治、科技、語言等領域。

《漢語語法指南》（*Notices on Chinese Grammar*）1842年出版於巴達維亞。該書148頁，英文撰寫。分兩部分，第一部分宏觀上概括漢語的特點，包括語音、漢字、詞彙三章；第二部分共九章，分別爲名詞、形容詞、代詞、數詞、動詞、副詞、介詞、連詞以及感嘆詞，從性、數、格和冠詞四方面論述名詞，討論了形容詞的級和動詞的時態，把漢語副詞劃分爲疑問、否定、肯定、時間、地點、性質、數量副詞七類，例句用漢字書寫、注音，并用英文注釋、翻譯。

隨筆

——關於漢語和中國政府及其人民

密迪樂（Thomas Taylor Meadows，1815—1868）是英國駐華外交官，1841年11月開始在慕尼克大學學習漢語，1843年來華。除了《隨筆》，還著有《清文敘略》（*manju gisun be majige gisurehe bithe*），書中爲滿文設計了一套注音字母，《中國人及其叛亂》（*The Chinese and Their Rebellions*）（1856）詳細記載了太平天國初期的歷史。

《隨筆》(*Desultory Notes on the Government and People of China, and on the Chinese Language*)1847年出版於倫敦，包括前言(Preface)和正文19章，大部分涉及漢語、中國政府和中國人民三方面。關於漢語學習的章節，包括漢語書面語中的公文文體、學習漢語的困難之處、滿族皇室成員和普通百姓以及北京本地人使用的漢語口語、適用於漢語口語北京發音的表音法、聲調。密迪樂在前言中說：我認爲自己有資格寫中國，原因有三點：首先，我對中國的語言有切實的瞭解；其次，近五年來我把全部時間精力都投入到了中國事務中；其三，在五年中將近三年的時間裏，我一直身居一個非常有利的位置，使我得以獲取所寫那些話題的相關知識。密迪樂在《隨筆》中首次爲北京話創建了一套音標系統，列出了北京話的輔音音節表和元音音節表，并給出了當時北京話的聲調表。《隨筆》把漢語書面語分爲"古文(Ancient Style)""文章體(Wan Ch'ang or Literary Style)"和"文件體(Documentary Style or Business Style)"三類。密迪樂對漢語的這些開創性工作對威妥瑪影響至深，威妥瑪的注音體系以及《文件自邇集》均直接受益於密迪樂的研究。中國國家圖書館古籍館、加州大學圖書館、斯坦福大學圖書館等有藏本。

漢語語法基礎知識

［奧地利］恩德利希(Stephan Endlicher，1804—1849)生於捷克斯洛伐克普雷斯堡(今布拉提斯拉發)，是植物學家、漢學家，維也納科學院的創辦人之一。1936年起擔任皇家植物標本陳列室技術主管，1840年起任維也納植物園主任及維也納大學植物學教授。早年做過製圖工作，參與了1833年在歐洲出版的朱熹《大學》的修訂及吕克特(Friedrich Rückert，1788—1866)翻譯德文本《詩經》的出版工作，對奧地利國家圖書館漢學館藏及活字印刷漢字在歐洲的推廣做出了貢獻。

《漢語語法基礎知識》(*Anfangsgründe der Chinesischen Grammatik*)用德語寫成，1845年出版，藏於奧地利國家圖書館，是第一本用德語編寫的漢語語法書。本書包括文字學、語音、語法三卷。語法部分分實詞和虛詞兩篇，前者涉及名詞、代詞、動詞，後者涉及副詞、關係詞、連詞、感嘆詞、尾虛詞。

習漢英合話

赫爾尼茲（Stanislas Hernisz，1805—1866），漢學家。1805年出生於波蘭華沙，猶太人，做過記者、醫生，參加了1830—1831年波蘭對抗俄羅斯的十一月起義。起義失敗後，移居法國，主要從事新聞工作。後移民美國，獲得了醫學博士學位，是美國東方學會成員。1866年4月20日在去中國的途中去世於倫敦。在1848—1855年加利福尼亞淘金熱中，《習漢英合話》（*A Guide to Conversation in the English and Chinese Languages for the Use of Americans and Chinese in California and Elsewhere*）1854年出版於波士頓，用來跟中國工人交流。全書由導論（Introduction）和正文組成。正文兩部分：第一部分是教中國人學英語，共41頁，1—3頁每頁分爲三列，分別是英文句子、漢語句子、注音；4—41頁是英文26字母和英文單詞等。第二部分是漢英練習，共179頁，內容包括214部首、文法、詞句、11組對話。中國國家圖書館古籍館、美國斯坦福大學圖書館等地有藏本。

英華初學

露密士（Rev. Augustus Ward Loomis，1816—1891）是美國長老會駐寧波的傳教士，1844年抵達澳門。

《英華初學》（*English and Chinese Lessons*）1872年由上海美華書館出版，共188頁，正文分68課。附録中有幾種應用文，包括書信、訂貨單、借款合同、租金收據等，還有縮略詞、乘法表、字母歌。日本國立國會圖書館、加州大學伯克利分校等有藏本。

漢英韻府

［美］衛三畏（Samuel Wells Williams，1812—1884），1833年10月26日抵達廣州，是最早來華的美國新教傳教士之一，在華43年。1878年受聘擔任耶魯大學漢學講座首任教授，成爲美國第一位職業漢學家。1881年被選爲美國東方學會會長。從1833年10月26日抵達廣州，直

到 1876 年返美，在華凡 43 年。《漢英韻府》(*A Syllabic Dictionary of the Chinese Language*, *arranged according to The-WU-FANG YUEN YIN*, *with the Pronunciation of the Characters as heard in Peking*, *Canton*, *Amoy*, *and Shanghai*) 有 1874、1889、1896、1903 年版，此次據美華書館 1896 年版影印。

全書分前言 (Preface)、導論 (Introduction)、正文。前兩部分用羅馬數字編頁，共 84 頁。正文共 1150 頁，收 12527 字，漢字的編排參考了樊騰鳳的《五方元音》，使用的是自創的拼音法。衛三畏强調，他的詞典記録的發音更接近於長江以北各地通用的語音，而不是某一地的語音或官話。《漢英韻府》第一版的 1000 册在短短幾年就售罄。當《漢英韻府》受到好評時，翟理斯 1879 年出版了一本 40 頁的小册子《論〈漢英韻府〉的翻譯和誤譯》(*On Some Translations and Mistranslations in Dr. Williams'Syllabic Dictionary of the Chinese Language*)，羅列了衛三畏的誤譯并給出了修改意見。《漢英韻府》1909 年的修訂版，按照《五方元音》編排漢字的方法被威妥瑪編排體系取代。高永偉把其詞條釋文歸納爲三個特點：一是無論詞目還是例證的釋文時常包含較爲實用的詞源信息；二是通過先字面直譯再意譯的方式給一些通過隱喻獲得詞義的條目提供英語釋文；三是采用注音的方法來處理文化局限詞。據楊慧玲研究，衛三畏《漢英韻府》釋文内容吸取了馬禮遜《五車韻府》的漢字構字信息一項，絶大多數例證是新的，釋文中多有創新，後來因此贏得了普遍贊譽。沈國威對其版本及館藏均有介紹。中國國家圖書館古籍館、加州大學洛杉磯分校圖書館等處有藏本。

中國研究録

偉烈亞力 (Alexander Wylie, 1815 — 1887)，英國漢學家，倫敦傳道會傳教士，1846 年來華。1857 年創辦上海第一份中文月刊《六合叢刊》，介紹宗教、科學、文化與新聞學。同年與禕治文、艾約瑟等傳教士發起成立上海文理學會 (Shanghai Literary and Scientific Society)。1867 年在上海出版的《在華新教傳教士紀念録》一書，總結了 19 世紀初以來傳教士在中國出版的書籍，是研究基督教在華傳教歷史的重要文獻。偉烈亞力曾兼任上海《教務雜志》編輯。1867 年創辦英文季刊《遠東釋疑》，登載專論中國歷史、宗教、語言和評論遠東等的文章。偉烈亞力與江南製造局徐壽合譯《汽機發軔》，和王韜合譯介紹英國東印度公司歷史的《華英通商事略》和介紹力學知識的《重學淺説》，和李善蘭合譯《數學啓蒙》《代數學》《代微積拾級》，第一次將解析數學引入中國。在傳播西學和向西方介紹中國文化方面，偉烈亞力有重要貢獻。偉烈亞力在華期間，收集漢文藏書約兩萬種，其中一千餘種在 1869 年售與亞洲文會，其餘在 1882 年售與牛津大學圖書館。偉氏藏書（Alexander Wylie Collection）是牛津大學圖書館博多利書庫的一批重要的館藏。

《中國研究録》(*Chinese Researches*）是托馬斯（James Thomas）等從偉烈亞力留下的多箱手稿中選出的文獻、歷史、科學和語言四個方面有代表性的 17 篇論文，這些論文有的發表在《教務雜志》等期刊，有的曾在會議上宣讀過，這些論文只占偉烈亞力全部手稿的三分之一左右。1897 年偉烈亞力逝世十周年之際出版於上海。托馬斯（James Thomas）在前言中介紹了這本書的出版過程。艾約瑟的《〈中國研究録〉的價值》、托馬斯（James Thomas）的《偉烈亞力傳略》和夏德（Henri Cordier）的《偉烈亞力的工作和生平》全面介紹了偉烈亞力。正文是偉烈亞力對中國的多方面研究，涉及文獻（Literary)、歷史（Historical)、科學（Scientific)、語言學（Philological)。第四部分討論了漢語的口語、書面語、文獻、漢學等問題。

偉烈亞力對滿文頗多研究，1855 年出版滿文文法著作《清文啓蒙》的英譯本，還把法國耶穌會士錢德明（Joseph-Marie Amiot，1718 — 1793）的《滿語語法》(*Grammaire Tartare-Mantchou*）譯成英文。《中國研究録》中有《關於滿族及其文字起源之探討》(*A Discussion of the Origin of the Manchus and Their Written Character*）一文。中國國家圖書館、多倫多大學圖書館等有藏本。

漢俄合璧韻編

卡法羅夫（П. И. Кафаров，1817—1878)，教名巴拉第（又名巴第、鮑乃迪)，是俄國傳教士團中留華時間最長的人，長達三十餘年，期間除了負責俄國對華外交、宗教使團事務，還在漢學研究、歷史地理學、蒙古學、中國宗教研究及詞典編纂等方面著述頗豐，影響深遠。俄羅斯第 13

届、第 15 届傳教團領班。現代俄羅斯漢學界習慣將他和比丘林（Бичурин Я.,1777—1853）、瓦西里耶夫（Васильев В. П.,1818—1900）并稱爲“俄羅斯漢學界三大巨匠”。

巴拉第 1871—1878 年集中編纂《漢俄合璧韻編》(《華俄大辭典》)（Китайско-русскій словарь），是當時歐洲同類字典中最完善的。巴拉第去世後，其手稿由另一位俄羅斯漢學家柏百福（Попов，Павел Степанович，1842—1913）加工整理，1888 年在北京同文館出版，收録 11868 個漢字，按照俄語字母表的順序排列，以字頭爲綱統領詞條。字頭下的詞條包含該字頭，詞條後是俄語注音。據石汝杰，日本九州大學附屬圖書館有藏本。全書共兩卷，第一卷包括前言 6 頁，勘誤表 2 頁，正文 628 頁。前言介紹了巴拉第的生平，學術成果，《韻編》文獻的來源、編寫分工等。勘誤表先列出錯誤頁碼，第幾欄，第幾行，指出具體錯例，然後給出正確寫法。第二卷勘誤表 2 頁，正文 666 頁，附録檢字索引 69 頁。檢字索引分别是按部首及筆畫排列的索引（1—64 頁）、部首表（按筆畫排列，共 214 個部首，第 65 頁）、難字檢字表（66—69 頁）。部首檢字表收録了詞典中所有字頭，先按 214 個部首排序，再按檢字筆畫數排。每個字右側用羅馬數字標注該字所在字典的卷數，用阿拉伯數字標注頁碼，第一卷只標注頁碼。部首表豎排，部首左邊的號碼是部首序號，右邊是部首的俄文音譯。難字檢字表共 4 頁，豎排，字右側第一個號碼是該字應檢索的部首的序號，第二個號碼表示該字的筆畫數。據王紅廠、鍾曉雯（2022），字典收詞廣泛，除了當時的通用詞語，兼收古語詞和新詞語、書面語和口語詞，還有外來詞、方言詞、專業詞彙、成語等，新詞、佛教詞語、口語詞、俗語詞等均做了標注。釋義模式基本分爲譯解和詳解兩種，大量是兩種方式同時使用。

《韻編》具有百科全書的性質，對於俄漢文化交流史、學術交流史、漢語語音史、詞彙研究、詞典學等均有重要價值。

［英］庫壽齡（Samuel Couling，1859—1922）編的《中國百科全書》（*Encyclopedia Sinica*）載有鮑乃迪著述目録。

西漢同文法

［法］童文獻（Paul-Hubert Perny，1818—1907）是 19 世紀法國杰

出的漢學家、博物學家和思想家，1846 年加入巴黎外方傳教會，次年赴貴州傳教，1853 年後曾主持貴州教區工作，還曾在四川傳教，1869 年回到法國，1872 年退出外方傳教會，著有《中國俗語》（*Proverbes chinois recueillis misen ordre*，1869）、《西語譯漢入門》（*Dictionnaire Francais-Latin-Chinois*，Dela Langue Mandari ne Parlé e1869）、《漢拉會話》（*Dialogues Chinois-Latins*，1872）、《西漢同文法》（1873）等。《西漢同文法》（*Grammaire de la Langue Chinoise Orale et Écrite*）1873 年在巴黎出版。《西漢同文法》是以法語編寫的專供法語母語者使用的漢語教材。直譯爲《漢語口語和書面語》，全書分兩部分：第一部分關於口語，第二部分關於書面語。第一部分開始是對全書兩部分及五大章的簡介。其中三章是關於漢語的總體介紹，一章講述音調，還有一章關於詞語。第一部分十三章，包括名詞、形容詞、比較級、最高級、數詞、代詞、動詞、副詞、介詞和後置詞、連詞、感嘆詞、慣用語、禮貌用語等。第二部分五章，主要介紹漢語的書寫、分類、書法在中國的重要性和書寫規則、漢語詞彙史的歷史等。日本國立國會圖書館有藏本。

新名詞

狄文愛德（Ada Haven Mateer，1847—1936）是狄考文遺孀，1912 年 4 月編寫了一個臨時詞表（New Term Mostly Called from Chinese Mandarin Newspapers）。受到司徒雷登等人的支持，《新名詞》（*New Terms for New Ideas*，*A Study of the Chinese Newspaper*）1913 年由上海美華書館出版。《新名詞》搜集了 1911 年辛亥革命以來出現在《神州女報》《少年雜志》等 23 種報刊中的新名詞。全書包括目録（Table of Contents）、前言（Preface）、文理介紹（Introductory Chapter on Wênli）、附注（Explanatory Notes）、正文（44 課）、索引。其中，課文取自中國各地出版的報刊。課文部分，單數頁上方印有“New Terms”，偶數頁上方印有“新名詞”。前 22 課爲英漢對照。後 22 課由於文章篇幅增加，僅收録漢語課文，英文翻譯改爲注釋。所有的課文之前都有一個討論該話題的相關新詞表，表中的新詞集中附録於卷末的索引中，約有 3000 條。本書的編寫目的是幫助外國人閱讀中文報刊。

《新名詞》有 1913、1915、1917、1922、1924、1933 年六個版本，前

五版均由美華書館出版，1933 年版由上海廣學書局出版。1922 年前，後一版本對前一版均有所增訂。1924 年和 1933 年版内容没有變化。1913 年和 1922 年版藏於加州大學洛杉磯分校圖書館，1915 年版藏於中國國家圖書館，1917 年版藏於多倫多大學圖書館。

訂增英華字典

羅存德（Wilhelm Lobscheid，1822—1893）是德國禮賢會（Rhenish Missionary Society）傳教士，1848 年 5 月 22 日到達香港，多次往返香港和歐洲。他編纂的《英華字典》（*English and Chinese Dictionary*，*with the Puntiml and Mandarin Pronunciation*，1866—1869）是 19 世紀規模最大的英漢辭典，按照英文單詞首字母排列，1866 年出版第一卷（A—C），1867 年出版第二卷（D—H），1868 年出版第三卷（I—Q），1869 年出版第四卷（R—Z），由香港孖剌西報館（Daily Press）印刷，共 2013 頁，收五萬個詞條，每個詞條包括詞目、英文釋義、漢語詞、漢語詞的廣東話和官話注音，相關詞條及其注音、例證及注音。井上哲次郎（1856—1944）訂增的《訂增英華字典》（*An English and Chinese Dictionary*）1883 年在東京出版。全書包括叙、正文、附録。正文共 1210 頁，附録有 22 個（1211—1357 頁）。另有一個勘誤表。全書按照英文字母排列單詞，詞條包括英文單詞、詞性，漢語釋義，相關英文詞語及其漢語釋義。加州大學圖書館有藏本。

沈國威認爲羅存德《英華字典》代表了 19 世紀西人漢外辭典編纂的最高成就，對其後的英漢辭典以及日本近代英日辭典的編纂、譯詞産生了極大影響。

漢語官話口語語法

［英］艾約瑟（Joseph Edkins，1823—1905）畢業於倫敦大學，被倫敦傳道會派往中國，1848 年 7 月 2 日到達香港，9 月 2 日到達目的地上海，擔任墨海書館的監理助理。在墨海書館，艾約瑟與李善蘭、王韜、偉烈亞力、韋廉臣等合作翻譯了一系列介紹西學的著作。1863 年定居北京，1875 年獲愛丁堡大學神學博士。1880 年被中國海關總税務司赫德聘爲海關翻

譯，翻譯出版了《西學啓蒙叢書十六種》，包括《格致總學啓蒙》《植物學啓蒙》《動物學啓蒙》《富國養民策》《辯學啓蒙》《希臘志略》《羅馬志略》等。艾約瑟涉獵甚廣，成果豐碩，包括語言學、宗教、詩歌、哲學、地理、科技、經濟等領域，他研究漢語的著作有《漢語官話口語語法》、《中國在語文學上的地位》（1871）、《漢字研究入門》（*Introduction to the Study of Chinese Character*，1876）、《漢語口語進階教程》（*Progressive Lessons in the Chinese Spoken Language with Lists of Common Words and Phrases*，*and an Appendix Containing the Laws of Tones in the Peking Dialect*，1862、1864、1869、1881、1885）、《漢語的演化》（1888）、《上海方言口語語法》（1868）、《上海方言詞彙》（1869）等。

《漢語官話口語語法》（*A Grammar of the Chinese Colloquial Language*，*Commonly Called the Mandarin Dialect*）1857 年由倫敦會印刷處出版，1864 年由上海美華書館再版。本書據 1864 年版影印。全書包括序言、目録、正文、附録。前兩部分用羅馬數字單獨編頁，共 8 頁，後兩部分共 279 頁。序言包括 1864 年版和 1857 年版序言。正文包括三大部分：語音（On Sound）、詞類（The Parts of Speech）、句法（Syntax）。語音部分共八章：字母和聲調符號、官話發音的體系、聲調、聲母、韻母、中國人的記音方式、官話發音的歷史、官話和其他現代方言的起源。詞類部分共十二章：導言、詞語、詞類劃分、輔助名詞、形容詞、代詞、動詞、前置詞和後置詞、副詞、連詞、其他小詞和感嘆詞。句法部分共十一章：支配關係、句法位置對詞性的影響、縮減和擴展、詞組内部結構、詞組外部關係、簡單句、小句、并列句、省略和冗言、對偶、韻律。另有三個附録：中國近期的語文學研究、官話文學、南方官話。1864 年版藏於紐約公共圖書館、日本國立國會圖書館等地。

研究者徐美紅、林素娥、張一凡等做了細緻的分析梳理，張海英也有相關論述。董方峰、楊洋翻譯的《漢語官話口語語法》2015 年由外語教學與研究出版社出版。

漢語的演化

［英］艾約瑟《漢語的演化》（*The Evolution of the Chinese Language:*

as Exemplifying the Origin and Growth of Human Speech），1888 年出版於倫敦。董方峰譯爲《以漢語的發展來論證人類語言的起源和發展》，陳喆譯爲《漢語的演化——人類語言起源和發展的例證》。

該書由 1887 年發表在《北京東方學會會刊》（*Journal of the Peking Oriental Society*）上的一系列論文合成，包括前言、目録、勘誤、正文、艾約瑟著述簡介。該書試圖通過研究漢語的語音演化史來解開人類語言起源之謎，認爲漢語語音的歷史按照發音部位由外向内，經歷了由唇音主導到齒音主導，最後是喉音占絶對優勢的過程，并從輔音到元音再到聲調及語音搭配對漢語語音的歷史演變進行了梳理，把造成發音改變的主要原因歸結爲六點。加州大學圖書館、日本國立國會圖書館等有藏本。

漢語在語文學上的地位

［英］艾約瑟（Joseph Edkins）《漢語在語文學上的地位》（*China's Place in Philology: an Attempt to Show that the Languages of Europe and Asia Have a Common Origin*），1871 年出版，包括導論、正文、附録。導論共 23 頁，正文 403 頁共十四章，第一章從上古中國和西亞中東文明間的比較開始；第二章從哲學和宗教等方面比較上古中國和西亞文明；第三章開始討論語言，認爲當時中國人周圍的苗蠻等少數民族和漢語一同構成了東南亞的單音節語系，并概括了日語、都蘭語系等周邊語言的特徵；第四章分析了人類原初語言的特徵；第五章研究了漢語和其他古代語言之間的關係；第六、七兩章比較不同語言形成年代的先後，此後的章節研究都蘭語，并把印歐語和漢語進行了詳細的比較。艾約瑟認爲漢語更多地保留了人類原始語言的特徵。附録是語言學出版論著，按英文字母順序排列，目的是展示歐洲語言和亞洲語言共同起源於美索不達米亞和亞美尼亞地區。具體可參看陳喆（2021）。美國國會圖書館、日本國立國會圖書館等地有藏本。

認字新法：常字雙千

［美］丁韙良（William Alexander Parsons Martin，1827—1916）是美國新教長老會傳教士，1850 年來華，1916 年去世於北京，曾任京師同文

館總教習、京師大學堂總教習，還曾擔任清政府國際法顧問，光緒十一年（1885），得三品官銜，1898 年又得二品官銜。是著名傳教士、教育家、外交官、翻譯官、漢學家。著有《花甲憶記》（*A Cycle of Cathay or China, South and North with Personal Reminiscences*, 1896）、《北京之圍》（*The Siege in Peking, China against the World*, 1900）、《漢學菁華》（*The Lore of Cathay*, 1901）、《中國人之覺醒》（*The Awakening of China*, 1907）等書，翻譯了有關基督教、自然科學、國際法方面的著作，首次正式全面地將國際法著作介紹到中國。《認字新法：常字雙千》（*The Analytical Reader: a Short Method for Learning to Read and Write Chinese*），1863 年由美華書局（Presbyterian Mission Press）出版，學習讀寫漢語的捷徑。1897 年上海美華印書館出版了修訂版，卡薩齊、莎麗達翻譯成《分析性讀本：學習讀和寫漢語的簡捷法》。

《認字新法：常字雙千》包括序言、目録、正文、附録。正文共三部分：方法論（The Method）、課文（Text and Translation）、常字雙千合釋（Analysis of Characters）；附録包括常字雙千釋義（A Vocabulary of Two Thousand Frequent Characters with Their Most Common Significations, and the Sounds of the Peking Dialect）、214 部首、詞語，共 56 頁。課文的編寫仿照中國傳統的蒙學讀物《千字文》，四字一句，合轍押韻。使用對象是長老會來華傳教的漢語初學者。1897 年再版，共 204 頁，修訂了第一版的一些錯誤，課文注音都改成了北京音，且標上了聲調。兩版均藏於加州大學洛杉磯分校圖書館，第一版也藏於中國國家圖書館、密西根大學圖書館等地。

中文基礎

［英］薩默斯（James Summers, 1828—1891），又譯作蘇謀斯，是英國漢學家、語言學家、教育家，1828 年出生於英國肯特郡，1848 年在中國香港任教，1852 年成爲倫敦大學國王學院中國語言文學專業教授。1863 年由哈佛大學出版社出版的《漢語手册》（*A Handbook of the Chinese Language*）是他最重要的語法著作。《中文基礎》（*The Rudiments of the Chinese Language, with Dialogues, Exercises, and a Vocabulary*），又譯作

《漢語初階》，1864 年出版於倫敦，包括前言、導論和正文。Hitchin，Herts 在前言中提到該書的使用對象是第一次離開英國去中國的漢語學習者，該書可以作爲他們熟悉漢語的開端，書末的詞彙表摘自艾約瑟的 *Progressive Lessons in Chinese*。薩默斯在導論中論及漢語的語音、漢字、語法等，如漢語的音節結構很簡單，發音也很容易，既没有歐洲語言那種複雜的輔音組合，也没有有些語言那種元音組合，聲母 ch、sh、ts 和韻母 ng 也不能看作是例外（注：意思是這幾個音也很簡單）；漢字多達 40000 個，但一般使用的不超過 10000 個，而寫文章 5000 個就足够了；認爲漢語句法簡潔自然，但小品詞有難度。語法部分可看作《漢語手册》語法部分的縮略版，簡要介紹漢語語音、表音系統、聲調、漢字書寫、詞法和句法等。書後附有英漢對照詞彙表。林馨、劉殊墨、張潔琳、方環海（2012）對此書的内容和特點進行了梳理。美國國會圖書館、哈佛大學圖書館、中國國家圖書館古籍館等有藏本。

漢言無師自明

［英］翟理斯（Herbert Allen Giles，1845—1935）是英國駐華外交官，著名漢學家，威妥瑪之後劍橋大學的第二任漢學教授，多次榮獲法蘭西文學院“儒蓮獎”。翟理斯著述豐富，包括漢語教材、翻譯、工具書等，涉及文學、繪畫、語言等。他 1873 年出版了《兩首中國詩》（*Two Chinese Poems*），收録了《三字經》和《千字文》英譯。1874 年翻譯了《閨訓千字文》（*A Thousand-Character Essay for Girls*）和《洗冤録》（*Hsi Yuan Lu*，*or Instructions to Coroners*）。1875 年出版了《中國劄記》（*Chinese Sketches*）。1880 年出版了《聊齋》的英譯單行本《聊齋志異選》（*Strange Stories from a Chinese Studio*），選譯了 164 篇作品。1878 年出版了《遠東問題詞彙表》（*A Glossary of Reference on Subjects Connected with the Far East*），1886 年第二版出版。1901 年出版了《中國文學史》（*A History of Chinese Literature*）。1905 年出版了《中國繪畫史論》（*An Introduction to the History of Chinese Pictorial Art*）。1897 年出版了《古今姓氏族譜》（*A Chinese Biographical Dictionary*）。

《漢言無師自明》（*Chinese without a Teacher*，*being a Collection of Easy and Useful Sentences in the Mandarin Dialect, with a Vocabulary*）有 1872 版、1887 年版、1892 年版、1901 年版、1922 年版，由上海別發洋行出版發行。本書據 1872 年版影印。

《漢言無師自明》是爲初學漢語的外國人編撰的教材，包括勘誤表（Errata）、題獻（Dedication）、致讀者（To the reader）、目録（Index）、規則（Rules）和正文。正文包括數字（The Numerals）、旅游（The Tourist）、商人（The Merchant）、一般用語（General）、家庭主婦（The Housewife）、運動家（The Sportsman）、在商店（In a Shop）、水手（The Sailor）、語法（Grammar）、詞彙（Vocabulary）。編排上，第一列是英文，第二列是漢字，第三列是漢字的英文注音。所收既有詞語，也有句子，前者如"來""開門""備馬"，後者如"你爲什麼不來""你們這兒有好皮子没有"。"數字"到"水手"的内容均是實用的口語短語和句子。"語法"部分包括：名詞和形容詞没有詞尾變化，同一個詞可表單複數；代詞；動詞，動詞在所有的語氣、時態、人稱和數形式都相同，衹有過去時是例外，由動詞加"啦、過"構成。"詞彙"部分按照英文字母排序。1872 年版藏於中國國家圖書館古籍館、加州大學伯克利分校圖書館等地。1887 年版現藏於加州大學伯克利分校圖書館。1901 年版藏於中國國家圖書館、日本國立國會圖書館、斯坦福大學圖書館等。1922 年版藏於加州大學伯克利分校圖書館等。

語學舉隅

［英］翟理斯（Herbert Allen Giles，1845—1935）在寧波任英國領事館助理時編著《語學舉隅》（*A Dictionary of Colloquial Idioms in the Mandarin Dialect*）。1873 年在上海出版，分前言、正文、專論（Monograph）、注釋（Note）四部分。前言未編頁，後三部分共 65 頁。正文部分按照音序排列，龔海燕從書名出發分析了本書的三個特點：詞典、口語、官話。雖然以"詞典"命名，實際上文本均是句子，如第一句是"他説得出來做得出來"，最後一句是"紙上有油我寫不上"。編排方式爲：靠左列英文單詞，英文單詞之下有若干英文句子，每個英文句子右邊是漢語句子，漢語句子下面是拉丁字母注音，未標調。本書共收 231 個英文動詞、1030 個英漢對

照的句子，其中“把”字句占四分之一强。專論是“拿”組成的27個句子。注釋説明了“連一隻船我都搭不上”的南北語義差異。

正文部分的英文句子也有一些注釋性的文字，如“Blow”下第一句話漢語文本是“把灰吹下去”，左邊英文句子後有用括弧括起來的英文注釋：北方dust説“土”，南方“土”僅指室外的灰塵。又如“鑿tso2”在北京讀“tsao2”；“那個病你小心招上”，括弧中的注釋爲：在北京“招”寫作“著”；“打盒子裡拈出來”，注釋：（拈）用拇指和無名指，北京寫作“捏nieh”。從這些細節可以看出北京話當時的地位。哈佛大學圖書館有藏本。

字學舉隅

［英］翟理斯（Herbert Allen Giles，1845—1935）在漢口任英國領事館助理時編著《字學舉隅》（*Synoptical Studies in Chinese Character*），1874年在上海出版，别發洋行銷售。《字學舉隅》是用英文寫成的供外國人使用的漢字手册，全書包括前言、正文、索引、勘誤。

正文部分共收1316個漢字，根據字形分成多組漢字，不同組之間用短横綫分割。如第一組爲“人、入、八”。某一漢字依次編排序號、漢字、注音、英文釋義。有些字還有字形辨析，如569“市”，對字形中包含“市”的“肺”和“沛”做了解釋。索引部分按音序排列，分左右兩欄，其中每個漢字有注音、漢字、序號。勘誤訂正了本書的三處錯誤。

沈之杰對《字學舉隅》的内容、體例、所收漢字和漢字教學方法做了詳細的説明，并從教材角度對其優劣進行了分析，認爲這是一部高質量的著作。其選擇範圍集中在常用字，摒棄了中國同類著作中的生僻字、廢棄字和罕見字，實用性强；不足則包括辨析用語含義模糊等問題。中國國家圖書館、康奈爾大學圖書館等有藏本。

中國和漢語

［英］翟理斯（Herbert Allen Giles，1845—1935）《中國和漢語》（*China and the Chinese*）1902年由哥倫比亞大學出版社出版。

《中國和漢語》是翟理斯1902年3月在哥倫比亞所做的系列演講彙

編。當時翟理斯任劍橋大學漢學教授。第一講是“中國和漢語”，第二講是“中國的圖書館”，第三講是“民主中國”，第四講是“中國和古希臘”，第五講是“道教”，第六講是“中國的一些禮儀和習俗”。第一講涉及漢語的書面語和口語、方言、漢字、造字法等。全書以第一講命名。康奈爾大學圖書館有藏本。

1928年哥倫比亞大學出版社重印本藏於中國國家圖書館。

華英字典

［英］翟理斯（Herbert Allen Giles，1845—1935）《華英字典》（*A Chinese-English Dictionary*）1892年第一版出版於上海，收10859個漢字詞目，按照威妥瑪拼音順序排列。1912年，歷時18年修訂的增補版《漢英詞典》（*A Chinese-English Dictionary*，*Second Edition*，*Revised and Enlarged*）在上海別發洋行和英國倫敦同時發行，共收10926個漢字詞目，按注音排序。全書包括前言、第一版前言摘録、方言、詞典正文、六個附表、214部首、部首索引。後三部分是附録。六個附表分別是官職等級標志表、姓氏表、中國朝代表、地理表、曆法表、雜表。正文後是勘誤。第二版修訂包括釋義義項、漢字詞目、互參詞目的增補，增加新的例證，删除各處重複例證，增補了《佩文韻府》的韻部編號。附表内容的修訂等采用改進的威妥瑪氏注音法，按讀音字母順序編排，并注出廣州話、客家話、福州話、温州話、寧波話等多種方言讀音，同形異音字互相參見，注重文化負載詞的解釋，堪稱20世紀上半葉最流行的漢英詞典。

翟理斯在前言部分對比了馬禮遜、麥都思、衛三畏等人五本詞典中25個漢字字目的收詞數量，《華英字典》第二版遥遥領先，如“道”收録了261個條目，“天”收録了183個條目，“打”收録了172個條目。收録的條目既有口語表達，也有文言，如“唧”下既收了“唧唧複唧唧，木蘭當户織”，也收“唧唧呱呱”。再以時間表達爲例，既有文言詞“曩”“曩昔”“輒”“嗣後”“危急存亡之秋”“歲律更新”“玉律司中”等，也有“整天家”“老早的”“將將兒的”“不大的工夫”“這個夾當兒”“擦了黑兒了”“今兒幾兒了”“多早晚兒去過”。《華英字典》的條目來源廣泛，有出自歷史傳記、白話小説、元曲話本、佛經藏書等文獻典籍的，也有出自當時的報刊如《申報》《大公報》等的，有專名、諺語、慣用語等，也有數量不少的條目來自口語。總之，《華英字典》的語料具有明顯的異質性，除了文白兼具，還有些方言表達。如果這一點是它的特點，那麼重視文化負載詞的解釋則是其明顯的長處，如：佳期（an auspicious time,-as a wedding day）、秋老虎（autumn tiger,-the unusually hot days at the end of summer and beginning of autumn are so called）、端午（5th of 5th moon, on which day is celebrated the Dragon Festival in memory of the patriot 屈原）等。

董守信認爲《華英字典》無論在收字、詞量、附表内容的廣泛上，還是方音、漢字拉丁字母拼音體系的確立、檢索手段的完備上，都是經典之作。沈國威認爲這部詞典是西方人漢語、漢字研究的一座里程碑。楊慧玲則指出 1912 年版的《華英字典》有着深遠的影響，直到 20 世紀 60 年代林語堂編寫漢英詞典時，翟理斯的漢英詞典仍然是國際上通用的漢英詞典之一。沈國威對其版本、内容、館藏信息均有介紹。

中國辭彙

［英］梅輝立（William Frederick Mayers，1831—1878）《中國辭彙》（*The Chinese Reader's Manual*，*A Handbook of Biographical*，*Historical*，*Mythological*，*and General Literary Reference*），1874 年第一版由上海美華書館（American Presbyterian Mission Press）出版，藏於斯坦福大學圖書館，另有 1910 年上海美華書館等重印版，藏於中國國家圖書館古籍館、康奈爾大學圖書館等地。另有 1932 年北京法文圖書館版。今據 1874 年版影印。

梅輝立是英國駐華外交官，1859 年來華，并於 1871—1878 年擔任英國漢文正使，與曾紀澤等人有過密切交往，在華長達二十年之久。《中國辭彙》1874 年版包括前言（Preface）、導論（Introduction）、勘誤表（Errata）和正文。正文第一部分是專名索引（Index of Proper Names），共收 974 條人物和事物專名，前者包括歷史人物、神話人物、傳説人物及文學人物等，如張九齡、炎帝、雨師，後者包括中國文化中有特殊含義或寓意的事物名稱，如阿房宫、祁連山、龍、玉、月、鴛鴦等。第二部分數字短語（Numerical Categories），收録了 317 條以數字爲首字的詞條，如四部、五行、九品、二十四孝、百官等。第三部分是朝代表（Chronological

Tables of the Chinese Dynasties)。第四部分是漢字索引(Index of Chinese Characters)。江亮、董守信在《淺議近代西方漢學工具書的價值與利用》一文中對其評價很高，認爲“堪稱漢學工具書的奠基之作”，直接啓發翟理斯編寫了《古今姓氏族譜》(*A Chinese Biographical Dictionary*)。

漢英合璧相連字彙

[英]司登得(George Carter Stent，1833—1884)《漢英合璧相連字彙》(*A Chinese and English Vocabulary in the Pekinese Dialect*，直譯爲《漢英北京方言詞彙》，雍和明等翻譯爲《北京話華英詞集》)，1871年由海關出版社(The Customers Press)出版。

司登得1869年以英國公使館護送隊員身份來華，後進入海關工作，先後在上海、芝罘(今煙臺)、温州和汕頭任教，1883年任臺南代理稅務司直到去世。出版的著作包括《二十四珠玉聯》(*The Jade Chaplet in Twenty-four Beads*：*A Collection of Songs*、*Ballads*，*Etc*，*From the Chinese*，1874)、《活埋及其它歌曲民謠》(*Entombed Alive*，*and Other Songs*，*Ballads*，*Etc*，*From the Chinese*，1878)、《刀劍瑣記：我在第14國王之光龍騎兵隊的歷險》(*Scraps from My Sabretasche*：*being Personal Adventures whiles in the 14th king's Light Dragons*，1882)等，前兩部是民謠集。司登得還曾爲亞洲皇家學會中國分會期刊撰寫了《中國傳説》(*Chinese Legends*，1872)和《中國詩歌》(*Chinese Lyrics*，1871)，1876年9月在《遠東雜志》(*The Far East*，*Illustrated with Photographs*)上發表了《黄鶴樓》故事英譯版，《中國太監》(*Chinese Eunuchs*，1877)則是他最受關注的一篇文章。

《漢英合璧相連字彙》第一版於1871年出版，是爲漢語初學者編寫的，藏於加州大學伯克利分校圖書館。全書分七部分，包括序言、正文、漢字索引、部首索引、部首、文化注釋以及勘誤。第一部分序言。第二部分正文，收録了大概4200個不同的漢字、20000多個詞條，漢字按照音節首字母的順序排列，同一漢字下的詞條按照第二或第三個音節的首字母順序排列。每頁第一列是威妥瑪式拼音，右上角的阿拉伯數字表示聲調，第二列是相應的漢字或詞語，第三列是英文翻譯。第三部分是音序漢字索引(Alphabetical Index)，按照英文字母順序排列，每個漢字或詞彙按照注音、漢字、英文釋義排列。第四部分是部首索引（Radical Index），按照 214 部首排列正文部分的漢字，每個部首下是注音和漢字。第五部分是部首（Radicals），筆畫最少的 1 劃，最多的 17 劃，每個部首分別給出了注音、寫法、英文釋義。第六部分是文化注釋（Notes），共 104 條，如招親、招魂、九刑、九品、九代等。第七部分是勘誤（Errata），更正文中的錯誤，編排方式是頁碼、行數、勘誤内容。1877 年修訂擴充再版。

這部詞典的著作權後來被季理斐（Donald MacGillivary，1862—1935）購買後加以修訂和補充，改正了該詞典的若干錯誤并增收了當時湧現出的大量新詞，有 5000 多個單字，并配有豐富的詞彙，無插圖和照片。1898 年由上海美華書館出版，保留原書名和編者署名，注明是季理斐修訂，藏於中國國家圖書館古籍館。1907 年出版修訂第二版，加上了漢語書名《英華成語合璧字集》(*A Mandarin-Romanized Dictionary of Chinese*)。沈國威做了介紹。韓一瑾對以《漢英合璧相連字彙》爲源頭的詞典譜系進行了梳理。李晶鑫梳理了辭典的底本與其後續版本，還探討了該辭典對日本的影響。

華英小字典

［英］司登得（George Carter Stent，1833—1884）《華英小字典》(*A Chinese and English Pocket Dictionary*)，1874 年由上海別發洋行出版。全書按照 214 部首排列，編排方式是漢字注音、漢字、英文翻譯，没有例詞例句，藏於中國國家圖書館、哈佛大學圖書館、普林斯頓神學院圖書館等地。

漢法字典

［法］顧賽芬（Séraphin Couvreur，1835—1919）1835 年 1 月 14 日出生於法國，畢業於亞眠神學院，1853 年加入耶穌會，1870 年 4 月 30 日來到中國，1919 年 11 月 19 日在獻縣去世。兩次獲得法國漢學界最高獎“儒蓮獎”。顧賽芬翻譯過多部儒家經典著作，如：四書（1895）、《詩經》(1896)、《書經》(1897)、《禮記》(1899)、《儀禮》(1916)

等。編寫的漢語教材《官話常談指南》(*Langae Mandarine Guide de la conversation Francaise-Anglais-Chinois contenant un vocabulaire et des dialogues familiers*, 1886) 再版 11 次。編寫過多部詞典:《漢拉字典》(*Dictionarium linguae Sinicae latinum, cum brev iinterpretatione gallica, ex radicum ordine dispositum*, 1877)、《包括最常用的官話表現方式的法漢字典》(*Dictionnaire français-chinois contenant les expressions les plus usités de la langue mandarine*, 1884)、《北方官話—法英漢會話指南》(*Langue mandarine du Nord—Guide de la conversation Français-Anglais-Chinois contenant un vocabulaire et des dialogues familiers*, 1886)、《漢法字典》(*Dictionnaire Chinois-Francais*, 1890)、《漢拉字典》(*Dictionarium sinicum & latinum ex radicum ordine dispositum, selectis variorum orum sententiis firmatum ac illustratum*, 1892)、《小漢法字典》(*Petit Dictionnaire Chinois-Francais*, 1903)。《漢法字典》(*Dictionnaire Chinois-Francais*) 正文按照漢字的韻母順序排列,每個漢字有法語和中文釋義,此外還引用了中文古籍中出現這個詞的句子。1904 年按筆畫排列重新出版,改爲《漢語古文詞典》(*Dictionnaire classique de la langue chinoise*),1911 年又按拼音排列出版。該字典以《佩文韻府》《康熙字典》等爲底本,例證大部分源自顧賽芬翻譯中國古籍時所做的卡片,另一部分則來自中國當時一些著作和官方文書等。用他自己所創的拉丁化拼音系統進行注音,是從事中國古籍研究的珍貴工具書,影響深遠。戴密微(Paul Demiéville, 1894—1979)説:“他的《漢語古文詞典》始終是我們所擁有的一部最優秀的西文漢語古文詞彙工具書。”與翟理斯《華英詞典》的區別在於幾乎不考慮白話,不收方言和專用詞語。多次修訂再版并不斷改進。藏於巴伐利亞國家圖書館。

中國北方口語手册

阿恩德(Carl Arendt, 1838—1902)1856 至 1859 年就讀於柏林洪堡大學語言學專業,1865 年被德國外交部派至中國工作 23 年,在漢語的習得和研究上均有建樹。1887 年返回德國,是柏林大學東方語言研究所(1887 年 10 月 27 日成立)首位漢語教師,首創了系統性的、理論與實踐相結合的、突出語法的漢語授課方法。《中國北方口語手册》(*Handbuch der Nordchinesischen Umgangssprache*）1891 年出版，包括前言（Vorwort）、目録（Inhaltsverzeichniss）、正文。正文部分共九章，立足於當代漢語，强調漢語的語法規則。本書對萊辛（Ferd Lessing）和歐特曼（Wilhelm Othrmer）的《漢語通釋》影響很大。多倫多大學圖書館、日本國立國會圖書館等有藏本。

華語鑒

道格斯（Robert Kennaway Douglas，1838—1913）是 19 世紀英國駐華外交官，1838 年出生於英國德文郡，19 歲時被倫敦大學國王學院録取，師從漢學家蘇謀斯（*James Summers*，1828—1891）學習漢語。1858 年來華，先後在香港、北京、天津任職，1864 年回國，1865 年開始擔任大英博物館文獻管理員，1873 年成爲倫敦大學國王學院第三任漢學教授。編有《大英博物館藏中文藏書、文稿、繪畫目録》(*Catalogue of Chinese Printed Books, Manuscripts and Drawings in the Library of the British Museum*, 1877）及《續編》(*Supplementary Catalogue of Chinese Books and Manuscripts in the British Museum*，1903）；著有《儒家與道家》(*Confucianism and Taoism*，1877)、《李鴻章》(*Li Hungchang*，1895)、《中國》(*China*，1882)、《中國故事》(*Chinese Stories*，1893)、《中國社會》(*Society in China*，1901)、《歐洲與遠東》(*Europe and the Far East*，1904）等。《中國的語言和文學》(*The Language and Literature of China*，1875）是他在英國皇家學會兩次演講稿的單行本，也是他出版的第一部書。

《華語鑒》(*A Chinese Manual*, *Comprising A Condensed Grammar with Idiomatic Phrases and Dialogues*）1889 年出版，1904 年再版，是道格斯在英國本土編寫的一部漢語口語教材。此次影印的是 1904 年版。全書包括第一版前言（1889）和第二版前言（1904）、目録（Table of Contents）、導論（Introduction）、214 部首（The Radicals）、詞類、詞語和會話。導論主要論述語音和漢字。詞類涉及名詞（The Noun Substantive）、形容詞（The Adjective）、數詞（The Numerals）、量詞（The Numeratives）、人稱代詞（Personal Pronouns）、反身代詞（Reflexive Pronouns）、指示代詞（Demonstrative Pronouns）、疑問代詞（Interrogative Pronouns）、疑問副

詞（Pronominal Interrogative Adverbs）、關係代詞（The Relative Pronoun）、不定代詞（Indefinite Pronouns）、動詞（The Verb）、助動詞（Auxiliary Verbs）、小品詞（Words and Particles in Common Use）、否定詞（The Negatives）。詞語和會話（Vocabularies and Dialogues）共68個對話，每個對話圍繞一個或幾個主題，前面有若干生詞，均有注音和英文釋義，68課後節選了《好逑傳》第三回的一段內容。另附有多音字、多義字、十八省、朝代表、計量單位、禁忌字。

漢文經緯

甲柏連孜（Georg von der Gabelentz，1840—1893）是德國語言學家、漢學家，在萊比錫大學研究普通語言學和比較語言學。《漢文經緯》（*Chinesische Grammatick*）是一部以古代漢語書面語爲描寫對象的作品，1881年出版，共三卷。第一卷是導論和概況，涉及語音學和重音學、漢字學、語音歷史和詞源問題、語言結構的基本規則；第二卷是分析系統，涉及句子和句子間相互關係的限定性、虛詞、詞類的限定、句子和短語間的界限；第三卷是綜合系統，涉及短語、簡單句、複句和句子的連接、文體。此外有按字母和筆畫排序的兩個索引，被譽爲“西方人對中國語法研究的總結性著作”。姚小平指出本書的面世在西方漢語研究史上標志着兩大轉變：從印歐語言中心論轉向語言相對論；由偏重文字、語音、詞彙轉向語法，特别是句法。本書被認爲是“至今最好的關於整體語法的語法分析書”，董方峰漢譯爲“對古典漢語的最好整體語法研究”。姚小平翻譯的中譯本2015年由外語教學與研究出版社出版。2017年4月1—2日在北京外國語大學舉行了“作爲漢學家和語言學家的甲柏連孜——歷史與前瞻”學術研討會，圖書館還策劃了“甲柏連孜：生平與成就圖片展”。展覽中出現的甲柏連孜後人提供的遺物、手稿和照片等珍貴資料尚是首次在亞洲亮相。

文件字句入門

［德］夏德（Friedrich Hirth，1845—1927），德國著名漢學家，1869

年取得羅斯托克大學古典語文學博士學位。1870—1895 年任職於中國海關，擔任税務司等職，其中 1878—1886 年在上海海關造册處任職；1902—1917 年擔任美國哥倫比亞大學“丁龍漢學講座教授”。在中西關係史、匈奴史、中國美術史和漢語等領域都貢獻卓著。《中國和羅馬人的東方》(*China and Roman Orient*, 1885）是一部關於中國和西亞交往史的力作，也是他的成名作。還著有《中國古代史》(1908)、《論中國美術的外來影響》(1896)、《論伏爾加匈人和匈奴》(1899）等。《文件字句入門》(*Notes on the Chinese Documentary Styles*）是 19 世紀“文件體”書面語研究的代表作之一。1888 年由上海别發洋行出版（第一版），同時在中國香港、日本横濱和新加坡刊行，包括前言和正文，英文寫成。正文詳細介紹了 34 種“文件體”書面語特有的語法現象和用詞特點，目的是讓“外國官員能够在没有翻譯幫助的情况下自主閱讀和書寫中文”。這是自《文件自邇集》後第二部文件體教材。多倫多大學圖書館有藏本。1909 年第二版，據其前言，除了改正了一些印刷錯誤，與第一版并無區别。卡薩齊、莎麗達也有介紹。加利福尼亞大學洛杉磯分校圖書館有藏本。日本國立國會圖書館藏有第一版和第二版。

“文件體”這一概念是密迪樂提出的，威妥瑪也編寫了“文件體”書面語教材，但直至夏德纔將大量精力投入到爲海關人員講授“文件體”書面語的教學活動中，除了《文件字句入門》，還編著了《新關文件録》(*Text book of documentary Chinese with a vocabulary for the specialuse of the Chinese customs service*，1885、1888)、《文件小字典》(*Vocabulary of the Text Book of Documentary Chinese*，1888）等一系列針對海關洋員的“文件體”書面語教材和工具書，開創了“文件體”書面語教學的新局面。

今據《文件字句入門》1909 年第二版影印。

漢語書面語漸進練習

布勒克（Thomas Lowndes Bullock，1845—1915）是牛津大學第二任漢學教授，1899—1915 年任職。

《漢語書面語漸進練習》(*Progressive Exercises in the Chinese Written Language*）是布勒克在牛津大學任教期間，爲學習漢語書面語的外國學習者編寫的一部教材。初版成書於 1902 年，由上海別發洋行發行，藏於普林斯頓大學圖書館。1912 年發行了修訂版，藏於加利福尼亞大學舊金山分校圖書館。布勒克逝世後，翟理斯對此書進行了修訂，1923 年出版了第三版。本書據 1912 年版影印。

第一版包括前言、勘誤、目録、正文。正文包括導論（Introductory Chapter）、漢字部首（The Radicals）、課文和注釋（Exercises and Notes）、漢字索引（Index of Characters）、注釋索引（Index to Notes）。其中，“注釋索引”未列入目録。課文和注釋是全書重點，共 72 課，每課包含生詞、書面語文本、英文翻譯和注釋。日本國立國會圖書館有藏本。

1912 年版多了“漢字（On Chinese Characters）”一章。漢字索引除了跟第一版相同的音序排列，還有按漢字部首的筆畫順序排列的。全書篇幅擴展到 305 頁。第三版課文增至 83 課。

漢語中的諺語和俗語

[美] 明恩溥（Arthur Henderson Smith，1845—1932），又作明恩普，是公理會來華傳教士。明恩溥 1872 年來中國，在中國生活了 54 年，其中 28 年生活在魯北貧困農村。明恩溥寫過 10 本關於中國的書，如《中國的文明》（*Chinese Civilization*，1885）、《中國人的氣質》（*Chinese Characteristics*，1894，又譯作《中國人的特性》《中國人的性格》等）、《中國鄉村生活：社會學研究》（*Village Life in China*：*A Study in Sociology*，1899）、《中國之進步》（The Uplift of China，1906）、《今日的中國與美國》（*China and America Today*，1907）等。其中不少被美國人視爲瞭解中國的必讀之物。其中《中國人的性格》被魯迅關注并推薦，也爲許多美國外交官乃至華盛頓官員所引用。他不僅幫助推動美國於 1908 年正式宣佈退還“庚子賠款”的半數（計 1160 餘萬美元）給中國以作爲資助留美學生之用，還促使賠款落實在與民衆生活關係更爲密切的領域，影響了中國人生活方式的變革。明恩溥《漢語中的諺語和俗語》（*Proverbs and Common Sayings from the Chinese*，*Together with much Related and Unrelated Matter*，*Interspersed with Observations on Chinese Things-in-general*），也譯作《漢語諺語熟語集》，1888 年由上海美華書館出版。

本書據上海美華書館1914年修訂版影印。全書包括前言、目録、正文、附録。前言包括第一版前言、修訂版的前言（缺失）。第一版前言提到書中内容曾於1882—1885年在《教務雜志》（*Chinese Recorder*）上連載，收録約1900條諺語俗語并解释。正文共九章。加州大學伯克利分校圖書館有藏本。此外還有美華書館1902年版，藏於中國國家圖書館。周薦對該書做了系統梳理，發現書中收録的熟語計有諺語、歇後語、成語、慣用語、字謎、對聯、詩歌、繞口令以及普通字詞等近十類。周薦認爲該書不是一部詞典或詞彙集，而是一部學術專著，進而指出由於視角和立場不同，文化背景有異，以明恩溥爲代表的傳教士與中國士大夫的關注點和認識表現出了明顯的差別。

官話學習實用指南

穆麟德（Paul Georg von Möllendorff，1847—1901）1847年2月17日出生於普魯士采德尼克（Zehdenick）的一個容克貴族家庭，1865年進入哈勒-維騰貝格大學學習，1869年10月，穆麟德被中國海關録用來華，在華生活、工作32年，曾任天津代理領事。1882年，穆麟德正式進入李鴻章幕府。1889年4月重新進入海關，任總税務司署造册處襄辦副税務司，1897年10月赴任寧波海關税務司，還曾兼任寧波海關郵政司，1901年4月在寧波病逝。

穆麟德生前收集了大量中國古籍以及與東方學和漢學相關的西文藏書，去世後由其遺孀（Rosalievon Möllendorff）整理，編爲《穆氏藏書目録》（*Catalogue of P. G. von Möllendorff Library*，1905，Shanghai：American Presbyterian Mission Press），後被北洋政府内務總長朱啓鈐收購并捐贈北平圖書館，現存於中國國家圖書館"穆麟德文庫"著有《漢籍目録便覽》（*Manual of Chinese Bibliography*，*Being a List of Works and Essays Relating to China*，1876）、《滿文文法》（*A Manchu Grammar with Analysed Texts*，1892）、《家禮集要》（*Das chinesische Familienrecht*，1895）、《現行中國之異族語及中國方言之分類》（1896）、《寧波方言音節》（*The Ningpo syllabary*，1901年上海美華書館出版）、《寧波方言便覽》（*Ningpo colloquial handbook*，1910年上海美華書館出版）。他提倡的滿文轉寫方案至今仍被沿

用，把漢語方言分爲四大類：粵語、閩語、吴語、官話。

《官話學習實用指南》（*Praktische Anleitung zur Erlernung der Hochchinesischen Sprache*）1880 年由上海美華書館（The American Presbyterian Mission Press）印刷出版，是一本對德漢語教材，以北方口語爲教學内容，共 179 頁，分四部分：《導論》《語法概論》《官話必讀五十章》《詞彙表》。其中，《導論》從漢語口語和方言、官話、書面語、官話語音、聲調等方面論述漢語及拼讀特點，還有“400 字音節表”。《語法概論》從詞類和語序方面對漢語語法進行介紹。《官話必讀五十章》爲附有羅馬字拼音及德語釋義的五十篇漢語課文。《詞彙表》按照不同主題劃分爲 28 類。該書創製了“穆麟德式拼音”。1891 年第二版、1900 年第三版以及穆麟德去世後 1906 年重印的第四版均由别發洋行出版。可以參看何玉潔《穆麟德〈官話學習實用指南〉導讀》（2021）。密歇根大學圖書館有藏本。

漢語學習簡易教程

喬治·藍寧（George Lanning，1852—1920），英國人，1875—1889 年任英華書館總教習，1889—1907 年任上海西童公學校長。著有《閑話中國鳥獸》（*Wild Life in China, or Chats on Chinese Birds and Beasts*，1911）、《新中國的各種舊勢力》（*Old Forces in New China*，1912）、《上海志》（*The History of Shanghai*，1921）等。《漢語學習簡易教程》（*Easy Steps in Chinese Studies*）是西童公學講授漢語的教材，1905 年由别發洋行出版，是爲初學者編寫的漢語口語教材。全書共五部分：導論（Introduction），部首（List of Radicals），57 課（Lesson），會話練習（Conversational Exercises），爲日常練習準備的詞、句子和表達（Miscellaneous Words, Expressions and Sentences for General Practice）。導論介紹了編寫背景、教學計劃及使用情況，漢語使用情況，聲調等；部首介紹了部首定義和怎樣找到漢字部首的方法等；57 課，如數詞、名詞和量詞、形容詞、動詞、前置詞和後置詞、時間詞等；會話練習共 5 篇，包括自我介紹、做客等；第五部分共 39 課，列舉了與日常生活聯繫緊密的詞和句子。導論提到該書受到了艾約瑟、鮑康寧和狄考文的啓發，説明每課無須按照編排順序學習。1—21 課生詞之後均有練習，22—24 課是會話，課後没有練習，25—27

課後也有練習。28 課後均無練習，28—33 課是帶一到十以及百、千、萬和半的拓展的數字表達，既有口語表達，也有書面語表達，前者如：一溜房子、二二忽忽、三五天、五分像、七嘴八舌、十有八九、百兒八十、萬不能、半新不舊，後者如：一面之詞、三思而後行、四通八達、九死一生、百年不遇、萬無一失、半信半疑等，没有練習，34 課起每課相當於分類詞彙集，如“職業、進出口、旅行、農業詞”等，34 課是茶和酒，35 課是棉花、絲綢、油、水類，36 課是米、肉、水果、烹飪類詞語。《漢語學習簡易教程》是面向“西童”的，即在中國的外國人子女，這是迄今僅見的少兒漢語教材，書中有些拓展練習設計很符合未成年人好奇心强的特點，如列出紅色、白色、藍色、绿色事物的清單，寫出你能想到的英語中跟色彩相關的表達并翻譯出來，列出上海周邊生長的植物名稱等。跟同期的傳教士一樣，藍寧也很重視語言之間的比較，第一課數詞開宗明義指出中國人跟歐洲人一樣也是用十進位，一萬以前的數字英漢是一樣的，不過從一萬開始的説法就需要認真記憶，對於漢英數字表達的區别，藍寧舉了“三兩個”和“十三四”，説明前者和英語的區别在於先説大數“三”且不需要像英語一樣説“或者（or）”，後者跟英語的區别則是省掉了“十四”的“十”。每課都會説明特别需要注意的，如第二課“漢語名詞單復數形式相同”，聲調用發圈法標注。

華英文義津逮

［英］禧在明（W. C. Hillier，1849—1927）《華英文義津逮》（*The Chinese Language and How to Learn It: A Manual for Beginners*）是針對英國外交官、軍官以及商人學習漢語編寫的初級漢語教材。禧在明生前出了六版：1907 年第一版；1909 年第二版（共兩卷），第二版和第一版最大的區别是增加了 12 篇改編自蒲松齡《聊齋志異》的白話小説（《趙城虎》《瞳人語》《種梨》《嶗山道士》《鳥語》《菱角》《細柳》《促織》《王成》《雊鵒》《向杲》《駡鴨》），作爲教材的第二卷，此外還替换了 170 多個漢字，在漢字前後加上便於檢索的數字；1913 年第三版；1914 年第四版；1916 年第五版；1921 年第六版。1909 年第二版是最重要的一次修訂。今據 1913 年第三版影印。

第三版包括汪大燮（1860—1929，原名堯俞，字伯唐。曾任滿清駐英商務大臣，民國時曾任教育總長、代理國務總理，同孫寶琦、錢能訓合稱“三老”）的序文、禧在明所寫第二版和第一版前言、正文。正文包括八個部分:（漢語）書面語（The Written Language）、（漢語）口語（The Spoken Language）、語音表（Table of Sounds）、進階練習（Progressive Exercises）、漢語文本（Chinese Text of Exercises）、部首表（The Radicals）、一千漢字表（A List of One Thousand Characters）、漢字部首索引（Index of Characters Arranged under Their Radicals）。

“（漢語）書面語”介紹了漢字造字法、書寫形式等，强調要想熟練書寫，除了勤於練習，没有其他捷徑。

“（漢語）口語”以古代押韻的詩歌現代不再押韻爲例，説明語音的演變，并討論了漢語方言（主要是官話方言）的分佈，介紹了漢語的語音特點，如送氣不送氣的對立、漢語的四個聲調。這部分最有價值的是關於書面語和口語的論述。作者開宗明義地指出：通常認爲中國有兩種語言，書面語和口語。對於兩者的區别，有很多具體論述，如：書面語説“帽”“願”“意”“籬”“歡”，口語則分别説“帽子”“願意”“意思”“籬笆”“喜歡”。還有些詞語書面語和口語完全不同，如“日”和“太陽 / 日頭”。作者説，祇有在舞臺上，中國人纔會朗誦，歷史劇人物説着書面語……完全有可能把口語記下來，但實際上除了個别小説和呈堂證據外，中國人從不記録口語，如果要記下來，他們必然會轉寫成書面語形式。語音部分是威妥瑪式拼音的音節表，不贅。

“進階練習”包括三部分:（1）課文 5—11“漢語文本”的英文翻譯以及逐字翻譯，如“你要什麽？”除了英譯 What do you want，還有逐字對譯 You want what。（2）英文翻譯下面是課文例句中的生詞，每個生詞後都有威氏注音及英文注釋。（3）英文翻譯和生詞注釋之後是語法等介紹，如第 44 頁（按：原文獻頁碼，下同）對名詞的説明，第 53—54 頁對“就、可（是）、時候”以及稱謂的説明，第 63—71 頁包括漢語的主動態、被動態、比較級、介詞“和、對、給、替、代”等的説明。有些分析很中肯，有些明顯是套用印歐語的系統，如“態”、虚擬語氣等描述。第 97—99 頁介紹了應該遵循的一些禮貌原則。後三篇故事《善惡報應傳》《神豆傳》《報恩狗》祇有英文翻譯和詞語注釋，没有語法注釋。

“漢語文本”是“進階練習”的中文版，前六篇文本是短語、單句或一些小段落，每課均有編號。第五（V）課 120 句，首句是“這個是你的”。第六（Ⅵ）課 16 句，除了主體的數詞，衹有五句話。第七（Ⅶ）課 82 句。第八（Ⅷ）課 80 句，有對話，也有單句。第九（Ⅸ）課 71 句。第十（Ⅹ）課 60 句，均是複雜的句子或小段落。第十一課包括三個故事：《善惡報應傳》《神豆傳》《報恩狗》。前兩個故事改編自歐洲童話，後一個故事選自《聊齋志異》。這部分的詞語可以去“進階練習”查找。前六篇文本生詞注釋前面的數字是該字（詞）所在例句的序號，後三課文本中詞語旁的數字對應着“進階練習”中生詞的編號，所以前六課的注釋同樣的編號可能對應着多個生詞，後三課生詞編號和注釋編號一一對應，自然是爲了便於查詢。有個細節需要注意，“漢語文本”按照漢語的習慣，從後往前排，一頁之內從右往左排，其他部分均按照英文習慣排版。

“部首表”其實就是《康熙字典》的 214 個部首，按照筆畫進行歸類，一畫的歸一類，二畫的歸一類，以此類推，最多的是 17 畫。

“漢字部首索引”是將 1000 個漢字按部首排列，把具有相同部首的漢字排在一起，每個漢字右邊的數字是“一千漢字表”中的序號。如“工 471”，表示“工”是“一千漢字表”中的第 471 個漢字。“工 471”部下的“巧 734”，表示“巧”是“一千漢字表”中的第 734 個漢字。因此學生按照部首很容易在“一千漢字表”中檢索到該字，從而瞭解其發音和意思。

第二卷影印的是 1914 年第二版，這一版除了前言，包括四部分：12 篇白話小説的英文版、注釋（Notes）、漢字表（List of Characters）、12 篇白話小説的中文版（Chinese Text）。

英華合璧

［英］鮑康寧（Frederick William Baller，1852—1922）是中國內地會（the China Inland Mission）英國籍傳教士，1873 年 11 月 5 日抵達上海，在華整整 49 年，是著名的漢語語言學家、漢學家和教育家，著述頗豐。

《英華合璧》（*A Mandarin Primer*）是他影響最大的漢語教材，由上海內地會和上海美華書館出版，鮑康寧生前就修訂出版了十二版，包括 1887 年第一版、1900 年第四版、1911 年第八版、1915 年第九版、1921 年第十二版。

他去世後又出版了 1923 年第十三版、1926 年第十四版。第八版現藏於中國國家圖書館、多倫多大學圖書館等地。第十二版藏於日本國立國會圖書館。今據第八版影印。

第八版做了重要的修訂和擴充，基本奠定了以後幾版的基礎。第八版内容包括第八版前言、概要（包括語音、漢字、教師指南等）、正文四卷、附録等。

正文四卷分别是《初階》(Elementary)、《進益》(Advanced)、《增補》(Supplementary)、《大全》(Miscellaneous)。第一卷解釋和説明簡單的習語；第二卷處理複雜一些的内容；第三卷通過增加詞彙和短語進行擴展；第四卷給出涉及各種主題的詞彙，并有三篇課文。

前三卷每課都由八個部分組成：生詞（有注音、英文解釋）、俗語、語法、注釋、雜句（幫助理解課文。先列英文，其後是漢語注音，没有漢字）、翻譯（英譯漢）、書寫練習（寫漢字）、輯要（相當於課文）。書後附有完整的索引。這樣任何習語和結構都可以輕而易舉地找到。

華文釋義

[英]鮑康寧(Frederick William Baller)《華文釋義》(*Lessons in Elementary Wen-li*)，又作《文理教程》，1912 年出版，1924 年重印。《華文釋義》包括前言、緒論、目録、正文、索引（原書譯作目録）。前言等用羅馬數字編頁，正文包括 15 課和 15 輯要，其中 15 課的文理課文和口語課文分兩欄呈現出來，從右到左排版，課文下方是相應的英文翻譯，英文翻譯下方是對文理課文的英文注釋，阿拉伯數字跟文理課文中的阿拉伯數字相對應。每課首頁下方有一句俗語，如第一課是“好人不當兵，好鐵不打釘”，第二課是“兵在精而不在多”，後面跟着英文翻譯。每課的輯要衹有文理課文，没有相應的口語課文和英文翻譯，輯要下方是部分詞語的英文注釋。内容方面，15 篇課文分别是《北京兵變》《北京兵變再記》《談兵》《副總統取消北伐隊》《財政論》《袁總統大赦令之抗議》《外交部長陸徵祥之外交記》《海軍練營正長謝爲》《外交剪髮軍》《死義將士追悼會》《民信局誤解自由》《英國之同盟大罷工》《中外曆法之異同》《賽珍大會之布置》《浪子回頭》。輯要第 1—4 均是《孫逸仙傳》，輯要第 5—15 分别是《英

人羈縻印度記》《程豹是否漢奸之問題》《厲汝燕飛行記》《佛教總會大會記詳》《漢口之傷心事》《英國大商船遇災詳記》《開設煙臺雞鴨市西首路北》《吸煙人購煙牌照》《教育統一會暫定草章》《宣統三年二月廿二日》《西曆一千九百十一年三月廿二號》《禮拜三出版本回報因教會新聞擁擠共印三大張閱者注意》《二十一日奉》。索引部分，是正文中出現但未加注釋的字詞，按照音序排列，如果給出了英文注釋，就不再給出所在頁碼，如果没有英文注釋，則給出所在頁碼。跟《英華合璧》以口語爲主不同，《華文釋義》文章多選自報紙，側重於“文理”，既可配合《英華合璧》使用，也可以單獨作爲書面語教材使用。

日日新

［英］鮑康寧《日日新》（*An Idiom a Lesson*），又作《每課一句成語》，1920年出版第一版，由内地會出版發行。另有1921年第二版、1928年第五版。第二版在第一版的基礎上增加了六個複習題和閱讀部分英文翻譯，第三、四、五版都没有改動。今據1921年第二版影印。

全書分三部分。第一部分是第一版和第二版前言。第二版前言指出《日日新》第一版四個月内銷售了1000本，説明對漢語感興趣的人多了，而本書滿足了這種需求。第二部分有30課。每課是圍繞着某一格式的8句話（有時衹是片語，如第十八課的“一塊洋錢”“一兩銀子”）。第三部分，作者開宗明義地指出“一些字詞右上角標注的數字表示這些字詞在《英華合璧》中的頁數，可以找到這些字詞的詳細釋義、用法等等”。這部分是20篇閱讀課文，從“輯要第一”到“輯要第二十”，課文内容密切相關，講的是高先生初來中國跟李先生學習漢語，在此過程中瞭解中國人的日常生活、社交禮儀等。此後分别是六個翻譯練習的答案和20篇閱讀課文的英文翻譯。

第一課學習的格式是“有没有”，第二課是“要不要”，第三課是“是甚麽……”，第四課是“得……不……”，第五課是“把……拿……”，等等。這些句子一般都是對話形式，從右到左竪行排版。八句話之後是漢字詞語。詞語左邊是注音字母。漢字右上角標注調號，右上方是内地會拼音，右下方是威妥瑪拼音（如果後兩者一致，就衹注一次）。詞語右邊是英文釋義。詞語之後是八句話的英文釋義，之後是翻譯練習。有時後面有注釋，如第七課説明“幾”指小數，“多少”指大一些的數字；或者説明可以參考其他教材，如第一課最後作者説，如果時間允許，建議學生練習寫書中出現的漢字，可以參看作者的《筆畫入門》(*The A.B.C. of Chinese Writing*)。這種參見很常見。又如第三課最後説，如果想詳細瞭解量詞，可以參見《英華合璧》第 6、7、8 頁。第十三課漢語時間的完整説明，可參考《英華合璧》第 25—28、34—37 頁。每六課都有一次複習，要求學生做漢譯英練習。

《英華合璧》是綜合性教材，《日日新》則是爲初來中國的傳教士編寫的口語教材，既可以單獨使用，也可跟《英華合璧》配合使用。

孺子歌圖

［美］何德蘭（Isaac Taylor Headland，1859—1942）是美國衛理公會傳教士，1888 年來華，在北京匯文書院（The Methodist Peking University）任文科和神學教習。

《孺子歌圖》(*Chinese Mother Goose Rhymes*)，1900 年在紐約、芝加哥、多倫多出版，書中收録了 150 餘首老北京童謡，每首中英文對照，配以作者拍攝的與兒歌相關的老北京民俗風情的照片，何德蘭的民间文學搜集整理工作受到意大利籍來華外交官韋大列（Guido Amedeo Vitale，又譯作威達雷）的影響。《孺子歌圖》的篇目也與韋大列《北京兒歌》(*Pekinese Rhymes*，1896）有重合。1933 年何德蘭的《中國童謡》(*Chinese Rhymes of Children*）在美出版，祇有英譯，没有漢語原文，不過每首歌謡都配有手繪插圖。《孺子歌圖》和《中國童謡》奠定了何德蘭在中國歌謡學研究中的重要地位。紐約公共圖書館 Foreign Mission Library 分館、中國國家圖書館縮微文獻閱覽室有藏本。周建設主編的《明、清、民國時期珍稀老北京話歷史文獻整理與研究》中收有此書，2015 年由首都師範大學出版社影印出版，書中還收有《一歲貨聲》。

官話口語

［美］賽兆祥（Absalom Sydenstricker，1852—1931）是美南長老會

[American Presbyterians（South)]江北教區（North Kiangsu Mission）的開創性人物，1880年（一説1881年）携妻子到杭州布道興學，1883年被派至江蘇鎮江立會設堂,1887年抵達江蘇清江浦（今淮陰）,1891年回美度假。1892年賽兆祥夫婦携初生女兒賽珍珠（後成爲美國第一位獲得諾貝爾文學獎的女性作家）返華布道，駐清江浦。此後又陸續開闢了宿遷（1893年）、徐州（1895年）、淮安（今淮安市楚州區，1904年）等傳教站。還曾到江蘇泰州布道（1902年）。

賽兆祥在華傳教五十載，撰述主要集中在漢語方言及傳教士漢語學習上。1887、1888兩年就有多篇關於漢語方言、區域語言的文章在《教務雜志》(*The Chinese Recorder and Missionary Journal*）上刊出，如：《揚子江與大運河地區方言》(*The Dialect of The River and Grand Canal*, Jun 1，1887)、《中國北方與中部口語的區别》(*Variations in the Spoken Language of Northern and Central China*，Mar 1，1887)、《官話的羅馬字化》(*Romanizing the Official Dialect*，Jan 1，1888)、《官話》(*The Official Dialect*，Jul 1，1888)、《南方官話》(*Southern Mandarin*，Apr 1，1887）等。賽兆祥提倡傳教士學習和掌握複雜的漢語時，以小説等文學文本作爲學習材料。1908年，他在《傳教士漢語學習中的幾個原則》(*Some principles which should guide the missionary in his study of the Chinese language*，1908，The Chinese Recorder and Missionary Journal，Jul 1）中提出，傳教士在能閱讀普通《聖經》書籍時，應該還要能閱讀由中國人寫的本土官話和白話書籍（colloquial books），而漢語白話大多數都是小説。

《官話口語》(*An Exposition of the Construction and Idioms of Chinese Sentences,as Found in Colloquial Mandarin*）是一部官話口語語法書，分前言（Preface)、正文和附録（Appendix）三部分。正文共19章。第一章講構詞法。第二章講詞語的分類，把詞分成死字、活字、虚字。第三到十九章即分成死字、活字、虚字三部分。兩個附録，一个是量詞表，一个是漢語音節表。1889年由上海美華書館出版。

賽兆祥認爲掌握漢語有三點是至關重要的：一是正確的發音，二是正確使用詞語，三是正確認識和使用句子的習語和結構。《官話口語》既有詞法描寫，也有句法範疇的分析。詞類包括名詞、動詞、形容詞、代詞、數詞、量詞、副詞、介詞、助詞、感嘆詞、連詞、語氣詞等。構詞法有附加式和複合式。語法範疇包括比較、疑問、可能、主動、被動、時態、語氣等。句子成分有主語、謂語、賓語、同位語、定語、狀語、補語等。句式有"連"字句、把字句、被字句、雙賓語句等。補語涉及結果補語、可能補語、趨向補語、動量補語、程度補語。該書具有比較的視角，非常重視語序。

賽兆祥深受文璧（Jasper Scudder Mcllvaine，1844—1881）《北方口語語法》（*Grammatical Studies in the Colloquial Language of Northern China, especially designed for the use of missionaries*，1880）的影響。文璧區分了體詞、謂詞、小詞三大類，并據此構架全書。《官話口語》步人後塵，且大量例句與之重合，不少描寫照搬《北方口語語法》。如"在"的用法，區別僅在於賽兆祥給詞語注了音。《官話口語》附録一的 47 個量詞包括了文璧書中列出來的 45 個量詞，後者主要引自艾約瑟《官話口語語法》。《官話口語》中的量詞除了"輛"，均出現在《官話口語語法》中。薩默斯《漢語手册》中的量詞也跟《官話口語語法》大同小異。文璧把"這、那 + 裏 / 面 / 邊"歸爲處所名詞，賽兆祥則歸爲處所副詞，顯然不如前者合理。不過跟《北方口語語法》相比，《官話口語》的例句豐富得多，而且更加徹底地貫徹了"口語語法"的原則。語法描寫多從表達着眼，如如何比較、如何表被動、如何表强調等。描寫也更細緻，每種格式均給出肯定、否定式。時態的描寫上也略勝一籌。描寫立足於漢語，具有一定的獨創性，如對平比和差比的描寫。區分"邏輯主語""語法主語"等。《官話口語》不足之處在於對詞類認識不够清晰，存在混淆不同詞類和語法單位的情況。

華西初級漢語課程

［加］啓爾德（Omar L. Kilborn，1867—1920）《華西初級漢語課程》（*Chinese Lessons for First Year Students in West China*，又譯爲《華西漢語初階》）是一部初級漢語口語教材，1917 年出版，分目録、導論和正文三部分。目録是英文的，後面對應的阿拉伯數字是該課第一句話的編號。全書句子連續排列，共 1005 句。第 1—100 句的編排方式是：中文句子、英文翻譯、注音、逐字翻譯。有些句子下面還有生詞，生詞包括注音和英文翻譯。從第四課 101 句開始去掉了逐字翻譯。從第九課 201 句開始，句子不

再注音，解釋的重點詞語則注音。雖然全書句子均有獨立編號，但是可以看出每一課的句子基本爲一段連貫的對話，主題涉及基本生活的各個方面，如雇傭僕人和厨師、購物、做家務等，貼近生活，實用性强。相關研究可參考周泳伶的《〈華西第一年學生用中文教材〉淺析》。2015 年 10 月，四川人民出版社將多倫多大學的藏本影印出版，中文書名爲《民國四川話英語教科書》，跟原版相比，影印版缺最後一頁。2010 年 8 月，美國納布出版社（Nabu Press）也曾再版過這本教材。

官話指南

日編《官話指南》是以日本駐北京公使館譯員吴啓泰（1859—1895）爲主，鄭永邦（1863—1916）爲輔，在中國文人黄裕壽、金國璞的指導下編撰的，成書於 1881—1882 年，1903 年由上海别發洋行出版。日編《官話指南》問世後，受到了西方學者的青睞。法國天主教神父布歇 1887 年將其翻譯成法文，1905 年又編著了法譯注釋本。

［英］金璋（Lionel Charles Hopkins，1854—1952）是英國外交官。1854 年 3 月 20 日生於英國漢普斯特的奥克希爾。1874 年（一説 1871 年年底）隨英國大使團來華後，最初在使館做翻譯生，1886 年任英國駐華使館助理，1894 年署理英駐臺灣淡水領事，兼署德國、奥匈帝國、西班牙駐淡水領事。1897 年後，先是署理駐登州（煙臺）領事，轉年又實授領事職，1901 年被委任爲駐津總領事。1908 年因身體原因退職回國。金璋將日編《官話指南》翻譯成英文，英譯本《官話指南》（*The Guide to Kuan Hua*，*a Translation of the "Kuan Hua Chih Nan"*，*with an Essay on Tone and Accent in Pekinese and a Glossary of Phrases*）由上海别發洋行出版，有 1889 年第一版，1895 年第二版，1906、1907 年第四版，1921 年第五版（藏於康奈爾大學圖書館）。今據 1906 年第四版影印。

1906 年第四版包括譯者前言（Translator' s Preface）、目録（Contents）、正文、對北京話聲調和重音的論述（Tone and Accent in Pekinese）、詞彙表（Glossary of Phrases）。正文分四部分，是對日編《官話指南》的英文翻譯，會話人物用 a、b、c 等標注。第一部分共 45 組會話，第二部分共 40 組會話，第三和第四部分各 20 組會話。詞彙表收録了原文中部分詞彙，均爲雙音節詞語，也有部分兒化詞，按音序排列，編排順序是威妥瑪式注音、漢字、英文解釋、正文中所在的部分和所在會話的編號。

英譯本《官話指南》的文本部分衹有英文譯文，没有中文文本，但加上了北京音概説和獨立的詞彙表，是金璋的獨創，目的是“希望這兩項能够對初學者有所幫助，減少學習漢語的難度”。

漢英北京官話詞彙

傅多瑪（T. C. Fulton，1855—1942）是愛爾蘭傳教士，《漢英北京官話詞彙》[*Chinese-English Mandarin Phrase Book*（*Peking Dialect*）] 1911 年由上海美華書館出版。北京大學圖書館、中國國家圖書館古籍館、美國康奈爾大學圖書館等有藏本。

從前言可以知道，在《漢英北京官話詞彙》之前，傅多瑪就編寫過一部記録漢語日常口語的手寫本漢語書。《漢英北京官話詞彙》1911 年寫於瀋陽（Moukden，奉天）。全書包括前言（Preface）、正文、常用部首表（The Following are the Common Names for Certain Radicals）、索引（Index）、勘誤表（Errata）。

前言介紹了編寫該書的緣由及適用範圍和特點，提出使用本書的建議，并向提出寶貴意見和建議的 Rev. James Carson 致謝。

正文共 24 個章節，每個章節之下有若干詞組和句子，没有固定的主題。全書共有四千多個詞語和句子。

常用部首表是對漢字 36 個常用部首的説明，均有英文解釋。如對“亻”的介紹:“單立人”“A single man standing erect，in contrast to the leaning form of the full character 人”。

索引部分按照拉丁字母順序排列英文單詞，方便讀者查找某一單詞對應的漢語説法所在的頁碼。如“sale 123，191”即英文中表示“sale”的詞語對應的中文説法可以在正文第 123 頁、第 191 頁找到。

勘誤表主要用於提示正文中某一頁某一行出現的錯誤和改正方法，分爲三列，分别爲頁碼、行號、改正方法。如“40 12 After 一 insert 聲”，意爲在正文第 40 頁第 12 行，在“一”字後面插入“聲”字。

官話彙編

［英］莫安仁（Evan Morgan，1860—1941）是基督新教英國浸禮會牧師，1884年來華，先後在山西太原和陝西多地傳教。在山西期間，結識了李提摩太（Timothy Richard）。1906年，在李提摩太的要求下，莫安仁被安排在上海廣學會任職。

莫安仁在華傳教五十餘年，著述頗豐。1912年出版了《漢語文理入門》（*A Guide to Wenli Styles and Chinese Ideals*），1913年出版了袖珍詞典——*Chinese New Terms and Expressions with English Translations and Notes*。第一版没有中文書名，1932年第三版中文書名爲《中英新名辭典》（*Chinese New Terms Revised and Enlarged, with English Translations Classifications Introduction and Index*）。此外，他還發表了大量翻譯作品，同時，也在當時的主要媒體上發表文章。

《官話彙編》（*The Chinese Speaker:Readings in Modern Mandarin*）1916年由廣學會和别發洋行出版，是當時頗受歡迎的教材，《字林西報》《皇家亞洲文會北中國支會會刊》等英文刊物都曾刊登過對它的評論。

《官話彙編》包括導論（Introduction）、目録（Contents）、附録和勘誤（Addenda and Errata）、正文。莫安仁在導論中指出該書旨在爲那些至少花了一年時間學習過初級（elementary）和進階（progressive）課本的學生提供高階（advanced）課程。所選篇目“體現了受過良好教育的人之間用官話交流的風格”（a style of Mandarin that would be spoken between well educated scholars）。

正文包括四部分：第一部分文本和翻譯（Text and Translation）共九章，均爲不同主題的演説。第一章關於政治的演説共18篇文章，第二章關於教育的演説共11篇文章，第三章關於改良社會的演説共6篇文章，第四章關於道德宗教的演説共4篇文章，第五章關於經濟的演説共7篇文章，第六章關於報紙的演説共4篇文章，第七章關於海陸軍的演説共6篇文章，第八章關於上諭的演説共5篇文章，第九章關於行政和司法的演説共2篇文章。每頁中文後均有一頁英文翻譯，中文部分竪排，英文部分横排。第二部分的演講詞（Untranslated Passages）共18篇文章：（1）《説民意》、(2)《中國人和美國人的比較》、(3)《哀告國民》、(4)《愛國新聞》、(5)《説社會教育爲救國的急務》、(6)《智圓和尚與大總統的信》、(7)《説吸食紙煙的毒害》、(8)《聖諭廣訓演義》、(9)《説共和國民應該有普通法律的知識》、(10)《論海牙和平會》、(11)《迷信》、(12)《智囊》、(13)《耶穌聖誕節感言》、(14)《中國的命運》、(15)《交通》、(16)《聖諭廣訓演義》、(17)《論中國亟宜普設手工女學堂》、(18)《俄皇大彼得遺訓》,均無英文翻譯。第三部分是注釋和詞彙(Annotations and Vocabulary),注釋的是第一部分文章中的詞語,詞彙表標注了名詞、動詞、形容詞、副詞和連詞的詞性,并對新詞語做了標記,如"哀的美敦書""茶話會"等。第四部分是文獻問題(Philological Matters),包括四方面内容:一是文章解析(Analysis and Parsing),分析了《江蘇司法的悲觀》一文。二是關於漢字(Dissertation on the Character),涉及造字法、漢字書寫等問題。三是副詞、連詞、嘆詞和語助詞表(Tables of Adverbs Connectives Interjections)。四是詞彙(Glossary of Words),主要選擇了一些功能詞進行解釋。每個詞均列出了中文釋義,一般也包含英文釋義(Meaning)、功能(Function),有些還給出了搭配(Phrases),少量還有注釋(Note)。如"都"的注釋(Note)有三:(1)涉及兩個事物,相當於"二者都";(2)涉及一個事物,相當於"甚至";(3)用於"各"後,相當於"各自""分别"。體現了作者對新詞和虚詞的重視。

英華成語合璧字集

[加]季理斐(Donald MacGillivray,1862—1935)是加拿大長老會來華傳教士,1885年進入諾克斯學院(Knox College),1888年被派遣到豫北傳教,1899年到上海廣學會從事基督教文字出版工作,1919—1929年擔任廣學會總幹事。據李巍(2003),季理斐在廣學會的30多年間,除了翻譯和編輯宗教書籍,還翻譯和編寫了不少西方歷史和自然科學書籍,陳喆認爲他是廣學會文字出版事業轉型時期的關鍵人物。《英華成語合璧字集》(*A Mandarin-Romanized Dictionary of Chinese*),1905年第一版由上海美華書館出版;1907年第二版,另有季理斐和季理斐夫人著作列表,藏於加州大學圖書館;1911第三版,藏於康奈爾大學圖書館等地;1918第四版,

書末附中國朝代表和 18 個省的名稱表，另有季理斐和季理斐夫人著作列表，藏於多倫多大學圖書館；1921 年第五版；1922 年第六版；1925 年第七版；1930 年第八版和第九版，第九版藏於中國國家圖書館；1941 年第十一版。

季理斐修訂了司登得《漢英合璧相連字彙》，1898 年由上海美華書館出版，保留原書名和編者署名，注明是季理斐修訂。收録漢字增至 4500 個，補充了 5000 個以上新近流行詞彙。1905 年以作者身份出版 *A Mandarin Romanized Dictionary of Chinese*，由美華書館發行。1907 年出版修訂第二版，加上了中文書名《英華成語合璧字集》。1911 年第三版《英華成語合璧字集》（*A Mandarin-Romanized Dictionary of Chinese with Supplement of New Terms and Phrases，now current*）由美華書館出版，包括“致使用者（To the user of this dictionary）”、“司登得傳略（Memoir of George Carter Stent）”、“羅馬拼音對照表（Comparative Romanizations）”、正文、“季理斐和季理斐夫人著作列表”。“致使用者”中説明了該詞典的主要用途：幫助學習者掌握口語的語音和書寫形式，并以學習者聽到“安居樂業”爲例來説明如何使用詞典。“拼音表”對照了司登得、鮑康寧、衛三畏和狄考文的拼音法。正文包括主體部分、214 部首、漢字索引、（文化）注釋、朝代表、18 省份名、文官和武官的官服圖案、1911 年各部門的設置（The Metropolitan Boards，etc in 1911），還收録了實行新式教育以來通行的一些表達，如“愛情、防腐劑、行政、課程、國際、投票、運動會”等。正文約收録了 4500 個漢字，每頁分三欄編排，第一欄是讀音，使用的是威妥瑪拼音法；第二欄跟讀音相對的是一個或一組漢字，每組漢字的第一個漢字後有兩組數字和字母，第一個數字是該字在翟理斯《華英字典》中的頁碼，字母 a、b、c 可以幫助定位漢字在哪一欄，第二組數字和字母顯示的是該字在衛三畏詞典中的頁碼和所在欄目，因此使用翟理斯和衛三畏詞典的讀者無須查找它們的部首索引就可以找到更完整的信息；第三欄是漢字必要的簡短注釋，注釋後括弧裏的羅馬拼音是跟這些釋義相關的詞和短語，如“滚水”的釋義後是 k'ai1shui3，即“開水”。詞典收詞以官話口語爲主，也有很多文理短語，跟第一版相比，大約增加了七千多條短語。口語表達如“找上門來、磕磕巴巴、胖敦敦的、有臉（respectable）、有就説有（if there is，just say so）”，文理短語如“遷怒於人、聚精會神”等。

漢音集字

［美］殷德生（James Addison Ingle，1867—1903），也譯作英格爾，是美國聖公會漢口傳教區的第一任主教。

《漢音集字》（*Hankow Syllabary, with References to Giles' Dictionary*）1899年由公興（Kung Hing）印刷出版。全書包括導論和正文，是一本漢口方言同音字表，是爲當時在漢口和武昌的美國基督教會人員編寫的。本書參考了派特里奇（S.C.Patridge）牧師的《武昌話音節表》，并用翟理斯注音方案稍加變通來標音。當時漢口話有五個聲調（上平、下平、上聲、去聲、入聲），書中的編排是每頁上方四個音節，四個音節之下分四列，每列之内是同音字彙。第一行標明調類。其後每個漢字後面都有數字，對應的是翟理斯《華英字典》裹漢字的號碼。若該漢字没有號碼，説明《華英字典》未收。此書的研究可參考朱建頌《〈漢音集字〉疏證》。

漢語學習簡論

［美］裴德士（W. B. Pettus，1880—1959）是北美基督教青年會幹事，1880年出生於美國阿拉巴馬州的莫比爾市，1905年畢業於哥倫比亞大學，1906年來華布道，駐上海，1908年至1910年在南京金陵大學攻讀中國語言文學的碩士學位，完成學業後又回到上海。之後幾年，他利用假期時間去德國幾所大學學習了當時最先進的“直接教學法”，1916年舉家北上，1916年至1941年任華北協和華語學校（North China Union Language School）校長，在任期間學校不斷發展壯大。著有《漢語學習簡論》（*Brief Introduction to the Study of the Chinese Language*，1915）、《語音學：英語和北京話的比較》（*Phonetics: A Comparison of English and Pekingese*，1916）、《基督教聖迹圖》（*Christian Sacred Pictures*，1937）、《華文初階》（*Hua-wen-chu'u-chiieh*；*Chinese Language Lessons*，1943）。

《漢語學習簡論》（*Brief Introduction to the Study of the Chinese Language*）1915年由上海美華書館出版，藏於加利福尼亞大學圖書館。原書名頁上説明本書是由中華續行委辦會（China Continuation Committee）專門委員會委員修訂和推薦。全書共八章：第一章，語言學習的方法；第二章，什麼是語音學；第三章，詞彙；第四章，漢語聲調的學習；第五章，管理一節會話課；第六章，開始文理學習；第七章，詞典；第八章，準備一門語言學習課程。各章節曾經在《教務雜志》(*The Chinese Recorder*) 上分別刊載。第一章介紹了六種教學法：語法翻譯法、閱讀法、自然法、熟練法、古安法或系列法、直接法或改革法。第二章介紹了發音器官、發音方法，并比較了同一語言或不同語言中兩個不同的音，如英語中的 p 和 b、英語的 p 和漢語的 p'。作者同時也强調什麼都取代不了一位母語老師的發音。第三章詞彙，把學生必須掌握的詞彙分爲四類：接受性的口語詞彙、主動的詞彙、接受性的書面詞彙、主動的書面詞彙，并分七步介紹了增加兩類口語詞彙的方法。第四章把聲調分爲音高、音强、音長和音質，并在五綫譜上直觀展示了南京話聲調。第五章説明書面語和口語在結構和詞彙上均不同，并詳細介紹了口語課的上法。第六章指出學習口語十八個月及以上方可學習書面語，介紹了十種書面語教材，特别是鮑康寧的《華文釋義》、夏德的《文件字句入門》和莫安仁的《漢語文理入門》。第七章介紹了八本漢英詞典和三本英漢詞典。第八章給出了十條準備一門漢語課程的具體建議。

本書雖然很薄，但却是具有指導性的綱領性文件，而且無論是從語言學還是從語言教學角度看，都達到了很高的水平。

北方漢語口語

［英］懷曼特（A.Neville J. Whymant，1894—1964）出生於英格蘭西南部北安普敦郡的一個小鎮，畢業於牛津大學，獲得了哲學和文學兩個博士學位，1917—1922 年任倫敦大學東方學院講師，1922—1926 年任北京大學和東京大學東方文學和哲學教授、牛津大學和倫敦大學語言學教授，1926—1927 年任新國際百科全書遠東編輯，1927—1929 年任不列顛百科全書編輯，1929—1931 年任《倫敦時報》國外記者，1931—1936 年在紐約研究印第安語。著有《中國和希臘的哲學對比》(*Chinese and Greek Philosophical Parallels*，1917)、《中國苦力歌》(*Chinese Coolie Songs*，1920)、《蒙古語語法》(*A Mongolian Grammar*，1926)、《紐約的冒險》(Psychic Adventures in New York，1931)、《中日之謎》(*The Chinese-*

Japanese Puzzle，1932）、《漢語俗語3000句》[*The 3000 Commonest Chinese Terms*，與何明華（Ronald Hall, 1895—1975）合著，1948年]、《中國手册》（*A China Manual*，1949）等（許娟2017）。

《北方漢語口語》[*Colloquial Chinese*（*Northern*）]1922年出版，是一套叢書中的一本。該套叢書其他幾本是法語口語、德語口語、西班牙口語、日語口語。《北方漢語口語》包括讀者須知（Note to the Reader）、前言（Preface）、目録（Contents）、正文。作者在前言中説，儘管漢語書面語是世界上最難的，但是任何一個可以學會初級拉丁語、希臘語或古典法語的人，在同樣的時間内也能學會漢語口語。前言中還列出了15本參考書目，包括威妥瑪的《語言自邇集》、狄考文的《官話類編》、富善（Chauncey Goodrich，1836—1925）的《北京方言袖珍詞典》、禧在明的《華英文義津逮》、儒蓮的《漢文指南》等，作者還指出本書的目的是把作者的教學經驗具體化，從而消除學習者對學習漢語口語的恐懼。正文包括：四篇關於漢語詞法、語體等特點的文章；語音表（Sound Table）；語法四課；簡單句、否定詞的位置、數詞和形容詞、代詞和練習；英漢詞彙表。語音表包括威妥瑪式拼音、鮑康寧拼音、狄考文拼音、衛三畏拼音的對照表。詞彙表分三欄，從左至右依次排英文單詞、北京話的注音、粵語的注音。全書用英文寫成。許娟的《英國漢學家懷曼特〈漢語口語〉研究》對《北方漢語口語》的語音系統和詞彙、語法教學進行了詳細的梳理和分析。中國國家圖書館、加州大學圖書館、加州大學聖地亞哥圖書館等有藏本。

醫學英華字釋

［英］合信（Benjamin Hobson，1816—1873）1816年生於英國，倫敦大學醫科學士，并取得皇家外科醫學會會員，後加入倫敦會。1839年抵達澳門。1843年前往香港負責醫務傳道會醫院工作。1845年7月返回英國，1847年3月又返回香港。1848年在廣州開辦惠愛醫館（Missionary Hospital at Kum-Le-Fai）。1856年醫院被搗毁，合信舉家前往香港避難。1857年至上海，接管雒魏林創辦的上海仁濟醫院（The China Hospital）。1859年取道香港歸國，1873年病逝於英國。

合信在華期間先後撰寫的《全體新論》（1851）、《博物新編》（1854）、

《西醫略論》（1857）、《内科新説》（1858）、《婦嬰新説》（1858），是近代中國最早一批介紹西洋醫學的譯著。1858 年，合信根據他所翻譯的西醫書籍，編纂了《醫學英華字釋》（*A Medical Vocabulary in English and Chinese*，1858），彙集了合信翻譯《西醫五種》所用專門術語，分類排列，分别爲解剖學、内科、外科病症名目、外科手術器具、婦科、兒科和西醫術語，最後是博物之理。正文第一頁上方是“Vocabulary of Terms Used in Anatomy，Medicine，Materia Medica，and Natural Philosophy，& C”，其下是中文書名《醫學英華字釋》。接下來就是本書第一部分“全體部位功用”（Anatomy and Physiology）及其第一類“全體之骨”（The Osseous System）。該書是國内已知編譯最早的英漢醫學詞彙專書，也是以中文進行西醫術語創製的首次嘗試，直接導致了日本第一部英和醫學辭典《醫語類聚》的誕生。全書按西醫中的不同門類分成 12 個部分，共收録詞條 2043 條，其中醫學詞彙 1829 個。

《醫學英華字釋》的出版開創了近代醫學術語的創製工作，也是盧公明（Justin Doolittle，1824—1880）的《英華萃林韻府》（*Vocabulary and Handbook of the Chinese Language: Romanized in the Mandarin Dialect*，1872）和德貞編纂的六卷本醫學詞彙書 *A Medical Vocabulary*（1887）的重要參考書目。趙璞珊認爲合信編譯、撰寫的相關醫學著作，是推動中國近代西醫發展的重要開端，其醫學書籍從 19 世紀 50 年代到 20 世紀 30 年代對中國醫學界有重大影響。中國國家圖書館、斯坦福大學圖書館等有藏本。

漢語的結構原理

——北部北京官話口語入門

［法］閔宣化（Jos Mullie，1886—1976），舊譯牟里，1886 年 2 月 14 日出生於比利時的西佛蘭德省，後入法國籍，是比利時天主教聖母聖心會傳教士，1909 年 9 月被派遣來中國擔任東蒙地區林西的天主教堂祭司，他在内蒙古東部進行了多年的考古調查，1922 年在法國著名的漢學雜志《通報》（*T'oung Pao*）第 21 卷上發表了《東蒙古遼代舊城探考記》（*Les anciennes villes de l'empire des grands Leao* 大遼 *au Royaume Mongo de*

Bā rin），正確地記録了内蒙古東部和熱河地區的遼代城址和墓葬，并且準確地判定出遼上京的地理位置。幾乎同時，出生於比利時的傳教士梅嶺蕊（L.Kervyn，1880—1939）發現了遼陵中的契丹文字，他雇了三個當地人進入墓穴發掘，并抄録了四件哀册，1923 年在《北京天主教會雜志》（*Le Bulletin Catholique de Pé kin*）第 118 號上用法文發表了題爲《遼道宗陵墓與首批被發現的契丹碑文》[舊譯名《遼陵之契丹文字》（*Le tombeau de l'Empereur Tao-Tsong des Leao*，*et les premiè res inscriptions connues en é criture K'itan*）]，并附上《仁懿皇后哀册》的手抄本照片，後來四件哀册的手抄本都賣給了閔宣化。除了最爲人熟知的《東蒙古遼代舊城探考記》，閔宣化還在《通報》發表過一系列考古方面的研究成果，如《蒙古巴林左旗的遼帝國古城》（1922）、《饒樂水考》（1933）、《遼陵和金陵》（1933）、《遼慶陵考》（1933）、《一塊 1214 年的鈔版》（1937），還在《地理年鑒》發表了《乘軺録箋證》（1935）等（詳参劉浦江 2003）。這些研究成果對内蒙古日後的遼代考古學的研究産生了重要影響。閔宣化在北方方言、考古學、遼史研究上著力甚勤，方言研究的代表作有《音學撮要》（*Notions elementaires de phonetique et alphabet general*，1922 年由上海東方出版社出版）和《漢語的結構原理》。《漢語的結構原理》[*The structural principles of the Chinese language*，*an introduction to the spoken language*（*Northern Pekingese dialect*）]，最初是閔宣化用佛蘭德語編寫，供佛蘭德（歐洲歷史地名，位於中歐低地西部、北海沿岸，包括今比利時的東佛蘭德省，西佛蘭德省，法國加萊海峽省和北方省，荷蘭澤蘭省）和荷蘭傳教士使用，書名是“Het Chineesch taaleigen: Inleiding tot de gesprokene taal（Noord-Pekineesch dialekt）”，共三卷，分别於 1930、1931、1933 年由遣使會印書館（Lazaristen）出版，沃爾席勒（A.Omer Versichel）神父翻譯成英文。英文版分上下册，共三卷，上册是第一卷，1932 年出版於北京財政部印刷局（Bureau of Engraving and Printing），包括七章：語音（Phonetics）、214 部首、語法概説、名詞（Substantive Nouns）、形容詞、數詞、代詞，書後附有第一卷的勘誤表，藏於中國國家圖書館。下册是第二、三卷，1937 年由北平西什庫天主教遣使會印書館印（Volumes II and III，Pei-t'ang Lazarist Press）。第二卷包括第八章到第十二章，分别是：動詞、副詞、前置詞和後置詞、連詞、嘆詞（Interjections and Following Sounds）。第三卷是索引

（Index Rerum），此外附有第二卷的勘誤表。中國上海圖書館、新加坡國家圖書館、日本國立國會圖書館，美國華盛頓大學圖書館、夏威夷大學馬諾阿分校圖書館等圖書館均有藏本。1977 年影印本藏於浙江大學圖書館等地。

諺語叢話

沙修道（William Scarborough，1840—1894）是循道會傳教士，1865 年來華，駐湖北漢口，1867 年在湖北漢陽西門外購地建造福音堂。

《諺語叢話》（*A Collection of Chinese Proverbs:Translated and Arranged, with an Introduction,Notes,and Copious Index*）1875 年由上海美華書館出版，也譯作《中國格言集》，包括前言（Preface）、導論（Introduction）、正文、索引。正文 20 章，收録了 2720 條諺語。作者將一些中國民間流傳的常用語和有教育意義的俗語翻譯成英文，按英文主題名稱的字母順序分成因果、動物、商業、家庭、教育、笑話、運氣、悲與喜、語言、衙門律例、人、行爲、醫學、道德、謹慎、五倫、宗教、時令節氣、旅行、貧富 20 個主題。中國國家圖書館、澳門公共圖書館、美國密西根大學圖書館等有藏本。

西蜀方言

［英］鍾秀芝（Adam Grainger）是内地會傳教士，1889 年抵達成都。有學者推測其 1921 年去世。

《西蜀方言》（*Western Mandarin, or the Spoken Language of Western China; with Syllabic and English Indexes*）1900 年由上海美華書館出版，反映了 19 世紀末的四川口語。全書内容包括:（1）導論（Introduction）、（2）部首索引（Radical Index）、（3）按照部首排列的有字詞（Words with Characters，arranged according to Radicals）、（4）按照音序排列的無字詞（Words without Characters，arranged Alphabetically）、（5）親屬稱謂表（Table of Relationships）、（6）音節索引（Syllabic Index）、（7）英文索引（English Index）、（8）勘誤表（Errata）。導論部分對本書的範圍、編排、注音、定義、翻譯、聲調、異體字、量詞、諺語、無字詞、省略、錯誤做了詳細的説明。部首索引即 214 部。加州大學圖書館有藏本。

第三部分，以字統詞，均是有漢字可記的詞語。首先是部首排序及漢字。部首之下，左邊是漢字，右邊上方是漢字的注音，注音下面是該漢字組成的詞句及其英文釋義。

第四部分，仍然是以字統詞，按音序排列。左邊一列是自造字，右邊上方是注音，注音下面是該字組成的詞句及其英文釋義。詞句中的該字以“一”代替。

第五部分，前五類從男子出發，按父親的家族、母親的家族、妻子的家族、女婿的家族、兒媳的家族排列；第六類從女子出發，説明丈夫家族的稱呼；第七類是雜稱，如遠親、繼父等。

音節索引的編排方式是，左邊一列是漢字注音，未標調；右邊是漢字，漢字右上角用阿拉伯數字標出了該字的聲調；漢字下方是英文釋義；英文釋義下是該字所在頁碼。如果幾個漢字聲調相同，衹給第一個出現的漢字標調。英文索引按音序排列，左邊是英文單詞，右邊是其出現的頁碼。如果出現了不止一次，則全部標出。不同頁碼間用逗號，如“Abandon，4，168，180，207，275，438”。勘誤表是對書中拼寫、注音、漢字等的勘誤。

作者在導論部分開宗明義地説明本書共收 3786 個漢字（含 112 個異體字），191 個没有漢字記録的詞語，用例 13484 條（諺語成語 401 個）。

郭莉莎按照語義把書中 5201 個詞語分爲 34 類，并分析了這些詞語的結構。馬正玲整理分析了書中短語和句子的結構，梳理了一些特殊語法現象，并從歷時角度進行了探討。關於《西蜀方言》的音系性質，尚有爭議：甄尚靈認爲記録的就是成都方言；千葉謙悟認爲《西蜀方言》衹是以成都方言爲基礎；黄靈燕認爲反映的是成都附近地區方言的特點；曾曉渝提出清代末期成都話很可能并行雅、俗兩套口語音系，《西蜀方言》反映的文雅口語音系。2017 年由上海大學出版社影印出版。

漢語入門

［法］戴遂良（Georges-Frédéric-Léon Wieger，1856—1933）1856 年 7 月 9 日出生於法國的斯特拉斯堡（Strasbourg），醫學世家出身，1880 年加入耶穌會，1887 年 9 月 19 日來華，從事醫療和漢學研究工作，1933 年 3 月 25 日去世於河北獻縣，葬於雲臺山。戴遂良的著述涉及中國的語言、歷

史、哲學、風俗、宗教等領域。

戴遂良編寫的第一部河間府方言文獻是《官話入門：漢語口語使用教程，供赴直隸東南部傳教士使用，河間府日常口語聲韻》（*Koan hoa jou menn. Cours pratique de chinois parlé à l'usage des missionnaires du Tcheuli S.E. Sons et tons usuels du Houe kien fou.*），1892 年由河間府天主教會印刷所出版，1895 年書名改爲《漢語入門，河間府方言，第一卷，介紹、構造與用語》（*Rudiments de Parler Chinois. Dialecte Du* 河間府 *I Volume. Introduction. Mécanisme. Phraséologie.*）。第一卷 1895 年出版，第二卷 1896 年出版，這兩册也是作者計劃出版的十二卷本漢語教材《漢語漢文入門》（*Rudiments de Parler et de Style Chinois*，*dialecte de Ho-Kien-Fou*）第一卷，這是第一版。

《漢語入門》，第一卷共四個版本，其他三版分别出版於 1899、1912 和 1938 年。第二版書名爲《漢語入門，河間府方言，戴遂良神父著，第一卷，引言、構造與用語，第二版》（*A. M. D. G.* 漢語入門 *Rudiments de Parler Chinois. Dialecte Du* 河間府 *Par Le P. Léon Wieger*，*S. J.| 1er Volume. Introduction*，*Mécanisme*，*Phraséologie. Seconde Edition.*）。第一卷、第二卷均出版於 1899 年，包括前言、正文和附録三部分。正文包括語音（De La Prononciation）、語言結構（Mécanisme Du Langage）、常用表達（Phraséologie）三部分。第三版書名爲《戴遂良漢語口語教科書，北方官話，而非北京官話，修訂第三版》（*Dr L.Wieger S. J.| Chinois Parlé | Manuel ... koan-hoa du Nord* ，*non-pékinois. Troisième édition refondue.*），1912 年由河間府天主教會印刷所出版。書名特别强調了“是北方官話，而不是北京話”。作者在前言中解釋了“北方”的範圍是奉天至黄河一帶。分語音（De La Prononciation）、語法（Grammaire）、常用表達（Phrasélogie）、表達與短語（Tours et Locutions）四部分。第四版書名《漢語口語教科書，北方官話而非北京官話，第四版》（*Chinois Parlé. Manuel Koan Hoa du Nord non pékinois. 4e Edition.*），1938 年出版。第四版包括第三版前言（Préface）、方法（Méthode）和正文。正文的第一部分是語音（De La Prononciation）；第二部分是語法（Grammaire），共 175 條，内容與前三版一致；第三部分“常用表達（Phraséologie）”從 176 條至第 464 條止，共 289 條；第四部分“表達與短語”（Tours et Locutions）從 465 條

至第 500 條。之後爲“百家姓”（Pai-Kia-Sing Alphabétique）。戴遂良《漢語入門》中的聲母、韻母與威妥瑪-翟理斯系統的比較，衛禮賢（Richard Wilhelm，1873—1930）、雷興（Ferdinand Lessing，1882—1961）系統的比較，接着是目録和索引。内頁顯示出版時間和序言上標明的許可印刷時間均爲 1936 年，以封面上的 1938 年爲出版時間。本提要與日本關西大學張天皓博士合作完成。

第六輯 《近代漢語官話方言課本文獻集成》提要

官話問答便語

琉球地區學習漢語的官話課本。作者不詳。文中每個字都用發圈法標調，平上去入調分別標在漢字的四個角，陰平和陽平則用圈和點來區分。部分漢字旁還用直音法來標音，如“奢，舍上平”“悔，會回上聲”等。有些漢字或詞旁還有日文釋義。這些註音或釋義常常位於頁眉或行間，顯然并非原書內容，當是學生在老師講解過程中記録在書中的。《官話問答便語》成書時間學界有不同看法，瀨户口律子、李煒認爲該書成書於 1703 年或 1705 年，[①] 木津佑子不同意這種觀點，但是也認爲該書成書時間在 18 世紀以内。[②] 該書設置了琉球人來到福州，與福州當地教師、官員日常交流的會話場景，使用一問一答形式介紹福州和琉球的風土人情。對於該書反映的官話性質，學界仍有爭議，有的學者認爲反映了以南京音爲主的南方官話，有的學者認爲反映了以北京音爲主的北方官話，還有學者認爲該書反映的是清代的“福州腔官話”。該版本是日本天理大學附屬天理圖書館藏寫本。[③]

字海便覽

冠山岡島璞玉成編，今據日本大阪心齋橋安堂寺町、大野木市兵衛享保十年（1725）版影印。全書共分七卷，取《朱子語類》中有關四書五

① 瀨户口律子，李煒：《琉球官話課本研究》，《中國語文》2004 年第 1 期。

② 木津佑子：《清代福建的官話——以琉球官話課本的語法爲例》，《第十屆海峽兩岸語法史研討會論文集》，2004 年。

③ 陳澤平：《琉球官話課本三種較注與研究》，福建人民出版社，2021 年。

經的口語語料，并對其加以譯註。卷一包括《理氣》（上、下）、《性理》（一、二）、《學》（一至七）和《大學一》等内容。卷二包括《大學》（三至五）、《論語》（一至四）。卷三包括《論語》（五至十二）。卷四包括《論語》（十三至二十六）（原版本有《論語十五·雍也篇四》《論語十五·述而篇》，無《論語十六》）。卷五包括《論語》（二十九至三十二）、《孟子》（一至十）（原版本無《孟子八》）。卷六包括《孟子十一》、《中庸》（一至三）、《易》（一至十三）（原版本無《易二》、《易六》等）、《尚書二》（原版本無《尚書一》）、《詩》（一、二）、《春秋》、《禮》（一至四）。卷七包括《禮》（六、七）、《五禮》、《周子書》、《程子之書》（一至三）、《張子之書》（一、二）、《邵子之書》、《程子門人》、《羅氏門人》、《朱子》（一至十一）（原版本無《朱子十》）等内容。原版本偶見有刊漏之處，如無《大學二》《論語二十七》《論語二十八》等，有些較難理解的句子未作譯註。該書屬於日本江户時期唐話課本，反映了南京官話的口語系統。

唐語便用

冠山岡島璞玉成編，京都伏見藤次郎享保十一年（1726）初版刊行，享保二十年（1735）植村藤次郎再版。全書共六卷，正文每字都標有古四聲。各卷組成情況如下：卷一爲“兩字并四字等話”。每頁分四組七列，前三組爲兩字話，共1011句，後一組爲四字話，共337句。卷二爲“三字并五字等話”，每頁分三組七列，前兩組爲三字話，共674句，後一組爲五字話，共337句。卷三爲“六字與七字相連之話”，正文每頁分兩組七列，前一組爲六字話，後一組爲七字話，各有337句。卷四爲簡單對話，以二人對話爲形式，創設“初相見説話”（六問六答）、“平日相會説話”（八問八答）、“諸般謝人説話”（十一問十一答）、“望人看顧説話”（三問三答）、“諸般借貸説話”（四問四答）五個場景。卷五也是簡單對話，形式與卷四相同，創設“諸般賀人説話”（九問九答）、“諸般諫勸人説話”（十問十答）、“諸般贊嘆人説法”（十二問十二答）和“書生相會説話”（七問七答）四個場景。卷六由“與僧家相會説話”“長短雜話”和“器用”三個部分構成，其中“與僧家相會説話”爲問答形式，包括六問六答。“長短雜話”包括137個長短雜句，“器用”則收録78個工具類詞語。《唐語便用》

也是日本江户時期流傳較廣的日本唐話課本之一，反映了 18 世紀南京官話口語的實際面貌。

唐音雅俗語類

岡島援之編，篠崎維章、松宫俊秀仍校。日本京都及江府出雲寺和泉掾享保十一年（1726）刊行。全書共分五卷五册，分爲雅語類、長短雅語類和俗語類三部分。雅語類記録的是書面語。俗語則記録口語。正文每字注官音（當時的南京官話）讀書音并記録古四聲。各卷組成情況如下：卷一雅語類，包括序和正文，正文三組七列，前一組兩字，後二組四字，兩字話 269 句，四字話各 269 句。卷二是“長短雅句類”，長短句不一，共 97 句。卷三至卷五都爲“俗語類”。卷三每頁兩組七列，前一組四字，後一組八字，兩組各 368 句。卷四俗語都是長句，共 81 句。卷五以問答形式構成，分十六問十六答，問答的篇幅都較長。本書也是日本江户時期流傳較廣的日本唐話課本之一，反映了 18 世紀南京官話口語的實際面貌。

唐譯便覽

冠山岡島璞玉成編。《唐譯便覽》全書分爲五卷。首卷有伊藤長胤（東涯）所作序。正文每字注官話（當時的南京官話）讀書音并記録古四聲。全書内容爲來往寒暄和日常對話用語，所記内容長短話間雜，無明顯規律。各卷組成情況如下：卷一共收 267 句，卷二共收 345 句，卷三共收 239 句，卷四共收 111 句，卷五共收 291 句。該書屬日本江户時代唐話課本，反映的是 18 世紀南京官話口語的實際面貌。

白姓官話

琉球地區學習漢語官話的課本。作者不詳，成書於 1750 年。該書是由琉球通事鄭氏家族編寫，由琉球人鄭鳳翼帶到福州，後來經林守超修訂并作序帶回琉球，并最終成爲官話課本傳世。[①]《白姓官話》以一問一答的方

① 陳澤平：《琉球官話課本三種校注與研究》，福建人民出版社，2021 年。

式講述了山東登州商人白世芸出海遇險，隨風漂流到琉球，他在琉球官方的幫助下，最終在第二年成功返回福州的故事。書中在敘述故事過程中穿插介紹了琉球的人文、地産和風情。該書的排列方式、注音和釋義方式、方言性質、藏本情況與《官話問答便語》相同，也屬18—19世紀琉球學生學習官話的手抄教材。

唐詩選唐音

日本江户時代唐話課本，日本永安六年（1777）付梓，原書名爲《李于鱗唐詩選唐音》，日本嵩山房刊行。該書由李攀龍編選，劉道音、高田識訂。全書分爲五言絶句（74首）和七言絶句（165首）。書中古詩的排列順序與《唐詩選》順序相同，該書由劉道爲《唐詩選》中的五言和七言絶句標注唐音，以此來學習漢語。該書是日本江户時期使用和流傳度較廣的唐話課本之一。

學官話

琉球地區學習漢語官話的課本。作者不詳，成書於1797年。該書内容與《官話問答便語》相似，體例也基本相同。通過來到福州的琉球人與當地人的交談，介紹兩地的社會情况和風土人情。與《官話問答便語》略有不同的是，《學官話》一問一答内容較短，大多都只有一兩句話。該書中還穿插編入一些富有人生哲理和教人向善的語句。該書性質上屬於專門爲琉球學生編寫的漢語學習教材。

日清韓三國千字文

荒浪平治郎著，日本哲學書院明治三十三年（1900）十一月發行。正文將漢語千字文分别用日文（片假名和平假名）、韓文對照。該書是教授韓國人學習日語和漢語所用的課本，對中日韓三國語音系統的對比研究具有一定的價值。該書中有表達日本侵略野心，傷害中國和朝鮮人民感情的詞句，本書對此堅决反對。

日華字典

善鄰書院編纂，東京文求堂藏版，明治三十八年（1905）三月發行。全書按威妥瑪羅馬拼音字母順序列字，共收9800多字。後附部首檢字索引。每字注釋先用漢語，再用日文簡單標注字義。不同義項之間用“|”分割，一字多音的在釋義後用“( )”分別標出。該字典反映的是北京官話的語音特點。文中有傷害中國人民感情的詞句，本書對此堅決反對。

新編支那語獨修

三原好太郎編著，東京岡崎屋書店明治三十八年（1905）四月發行。正文分爲五章：第一章《總説》，第二章《支那語文字配置配列法》，第三章《日支對照單語熟字集》，第四章《北京官話作爲法》，第五章《支那語和譯法》。第一章主要講述漢語聲韻調的拼合關係、四聲規則和發圈標調法。第二章主要講述漢語的構詞法、造句法。第三章是漢語詞彙和日語詞彙對照，共分爲25課（類）。第四章是對北京官話書面語和口語的對照。第五章主要講述北京話口語語法。作者在書中注意區分北京官話書面語用詞和口語用詞的不同，書中主要反映的是20世紀初期的北京官話書面語系統，但在第四、五章中也較爲詳細地列出北京話口語詞和口語語法特徵。

户口調查用語

作者不詳，明治三十八年（1905）八月發行。正文分爲上、下兩編。該書采用漢日對譯形式排列，每句漢語句子後附日文翻譯，漢語句子旁有日文讀音。該書反映的是20世紀初臺灣書面語的面貌。

實用日清會話

湯原景政著，石塚書鋪明治三十八年（1905）九月發行。全書包括正文和附録（《百家姓》）等。正文分《偵察及斥候》《短句》《雜話問答》和

《熟語及用法》四編。每編又分爲若干章節，每章前用“○”區分。第四編《熟語及用法》按片假名順利排列。正文每條詞彙、熟語都采用中日文對譯形式，上列中文，下列日文釋義。該書反映的是20世紀初北方官話的特點。該書正文中多有美化戰爭和傷害中國人民感情的詞句，本書對此堅決反對。

北京官話·清國民俗土產問答

東京文求堂編輯局明治三十九年（1906）七月編著。該書取自清朝無名氏所寫的舊稿，取其精華作爲該書的參考資料，用北京官話記録、收集清民俗土產問答。正文按照奉天、直隸、江蘇、安徽、江西、浙江、福建、湖北、湖南、河南、山東、山西、陝西、甘肅、四川、廣東、廣西、雲南、貴州19個府（省），分爲十九章，分别列各府官員、民俗和土產，反映的是20世紀初北京官話的詞彙。該書正文中有美化戰爭和傷害中國人民感情的詞句，本書對此堅決反對。

支那語教程

杉本屬編，大正四年（1915）一月印刷。全書分爲八課：名詞、短語、驗契、驗申告書、照地、量地、查產、雜。正文包括漢語詞彙、短語、短句，每個漢字都用發圈法標明陰平、陽平、上聲和去聲。該書反映的是20世紀北方官話的口語系統。

華語萃編

東亞同文書院編纂，共分初、二、三、四集，是東亞同文書院1至4年級北京官話教科書。初集大正五年（1916）七月十日發行，共分三編（第一編23課，第二編17課，第三編22課）。書前附《華語音譜》《華語聲音編》。《華語音譜》是本書的聲韻配合表，用羅馬字母共記録22個聲母，35個韻母。《華語聲音編》則是漢語四聲調（第一聲、第二聲、第三聲、第四聲）表。書後附録《名詞集》共分23課（類）。書中以詞彙、短句或對話問答、短文的形式記録漢語日常口語。第二集於大正十四年（1925）四月二十五日發行，共分四編 57 課（第一編《應酬用語》20 課；第二編《使令通話》15 課；第三編《俗尚瑣談》10 課；第四編《接見問答》12 課）。第三集於大正十四年（1925）三月三十一日發行，共分上下兩編 68 課（上編商業類 50 課，下編農工類 18 課）。第四集於昭和八年（1933）四月一日發行，共分 24 課，全書由 20 課組成，主要是講述中國文化特色、中國教育、農村振興、商業發展等内容。今據《華語萃編》初、二、 三集影印。該書正文中有部分美化中日甲午戰爭和傷害中國人民感情的詞句，本書對此堅決反對。

注解支那時文階梯

佐藤留雄編，同文社大正七年（1918）八月一日發行。全書共分爲三部分。第一部分爲選自民國時期報紙的時事新聞 100 條，第二部分爲書翰（公文、信劄）40 條，第三部分爲廣告 30 條。書中語言反映了民國時期官話書面語的特點。文中有部分美化戰爭和傷害中國人民感情的詞句，本書對此堅決反對。

支那語講義録（第 9—12 號）

宫島大八編著，善鄰書院大正八年（1919）一月發行。該書采用漢日對譯形式，在每個漢語詞彙或短句旁都有小號字的日文翻譯。該書反映的是 20 世紀初北京官話的書面語系統。

北京官話・實用日清會話

足立忠八郎著，金刺芳流堂大正八年（1919）發行。該書正文分爲《單語門》《短句門》《談論門》三篇，《單語門》和《短句門》各分爲 15 章，《談論門》共分爲 43 章，分别列舉了漢語對話中常用的詞彙、短句和對話。該書每條詞條上方用日語五十音注音，單字詞四角還用發圈法標明上平、下平、上聲和去聲四個聲調，每條詞彙後都有對應的日文譯文，反映的是 20 世紀初的北京官話口語。該書正文中相關章節是爲日本發動侵略戰爭作知識準備，嚴重傷害中國人民感情，本書對此堅決反對。

支那語獨習

打田重治郎著，大連大阪屋號書店大正十年（1921）發行。此書收録了《官話急就篇》的原文，用威妥瑪式發音符號標注發音。内容分爲《名辭》《問答之上》《問答之中》《問答之下》《散語》《家庭常話》《應酬須知》七個部分。《家庭常話》又分爲“侍老”“臨幼”“款客”“常會”“行情”“讀書”六類。所記每條漢語口語由“原文及重念”（漢語口語句）、“發音及四聲”（羅馬字注音）、“説明”（日文注解）組成。書中配有部分練習題和應用題，以便學習者練習掌握。本書所記内容反映的是 19 世紀末的北京官話口語音。該書正文中有美化戰争和傷害中國人民感情的詞句，本書對此堅决反對。

華語教程

佐藤留雄著，同文社藏版，曾在大正十一年（1922）至昭和十年（1935）發行 14 版。全書正文分上、中、下三編，上編爲《簡易問答》，中編爲《問答上》，下編爲《問答下》。附録列出漢語常用的 75 類副詞或關聯詞語，分别舉例説明其用法。正文則列出北京官話簡單對話。該書反映的是 20 世紀初北京官話的詞彙和語法特點。

最新支那尺牘

井上翠編，東京文求堂日本大正十一年（1922）刊行。全書包括例言、目録和正文三部分，分九編，具體内容如下：第一編“短紙便條”分“約人言事、覆條、留條”等三十節。第二編“問候及慰問”分爲“學生通候教員、學生通候同學、教員通候同事”等二十二節。第三編“交際酬應”分爲“邀人飲宴、辭宴、謝宴”等三十節。第四編“紹介薦舉”分爲“介紹友人參觀學校、介紹友人調查商業、薦教員”等十一節。第五編“請託詢問”分爲“托延律師、薦某君可任律師、函商借疑築路辦法”等四十五節，第六編“慶賀”分爲“賀交通部長到任、答覆、賀人壽”等二十七節。

第七編“商業用文”分爲“致商會求調停、覆某號約到會調停、致商會請呈部註册”等四十一節。第八編“白話尺牘”分爲“賀新開店鋪、賀新廠落成”等十二節。第九編“尺牘備考”分爲“信面式、尺牘用語”兩節。該書是常用公文類大全，反映了 20 世紀初北方官話的書面語。

支那語速解

佐佐木微笑著，日本東京日進堂大正十二年（1923）藏版。全書共分四編十八章，每章之下又分爲數目不等的小節。具體内容如下：第一編《説話篇》。包括“第一章發音法”“第二章單語”“第三章動詞的單語”“第四章會話”。第二編《文法篇》，包括“第一章名詞”“第二章代名詞”“第三章動詞”“第四章形容詞”“第五章助詞”“第六章數詞”“第七章陪伴詞”“第八章副詞”“第九章接續詞”“第十章感歎詞”“第十一章表音詞”。第三編《書翰文篇》包括“信封的寫法”“書信體的概要”“套用語”“書翰文實例”。該書是漢語北京官話書面語詞彙集。書中第一編列有“北京官話的發音”對 20 世紀初北京官話讀書音系統有具體的描寫，對研究該時期北京官話具有一定的參考作用。

現代支那語讀本

飯河道雄編，大連大阪屋號書店大正十二年（1923）八月十五日發行，全書分上下兩卷，上卷 72 課，下卷 54 課。上卷是簡單的會話和讀物，下卷爲稍複雜的讀物。每課均選取書籍、雜志、報刊新聞中典型現代北京官話日常用語（口語）。該書選取的學習材料貼近生活，具有一定的趣味性。文中配有插圖，可增强學習興趣。每課新出現的詞語都列有發音和釋義，後附該課文文獻來源。《現代支那語讀本》反映的是 20 世紀初的北京官話。該書正文中多有美化戰爭和傷害中國人民感情的詞句，本書對此堅決反對。

支那現代文教本

井上翠編。今據東京文求堂大正十三年（1924）三月十日發行本影印。

全書正文分爲5篇，第一篇《電報》共摘録63份電報。第二篇《記事》，共摘録新聞報導45篇，記録20世紀20年代重要社會新聞事件，多爲書面語。第三篇《尺牘》共收録尺牘公文58條。第四篇《廣告》爲日常生活廣告，共20條。第五篇《論説》共12篇評論。後附《公文程式》及《難話解》。該書的語言反映了民國時期官話書面語的特點。該書中有美化戰爭和傷害中國人民感情的詞句，本書對此堅決反對。

支那語辭彙

石山福治編纂，日本東京文求堂大正十四年（1925）刊行。全書包括：片假名發音順檢索、支那語辭彙總字畫檢索、正文、索引。該書用假名標注漢語詞彙音，按五十音圖順序排列，記録13000餘條漢語詞條，每個詞條下都列有日文釋義。該書是反映當時漢語官話的一部詞典。

支那四聲字典

權寧世編，大阪屋號昭和二年（1927）九月二十日發行。這是一部記録漢字單字音的字典，從上世紀二三十年代報刊雜志及人物對話中收録10000多個漢字，收録漢字字音418種，分爲《本文》《畫引部首（偏旁）》《畫引索引》《檢字》《百家姓》《發音索引》。正文按音序排列同音字彙，用1、2、3、4代表北京官話四聲。每個同韻字組下列有部分字的日文釋義。本書對於漢字字音分別標注區別文音、俗音、正音和變音的標記，有助於學習當時的北京語音。該書正文中多有美化戰爭和傷害中國人民感情的詞句，本書對此堅決反對。

日華對譯鐵道會話

大地亮平編，昭和二年（1927）十一月發行。全文分爲第一章《單語》，第二章《散語》，第三章《會話》，第四章《一般用語》，第五章《保線區用語》，第六章《檢車區用語》，第七章《機關區用語》，第八章《時文》。該書反映的是20世紀北方官話鐵道工程術語。該書編纂目的是爲日本發動侵華戰爭作語言準備，正文中有美化戰爭和傷害中國人民感情的詞句，本書對此堅決反對。

注音對譯簡易支那語會話篇

秩父固太郎著，大阪屋號書店昭和三年（1928）五月二十五日發行。全書分 100 課，每課都采用對話體單獨構成一組對話，討論身邊發生的話題，内容涉及北京日常生活詞句。每課前列漢語詞彙或短句，後列日文釋義。新出現的詞彙附有注音，每課後新出現的詞用威妥瑪式發音符號記音，課後還配有注音練習。書後附有注音字母和萬國文字對照表，列聲母（辅音）23 個，韻母（元音）39 個。另附元音練習圖，詳細標明了韻母的舌位。該書正文中有美化戰爭和傷害中國人民感情的詞句，本書對此堅決反對。

支那聲音字彙

岡本正文編，文求堂書店昭和五年（1930）十一月發行。本書所依據版本中缺該書第 145 頁，該書是一本檢索漢字字音和聲調的字典。該字典選取清末對話或文章所收漢字 7500 餘字，并附北京官話四聲發音。全書共分三個部分，第一部分根據韻母的順序，按照四聲不同列字。第二部分按照漢字筆順排列漢字，後附難檢字索引。第三部分收録百家姓。本書的漢字讀音來自《語言自邇集》，反映的是 19 世紀中期的北京官話。

短期支那語講座

宮越健太郎等著，昭和八年（1933）六月發行。全書共分爲三卷，第一卷包括《發音篇》《讀本篇》《會話篇》《滿洲語就這様》。第二卷包括《讀本篇》《會話篇》《文法及作文篇》《滿蒙語就這様》《作文篇例題解答》。第三卷包括《小説、戲曲篇》《時文篇》。《發音篇》主要列舉了北京官話子音、母音及聲韻調配合規則。其他各篇内容可分若干課，每課列舉不同漢語詞彙或短句，每條漢語詞彙或短句後都有日文注釋和原文日譯，每句中的漢字音都在該字旁有日文平假名注音，該書是反映 20 世紀初北京官話的教本。該書中有美化戰爭和傷害中國人民感情的詞句，本書對此堅決反對。

支那語常用單語6000

石山福治、最上村生合編，日本東京大學書林昭和八年（1933）印行。全書分爲目録、正文兩部分。該書詞彙分爲數目、天文、氣象、方位、曆月、時候等63類6000餘條。書中每頁設兩欄，每欄再分兩列，左列爲漢語詞，詞語上方有日文片假名注音，用發圈法標注聲調，右行爲日文釋義。該書例言中記有官話四聲（陰平、陽平、上聲和去聲）發音法、送氣音與不送氣音的區别、上聲的變調、子尾和兒尾變調、"一七八不"變調，據此判斷該書是北京官話的詞彙集，反映北京官話的詞彙特點。該書中有美化戰爭和傷害中國人民感情的詞句，本書對此堅決反對。

支那語講義録

日支通語會於昭和八年（1933）至昭和九年（1934）陸續出版12號（集）。每集分爲凡例和正文兩部分，凡例中主要講解了北京官話聲調四聲規則和發音規則，正文部分細分爲數字、指代詞、助語字、單句集等章節記録官話詞彙和短句。該書是20世紀初日本人學習北京官話的教科書，反映的是當時北京官話的特點。正文中多有美化戰爭和傷害中國人民感情的詞句，本書對此堅決反對。

急就篇

宫島大八著，張廷彦、包象寅校閲，東京善鄰書院編輯，昭和八年（1933）至昭和十五年（1940）改定16版發行。本書分爲：單語、問答之上、問答之中、問答之下、散語五部分，書後附張廷彦編著《家庭常語》《應酬須知》，該書的使用範圍十分廣泛，是日本人學習漢語的必讀書教材，該書内容收入從初級到中級程度的漢語教學内容，不僅是日本國内，就連當時日本的一些殖民地也積極地使用此教材。直至戰後一段時間，《急就篇》仍影響着日本的漢語教育。該書是日本流行的漢語教材，其音系基礎是 19 世紀的北京官話。該書正文中多有美化戰爭和傷害中國人民感情的詞句，本書對此堅决反對。

續急就篇

該書是由善鄰書院院長宫島大八編輯的内部使用教材，出版時間不詳。全書分爲三十七章，每章以對話形式記録北京官話口語，内容爲日本明治以來中國語教科書中的談論部分，從其性質上看，是對《急就篇》内容的補充。該書中有部分美化侵略戰爭或傷害中國人民感情的字句，本書對此堅决反對。

羅馬字急就篇

宫島大八編，善鄰書院昭和十年（1935）十一月發行。該書是用威妥瑪式羅馬拼音字母對《急就篇》進行標音，其編纂目的是爲了與《急就篇》相對照，輔助學習漢字音。該書中有部分美化侵略戰爭或傷害中國人民感情的字句，本書對此堅决反對。

續急就篇

包象寅校閲，善鄰書院編撰。昭和十六年（1941）十二月發行，全書共分三十章，每章記録了短小的北京話口語對話内容。該書在善鄰書院内部教材基礎上有所增加，但是主體内容不變，可以看作内部教材的正式出版版本。該書中有部分美化侵略戰爭或傷害中國人民感情的字句，本書對此堅决反對。

急就篇發音

該書是對《急就篇》的補充，宫島大八編，善鄰書院昭和十年（1935）十二月發行，該書凡例中對片假名標注發音進行了詳細説明，將威妥瑪式注音、注音符號和片假名對照，書前附注音符號簡表，北京官話音變例證。

在“急就篇發音項”中重點説明了漢語的聲調，并列出了漢語中四聲别義的現象。正文按《急就篇》單語、問答之上、問答之中、問答之下、散語五個部分爲《急就篇》中新出現的漢字注音。該書中有部分美化戰争或傷害中國人民感情的字句，本書對此堅决反對。

支那語基本教科書

神谷衡平著，文求堂昭和十年（1935）十二月印行。全書分上下兩卷，每卷分爲正文和注音兩個部分。正文主要列出基本詞彙、短句和散語，附録部分爲“注音”，用羅馬字母爲漢語詞彙注音，反映的20世紀初北京官話的詞彙。該書正文中有美化戰争和傷害中國人民感情的詞句，本書對此堅决反對。

最新支那語教科書（風俗篇）

宮越健太郎、井上義澄合著，昭和十年（1935）三月二十八日發行。全書分前後兩編，前編風俗概説，共32課，包括祭祀神佛、白事禮俗、紅事禮俗、回教禮俗、遊逛廟觀等。後編宗教概説，共22課，内容包括佛教、道教、喇嘛教、基督教、回回教、薩滿教等。該書以問答的形式簡要介紹了北平流行的風俗和宗教，反映的是當時的北京官話口語系統。該書正文中有傷害中國人民感情的詞句，本書對此堅决反對。

日滿對譯礦山用語集（各工廠篇）

日本昭和十年（1935）十二月二十五日撫順煤礦印刷。[①] 全書分爲八部分：入門案内、入門、工事事務所、發電所、機械工廠、制油工廠、散語、單語。該書反映的是20世紀北方官話礦山工程術語。爲了保持課本文獻的完整性并展現歷史真實性，本書對“日滿”等字眼加以保留，可能會給讀

① 六角恒廣著，王順洪譯：《日本中國語教學書志》，北京語言文化大學出版社，2000年。

者帶來一些閲讀不便和情感不適，敬請理解。該書編纂目的是爲日本全面侵華作準備，正文中有美化日本侵華戰争和傷害中國人民感情的詞句，本書對此堅決反對。

最新支那語教科書（讀本篇）

宫越健太郎、内之宫金城合著，昭和十一年（1936）四月十日發行。全書分爲上、中兩卷，下卷缺失。上卷分 60 課，其中第 1—3 課爲發音，第 4—6 課爲數字，第 7—60 課是以會話體爲主的短文，文章内容不限於現代，還包括古代的名人故事，如《孔融》《司馬光》《匡衡》等。中卷分 40 課，全爲閲讀短文，昭和十三年（1938）五月十五日發行。全書記録了北京官話口語詞彙和單句。該書中有部分美化侵略戰争或傷害中國人民感情的字句，本書對此堅決反對。

滿洲土語研究

全書共列舉 154 條官話方言詞或短語。每個詞先用威妥瑪氏注音，然後是日文翻譯，最後列出 1—2 個例句。從記録的方言詞看，該書反映的是 20 世紀初東北官話的面貌。爲了保持課本文獻内容的完整性并展現歷史真實性，本書對“滿洲土語”等詞加以保留。該書編纂目的是爲日本全面侵華作語言準備，因此該書正文中多有美化戰争和傷害中國人民感情的詞句，本書對此堅決反對。

華語常用單語急速暗記法

吴主惠編，日本文求堂昭和十二年（1937）印行，全書包括目録、正文兩部分。分五編，具體包括：第一編發音的概念，第二編單語的記憶法，第三編單語的共同點，第四編常用字義相異的單語記憶法，第五編特殊的單語。正文每頁分三欄，左欄是漢語詞，中間欄是威妥瑪注音，右欄是日語釋義。該書是根據漢語詞彙構詞法進行分類記憶的詞彙集。

陣中速成軍用日支會話

東京武揚堂書店昭和十三年（1938）一月發行。正文分第一章單語、第二章短句和第三章會話。本書每條日語詞彙下都有漢語對譯，漢語譯文中每個漢字旁都有日文注音，反映了20世紀初北京官話的語言面貌。爲了保持課本文獻内容的完整性并展現歷史真實性，本書對“日支”“支那”以及相關地名等字眼加以保留，可能會給讀者帶來一些閱讀不便和情感不適，敬請理解。該書的編纂目的是爲侵華日軍學習應急漢語服務的，書中多見美化侵略戰爭或傷害中國人民感情的詞句，本書對此堅決反對。

新興北支會話

岩井武男著，東京文求堂昭和十三年（1938）四月發行。正文分爲第一編《發音》，第二編《語法》，第三編《實用會話》，第四編《社交會話》。第三編《實用會話》又分爲第一章《購買》，第二章《交通》，第三章《建築》，第四章《金融》和第五章《其他》。第四編《社交會話》分爲《挨拶》（寒暄語）、《交際》、《娛樂》三章。該書采用漢日對譯形式，每條漢語詞彙、短語或句子後附日語譯文，漢語句子旁有日文注音。該書記録的是20世紀初期北京官話的語言面貌。該書中有部分美化侵略戰争或傷害中國人民感情的字句，本書對此堅決反對。

初等支那語教科書

宮原民平、土屋明治合著，東京開城館昭和十三年（1938）四月八日發行。全書是供初等漢語水平日本學生使用的教科書，分《發音》《單語》《會話篇上》《會話篇下》四部分，後附注音符號表、新字注音索引。《發音》列出4個聲調和部分聲母（13個）。《單語》列口語常用的詞彙200餘條目，《會話篇上》（1—30課）重在講解句子的構成，《會話篇下》（1—20課）旨在練習日常用語。該書中有部分美化侵略戰争或傷害中國人民感情的字句，本書對此堅決反對。

支那時文講習教材

文部省普通學務局編纂，今據東京開隆堂書店昭和十三年（1938）七月二十二日刊行本影印，全書摘録了漢語各種應用文70餘篇。全書分爲《新聞》《指令》《任命狀》《咨》《公函》《電報》《公文》《尺牘》《廣告》《雜件》《白話文》11個部分。書後附録包括“（注）音字母”“韻目表”“電報月名通用代字”“中華民國各省别名表”“數字”等内容。該書中有部分美化侵略戰争或傷害中國人民感情的字句，本書對此堅决反對。

支那語語法編

倉石武四郎著，弘文堂書房昭和十三年（1938）九月二十五日刊行。全書共分爲20課，第1、2課爲數詞量詞和名詞；第3課爲形容詞；第4課爲代名詞及“是”“有”的用法；第5、6課爲動詞中心語、目的補語等；第7課爲否定形式；第8、9課爲疑問形式，包括疑問代名詞、疑問形容詞、否定副詞、疑問副詞、疑問助詞等；第10、11課爲專屬時間名詞表達；第12課爲地點方位表示；第13課爲共同與單獨（重複除外）表示；第14課爲比較的表示；第15課爲可能方法原因給予使役受動的表達；第16課爲義務决定等的表達，包括時間、地位、性狀、數量副詞，時地原因方法介詞、時間範圍比較連詞、决定商榷助詞等；第17課爲“來”“去”“有”的特殊用法；第18課爲概數；第19課爲句子之間的關係，包括并列、選擇、轉折、讓步、承接、因果等關係；第20課爲假設、反語和感嘆形式。每課後均附有相關練習。全書以黎錦熙《新著國語文法》爲基礎，選取典型的漢語詞彙和語法例句，爲日語學生提供學習漢語語法的教材。爲了保持文獻内容的完整性并展現歷史真實性，本書對“支那”等字眼加以保留，可能會給讀者帶來一些閲讀不便和情感不適，敬請理解。

支那語讀本

倉石武四郎著，弘文堂書房昭和十四年（1939）十一月十三日刊行。

全書選取了當代中國文壇名家部分現代文學代表作 25 篇，適用於有一定漢語基礎的日本學生學習。其中包括吴敬梓《儒林外史》，曹雪芹《紅樓夢》，施耐庵《水滸傳》，魯迅的《孔乙己》《藤野先生》，朱自清《匆匆》，俞平伯《記陶然亭的雪》和田漢的《賣花女》等名篇，是日本漢語學習者學習白話文和漢語書面語的教科書。

支那語會話獨習

佐藤三郎治著，巧人社昭和十三年（1938）十月發行。正文包括“支那語學習篇”“基礎語型解釋篇”“實用會話篇（一）”“實用會話篇（二）”。附録爲“實用日支小辭典”。“支那語學習篇”主要講述了漢語的地位、漢語的標準語——北京官話、漢語的聲母、韻母和聲調等相關問題。“基礎語型解釋篇”主要列舉了北京官話中的“數字”“時刻”和“稱謂”詞彙。“實用會話篇（一）（二）”分二十三類列舉了北京官話中的詞彙。“實用日支小辭典”按五十音爲序排列漢語詞彙，該書音系反映 20 世紀初北京官話特點。該書中有部分美化侵略戰爭和傷害中國人民感情的字句，本書對此堅決反對。

支那慣用語句例解

三原增水著，昭和十三年（1938）刊行，全書包括正文、後附語句索引。全書按韻母順序排列，共收 460 條詞條。有的詞條是漢語詞，有的則是漢語短語或慣用語。每條漢語詞條首先是日文釋義，其後再舉出數個例句，例句也有日文釋義，對例句中個别難以理解的漢語詞還要加注釋義。頁面頁脚位置還有部分漢字的威妥瑪式拼音注音。該書對北京官話口語詞彙、短語或慣用語的意義和用法進行了較爲細緻地描寫，通過漢字注音也能對當時北京官話語音系統有一些瞭解。該書中有部分美化侵略戰爭或傷害中國人民感情的詞句，本書對此堅決反對。

華語教程

吉野美彌雄著，平野書店昭和十四年（1939）十一月五日發行。本書分爲三編，第一編《會話入門》，包括數詞、名詞和代詞、形容詞、動詞、前置介詞、句尾助詞、名詞集等内容。第二編《簡易問答》，共有175句簡單對話。第三編《會話雜例》，共分100個例句。該書反映了20世紀初北京官話的語法特點。該書中有部分美化日本侵華戰争和傷害中國人民感情的詞句，本書對此堅决反對。

簡易支那語文典

奥平定世譯注，東京三修社昭和十四年（1939）發行。全書包括目録和正文兩個部分。正文分三個單元，第一單元《文法大綱》，包括冠詞、人稱代名詞、目的格、所有格等十課。第二單元《文法概要》，包括單語論和文章論。第三單元《組織的文法》，包括名詞、形容詞、代名詞、副詞等十課。每課都用日文對相關漢語詞彙、語法特點進行講解，并附有練習和思考。該書是一本詳細講解漢語語法的教科書。

支那語講座

岩村成允、土屋申一著。全書按照發行時間的不同，分爲昭和十四年（1939）春季號、秋季號、冬季號，昭和十五年（1940）春季號、秋季號、冬季號以及昭和十六年（1941）春季號、夏季號和秋季號共九册。該書反映的是20世紀初期的北京話。該書中有部分美化侵略戰争或傷害中國人民感情的詞句，本書對此堅决反對。

標準支那語會話教科書

青柳篤恒、吴主惠合著，東京松邑三松堂昭和十五年（1940）四月十五日發行。該書是供日本中級學校學習漢語的教科書，内容分爲前篇和後篇兩部分。前篇“基本篇”共70課，分爲“發音”“單語”“活用語形”“疑問語形”“問答語形”和“簡易會話”。後篇“應用篇”共30課，包含“初次見面”“客套話”“買車票”“海關”“找人”等30條日常交際對話。該書反映了20世紀前中期北京官話的口語特點。該書中有部分美化侵略戰爭或傷害中國人民感情的詞句，本書對此堅決反對。

倉石中等支那語

倉石武四郎編，弘文堂書房昭和十六年（1941）三月卅日發行。本書是倉石支那語教科書系列的一種，是爲日本中學生編寫的中國語教科書，全書分卷一和卷二。卷一正文有發音練習和漢語基本詞彙，卷二正文記録官話短句，各課配有簡單的圖畫，漢字左上角配有日文譯注，并配有部分課後練習題。本書最大的特點是詞彙和會話後均配圖畫，易於學生認識和理解。該書中有部分美化日本侵華戰爭和傷害中國人民感情的詞句，本書對此堅決反對。

支那語滿洲話講座

陳清金、宗内鴻著，昭和十五年（1940）十月發行。全書分爲兩册：第一册爲基礎及會話文法篇，第二册爲讀本及作文時文篇。每册可分若干課，每條漢語詞彙或短句後都附上隨文注釋和原文日譯，每個漢字旁有日文平假名注音，該書是反映20世紀前中期北京官話的教科書。正文中有部分美化侵略戰爭或傷害中國人民感情的詞句，本書對此堅決反對。

華語基礎讀本

魚返善雄著，三省堂昭和十六年（1941）一月十五日刊行。本書正文分爲“發音”“文法”“會話”“參考”四部分。“發音”主要包括母音（韻母）、子音（聲母）、母音結合（聲韻結合規律）、聲調（四聲）、語勢（重讀）和聲調的變化六個部分，文中專門講解漢語輕聲，這是其他教科書中較爲少見的内容。“文法”分爲十八項内容：代名詞、主語述語、係詞、助詞、疑問句、數詞和助數詞、主語述語補語（助詞）、主語述語賓語（助詞）、雙賓語、前置詞、動詞、助動詞、主語述語補語賓語（助詞）、副詞、修飾語（形容詞副詞語）、連續詞（連詞）、感嘆詞、句的分析。“會話”分二十條。“參考”包括《華語羅馬字日本字對照表》《華語羅馬字各式對照表》《注音符號》《標準語四聲配分表》《四聲千字文》《繞口令》《好口音》《難解的簡字》《部首的名稱》《華語音韻組織一覽表》等内容。該書中有部分美化侵略戰争或傷害中國人民感情的詞句，本書對此堅決反對。

標準支那語會話

橋本泰治郎著，今據昭和十六年（1941）五月刊行本影印。全書分爲“發音篇”和“會話篇”兩部分。“發音篇”主要介紹了注音符號的由來，24 個聲母，16 個韻母（不論介音），22 個結合韻母（i、u、y 爲介音的韻母），拼音規則，4 個聲調（陰、陽、上、去），輕聲、聲調的變化（上聲的變調），多音字讀法，重讀規則等内容。“會話篇”共分 80 課，前一部分是官話，後部分爲官話的日文翻譯，内容包括基本口語詞彙、短句和會話，課後對每課重要詞語有中文和日本注解。從本書記録聲韻調情况來看，本書記録的應當是北京官話口語，作者也提及多有參考滿洲話（今東北官話）特點。該書正文中有美化日本侵華戰争和傷害中國人民感情的詞句，本書對此堅決反對。

小孩兒

手鈔本，編著者和成書時間不詳，書中附“何良英藏”字樣。該書是日本江户時代教授南京話的唐話教科書。此版本現存於日本早稻田大學圖書館。書中主要内容爲學堂先生告誡學生要努力學習，不可貪玩。書中有“打起唐話來，憑你對什麽人講，也通得了。蘇州、寧波、杭州、揚州、紹興、雲南、浙江、湖州這等的外江人，是不消説。對那福州人、漳州人講也是相通的了。他們都曉得外江説話，况且我教導你的是官話了，官話是通天下，中華十三省，都通的”數句，説明直到 19 世紀中期，中國大部分地區最爲通行的仍然是南京官話。該書是研究日本早期漢語教科書教學意識的重要資料。[①]

① 李無未等:《日本漢語教科書匯刊（江户明治編）總目提要》，中華書局，2015 年。

鬧裡鬧

手鈔本，編著者和成書年代不詳，附有“平氏藏”字樣。該書是日本江户時代唐話讀本教科書，是長崎培養唐通事的課本。該教科書由三部分組成，即“三話”。該書整體上屬“話本結構”（六角恒廣語）。題目“鬧裡鬧”之下是篇首“時來風送滕王閣，運去雷轟薦福碑”“狗窮思跳，人窮思巧”，緊接着入話，對篇首進行解釋，講述操持家務要節儉，不能浪費鋪張，揮霍的習慣不但會導致人貧窮，還會讓人走上偷盜欺騙的邪路，從而辱没祖先。接下來的正話講述長崎一個寡婦在火灾中救出自己生病的婆婆和三個孩子，其孝行受到當地政府表彰的故事，篇尾總結“孝順還生孝順子，忤逆終生忤逆兒”的道理。此版本現存日本早稻田大學圖書館。該書是研究日本早期漢語教科書教學意識的重要資料。

初等滿洲語講座（續編）

秩父固太郎著，昭和十三年（1938）一月發行。該書是官話短語集，正文共 25 課，每課約 40 條短語。每頁頁眉列出該頁重要單字讀音，反映了 20 世紀初滿洲話詞彙、語法特點。爲了保持課本文獻内容的完整性并展現歷史真實性，本書對“滿洲語”等詞加以保留。該書中有部分美化侵略戰争或傷害中國人民感情的字句，本書對此堅決反對。

支那語重要單語集

宫越健太郎著，昭和十七年（1942）出版。全書包括部首索引頁和正文兩部分。分爲“重要單語篇”和“支那時文必須語彙”兩部分。前一部分按照部首順序列詞，後一部分按筆畫數列詞。“重要單語篇”每頁分爲四列，從左至右分别是漢語詞、假名注音、威妥瑪式拼音注音和日文釋義。威妥瑪式拼音注音中聲調用 1—4 的數字注音。“支那時文必須語彙”每頁兩列，左列爲漢語詞，右列爲日語釋義。該書是作者宫越健太郎《支那語基礎詞彙 4000》的進階篇，可供有一定漢語基礎的漢語學習者使用。

支那官話字典

宮島大八著，東京文求堂昭和二十年（1946）六月四日發行。該書在大正六年（1917）十月三十一日初版，昭和二十三年（1949）十二月二十日再版。全書收字萬餘，分爲凡例、音序檢字表、正文、畫引部首目録、畫引索引、官話字典補遺、支那官話辭典正誤表7個部分。該書是漢語中等程度的日本學生學習所用。全書按韻母音序排列，同一韻中按照陰平、陽平、上、去聲的順序列字。每字右上角用1—4數字表示四聲，如有兩個聲調則列出兩個數字，如“諳$_{1.4}$”。注釋中先列部首、再列該字在《廣韻》所屬韻部，先列漢語解釋，再列日文釋義，其後例舉該字使用的詞彙環境。該書是一部反映20世紀前中期北京官話的字典。

第七輯 《近代漢語平話土話方言文獻集成》提要

明嘉靖《廣西通志》(節録)

《廣西通志》六十卷，林富修、黄佐纂，明嘉靖十年（1531）刻本。林富，字守仁，號省吾，明福建莆田（今莆田市）人，曾任明朝兩廣巡撫。有《廣西通志》和奏議二卷傳世。黄佐，字才伯，號泰泉，明廣東香山（今中山市）人。

該書卷第十七“風俗”對方言的描述衹有隻言片語。“近楚者”指與湖南省交界的桂北，“正音”即官話，“高廉”指廣東的高州、廉州一帶。所列俗字也是粵方言的土俗字。

明嘉靖《南寧府志》(節録)

《南寧府志》十一卷，明方瑜纂修，嘉靖四十三年（1564）刊，萬曆、崇禎增修本。方瑜，字元忠，號暉山，明安徽歙縣（今黄山市）人，曾任南寧府知府。

該書卷之一“地里志・風俗”記載:“人品同青兖，言語類荆襄。”

清乾隆《陸川縣志》(節録)

《陸川縣志》十八卷，乾隆間石崇先纂修。石崇先，清四川廣元（今廣元市）人，曾任陸川縣知縣。

該書卷十二“風俗”僅數語。陸川縣與博白縣屬廣西粵方言勾漏片，又是客家居民較多的區域，語言情況相類。縣北部爲粵方言區，即地老（佬）話，王力先生的母語；南部是客家方言區，即新民話，或叫哎話。

清乾隆《興業縣志》（節録）

《興業縣志》四卷，王巡泰纂修，清乾隆四十六年（1781）刻本。王巡泰，字岱宗，號零川，清陝西臨潼（今西安市）人，曾任興業縣知縣。

該書卷之四“風俗第八·方言”列舉部分詞例。興業縣屬勾漏片粵方言區。

清乾隆《梧州府志》（節録）

《梧州府志》二十四卷，乾隆間吴九齡修、史鳴皋等纂，清同治十二年（1873）刊本。吴九齡，字景文，清江蘇沭陽（今沭陽縣）人。任山西長治縣令，爲官愛民，後以政績升廣西梧州知府。又任廣東糧驛道。後調雷瓊兵備道，不久升長蘆鹽運使。曾主修《長治縣志》《梧州府志》。史鳴皋，字荀鶴，清江蘇如皋（今如皋市）人。任象山知縣，官至廣西梧州府同知。

該書卷之三“輿地志·風俗”記録一些方言詞，爲梧州白話。梧州白話屬廣西粵方言沿江白話片，與廣東的廣府片同屬。書中所提“粵東”即廣府地區，廣府白話以廣州話爲代表。梧州爲勾漏片粵方言區域，但“城郭街市多雜粵東人，亦多東語”，成爲沿江白話方言島。書中比較了部分詞語與廣府白話的異同，爲瞭解梧州白話的特點及發展演變提供了一些信息。

清乾隆《昭平縣志》（節録）

《昭平縣志》八卷，陸焞纂，清乾隆二十五年（1760）刻、光緒十七年（1891）重修本。陸焞，清浙江仁和（今杭州市）人，乾隆間昭平縣知縣。

該書卷一有乾隆庚辰二月下浣署平樂府知府荆南劉大治序、乾隆庚辰正月下浣署昭平縣知縣陸焞序。卷四“風俗”對境内方言情況有非常簡單的介紹，可知此地土著是壯（僮）族，漢族多來自廣東。

清嘉慶《廣西通志》（節録）

《廣西通志》二百七十九卷，謝啓昆清嘉慶五年（1800）修，清嘉慶七年（1802）刻本。謝啓昆，字良璧，號蘊山，又號蘇潭。清江西南康（今南康市）人。他由科舉入仕，歷官編修、鄉試主考、知府、按察使、布政使、巡撫等職，成爲當時政績卓著、清正廉明的省級長官，嘉慶七年（1802）逝世於廣西巡撫任上，誥授資政大夫。謝啓昆也是著名的學者，一生著作等身。他還是著名的方志學家，除修有乾隆《南昌府志》外，最成功的是對《廣西通志》的修撰。清嘉慶五年（1800）二月謝啓昆開局主修《廣西通志》。該書分爲訓典；郡縣沿革、職官、選舉、封建四表；輿地、山川、關隘、建置、政經、前事、藝文、金石、勝蹟九略；宦績、謫宦二録以及列傳。各目之下，又視内容多寡酌分細目，如“輿地略”下分疆域、分野、氣候、户口、風俗、物産六目，“建置略”下分城池、廨署、學校、壇廟、梁津五目，“藝文略”下分經部、史部、子部、集部、傳記、事記、地記、雜記、志乘、奏疏、詩文十一目之類。其體例之精審完善遠超前代，影響深遠，頗爲學者所稱譽，被梁啓超稱爲“省志楷模”。

《廣西通志》記録方言信息的有：

卷八十七“輿地略八・風俗一”有關於語言的簡介基本引自宋周去非的《嶺外代答》。“蔞語”即壯語。

卷八十七“輿地略八・桂林府”引靈川方言，屬桂北平話，用官話轉譯。

卷八十八“輿地略九・太平府”引太平府永康州的壯語。時太平府永康州位於今扶綏縣西北，至今仍爲壯族聚居區，志中記録的壯語語料，是所見志書中最爲豐富的。用以對音的漢語方言不單純，有官話，有粤方言，以官話爲主。從中可看出當地壯語從桂南平話片大量借詞，但對音基本用官話。例如“肉曰諾”，壯語説［no^{6}］，“諾”是入聲字，官話讀［no］；“豆腐曰豆否”，漢語借詞，“腐”平話讀［fou］，與官話的“否”音近；“餃子曰勾追”，餃子是新詞，借自漢語，“子”平話讀［$tsei^{33}$］，與桂西官話的“追［$tsei^{33}$］”同音；“蘿葡曰辣八”，平話“蘿”讀［la^{21}］，與官話“辣”同音；“木曰梅”，壯語樹、木説［mai^{4}］，與官話“梅”音近。

有直接用平話音譯的。如“檀香曰旦木”，平話多稱樹爲木，檀木也稱檀香，平話“旦木”與“檀木”音近；“窗曰稱”，漢語借詞，平話讀［tʃ^{h}eŋ^{1}］，與“稱”音近。

“大門曰代斗”是漢壯合璧詞，“大”是漢語，平話讀［tai^{22}］，與“代”同音，壯語“門”讀［tou^{24}］，則與官話“斗”同音。“茄子曰安其”也是漢壯合璧詞，“安”即壯語名分類詞［an^{1}］，類似漢語量詞“個”，平話“茄”與“其”同音。

至於轉譯壯語本族詞特殊的音，方志還採用描述的方法。例如“茶葉曰揸買平聲”，“揸”即“茶”，漢語借詞，“買平聲”指壯語“葉”［^{m}baɯ^{2}］，讀如漢語“買”的陽平調；“水曰喏木”“土曰斗木”，壯語的“水［ram^{4}］”“土［tom^{1}］”均爲［-m］尾，官話無［-m］尾韻，用“喏木”“斗木”的合音表示。“魚曰不拉”，“不拉”合音表示壯語的“魚［pla^{1}］”。

卷八十八“輿地略九・直隸鬱林州”僅有一頁記録，引自《興業縣志》所記的粵方言。

卷八十八“輿地略九・鎮安府”記録了天保、奉議、下雷、小鎮安等地的壯語方言。用以對音的漢語方言並不單純。以粵方言爲主，白話、平話都有，還雜有官話。例如“盤曰退”（壯語説［tui^{4}］）、“地曰林”（壯語説［nam^{6}］）、“箸曰遞”（壯語説［taɯ^{6}］）等，是用粵方言譯音。“面曰那上聲”（壯語説［na^{3}］）、“天曰門”（壯語説［bɯn^{1}］）、“鍋曰招”（壯語説［ɕau^{5}］）等，是用官話譯音。

下雷“天曰伐平聲”（壯語説［fa^{4}］）、“地曰的平聲”（壯語説［tei^{6}］），“伐、的”爲入聲字，官話塞尾消失，調歸陽平。下雷“手曰蒙，足曰卡”（壯語説［mɯŋ^{2}］、［ka^{1}］）、小鎮安“兄曰畢宰，弟曰儂宰”（壯語説［pei^{4} sa:i^{1}］、［nu:ŋ^{4} sa:i^{1}］），也是用官話譯音。

清道光《白山司志》（節録）

《白山司志》十八卷，王言紀修、朱錦纂，清道光十年（1830）刻本。王言紀時爲白山土司巡檢，世襲白山土司。朱錦，清湖南芷江（今芷江侗族自治縣）人，有名的嘉慶《廣西通志》的主要修撰者之一。思恩府知府李彦章道光八年（1828）爲志作序。

白山司是明代嘉靖年間設置的土巡檢司，屬思恩府，轄境主要在今廣西馬山縣。土巡檢司是土司建置的基本單位。《白山司志》於道光十年（1830）由廣西蔣氏存遠堂鎸版印行，填補了土巡檢司素來無志的空白。由於當時刻印的數量很少，流佈不廣。據《中國地方志聯合目録》，現存道光刻本《白山司志》僅湖南圖書館藏有，首都圖書館、上海圖書館、東北師大圖書館等所藏《白山司志》，均爲根據道光刻本抄寫的本子。今廣西各圖書館所藏的《白山司志》亦爲這種抄本。

該書“方言”附於“卷二・風俗”，所舉爲當地壯語詞語，用以對譯音的有官話，有平話。

清道光《灌陽縣志》（節録）

《灌陽縣志》二十卷，道光間蕭煊修。清道光二十四年（1844）刻本，有道光二十四年（1844）序。蕭煊，清福建邵武（今邵武市）人，曾任灌陽縣知縣。

該書卷之三“風俗・本俗”有方言信息。灌陽縣爲官話區，故“語言皆説官話”。“土語”近湘南土話，即老湘語。

清光緒《賀縣志》（節録）

《賀縣志》八卷，光緒間全文炳修，清光緒十六年（1890）刻本。全文炳，字墨村，清江西金溪（今金溪縣）人，曾任賀縣知縣。

該書卷七“風俗志”涉及方言僅寥寥數語。

清光緒《鎮安府志》（節録）

《鎮安府志》二十五卷，羊復禮修，有清光緒十八年（1892）撫粤使者張聯桂序，清光緒十八年（1892）刊本。羊復禮，字辛楣，清浙江海寧（今海寧市）人。官至廣西鎮安府知府。性喜刻書，重視鄉邦文獻。書室名“傳卷樓”。著有《海昌諸家詩文鈔》十六卷、《六唐人齋藏書録》、《蠶桑摘要圖説》、《辛楣詩鈔詩餘》；輯有《廣西通志輯要》（與蘇宗涇合作）、

《海昌叢載》、《容庵遺文稿》、《容庵存詩鈔》、《止溪文鈔》等。

清廣西鎮安府，即今廣西德保縣一帶，歷來是古百越（百粵）族群的聚居地，至今仍爲壯族聚居區，通行壯語。

清乾隆十三年（1748）創修《鎮安府志》，乾隆二十一年（1756）重修，此爲光緒十八年（1892）重修的《鎮安府志》刊本。

該書卷八“風俗”所附“方言”爲當地的壯語方言，志中所録天保、歸順州、小鎮安土司、下雷土州、奉議州的壯語與清嘉慶間《廣西通志》卷八十八“輿地略九·鎮安府”所録大同小異。

鎮安府地壯語屬南部壯語。用以對音的漢語方言不單純，有粵方言，有官話。方言本身有差異，還有使用借詞與本族詞的差異詞語，對研究南部壯語和廣西漢語方言均有價值。例如“大曰鹵”（壯語［lau^4］）、“睡曰煖”（壯語［nin^2］）、“馬曰罵”（壯語［ma^4］），是用平話對音；“狗曰馬”（壯語［ma^1］）、“豬曰某”（壯語［mou^1］），用白話對音；“小曰意”（壯語［i^5］）、“立曰鄧”（壯語［tɯn^1］）、“茶曰甲”（壯語［ɕa^2］）、“鍋曰招”（壯語［ɕau^5］）等，用官話對音。

清光緒《柳州府馬平縣志》（節録）

《柳州府馬平縣志》十卷，舒啓修，清光緒二十一年（1895）重刊本。舒啓，曾任清乾隆間柳州府馬平縣知縣。

明洪武元年（1368），馬平縣屬柳州府。爲府治所，清仍之。馬平縣是柳江縣的前身，柳江道治所，縣城即今柳州市區。馬平縣向爲少數民族聚居區，有壯語和瑶語。《柳州府馬平縣志》卷之二“猺獞”，記録的是當地的瑶語、壯（獞）語，用以對音的主要是官話。

大字爲漢意（即詞），小字注爲壯語讀音，用同音或音近的漢字表示。從對音情況看，這些同音或音近的漢字，讀的是漢語方言音，多爲官話，也有平話。

書中所記獞語實有兩部分，一部分爲本族詞，一部分是老漢語借詞，反映本族詞與漢語借詞共存的情況。由於融入本民族語音系統，人們已經不瞭解是漢語借詞。例如：

飯，注“唼”，本族詞，自造俗字，壯語説［ŋai^2］，官話的“矮”讀

[ŋai³]；又注“班”，即“飯”，漢語借詞，保留重唇音。桂北平話多保留重唇音。

米，注“侯”，壯語説[hɐu⁴]，可能是古漢語的“餱”；又注“買”，即漢語借詞“米”，平話“米”讀[mɐi⁴]，與官話“買”音近。

衣，注“步”，壯語説[pu⁶]；又注“衫”。官話多説“衣服”，粵方言多説“衫”。

鍋，注“寡”，壯語説[kua¹]，是老漢語借詞，“鍋”即本字；又注“疆”，即“鐺”。敞口鑄鐵鍋平話叫“鐺”[tʃʰaŋ¹]，與官話“疆”音近。

床，前注“伴”，壯語説[ɓoːn⁵]，本族詞，“伴”官話讀[pon⁵]；又注“獞”，漢語借詞，讀平話音。

坐，前注“論”，壯語説[nɐŋ⁶]，臻攝合口字官話有讀開口，而且[n]/[l]不分，與壯語的“坐”音近；又注“做”，漢語借詞，讀平話音。

壯語方言有複輔音，而漢語没有。以下二例更能反映漢壯語的差異：

魚，前注“壁拉”，本族詞，當地壯語讀[pla¹]，作者用反切表示；又注“娱”，即漢語借詞“魚”，漢語“魚、娱”同音。

菜，前注“迫勒”，本族詞，當地壯語説[plak]，“勒”是入聲字，粵方言讀[lak]，官話無入聲；又注“翠”，即漢語借詞“菜”，官話“翠”與平話“菜”音近。

可見作者可能明顯能辨粵語的“白話”，却聽不懂當地的“土話”（平話），把漢語老借詞誤以爲是壯語。

《柳州府志》，兩志成書於乾隆二十九年（1764），共四十卷首一卷，記載了柳州古代歷史、地理和文化。廣西右江分巡道觀察使王錦修。王錦，字綱齋，清順天府析津（今北京市大興區）人。清乾隆年間進士，翰林院編修，乾隆二十六年至二十九年（1761—1764）任右江分巡道觀察使。右江分巡道駐柳州府，王錦駐柳期間，重視文化教育設施的建設和歷史文物的保護工作，主修《柳州府志》。乾隆二十七年（1762），審核馬平縣知縣舒啓制定的《定柳江書院祭産規條議》，以保護柳侯祠和柳江書院等建築。乾隆二十九年（1764），主持重建柳江書院作爲柳侯祠的附屬建築，并親撰《柳江書院碑記》。同年主持重建合祀柳宗元與劉蕡二公祠，并親撰《柳劉二公合祠碑記》。碑現存柳侯祠内。乾隆三十年（1765）重修鵝山劉蕡墓時設牌坊，有王錦題刻。王錦主張以柳宗元和劉蕡爲楷模，指出“夫人文章得如柳，可以止矣；氣節得如劉，可以止矣”。王錦還與同僚慨解義囊捐助柳州的文化建設。王錦其他生平不詳，但他留名於柳州歷史長河中。

清光緒《上林縣志》（節録）

《上林縣志》十卷，徐衡紳修、周世德纂，清光緒刻本。徐衡紳，清甘肅隴西（今隴西縣）人。周世德，清廣西上林（今上林縣）人。

該書卷三“土風”記載：“上林土語有獞話、客話二種，客話有音有字，獞話亦間與之同，如紙筆墨硯琴棋書劍等類是也。其有音無字者，如謂天爲温、地爲墉、人爲伝、飯爲厚、酒爲縷、牛爲懐、虎爲穀等類，必待譯而後通。”爲後代志書所沿引。

民國《上林縣志》（節録）

《上林縣志》十六卷，楊盟等修、黄誠沅纂，民國二十三年（1934）鉛印本。楊盟，民國廣西平南（今平南縣）人。黄誠沅，民國廣西武緣（今武鳴縣）人。

該書卷六“風尚・方言”提到上林縣的語言及其流行區域：“上林土語種類不一。曰正音，縣城及北區各墟所操之語是也；曰獞語，即苗語，各鄉所操之土音是也；曰狆語，又稱客語，如與賓陽鄰近諸村所操之音是也；曰狘語，因新自外來，又曰新民、麻介語，今白墟、青泰諸新民村是也。然諸語易曉，惟苗語皆古音古訓，曉者絶少。故不適於俗先進之等，於野人也固宜。”“全縣通行獞話，各墟市通行官話，二、三兩區兼操賓陽土話。”

“正音”指官話，“獞語”即壯語，認爲壯苗同，這在舊志不是孤例。“狆語”即平話，亦即賓陽土話。桂南平話也有稱“客”話的，與客家方言不同。“狘語”指客家話，“狘”即客家方言的“我”，保留古音。客家人是後來者，在廣西也稱“新民”。“麻介”是客家話的疑問詞“什麽”。上林是壯族聚居區，其平話和客家話居民均由相鄰的賓陽縣遷入。

有些説法有助於對粵語、白話、平話這些稱説的理解。如“平話者，蓋介於西江流域通行白話與普通官話兩者之間，土著謂之客話”，“粵語亦曰白話，以其明白易曉故云也”。

由於平話是早期的粵方言，故志書言“上林土語有獞話、客話二種”。平話是漢語，因此“客話有音有字，獞話亦間與之同，如紙筆墨硯琴棋書劍等類是也”，説明“紙筆墨硯琴棋書劍”這些古百越地没有的事物，用的也是來自平話的借詞，所以與客話同。有音無字的本族詞“如謂天爲温、地爲埔、人爲伝、飯爲厚、酒爲縷、牛爲懷、虎爲穀等類，必待譯而後通”，以及書中列舉的壯語詞彙，用以譯對音的也是平話。

書中對壯語詞的解釋徵引漢語古籍，多有牽强附會之處，不足採信。

民國《昭平縣志》（節録）

《昭平縣志》八卷，李樹枏修，民國二十三年（1934）鉛印本。李樹枏，民國直隸盧龍（今屬河北）人，曾任昭平縣縣長。

該書卷七“風土部·風俗”完全沿襲清乾隆間《昭平縣志》（光緒十七年重修本）的叙述。

民國《靈川縣志》（節録）

《靈川縣志》十四卷，陳美文修、李繁滋纂，民國十八年（1929）石印本。陳美文，民國廣東鬱南（今鬱南縣）人，曾任靈川縣縣長。李繁滋，民國廣西靈川（今靈川縣）人。

該書卷四“方言”所描述的是“以爲方言之志殊，乏正確之標準”的靈川土話，屬桂北平話。以官話對音。雖然衹有四頁資料，足以反映靈川土話的一些特點：

1. 聲母

（1）全濁聲母清化，塞音、塞擦音讀不送氣清音。與今靈川三街平話一致。袍＝包，地＝笛，弟＝的，頭＝兜，豆＝刀，臺＝得，櫈＝待，茶＝酌，床＝莊，腸＝張，棹＝煮，舍＝碩，酒＝就。“外祖母謂之物不”，“物不”即外婆，“婆”是並母字，“不”是幫母字，不送氣。

（2）微母字有的變零聲母："外祖謂之物更（外公轉音），外祖母謂之物不（外婆轉音）"，"外"（疑）音"物"（微），已變零聲母，今靈川平話都讀［ua］。但有讀［m］的痕迹："襪謂之磨"，當讀［mo］。"襪"是微母字。

（3）知組有讀舌頭音的痕迹："竹謂之丟"，"竹"爲知母，"丟"爲端母。

（4）n、l 爲同一音位的變體，讀 l："女謂之侣"。

（5）日母及疑母細音與喻母混並，讀零聲母：日謂之議（疑），油（喻）謂之柔（日），肉（日）謂之越（喻），硯謂之業（疑）。

（6）疑母洪音讀［ŋ］："月謂之軛"，這兩個入聲字今靈川平話都讀［ŋɤ^{54}］。這也説明古影母的洪音字産生了［ŋ］聲母，這種情況在今桂北官話、平話都常見。

2. 韻母

（1）入聲的塞音韻尾脱落。天＝鐵，地＝笛，茶＝酌，外＝物，山＝碩＝衫＝舍，屋＝爾，伯＝把＝霸，婆＝不，筆＝彼，硯＝業，墨＝買，竹＝丟，瓜＝割，閣＝古，臺＝得，菜＝側。今桂北不少平話、土話"竹"就讀［tiou］。"伯謂之把把（從霸音）"，這當是方言"伯"的讀音，"外婆"讀"物不"。

（2）歌麻不分，當讀［o］，從其與入聲字的對音也可以看出：茶＝酌，馬＝麽，花＝禾，瓜＝割，褂＝个，伯＝把＝霸。"舅謂之糾耶"，即"舅爺"，"爺"是麻韻三等字，當讀［io/yo］。果攝合口戈音讀［u］：鍋＝孤，婆＝不。

（3）部分鼻音韻尾或脱落，或變成元音韻尾。"叔謂之麽麽"，"麽麽"即"滿滿"。盌＝窩，飯＝發，"滿盌（碗）"元音變［o/uo］。今三街平話咸、山攝開口一二等讀［o］，與麻韻同，入聲字"發"也讀［o］。咸、山攝開口三四等讀［iɛ］：鹽＝耶，天＝鐵。山攝合口三等讀同止攝合口三等：川＝錘，讀［uei］。曾攝開口一等、梗攝開口三四等讀［ai］：櫈＝待，甑＝再，廳＝胎，亭與庭均謂之獃（即呆）。

（4）單元音化。蟹攝字失落韻尾，變單元音。菜＝側，臺＝得，鞋＝嗄，墨＝買。筷＝跨：筯曰跨，"筷謂之跨"，"筯"即筷子。"菜、臺、鞋、筷、買"讀［a］元音。相應地，同音的入聲字"側、得、墨"韻母也是

[a]。"外祖母謂之物不（外婆轉音）"，今靈川平話"物、外"同音，讀[ua]。"雞謂之加"，"雞、加"同音，今靈川話讀[ia]韻母。

（5）止合三與遇合三合併："水謂之輸"。

（6）效攝一二等不分："袍謂之包"。流攝一三等不分："酒謂之就"。效攝與流攝合併："樓謂之勞"，"狗謂之交"，"豆豉謂之刀時"。

（7）通攝字讀開口：外公讀"物更"，"穀謂之格"。今靈川有的平話"格"讀[kia]。

3. 聲調

（1）入聲的塞音韻尾脱落，但可能有些字仍有獨立的調類。今靈川平話入聲仍保持獨立的調類，也有小部分字歸入其他調類。"瓜謂之割（略近平音）""菜謂之側""伯謂之把把（從霸音）""舍謂之碩""竹謂之丢""脚謂之絞"，入聲字在桂林官話均演變爲陽平，作者在此舉的清入字，直音的都是非陽平字。今三街平話有入聲調 54，陰去字是 45 調，桂林官話的陰平是 44 調。

（2）陰平調爲升調，因爲桂林官話的去聲是 24 調："花謂之禾（去音）"。

（3）上聲衹有一類，讀如桂林官話的陰平調值：椅謂之依（從本字轉平音）、手謂之收（從本字轉平音）、水謂之輸（從本字轉平音）、盌謂之窩（從本字轉平音）、指謂之支（從本字轉平音）、草謂之操（平音）、狗謂之交（從本字轉平音）、馬謂之麼（從本字轉平音）、伯謂之把把（從霸音）。這些直音有一共同特點，以陰平字給上聲字注音。作者是以官話爲參照音的，認爲當地平話上聲字的調值讀如官話的陰平。今三街平話的上聲衹有一類，調值 44，這恰是桂林官話的陰平的調值。

4. 提供不少有特色的方言口語詞以及一些構詞特點。例如：

（1）親屬稱謂用叠音構詞：父謂之大大、母謂之媽媽、伯謂之把把、嫂謂之搔搔。

（2）親屬稱謂加詞頭"阿"，如父亦曰阿把、母亦曰阿嗟等。

民國《桂平縣志》（節録）

《桂平縣志》五十九卷，黄占梅修、程大璋纂，民國九年（1920）鉛印本。前有《桂平重修縣志叙》，可知桂平縣明清數百年間八次修志。黄占梅時任桂平縣知事，1916年春聘程大璋出任《桂平縣志》總纂。故《桂平縣志》實爲程大璋所纂。程大璋，又名式穀，號子良，民國廣西桂平（今桂平市）人。早年補博士弟子。擅長詞章及訓詁學，善作文，工書法。光緒二十年（1894）康有爲到桂林講學，程大璋負笈就讀。是年在桂林應鄉試，被選爲第二十名舉人。翌年赴京會試，與康有爲同寓於南海會館。其間，積極投身於康有爲領導的維新變法運動，是"公車上書"的起草者和簽名者之一。

桂平即古潯州，處粵方言的勾漏片區，西江上游的潯江之畔，今市區通行沿江白話。《廣西民政視察報告彙編》（1934）即把桂平的粵方言叫平話。由於作者是本地人，對當地方言非常熟悉。又由於是文人，解説方言多引經據典，並與"官語"（官話）比較，但不免有牽强附會之處，故該書卷三十一"紀政·風俗·言語"篇幅雖有十頁之多，而實質性内容不見得豐富。但值得肯定的有以下三點：

1. 重視對方言特色詞語的收集，"凡名義與官語相同或不甚相遠者勿載"。對考今粵方言一些口語詞的本字有助。如"食物有隔宵味者曰宿（粥飯之舊者曰餿，餿讀如收，亦宿之轉聲，北方人讀宿字亦與收字聲近）。《論語》：'祭於公不宿肉'""凡誘引他人共事曰搊（讀如《集韻》作力救切音溜）。《説文》：'搊，引也'""躍而走曰趯"等，今仍通行沿江白話。"農家大鋤曰钁頭。《説文》：'钁，大鋤也'"，賓陽平話稱寬鋤爲"钁"。"甑屐，凡遊觀或曰瞭，或曰甑屐"，"甑屐"實爲同音替代，廣泛通行於廣西早期的粵方言，有的地方作"作劇""則劇"等。

2. 關注用重文（叠音詞綴）的形容詞生動形式，"周漢詞人形容事物多雙聲重文，越二千年斯例行於嶺外者爲多"，列舉多例重文（叠音詞綴）形容詞，至今仍流行。如：高曰昂昂；濶曰茫茫；長曰撓撓；直曰騰騰（騰或讀爲能字，上聲）；曲曰拗拗；深曰巖巖；暖曰翕翕；熱曰辣辣；凉曰澌澌（或轉作尋尋）；冷曰颯颯，又曰颼颼；凍曰冰冰；白曰漠漠；黑曰墨墨（或轉作嫣嫣）；清曰瑩瑩（讀如迴）；濁曰汩汩；光曰堂堂，又曰溜溜；甜曰泥泥；辣曰爽爽；香曰噴噴；酸曰瀝瀝；苦曰澀澀（讀如劫）；肥曰稔稔；瘦曰梗梗（言其瘦如梗也）；滑曰脱脱（或轉作捋捋）；澀曰磋磋；短曰徹徹；低曰別別；濕曰湟湟；乾曰勾勾；等等。

3. 注意省言合言現象。"合言"即合音詞。粵方言的指示代詞、疑問代詞多有合音形式。如“質問之詞曰商，商爲甚樣之合”“問事已作與否曰稜，爲唔曾二字之合”。“省言”如“怎子爲怎樣法子之省”“也西爲怎麼東西之省”。

民國《隆安縣志》（節録）

《隆安縣志》六卷，劉振西等纂，民國二十三年（1934）鉛印本。劉振西，民國廣西隆安（今隆安縣）人。

今隆安縣屬南寧市，是壯族聚居區，至今連縣城都通行壯語。方志所言“土音”即爲壯語。

該書卷三“地理考・社會・（乙）方言”有一段介紹：“隆安普通方言概屬土音，兹將義同而字異之例略舉於後，但譯出之字俱邑中常用生字，與正字不同，讀音更異。凡一切事物譯音與正字相近者（如羊糖之類），或無音可讀概行從略。”提供四個信息：（1）隆安日常通用壯語；（2）當地通行方塊壯字；（3）壯語中有漢語借詞；（4）壯語還有難以用漢語方言音對譯的詞語。

書中按意類列舉了部分壯語詞語，均有字可寫，“但譯出之字俱邑中常用生字，與正字不同，讀音更異”，這種常用生字即方塊壯字，壯語叫sawndip，意即生字，不成熟的字。正字指漢字。壯字有的借漢字，有的是造字，因此作者注明讀音。借漢字不作説明或注明聲調的是用官話音，注“粵音”的是用白話音。

書中提到“縣屬讀書概讀正音，然當交談之際則讀方音以歸一律，其音與正音無大異，與方言則異甚”，當地壯族讀書用官話，與漢人交流用的是桂南平話。平話與官話都是漢語，所以無大異，但與作者瞭解的白話（粵音）還是有差異。例如：“地”讀如“對”、“子”讀如“追”，中古止攝開口字裂變；“土”讀如“拖”、“井”讀如“精”，陰上字調值讀同官話的陰平調值，等等，這些都是桂南平話的特點。

民國《貴縣志》（節録）

《貴縣志》十八卷，歐仰羲修，民國二十三年（1934）鉛印本。歐仰羲，民國廣西梧州（今梧州市）人，時任貴縣縣長。從其民國二十三年（1934）六月所作《重修貴縣志序》可知，貴縣有志始於宋淳熙《懷澤志》，後有清代康熙志、光緒志，僅光緒志有傳。此志當爲據光緒志重修。貴縣即今貴港市。

該書卷二“社會·方言”提及貴縣所處地理位置及其語言的複雜性，與今貴港市語言面貌相合。今貴港白話屬廣西粵方言的沿江白話片，由於處勾漏片、欽廉片、桂南平話片交匯之處，成爲沿江白話片中語音最爲複雜的方言點。書中不多的幾個方言詞例，保留了沿江白話詞語的特色。

民國《來賓縣志》(節録)

《來賓縣志》(不分卷)，民國賓上武修，民國二十五年（1936）鉛印本。有民國二十五年（1936）、民國二十六年（1937）序。賓上武，曾任來賓縣知事。

該書上篇“縣之人民二·方言”指出：“近代海内之官語分南北兩大派。北京官語實北語一派之綱，南派官語則獨推廣西桂林語。廣西所屬諸縣雖亦各有其方言，而桂林、平樂、柳州、慶遠、思恩、南寧、太平、泗城、鎮安諸屬城市鄉村，所通行之官語皆桂林語之一派也。潯梧、鬱林諸屬接壤東省，廣州語獨通行。廣州語者，嶺南粵語之綱也。桂林官語僅行於官署紳衿間，乃至學塾生徒誦詩讀書亦皆廣州語。所謂桂林官語者即士夫亦未通曉也。”此段敘述反映了當時廣西兩大漢語方言的分佈及流通使用情況。

志中所言當地有官、土、客、儂、閩、粵等數種方言，其中“土”爲壯語，“客語”即客家方言，“粵”即廣州話，“儂”當屬勾漏片粵方言。

來賓縣是壯族地區，所以壯語最多，“縣境殆遍”，官話衹通行於縣城墟市。指出“縣境之官語雖屬於桂林派，而稱名不盡同，聲音亦略差别”。並舉例説明。如“桂林官語入聲皆讀若濁平聲”，即陽平，來賓官話則有部分入聲讀去聲；桂林官話山攝合口一等字“觀、般、盤、歡、鸞、寬、酸、端”諸字與二等删韻合併，當讀［uan］，而來賓官話讀這些字同於粵語寒韻之本音，即［ɔn］，衹有“寒、丹、干、難、蘭、檀”諸字與删韻合併。

“儂”因稱自爲“儂”而得名。“其自稱曰儂聲，稍高昂類，似官語之上聲”即55調；清母字讀似透母字，讀“葱”似“通”、讀“村”似“吞”、讀“七”似“剔”等，這些都是勾漏片粵方言的特點。“嘗造彼中一家主人，將會食，呼曰‘取箸來’”，“取箸來”即“拿筷子來”，至今賓陽平話如是説。“操儂語之人民，未詳來自何方。彼中人云遠祖籍在山東，又云在河南。山東西境爲戰國時魏地，所謂河南，疑指洛陽（前清洛陽縣爲河南府治）”，這與桂南平話人的祖籍傳説一致。

被稱作“粵”的廣州語是進入廣西較晚的，與平話、勾漏片、欽廉片這些早期粵語同屬粵方言。“來賓縣境操粵語者雖少數，而多數之土語其雜用漢語者乃悉與粵語之音合”，此言恰好反映影響壯語的是廣西早期的粵方言。

上篇“縣之人民二・方言”末附有“來賓闔縣鄉村語音類别表”。

民國《融縣志》（節録）

《融縣志》兩卷，分九編，民國黄志勳修、龍泰任纂，民國二十五年（1936）鉛印本。黄志勳，曾任融縣縣長。龍泰任，曾任融縣縣立兩等學堂校長，廣西法政學校畢業。

融縣即今融水苗族自治縣，是少數民族聚居區，境内有苗、侗、瑶、水、壯等少數民族。方志曰：“贛、湘、閩、粵之衆既雜居於苗、猺、狪、獞之間，衣冠文物頗仿中州。除語言外，習文字通婚姻登仕版，自宋迄今，早已不别其誰主誰客。唯苗、猺之族衣冠習尚，其在於今猶有固守其舊者。”“始遷之時地及人數，在宋代以前無可稽考。即由外省遷居者，年代久遠，亦爲土著。其可考者，以時自明代爲多數，以地自湘、贛、閩、粵爲多數。”

該書卷壹“第二編・社會・第五節方言”列舉縣内五種方言，“按舊志云，融處南徼，音殊中土，但細按聲吻，多與《字彙》相合。舊志所謂音殊中土，即指縣屬之平話而言。平話稱爲本地話，又稱爲百姓話。謂之爲百姓話，蓋以示别於官話軍話也。官話軍話即現時稱爲普通話。縣人因明清時代居官駐軍者，皆他省之人。各省均有土語，居官或入伍則舍其土語而操普通話。於是名其普通話曰官話曰軍語。百姓話多從官話轉音或反切而出，故平仄分明，四聲不混，詩歌叶韻鮮有失占，所謂與《字彙》吻合者。在此全縣之人皆通官話軍話，但操平話者居大多數。外此有五色話、哫㘃話、獞話、猺話”。

融縣的平話屬桂南平話北支，哫㘃話疑爲客家話。據今研究，五色話亦屬壯語。

書中列不多的平話詞語，以官話對音。以官話上聲字對平話陰平字，可知平話陰平調爲55。“呼孩子爲儂倪”，“玩要爲獨劇”，“獨劇”即“作劇”。“歸家爲去跪，跪歸仍屬轉音”，“去跪”即“去歸”，歸去意，均與南寧平話、勾漏片粵方言同。

民國《武宣縣志》(節録)

《武宣縣志》(不分卷)，民國朱昌奎修，民國二十三年(1934)鉛印本。朱昌奎，曾任武宣縣縣長。

武宣縣是壯族聚居區，語言較爲複雜，由於“上通柳象，下通梧粵”，漢語的粵方言和官話都對當地壯語産生影響。

該書第十章第二節有“方言概略”提供了部分方言的詞彙信息。如：日：官話云太陽、熱頭。霧：官話云蒙沙。父：官話云巴巴，有隨伯叔稱亞伯、亞爺、亞叔。母：官話云媽媽，有稱亞嬭、亞姊、亞嬸。子：官話云崽。朋友：相知者稱字，不相知者稱老表或稱兄弟。舌：官、粵語皆云利錢，避折本之不祥字也。猪肝：官話云猪潤，避乾字之不祥也。湯：官、粵話多云順，避劏字之不祥也。蚯蚓：官話云虫蟮。

所附方音表，以官話爲目，列舉了部分常用詞語的獞話(壯話)、客話(客家話)、犽話(平話)的讀音。用作者熟悉的官話和廣州話注音。

民國《陽朔縣志》(節録)

《陽朔縣志》四卷，民國張岳靈修，民國二十五年(1936)石印本。張岳靈，曾任陽朔縣縣長。

該書卷一“社會·方言”列出當地的語言：官語：普通人皆能説，與桂林音相近略平。土話：各鄉不同。客話：有廣東、湖南、江西三省，各操本省語，亦多有能説官話者。獞話：高田、普益、安定，三鄉占三份之一。猺話：大源、天順二鄉東北猺山内皆操之。其中的"土話"即桂北平話，"客話"是客家方言。附有十個常用詞的土話、獞語、猺語讀音表，用注音字母標音。

民國《榴江縣志》（節録）

《榴江縣志》（不分卷），民國吴國經等修、蕭殿元等纂，民國二十六年（1937）鉛印本。有吴國經民國二十五年（1936）十月序。吴國經，曾任榴江縣縣長。蕭殿元，曾任榴江縣知事。

榴江縣於1951年併入今鹿寨縣，有壯族、瑶族等少數民族，壯族居多。

該書"方言"部分列舉了官話、壯語和瑶語的部分詞例。"通俗官語"用注音字母標注，拼寫並不標準，反映的讀音與今桂柳官話也有差異。如"走路"讀"zu lu"。壯（獞）語和瑶（猺）語則以漢語官話方言對音。其中的漢語借詞，以及所録的鄭小谷的"官獞半詞歌"均反映了語言接觸帶來的語言融合。

民國《平樂縣志》（節録）

《平樂縣志》八卷，黄旭初監修。卷一有蔣庚蕃、張智林民國二十六年（1937）三月序，光緒十年（1884）平樂知縣全文炳舊序。從序可知志初修於清康熙年間，重修於光緒十年（1884），民國二十六年（1937）再度重修。黄旭初，曾任廣西省政府主席。

該書卷二"社會　民族"言平樂境爲漢族和少數民族雜處之地。瑶族和壯族居多，散處各鄉，是這裏的土著居民，"其常與漢族相往來者都能操普通官話"，服飾與漢族已無别。漢族來自周邊各省，廣東的少，來自嶺北三楚之地的多。"來自東粤者多設商肆，來自三楚者多操工業，而來自江西、福建亦不乏人"，"安居樂業已成土著"，這是平樂縣漢語方言複雜的由來。

卷二"方言"部分衹是詳細介紹了各種方言及民族語言的分佈情況。

漢語方言可知有官話、土話、客家話、廣東話、福建話。土話屬桂北平話。

民國《宜北縣志》(節録)

《宜北縣志》(不分卷),民國覃玉成纂,民國二十六年(1937)鉛印本。覃玉成,晚清附生。

宜北縣是今廣西環江毛南族自治縣的一部分,是壯族聚居區。

該書"方言"云"各姓初來此地原説官話,後因住此日久遂相沾染,受環境所同化變説土語",土語即壯語。可知漢族人到了少數民族地區,如果移民數量不够多,往往不能保留自己原有説的方言,而被當地土著民族同化。

書中所列爲壯語詞,以漢語官話方言對音。

民國《邕寧縣志》(節録)

《邕寧縣志》四十四卷,民國莫炳奎纂,民國二十六年(1937)鉛印本。莫炳奎,晚清拔貢。

邕寧即在南寧境,向爲道、州、郡、縣的治所。東晋大興元年(318),從鬱林郡分出晉興郡,郡治設在晉興縣城即今南寧,這是南寧建制之始。唐朝貞觀八年(634),唐太宗定名爲邕州,南寧簡稱"邕"由此而來。元朝泰定元年(1324),中央政府爲取南疆安寧而定名,由"邕"改爲"南寧",南寧由此而得名。民國二年(1913)六月廢府改道,宣化縣改爲南寧縣,隸屬邕南道。民國三年(1914)一月改稱邕寧縣。2005年邕寧成爲南寧市的下轄區。

該書卷四十"社會志一"有"言語"和"童謡"涉及方言,材料雖然不多,但在舊志中已算是較爲豐富的。

"言語"部分所言"玆就當地日常交際,而定爲固有之音者則有四,所謂官、平、土、白是也",向爲後人引用,成爲"平話"一稱的較早依據。"土"即壯語,"白"是晚來的廣府白話,與平話同屬粤方言的次方言。"自中原南遷者爲官話,衍爲平話,來自廣東者爲白話,餘爲土話,土話最古,蓋秦漢間土著之民所留遺也。然總以平話爲流通,則平話實爲我縣言語之代表，但平話通行鄉邑”。

邕寧縣政府編《邕寧一覽·人民生活狀況·語言》:“縣城墟市，多操白話、官話，各區鄉村，則以平話、獞話爲最通行。”（僅此一句）平話是早期的粵方言，白話進來後，憑經濟優勢很快成了强勢方言（街話、城市話）。

“平話”一稱衹出現在邕寧縣、南寧市郊，以及由此沿左右江西遷的平話人。同屬桂南平話片的賓陽、横縣，當地稱“客”話。卷四十“社會志一·民族”:“漢族籍貫，自趙宋後來自中州，各省皆有，尤以山東青州府白馬苑爲多。相傳宋皇祐間，隨狄武襄征儂智高，事平後，因留邕勿去，言人人同。考皇祐至今八百餘年，再考各姓族譜、各姓祖祠碑記，自始祖以至現在，均二十代以至二十四五代而止，是否隨狄青來，未敢斷定。大約先有一部份來，其後互相招引。如中國人之赴南洋群島者然，是未可知。然即古人三十年一世而論，其來自宋朝無疑，惟其初來，與土人客主之間，成見未融，顯分畛域，曾相仇殺，卒能戰勝土人。自後凡城鄉市鎮，以及山巔水涯，習爲漢人蕃殖之地。此就邕地言也，至由邕地復遷往他處者，如右江至百色一帶、左江至龍州一帶爲最多，他如思恩府、慶遠府各屬次之，而柳州府亦有一小部份，均與土族雜居。惟土族則説獞話，漢族則操邕之平話，以此分别。（按邕之漢族遷往他地者，多在明末清初時代。其登甲乙科者，亦多有其人。）”此段描述，較爲客觀地反映了桂南平話片民系的來源。

由於官話、白話集於市鎮，廣大鄉村通行平話，書中“言語”部分衹涉及壯語和平話。所列舉的一些平話詞彙，多能以文獻爲互證，這些平話詞彙多與白話無異。

書中指出“獞話有音無字，必經翻譯而後明”的特點，列舉的壯語詞彙，以漢語方言音譯，有平話音，例如“大曰荒”，壯語“大”説［huŋ^{1}］；“飽曰厭”，壯語“飽”讀［im^{5}］。有官話音，例如“眠曰寧”，壯語“睡”讀［nin^{2}］；“起曰興”，壯語“起”讀［hɯn^{3}］；“肉曰搦”，壯語“肉”讀［no^{6}］。還有漢語借詞，例如“二曰雙。讀所江切”“杯曰盞”“墳曰墓”等。

書中提到壯語的中心語與修飾語的語序，“抑獞話多倒置，如謂……站墟則倒爲墟站。諺所謂‘客直（謂平話直説）官横（謂官話縱横變化）獞倒顛也’”，並以古代漢語證之，亦反映了漢壯語 SVO 的類型特徵。

“社會志一・童謡”舉官話、白話童謡各一首，平話童謡則舉了七首之多，反映了其語音和詞彙特點。例如邕寧平話外轉韻攝一二等合併，與官話同，第二首“來、鞋、來、腮”押韻，蟹攝開口一二等讀［ai］；第四首“初、鍋”“教、套”分別押韻，“教、套”爲效攝二、一等字，白話是不押韻的。“那人”（誰）、“那們”（什麽）、“舀（讀如拐）水”、“撻著鋸”、“熟搗碓”（會踏碓），謂月爲“帶（平聲）”等，這些都是平話詞彙。至於末兩首，粤方言區都流行，第六首更是廣府童謡。

民國《同正縣志》（節録）

《同正縣志》十卷，楊北岑等編纂，民國二十二年（1933）鉛印本。

同正縣即今扶綏縣，壯族聚居區，從地名即可看出。當地通行壯語，少數村子説官話，縣城通行白話，城厢説平話，即“蔗園話”。

從該書卷七“種族”可知，作者對民族、語言的概念並不清楚。“縣屬人民多是漢族”與事實不符，據 2007 年資料，扶綏縣的壯族占總人口的 82%。瞭解“俗謂蔗園人”的平話人“其所言語謂之客話，與南寧之平話相彷彿，而與屬内之土話迥異”，却又不知平話人是漢族。

卷七“方言”分類列舉了部分壯語常用詞語，用以對譯的多爲官話音，僅從聲調就可看出來。如白話、平話的陰平是 55 調，恰好是官話上聲的調值，漢語借詞“公”用“拱”對音，“哥”用“果”對音，“姑”用“古”對音，“嫂”用“掃”對音，“街”用“改”對音等。

壯語的第一調 24，與官話的去聲 24 調相類：“雨謂噴”，壯語讀［pɯn^{1}］，與官話“噴”相近。

古入聲字官話併入陽平調，“雲謂之迫”，壯語讀［baɯ^{1}］，“迫”爲入聲字，官話讀［p^{h}ɐɯ^{2}］；“女爲滅”，女人壯語説［me^{6}］，“滅”爲入聲字，官話讀［me^{2}］；“田爲納”，田壯語説［na^{2}］，“納”爲入聲字，官話讀［na^{2}］。

用白話音對譯的如：“風謂之林”，壯語讀［rum^{2}］，與白話“林”［lɐm^{2}］音近；“水爲湳”，壯語讀［ram^{4}］，與白話“南”［nam^{2}］音近；“霧謂之莫”，壯語讀［mok］，與白話“莫”［mɔk］音近。

扶綏縣位於左江河谷，是平話、白話所達之地。由於作者不熟悉平話，没有發現當地壯語中有不少漢語借詞，這些借詞就來自平話。如："月亮謂之待定，亦謂之荄（壯語［hai^{1}］）"，"月亮"，壯語通用詞説［dɯ:n^{1}］，方言有説［ta:i^{5} dɯ:n^{1}］、［hai^{1}］的。"待定［ta:i^{5} dɯ:n^{1}］"是漢壯合璧詞，稱"月亮"爲"呆"是平話詞，如民國二十六年（1937）《邕寧縣志》的平話歌謡"帶帶（下帶字平聲，謂月也）丢團糯飯落園來"。同時也稱外婆爲"呆"，此地的壯語也"稱外祖母爲滅怠"，官話的"待、怠"同音，與平話的"呆"音近。

民國《賓陽縣志》(節録)

《賓陽縣志》八編，胡學林、陳學人修，朱昌奎纂，民國三十七年（1948）成書。廣西僮族自治區檔案館 1961 年鉛印本，16 開本，上、中、下三册，凡 748 頁。胡學林、陳學人，曾任賓陽縣縣長。朱昌奎，曾任武宣縣縣長。

該書社會編"方言"言賓陽方言有五種：客話（又稱本地話、賓陽話）、新民話、僮話、官話（普通話）、白話。客話即平話，使用人口最多，占百分之七十。新民話即客家話，占百分之二十。官話只占百分之二，衹在縣城新市場蘆圩及鄒圩通行。白話並非當地方言，"僅於城市間與外來人交際用之而已"。僮話占百分之八，分佈在與貴縣、遷江（今來賓地區）接壤的鄉間。而桂南平話流行的其他縣，壯族少的超過百分之六十，多的達百分之九十。至今賓陽縣的語言狀況依然如此，客話是全縣通用語，衹是這一稱説基本被"賓陽話"取代。官話、僮話（壯語）進一步萎縮。

賓陽與相鄰的横縣、南寧構成桂南平話的核心地區，進入中西部壯族聚居區的平話，是從這一地區流播出去的，賓陽則是核心中的核心。縣志社會編"（五）人口之移動"也説明了這點。漢語對當地壯語産生重大影響，主要是通過與平話的接觸實現的。

正如志書所言，賓陽話當地並不叫平話，而稱爲客話、本地話。

志書附有"方言對照表"，列舉了 10 個常用詞在本地話（平話）、新民話（客家話）和僮話（壯語）的讀音，用注音字母標音。

民國《思樂縣志》（節録）

《思樂縣志》十卷，李文雄、覃輝修，曾竹繁纂，民國三十七年（1948）石印本。

思樂縣，今廣西寧明縣。思樂爲今寧明縣一鄉名。這裏是壯族地區。

據該書卷四“社會篇·方言”，可知“邑之言語有土話、白話、倿話、平話之分，然以土話、白話、倿話爲通行。中以土話爲多，平話爲少”。土話即壯語，屬南部方言。倿話即客家方言，主要來自粵之嘉應、小江、欽廉及本省鬱林、博白、陸川等處，小江、欽廉原屬廣東，今已劃歸廣西。白話即廣府白話，屬廣西粵方言的沿江白話片，“自廣東來者，殆清初廣州人，至本縣經商，因而落業不歸者”。平話人不多，“僅數村”，從宣化縣（今南寧地區）遷來。因爲這些人以“種蔗種菜爲唯一之事業，故名爲蔗園、菜園人，所操言語類宣化縣之平話稍異，亦始終不改鄉音”。

卷四“社會篇·方言”附有“方言國音譯表”，用官話譯對音，還配有注音字母，用注音字母標注方音，未必準確。

民國《隆山縣志》（節録）

《隆山縣志》九編，吴克寬修、陸慶祥纂。廣西博物館1957年據民國三十七年（1948）版油印。馬山縣檔案館藏1963年油印本，上、中、下三册，平裝，16開。

今廣西馬山縣爲原隆山、那馬兩縣合併而成，有壯族、瑶族等民族，壯族人口占比重近76%。

當地至今通行壯語，縣志稱“土語”。漢語有“客話（賓陽話）、官話、新民、横塘、湖廣”等，“客話”屬平話，由賓陽移民帶來，“賓陽語音，其日用稱謂，與粵無大異”。“新民”即客家話，這裏的客家人也來自賓陽縣。志中提到的横塘話，是來自邕寧的平話，與賓陽客話同屬桂南平話。湖廣話則是由兩湖及四川移民帶來的官話，與廣西桂柳官話同屬西南官話。

另：由於舊白山土司轄境主要亦在今廣西馬山縣，今馬山縣城即白山鎮，故本文獻集成也節録了清道光《白山司志》的相關語言資料。

廣西民政視察報告彙編（節録）

民國二十一年（1932）《廣西民政視察報告彙編》，廣西省民政廳編纂，爲當年民政視察員的報告彙編，分上、下兩期，每期一册，16開本，鉛印。藏於廣西壯族自治區圖書館（南寧）。此文件已經發黄變脆。除封面、“廣西各縣語言統計表”和“廣西各種語言百分比較圖”外，其他相關内容均手抄。

該書上期“（六）居民有無土客之分（區别　縣别）”，該部分較爲詳細地介紹了廣西各區縣居民來源及分佈情況。“土”指包括土著的少數民族，以及相對較早遷入、世居當地的漢族；“客”指近現代遷入的漢族，是晚來者，如城鎮的操官話、操廣府白話的居民。

“（七）言語種類及區域　視察所得概況”，該部分介紹了各區的言語種類及分佈區域，並附有“廣西各縣語言統計表”“廣西各種語言百分比較圖”。這是歷史上唯一一份對廣西語言狀況的調查報告。由於視察員不是語言學家，本着記實的目的，基本保留各地居民對當地言語品種的稱説，因此“廣西各種語言百分比較圖”不出現方言學的名稱，均稱“話”。該圖爲各種方言分佈縣數對全省縣數的百分比，官話（54.89%）、客話（48.94%）、白話（37.23%）、平話（19.15%）是漢語，獨立成圖。官話方言也稱官話，即明清形成的西南官話，官府及文教用語；客話即客家方言，雖也是晚來的弱勢方言，但分佈很廣；白話指沿江白話，由廣府白話沿江西溯形成，沿江城鎮商埠的商業用語；平話是當地有明確“平話”稱説的即進入統計。

“本地土話”則放在“各種土話縣數百分比”中，與少數民族語言苗話、猺（瑶）話、獞（壯）話、狪（侗）話同圖，所分佈縣數占全省縣數的40.74%。比例如此大，且與民系土客之分的“土”並不完全吻合。可能由於漢語的不少土話複雜難懂，被編撰者歸入少數民族語言。

通過與今方言研究成果相比較，可知“廣西各種語言百分比較圖”中的“各種土話縣數百分比”圖，“土話”實際包括了當地稱爲“土話”的入境較早的漢語方言，以及壯語方言。

嶺外代答（節録）

《嶺外代答》，宋周去非撰，全書十卷、二十門、二百九十四條，四庫全書本。周去非，字直夫，浙東路永嘉（今浙江温州市）人，宋徽宗宣和初年大儒周行己的族孫，生平事迹難考。其友樓鑰在淳熙十六年（1189）爲他寫了祭文，言其年壽“數五十五”，由此可推知周去非生卒年爲1134—1189年。南宋乾道八年（1172），周去非赴廣西任欽州教授（宋代的地方教職官），次年回鄉丁憂。乾道九年（1173）“再仕嶠南，備歷崎嶇”，在静江府所屬古縣任縣尉，如他在《嶺外代答》自序所謂“試尉桂林”，成了范成大的幕僚。南宋偏安江南，廣西變成派官、經商的重要門户，士子官商都想瞭解此地。曾在廣西爲官六年的周去非歸鄉後，就因爲窮於酬答那些打聽嶺南情况的訪客，而寫就《嶺外代答》。此書成爲後世研究廣西地方史、宋代海外交通及亞非古國的珍貴文獻。

《嶺外代答》只有鈔本流傳，收入《永樂大典》和《四庫全書》。後有《知不足齋叢書》鈔本。1999年楊武泉將此書校訂爲《嶺外代答校注》，作爲《中外交通史籍叢刊》第16種，由中華書局出版。

《嶺外代答》雖内容豐富，但涉及方言衹有寥寥數語，散見於卷三“外國門・五民”、卷四“風土門・方言”、卷四“風土門・俗字”。《嶺外代答》的記述，也多爲當地歷代志書徵引。

馬可福音傳

鴉片戰争後，大批歐美傳教士涌入嶺南地區傳教。廣州是嶺南的中心，廣州話是粵方言的强勢方言。爲了便於傳教，傳教士把《聖經》翻譯成廣州話。這本1882年的廣州話譯《馬可福音傳》，藏於澳洲國家圖書館。

《馬可福音傳》共十六章，凡三十六雙頁。扉頁中的“羊城土話”即廣州方言。通過該書可以看到，19世紀的廣州話，語音、詞彙和語法均大量保留在廣西的沿江白話中，同時有不少也與其他粵方言一致。如動詞“話”（説）、“係”（是）、“喺”（在）、“嚟”（來）、“揾”（找）、“呃”（騙）等。“個”表定指，連詞用“共”，完成體用“嘵”（休）、“咗”。許多方言字如

“咁（這麼）、噉（這樣）、嘅（的）、啲（些）、哋（們）、呢（這）”等，至今仍在兩廣粵方言區使用。

教話指南

19 世紀，尤其是鴉片戰爭後，不少歐美傳教士來到嶺南地區傳教。出於傳教需要，他們得先學習廣州話，於是粵語教材大量涌現。此外，爲便於傳教，他們也把《聖經》翻譯成廣州話。這些粵方言教材和《聖經》譯本保留着 19 世紀粵方言的語音、詞彙和語法等方面的珍貴資料。1906 年的《教話指南》（*BEGINNING CANTONESE*）是其中之一，由美國傳教士尹士嘉（O. F. Wisner）編寫。此書 1927 年有再版。

《教話指南》正文分兩部分。第一部分是“INTRODUCTION”（導言），内容如下：1. How to use the book（本書使用方法）。2. Tones（聲調）。3. Vowels（元音）。4. Consonants（輔音）。5. Classifiers（分類詞），即漢語所稱的量詞。列舉廣州話的主要量詞 41 個，並有音、義和用例。6.Endings（完成體標記），所列 19 個完成體語氣助詞，均爲帶口字旁的方言字。7. Verbs（與其他條目不同，此標題居中，内容也不是動詞，而是動詞的時和態）。（1）Tense（時態），有時間名詞如“而家、聽日、舊年”、時間副詞如“等吓、緊、咽、嘵、就”等。（2）Voice（語態），列舉三個表示被動態的介詞“俾、被、受”。8. Question Forms（疑問形式。此條顯然是接第 6 條的）。有疑問代詞和疑問語氣詞。9. The Teacher（教師）。“DIRECTIONS TO THE TEACHER”（“教話指南”）列了十一點使用教材教廣東話的方法，中英文對照。這一部分按頁眉頁碼共 32 頁，影印頁共 16 雙頁。第二部分是課文，共七十五課。課文後有幾個附録：1. 部分同義詞辨别表。2. 課文的羅馬字母注音索引。3. 分類題目索引。4. 按音序排列的詞表。這一部分頁眉無頁碼，影印頁共 68 雙頁。

廖仕寬墓門碑文及拓片

廣西河池市宜州區安馬鄉古育村廖仕寬墓，墓制特殊，墓碑前有兩扇可開關的活動墓門，墓門四面刊刻文字，其一爲序，其餘三面刊刻墓主生前撰寫的五言勒脚體壯歌 15 首，120 行。按勒脚體壯歌的唱法，要唱成 45 首，180 行。壯歌叙述墓主生前創業的艱辛和無子嗣的痛苦。墓門碑刻 600 字，用楷書方塊壯字刻就。刻於清道光十一年（1831），爲目前所見到的内容最多的方塊壯字碑刻資料。

《布洛陀經詩》抄本（節録）

方塊壯字是壯族人民借用漢字或利用漢字作構字部件，仿效漢字的造字方法所創製的書寫壯語的楷體文字，它非一人一時一地所造，缺少規範，字體構造多樣，異體字繁多，造字理據複雜，借源與自源交融發展，承載着十分豐富的壯、漢語言文化信息。粤方言形成於唐宋時期，是最早進入廣西的漢語方言，對本無文字的壯語影響最大。漢壯語接觸，首先是以與粤方言的西支——桂南平話接觸而實現的。

方塊壯字興盛於明清，尤其是清代。早期的方塊壯字文獻，主要集中在宗教經典。《布洛陀經詩》是壯族民間重要古籍，既是壯族巫教的經文，也是壯族的史詩，以五言爲常。“𫱕洛陀”（漢譯爲布洛陀）是壯族的創世之祖，智慧之神。壯語之意，“𫱕”是對德高望重長者的尊稱；“洛”爲知曉、懂得之意；“陀”含普遍、全面之意。“𫱕洛陀”即無所不知的智慧老人。《布洛陀經詩》唱誦壯族祖神布洛陀創造天地萬物，規範人間倫理道德，啓迪人們祈禱還願，消災祛邪，追求幸福生活。經詩貫穿着自然崇拜、祖先崇拜的原始宗教意識，在壯族民間流傳久遠，民間抄本衆多，但多爲歷代傳抄，罕有記寫年代。由於壯字因時而異、因地而異、因人而異的特點，没有語音標注與漢語翻譯是無法讀懂的。

早期文獻字元的特點：借字多，造字少，繁體字多。由於壯語自古有語無文，需要大量從漢語借詞，許多漢語借詞就直接用漢字本字。通過雙語和借詞進入壯語的漢語要折合本族語的語音系統，早期的漢語借詞現在一般壯族民衆都感覺不到是外來的。桂南平話的語音信息，大量保留在這些早期文獻中。此以《麽謝家主》（見六三一至六三三頁）爲例，略舉數例。

“麽”即唱頌、念咒，《布洛陀經詩》的篇章多冠有“麽”字。粤方言也多把念經叫“喃麽”。《麽謝家主》是唱頌庇護家主的經詩。

“謝”即漢語的“遮”，遮護、庇護、保佑之意，在詩句中又大量寫作“社”。“遮”本是漢借詞，但不用本字，用常見的“謝、社”對應不常用的“遮”。“謝、遮”漢語爲塞擦音字，壯語多無塞擦音，以擦音對譯，故“謝、社、遮”三字壯語均讀[ɕi]。平話“社”讀[ɕi]，“謝、遮”讀[tɕi]。

題目“家主”是漢借詞，用的是漢字本字。詩句中多用“楚”對譯“主”，如“楚袹”（主衣）、“楚闌”（主家、主屋），合璧詞，“楚”“主”平話分别讀[tʃʰu^{3}]、[tʃu^{3}]，壯語無送氣塞音，音同。衣，壯語説[piə^{6}]，造形聲字“袹”，用的是官話音；家、屋，壯語説[ɣan^{2}]，借音近字“闌”表示。

數字借漢語，基數詞用本字，序數詞用借字。如“太一”“太二”“太三”，“太”即漢語的“第”，平話分别讀[tʰai^{5}]、[tɐi^{6}]，壯語無送氣塞音，音近。

“三盖三王至”（安置三界三王）、“四盖四王造”（創造四界四王），均爲漢借詞，數字及“王”“造”用漢語本字，“盖”即“界”，“至”即“置”，借漢字同音字表示，平話“盖”“界”同音，“至”“置”同音。

“王造天造地”（王造天地），漢借詞用漢語本字。“王造立造連”（王造黑夜和白天），壯語“天黑、黑暗”説[lap^{7}]，本族詞，借“立”（平話讀[lɐp^{8}]）表示；與黑暗相反是“亮”，壯語讀[liːŋ^{6}]，漢借詞，借音近字“連”（平話讀[liːn^{2}]）表示。

子孫，壯語説[lɯk^{8} laːn^{1}]，本族詞。詩句中均用造字，寫作“𭨘𤡒”“㘴𦼮”。“𭨘”爲會意字，“㘴、𤡒、𦼮”爲形聲字。平話“力”讀[lək^{8}]，“闌、蘭”讀[laːn^{2}]。

以上數例足見方塊壯字構形方式的複雜性，是研究漢壯語接觸的珍貴材料。

第八輯 《近代漢語晉方言文獻集成》提要

合河方言

康基田（1728—1813），清代山西興縣人。其撰寫的《合河方言》現有清嘉慶三年（1798）刻本，是一部介紹興縣一帶方俗俚語的著作。該書現藏於國家圖書館、上海圖書館，有上、下二卷，以今“邑語”推闡“傳注所未詳”之義，以清代興縣方言俚俗詞證古音、古義在方言中的流傳。釋詞方式是先舉出文獻依據，再證以今方俗詞音義，即以今證古，如：“《左傳·桓二年》庶人工商，各有分親。《釋文》親有去音。盧綸《花燭詩》人主人臣是親家。《釋名》婚姻相謂曰親家。親，襯也，言相隱襯也。今呼親家，親作去聲仿此。”收録324條方言土語，爲今見研究清代山西地域方言的唯一一部學術專著，對清代晉西北方言歷史變遷的研究具有重要價值，是珍貴的第一手研究資料。

雜字必讀

《雜字必讀》有《山西雜字必讀》《雙音對考山西雜字》《帶音山西雜字》等書名。部分封皮上有“商學快覽”等字樣，爲市井小商人子弟和學徒識字課本。主要特點爲“雙音對考”，即在每列首行對本列生字、難字以兩個漢字注音，如在“人生在世　耕讀當先”列首爲“間”“耕”二字注音，“間”下小字注有“肩”“姦”二字對考，“耕”下小字注有“更”“庚”二字；“冷蒸熱賣 現吃現端”列爲“蒸”“熱”二字注音，“蒸”下注“貞”“禎”，“熱”下注“撋”“譶”。現見有同治壬戌年新刻《雜字必讀》、彰德明善堂書局印行《帶音山西雜字》[①]（下稱“甲本”）、濟南中興書社印行《雙音對考山西雜字》（下稱“乙本”）、天津誠文信書局發行《雙音對考山西雜字》（下稱“丙本”）等不同版本。不同版本收字稍有不同，甲本一行收録8字，注音894字，乙本一行收録11字，注音447字，丙本一行收録9字，注音598字。其中彰德明善堂書局印行《帶音山西雜字》封皮上記有“更改錯字”四字，但由於種種原因，今未能收録。爲體現版本之異，本書選録彰德明善堂書局印行《帶音山西雜字》、濟南中興書社印行《雙音對考山西雜字》、天津誠文信書局發行《雙音對考山西雜字》三種，以供比較研究。

馬首農言

祁寯藻（1793—1866），山西壽陽人，被稱爲清代“三代帝王師”。其撰寫的《馬首農言》成書於1836年，是記載山西壽陽地區農業技術和農業生産活動的一部農書。1981年，由山西壽縣縣志編纂委員會翻印出版。1999年，高恩廣、胡輔華爲之做注，由中國農業出版社出版。《馬首農言》依“先辨種植，次及農器，繼采古諺方言，附以占驗之術，畜牧之方，水利救荒之策”分十四篇，計二萬七千餘字。祁寯藻對方言比較熟悉，在《馬首農言·農諺》中列舉了山西方言俚語達211句，全書共例舉215句。農諺涉獵穀物種類、節氣、種植方法等多方面内容，帶有濃郁的地方氣息，如“打了春，四十日擺條風，風莫風，不上身”“打了春，連鞋單布裙”“一年打兩春，黄土變成金”“驚蟄河開（又曰：驚河開河不開。）”“河重凍，谷重種”“驚蟄聞雷米如泥”“春分耩麥”“春社燕來”“春風有雨病人稀”“清明栽蒜（又曰：清明不在家，白露不在外，謂種蒜，收蒜時也。）”，對研究晉中方言具有重要的研究價值。同時，《馬首農言》還收録有大量方言詞彙，如：“屋謂之‘家’，棉花謂之‘花’，硯謂之‘硯瓦’，婦人蒙面謂之‘眠紗’，田鼠謂之‘各犁’。”

① 有的版本印刷爲《代音山西雜字》。此處據彰德明善堂書局印行本修訂爲《帶音山西雜字》，該本封皮上標有“更改錯字”字樣。

校正方言應用雜字

《校正方言應用雜字》有《新刊較正方言應用雜字》《新刻校正方言應用雜字》《新印校正方言應用雜字》等書名。署名爲“定陽增廣生員張國璠校正”。[①] 據泰山堂刻本，全書包括天文類、時令類、地理類、城郭類、官廨類、祠廟類、住宅類、樹木類、花草類、菜蔬類、果品類、禾稼類、禽鳥類、畜獸類、蟲魚類、寶貨類、衣服類、器用類、飲饌類、人物類、宗族類、户役類、公式類、身體類、人事類25篇。體例爲：每字下用同音字注音、指出其古字或叶音字，如“日”下注“驛”、“虹”下注“叶音紅”、“天”下注“古作曳”；旁注釋義，如“舍”旁注“屋廬”、“祝”旁注“叙女曰祝”、“屋”旁注“屋”。

《校正方言應用雜字》在晉方言區域内流傳較廣，有“黨塾蒙童藉爲迷津實筏”之稱。版本較多，如乾隆二年本、乾隆三十八年文光堂重鋟本、嘉慶十九年掄秀堂刻本、咸豐八年汾府知一齋劉發兑梓本、光緒甲午新鐫書業德梓刻本、未知年代忠恕堂刻本、未知年代泰山堂刻本等，且有許多手抄本，舛訛較多，《校正方言應用雜字·張豫昭序》有言“邇來翻鋟屢見，未免魯魚亥豕之訛”。同時，不同版本之間收録字數、注音用字稍有不同，如忠恕堂本比掄秀堂刻本、書業德梓刻本、天蔚書社石印本少64字；掄秀堂、忠恕堂刻本“天”字注音爲“古作曳”、書業德梓刻本注音爲“曳”、天蔚書社石印本注音爲“添”。通過對不同版本之間的異文進行考察，對方言語音、詞彙的歷史研究有着非常重要的價值。其中咸豐八年汾府知一齋劉發兑梓本較好，該書扉頁上記有“較正無訛”四字，但由於種種原因，今未能收録，但爲體現版本之異，本書選録忠恕堂刻本、泰山堂刻本兩種，以供比較研究。

重訂方言插注雜字

《重訂方言插注雜字》有《方言插注》《校正方言插注雜字》《重訂方

① 有的版本印爲“定陽增廣生員張國播校正”。然而，咸豐八年汾府知一齋劉發兑梓本印爲“定陽增廣生員張國璠校正”。本書據此訂正。

言插注雜字》等書名。署名爲“定陽杜明仁子安氏重注”“男寬永得衆氏點次”，現見有乾隆壬申杜明仁子安氏重注本、同治乙丑太邑刻本、光緒甲午書業德梓本、光緒丙申王四和梓本。全書篇目、體例同介休《方言雜字》，分爲25篇。但是收字數量稍有不同：介休《方言雜字》（忠恕堂）全書收字3834字，杜塾《重訂方言插注雜字》收字4302字[①]，後附有“杜塾卑近歌附考”。

書名雖爲《重訂方言插注雜字》，但是實際與《方言雜字》同出一源，爲山西介休人世代纍積著作。原因有二：根據《重訂方言插注雜字·叙》記載，陶清、楊旺、張國璠爲“同邑”；泰山堂《校正方言雜字·張豫昭序》扉頁記有“嘉慶十九年歲次甲戌”“介棉張豫昭念蓼氏題”，與陶清、楊旺及其宗弟張國璠等爲“同邑”，而張國璠爲張豫昭宗弟。由此，《方言雜字》始由介休陶清分門别類；介休楊旺以直音注釋、訓詁，爲《方言應用雜字》；張國璠“遵正韻、法六書”校正其字、經其門諸君斟句酌抑，爲《校正方言應用雜字》。之後，又歷經杜塾“九次訂正：一曰捷解、二曰附考、三曰通放、四曰合併、五曰插注、六曰要略、七曰考要、八曰重注，兹又詳爲剖晰，名曰九訂”，頗爲《重訂方言插注雜字》。經比對，不同版本有注音和釋義差異，爲較好體現版本差異，現選取《重訂方言插註雜字》同治乙丑太邑刻本、光緒甲午書業德梓本、光緒丙申王四和梓本三個版本，以供比較研究。

諺耦集

《諺耦集》第一頁署有“王沛恩雨農甫集、王丕烈承武甫校字”，文末有“晉城翰墨林石印”，成書時代不詳，是一部記録清代山西方言諺語的著作。現見有同治三年（1864）無名氏手鈔本。全書收録576條方言詞條，具有一定地方特色，如“胡二馬三”“地仄加糞屋仄加樓”“牛哈水”等詞條。

改用雜字

顧名思義，《改用雜字》即依據雜字文獻進行改用。作者不詳，成書

① 杜塾指大同的杜滄塾館，在清末名噪一時，爲大同最典型私塾之一。

年代不詳。主要有兩種版本，一種無注音對考，一種有注音對考。現見最早版本有同治元年（1862）十月十八日趙奇敦抄本《方言改用雜字》。全書分紙馬雜貨、果品、菜蔬肉面、茶酒、首飾、雜貨、紬緞紗布、顏色、衣裳、靴韈鞋帽、箱櫃物類、雜用傢伙、住宅、糧食類、人品職守、祠廟、宗族、户役、城郭宫室、身體類、禽獸蟲魚類、樹木類、花草、公式類、人事類 25 類。與介休《方言雜字》在每字下用同音字注音不同，方言《改用雜字》以四字兩組相關詞爲一組，如“肉飽扁食”“粉湯摔面”“灌腸碗脱”等，分類介紹山西方言俗語。其中有注音對考類的方言《改用雜字》一般在每頁版首闢出專行記録繁難字、生僻字並注釋，如“鞝”字下注“音長，補鞋，鞋也”，“幫”字下注“音邦，鞋復之帛也”，“飩”下注“音屯，餛飩，麵食”。限於各種原因，本書僅收録有未知年代的、注音對考類方言《改用雜字》（殘缺紙馬雜貨、果品、菜蔬肉面 3 類）一種。

音韻六書指南

《音韻六書指南》爲温縣西高召村崔鴻達（約 1800—1874）纂輯，後由其子崔錫命、崔錫爵參訂，其孫崔芝浚、崔芝淇注釋，爲祖孫三代人纂輯的一部等韻著作，成書於清代道光乙巳年（1845），有文秀閆炳雲手抄本，現藏於陝西省圖書館。全書收字約一萬二千個。以四聲七音爲基礎，以口呼發音方法查閱（見程齊、白由喜，1984）。據趙禕缺（2015）研究，《音韻六書指南》的入聲韻類三分，與晉方言二分韻類格局吻合，其中[ɛʔ] 韻類是豫北晉方言——温縣話與中原官話長期接觸而形成。據孫志波（2015）研究，《音韻六書指南》爲目前所知最早的豫北晉方言韻書。本書在收録時，據陝西省圖書館清道光二十三年（1843）抄本進行了重新録入并校對。

晉語

《晉語》（又名《三晉方言》，署名大招）爲《晉乘》雜志發起人之一景耀月於 1907 年發表於《晉乘》第一號的論文。景耀月，出生於 1882 年，卒於 1944 年，既是一位民主革命者，也是一位優秀的學者。《晉語》一文共計五千餘字，包括發凡、例言、附録（華文要旨）三部分内容。“發凡”交代了晉語的主要特徵、形成原因、寫作緣由，并將晉語析爲合音、略音、轉音、訛音、殊音、天籟音、感歎音、雙音八種語音現象，八種之外更附録有助形容詞、俗諺釋義兩種。“例言”除制定出七點寫作體例外，首次對晉方言進行了内部分區，并且有“隨得隨録”“附志於斯”的“零篇斷簡”。“附録”提出“古人著述多用方言……後世諸侯文字既亡，故方言多無其字，咸出假借”的觀點。《晉語》作爲晉方言研究的重要文獻，至今未見系統整理與挖掘。該文的出現，將對最早研究山西方言的人、對“晉語”一詞的最早提出者和提出的時間做出重要更正，具有很重要的文獻價值。本書在收録時，對原文進行了重新録入與錯訛字修正。

徐溝縣語言志

《徐溝縣語言志》由近人劉文炳（1876—1954）撰寫，成書於民國二十八年（1939），有 1939 年榮寶齋的手抄本、1961 年山西省文史館館員們的手抄本、1992 年喬志强等的點校本三個版本，其中 1939 年榮寶齋的手抄本現藏於山西大學圖書館。除卷首引言、凡例、目録之外，《徐溝縣語言志》共有四章。第一章爲導言，包括音性、文字與語言趨異中之讀字音與別讀音、音演化之所以同異、縣音之今日 4 節。第二章音素，包括子音（聲母）、母音（韻母）、字母外之各音 3 節。第三章讀字音與別讀音，包括讀字音和別讀音 2 節。第四章詞，包括音之因頓而顫與自顫而頓所生之意義、詞首、詞尾、常詞 4 節。此外，《徐溝縣語言志》後附“徐溝縣志語言志副産”《入聲研究與太原盆地人之讀入聲》和《音素母音 ʌ 説明》二文。《徐溝縣語言志》記録了 20 世紀初徐溝方言的聲韻系統，列出了同音字表，指出了文白異讀和入聲現象。該書還列出了分類詞表，分析了徐溝方言詞頭、詞尾現象。同時，劉文炳《入聲研究與太原盆地人之讀入聲——徐溝縣志語言志副産之一》發表於《説文月刊》1941 年第 1 卷第 53 至 72 頁，《山西中部無鼻音之古韻別讀音考證》（在《徐溝縣語言志》第一部分）發表於《説文月刊》1944 年第 4 卷第 182 至 185 頁，爲徐溝縣方言語音演變研究提供了珍貴材料。本書在收録時，對全文進行了重新録入，其中第三章“讀字音與別讀音”據劉文炳《山西中部無鼻音之古韻別讀音考證》内容進行了增補。

國語報（山西）

《國語報（山西）》於1920年5月創刊，半月刊，出版地在山西，由山西籌備國語統一會舉辦。現存有1923年第79、80、83共3期，1924年第89、91、99、104、105共5期，1925年第111—131期共21期刊物，1936年第134—157期共19期刊物，其中部分暫缺，以及1927年第158—160共3期。當時在山西省各縣刊行，並與外地刊物交换，舉辦注音字母講習會，並講授語音知識，以各地方言與國語語音進行對比，探尋其對應規律。該刊屬於中文拼音刊物，以研究國語，普及教育，俾失學人民曾習字母者藉此增進知識爲宗旨，爲推行山西國語語音運動的專業報刊。

《國語報（山西）》記録了山西19地方言材料，包括太原、應縣、臨汾、晉城、神池、洪洞、代縣、離石、陽高、懷仁、偏關、趙城、霍縣、臨晉、寧武、嵐縣、猗氏、屯留、陵川19地方音方言表（其中趙城、臨汾、洪洞、猗氏4地爲中原官話汾河片）。每地方言表中均按“詞彙類别”與“音言别”分開排列，用注音字母注音，在“音言别”中設置有“讀書的音”“官話的字及音”“土語”三類，將各地方言詞彙與國語語音進行比對，探尋其對應規律，如太原“蛇”字“讀書音”“官話音”記爲“ㄕㄝ（shê）”，“土語”記爲“ㄔㄡ（chou）”。詞彙類别主要有音樂類、器具類、宗教鬼神類、建築類、服飾類、飲食類、動物類、植物類、礦物類、珍寶類、人事類、天文類等，不一而足。根據各地方言情况，加之文獻材料殘缺，收録情况又大相徑庭，如太原縣收録有音樂、器具、宗教鬼神、建築、服飾、飲食、動物、植物、礦物、珍寶十類，而離石却收録有天文、地理、時令、人事、音樂、器具、宗教鬼神、建築、服飾、飲食、動物、植物、礦物、珍寶十四類。

第九輯　《近代漢語粵方言文獻集成》提要

分韻撮要

清武溪温岐山較輯。較輯者生平不詳。該書書面注“武溪温岐山先生較輯”，書前無序言。

《分韻撮要》是16世紀記録廣州粵方言字音正讀的地方韻書，是考察近代粵方言語音面貌的一本重要文獻。該書問世後，各個時期均有傳抄、增删、合刊本，且於當時市面廣泛流行。

壁魚堂《分韻撮要》爲直排單行本，成書大約於16世紀中期。該書書首標有“壁魚堂梓行”，説明此書并非舊版，而是壁魚堂坊刻本。

“壁魚堂”爲清代廣州雙門底（舊址在今廣州北京路一帶）一家藏書豐富的私人書坊，其鼎盛時期在清代中葉。

自壁魚堂《分韻撮要》刊行之後，於乾隆五十一年（1786）再行的合刊本《江湖分韻酬世全書》爲廣州“六桂堂”藏版，其體例、内容與壁魚堂《分韻撮要》并無二致，説明此版當源於單行本壁魚堂《分韻撮要》，可見壁魚堂《分韻撮要》的刊出時間最晚亦不下於16世紀中期。

壁魚堂《分韻撮要》正文分上下兩卷，一至十一韻爲上卷，十二至三十三韻爲下卷，每卷卷首均注“武溪温儀鳳岐山甫編輯，侄繼聖端石甫同訂”，未注具體刊出年代。可見該書當前有所本。

原書現藏德國慕尼黑巴伐利亞州立圖書館。

壁魚堂《分韻撮要》全書分“韻目”“字彙目録”“字彙”三個部分。“韻目”按先後順序排列廣州粵語33韻，并依四聲列出韻目代表字。“字彙目録”在每一韻目下分四聲排列一定數量的常用字，不加解釋。

“字彙”爲正文内容。全書自“先蘚線屑”至“吾五悟”分廣州粵語爲33韻，韻目排列順序如下：

第一，先蘚線屑；第二，威偉畏；第三，幾紀記；第四，諸主著；第五，修叟秀；第六，東董凍篤；第七，英影應益；第八，賓稟嬪畢；第九，張掌帳着；第十，剛講降角；第十一，朝沼照；第十二，孤古故；第十三，鴛婉怨乙；第十四，皆解介；第十五，登等凳德；第十六，師史四；第十七，金錦禁急；第十八，交絞教；第十九，栽宰載；第二十，兼檢劍劫；第二十一，津贐進卒；第二十二，雖髓歲；第二十三，科火貨；第二十四，鍼（緘）減鑒甲；第二十五，翻反泛發；第二十六，家賈嫁；第二十七，官管貫括；第二十八，魁賄誨；第二十九，遮者蔗；第三十，干趕幹割；第三十一，甘敢紺蛤；第三十二，彭棒（捧）硬額；第三十三，吾五悟。

該書“字彙”部分每一韻均按平、上、去、入四聲分列各節，每節均於首行顯示各韻目的代表字，然後再分不同的聲母列出同韻同聲母的字，同音字依次列於其後。凡同韻不同聲母的字另起一行，頂格排列。每字後均以小字加注釋義或舉出例詞。少數異讀字或生僻字更以廣州粵語讀音加注反切，如“一先”平聲“便，蒲綿切”，“十角”入聲“鑊，雲落切”等。

該書第三韻平聲“幾”與“兒”同韻，第十二韻“孤”與“高”同韻。第十七韻“金”與第三十一韻“甘”分列不同兩韻。由此可見，這是較早時期廣州粵語語音分類的紀實。

壁魚堂《分韻撮要》總目録第二十四韻將“緘減鑒甲”錯作“鍼減鑒甲”（“緘”錯作“鍼”），第三十二韻目録與内容均寫作“彭棒硬額”（“捧”錯作“棒”），對後世的再刊版本産生直接的影響，同時也説明，該書不是《分韻撮要》最早的版本。

《分韻撮要》是一本早期專門記録廣州粵方言的韻書，此類韻書國内外藏本并不多見，至今亦未發現最早的原書，故彌足珍貴。

本文獻據德國慕尼黑巴伐利亞州立圖書館複印件影印。

江湖分韻酬世全書

晉水姚時勉彙選。作者生平不詳。

《江湖分韻酬世全書》刊於乾隆五十一年（1786），廣州“六桂堂”藏直排三卷合刊本。書首載姚時勉“叙”一篇，以行書墨迹記“乾隆五十一年丙午季夏晉水姚時勉亦思氏題於嘯爲軒”。原書現藏德國慕尼黑巴伐利亞州立圖書館。

《江湖分韻酬世全書》是一本《分韻撮要》與《江湖尺牘》（舊式信函寫作及禮尚往來知識讀本）合刊書，每頁頁面分上、下兩部分，中以横綫隔開。上半頁刊《分韻撮要》，下半頁刊《江湖尺牘》。首頁題頭有“四民便覽”四字。該書是目前所能見到的最早的一本有明確出版年代標記的《江湖尺牘》與《分韻撮要》合刊本。

《江湖分韻酬世全書》“分韻”一書内容分“韻目”“字彙目録”“字彙”（正文）三部分。韻目自“先蘚線屑”至“吾五悟”共分33韻：

第一，先蘚線屑；第二，威偉畏；第三，幾紀記；第四，諸主著；第五，修叟秀；第六，東董凍篤；第七，英影應益；第八，賓稟嬪畢；第九，張掌帳着；第十，剛講降角；第十一，朝沼照；第十二，孤古故；第十三，鴛婉怨乙；第十四，皆解介；第十五，登等凳德；第十六，師史四；第十七，金錦禁急；第十八，交絞教；第十九，栽宰載；第二十，兼檢劍劫；第二十一，津贐進卒；第二十二，雖髓歲；第二十三，科火貨；第二十四，鍼（緘）減鑒甲；第二十五，翻反泛發；第二十六，家賈嫁；第二十七，官管貫括；第二十八，魁賄誨；第二十九，遮者蔗；第三十，干趕幹割；第三十一，甘敢紺蛤；第三十二，彭棒（捧）硬額；第三十三，吾五悟。

該書前一部分排列總韻目，其後的“字彙目録”每一韻下按四聲分别簡列若干代表字，不加注解。字彙（正文）以33個韻目爲綱，以平、上、去、入四聲代表字爲目，分段排列。每個韻目均以代表字爲首，然後另行頂格排列該韻的字，同音字依次排列在一起。凡同韻不同聲母的字另起一行，下接同音字。

該書也有少數同韻不同聲母的字接排於某字之下，字前以圓圈標識。每字之下均以小字釋義或舉例詞，少數異讀或生僻字加注廣州粵音反切。

仔細比較，《江湖分韻酬世全書》韻目排序與韻目用字均與壁魚堂《分韻撮要》基本相同，甚至第二十四韻正文作“緘減鑒甲”，前面的目録錯作“鍼減鑒甲”，兩者亦完全一樣。少數字所標注的反切亦如出一轍，如“一先”“涎，秀延切”、“便，蒲綿切”，“十角”入聲“鑊，雲落切”等均與壁魚堂《分韻撮要》一致，可見該書與壁魚堂《分韻撮要》同出一源。

一般常理，合刊本當在《分韻撮要》單行本刊出之後，該書的體例、内容當承壁魚堂單行本，此也是《江湖分韻酬世全書》晚出於壁魚堂《分韻撮要》刊刻時間的佐證。

此書據德國慕尼黑巴伐利亞州立圖書館藏本複印件影印。

江湖尺牘分韻撮要合集

吴郡虞學圃、武溪温岐石同輯。編輯者生平不詳。

嘉慶本《江湖尺牘分韻撮要合集》爲振賢堂藏本（袖珍版），刊於嘉慶丁丑年（1817）。書首載“乾隆歲次壬寅仲夏花港主人書於羊城集思客舍”序一篇。原書現藏德國柏林國家圖書館。

全書爲合刊直排本，頁面分上、下兩部分，中間以横綫隔開。上半頁爲《江湖尺牘》，下半頁爲《分韻撮要》，下半頁《分韻撮要》字體明顯大於《江湖尺牘》。

該書提額注“嘉慶丁丑年新鐫”，但書首用的却是“羊城集思客舍花港主人”於“乾隆歲次壬寅”（1782）所題的“序”，其中説到“《尺牘》《字韻》兩書坊刻甚劇”等内容，可見該書當爲乾隆年間《尺牘》與《分韻》合集的再刊本。對照乾隆版《江湖分韻酬世全書》，内容大體相同。

嘉慶本《江湖尺牘分韻撮要合集》“分韻”一書體例基本沿襲壁魚堂《分韻撮要》，所收字亦相同。全書分韻目“目録”“字彙目録”與“字彙”（主體内容）三個部分，自“先蘚線屑”至“吾五悟”共33韻，韻目次序、用字均與壁魚堂本《分韻撮要》《江湖分韻酬世全書》相同：

第一，先蘚線屑；第二，威偉畏；第三，幾紀記；第四，諸主著；第五，修叟秀；第六，東董凍篤；第七，英影應益；第八，賓禀嬪畢；第九，張掌帳着；第十，剛講降角；第十一，朝沼照；第十二，孤古故；第十三，鴛婉怨乙；第十四，皆解介；第十五，登等凳德；第十六，師史四；第十七，金錦禁急；第十八，交絞教；第十九，栽宰載；第二十，兼檢劍劫；第二十一，津贐進卒；第二十二，雖髓歲；第二十三，科火貨；第二十四，鍼（緘）減鑒甲；第二十五，翻反泛發；第二十六，家賈嫁；第二十七，官管貫括；第二十八，魁賄誨；第二十九，遮者蔗；第三十，干趕幹割；第三十一，甘敢紺蛤；第三十二，彭棒（捧）硬額；第三十三，吾五悟。

該書每韻以平、上、去、入四聲爲序，同韻不同聲調的字另作一節。

凡同韻同聲調的字排在一起；同韻同調不同聲母的字另起一行，下延同音字。每字之下一般均以小字作注或舉出例詞，少數字以廣州粵語讀音加注反切。如一先平聲“便，蒲綿切”、十角入聲“鑊，雲落切”等均與壁魚堂《分韻撮要》及《江湖分韻酬世全書》一致。此表明壁魚堂《分韻撮要》《江湖分韻酬世全書》《江湖尺牘分韻撮要合集》三書同出一源，可相互參照。

同是合集，嘉慶本《江湖尺牘分韻撮要合集》不同於《江湖分韻酬世全書》主要有三：

（1）《江湖分韻酬世全書》將“分韻”内容置於頁面上半頁；嘉慶本《江湖尺牘分韻撮要合集》將“分韻”内容置於頁面下半頁。

（2）《江湖分韻酬世全書》上下頁面字體大小相同；嘉慶本《江湖尺牘分韻撮要合集》下半頁面的“分韻”字體明顯大於“尺牘”，且以黑體顯示。

（3）《江湖分韻酬世全書》統分三卷；嘉慶本《江湖尺牘分韻撮要合集》全書分“元”“亨”“利”“貞”四集：元集一至五韻；亨集六至十韻；利集十一至十九韻；貞集二十至三十三韻，韻目先後順序不變。可見該書爲重新刊刻。

此文獻據德國柏林國家圖書館藏本複印件影印。

江湖尺牘分韻撮要合集

吴郡虞學圃、武溪温岐石仝輯。編輯者生平不詳。

道光本《江湖尺牘分韻撮要合集》刊行於清道光十八年（1838），中文直排版。該書首頁注“板藏佛山鎮福文堂發兑”，書前載“道光癸巳年仲夏花港主人”序一篇。

該書版面清晰、字體工整。封面有楷體手書“雒頡讀本”墨迹，原當爲私人藏品。此書現藏澳大利亞國家圖書館。

道光本《江湖尺牘分韻撮要合集》自“先蘚線屑”自“吾五悟”共分33韻。

第一，先蘚線屑；第二，威偉畏；第三，幾紀記；第四，諸主著；第五，修叟秀；第六，東董凍篤；第七，英影應益；第八，賓禀嬪畢；第九，張掌帳着；第十，剛講降角；第十一，朝沼照；第十二，孤古故；第十三，鴛婉怨乙；第十四，皆解（介）；第十五，登等凳德；第十六，師史四；第十七，金錦禁急；第十八，交絞教；第十九，栽宰載；第二十，兼檢劍劫；第二十一，津贐進卒；第二十二，雖髓歲；第二十三，科火貨；第二十四，鹹（緘）減鑒甲；第二十五，翻反泛發；第二十六，家賈嫁；第二十七，官管貫括；第二十八，魁賄誨；第二十九，遮者蔗；第三十，干趕幹割；第三十一，甘敢紺蛤；第三十二，彭棒（捧）硬額；第三十三，吾五悟。韻目次序與壁魚堂本《分韻撮要》、乾隆本《江湖分韻酬世全書》、嘉慶本《江湖尺牘分韻撮要合集》相同。

該書上下分欄，與《江湖分韻酬世全書》的區别在《江湖分韻酬世全書》將《分韻撮要》排於頁面上欄，《江湖尺牘》排於頁面下欄，而道光本《江湖尺牘分韻撮要合集》將《分韻撮要》一書排於頁面下欄。其體例、内容與嘉慶本《江湖尺牘分韻撮要合集》（1817 年）基本相同。可見此書體例直承於嘉慶本《江湖尺牘分韻撮要合集》。

該書與嘉慶本《江湖尺牘分韻撮要合集》細微不同有三：

（1）嘉慶本《分韻撮要》第十四韻目録爲“皆解介”，該書目録爲“皆解”，缺一“介”字，正文内容部分補齊爲“皆解介”。

（2）嘉慶本《分韻撮要》第二十四韻目録爲“鹹減鑒甲”，該書目録沿襲“鹹減鑒甲”，“緘”錯作“鹹”，正文内容補正爲“緘”。

（3）嘉慶本《分韻撮要》韻目第三十二及正文内容均爲“彭棒硬額”，該書沿襲，同樣將“捧”字錯爲“棒”。

由此可見，道光本《江湖尺牘分韻撮要合集》是先前的《江湖尺牘分韻撮要合集》的承襲與再刊版。

此書據澳大利亞國家圖書館藏本複印件影印。

初學粵音切要

［英］湛約翰著。

此書由香港英華書院 1855 年刊印，活版直排中文本。

《初學粵音切要》是湛約翰用中文撰寫的一部漢字粵方言讀音字典，借以幫助初學者學習常用漢字與廣州粵語認讀。原書現藏澳大利亞國家圖書館。

湛約翰（John Chalmers，1825—1899），是19世紀來華的英國傳教士、牧師。1852年到香港主理英華書院，1859年到廣州設立會堂，1897年返回香港，曾居廣州38年。他精通中國小學，是一位致力於傳播中國文化的西方漢學家。著作除《初學粵音切要》外，尚有《英粵字典》《中國文字之結構》《康熙字典撮要》《中華源流》等，也是早期《老子》的翻譯者之一。

《初學粵音切要》全書32頁（雙面），前有序言一篇。正文每頁分上下兩欄：上欄以小字附排聲韻表以方便切音對照，下欄爲正文内容。聲韻表首行自“喻烏（零聲母）”至“m明乜”横向排列21個廣州話聲母，并以拼音符號注音。韻母表從右到左自in至iu分别排列45個廣州話韻母，同樣以拼音符號注音，并以“平、上、去、入”分行舉出例字。例如on韻下按四聲縱列“干罕翰曷”四個代表字。

正文以漢字筆畫與部首爲序，全書自“一”至“龠”共設214個部首。每個部首單列一行（少數相近部首并列），其下先後列排相同部首的常用字。每個字下均以小字按廣州粵語語音注出反切，如“奴尼刀”“迷明西、謎明世”。如遇異讀字則列出不同反切，如“重杖動、重長中”，編排頗爲細緻。

該書刊於清代中後期，客觀反映了當時廣州粵語的語音事實，如該書“金”“甘”分屬不同兩個韻目，“刀”“都”同屬一韻，均與此一時期的廣州粵語相關韻書切合，可供粵語歷史語音研究參照。

此書據澳大利亞國家圖書館藏本複印件影印。

同音字彙

作者不詳。

此本《同音字彙》爲廣州聚賢堂中文直排版，未注作者與具體刊刻年代，亦無序言。大約刊行於清代中晚期。

該書“目録”頁標注“重訂同音字彙目録，學院前聚賢堂存刻”，書首蓋有“十六甫萃古堂發售”紅印。可見該書當前有所本。現爲私人收藏。

“聚賢堂”爲清代設於廣州學院前雙門底街（今廣州北京路一帶）的一家書坊。該書坊鼎盛時期在清代中葉，當時購進大量的古舊典籍付諸翻刻，所以，此書刊出當於清代中晚期。

《同音字彙》是一本廣東四邑粵方言同音字集。該書分上下兩卷，以韻目爲綱，不注拼音符號。分韻的數目、順序與《分韻撮要》有明顯的不同。全書共分三十六個韻部，其中舒聲韻二十四部（平上去合爲一部），入聲韻十二部單列。具體分韻如下：

（上卷）英部第一，雄部第二，太部第三，茂部第四，方部第五，詩書部第六，冀部第七，舉部第八，才部第九，見善部第十，新眷部第十一，干部第十二，顔部第十三，高部第十四，良部第十五。

（下卷）歌部第十六，棘部第十七，鈞部第十八，流部第十九，路部第二十，生部第二十一，目部第二十二，學部第二十三，加部第二十四，富部第二十五，客部第二十六，法部第二十七，傑部第二十八，日月部第二十九，曰曷部第三十，郝部第三十一，爵部第三十二，甘部第三十三，謙廉部第三十四，挾翕部第三十五，合部第三十六。

該書二十四個舒聲韻部中的每一韻均按平、上、去不同聲調排列所屬字。同音字集中排列在一起，同韻同調不同聲母的字置於其後。同韻不同聲調者，首字括以方括號作間隔標記。每個字下分別以小號字作簡單注釋或舉例詞，辨字分音較爲仔細。

檢閱該書内容發現："太"部"皆界"同音、"才"部"栽再"同音、"方"部"莊壯"同音、"舉"部"居句"同音、"詩書"部"詩試"同音，説明該方言"陰平""陰去"兩調合一。此書以"新眷"爲第十一部，説明原屬"山"攝的部分字與"臻"攝字合一，如"珍戰"同音、"鄰憐"同音、"欣掀"同音。

對照廣東今天的相關粵語材料，衹有新會（會城）粵語基本具備這兩個語音特點，如會城粵語"皆＝界 kai^{23}""詩＝試 si^{23}""眷 kin^{23}""犬 hin^{45}""血 hit^{5}""乙 it^{5}""必 pit^{5}"（參見詹伯慧、張日昇 1987,《珠江三角洲方言字音對照》），由此可以確定，該書當爲早期新會粵語的《同音字彙》。

此書據原書複印本影印。

江湖尺牘分韻撮要合集

吴郡虞學圃、武溪温岐石仝輯。編輯者生平不詳。

該書刊於咸豐庚申年（1860），廣州聚經堂藏版，上下分欄直排合刊本。原書現藏廣東省立中山圖書館。

咸豐本《江湖尺牘分韻撮要合集》版式承道光本《江湖尺牘分韻撮要合集》，書前依舊沿用“乾隆歲次壬寅仲夏花港主人”序一篇。其“分韻”一書自“先蘚線屑”至“吾五悟”共分廣州粵語33韻：

第一，先蘚線屑；第二，威偉畏；第三，幾紀記；第四，諸主著；第五，修叟秀；第六，東董凍篤；第七，英影應益；第八，賓稟殯畢；第九，張掌帳着；第十，剛講降角；第十一，朝沼照；第十二，孤古故；第十三，鴛婉怨乙；第十四，皆解（介）；第十五，登等凳德；第十六，師史四；第十七，金錦禁急；第十八，交絞教；第十九，栽宰載；第二十，兼檢劍劫；第二十一，津贐進卒；第二十二，雖髓歲；第二十三，科火貨；第二十四，鍼（緘）減鑒甲；第二十五，翻反泛發；第二十六，家賈嫁；第二十七，官管貫括；第二十八，魁賄誨；第二十九，遮者蔗；第三十，干趕幹割；第三十一，甘敢紺蛤；第三十二，彭棒（捧）硬額；第三十三，吾五悟。版式、體例、內容與道光本《江湖尺牘分韻撮要合集》（1838）無異，甚至道光本《分韻撮要》將第二十四韻“緘減鑒甲”錯作“鍼減鑒甲”，該書亦承襲如故。

自壁魚堂本《分韻撮要》到咸豐本《分韻撮要》，歷時一個世紀的廣州話韻目没有發生明顯的變化。

本書據廣東省立中山圖書館現藏本複印件影印。

增輯字音分韻撮要

南海伍殿綸撰。作者生平不詳。

該書爲右鏡齋藏版直排單行本，光緒乙酉年（1886）刊出。

原書框高155毫米，寬118毫米，正文四卷。現藏廣東省立中山圖書館的《增輯字音分韻撮要》爲殘本，正文缺第二卷。

該書首頁刊伍殿綸自序一篇，序中提及：“惜坊本翻刻訛誤頗多。遣閑無事，爰仿其體例，取日行通用之字，擇其音義之要者，略爲增删校正之。”由此可見，該書是一本依傳世《分韻撮要》基本框架作重新修訂的新書。

本書正文雖缺第二卷，但在該書“目録”部分的具體内容中，仍保留第二卷所有韻目及這些韻部的常用字，不影響我們對該書總體結構的觀察。

粵語韻書《分韻撮要》自清代中葉後，各種增删本、傳抄本、合集本不斷流行於世，内容、質量參差不齊。目前所收的《增輯字音分韻撮要》應當是所見的近代同類著作中編撰最精細、收字最多、注釋最詳的一本廣州粵語韻書。

《增輯字音分韻撮要》全書頁面分上下兩欄連接，從右到左直排。内容分“總目”、分韻“目録”、“檢字表”、“正文”四個部分。分韻“目録”按四聲分别排列常用字；“檢字表”按筆畫排列各字，每字下以小號字體注出該字的同音字，或以同聲同韻部的字加注四聲提示。無同音字者以廣州粵音作反切注音。

正文每一韻部前均獨立成段，標明各韻部的序數及代表字。每個韻部内又依平、上、去、入四聲分段排列。各韻再以不同聲母爲細目，代表字置頂於前，同音字接排於後。凡同韻不同聲母的字另起一行。每個字下均以廣州粵語反切注音，并注字義與相關典籍以示出處。

《增輯字音分韻撮要》沿襲中國韻書的傳統體例，以韻目爲綱，以“四聲”爲目。全書自“先蘚線屑”至“吾五悟”分廣州粵語爲 34 韻，與此前《分韻撮要》的韻目數有所不同，標志着此一時期廣州粵語的語音格局已發生某些變化。該書是記録這一時期廣州粵語實際語音面貌很有價值的一部文獻。

《增輯字音分韻撮要》分韻目録如下：

第一，先蘚線屑；第二，威委畏；第三，姬紀寄；第四，之止志；第五，諸主註；第六，修滫秀；第七，東董凍穀；第八，驚警敬戟；第九，賓臏擯畢；第十，張長帳著；第十一，江講降角；第十二，招沼照；第十三，孤古故；第十四，高縞誥；第十五，宣選選雪；第十六，佳解懈；第十七，登等凳德；第十八，師史駛；第十九，金錦禁急；第二十，交絞教；第二十一，栽宰載；第二十二，占颭占讋；第二十三，津儘盡聖；第二十四，胥諝絮；第二十五，科顆課；第二十六，緘減鑒甲；第二十七，藩反販發；第二十八，家賈嫁；第二十九，官管貫括；第三十，灰賄誨；第三十一，遮者蔗；第三十二，干趕幹割；第三十三，盲猛孟陌；第三十四，吾五悟。

《增輯字音分韻撮要》與早期《分韻撮要》不同點有四：

（1）《增輯字音分韻撮要》在分韻“目録”之後增加了筆畫“檢字表”一章，以方便閱讀查詢。

（2）韻目有所增删：《增輯字音分韻撮要》在“姬紀忌”後增加“之止志”爲第四韻；在“孤古故”後增加“高縞誥”爲第十四韻。與此同時，該書將早期《分韻撮要》的“甘敢幹蛤”併入“金錦禁急”。增加兩個韻目，合併兩個韻目，故爲三十四韻，此反映了清末時期廣州粵語語音發生變化的客觀事實。

（3）《增輯字音分韻撮要》某些韻目代表字用字不同，如壁魚堂本《分韻撮要》第七韻爲“英影應益”，該書第八韻作“驚警敬戟”；前者第二十三韻的“科火貨”，該書作“科顆課”；前者第三十二韻的“彭捧硬額”，該書作“盲猛孟陌”等。

（4）在具體内容上，《增輯字音分韻撮要》對以前的《分韻撮要》作了適當的增删，如該書第一韻“先蘚線屑”平聲删去“褼”“蹁”等生僻字或異體字，增加了“矼”“扁”（扁舟）等常用字；第二韻“威委畏”平聲增加“倭、逶、痿、萎”等字，擴大了收字容量，提升了韻書的使用價值。該書每個字下均以小字加反切讀音，并舉例釋義，如“漂：浮霄切，浮萍也”。有的字還加注相關引文出處，編寫可謂精到。

此文獻據廣東省立中山圖書館現藏本複印件影印。

拼音字譜

王炳耀著。作者生平不詳。

此書首版刊於1898年。1956年由文字改革出版社重印，大16開版面。原書現藏北京國家語委圖書館。

《拼音字譜》是清末東莞人王炳耀編寫、設計的一部漢字拼音方案，以期應用於當時的電報代碼、燈語、旗語，亦可方便於方言區普通百姓識字。《拼音字譜》所採用的記音、拼音方法有速記符號、漢字切音、字本音及羅馬字拼音四種，并以粵音、北音、閩南音、潮汕音、粵東客家音等18行省方言爲例，同時對這套拼音方案的拼讀規則加以一一説明。

該書共設計30個聲母、93個韻母，供各方言區的人隨機增删使用。

其中定粵音聲母22字，韻母53字（合爲75字）。《拼音字譜》的設計與應用，爲清末中文拼音運動的開展發揮了積極作用。該書相關章節的粵語記録對廣州話的歷史發展研究有一定的參考價值。

本書複印自文字改革出版社1956年影印本。

儒林音字貫通

吴達邦著。吴達邦，字伯達，廣東南海九江梅圳人，旅居越南河内。書前載作者“自序”一篇。

本書刊於清光緒三十二年（1906），越南河内刻本。原書現藏廣東中山大學圖書館。臺灣圖書館并有入藏。

《儒林音字貫通》又名《音字貫通》，是一部漢語辨字讀音著作，以廣府粵語辨字讀音爲主，兼及北方音、洋音。洋音旨在兼顧漢字電報編碼，以便“萬國業已通行”（該書凡例）。全書篇目布局近於《分韻撮要》，但分韻數目、排列順序與《分韻撮要》并不一致。

該書上下兩册。正文前附“凡例”“定韻圖”“分聲圖”“審音圖”“入聲騎韻圖”“五音拼韻法”等。全書共收13400字，分40韻、20聲、8調。編排以40韻爲綱，8調爲目，20聲爲細目。該書將40韻分作宫、徵、商、羽、角5卷，每卷轄4個韻。注音以拉丁字母兼及其他符號。

書中每一韻爲一小節，前列代表字，同音字接於其下。同韻不同聲調則另作一段，在行前標注“第x聲”。同韻不同聲者另排一欄。

該書每一韻下分八個調類排列該調的字，并在韻母注音符號後以小寫的不同拉丁字母標示：第一調（陰平）不標字母；第二調（陽平）以“h”標示；第三調（上聲）以“s”標示；第四調（陰去）以“q”標示；第五調（陽去）以“l”標示；第六調（陰入）以“c”標示；第七調（中入）以“r”標示；第八調（陽入）以“z”標示。同音的某些生僻字則以小字列於旁側，全文不加釋義。其40韻目排序如下：

一家、二迦、三饑、四歌、五孤、六茄、七磯、八靴、九睢、十居、十一雞、十二佳、十三該、十四傀、十五溝、十六高、十七膠、十八嬌、十九根、二十艱、二十一間、二十二堅、二十三干、二十四官、二十五門、二十六臻、二十七涓、二十八金、二十九緘、三十黚、三十一兼、三十二甘、三十三粳、三十四麖、三十五經、三十六江、三十七宮、三十八庚、三十九蕫、四十吳。

正文每一韻均分聲調以拉丁符號標注讀音，分類十分清楚。

“儒林”是作者的故鄉，今屬廣東佛山市南海區九江鎮，地處廣州西南郊。此地方言屬廣府粵語。

該書“凡例”曰“收漢字用粵音而折衷於儒林鄉音，以矯羊城都刀相混、娛孺不分之弊”，可見作者視儒林粵音爲廣府粵語的“圭臬”。本書“自序”云“達邦幼承庭訓，留神音學；壯馳商界，博考方言”，可知作者熟悉音韻，同時能確辨羊城（廣州）粵語與儒林（九江）粵語的細微差異所在。

此之前的廣州粵語韻書止攝字均歸“幾紀記”一韻，至《儒林音字貫通》已將止攝字分爲“饑”“磯”兩類，此與同一階段刊出的《增輯字音分韻撮要》（1860）相同，可以幫助我們判斷廣府粵語該韻的分化時期。

早期的廣州粵語韻書“甘敢紺蛤”與“金錦筋急”各自獨立，《儒林音字貫通》兩類韻仍然分作兩韻。與此同時，《增輯字音分韻撮要》此兩類韻也已合二爲一，可相互印證。

此外，如“茄、姐、寫”等假攝三等字在《儒林音字貫通》中仍將韻母注作“ia”，今廣州粵語“也”仍然保留此讀可以爲證。可見，地處郊野的儒林粵語保存了廣府粵語早期的某些遺迹，可供我們作爲廣府粵音發展軌迹的參考與佐證材料。

此書據廣東中山大學圖書館藏本複印件影印。

廣東俗語考

孔仲南著。作者生平不詳。

此書爲南方扶輪社民國二十二年（1933）刊出，鉛印本。原書現藏廣東省立中山圖書館。

《廣東俗語考》又名《廣東方言》，是一本考釋廣東粵語本字的專書。原書前載“自序”和“凡例”各一篇。該書仿《爾雅》與屈大均《廣東新語》的體例，分“釋天時”“釋地理”“釋宮室”“釋衣服”“釋飲食”“釋形體”“釋疾病”“釋動作上”“釋動作下”“釋聲氣”“釋性質”“釋情狀”“釋疊字”“釋名稱”“釋器用”“釋動物”“釋植物”“釋語詞”十八個章節共68頁。每一章節收列若干廣東粵語的常用字（詞），絶大部分是粵語口語用字（詞）。正文每一條目均以大號字頭排列於頁端，下以小字引證《説文》《爾雅》《廣韻》《詩經》等相關典籍，説明該字（詞）的意思與讀音，再列舉該字（詞）在廣東粵方言中的用法，或以廣東民間謡諺作爲例證。本書注音衹用反切或讀若。

方言本字的考定是一項異常艱辛複雜的工作，該書作者用力甚勤，但部分條目的考釋不免帶有主觀判斷成分。儘管如此，書中仍記録了不少早期粵方言的口語語詞，對粵語詞彙研究仍有一定的參考價值。

此書複印於《漢語方言研究文獻集刊》（第十册）原書影印本（國家圖書館出版社2013年版）。

粵語全書

李一民輯。作者生平不詳。

該書由上海印務局於1933年刊印。原書現藏中國國家圖書館。

《粵語全書》是一本廣州粵語的學話課本，全書由易而難，共設70課。每課内容分三段：先排列主要生字（詞），接着以這些字（詞）組成常用口語短語，最後以這些詞或短語組成口語常用句式或短文進行教習。全書爲漢字直排版，不設標點，不附注任何音標與讀音説明，教學完全依賴教師以廣州粵方言口耳相傳。

該書行文爲地道的廣州粵語口語，保存了不少早期流行的粵語口語語詞與句法範例，值得粵語研究者對照參考。

此文獻據《漢語方言研究文獻集刊》第十册（國家圖書館出版社2013年版）影印原本複印。

粵音韻彙

黄錫凌著。1941年中華書局（香港）有限公司出版。

黄錫凌（1908—1959）是一位專門以廣州粵語研究與教學爲業的學者，早年就讀於廣州嶺南大學，畢業後留校任教。此後以出版《粵音韻彙》而聞名。1949 年到英國倫敦大學亞非學院學習西方的語言學研究方法。1951 年回香港，出任香港大學新成立的語言學校校長，教授外國人粵語。1959 年在香港去世。

《粵音韻彙》是黄錫凌專門爲廣州粵方言撰寫的一本檢字字典。該書自 1941 年首版後曾多次重印。現存較好的版本是中華書局（香港）有限公司 1991 年依原書内容重排的 16 開本。封面附注“廣州標準音之研究”。

《粵音韻彙》是第一次用國際音標爲粵語廣州話注音的一本方言專著。該書主要内容包括“粵音韻彙檢字”（筆畫索引）、“粵音韻彙凡例”、“粵音韻彙”（正文）與“廣州標準音之研究”四個部分。卷首載容肇祖序與“粵語韻目表”。卷末附録“粵語羅馬字母注音新法建議”與“英文導論”及書中使用的音標説明。

該書“粵音韻彙”一章以 53 個韻母爲綱、19 個聲母爲目排列廣州粵方言常用漢字的讀音。韻母以音節主要元音的開口度爲序，分别按陰聲韻、陽聲韻、入聲韻依次分組排列，同韻的字按聲母順序排列。相同的音節下又依平、上、去、入四聲列字，井井有條，頗有今天方言同音字表的範式。如果碰到一字多音或文白異讀的情況，則以小字加簡單注釋。

《粵音韻彙》成書於粵語研究的草創時期，以其審音細緻、注音準確、分析精當、叙述明確曉暢、查閲檢索方便而獲得語言學界一致好評，至今仍是粵語研究很有影響的一本重要參考書。

本書據中華書局（香港）有限公司 1991 年重排本影印。

廣東省土話字彙

馬禮遜（R. Morrison, D. D，1782—1834）是近代第一位自願來中國的西方基督教傳教士。爲了做好來華傳教的準備，他在英國學了兩年的漢語。1807 年他由倫敦乘船到澳門，突破清政府閉關鎖國的重重限制，輾轉抵達廣州，繼續學習漢語與廣州話。此後曾在香港等地開辦“英華書院”。《廣東省土話字彙》則是他爲了幫助西方來華人士學習廣州話所編寫的一本漢語粵方言詞彙集。

《廣東省土話字彙》（*Vovabulary of the Canton Dialect*）爲澳門東印度公司出版社 1828 年出版，8 開中英文對照横排大字本。原書現藏美國加利福尼亞大學圖書館。

《廣東省土話字彙》爲馬禮遜編寫的第一本廣州粵語學習用書。該書以廣州常用詞語（包括諺語、熟語）及民間常用語句爲基本內容。其中也收録了一些使用頻率較高的書面成語。

全書正文部分收録詞、短語、短句共3639條，分24類記載：

1. 世務類；2. 天文氣候類；3. 禽獸類；4. 顏色類；5. 艱苦類；6. 疾病類；7. 飲食類；8. 情分類；9. 魚蟲類；10. 朋友類；11. 親誼類；12. 笑談類；13. 文字類；14. 軍戎類；15. 名分類；16. 地方類；17. 貧賤類；18. 品格類；19. 争鬧類；20. 富貴類；21. 盜賊類；22. 貿易類；23. 器皿類；24. 惡黨類。

其內容涉及日常生活各個方面，篇幅宏大，詞語收録可謂豐富。該書每個章節下以條目爲序，每一條詞語或句式以廣州話注音開始，其後以漢字標寫廣州話原文，最後標注英文釋義，中間不分行。不同條目則另作一行。

該書記録了近二百年前廣州粵方言的許多珍貴俚語材料，并以明確的注音符號第一次記録了廣州粵語知、章、莊、精聲母“ch-ts”兩分的歷史事實，實屬難能可貴。

作者馬禮遜曾是《聖經》的第一位中文譯者，他在華傳教25年（主要在廣州、澳門），對廣州粵語十分熟悉。該書因爲涉及面廣、語料豐富、記録真實，不但是早期廣州粵語研究的珍貴材料，也是二百年前廣州人文歷史研究的重要參考材料。現有複印文本雖有重碼與部分缺頁，但仍不失爲一本重要的廣東粵語歷史文獻。

此文獻據美國加利福尼亞大學圖書館藏本複印件影印。

粵語文選

［美］裨治文（E. C. Bridgman）著。

裨治文（1801—1861）是新教美國公理會在華傳教士。1830年他來到廣州，跟隨英國人馬禮遜（R. Morrison D. D.）學習漢語，11年後出版《粵語文選》一書。他曾於1838年開設博濟醫院，1839年任林則徐的譯員，到虎門參觀焚毀鴉片。他曾創辦并主編《澳門月報》，刊載有關中國的政治、經濟、地理和文化等資料。晚年主要從事《新舊約全書》新譯工作。

1861 年在上海去世。

《粵語文選》1841 年由澳門印書局刊出，英漢分欄對照版。原書現藏德國巴伐利亞州立圖書館。

該書頁面橫排，分左、中、右三欄，中欄爲漢語，右欄以音標標注中欄漢語的廣州話讀音，左欄以英文注解語義。全書分“緒論”（包括廣州話語音説明）、“正文”、“全書條目索引”三個部分。

該書内容廣泛，除凡例、標音説明外，正文分“習唐話”“身體”“親誼”“人品”“日用”“貿易”“工藝”“工匠務”“耕農”“六藝”“數學”“地理志”“石論”“草木”“生物”“醫學”“王制”十七篇，每篇又下設若干章節，可謂囊括了百科知識。

《粵語文選》正文包括詞、短語、語句（或對話），間有書面語（或文言）成分，但更多的是廣州粵方言俗語。因涉獵面較廣，記録了很多歷史粵語詞彙與當時廣州的人文風俗内容，故而具有一定的研究參考價值。

此文獻據德國巴伐利亞州立圖書館藏本複印件影印。

拾級大成

［美］衛三畏（Samuel Wells Williams）著。

衛三畏（1812—1884）是最早來華的美國新教傳教士之一，也是美國早期漢學研究的先驅者，一位中國通。他 1833 年來到廣州，在中國長居 43 年，大部分時間在廣州、澳門，故對粵語與廣府文化非常熟悉。他一生致力於研究和介紹中國傳統文化，寫了《中國總論》《漢英韻府》《英華分韻撮要》等多部漢學著作，對近代西方人瞭解中國發揮了重要作用。其中《拾級大成》是一本廣州粵方言教科書。

該書由澳門香山書院 1842 年梓行，原書現藏美國加利福尼亞大學圖書館。

《拾級大成》是衛三畏在中國編寫的第一部粵語聽説讀寫教材，用以幫助外國人學習漢語書寫、認讀與粵方言會話。全書分十個章節：1. 序言；2. 漢字筆畫與部首；3. 閲讀與書寫；4. 閲讀；5. 會話練習；6. 文章選讀；7. 粵語量詞運用；8. 翻譯練習；9. 英譯漢；10. 閲讀與翻譯。教材從漢字認讀開始，逐漸過渡到書寫和短文的閲讀，再設置一定數量的口語常用詞語練習，進而一步步過渡到會話與翻譯。教材從頭到尾均以廣州粵語注音，對於饒有特點的廣州粵語量詞、形容詞的運用亦在相關練習中加以特別説明與關注。整本書就是訓練廣州話讀聽説寫能力的一本速成教材。

《拾級大成》有兩個特點：1. 融讀、聽、説、寫於一體，爲漢語廣州話學習提供了一條相對完整的科學途徑；2. 由易而難，循序漸進，并以不間斷的練習鞏固學習成效。該教材至今在對外漢語教學中仍富有啓示作用。

《拾級大成》雖然是一本外國人學習廣州話的教本，但在會話內容中，記録了當時很多地道的廣州口語詞彙與口語句式，值得作爲歷史廣州粵語研究的參考與借鑒。

此文獻據美國加利福尼亞大學圖書館複印件影印。

中國語啓蒙

［美］德萬（Thomas. T. Devan）著。

德萬爲美國浸理會傳教士、醫生。1844 年被該會派往中國，抵達香港傳道，并開辦診所。1845 年移居廣州，在華前後約三年時間。

該書由香港郵政公司 1847 年出版。原書藏香港中文大學圖書館。

《中國語啓蒙》一書爲德萬旅居廣州期間所著，是一本幫助兒童或初學者習得廣州粵語的學話簡本，全書 168 頁。書前設“目録”“前言”“拼字法”。正文以詞類引領短語與會話句式，共分“名詞”“數量詞”“代詞”“形容詞”“動詞”“語氣詞”七節。此後又增列“醫藥”“宗教”兩節，共九個部分。每一節先舉出常用例詞或短語，繼之再選取相應的句式作運用與鞏固練習。

詞語部分的版面分三欄，中欄列漢字（詞語），右欄以音標注漢字的廣州粵語讀音，左欄以英語釋義。句式部分的版面列 2 欄，右欄排中文句式，下加廣州粵語讀音，左欄以英語釋義。

該書特點是以地道的廣州粵語口語入書，內容編排循序漸進，版面設計簡要、清楚。尤其是增設的“醫藥”一節，細分“解剖”“疾病”“藥物”3 個段落。作者以自己熟悉的西醫爲參照，將傳統中醫學的很多常用名詞術語第一次作貼切的翻譯與界定，頗具科學性與創新性，因此受到中國醫學界衆多學者的贊譽。此書刊出年代較早，保留了當時較地道的廣州民間俚俗詞語與粵語句式，頗有參考價值。

此文獻據香港中文大學原書複印件影印。

英華分韻撮要

［美］衛三畏（Samuel Wells Williams）著。作者生平見《拾級大成》。

《英華分韻撮要》由羊城中和行於咸豐丙辰年（1856）梓行，雙欄横排本。原書現藏美國加利福尼亞大學圖書館。

衛三畏是美國漢學研究的先驅者，是來華最早的美國新教傳教士之一。傳統的漢語字典往往收録了很多異體字，此前，馬禮遜與麥都思先後出版的《華英字典》《漢英字典》同樣收録了很多并不常見的地名、人名，這給初學漢語的人帶來許多不必要的負擔。衛三畏編纂的字（詞）典主張删繁就簡，選取了 7850 個常用或較常用的字，并借鑒粵語韻書《分韻撮要》的順序，按廣州粵語不同韻母爲先後排序的方式，以漢字打頭，英語釋義，故名《英華分韻撮要》。該書主要爲外國人學習漢語與廣州話的方便而作。

《英華分韻撮要》分前言、凡例（符號説明）、正文、附録四個部分。

“凡例”除輔音、母音符號的説明外，還對聲調符號作了特别交代。本書衹標廣州粵語“陰平、陰上、陰去、陰入、陽平、陽上、陽去、陽入”八個調類，陰調類半圈符號分别標於漢字的上下左右四角，陽調類則在半圈符號下加小横綫。

本書正文以聲母爲綱，按英文字母的順序先後排列廣州話聲母。相同的聲母之下再以不同韻母爲目，繼之以聲調爲細目。每一條目均以漢字爲首，并分行列出同音字。每個漢字均以英文加以釋義，其後列出含有該字的常用詞語，并加以解釋。每個漢字的廣州話讀音可依綱目的注音與同音字尋得。此外，每個漢字字頭下，又以小號字母標注當時通語（北方話）的讀音。全書後附漢字部首索引，每個字均標注廣州粵方言的讀音。

《英華分韻撮要》對廣州話的審音辨音較爲精細，如該書“序言”：行 ꜀háng ≠恒 ꜀hang、百 pák꜆ ≠北 pak，是韻母主母音開口度與長短的區别；南 ꜀nám ≠欄 ꜀lán、羅 ꜀lo ≠奴 ꜀nò，不但聲母有别，韻母也不一樣。

《英華分韻撮要》還記録了一些可貴的信息，該書“序言”部分記録：“在廣州西部，很多人把‘z’改成‘s’，而大部分以‘s’開頭的詞都變成了 sh，這與澳門的用法正好相反。”這些精細的觀察爲研究珠三角粵語齒音聲母合流的軌迹提供了重要的參考信息。

此文獻據美國加利福尼亞大學圖書館藏本複印件影印。

漢英字典

［德］羅存德（W. Lobscheid）著。

羅存德（1822—1893）爲德國基督教中華傳道會傳教士，1848 年到香港進行醫療傳教，後因病回國。1854 年再次來香港。1856—1859 年出任香港視學官，從此主要關注教育與文化。1866—1869 年陸續出版四卷本《英華字典》（*English and Chinese Dictionary*），屬香港出版最早的雙語詞典，也是 19 世紀西方人漢英雙解詞典編纂的代表著作。1874 年羅存德移居美國，1893 年在美國去世。

《漢英字典》8 開本，由香港印書館 1871 年出版。原書現藏香港中文大學圖書館。1998 年日本株式會社大空社出版《近代英華華英辭書集成》收載該書影印本。

《漢英字典》（又名《華英字典》）是一本檢索廣州粵語漢字讀音的字典。全書 543 頁，從“一”到“龠”分 214 個偏旁部首，共 17 個章節載録相應的漢字。每個漢字字頭下先列廣州粵語注音，再分別以英文排列這個字的不同義項。不同義項間以分號隔開，隨後按不同義項例舉包含這個漢字的廣州話詞語（包括熟語、成語、諺語）。字頭以音標注音，聲調一律用半圓符號加注於音節的四角表示調類。如 Rad140，見 7 strokes（p147）：莧 in²，spinach，spinage；artemisia；chenopodium；｜菜，spinach；紫｜，red ditto；白｜，white ditto；假｜菜，pigwecd；馬齒｜，Purslain。遇到字形相同、相近或異讀，則重複字頭另作一行，如 Rad 28，厶 9 strokes（p51）：三 ˓sám，see 三，參 ˓sh ɑ n，人｜，ginseng，the root of panax quinquefolia；參 ˓ts’ám，three joined together；to mix；to blend；to be concerned with；to advise；……

《漢英字典》基本沿襲中國傳統字書以偏旁部首爲經的排序方法，兼顧了漢字學習的規律性。該書收詞的豐富爲此前的粵方言字典（詞典）少見。此書是一個半世紀以來粵語廣州話研究的重要參考材料。

此文獻據《近代英華華英辭書集成》第 9 卷複印件影印。原複印本有部分缺頁，特此說明。

千字文

馬修（Rev. W. Matthew）著。作者生平不詳。

該書爲澳大利亞斯托爾（STAWELL）的托瑪斯・斯塔布斯（THOMAS. STUBBS）1880 年印刷出版。原書現藏美國加利福尼亞大學圖書館。

本書分前言（說明）、正文與後附的解釋文字三個部分，正文 84 頁。該書作者挑選了一千個常用漢字（包括虛詞），并逐一編號。

正文每頁分左右兩列排字，以大號字體標記漢字。每字左面以小字編號，右面以小號英文符號標音，右下角標注廣州粵語讀音，右上角標注北方話讀音。凡平聲不標調號，上聲、去聲分别以不同方向的斜點標注於主元音之上，入聲字後加 -p、-t、-k 塞尾（廣州話）或 -h（北方話）。正文每字之下均以英文釋義，如“微”，右下角標 mi，右上角標 wi；“禽”，右下角標 k’um，右上角標 k’in；“甲”，右下角標 kap，右上角標 kyah。每字字下均以英文釋義，對照十分方便。細辨該書所注漢字的廣州粵語讀音，可以瞭解 140 多年前廣州話語音的大致面貌。

此文獻據美國加利福尼亞大學圖書館藏本複印件影印。

粵語易通

［英］波乃耶（J. Dyer. Ball）著。

波乃耶（1847—1919）是一位英國來華傳教士，在中國駐留四十多年，曾巡訪中國南北各地，住廣州時間最長。他熟悉中國語言、文化與地方風土人情，曾著《粵語口語讀本》（*Readings in Cantonese Colloquial*，1894）、《中國人民風土事物記》（*Chinese Things*，1903）、《粵語指南》（*How to Speak Cantonese*，1904）等書。《粵語易通》是波乃耶早期寫的廣州粵語學話讀本。

該書由香港中國郵政公司 1888 年出版。本書現藏美國加利福尼亞大學里斯圖書館。

《粵語易通》是一本外國人學習廣州話的自學課本。該書除“前言”與“附録”外，正文分“基礎課”（十五課）、“語法”兩大部分。該書每節以中文列出條目，先出例詞，後附例句。例詞、例句均以音標加注粵語讀音，再以英文旁注釋義。

“基礎課”主要是基礎詞彙、短語與基本句式的把握。經 15 個“基礎課”訓練之後，本書開闢“語法”一章，分别介紹名詞、量詞、形容詞、數詞、代詞、動詞、副詞、介詞、連詞、語氣詞的用法，并以具體短語與例句的運用加以引導、鞏固。該書編寫最明顯的特點是由易到難、由簡而繁，逐級引導學習者借助練習加以提升。

在本書開頭的凡例中，作者詳細介紹了廣州粵方言的聲調、聲母、韻母的讀音特點，并就容易混淆的讀音舉例區别之，如“尊 ˏtsün—村 ˏts‘ün”“節 tsítˎ—切 ts‘ítˎ”，是聲母送氣與否的不同；“迷 ˏmai—máiˏ 埋”“歌 ˏko—高 ˏkò”“心 ˏsam—三 ˏsám”“急 kapˎ—甲 kápˎ”，是韻母的細微區别。解釋到位，説明十分清楚，這些都切中了初學者易於混淆的難點所在。

《粵語易通》記録了一百多年前較爲地道的廣州話詞語與口語句式，是一本十分精到的粵語教科書與廣州話歷史口語文獻，值得我們與同一時期的粵語中文文獻相互參照，瞭解一百多年前的廣州粵語。

此文獻據美國加利福尼亞大學里斯圖書館藏本複印件影印。

粵語格言

[英] 哈里・雅比斯・斯蒂文斯（H. J. Stevens）著。作者生平不詳。

該書由廣州怡盛行於 1902 年刊行，横排英中對照本。全書 155 頁。原本現藏美國康奈爾大學圖書館。

《粵語格言》是一本廣東粵語成語、熟語詞典。全書按“習俗”“教育”“倫理”“考試”“宴飲”“節日”“食物”“外國人”“交往”“喪葬”“戒賭”“風水”“拜神”“訴訟”“婚姻”“醫藥”“軍事”“預兆”“諺語”“苦役”“迷信”“術語”“氣象”“敬畏”等内容分 24 節。每節先以粗體漢字標出條目，條目後以音標標示該條目的廣州粵語讀音，再以英文加以注釋。就内容而言，該書涉及面相當廣泛，幾乎涵蓋了生活常識的各個方面，其中也包括一部分通用的書面警句。

該書記録了不少廣州本地老百姓口語中的常用熟語和警句，反映了120多年前廣州人饒有特色的風俗文化與粵語市井方言特色。

此文獻據美國康奈爾大學圖書館藏本複印件影印。

英粵字典

[英]湛約翰（John Chalmers .M.A）著。

湛約翰（1825—1899）是19世紀來華的一位英國傳教士、牧師。1852年到香港主理英華書院，1859年到廣州設立會堂，1897年返回香港，曾居廣州38年。他精通中國小學，是一位致力於傳播中國文化的西方漢學家。著作除《英粵字典》外，尚有《初學粵音切要》《中國文字之結構》《康熙字典撮要》《中華源流》等。他也是《老子》最早的翻譯者之一。

該書由香港凱利–沃爾什有限公司1907年刊行，英漢橫排對照本。原書現藏美國加利福尼亞大學圖書館。

《英粵字典》是爲來華的外國人學習廣州粵方言所編寫的一本英粵常用詞詞典。該書最早版本刊行於1859年（159頁簡本），此後作了數次修訂與詞彙擴充。此書1872年重印時曾改名《粵語袖珍字典》(*A Pocket Dictionary of the Canton Dialect*)。該書以1907年的版本收詞最爲豐富（822頁），故本集成選擇此版。

《英粵字典》全書以22個英文字母爲序，頁面按傳統英文詞典版式分左右兩欄。每條詞目以英文詞語爲先導，後面以漢字排列語義相關的粵語語詞，最後以音標標注廣州粵語讀音。該書對近代粵方言詞彙研究有一定的參考價值。

此文獻據該書1907年增訂版複印本影印。

第十輯 《近代漢語徽方言文獻集成》提要

補録鄉音字類

鈔本，一册，版幅 12.9cm × 21.2cm，全。

平聲正文前首次出現書名“補録鄉音字類”。上去入聲正文前則簡稱爲“補録”。

據收藏者，封面用一當契做，上寫拾七年戊辰冬月（1928），還用“東南畫刊第二百六十號”做襯裏，内容有“女飛行家李霞卿女士乘機表演”與“北平日大使館代辦加藤安次郎歡宴平市新聞記者”等新聞照片和爲蔣介石“獻機祝壽”的捐款名單。封面與正文同時裝訂。

書後附抄寫“四書穿讀平上去入分辨”，字迹與韻書正文不同。後面留有三頁空白頁被撕去。

韻書以平上去入四聲統韻，分爲四卷。每韻開頭列“數字序號 + 韻代表字”。每韻下有若干以同音字組形式編排的小韻，各小韻前以朱筆〇標記[①]；字下雙行小字簡單釋義、組詞，在釋義、組詞中，該字不再出現，用“丨”代替；異體字只注第一個字，其他字注“仝上”，或連續排列，衹在最後一字下注釋；字下無反切。正文每頁七行。

無四聲目録。四聲之間不對應。據正文整理出四聲韻目如下。

平聲目録

苹一　声二　人三　心四　東五　同六　江七　良八　先九　玄十　殘（旁改爲談）十一　山十二　排十三　秋十四　高十五　哉十六　求十七　桃十八　交十九　爻二十　無二十一　余二十二　隨二十三　時二十四（誤寫爲二十五）　齊二十五（誤寫爲二十六）　知

① 韻書中的朱筆〇及其他標記也有可能是使用時所加，其他徽州韻書同此。

二十六　幾二十七　諸二十八　初二十九　妻三十　沙三十一　牙三十二　端三十三　完三十四　而三十五

上聲目録

賞一　孔二　止三　彼四　擠五　語六　古七（誤寫爲八，下順推至上聲結束）有八　好九　巧十　小十一　欵十二　簡十三　景十四　稟十五　典十六　可十七

去聲目録

據一　桂二　閉三　志四　信五　宋六　笑七　告八　秀九　鹽十　故十一　化十二　見十三　判十四　唱十五　教十六　正十七

入聲目録

入一　月二　讀三　足四　合五　卓六　法七　易八　位九　執十　貳十一　令十二　運十三　用十四　面十五　汗十六　狀十七　萬十八　旱十九　淡二十　善二十一　是二十二　静二十三　尽二十四　道二十五　受二十六　鮑二十七　兆二十八　户二十九　坐三十　丈三十一　重三十二　巨三十三（誤寫作三十二）序三十四　社三十五

重編摘註鄉音集要字義

清嘉慶（1796—1820）胡志成本。鈔本，兩册，版幅13.5cm×23.2cm，全。出自休寧縣流口區馮村鄉石屋坑村一胡姓人家。

平上去入四聲正文前出現書名"重編摘註鄉音集要字義"，此外，平上聲册末頁有"鄉音上"字様。

去入聲册附録的"祝文式"等寫"大清嘉慶某某年"。去入聲册封面上寫有"胡志成本"。

原封面缺，此書在使用的過程中封面和封底損壞，之後加過兩次封面，第一次加的封面是用小孩子練字的日記本改做，筆迹幼稚。

上册書首是"自序"：

夫不考其字義之音釋妥當，而只取其與土音相近者，一概搜羅在内，名曰《鄉音雜字》，以便于粗淺人無暇于看書認字者易翻易得，以爲日用應酬之資，免致錯寫弄麾之誚，其意非不善也。然亦要有些來歷方可擠入，方免貽譏。今乃不顧其與漢音乖謬，且與鄉音不符，係向來誤讀，以訛□

訛音義紕謬平仄不分者，亦俱牽搀而□。甚至土語確確有音無字者，亦不妨妄造一字，以就之其意，以爲本于農業一書，便于農家之用，殊不知書同文，若使其字只行于一鄉，則亦何貴乎有字？又何取乎識字哉？雖名便人，其實悮人不淺，愚不勝爲之忿懣，姑爲訂正一二，其無暇考究者，姑仍其舊，稍俟從容閒暇必須細加參訂，芟其荒謬，廓然一清，方爲快意。姑述大略于此，以使檢閱此本者知所去取不致爲其所悮云爾此。

"自序"後空多頁，之後有一頁是"捷音掌訣"，寫明平上去入各有多少韻。

下册後附録"寫諸帖式"和"牋簡往來稱名纂略""生仲藥方"等日常生活應酬所需文式和知識，内容非常豐富。

與此書同時發現的還有一本屯溪茹古堂咸豐辛亥年（1851）重鎸《監本四書》，上寫"胡永清讀本"。

韻書以平上去入四聲統韻，分爲四卷，平上聲一册，書末有"鄉音上"字樣，去入聲一册，封面寫"去入兩聲"。每韻前列"朱筆〇〇＋韻代表字＋數字序號"。每韻下有若干以同音字組形式編排的小韻，每個小韻另起一行頂格，並在小韻首字上用朱筆〇標出，有的小韻後有朱筆補字。字下雙行小字釋義、組詞，在釋義、組詞中，該字不再出現，用"丨"代替；異體字衹注第一個字，其他字連續排列，注"同上"；字下無反切。正文每頁八行。

平上入三聲正文前分别有目録，去聲前缺目録。四聲不相承。目録序號用中文小寫數字。四聲目録如下，其中去聲目録據正文整理。

平聲目録

東一　容二　江三　知四　熹五　奇六　書七　王八　規九　齊十　葵十一　胡十二　疎十三　佳十四　才十五　高十六　調十七　憂十八　由十九　金二十　人二十一　賢二十二　煩二十三　班二十四　先二十五　安二十六　寒二十七　殺二十八　交二十九　嘉三十　和三十一　平三十二　京三十三　詞三十四

上聲目録

孔一　謹二　講三　起四　禹五　遠六　甫七　禮八　灑九　反十　紙十一　海十二　罕十三　飽十四　我十五　秉十六　守十七　鮑十八

去聲目録

舜一 送二 降三 記四 至五 貴六 帝七 富八 詔九 悔十 駕十一 見十二 贊十三 教十四 敬十五 救十六 按十七 恣十八

入聲目録

孟一 部二 撰三 办四 治五 務六 德七 義八 學九 問十 巨十一 範十二 達十三 道十四 李十五 換十六 士十七 望十八 自十九 愿二十 盡二十一 動二十二 竝二十三 坐二十四 趙二十五 遇二十六 受二十七 浩二十八 右二十九 善三十 社三十一 惠三十二 象三十三 任三十四

東鄉鄉音字義考正

易農抄。鈔本，兩册，僅有平聲的一部分，未抄全。

第一册平聲開始頁有“東鄉鄉音字義考正”，是首次出現的書名。第二册後空白頁又抄寫了另一本韻書，名爲“鄉音字彙”。

第一册平聲開始頁下寫“易農抄”。第一册及第二册的前半部分抄寫了一種韻書的平聲韻的前十六韻，第二册後空白頁抄寫了另一種不同的韻書，僅有平聲的包含小韻的二級目録和兩個韻的正文，與前面韻書的筆迹也不同。

第一册書前有“例言”9條、“敬避字様”、“字義輯要”、“横韻法”。

“例言”第3、4、5條與鄉音韻書的編寫體式有關，摘録如下：

向來鄉間字彙仿詩韻式，多是俗注，見者欲彀是編，音切注釋悉遵字典，字典外不敢妄增一字。偶有簡略之處，識者諒之。

是編上爲便用起見，不欲誇多鬬靡，故有不常用之字，雖見五經者，亦置不録。非略也，求簡耳。

每韻次序照切法喉舌唇牙齒爲先後，故以一工爲首，不依詩韻，非漫爾妄作也。

“敬避字様”列從康熙之後皇帝和孔子姓名的避諱方法。

“字義輯要”下列“平上去入”，再下寫“有字無音查字彙，有音無字察字義”。

“横韻法”列了平聲20韻韻目：工江姜支基居姑稽佳嬌該金堅官甘交高家庚鈎，與正文已抄寫的正文中的韻目用字不完全相同。

第一本韻書以聲統韻，僅抄“平聲”。每韻首字上加數字序號標記，每頁左中小字寫該頁屬於哪個韻。每韻下有若干以同音字組形式編排的小韻，每個小韻另起一行頂格。字下雙行小字釋義、組詞，在釋義、組詞中，該字不再出現，用“丨”代替；異體字衹注第一個字，其他字連續排列，注“同上”；字下無反切。正文每頁八行。

第一本韻書無目録，據正文列出平聲前十六韻目録。

平聲目録

工一　根二　江三　之四　基五　居六　姑七　稽八　佳九　排十　該十一　金十二　堅十三　官十四　奸十五　交十六　[後缺]

第二本《鄉音字彙》以聲統韻，也衹抄了“平聲”。每韻開始加數字序號標出。每韻下有若干以同音字組形式編排的小韻，每個小韻另起一行頂格。字下雙行小字簡單釋義、組詞，在釋義、組詞中，該字不再出現，用“丨”代替；異體字連續排列，最後一字下注釋；字下無反切。正文每頁六行。

第二本韻書平聲正文前列平聲各韻，每韻下還有該韻的所有小韻首字。目録序號混合使用小寫的中文數字和柴碼。目録如下。

平聲目録

東一　温二　針三　容四　盆五　林六　江七　兹八　希九　書十　其十一　如十二　奴十三　詞十四　規十五　忘十六　齊十七　踈十八　皆十九　排二十　開二十一　秋二十二　梅二十三　流二十四　原二十五　凡二十六　山二十七　安二十八　寒二十九　先三十　茅三十一　交三十二　歌三十三　何三十四　平三十五　京三十六　而三十七

各處鄉音字彙

光緒三十一年（1905）胡子如抄。鈔本，一册，版幅12.2cm×18.3cm，殘。出自婺源縣清華鎮。

封面出現書名“各處鄉音字彙”。

在去聲後入聲前空白頁寫有“光緒卅一年。此書兩本，仔細入來大小字俱全，雖有功果不淺，務宜謹慎小心，切不可遺失，千萬爲本”。封面寫“胡子如記”，扉頁上有“胡子如抄本”。平上聲目録和韻書結束處有“胡仁壽”三字，書中多處蓋有“胡仁壽”印章。

書共有 9 處被撕掉，平上去入四聲都有，正文嚴重殘缺。

書前先抄寫了兩頁四字詞語，後一頁寫“此書查字穿（朱筆圈去，旁寫圈）字照依平上去入向查向穿（朱筆圈去，旁寫圈）□音其用而連重以上字務宜審察而行時看者有益抄哉”。旁列大的“數”字，字的四角小字分别寫“平上去入”四字，左下角寫“讀字”。再後一頁寫“韻法　目録　分平上去入　切音”，列 36 組四聲相配的目録。“平”旁寫“小”，“上”旁寫“小大”，“去”旁寫“大小”，“入”旁寫“大”，再下寫“對聯大字先小字後”。書末附有“奇異字彙”，收録一些字形結構比較特殊的字。

韻書以四聲統韻，分别是“平聲”“上聲”“去聲”“入聲”。每韻開始寫“數字序號 + 號”標出。每韻下有若干以同音字組形式編排的小韻，每小韻在首字上用朱筆○標出。字下雙行小字簡單釋義、組詞，在釋義、組詞中，該字不再出現，用“、”代替；異體字連續排列，僅在最後一字下注釋；字下無反切。正文每頁八行。

四聲目録分别在四聲正文前，與前列四聲相承的韻法目録不同，四聲不相承。目録序號用小寫的中文數字。四聲目録如下。

平聲目録

東一　風二　君三　庸四　門五　林六　江七　兹八　師九　威十　吹十一　須十二　其十三　池十四　俞十五　奴十六　規十七　忘十八　齊十九　疎二十　皆二十一　槐二十二　開二十三　憂二十四　收二十五　梅二十六　由二十七　原二十八　凡二十九　山三十　安三十一　寒三十二　仙三十三　茅三十四　交三十五　歌三十六　何三十七　平三十八　經三十九　而四十

上聲目録

粉一　錦二　廣三　子四　耳五　始六　以七　羽八　早九　有十　晚十一　煖十二　選十三　府十四　礼十五　小（旁寫蠏）十六　可十七　井十八　巧十九

去聲目録

宋一　進二　應三　降四　志五　意六　次七　句八　桂九　勸十　富十一　卦十二　太十三　要十四　蓋十五　秀十六　教十七　旦十八　半十九

入聲目録

洞一　閏二　立三　狀四　執五　助六　會七　願八　萬九　段十　白十一　轎十二　命十三　右十四　達十五　孝十六　却十七　月十八　樹十九　二二十　柱二十一　李二十二　杜二十三　下二十四　卯二十五　限二十六　是二十七　善二十八　尽二十九　奉三十　道三十一　宙三十二　饌三十三　趙三十四　並三十五　項三十六　社三十七　赫三十八

慶源鄉音字彙

鶴麓山房蓬山集録。鈔本，一册，版幅 13.2cm×20.6cm，全。

封面和平聲正文前有“慶源鄉音字彙”，是首次出現的書名。上去入三聲正文前名“慶源鄉字音”，則爲此書的又名。

正文前寫鶴麓山房蓬山集録。平聲目録處有“汪永福印”的印章。

韻書以四聲統韻，分别是“平聲”“上聲”“去聲”“入聲”，每頁左中用小字寫所屬聲調。每韻開始以“韻代表字＋數字序號”標出，每頁左下小字寫所屬韻的數字序號。每韻下有若干以同音字組形式編排的小韻，各小韻首字用朱筆○標出。字下雙行小字簡單釋義、組詞，在釋義、組詞中，該字不再出現，用“丨”代替；異體字連續排列，衹在最後一字下注釋；字下無反切。正文每頁八行。四聲正文後紅筆寫四聲篇數，即頁數：平聲四十八篇半、上聲廿大篇半、去聲廿二篇半、入聲廿篇。

四聲目録排在正文平聲之前，每韻下列有該韻的所有小韻首字。四聲不相承。平入聲目録序號用小寫的中文數字，上去聲則是大寫的中文數字和小寫的中文數字混合使用。四聲目録如下。

平聲目録

東一　銅二　坤三　親四　人五　江六　匡七　陽八　堂九　支十　宜十一　碑十二　時十三　魚十四　書十五　規十六　胡十七　都

十八　齊十九　佳二十　鞋二十一　條二十二　高二十三　梅二十四　肴二十五　交二十六　河二十七　歌二十八　天二十九　元三十　安三十一　班三十二　南三十三　寒三十四　由三十五　秋三十六　庚三十七　明三十八

上聲目録

孔一　引二　講三　象四　紙五　是六　耳七　美八　禹九　雨十　展十一　辨十二　甫十三　礼十四　小十五　乃十六　反十七　罕十八　海十九　道二十　巧二十一　可二十二　馬二十三（後補）影二十四　杏二十五　有二十六　後二十七　範二十八　早二十九　户三十　鳳三十一　李三十二　趙三十三（後補）近三十四（後補）

去聲目録

宋一　困二　用三　信四　問五　絳六　狀七　記八　至九　利十　貴十一　制十二　泰十三　弔十四　付十五　蓋十六　卦十七　見十八　諫十九　教二十　敬二十一　救二十二　按二十三　潤二十四　願二十五　鴈二十六　翰二十七　命二十八　遇二十九　二三十

入聲目録

屋一　欲二　室三　或四　石五　廟六　弟七　達八　藥九　學十　月十一

全副字彙

光緒辛卯年（1891）十月立，雲川一步齋王質文抄。鈔本，一册，版幅 12.1cm × 20cm，全。

封面和扉頁上寫有書名“全副字彙”。

扉頁書名右側有小字注：“光緒辛卯年十月吉日立。”封面有“雲川一步齋王質文”。平聲目録頁右下寫“雲川王質文在一步齋抄”。四聲目録頁還有“王鼎立章”的印章。

韻書以平上去入四聲統韻，每頁左中用小字寫所屬聲調。每韻首字加“朱筆○○ + 數字序號”標出。每韻下有若干以同音字組形式編排的小韻，每個小韻另起一行頂格，並在小韻首字加朱筆○。字下雙行小字簡單釋義、組詞，在釋義、組詞中，該字不再出現，用“丨”代替；異體字連續排列，衹在最後一個字下注釋；字下無反切。正文每頁六行。

四聲目録分别在四聲正文之前，稱爲“× 聲之韻”，如“平聲之韻”。四聲不相承。目録序號用小寫的中文數字。四聲目録如下。

平聲目録

冬一　容二　江三　知四　移五　虛六　玆七　王八　規九　齊十　葵十一　爐十二　疏十三　佳十四　調十五　開十六　憂十七　高十八　梅十九　由二十　毛二十一　真二十二　辰二十三　原二十四　煩二十五　番二十六　先二十七　肴二十八　交二十九　嘉三十　牙三十一　平三十二　京三十三　慈三十四　時三十五　似三十六　淡三十七　善三十八　柱三十九　户四十　在四十一　宙四十二　動四十三　社四十四　尽四十五　道四十六　序四十七　杏四十八　丈四十九　鮑五十　下五十一　趙五十二　使五十三

上聲目録

孔一　謹二　講三　紙四　羽五　遠六　府七　礼八　寡九　反十　此十一　海十二　巧十三　雅十四　丙十五　有十六　早（旁其他筆迹改爲“考”）十七　使十八　久十九　早二十

去聲目録

送一　信二　降三　記四　畏五　制六　恣七　付八　太九　对十　卦十一　勸十二　販十三　教十四　敬十五　救十六　告十七

入聲目録

洞一　利二　立三　曲四　尚五　自六　福七　薄八　问九　願十　萬十　妙十　命十三　達十四　月十五　位十六　路十七　或十八

婺北鄉音纂要

鈔本，一册，版幅 11.7cm × 18.5cm，基本全。

上去入聲正文開始頁都寫有書名“婺北鄉音纂要”。

前缺封面，其他頁面完整。

韻書以四聲統韻，分别是“平聲”“上聲”“去聲”“入聲”。每韻開始寫“韻代表字 + 數字序號”，每頁左中用小字寫所屬的韻目。每韻下有若干以同音字組形式編排的小韻，各小韻開頭代表字另起一行，或與上一小韻空出足够距離。字下雙行小字簡單釋義、組詞，在釋義、組詞中，該字不再出現，用“、”代替（前幾頁用“丨”）；異體字衹注第一個字，其他字注“仝上”；字下無反切。正文每頁九行。

四聲目録分别在四聲正文之前，四聲不相承。目録序號用小寫的中文數字。四聲目録如下。

平聲目録

東一 親二 容三 雲四 江五 知六 欺七 時八 其九 虚十 忙十一 規十二 齊十三 葵十四 爐十五 疎十六 佳十七 鞋十八 開十九 高二十 梅二十一 豪二十二 原二十三 煩二十四 番二十五 天二十六 安二十七 寒二十八 殽二十九 交三十 歌三十一 拕三十二 平三十三 京三十四 由三十五 憂三十六 而三十七

上聲目録

孔一 引二 講三 紙四 羽五 遠六 甫七 禮八 小九 反十 海十一 有十二 好十三 耿十四 罕十五 爪十六 可十七 下十八 美十九 邇二十

去聲目録

送一 信二 降三 記四 畏五 制六 恣七 付八 太九 蓋十 卦十一 勸十二 販十三 教十四 敬十五 救十六 按十七 竈十八

入聲目録

洞一 利二 狀三 是四 自五 助六 或七 刃八 願九 萬十 汗十一 湛十二 善十三 饌十四 調十五 户十六 命十七 右十八 宙十九 動二十 弟二十一 並二十二 達二十三 芍二十四 月二十五 象二十六 遇二十七 李二十八 合二十九 鮑三十 趙三十一 盡三十二 二三十三 道三十四 在三十五 苧三十六

婺城鄉音字彙

鈔本，一册，略殘。

平聲目録頁破損嚴重，可以辨識書名“婺城鄉音”，後缺損的兩字應爲“字彙”。

全書有 11 處印有“王五炎印”的印章。

書前幾頁和末幾頁有不同程度的破損。最末頁表格破損嚴重，有“大英、花其、大如意、小如意”等，對應的表格有符號和文字説明。

韻書以四聲統韻，每頁左上用小字寫所屬聲調。每韻首字加數字序號標出。每韻下有若干以同音字組形式編排的小韻，每個小韻另起一行頂格。字下雙行小字簡單釋義、組詞，在釋義、組詞中，該字不再出現，用“丨”代替；異體字注“仝上”或“仝某”；字下無反切。正文每頁八行。

四聲目録分别在四聲正文前，四聲不相承。目録序號用小寫的中文數字。四聲目録如下，其中平聲目録頁殘缺，據正文補全。

平聲目録

東一　容二　江三　知四　移五　規六　兹七　忙八　邪九　爐十　疎十一　招十二（無序號，補）　鞋十三　開十四　憂十五　梅十六　謀十七　真十八　麢十九（無序號，補）　元二十　賢二十一　煩二十二　丹二十三　庵二十四　先二十五　冤二十六　爻二十七　交二十八　家二十九　拕三十　平三十一　鶯三十二（無序號，補）　葵三十三　慈三十四　才三十五　顔三十六　靴三十七　遮三十八

上聲目録

孔一　謹二　講三　紙四　語五　遠六　忝七　甫八　野九　少十　反十一　坎十二　此十三　海十四　柳十五　宰十六　巧十七　頗十八　耿十九　下二十　是二十一　柱二十二　淡二十三　善二十四　厚二十五　杜二十六　並二十七　動二十八　象二十九　社三十　兆三十一　鮑三十二　盡三十三　軟三十四　亥三十五　限三十六　在三十七　爾三十八　似三十九

去聲目録

送一　信二　降三　記四　歲五　卸六　四七　富八　太九　盖十　救十一　再十二　卦十三　勸十四　見十五　讚十六　諫十七　教十八　正十九

入聲目録

位一　洞二　利三　立四　字五　狀六　福七　白八　代九　各十　月十一　列十二　達十三　論十四　願十五　念十六　但十七　鴈

十八　命十九　二二十

婺源正北鄉音字彙

民國丙寅年（1926）黃錦堂办，民國三十八年（1949）立，葛村李耀清抄，汪周華用。鈔本，一册，版幅 9.8cm × 15.2cm，基本全。

平上去入四聲正文開始頁、上去入聲目録頁都出現書名“婺源正北鄉音字彙”。

最外所加布面前寫有“民國丙寅黃錦堂办，民國三十八年立字彙”，封底寫有“錦記”二字。正文四聲目録和開始頁下寫“葛村李耀清（手）抄”，書中多處寫有“汪周華用”以及出現多處“汪周華印”的印章。“汪周華用”與韻書筆迹不同。

全書僅缺平聲目録頁，其他完整。

韻書以四聲統韻，分爲四卷，分别是“卷之一・平聲”“卷之二・上聲”“卷之三・去聲”“卷之四・入聲”，每頁左上寫所屬的卷。每韻前列“數字序號 + 韻代表字”，每頁左中小字寫所屬的韻。每韻下有若干以同音字組形式編排的小韻，每個小韻另起一行或和前一小韻隔開距離，並用朱筆○隔開。字下雙行小字簡單釋義、組詞，在釋義、組詞中，該字不再出現，用“丨”代替；異體字衹注第一個字，其他字注“同上”；字下無反切。正文每頁八行。

平聲目録頁缺失，上去入三聲目録分别在四聲正文前，四聲不相承。目録序號用中文小寫數字。四聲目録如下，其中平聲目録據正文列出。

平聲目録

東一　容二　江三　知四　移五　書六　兹七　忙八　規九　齊十　渠十一　殊十二（未列序號和韻，補）疏十三　佳十四　調十五　高十六　憂十七　毛十八　由十九　真二十　文二十一　元二十二　煩二十三　番二十四　先二十五　安二十六　寒二十七　肴二十八　交二十九　家三十　麻三十一　平三十二　京三十三　時三十四　而三十五

上聲目録

董一　講二　紙三　雨四　遠五　甫六　底七　也八　反九　此十　好十一　罕十二　絞十三　可十四　丙十五　柳十六　軫十七　下

十八　示十九　受二十　范二十一　善二十二　緩二十三　杜二十四　奉二十五　弟二十六　近二十七　造二十八　巨二十九　杏三十　象三十一　序三十二　鮑三十三　趙三十四　耳三十五

去聲目録

宋一　信二　降三　記四　畏五　制六　次七　富八　泰九　報十　卦十一　勸十二　泛十三　教十四　敬十五　救十六　按十七

入聲目録

洞一　利二　上三　自四　助五　合六　問七　願八　萬九　患十　克十一　命十二　右十三　達十四　若十五　月十六　位十七　貳十八

縣音字彙

鈔本，共三册，版幅 13cm × 23.2cm，全。發現於歙縣一私塾。

三册封面均有書名“縣音字彙”。平上聲目録頁出現“縣音字彙攷正重校四聲平上去入四卷”，是全名。

韻書去、入聲後都附“雜録”，記録一些形體結構特殊或相近的字，並略加注釋。

韻書以四聲統韻，分爲四卷，共三册。平聲一册，封面寫有“平聲 卷一”；上去聲一册，封面寫“上去聲 卷二三”；入聲一册，封面寫“入聲 卷四”。每韻前列“數字序號 + 該韻所有小韻代表字”。每韻下有若干以同音字組形式編排的小韻，每個小韻另起一行頂格。字下雙行小字簡單釋義、組詞，在釋義、組詞中，該字不再出現，用“丨”代替；異體字衹注第一個字，其他注“仝上”；字下無反切。正文每頁六行。

四聲目録分别在四聲正文之前，四聲不相承。目録序號用中文小寫數字。四聲目録如下，入聲頁略殘，據正文補。

平聲目録

東一　温二　同三　江四　陽五　衣六　其七　魚八　書九　知十　池十一　真十二　文十三　林十四　爐十五　蔬十六　鷄十七　齊十八　佳十九　排二十　灰二十一　尤二十二　秋二十三　梅二十四　元二十五　凡二十六　山二十七　删二十八　寒二十九　先三十　骰

三十一 交三十二 歌三十三 麻三十四 平三十五 青三十六 慈三十七 而三十八

上聲目録

孔一 感二 講三 以四 語五 紙六 軫七 魯八 禮九 鳥十 有十一 海十二 遠十三 反十四 罕十五 巧十六 可十七 丙十八 耳十九 須二十

去聲目録

送一 暗二 進三 敬四 向五 至六 次七 記八 庶九 帝十 變十一 付十二 卦十三 泰十四 蓋十五 救十六 教十七 旦十八 按十九

入聲目録

洞一 問二 利三 狀四 助五 是六 或七 似八 運九 願十 萬十一 汗十二 棧十三 白十四 善十五 滿十六 妙十七 户十八 命十九 右二十 自二十一 道二十二 後二十三 達二十四 若二十五 月二十六 慮二十七 直二十八 動二十九 第三十 李三十一 雨三十二 静三十三 鮑三十四 惰三十五 近三十六 尔三十七 確三十八

鄉音（01）

鈔本，一册，版幅 11.9cm × 16cm，主體全，僅缺封面。發現於婺源東鄉西岸一民居中。

四聲目録頁有書名“鄉音”。

書末有“金瑜”等印章。

入聲目録後注：“附載入聲自位至用有十一韻，考官音原是去聲，今附入聲者，以便鄉音之切耳。”

韻書以平上去入四聲統韻。每韻首字上加數字序號和朱筆○標記。每韻下有若干以同音字組形式編排的小韻，每個小韻另起一行或和前一小韻隔開距離，並用朱筆○隔開。字下雙行小字簡單釋義、組詞，在釋義、組詞中，該字不再出現，用“丨”代替；異體字衹注釋第一個字，其他字注“仝上”；字下無反切。正文每頁八行。

四聲目録分别在四聲正文之前，四聲不相承。目録序號用小寫的中文數字。四聲目録如下。

平聲目録

平一　聲二　人三　心四　東五　同六　方七　良八　仙九　玄十　談十一　山十二　排十三　開十四　戋十五　来十六　高十七　交十八　爻十九　桃二十　無二十一　為二十二　隨二十三　齊二十四　而二十五　慈二十六　知二十七　思二十八　朱二十九　初三十　妻三十一　多三十二　牙三十三　官三十四　完三十五

上聲目録

賞一　孔二　止三　米四　禮五　語六　子七　爾八　古九　有十　好十一　飽十二　小十三　滿十四　感十五　醒十六　本十七　典十八　可十九　早二十　淡二十一　善二十二　奉二十三　弟二十四　巨二十五　丈二十六　巳二十七　静二十八　盡二十九　道三十　罪三十一　鮑三十二　趙三十三　户三十四　坐三十五

去聲目録

去一　桂二　閉三　次四　正五　信六　教七　告八　肖九　蓋十　諫十一　固十二　化十三　見十四　奂十五　唱十六　貢十七

入聲目録

入一　月二　讀三　足四　勺五　法六　百七　位八　字九　貳十　命十一　任十二　萬十三　合十四　面十五　亂十六　尚十七　用十八

鄉音（02）

民國三十八年（1949）洪灶根抄。鈔本，一册，缺封面，末頁略殘。發現於婺源思溪。

“鄉音”名稱是收藏人所寫，可能根據現已被遮擋的殘缺封面，今從。正文結束頁出現書名“字彙”。

入聲結束頁寫“民國卅八年夏月抄好”“公元一九肆玖年秋月 日立，洪灶根抄寫言（後殘）”“字彙總共篇數壹佰壹拾捌篇正”。

韻書以平上去入四聲統韻。每韻首字上加數字序號和朱筆○標記。每韻下有若干以同音字組形式編排的小韻，每個小韻另起一行或和前一小韻隔開距離，並用朱筆○隔開。字下雙行小字簡單釋義、組詞，在釋義、組詞中，該字不再出現，用“丨”代替；異體字衹注釋第一個字，其他字注“仝上”；字下無反切。正文每頁八行。

四聲目録分别在四聲正文前，四聲不相承。上聲目録稱爲“上聲題頭”。每韻下列有該韻的所有小韻首字。目録序號用小寫的中文數字。四聲目録如下。

平聲目録

東一　温二　津三　容四　逢五　林六　江七　玆八　希九　虚十　其十一　余十二　奴十三　詞十四　規十五　忘十六　齊十七　踈十八　皆十九　排二十　開二十一　滔二十二　梅二十三　豪二十四　原二十五　凡二十六　山二十七　安二十八　寒二十九　先三十　茅三十一　交三十二　歌三十三　何三十四　平三十五　京三十六　而三十七

上聲目録

孔一　粉二　允三　廣四　耳五　子六　以七　有八　早九　與十　柱十一　罕十二　晚十三　遠十四　府十五　杜十六　禮十七　小十八　楷十九　可二十　下二十一　永二十二　巧二十三　卯二十四　似二十五　聚二十六　善二十七　盡二十八　奉二十九　道三十　緩三十一　限三十二　趙三十三　竝三十四　丈三十五　社三十六

去聲目録

宋一　寸二　俊三　應四　放五　至六　次七　記八　娶九　擄十　桂十一　勸十二　付十三　剁十四　泰十五　笑十六　盖十七　教十八　旦十九　半二十

入聲目録

入一　自二　月三　弗四　樹五　位六　狀七　達八　讀九　角十　百十一　願十二　任十三　共十四　問十五　萬十六　段十七　命十八　二十九

鄉音（03）

婺源廬坑嶺詹信之學抄。鈔本，一册，版幅13.1cm×15.2cm，僅有平、上兩聲，前後缺封面、封底，末頁略殘。發現於婺源李坑。

平聲開始頁、上聲目録開始頁都出現書名“鄉音”。上聲正文開始頁出現另一書名“選要雜字”。

平上聲結束頁有“廬坑嶺詹信之學抄”。正文頁中有若干印章，但看不清楚。

韻書以聲統韻，僅存“平聲”和“上聲”一册，每頁左上寫所屬的聲調。每韻首字上加數字序號和朱筆○標記，每頁左中寫所屬的韻。每韻下有若干以同音字組形式編排的小韻，每個小韻另起一行或和前一小韻隔開距離，並用朱筆○隔開。字下雙行小字簡單釋義、組詞，在釋義、組詞中，該字不再出現，用“丨”代替；異體字衹注釋第一個字，其他字注“仝上”；字下無反切。正文每頁七行。

平上聲目録分别在平上聲正文之前，平上聲之間不相承，平上聲韻目後再列包含有每個韻小韻首字的二級目録。上聲二級目録之前寫“上聲鄉音序”。目録序號用大寫和小寫的中文數字混合。平上聲目録如下，平上聲目録頁略殘，據二級目録補全。

平聲目録

東一　親二　容三　雲四　江五　知六　欺七　而八　其九　書十　忙十一　規十二　齊十三　葵十四　爐十五　踈十六　佳十七　鞋十八　開十九　高二十　梅二十一　曹二十二　原二十三　煩二十四　番二十五　天二十六　安二十七　寒二十八　敔二十九　交三十　歌三十一　挖三十二　平三十三　京三十四　由三十五　憂三十六

上聲目録

孔一　准二　講三　紙四　爾五　美六　宇七　遠八　甫九　禮十　小十一　反十二　海十三　罕十四　稍十五　可十六　□十七　有十八

鄉音集要（01）

民國三十年辛巳（1941）臘月抄成，星源游汀潘根隆抄用。鈔本，一册，版幅 13.2cm × 19.9cm，全。發現於瞻淇村。

封面、上去入聲目録頁出現書名“鄉音集要”，平聲目録處簡稱“鄉音”。

書末寫“民國三十年辛巳臘月抄成”。封面、平聲目録頁寫有“星源游汀潘根隆抄立便用”，書末寫“潘根龍便用”。

書中夾一紙抄寫柴碼數字。

韻書以平上去入四聲統韻，四聲結束寫“平聲終”“上聲終”“去聲終”和“終”。每韻之前用“朱筆○＋數字序號＋韻代表字”標出。每韻下有若干以同音字組形式編排的小韻，小韻之間用朱筆○隔開。字下雙行小字簡單釋義、組詞，在釋義、組詞中，該字不再出現，用“丨”代替；異體字衹注釋第一個字，其他字注“仝上”；字下無反切。正文每頁六行。

四聲目録分別在四聲正文之前，四聲不相承。四聲目録分別稱爲“平韻”“上韻”“去韻”“入韻”。目録序號混合使用小寫的中文數字和柴碼。四聲目録如下。

平聲目録

東一　容二　江三　知四　移五　虚六　玆七　王八　規九　齊十　葵十一　爐十二　疎十三　佳十四　調十五　開十六　憂十七　梅十八　由十九　真二十　辰二十一　原二十二　煩二十三　番二十四　先二十五　爻二十六　交二十七　嘉二十八　牙二十九　平三十　京三十一　慈三十二　傾三十三

上聲目録

孔一　謹二　講三　紙四　羽五　遠六　府七　禮八　寡九　洒十　反十一　此十二　爾十三　海十四　巧十五　雅十六　丙十七　有十八　似十九　淡二十　善二十一　户二十二　罪二十三　宙二十四　動二十五　社二十六　盡二十七　序二十八　杏二十九　丈三十　治三十一　鮑三十二　下三十三　趙三十四

去聲目録

送一　信二　降三　記四　畏五　制六　恣七　付八　太九　戴十　卦十一　勸十二　販十三　教十四　敬十五　救十六

入聲目録

洞一　利二　立三　欝四　尚五　自六　二七　助八　觸九　問十　願十一　萬十二　妙十三　壞十四　白十五　戛十六　命十七　達十八　閱十九　位二十　路二十一　或二十二

鄉音集要（02）

詹享堯。鈔本，下卷一册，版幅 11.8cm × 19.8cm，殘。

封面出現書名“鄉音集要”。

封面有人名“詹享堯”，扉頁蓋有“詹享堯書柬”的印章。

《鄉音集要·下卷》包含上去聲和入聲的一部分。入聲第十韻起至最後兩頁係另一筆迹，未抄完。

書中夾一紙條：“每日清晨一炷香，祈求處處田禾熟，國有賢臣安社稷，四方平静干戈息……。”

韻書以聲統韻，僅存上去入三聲一册，上去聲正文後寫“上聲完畢”“去聲完畢”。每韻首字上加朱筆○○標記，韻之間空行。每韻下有若干以同音字組形式編排的小韻，小韻之間用朱筆○隔開。字下雙行小字簡單釋義、組詞，在釋義、組詞中，該字不再出現，用“丨”代替；異體字排列在一起，衹在最後一個字下注釋；字下無反切。正文每頁六行。

無目録。據正文整理出上去入三聲目録如下。

上聲目録

孔一　隱二　盾三　講四　紙五　羽六　遠七　甫八　禮九　小十　寡十一　反十二　海十三　腿十四　有十五　好十六　耿十七　罕十八　爪十九　彼二十　邇二十一

去聲目録

送一　印二　降三　記四　畏五　制六　次七　付八　太九　叫十　蓋十一　卦十二　退十三　勸十四　販十五　教十六　敬十七　救十八　按十九　灶二十（後“操”小韻標記朱筆○○，誤，與“灶”同韻）

入聲目録

洞一　弄二　利三　栗四　狀五　是六　自七　助八　或九　願十　賤十一　汗十二　湛十三　善十四

鄉音簡要字彙卷録

辛巳年吴華涵記。鈔本，一册，版幅 13.3cm × 17.2cm，全。

封面寫有書名“鄉音簡要字彙卷録”。平上去入目録和正文前寫“鄉音簡要字彙”或“鄉音字彙”，是簡稱。

平聲目録後寫“睦山微，辛巳年”，封面和扉頁上寫“吴華涵記”。上聲目録後寫“交通銀行吴德芝寫的”。平上聲目録頁和正文中有“吴德勝”印章。

韻書以聲統韻，分爲四卷，對應平上去入四聲。每韻之前加數字序號標記。每韻下有若干以同音字組形式編排的小韻，小韻之間用朱筆○隔開。字下雙行小字簡單釋義、組詞，在釋義、組詞中，該字不再出現，用“丨”代替；異體字衹注釋第一個字，後出現的異體字下注“仝上”；字下無反切。正文每頁八行。

四聲目録分别在四聲正文前，四聲不相承，每韻下列該韻所有小韻首字。目録序號混合使用小寫的中文數字和柴碼。四聲目録如下，平聲頁有缺損，據正文補全。

平聲目録

東一　容二　江三　基四　移五　書六　兹七　王八　規九　齊十　除十一　胡十二　夫十三　佳十四　懷十五　高十六　周十七　才十八　由十九　君二十　人二十一　元二十二　凡二十三　山二十四　天二十五　安二十六　完二十七　交二十八　爻二十九　家三十　何三十一　京三十二　平三十三　時三十四

上聲目録

冢一　講二　止三　起四　宇五　遠六　府七　禮八　小九　敢十　罕十一　早十二　炒十三　火十四　丙十五　有十六　允十七

去聲目録

送一　信二　降三　記四　貴五　帝六　試七　付八　太九　告十　卦十一　見十二　旦十三　教十四　正十五　救十六　按十七　覲十八

入聲目録

洞一　利二　旺三　自四　竹五　位六　合七　任八　願九　萬十　汗十一　大十二　定十三　右十四　達十五　學十六　月十七　序十八　是十九　淡二十　善二十一　旱二十二　馬二十三　户二十四　苧二十五　受二十六　動二十七　弟二十八　道二十九　兆三十　静

三十一　象三十二　卯三十三　盡三十四　二三十五

鄉音釋義

詹宜昌記，環川佩華氏用。鈔本，一册，版幅 12.3cm × 22.7cm，主體全，僅缺封面。發現於婺源，今藏黄山學院圖書館。

平聲正文前出現書名“鄉音釋義”，去聲結束處有“鄉音字彙”，是又名。

書中有多處紅色印章：“繕書詹宜昌記”“詹玉田書柬”“斯鎮”“佩華詹印”“胡同仁堂”等，書末寫“環川佩華氏用”。

四卷一册，韻書保存較完整，僅缺封面。

書前空白頁有“算利”，即計算利息的方法。書後附“算孕生男女法”。

韻書以四聲統韻，分别爲“平聲集”“上聲二”“去聲三”“入聲四”，去聲結束頁寫“鄉音字彙去聲終”。每韻首字上加“數字序號＋朱筆○”標記。每韻下有若干以同音字組形式編排的小韻，小韻之間用朱筆○隔開。字下雙行小字簡單釋義、組詞，在釋義、組詞中，該字不再出現，用“丨”代替；異體字排列在一起，衹在最後一字下注釋；字下無反切。正文每頁八行。四聲韻結尾處標明頁數，平聲二十一篇，上聲十二篇，去聲九篇，入聲十六篇，書末寫總頁數“大共四聲五十八篇”。

四聲目録在四聲正文之前，四聲不相承。韻目序號統一用小寫中文數字。四聲目録如下。

平聲目録

東一　針二　容三　林四　江五　衣六　兹七　書八　其九　余十　奴十一　詞十二　規十三　黄十四　齊十五　踈十六　皆十七　排十八　開十九　高二十　梅二十一　毫二十二　原二十三　凡二十四　山二十五　安二十六　寒二十七　先二十八　茅二十九　交三十　家三十一　何三十二　平三十三　京三十四　而三十五

上聲目録

孔一　尹二　享三　止四　以五　有六　早七　與八　柱九　罕十　晚十一　遠十二　府十三　户十四　禮十五　鳥十六　果十七　馬十八　景十九　巧二十　卯二十一　似二十二　聚二十三　善二十四　盡

二十五 奉二十六 道二十七 在二十八 緩二十九 限三十 趙三十一 杏三十二 丈三十三 弟三十四

去聲目録

宋一 進二 正三 �四 至五 意六 貴七 桂八 勸九 付十 卦十一 泰十二 盖十三 告十四 教十五 旦十六 半十七

入聲目録

入一 月二 弗三 合四 具五 狀六 末七 讀八 角九 百十 念十一 任十二 十十三 洞十四 但十五 患十六 命十七 二十八 是十九

鄉音字彙（01）

同治十一年（1872）四月十一日至五月十二日抄完，胡幹卿録。鈔本，一册，版幅 9.7cm × 12cm，全。出自婺源清華。

書末有“鄉音字彙卷終”字樣，此外無書名。

書末有“同治十一年四月十一日抄起至五月十二日完功胡幹卿録”，“幹卿”二字後被深墨劃去，改爲“蘭”，筆迹幼稚。正文之前頁有“胡幹卿記”。平、上、去聲目録頁下均有“楨記”二字。

韻書以四聲統韻，每頁左上寫所屬的聲調，平聲正文後有“補抄文字号”。每韻首字上用“數字序號 + 號”標記。每韻下有若干以同音字組形式編排的小韻，小韻之間用朱筆○隔開。字下雙行小字簡單釋義、組詞，在釋義、組詞中，該字不再出現，用“丨”代替；異體字衹注釋第一個，其餘字下注“仝上”；字下無反切。正文每頁八行。扉頁用的是“入聲字號”未寫完的紙，寫“共壹百壹十篇”。

四聲目録分别在四聲正文前，四聲不相承。平去入三聲目録稱爲“字號”，如“平聲字號”。目録序號混合使用小寫的中文數字和柴碼。四聲目録如下，平聲目録頁有缺損，據正文補全。

平聲目録

平一 聲二 東三 同四 朱五 魚六 溪七 齊八 支九 其十 佳十一 條十二 真十三 文十四 元十五 先十六 山十七 寒十八 胡十九 姑二十 玆二十一 慈二十二 師二十三 時二十四 而

二十五　江二十六　陽二十七　肴二十八　交二十九　麻三十　沙三十一　高三十二　叨三十三　豪三十四　謀三十五　來三十六

上聲目録

上一　養二　董三　紙四　子五　語六　府七　姐八　舐九　耳十　軫十一　使十二　遠十三　管十四　馬十五　梗十六　漂十七　巧十八　海十九　保二十　抱二十一

去聲目録

去一　宋二　降三　至四　桂五　四六　宴七　素八　太九　卦十　砲十一　震十二　諫十三　敬十四　造十五　救十六　試十七

入聲目録

入一　陸二　事三　路四　福五　月六　玩七　旺八　洞九　殿十　陌十一　令十二　位十三　義十四　問十五　答十六　貳十七　自十八

鄉音字彙（02）

江應祥。鈔本，兩册，版幅 13cm×23.7cm，主體全，僅缺下册封面。

上册封面上有書名“鄉音字彙”和人名“江應祥”。

書內夾有一頁 1960 年的信，信紙上印“屯溪西鎮公盛製”。

韻書以四聲統韻，分爲兩册，上册“平聲”，下册“上、去、入”三聲，書末寫“平上去入四聲全本”。每韻之前加“數字序號＋韻代表字”。每韻下有若干以同音字組形式編排的小韻，各小韻另起一行。字下雙行小字簡單釋義、組詞，在釋義、組詞中，該字不再出現，用“丨”代替；異體字衹注釋第一個，其餘字下注“仝上”；字下無反切。正文每頁七行。

四聲目録一起抄寫在正文之前，四聲不相承。目録序號混合使用小寫的中文數字、大寫的中文數字和柴碼。

平聲目録

東一　分二　親三　容四　文五　雲六　江七　知八　欺九　而十　忙十一　時十二　辭十三　其十四　虛十五　規十六　齊十七　葵十八　爐十九　疎二十　佳二十一　鞋二十二　開二十三　梅二十四　原二十五　煩二十六　番二十七　天二十八　安二十九　寒三十　餚

三十一　交三十二　歌三十三　抡三十四　明三十五　京三十六　由三十七　憂三十八　誰三十九　思四十

上聲目録

孔一　本二　謹三　講四　紙五　爾六　美七　與八　典九　甫十　禮十一　小十二　反十三　巧十四　海十五　罕十六　饌十七　可十八　下十九　景二十　有二十一　是二十二　似二十三　淡二十四　善二十五　受二十六　户二十七　動二十八　弟二十九　並三十　柱三十一　李三十二　象三十三　道三十四　肇三十五　鮑三十六　盡三十七　混三十八　耳三十九

去聲目録

送一　寸二　信三　降四　記五　庶六　制七　四八　至九　付十　太十一　盖十二　化十三　見十四　泛十五　教十六　敬十七　救十八　漢十九

入聲目録

洞一　問二　利三　狀四　自五　貳六　士七　助八　或九　慎十　殿十一　萬十二　患十三　白十四　大十五　料十六　孟十七　右十八　達十九　若二十　月二十一　樹二十二　墜二十三

鄉音字彙（03）

庚寅年（光緒十六年，1890年）修，俞炳林。鈔本，一册，版幅11.9cm×16.2cm，全。

目録頁有書名"鄉音字彙"，正文結束頁寫有"鄉音字彙終　仁慶堂原本"。封面上寫"字彙全册"。

封面上寫"庚寅年修　俞炳林"（據孫承平，封面現看不到）。目録頁有小字"俞煌書"，此頁及正文還有多處印章。

上聲和去聲之前的兩空頁分別抄"苗河買木規例"和"胃氣病"藥方。書末附"王益州謂寇公曰霍光傳不可不讀"等一段文字和"牙痛方"。

韻書以平上去入四聲統韻。每韻首字上加"數字序號＋朱筆的○"標出。每韻下有若干以同音字組形式編排的小韻，各小韻以朱筆的○標記。字下雙行小字簡單釋義、組詞，在釋義、組詞中，該字不再出現，用"丨"

代替；異體字衹注釋第一個，其餘字下注“仝上”；字下無反切。正文每頁七行。

四聲目録分别在四聲正文之前，四聲不相承。目録序號用小寫的中文數字。四聲目録如下。

平聲目録

東一　容二　江三　知四　移五　虚六　兹七　忙八　規九　齊十　葵十一　爐十二　蘇十三　佳十四　調十五　開十六　梅十七　真十八　辰十九　元二十　煩二十一　番二十二　先二十三　安二十四　寒二十五　肴二十六　交二十七　高二十八　豪二十九　嘉三十　拕三十一　平三十二　京三十三　而三十四

上聲目録

孔一　講二　紙三　與四　遠五　府六　禮七　少八　反九　此十　海十一　謹十二　罕十三　稍十四　老十五　可十六　耿十七　尾十八　眼十九　卯二十　買二十一　並二十二　混二十三　饌二十四　善二十五　宙二十六　奉二十七　係二十八　父二十九　象三十　下三十一　道三十二

去聲目録

送一　降二　記三　畏四　替五　富六　太七　蓋八　卦九　震十　勸十一　販十二　按十三　教十四　告十五　敬十六　次十七

入聲目録

穀一　曲二　各三　吉四　月五　脱六　白七　合八　令九　潤十　願十一　萬十二　段十三　位十四　狀十五　洞十六　自十七

鄉音字彙（04）

汪燦雲珍藏。鈔本，兩册，版幅 12cm × 19.1cm，有缺損。發現於李坑。

兩册扉頁及四聲結束頁寫有書名“鄉音字彙”。兩册扉頁有“汪燦雲珍藏”，四聲目録頁有“汪燦雲書柬”和印章，其中平上聲結束頁有“永章汪記”。

平上册中上部有缺損，去入册右下角有缺損。

韻書以四聲統韻，分爲兩册，平上聲一册，去入聲一册，四聲結束頁分別寫“書名+× 聲終”，如“鄉音字彙上聲終”。每韻之前用“數字序號+韻代表字”標出。每韻下有若干以同音字組形式編排的小韻，各小韻另起一行或留出與上一小韻的較遠距離。字下雙行小字簡單釋義、組詞，在釋義、組詞中，該字不再出現，用“丨”代替；異體字衹注釋第一個，其餘字下注“仝上”或“同上”，或者將異體字連續排列，衹在最後一個字下注釋；字下無反切。正文每頁九行。

四聲目録分別在四聲正文前，四聲不相承。目録序號用小寫的中文數字。四聲目録如下。

平聲目録

東一 春二 真三 容四 倫五 林六 江七 亡八 知九 希十 西十一 其十二 書十三 初十四 蛇十五 如十六 胡十七 佳十八 柴十九 開二十 毛二十一 由二十二 收二十三 元二十四 先二十五 凡二十六 山二十七 安二十八 寒二十九 肴三十 交三十一 家三十二 何三十三 平三十四 生三十五 時三十六

上聲目録

孔一 本二 謹三 往四 止五 起六 水七 遠八 土九 禮十 乃十一 簡十二 有十三 短十四 巧十五 可十六 丙十七 靄十八

去聲目録

送一 遜二 信三 放四 記五 去六 世七 試八 付九 太十 盖十一 按十二 見十三 旦十四 教十五 正十六 救十七 駕十八

入聲目録

用一 利二 自三 上四 是五 伏六 或七 兆八 盡九 茂十 孕十一 願十二 萬十三 患十四 犯十五 善十六 饌十七 百十八 外十九 父二十 命二十一 宙二十二 奉二十三 弟二十四 道二十五 巨二十六 並二十七 達二十八 學二十九 月三十 象三十一 論三十二 蟻三十三 鮑三十四 下三十五 二三十六

鄉音字彙（05）

汪長源办用，黄和順办用。鈔本，一册，版幅 13.2cm × 24.4cm，殘。

封面可看見書名“鄉音字彙”，上聲目録處寫“上聲字義題頭”，則該書又名“字義”。去聲目録與正文頁之間的書名爲“新編纂要字義”。

扉頁用很幼稚的毛筆字寫“汪長源办用”“黄和順办用”。平聲目録處有一印章，看不清楚。

封面殘缺，去聲缺三韻，入聲全缺。收藏者認爲紅綫裝訂次序錯誤，對之進行了修補和重新排列。

韻書以聲統韻，分别爲“平聲”“上聲”“去聲”。每韻之前列“數字序號 + 該韻的所有小韻首字（與正文内容不完全一致）”。每韻下有若干以同音字組形式編排的小韻，各小韻以朱筆的○標記。字下雙行小字簡單釋義、組詞，在釋義、組詞中，該字不再出現，用“丨”代替；異體字衹注釋第一個，其餘字下注“仝上”；字下無反切。正文每頁六行或八行。

平上去三聲目録分别在三聲正文前，三聲之間不相承。三聲目録稱爲“題頭”，如“平聲題頭”。目録序號用小寫的中文數字。三聲目録如下。

平聲目録

東一　親二　容三　云四　江五　知六　欺七　而八　其九　虚十　忙十一　規十二　齊十三　葵十四　爐十五　踈十六　佳十七　鞋十八　開十九　高二十　梅二十一　曹二十二　原二十三　煩二十四　番二十五　天二十六　安二十七　寒二十八　敲二十九　交三十　歌三十一　平三十二　京三十三　由三十四　拕三十五　憂三十六

上聲目録

孔一　謹二　講三　紙四　美五　處六　遠七　甫八　禮九　也十　反十一　海十二　罕十三　稍十四　可十五　永十六　有十七　好十八

去聲目録

送一　信二　降三　記四　畏五　制六　至七　付八　太九　盖十　卦十一　勸十二　販十三　教十四　敬十五　救十六　按十七　竈十八

鄉音字彙（06）

鈔本，一册，版幅 13.2cm × 23.9cm，全。發現於歙縣。

平聲目録頁出現書名“鄉音字彙”。

正文後附録重叠類、並肩類、三同類、四共類、兩挾類等特殊結構的字。

此書紙質較舊。裝訂此書的紙撚用的是明代的地契製成，它在中間蓋有“丁亥”二字，推斷爲乾隆三十二年（1767）、康熙四十六年（1707）、順治四年（1647）等幾種可能。此書重新修補過，並二次重新加封面，其中第二次封面内有乾隆十八年（1753）和光緒二十一年（1895）的賣地契各一份。其中有“虞字 1271 號山地”由汪開興兄弟三人賣給詹蔭庭（據孫承平）。

韻書以四聲統韻，分别爲“平聲”“上聲”“去聲”“入聲”。每韻首字上加“數字序號＋朱筆的○”標出。每韻下有若干以同音字組形式編排的小韻，各小韻以朱筆的○標記。字下雙行小字簡單釋義、組詞，在釋義、組詞中，該字不再出現，用“丨”代替；異體字衹注釋第一個，其餘字下注“仝上”；字下無反切。正文每頁八行。

四聲正文前分别有四聲目録，四聲不相承，每韻下列有該韻的所有小韻首字。目録序號混合使用小寫的中文數字和柴碼。四聲目録如下，平聲目録頁稍殘，據正文補。

平聲目録

東一　春二　容三　林四　江五　之六　兹七　西八　時九　奇十　齊十一　書十二　忙十三　葵十四　盧十五　舖十六　佳十七　高十八　瑶十九　毫二十　元二十一　凡二十二　鸞二十三　番二十四　天二十五　安二十六　爻二十七　交二十八　家二十九　陀三十　平三十一　京三十二　誰三十三　追三十四

上聲目録

勇一　謹二　黨三　兕四　禮五　宇六　遠七　府八　少九　傘十　早十一　捽十二　子十三　絞十四　卯十五　可十六　礦十七　邇十八

去聲目録

貢一　印二　降三　記四　剃五　次六　富七　太八　過九　報十　勸十一　汎十二　教十三　敬十四　貫十五

入聲目録

洞一　利二　狀三　是四　第五　助六　列七　納八　就九　晝

十　索十一　任十二　愿十三　汗十四　但十五　范十六　善十七　伴十八　杜十九　孟二十　宙二十一　鳳二十二　盡二十三　柱二十四　領二十五　蕩二十六　遇二十七　下二十八　趙二十九

鄉音字彙（07）

癸卯（巳）歲首重整，汪煥昌記。鈔本，一册，全。

書根處寫書名“鄉音字彙”。

扉頁寫“癸卯（巳）歲首重整　汪玉和”。平聲目録頁和正文頁有“汪玉和印章”，書口寫“汪志成”，平上去入四聲開始頁寫“汪煥昌”和“汪煥昌記”。

韻書以四聲統韻，分别爲“平聲”“上聲”“去聲”“入聲”。每韻首字上加數字序號標記，每韻左上寫有所屬的韻數字序號。韻下有若干以同音字組形式編排的小韻，各小韻以朱筆的○標記。字下雙行小字簡單釋義、組詞，在釋義、組詞中，該字不再出現，用“丨”代替；異體字衹注釋第一個，其餘字下注“仝上”；字下無反切。正文每頁九行。

四聲目録一起排列在正文之前，四聲不相承。目録序號混合使用小寫的中文數字和柴碼。四聲目録如下。

平聲目録

東一　親二　容三　雲四（旁補）　江五　知六　欺七　詞八　其九　虚十　忙十一　規十二　齊十三　葵十四　奴十五　踈十六　佳十七　鞋十八　開十九　高二十　梅二十一　曹二十二　原二十三　煩二十四　番二十五　天二十六　安二十七　寒二十八　殺二十九　交三十　歌三十一　拕三十二　平三十三　京三十四　由三十五　憂三十六

上聲目録

孔一　引（旁寫忍）二　講三　紙四　美五　羽六　遠七　甫八　礼九　小十　反十一　海十二　好十三　巧十四　可十五　耿十六　有十七　罕十八

去聲目録

送一　信二　降三　記四　畏五　制六　次七　付八　太九　盖十　噪十一　卦十二　勸十三　販十四　教十五　敬十六　救十七　按

十八

入聲目録

洞一　利二　状三　是四　自五　助六　或七　刃八　願九　萬十　宦十一　棧十二　善十三　鐉十四　百十五　户十六　命十七　右十八　宙十九　動二十　弟二十一　道二十二　柱二十三　杏二十四　達二十五　若二十六　月二十七　象二十八　遇二十九　李三十　合三十一　鮑三十二　下三十三　兆三十四　甚三十五　孨三十六

鄉音字彙（08）

詹錫昌抄。鈔本，一册，版幅 13.2cm × 15.9cm，僅有去聲。

封面寫有書名“鄉音字彙”和“詹錫昌抄”。

韻書以聲統韻，衹有去聲。每韻前列出“數字序號 + 該韻所有小韻首字”。韻下有若干以同音字組形式編排的小韻，各小韻另起一行，並以朱筆的○標記。字下雙行小字簡單釋義、組詞，在釋義、組詞中，該字不再出現，用“丨”代替；異體字衹注釋第一個，其餘字下注“仝上”；字下無反切。正文每頁八行。

前缺頁，看不到目録，據正文整理出去聲目録。

去聲目録

［前缺］信二　降三　記四　庶五　制六　四七　付八　太九　盖十　化十一　見十二　泛十三　教十四　敬十五　救十六　漢十七

鄉音字彙（09）

鈔本，一册，版幅 13.3cm × 12.4cm，書末略殘。

平聲目録頁出現書名“鄉音字彙”。

韻書以平上去入四聲統韻。每韻首字上加“數字序號 + 音”標記。韻下有若干以同音字組形式編排的小韻，各小韻以朱筆的○標記。字下大多都是一字釋所屬義類或組詞，在組詞中，該字省略；異體字衹注釋第一個，其餘字下注“仝”；字下無反切。正文每頁八行。

四聲目録一起排列在正文之前，四聲不相承。目録序號用小寫的中文數字。四聲目録如下，上聲目録頁略殘，據正文補全。

平聲目録

東一　金二　容三　民四　江五　知六　而七　其八　欺九　書十　堂十一　時十二　規十三　齊十四　為十五　胡十六　都十七　佳十八　堯十九　開二十　梅二十一　賢二十二　南二十三　山二十四　先二十五　安二十六　寒二十七　肴二十八　家二十九　交三十　沱三十一　平三十二　經三十三　求三十四　憂三十五

上聲目録

統一　引二　講三　子四　美五　禹六　巨七　遠八　甫九　礼十　少十一　反十二　草十三　罕十四　可十五　果十六　丙十七　有十八　晁十九　序二十　治二十一　淡二十二　善二十三　旱二十四（據正文）户二十五　受二十六　動二十七　係二十八　近二十九　道三十　卯三十一　杏三十二　象三十三　馬三十四

去聲目録

送一　震二　唱三　記四　畏五　世六　賜七　付八　太九　盖十　卦十一　見十二　販十三　教十四　敬十五　救十六　貫十七

入聲目録

洞一　利二　狀三　自四　福五　合六　閏七　願八　萬九　翰十　石十一　命十二　右十三　宅十四　菊十五　達十六　學十七　月十八　出十九

鄉音字彙（10）

鈔本，一册，僅有去聲和入聲。

去入聲目録頁出現書名“鄉音字彙”。

韻書以聲統韻，祇有去入兩聲一册。每韻首字上加數字序號標記。韻下有若干以同音字組形式編排的小韻，各小韻以朱筆的○標記，多數韻另起一行，少數韻在當行空出一定距離。字下雙行小字簡單釋義、組詞，在釋義、組詞中，該字不再出現，用“丨”代替；異體字祇注釋第一個，其餘字下注“仝上”；字下無反切。正文每頁三至六行。

去入聲目録分別在去入聲正文之前，兩個聲調之間的韻不相承。目録序號混合使用大寫的中文數字和小寫的中文數字。去入聲目録如下。

去聲目録

送一 信二 降三 粹四 畏五 制六 恣七 付八 太九 告十 卦十一 勸十二 販十三 教十四 敬十五 救十六 喚十七

入聲目録

洞一 利二 状三 自四 助五 或六 刃七 願八 萬九 汗十 極十一 命十二 冒十三 達十四 若十五 月十六 遇十七

鄉音字彙（11）

鈔本，一册，版幅 18.2cm × 23.2cm，未抄全，僅有平聲目録和部分正文。

後加封面寫書名“鄉音字彙”。

書後抄寫了一些古文，一直抄到後加封底。

韻書以聲統韻，衹抄了平聲的一部分。每韻首字上加數字序號標記。韻下有若干以同音字組形式編排的小韻，各小韻另起一行。字下雙行小字簡單釋義、組詞，在釋義、組詞中，該字不再出現，用“丨”代替；異體字衹注釋第一個，其餘字下注“仝上”；字下無反切。正文每頁十行。

平聲目録在平聲正文之前。目録序號用小寫的中文數字。如下。

平聲目録

東一 容二 江三 知四 書五 其六 如七 規八 忙九 齊十 吾十一 疎十二 佳十三 鞋十四 開十五 梅十六 真十七 辰十八 元十九 煩二十 山二十一 先二十二 安二十三 桓二十四 高二十五 餚二十六 交二十七 家二十八 拕二十九 平三十 京三十一 而三十二

鄉音字彙（12）

俞從衆（編），俞行修抄。鈔本，一册，版幅 11.5cm × 21cm，封面殘。發現於婺源思溪。

平聲目録前寫書名“鄉音字彙”。

平聲目録頁下寫俞從衆□（一絲旁字殘，疑爲“編”）本，俞行修鈔本。

平聲正文空白頁抄寫“上祖父書例”，正文後抄寫“附律選集雜文”。

韻書以四聲統韻，分别是平聲、上聲、去聲、入聲，每頁左上所屬聲調和所屬韻的數目。每韻首字上加“數字序號＋朱筆的〇”標記，每頁左上寫所屬的韻。韻下有若干以同音字組形式編排的小韻，各小韻以朱筆的〇標記。字下雙行小字簡單釋義、組詞，在釋義、組詞中，該字不再出現，用“丨”代替；異體字衹注釋第一個，其餘字下注“仝上”；字下無反切。正文每頁九行。

四聲目録在四聲正文之前，四聲不相承。目録序號用小寫的中文數字。四聲目録如下，平聲目録頁略殘，據正文補全。

平聲目録

平一　聲二　人三　心四　東五　同六　方七　良八　仙九　玄十　談十一　山十二　排十三　開十四　哉十五　來十六　高十七　交十八　爻十九　桃二十　無二十一　為二十二　隨二十三　齊二十四　而二十五　慈二十六　知二十七　思二十八　朱二十九　初三十　妻三十一　多三十二　牙三十三　官三十四

上聲目録

賞一　孔二　止三　米四　禮五　語六　子七　爾八　古九　有十　好十一　飽十二　小十三　滿十四　感十五　醒十六　本十七　典十八　可十九　旱二十　淡二十一　善二十二　奉二十三　弟二十四　巨二十五　丈二十六　巳二十七　静二十八　盡二十九　道三十　罪三十一　鮑三十二　趙三十三　户三十四　坐三十五

去聲目録

去一　桂二　閉三　次四　正五　信六　教七　告八　肖九　蓋十　諫十一　固十二　化十三　見十四　奂十五　唱十六　貢十七

入聲目録

入一　月二　讀三　足四　勺五　法六　百七　位八　字九　二十　命十一　任十二　萬十三　合十四　面十五　亂十六　尚十七　用十八

鄉音字彙集要（01）

鈔本，一册，版幅 12cm×13cm，僅平上二卷，書前略殘。

上聲目録頁寫有書名“鄉音字彙集要”。

平聲結束頁有“紫標”兩字，上聲結束頁有“俊華”印章。

書前少平聲目録與第一頁。書側面寫一“乾”字。

韻書以聲統韻，僅平上聲兩卷一册，頁左上寫所屬聲調。每韻首字上加數字序號標記，頁左上寫所屬的韻。韻下有若干以同音字組形式編排的小韻，各小韻另起一行，也有少數小韻與前一小韻同行，但空出距離。字下雙行小字簡單釋義、組詞，在釋義、組詞中，該字不再出現，用“丨”代替；異體字衹注釋第一個，其餘字下注“仝上”；字下無反切。正文每頁七行。

平聲目録頁缺，上聲目録在上聲正文前，平上兩聲不相承。目録序號用小寫與大寫的中文數字。平上聲目録如下，其中平聲目録據正文整理。

平聲目録

［缺］一　容二　江三　欺四　移五　虚六　兹七　忙八　池九　臺十　齊十一　葵十二　爐十三　疎十四　朝十五　鞋十六　開十七　遭十八　梅十九　頭二十　憂二十一　桃二十二　原二十三　煩二十四　番二十五　先二十六　安二十七　寒二十八　肴二十九　交三十　歌三十一　羅三十二　平三十三　京三十四　而三十五

上聲目録

統一　謹二　講三　美四　水五　遠六　虎七　禮八　少九　反十　草十一　舘十二　巧十三　果十四　丙十五　有十六　子十七　動十八　盡十九　象二十　米二十一　巨二十二　善二十三　户二十四　弟二十五　趙二十六　淡二十七　道二十八　饌二十九　卯三十　下三十一　並三十二　酉三十三　是三十四　爾三十五　海三十六

鄉音字彙集要（02）

鈔本，一册，版幅 12cm×16.1cm，衹有“平、上、去”三卷，無

“入”聲。

平上去聲目録前都寫有書名“鄉音字彙集要”。

後加封面是一張民國時期的報紙。

韻書以聲統韻，只有平、上、去三卷，去聲結束頁寫“去聲終”，每頁左中寫所屬聲調。每韻前列“數字序號＋韻代表字”，每頁左中寫所屬的韻。韻下有若干以同音字組形式編排的小韻，各小韻以朱筆的○標記。字下雙行小字簡單釋義、組詞，在釋義、組詞中，該字不再出現，用“丨”代替；異體字衹注釋第一個，其餘字下注“仝上”；字下無反切。正文每頁七行。

平上去三聲目録在三聲正文前，三聲韻目不相承。三聲目録都稱爲“總目”，如“平聲總目”。目録序號混合使用小寫的中文數字和柴碼。三聲目録如下，平聲目録略殘，據正文補全。

平聲目録

東一　雍二　龍三　江四　欺五　池六　奇七　虚八　兹九　強十　齏十一　齊十二　葵十三　爐十四　踈十五　朝十六　鞋十七　開十八　遭十九　梅二十　頭二十一　憂二十二　桃二十三　原二十四　煩二十五　番二十六　先二十七　安二十八　寒二十九　肴三十　交三十一　歌三十二　鑼三十三　平三十四　京三十五　而三十六

上聲目録

孔一　品二　講三　紙四　美五　羽六　遠七　甫八　禮九　小十　反十一　海十二　罕十三　稍十四　可十五　取十六　有十七　好十八　爾十九

去聲目録

送一　信二　降三　記四　畏五　制六　恣七　付八　太九　蓋十　卦十一　勸十二　販十三　教十四　敬十五　救十六　貫十七　灶十八

鄉音字彙全卷

民國甲子（1924）、乙丑（1925）、丙寅（1926）共三年，黄貲文抄寫。鈔本，一册，殘。

封面、平聲目録後和上聲前寫有書名“鄉音字彙全卷”，上去入聲目録頁則無“全”字，入聲之前是“鄉音字彙卷全”，平上聲結束頁的書名是“鄉音集要”。

封面寫“民國甲子、乙丑、丙寅共三年抄寫”和“黄賁文抄寫”。

去聲正文後寫“桂洋書齋，秀丰黄金成爲”，據藏書人考，桂洋書齋，在桂岩村，是婺源東北鄉的戴氏聚集村落。

平聲從第七“唐”韻起，前缺；入聲到第十三“説”韻，後缺頁。

韻書以四聲統韻，“鄉音字彙全卷之壹本”一册，按四聲分爲四卷，左頁上寫所屬聲調，平上去聲結束頁寫“平韻終”“上韻終”“去韻終”。每韻首字上加數字序號標記。韻下有若干以同音字組形式編排的小韻，各小韻另起一行，或在同行空一段距離並以朱筆的○標記。字下雙行小字簡單釋義、組詞，在釋義、組詞中，該字不再出現，用“丨”代替；異體字衹注釋第一個，其餘字下注“仝上”；字下無反切。正文每頁八行。

四聲目録在四聲正文之前，四聲不相承。目録稱爲“× 聲各韻”，如“上聲各韻”。目録序號用小寫的中文數字。四聲目録如下。

平聲目録

［前缺］ 唐七　皇八　規九　齊十　葵十一　爐十二　疎十三　佳十四　調十五　開十六　憂十七　梅十八　由十九　真二十　辰二十一　原二十二　煩二十三　番二十四　先二十五　爻二十六　交二十七　嘉二十八　牙二十九　平三十　京三十一　慈三十二

上聲目録

孔一　謹二　講三　紙四　羽五　遠六　府七　禮八　寡九　反十　此十一　海十二　巧十三　雅十四　丙十五　有十六　似十七　談十八　善十九　户二十　罪二十一　宙二十二　動二十三　社二十四　盡二十五　序二十六　杏二十七　丈二十八　治二十九　下三十　趙三十一

去聲目録

送一　信二　降三　記四　畏五　制六　恣七　付八　太九　戴十　卦十一　勸十二　販十三　教十四　敬十五　救十六

入聲目録

洞一　利二　立三　尚四　字五　逐六　問七　願八　萬九　妙十　命十一　達十二　説十三　位十四　路十五　或十六

鄉音字譜

潘吉宣記。鈔本，一册，版幅 10.2cm × 14cm，殘。發現於歙縣。

封裏寫一大“鄉”字，正文結束頁寫的書名是“字譜”。收藏者據此推斷書名是“鄉音字譜”，暫從。

正文結束頁寫“潘吉宣記”。

書末兩頁空白處抄寫了“荀卿論兵要”。

韻書是一些以朱筆的○標記的同音字組，但是這些同音字組的編排方式不明，與其他徽州鄉音韻書完全不同。

韻書無目録。

鄉音字義（01）

汪仁德記。鈔本，一册，全。發現於婺源縣中雲。

扉頁書名“鄉音字義”。平入聲正文前書名爲“新編纂要”，上去聲正文前則簡稱“纂要”。

扉頁書名下寫“有字無音查字彙，有音無字查字義”。頁中列“東董凍洞”對應“平上去入”。

扉頁右下和去、入聲目録頁均有“仁德”二字，“德”改爲“二”。上聲目録下寫“仁二”。書末頁有“汪仁德記本”，“德”字同樣改爲“二”字。

書中夾一紙條，上寫“明净無瑕”，蓋“心細如絲”印。

與該韻書同時發現的有項、姜、程、汪的一些文書、賬册，其中有一民國十年（1921）姜姓賣給程姓的茶山契中蓋有“二區第一茶林公會”戳。另有光緒十一年（1885）汪家壪汪成垡、汪柯項氏賣給盤谷宅程養泉名下的白契，中人是胞侄汪廣盛、汪龍稿。

韻書以四聲統韻，按平上去入四聲分爲四卷。每韻之前列“韻代表字 + 數字序號 + 本韻的其他小韻首字”。韻下有若干以同音字組形式編排的小韻，各小韻另起一行，或在本行空格，都以朱筆的○標記。字下雙行小字簡單釋義、組詞，在釋義、組詞中，該字不再出現，用“丨”代替；異體字衹注釋第一個，其餘字下注“仝上”，或者異體字連續排列，衹在最後一字下注釋；字下無反切。正文每頁八到九行。

四聲正文前分別有四聲目録，四聲不相承。目録稱爲“題頭”，如“上聲題頭”。四聲韻目如下。

平聲目録

東一 春二 真三 容四 蒙（圈掉，旁改爲“門”）五 雲六 江七 知八 熙（旁寫“箕”）九 西十 兒十一 慈（旁寫“其”）十二 齊十三 虚十四 忙十五 葵十六 盧十七 疎十八 佳十九 高二十 桃二十一 秋二十二 樓二十三 苗二十四 原二十五 凡（圈掉，旁改爲“南”）二十六 寒二十七 番（圈掉，旁改爲“山”）二十八 天二十九 番（圈掉，旁改爲“安”）三十 肴（旁寫“茅”）三十一 交三十二 家三十三 拕（旁寫“何”）三十四 平三十五 京（圈掉，旁改爲“生”）三十六

上聲目録

孔一 准二 枕三 講四 紙五 禮六 宇七 遠八 甫九 小十 傘十一 靄十二 杜十三 罕十四 爪十五 可十六 耿十七 彼十八 耳十九

去聲目録

送一 俸二 信三 降四 至五 記六 恕七 替八 富九 太十 詐十一 報十二 透十三 片十四 旦十五 教十六 敬十七 泮十八 卯十九

入聲目録

洞一 立二 事三 望四 示五 裡六 弟七 助八 烈九 納（圈掉，上寫“達”）十 就十一 會十二 畫十三 索十四 任十五 彦十六 汗十七 萬十八 范十九 善二十 暖二十一 杜二十二 孟二十三 宙二十四 鳳二十五 盡二十六 柱二十七 遇二十八 領二十九 丈三十 下三十一 兆三十二 道三十三 卯三十四 社三十五

鄉音字義（02）

梓溪汪灶金記，汪金昌办用。袖珍鈔本，一册，全。發現於休寧梓塢。

平聲目録頁有書名“鄉音字義”。

書脊上寫“梓溪汪灶金記”，平聲開始頁其他筆迹寫有“汪金昌號”，書末寫“汪金昌办用”等字。

扉頁寫“有字無音查字彙，無字有音查字義”。

韻書以平上去入四聲統韻，每頁左上寫所屬的聲調。每韻首字上加數字序號標記。韻下有若干以同音字組形式編排的小韻，各小韻以朱筆的○標記。字下雙行小字簡單釋義、組詞，在釋義、組詞中，該字不再出現，用“丨”代替；異體字衹注釋第一個，其餘字下注“仝上”或“同上”，或者異體字連續排列，衹在最後一字下注釋；字下無反切。正文每頁八行。

四聲目録分别在四聲正文之前，四聲不相承，目録先列包括該韻所有小韻首字的韻目，再列衹有各韻的韻目。目録序號用小寫的中文數字。四聲目録如下，入聲目録頁略殘，據正文補全。

平聲目録

東一　親二　容三　倫四　雲五　江六　知七　欺八　而九　其十　虛十一　忙十二　陽十三　規十四　齊十五　為十六　徒十七　疎十八　佳十九　刁二十　堯二十一　柴二十二　開二十三　高二十四　梅二十五　曹二十六　原二十七　煩二十八　番二十九　先三十　安三十一　寒三十二　茅三十三　交三十四　哥三十五　拕三十六　平三十七　京三十八　由三十九　幽四十

上聲目録

孔一　品二　講三　想四　紙五　美六　語七　展八　甫九　礼十　小十一　少十二　反十三　海十四　罕十五　稍十六　可十七　耿十八　有十九　好二十

去聲目録

送一　信二　降三　映四　記五　畏六　制七　次八　付九　太十　笑十一　盖十二　卦十三　勸十四　販十五　教十六　敬十七　究十八　貫十九　灶二十

入聲目録

洞一　贐二　利三　状四　是五　自六　助七　或八　願九　萬十　汗十一　棧十二　善十三　撰十四　妙十五　尺十六　户十七　命

十八 右十九 西二十 奉二十一 道二十二 第二十三 在二十四 苧二十五 杏二十六 達二十七 索二十八 若二十九 月三十 象三十一 遇三十二 李三十三 合三十四 鮑三十五 下三十六 趙三十七 郡三十八 藠三十九 舀四十

鄉音字義（03）

鈔本，一册，版幅 13.5cm × 24.5cm，殘。

平上去聲正文開始頁有書名“鄉音字義”。

書前兩頁殘缺，書後殘缺，正文衹到去聲第九“按”韻爲止，之後的韻及入聲都被撕掉，書中縫上半部分殘缺，品相差。

韻書以四聲統韻，按平上去入四聲分爲四卷。每韻之前列“韻代表字 + 數字序號 + 本韻所有小韻的首字”。韻下有若干以同音字組形式編排的小韻，各小韻以朱筆的○標記。字下雙行小字釋義、組詞，在釋義、組詞中，該字不再出現，用“丨”代替；異體字衹注釋第一個，其他字下注“同上”；字下無反切。正文每頁八行。

平上去三聲目録分别在三聲正文之前，三聲不相承。目録稱爲“題頭”，如“平聲題頭”。目録序號混合使用小寫的中文數字和柴碼。四聲目録如下，平聲目録頁殘損較多，據正文補全。

平聲目録

東一 孫二 容三 文四 江五 知六 滋七 而八 時九 慈十 虛十一 忙十二 規十三 葵十四 爐十五 疎十六 佳十七 鞋十八 開十九 高二十 梅二十一 曹二十二 原二十三 煩二十四 番二十五 天二十六 安二十七 寒二十八 殺二十九 交三十 家三十一 陀三十二 平三十三 京三十四

上聲目録

孔一 飲二 講三 紙四 此五 羽六 柱七 遠八 甫九 禮十 小十一 反十二 海十三 罕十四 爪十五 可十六 耿十七 好十八 甚十九 趙二十 李二十一 似二十二 在二十三 弟二十四 道二十五 動二十六 户二十七 下二十八 棧二十九 杏三十 象三十一 鮑三十二 善三十三 饌三十四

去聲目録

送一　信二　降三　記四　畏五　制六　恣七　付八　按九　太十　盖十一　卦十二　勸十三　販十四　教十五　敬十六　灶十七

鄉韻備覽集要

洪海棠記。鈔本，上去入三聲一册，版幅 11.9cm × 17.7cm，書角略殘，缺平聲册。

去入聲目録頁寫有書名“鄉韻備覽集要”。

上聲結束頁寫“洪海棠記”。去聲結束頁寫“海堂洪記”“潤飲號”。

書前缺上聲目録頁。

書末抄一頁“百家姓”。

韻書以聲統韻，僅存上去入三聲一册。每韻首字上加數字序號標記，每頁邊上角寫所屬第幾韻。韻下有若干以同音字組形式編排的小韻，各小韻另起一行，並以朱筆的○標記。字下雙行小字釋義、組詞，在釋義、組詞中，該字不再出現，用“丨”代替；異體字衹注釋第一個，其他字下注“同上”或“仝上”；字下無反切。正文每頁六行。

上聲目録缺，去入聲目録在去入聲正文之前，三聲之間不相承。目録序號混合使用小寫的中文數字和柴碼。上去入聲目録如下，其中上聲目録據正文整理。

上聲目録

［缺］一　謹二　講三　紙四　羽五　遠六　府七　禮八　寡九　反十　纂十一　此十二　海十三　火十四　巧十五　丙十六　老十七　似十八　是十九　淡二十　饌二十一　善二十二　户二十三　在二十四（未標序號二十五）皂二十六　動二十七　社二十八　盡二十九　苧三十　杏三十一　丈三十二（未標序號三十三）趙三十四　爾三十五

去聲目録

送一　信二　降三　記四　畏五　制六　恣七　付八　太九　戴十　卦十一　勸十二　販十三　鑽十四　教十五　敬十六　灶十七

入聲目録

洞一　利二　略三　陸四　勞五　尚六　自七　二八　助九　問

十 願十一 萬十二 患十三 妙十四 命十五 達十六 月十七 位十八

鄉韻集要（01）

汪清泉抄。鈔本，入上去三聲一册，去聲未抄全，無平聲册。出自歙縣深渡。

封面和入上去聲正文開始頁寫書名“鄉韻集要”（封面第一字殘）。

封面寫“汪清泉抄”。

僅有入上去三聲，正文去聲“販十三”之後缺。

韻書以聲統韻，僅存入上去三聲一册，頁左上寫所屬聲調。每韻前列“韻代表字＋數字序號”，頁左中寫所屬的韻。韻下有若干以同音字組形式編排的小韻，各小韻另起一行頂格。字下雙行小字釋義、組詞，在釋義、組詞中，該字不再出現，用“丨”代替；異體字衹注釋第一個，其他字下注“仝上”；字下無反切。正文每頁八行。

入上去三聲目録分别在三聲正文前，三聲之間不相承。目録序號用小寫的中文數字。三聲目録如下。

入聲目録

洞一 利二 士三 狀四 助五 或六 任七 願八 萬九 換十 湛十一 善十二 饌十三 銚十四 杜十五 命十六 右十七 宙十八 動十九 弟二十 盡二十一 道二十二 苧二十三 並二十四 達二十五 若二十六 月二十七 象二十八 遇二十九 李三十 坐三十一 兆三十二 卯三十三 是三十四 二三十五

上聲目録

孔一 謹二 港三 起四 禹五 遠六 甫七 禮八 少九 反十 此十一 海十二 罕十三 稍十四 冄十五 耿十六 有十七 耳十八 紙十九

去聲目録

送一 信二 降三 記四 至五 畏六 制七 付八 太九 盖十 卦十一 勸十二 販十三 教十四 敬十五 救十六 按十七

鄉韻集要（02）

清江南休寧縣虞芮鄉福義里戴源新進大社，項關富記。鈔本，上去入聲一册，版幅 13.4cm × 23.9cm，殘，無平聲册。出自休寧流口馮村。

去聲入聲正文前寫有書名“鄉韻集要”。

末頁入聲正文蓋有“項關富記”“關富”的藍色印章。

去入聲之間的空白頁寫“大清國江南徽州府休寧縣虞芮鄉福義里戴源新進大社”。

書前半部分上角殘，書前上聲缺頁，書末入聲僅有一頁。

韻書以聲統韻，上去入三聲一册。每韻前列“韻代表字 + 數字序號”。韻下有若干以同音字組形式編排的小韻，各小韻以朱筆的○標記。字下雙行小字簡單釋義、組詞，在釋義、組詞中，該字不再出現，用“丨”代替；異體字衹注釋第一個，其餘字下注“仝上”或“仝”；字下無反切。正文每頁八行。

上聲目録頁缺失，去聲目録在去聲正文前，上去兩聲不相承。目録序號混合使用小寫的中文數字和柴碼。上去聲目録如下，上聲目録據正文整理，因頁面殘損不全。

上聲目録

［前缺］ 起四 ［缺］五 遠六 ［缺］七 禮八 少九 反十 此十一 ［缺］十二 罕十三 稍十四 咼十五 耿十六 有十七 ［缺］十八 紙十九

去聲目録

送一 信二 降三 記四 至五 畏六 制七 富八 太九 盖十 卦十一 勸十二 販十三 教十四 敬十五 救十六 按十七

鄉韻集要（03）

鈔本，一册，版幅 13.3cm × 23.5cm，去、入二聲全。

去入聲正文開始頁寫書名“鄉韻集要”。

去聲正文頁寫有“孝生”名。

書後附“辯似醒誤”一頁，殘。

韻書以聲統韻，去入兩聲一册，頁左上寫所屬聲調。每韻前列“韻代表字＋數字序號”，每頁左中寫所屬的韻。韻下有若干以同音字組形式編排的小韻，各小韻另起一行頂格，並以朱筆的○標記。字下雙行小字簡單釋義、組詞，在釋義、組詞中，該字不再出現，用“丨”代替；異體字祇注釋第一個，其餘字下注“仝上”；字下無反切。正文每頁八行。

去聲目録頁缺失，入聲目録在入聲正文前，去入兩聲不相承。目録序號用小寫的中文數字。去入聲目録如下，去聲目録據正文整理。

去聲目録

送一　信二　降三　記四　至五　甚六　制七　付八　太九　蓋十　卦十一　勸十二　販十三　教十四　敬十五　救十六　按十七

入聲目録

洞一　利二　士三　狀四　助五　或六　任七　願八　萬九　換十　湛十一　善十二　饌十三　銚十四　杜十五　命十六　右十七　宙十八　動十九　弟二十　盡二十一　道二十二　苧二十三　並二十四　達二十五　若二十六　月二十七　象二十八　遇二十九　李三十　坐三十一　兆三十二　卯三十三　是三十四　二三十五

鄉韻摘要

鈔本，袖珍本，僅平上兩聲，未抄全。發現於婺源蔡關詹某人後代收的一箱書契中。

平上聲正文開始頁寫有書名“鄉韻摘要”。

與韻書同時在箱中發現的還有一些“信客名片”：正面寫“徽婺信客　察關詹善達［字熒良］ 通訊處上海城隍廟對面華記戴春林内；又察關詹人肇［字雲良］”，反面印信客廣告及介紹人名單。

平聲完整，上聲抄到第十八韻“好”。

韻書以聲統韻，平上兩聲分爲兩卷，一册。每韻前列“朱筆的○＋韻代表字＋數字序號”。韻下有若干以同音字組形式編排的小韻，各小韻以朱筆的○標記。字下雙行小字簡單釋義、組詞，在釋義、組詞中，該字不再出現，用“丨”代替；異體字祇注釋第一個，其餘字下注“仝上”；字下無反切。正文每頁六行。

平上聲目録分别在平上聲正文前，先列韻目，再列每韻下包含所有小韻首字的目録。平上兩聲之間不相承。韻目序號用小寫的中文數字，包含小韻首字的目録用大寫的中文數字。平上聲目録如下。

平聲目録

東一　親二　容三　云四　江五　知六　衣七　而八　其九　虛十　忙十一　規十二　齊十三　葵十四　爐十五　疎十六　佳十七　鞋十八　開十九　梅二十　原二十一　煩二十二　番二十三　天二十四　安二十五　寒二十六　殺二十七　交二十八　歌二十九　拕三十　平三十一　京三十二　由三十三　憂三十四

上聲目録

孔一　引二　講三　紙四　美五　雨六　遠七　甫八　禮九　小十　反十一　海十二　有十三　罕十四　稍十五　把十六　耿十七　好十八

新安鄉音字義考正

印本，有兩種版本。

第一種版本是《新安鄉音字義考正》僞託朱熹的版本，已見到的有温州圖書館的光緒己亥（1899）孟冬石印本和孫承平先生收藏的光緒甲辰（1904）仲秋石印本。

温圖藏本前無叙，先是“例言”九條，然後依次是“敬避字樣”、版權所有字義輯要，下寫“平上去入”和“有字無音查字彙，有音無字察字義”、四聲相配的“横韻法”、“新安鄉音字義考正總目”，之後是正文，封面上寫有“謝蔭欣”三字。目録寫爲“横韻法”，横韻法相當於一級目録，總目每一韻下小字列該韻的小韻首字。目録與正文内容均與本書所收的第二種版本相同。

第二種版本，同治六年（1867）叙、光緒己亥（1899）石印，婺源環川詹逢光夢仙輯。本書所收的此版本爲喬全生先生收藏。一册，全。

扉頁書名是“鄉音字義”，“總目”頁和正文首頁書名爲“新安鄉音字義考正”。

“叙”末題“同治六年丁卯春二月環川詹逢光叙”，扉頁背面題“光緒己亥孟冬石印”。正文首頁題“詹逢光夢仙輯”。書末寫“上海來泰鴻源典詹堯卿悦吾經售處”。

《鄉音字義》正文前“字義纂要”頁題有“有字無音查字彙，有音無字察字義”之語。《鄉音字義》的“例言”中有“鄉間字彙仿詩韻式，多是俗注”。

韻書以四聲統韻，分别是“平聲”“上聲”“去聲”“入聲”。每韻首字上加數字序號標記，每頁左中寫所屬的韻。韻下有若干以同音字組形式編排的小韻，各小韻以朱筆的○標記，每頁左上列本頁的小韻首字。字下雙行小字注釋，釋義較爲詳細，有的以“音 ×”的形式注音；字下無反切。正文每頁九行。

正文前有四聲總目録，四聲都是二十韻，平上去入四聲相承。目録序號用小寫的中文數字。四聲目録如下。

平聲目録

工一　江二　姜三　支四　基五　居六　姑七　稽八　佳九　嬌十　該十一　金十二　堅十三　官十四　甘十五　交十六　高十七　家十八　庚十九　鉤二十

上聲目録

孔一　講二　強三　子四　几五　主六　古七　啓八　解九　皎十　改十一　謹十二　繭十三　管十四　感十五　姣十六　杲十七　果十八　耿十九　玖二十

去聲目録

貢一　絳二　將三　志四　記五　貴六　故七　計八　戒九　叫十　蓋十一　禁十二　見十三　貫十四　諫十五　教十六　告十七　卦十八　更十九　究二十

入聲目録

洞一　浪二　讓三　質四　吉五　櫃六　穀七　挈八　格九　戟十　國十一　噤十二　健十三　段十四　雁十五　覺十六　鴿十七　甲十八　定十九　匊二十

新編纂要

志和鈔本，兩册，版幅 13.8cm × 24.3cm，全。發現於璜茅村。

封面和上去入聲正文前寫有書名“新編纂要”，平聲正文前書名爲“新編纂要字義”。

兩册封面都題“志和”二字，内夾紙條，上寫“世鑾”與“益記洋行”，還有一信稿。

平聲目録後用“東董凍洞”“公拱貢谷”對應“平上去入”四聲。

韻書以四聲統韻，按平上去入分爲四卷，分先、後兩册，平上聲一册，去入聲一册。每韻前列“韻代表字＋數字序號＋朱筆的○＋本韻所有小韻首字”。韻下有若干以同音字組形式編排的小韻，各小韻以朱筆的○標記。字下雙行小字簡單釋義、組詞，在釋義、組詞中，該字不再出現，用“、”代替；異體字衹注釋第一個，其餘字下注“仝上”；字下無反切。正文每頁八行。

四聲目録分别在四聲正文前，四聲不相承。上去入聲目録稱爲“題頭”，如“上聲題頭”。目録序號用小寫的中文數字。四聲目録如下。

平聲目録

東一　親二　容（文）[①]三　雲四　江五　知（思）六　箕七　而（時）八　其九　虚十　忙十一　規十二　齊十三　葵十四　爐十五　踈（都）十六　佳十七　鞋十八　開十九　高二十　梅二十一　曹二十二　原二十三　煩（咸）二十四　番二十五　天二十六　安二十七　寒二十八　殺（茅）二十九　交三十　歌三十一　拕三十二　平三十三　京三十四　由三十五　憂三十六

上聲目録

孔（本）一　引（品飲）二　講（享）三　紙（此）四　美（里）五　雨（水）六　遠七　甫（祖）八　礼九　小（打）十　反（板）十一　海十二　罕（短）十三　稍（巧）十四　可（火）十五　耿（丙）十六　有十七　好（保）十八　南十九

去聲目録

送一　信二　降三　記四　畏（去）五　制六　恣（至）七　付八　太九　盖（再）十　卦十一　勸（佪）十二　販（旦扮）十三　教十四　敬十五　救十六　按十七　竈（大）十八

① 本韻書目録（　）中的字爲左下小字。

入聲目録

洞一　利二　状三　是（治）四　自（十在）五　助（伏）六　或（出不弗）七　刃（慎）八　願九　萬十　汗十一　湛（棧）十二　善十三　饌（旱）十四　銚（白）十五　户十六　命十七　右（壽）十八　宙（酉）十九　動（奉）二十　弟二十一　道二十二　在二十弍　苧二十三　杏二十四　達二十五　若（李）二十六　月二十七　象二十八　遇（具）二十九　李（叙）三十　合（与或同）三十一　鮑三十二　下三十三　趙三十四　甚三十五　妙三十六　式三十七　耳三十八

新編纂要字義

丙戌江耀華記。鈔本，兩册，版幅 11.7cm × 19.8cm，全。出自江耀華後裔江亦稠住處“芳溪草堂”，今藏黄山學院圖書館。

平上去入聲正文前寫書名“新編纂要字義”。

書前四聲相配的目録頁、上去入聲正文頁有“江耀華記”的印章。

正文前有“新編鄉音韻字法目録”，是平上去入四聲相配的目録，但與本書韻目不完全相同。接下來是“東董凍洞”與“平上去入”相配的“韻法”。有“有字無音查字彙，有音無字查字義”的説明。旁寫“丙戌抄寫字義係婺源口音”。

韻書以四聲統韻，按平上去入分爲四卷，分爲兩册，平上聲一册，去入聲一册。每韻前列“韻代表字 + 數字序號 + 朱筆的○ + 本韻所有小韻首字”。韻下有若干以同音字組形式編排的小韻，各小韻以朱筆的○標記。字下雙行小字簡單釋義、組詞，在釋義、組詞中，該字不再出現，用“丨”代替；異體字衹注釋第一個，其餘字下注“仝上”；字下無反切。正文每頁六行。

四聲目録在四聲正文之前，四聲不相承。四聲目録稱爲“題頭”，如“去聲題頭”。目録序號用小寫的中文數字。四聲目録如下。

平聲目録

東一　親二　容三　雲四　江五　知六　箕七　而八　其九　虚十　忙十一　規十二　齊十三　葵十四　爐十五　疎十六　佳十七　鞋

十八　開十九　高二十　梅二十一　曹二十二　原二十三　煩二十四　番二十五　天二十六　安二十七　寒二十八　殺二十九　交三十　歌三十一　拕三十二　平三十三　京三十四　由三十五　憂三十六

上聲目録

孔一　引二　講三　紙四　美五　雨六　遠七　甫八　礼九　小十　反十一　海十二　罕十三　稍十四　可十五　耿十六　有十七　好十八

去聲目録

送一　信二　降三　記四　畏五　制六　悠七　付八　太九　盖十　卦十一　勸十二　教十三　販十四　敬十五　救十六　按十七　灶十八

入聲目録

洞一　利二　状三　是四　自五　助六　或七　刃八　願九　萬十　汗十一　湛十二　善十三　饌十四　銚十五　户十六　命十七　右十八　宙十九　動二十　弟二十一　道二十二　在二十三　苧二十四　杏二十五　達二十六　若二十七　月二十八　象二十九　遇三十　李三十一　合三十二　鮑三十三　下三十四　趙三十五　甚三十六

字彙

同治五年（1866）歲次仲秋月，王棣臣緘，王芳桂用。鈔本，一册，版幅 12cm×18cm，全。出自婺源武口村。

只有平聲開始處寫“平聲字彙”，此外無書名。

正文抄寫字體不佳，正文最後有“同治五年歲次仲秋月”的字様，前後蓋有“萬源益號”“王棣臣緘”等印章。還有用毛筆塗寫一些拙劣的字，如書末“王芳桂用”。

韻書以平上去入四聲統韻。每韻首字上加數字序號標記。韻下有若干以同音字組形式編排的小韻，各小韻以○標記。字下雙行小字簡單釋義、組詞，在釋義、組詞中，該字不再出現，用“丨”代替；異體字衹注釋第一個，其餘字下注“仝上”，或將異體字排列在一起，衹在最後一個字下注釋；字下無反切。正文每頁八行。

四聲目録分别在四聲正文前，四聲不相承。目録序號混合使用小寫的中文數字和柴碼。四聲目録如下。

平聲目録

東一 真二 容三 林四 江五 之六 西七 其八 書九 初十 資十一 亡十二 蛇十三 爲十四 胡十五 佳十六 柴十七 開十八 由十九 原二十 舡二十一 山二十二 先二十三 安二十四 寒二十五 爻二十六 交二十七 家二十八 何二十九 平三十 生三十一 高三十二 而三十三 毛三十四

上聲目録

孔一 謹二 往三 止四 水五 遠六 禮七 土八 乃九 敢十 子十一 有十二 滿十三 耳十四 巧十五 可十六 丙十七 老十八

去聲目録

送一 信二 放三 記四 畏五 世六 孝七 富八 聘九 告十 按十一 線十二 次十三 界十四 概十五 泛十六 駕十七

入聲目録

用一 利二 上三 自四 福五 或六 孕七 雪八 瑞九 格十 愿十一 飯十二 换十三 學十四 甲十五 定十六 盒十七 動十八 近十九 蕩二十 踞二十一 社二十二 豎二十三 杜二十四 似二十五 兆二十六 待二十七 軟二十八 犯二十九 斷三十 咬三十一 下三十二 並三十三 道三十四

字義

鈔本，一册，版幅 12.2cm × 20cm，殘。

上、去、入聲正文之前寫“上聲字義”“去聲字義”“入聲字義”，書名有可能爲“四聲字義”，此處僅取書中“字義”二字爲書名。

書前缺頁，有殘頁，現看不到封面、目録頁和正文平聲前面的若干頁。能看到的平聲從“謅”字開始。入聲正文不全，後缺頁殘頁，可見頁面到“饢”爲止。

韻書以平上去入四聲統韻。每韻没有數字序號，也没有特殊標記。韻下有若干以同音字組形式編排的小韻，各小韻另起一行頂格。字下雙行小字簡單釋義、組詞，在釋義、組詞中，該字不再出現，用“丨”代替；異體字衹注釋第一個，其餘字下注“仝上”；字下無反切。正文每頁八行。

韻書無目録，正文每韻開頭無標記，無法根據標記整理目録。留待音韻系統整理並通過與其他韻書比對整理出四聲目録。

殘名《　四音　　　　韻》

鈔本，一册，版幅 12.2cm×23.2cm，基本全，但品相差。

平聲正文開始頁出現書名，但因頁面殘缺不全，衹能看到“四音”和“韻”三個字。

一册，基本全，但前多頁品相差，書後少封底。民國報紙重加的封面。

“上聲”目録旁注“巳静盡道罪鮑趙户坐此九字，論官語本在去聲，入上聲者，土音便切”。“入聲”目録旁小字注“位字二命任萬合面乱尚用共十一音，本官语在去声，今注入声者，土音便切故也”，此注多用簡體字。

韻書以平上去入四聲統韻。每韻首字上加數字序號標記。韻下有若干以同音字組形式編排的小韻，各小韻以○標記。字下雙行小字簡單釋義、組詞，在釋義、組詞中，該字不再出現，用“丨”代替；異體字排列在一起，衹在最後一個字下注釋；字下無反切。正文每頁六行。

四聲目録分别在四聲正文前，四聲不相承。目録序號混合使用大寫和小寫的中文數字。四聲目録如下，其中平聲目録不全，多字據正文補。

平聲目録

上聲目録

二十五　丈二十六　巳二十七　静二十八　盡二十九　道三十　罪三十一　鮑三十二　趙三十三　户三十四　坐三十五

去聲目録

去一　桂二　閉三　次四　正五　信六　教七　告八　肖九　盖十　諫十一　固十二　化十三　見十四　奐十五　唱十六　貢十七

入聲目録

入一　月二　讀三　足四　勺五　法六　百七　位八　字九　二十　命十一　任十二　萬十三　合十四　面十五　亂十六　尚十七　用十八

無名（01）

乙未正月念式未时，淩齊梁[①]。鈔本，一册，版幅 11.6cm × 18.9cm，全。發現於歙北沙溪。

全書看不到書名。

書末頁寫“乙未正月念式未时”。封面用灑金宣舊對聯製，寫“淩齊梁”，最後蓋有“淩齊良”印四枚。

第一頁抄了一些字，其中寫法特殊的下用小字注出常見的寫法。書中有紅色財神的小印畫。最後的附録中收有重叠類、竝肩類、兩挾類、三同類、四色類、腰截類、古字類。

韻書以平上去入四聲統韻。每韻之前列“韻代表字 + 數字序號 + 本韻的小韻首字”，但小韻和正文不盡相同，平聲第一韻“東一”的小韻首字後小字寫“凡批直下作題本字如披上讀東西如下讀西東余仿此”。每韻下有若干以同音字組形式編排的小韻，各小韻另起一行頂格或同一行空格，前幾頁以朱筆的○隔開，後無○。字下雙行小字簡單釋義、組詞，在釋義、組詞中，該字不再出現，用“丨”代替；異體字衹注釋第一個，其餘字下注“仝上”。字下無反切。正文每頁八行。

四聲目録分别在四聲正文前，四聲不相承。目録稱爲“題頭”，如

---

① 據孫承平先生考證，這裏的“淩”姓是三點水，在歙縣才有這種姓，據其譜中記載，是由於南宋初其祖運木材至杭州修宫殿有功，被宋高宗趙構欽點“一點”而成，有别於其他縣的二點“凌”。

“平聲題頭”。目録序號用小寫的中文數字。四聲目録如下。

平聲目録

東一　親二　容三　雲四　江五　知六　欺七　而八　其九　虛十　忙十一　規十二　葵十四　爐十五　踈十六　佳十七　鞋十八　開十九　高二十　梅二十一　曹二十二　原二十三　煩二十四　番二十五　天二十六　安二十七　寒二十八　殽二十九　交三十　歌三十一　拕三十二　平三十三　京三十四　由三十五　憂三十六　齊十三①

上聲目録

孔一　引二　講三　紙四　美五　雨六　遠七　甫八　禮九　小十　反十一　海十二　罕十三　稍十四　可十五　耿十六　有十七　好十八

去聲目録

送一　信二　降三　記四　畏五　制六　悠七　付八　太九　盖十　卦十一　勸十二　販十三　教十四　敬十五　救十六　按十七　竈十八

入聲目録

洞一　利二　状三　是四　自五　助六　或七　刃八　願九　萬十　汗十一　湛十二　善十三　鐉十四　銚十五　户十六　命十七　右十八　宙十九　動二十　弟二十一　道二十二　苧二十三　杏二十四　達二十五　若二十六　月二十七　象二十八　遇二十九　李三十　合三十一　鮑三十二　下三十三　趙三十四　甚三十五

無名（02）

漢槎珍藏。鈔本，一册，版幅 23cm × 19cm，略殘。發現於璜茅村。

全書看不到書名。

後做的封面、封底蓋“漢槎珍藏”印。

前缺封面及“平聲”與“上聲”四韻目録。上聲目録旁注：“已静盡道

① 在最末。

趙昴户坐受此九字，論官話宜寫在去聲，今寫在上聲者，土音便切。”入聲處注：“位字命任萬合面亂尚用此拾字，論官話寫在去聲，今寫在入聲者，土音便切。”

韻書以平上去入四聲統韻。每韻前列韻排列的次序，如平聲從“第一、第二”到“三十五”。每韻下有若干以同音字組形式編排的小韻，各小韻另起一行頂格或同一行空格，並以朱筆的○標記。字下雙行小字簡單釋義、組詞，在釋義、組詞中，該字不再出現，用“丨”代替；異體字衹注釋第一個，其餘字下注“仝上”；字下無反切。正文每頁十四行。

全部正文前列包含小韻首字的韻目，缺少平聲和部分上聲目録，四聲正文前還有單列韻目的四聲目録。四聲不相承。兩種目録序號都用小寫的中文數字。四聲目録如下。

平聲目録

平一　聲二　人三　心四　東五　同六　方七　良八　仙九　玄十　談十一　山十二　排十三　開十四　秋十五　高十六　交十七　爻十八　桃十九　炉二十　惟二十一　移二十二　齊二十三　而二十四　慈二十五　知二十六　思二十七　朱二十八　初二十九　妻三十　多三十一　牙三十二　官三十三　完三十四　由三十五

上聲目録

賞一　孔二　止三　米四　禮五　宇六　子七　古八　好（旁寫“有”）九　飽（旁小字改爲“好”）十　飽十一　小十二　滿十三　感十四　醒十五　本十六　典十七　可十八　旱十九　淡二十　善二十一　奉二十二　弟二十三　巨二十四　丈二十五　巳二十六　静二十七　盡二十八　道二十九　趙三十　昴三十一　户三十二　坐三十三　受三十四

去聲目録

去一　桂二　閉三　次四　正五　信六　教七　告八　肖九　救十　諫十一　固十二　化十三　見十四　奐十五　唱十六　貢十七

入聲目録

入一　月二　讀三　足四　勺五　法六　百七　位八　字九　命十　任十一　萬十二　合十三　面十四　亂十五　尚十六　用十七

無名（03）

李世謀。鈔本，一册，版幅 13.4cm × 16.2cm，全。

全書看不到書名。

綫裝一册，封面有“李世謀”三字。

上聲目録旁注：“巳静盡道罪鮑趙户坐此九字，論官語宜寫在去聲，今寫在上聲者，我婺土音是也。”入聲目録旁注：“位字二命任萬合面亂尚用此十二字，宜寫在去聲，今寫在入聲者，土音便切，論官語宜寫在去聲。”

韻書以平上去入四聲統韻，正文每頁左上角寫所屬聲調。每韻首字上加大寫的中文數字序號。每韻下有若干以同音字組形式編排的小韻，各小韻另起一行或同一行空格，並以朱筆的〇標記。字下雙行小字簡單釋義、組詞，在釋義、組詞中，該字不再出現，用“丨”代替；異體字祇注釋第一個，其餘字下注“仝上”或“同上”；字下無反切。正文每頁八行。

韻書最前面後加了包括各韻小韻首字的四聲韻目，字是用藍色墨水鋼筆抄寫的，另有四聲目録分别在四聲正文之前。四聲不相承。目録序號用大寫的中文數字。四聲目録如下。

平聲目録

平一　聲二　人三　心四　東五　同六　方七　良八　仙九　玄十　談十一　山十二　排十三　開十四　哉十五　來十六　高十七　交十八　爻十九　桃二十　無二十一　爲二十二　隨二十三　齊二十四　而二十五　慈二十六　知二十七　思二十八　朱二十九　初三十　妻三十一　多三十二　牙三十三　官三十四　完三十五

上聲目録

賞一　孔二　止三　米四　禮五　語六　子七　爾八　古九　有十　好十一　飽十二　小十三　滿十四　感十五　醒十六　本十七　典十八　可十九　旱二十　淡二十一　善二十二　奉二十三　弟二十四　巨二十五　丈二十六　巳二十七　静二十八　盡二十九　道三十　罪三十一　鮑三十二　趙三十三　户三十四　坐三十五

去聲目録

去一　桂二　閉三　次四　正五　信六　教七　告八　肖九　盖

十　諫十一　固十二　化十三　見十四　喚十五　唱十六　貢十七

入聲目録

入一　月二　讀三　足四　勺五　法六　百七　位八　字九　二十　命十一　任十二　萬十三　合十四　面十五　亂十六　尚十七　用十八

無名（04）

鈔本，兩册，版幅 13cm×15.9cm，殘。

全書看不到書名。

第一册是上聲和平聲，前缺幾頁，末頁寫“平聲終”。第二册是去聲和入聲，書前後有缺頁。

韻書以四聲統韻，上聲、平聲一册，去聲、入聲一册，正文每頁左上寫所屬聲調。每韻之前列“數字序號＋韻代表字＋本韻所有小韻首字”。每韻下有若干以同音字組形式編排的小韻，各小韻另起一行。字下雙行小字簡單釋義、組詞，在釋義、組詞中，該字不再出現，用“丨”代替。異體字衹注釋第一個，其餘字下注“仝上”；字下無反切。正文每頁十行。

上去聲目録頁缺失，平入聲目録分别在平入聲正文之前。四聲都列三十六韻，一一對應，去、入兩聲無對應的留出數字空位。目録稱爲“題頭目録”，如“平聲題頭目録”。目録序號用小寫的中文數字。四聲目録如下，上去聲據正文整理，上聲缺前三韻。

上聲目録

［前缺］ 蒀四　講五　絞六　咬七　紙八　李九　似十　子十一　取十二　果十三　下十四　社十五　拒十六　所十七　肚十八　癢十九　且二十　解二十一　静二十二　丙二十三　改二十四　在二十五　軫二十六　引二十七　有二十八　受二十九　輭三十　犯三十一　混三十二　忖三十三　罕三十四　伴三十五　簡三十六

平聲目録

東一　蟲二　先三　橋四　江五　交六　爻七　支八　離九　慈十　兹十一　隨十二　歌十三　何十四　賖十五　居十六　梳十七　途十八　陽十九　齊二十　佳二十一　青二十二　瓶二十三　該二十四　才

二十五　真二十六　人二十七　尤二十八　收二十九　元三十　煩三十一　渾三十二　村三十三　寒三十四　潘三十五　艱三十六

去聲目録

湅一［空］霰三　吽四　絳五［空］拗七　寘八［空］次十［空］娶十二　箇十三［空］世十五［空］數十七［空］［空］［空］［空］［空］倩二十三　蓋二十四［空］震二十六［空］幼二十八［空］［空］販三十一　奮三十二［空］喚三十四［空］［空］

入聲目録

洞一［空］羡三　轎四　巷五　覺六［空］質八［空］字十　即十一［空］割十三［空］射十五　具十六　叔十七［空］［空］［空］［空］淨二十二［空］國二十四［空］陣二十六［空］又二十八［空］［空］飯三十一　忿三十二［空］汗三十四［空］［空］

無名（05）

鈔本，一册，版幅 14cm × 24.3cm，略殘。發現於歙縣水南。

全書看不到書名。

書内夾有光緒六年（1880）的田租骨契一張。缺封面和末幾頁。

韻書以平上去入四聲統韻。每韻首字上加數字序號標記。每韻下有若干以同音字組形式編排的小韻，各小韻以朱筆的○隔開。字下雙行小字簡單釋義、組詞，在釋義、組詞中，該字不出現，也不用“丨”代替，直接省略。異體字衹注釋第一個，其餘字下注“仝上”。字下無反切。正文每頁六行。

在正文前統一列出包含各韻小韻首字的四聲韻目，並在平上去三聲下小字注出小韻數目：“平聲　字母叁百八十六字”“上聲　字母百八十三隻”“去聲　字母壹百卅八字”，入聲下無。四聲不相承。目録用小寫的中文數字。四聲目録如下。

平聲目録

東一　春二　容三　林四　江五　枅六　西七　兒八　茄九　書

十 忙十一 葵十二 盧十三 踈十四 佳十五 高十六 苗十七 豪十八 元十九 九二十 鳶二十一 番二十二 尖二十三 潘二十四 爻二十五 交二十六 家二十七 挖二十八 平二十九 京三十

上聲目録

孔一 准二 講三 紙四 礼五 宇六 舛七 甫八 少九 傘十 吻十一 罕十二 爪十三 可十四 耿十五

去聲目録

貢一 印二 降三 記四 絮五 贊六 四七 噂八 太九 做十 報十一 片十二 泛十三 教十四 敬十五 伴十六

入聲目録

洞一 利二 望三 示四 弟五 助六 列七 稉八 就九 画十 [缺] 索十二 任十三 玩十四 誕十五 范十六 善十七 伴十八 杜十九 孟二十 宙二十一 鳳二十二 蝐二十三 柱二十四 領二十五 丈二十六 遇二十七 下二十八 趙二十九 尔三十

無名（06）

鈔本，一册，版幅 10.8cm × 16cm，殘。

全書看不到書名。

一册，無平聲字，疑此書還有其他本。

韻書不按四聲排列，排列方式不明。同韻的字形成一部，前寫“×部”，上加三個朱筆的○。每部下有若干以同音字組形式編排的小韻，各小韻之間空行。字下雙行小字簡單釋義、組詞。字下無反切。正文每頁八行。

目録較有特點，與其他韻書都不同，詳列如下。

董部

董一 揔一 壟一 寵一 桶二 孔一 勇二 竦二三 哄三 拱三 衮三 閫三四 刎四 渾四 穏四 怎四 忖五 狠五 本五 冷五 梗五 懇五 等六 省六 粉六 猛七

軫部

軫一 哂二 引二三 允三 敏四 品四 准五 舛五 領五 挺

六　請六　頂六　丙七

送部

送一　衆一　凍一　侕一　控一　甕二　貢二　銃二　痛二　嗅二　弄二　共三　仲三　鬨三　洞三　用三

正部

正一　印二　瑩二　信三　聘三　柄三　病四　聽四　訂四　秤四　更五　遁五　頓五　寸五　遜六　噴六　忿六　愠六　棍七　褪七　逩七　困七　俊七　鋅八　勘八　訓八　令八　任八　杏九　近九十　盡十　問十一　嫩十一　恨十一　混十一　閏十一　郡十一　吝十二　硬十二　命十二　定十二　順十二　贈十三　奉十三　孟十四　倴十四

講部

講一　廣一　恍一　養二　榜二　慷二　享二　兩三　仰三　訪三　往三　莽四　党四　倘四　朗五　奘五　爽五　闖六

上部

上一　巷一　匠一　讓一　状二　蕩二　諒二　望三　礡三　浪三　磅三　謗三　丧三　放四　况四　壮四　鍚五　唱五　創五　映五　儅五　向六　帳六

己部

己一　抵二　米二　美三　比三　以四　喜四　史五　啓五六　擬六　子七　此七　痞七　体八　菲八　里九

偉部

偉一　水二　卉二　橤二　鬼二　傀三　腿三　壘三

貴部

貴一　喟二　稅二　畏二　醉三　粹三　退四　對四　沛五　派五　倍五　輩五　惠六　跪六　味七　瑞七　罪七　媚七八　戾八　慮九　睿九　匱九

太部

太一　介一　隘二　舍二　䎋二　晒三　拜三　罷三　外三　壞四　快四　慨四　盖四　菜五　礙五　愛五　再五　帶六

大部

大一　荅一　榻一　甲三　百四　擘四　麦五　曷五　瞎六　押

六 柰七 宅八 責八九 溷九十 色十 拍拾 獲十一 話十一 艾十一 刮十一 客十一二 恰十二

則部

則一 塞一 猝二 克二 得二 突二 兀三 勒三 合三 黑四 忒四 核四

無名（07）

江潤和記。鈔本，一册，殘。

全書看不到書名。

中間頁蓋有“江潤和記”“德成”“潤和”三枚印章。

全書只有平上兩聲。前無封面和平聲目録，正文從平聲第三韻“駸”字開始，到上聲第五韻“伍”字結束。

韻書以聲統韻，平上兩聲一册，第二卷有“上聲　貳本款”，可見還有另一册。每韻首字上加數字序號標記。每韻下有若干以同音字組形式編排的小韻，各小韻另起一行或在同一行空格並加朱筆的○標記。字下雙行小字簡單釋義、組詞，在釋義、組詞中，該字不再出現，用“丨”代替。異體字祇注釋第一個，其餘字下注“仝上”。字下無反切。正文每頁六行。

平聲目録頁缺，上聲目録在上聲正文之前，平上兩聲不相承。目録序號用小寫的中文數字。平上聲目録如下，平聲目録據正文整理，缺前三韻。

平聲目録

［前缺］ 容四 林五 倫六 江七 之八 兹九 西十 群十一 時十二 齊十三 書十四 忙十五 葵十六 驢十七 鋪十八 佳十九 高二十 休二十一 苗二十二（無二十三）由二十四 元二十五（無二十六）鸞二十七 番二十八 天二十九 潘三十 爻三十一 交三十二 家三十三 陀三十四 平三十五 京三十六

上聲目録

孔一 謹二 懇三 講四 紙五 禮六 宇七 遠八 府九 少十 晚十一 草十二 斗十三 捊十四 子十五 巧十六 卯十七 可十八 丙十九 永二十

無名（08）

光緒五年（1879）鈔本，一册，衹有去入兩聲。

全書看不到書名。

扉頁寫“大清光緒五年歲在己卯仲夏月大吉利市”。

正文後抄寫“童蒙古字査補”。

韻書以聲統韻，去入兩聲一册。每韻前列“× 韻 + 數字序號”。每韻下有若干以同音字組形式編排的小韻，各小韻另起一行或在同行空格，並以朱筆的○隔開。字下雙行小字簡單釋義、組詞，在釋義、組詞中，該字不出現，用“丨”代替。異體字衹注釋第一個，其餘字下注“同上”。字下無反切。正文每頁七行。

韻書無目録，據正文整理出去入聲目録如下。

去聲目録

送一　信二　降三　記四　次五　畏六　制七　富八　泰九　告十　救十一　卦十二　見十三　旦十四　教十五　敬十六　漢十七

入聲目録

洞一　狀二　利三　自四　助五　國六　合七　任八　願九　萬十　宦十一　妙十二　定十三　達十四　學十五　列十六　遇十七

無名（09）

鈔本，一册，殘。

全書看不到書名。

平聲目録頁下半缺損，平聲第三十三平韻後缺損嚴重，上去入聲僅能看見目録或部分目録和正文頁的若干字。

韻書以平上去入四聲統韻。每韻前列“序號 + 韻代表字”。每韻下有若干以同音字組形式編排的小韻，各小韻另起一行或在同行空格，並以朱筆的○隔開。字下雙行小字釋義。異體字衹注釋第一個，其餘字下注“仝上”。字下無反切。正文每頁八行。

平上去入四聲目録分別在四聲正文之前，四聲之間不相承。目録序號用小寫的中文數字。四聲目録如下，其中平聲目録頁殘缺，據正文補全。入聲目録頁也不完整。

平聲目録

東一 容二 江三 知四 怡五 書六 資七 黄八 規九 齊十 儲十一 孥十二 踈十三 皆十四 韶十五 魁十六 謀十七 真十八 晨十九 元二十 煩二十一 山二十二 先二十三 安二十四 寒二十五 而二十六 爻二十七 交二十八 高二十九 豪三十 梭三十一 拕三十二 平三十三 清三十四 時三十五

上聲目録

孔一 講二 紙三 語四 遠五 府六 禮七 者八 返九 此十 耳十一 柳十二 錦十三 睆十四 炒十五 老十六 妥十七 耿十八 下十九 是二十 治二十一 淡二十二 善二十三 騍二十四 苧二十五 動二十六 弟二十七 混二十八 扈二十九 杏三十 道三十一 兆三十二 丈三十三 伴三十四 鮑三十五

去聲目録

送一 降二 富三 記四 畏五 濟六 次七 泰八 救九 駕十 鎮十一 見十二 旦十三 案十四 教十五 告十六 敬十七

入聲目録

洞一 利二 位三 ［缺］四 狀五 自六 助七 或八 覺九 月十 達十一 白十二 合十三 ［後缺］

無名（10）

孟秋月二十一日。鈔本，一册，版幅12.1cm×11cm，未抄全。出自休寧。

全書看不到書名。

平聲結束頁空白處寫“孟秋月念一日”。

書未抄全，僅有平、上聲及去聲的一部分，抄到去聲第六“制”韻的“妻”字結束，後有空白頁。

韻書以聲統韻，有平上去三聲。每韻首字上加數字序號標記。每韻下有若干以同音字組形式編排的小韻，各小韻另起一行或在同行空格，並以朱筆的○隔開。字下雙行小字簡單釋義、組詞，在釋義、組詞中，該字不出現，用“丨”代替。異體字衹注釋第一個，其餘字下注“仝”。字下無反切。正文每頁八行。

平上去三聲目録分别在三聲正文之前，三聲之間不相承。目録序號用小寫的中文數字。三聲目録如下。

平聲目録

東一　春二　容三　林四　江五　知六　而七　其八　虚九　兹十　忙十一　規十二　齊十三　葵十四　爐十五　踈十六　佳十七　鞋十八　開十九　梅二十　熕二十一　畚二十二（誤作二十三，後順推）先二十三　安二十四　寒二十五　肴二十六　交二十七　歌二十八　拕二十九　平三十　京三十一　由三十二　憂三十三

上聲目録

孔一　謹二　講三　紙四　雨五　遠六　甫七　禮八　洒九　反十　此十一　海十二　罕十三　稍十四　耿十五　有十六　兆十七　序十八　善十九　饍二十　巳二十一　杜二十二　宙二十三　重二十四　弟二十五　尽二十六　道二十七　苧二十八　象二十九

去聲目録

送一　震二　降三　記四　畏五　制六　次七　付八　太九　盖十　卦十一　勸十二　教十三　敬十四　救十五　按十六

無名（11）

大清光緒丁亥年（1887）程裕田讀寫。鈔本，一册，包含平上兩聲，基本完整。

全書看不到書名。

書中夾小紙片，寫有地名“北郡十四都二畐六甲”。正文末空白頁寫有“程裕田讀寫”“大清丁亥光緒……”等字，還有抄寫的詩句等内容。

缺封面，僅有平上兩聲。

韻書以聲統韻，平上兩聲一册。每韻首字上加數字序號標記。每韻下有若干以同音字組形式編排的小韻，各小韻之間空格，並以朱筆的○隔開。字下雙行小字簡單釋義、組詞，在釋義、組詞中，該字不出現，用“丨”

代替。異體字衹注釋第一個，其餘字下注“仝上”。字下無反切。正文每頁七行。

平上聲目録分别在平上聲正文之前，是包含各韻小韻首字在内的目録。平上兩聲不相承。目録序號混合使用小寫的中文數字和柒碼。平上聲目録如下。

平聲目録

平一 聲二 人三 心四 東五 同六 方七 良八 仙九 玄十 談十一 山十二 排十三 秋十四 高十五 哉十六 求十七 桃十八 交十九 爻二十 無二十一 餘二十二 隨二十三 時二十四 齊二十五 知二十六 機二十七 朱二十八 初二十九 車三十 多三十一 我三十二 官三十三 完三十四 兒三十五

上聲目録

賞一 孔二 止三 彼四 爾五 語六 禮七 古八 有九 好十 巧十一 小十二 欸十三 減十四 景十五 稟十六 典十七 可十八

無名（12）

歐焕文記。鈔本，一册，版幅 11.5cm × 17.3cm，殘。

全書看不到書名。

平聲十一“齊”韻頁蓋有“歐焕文記”印章。

前後都缺幾頁，從平聲第六韻的“移”字開始，到入聲第十四“目”韻“烛”字結束。

韻書以平上去入四聲統韻。每韻首字上加數字序號標記，頁左上角寫所屬的韻的序號。每韻下有若干以同音字組形式編排的小韻，各小韻另起一行。字下雙行小字簡單釋義、組詞，在釋義、組詞中，該字不出現，用“｜”代替。異體字衹注釋第一個，其餘字下注“仝上”。字下無反切。正文每頁六行。

平聲目録缺，上去入三聲目録分别在三聲正文之前。四聲不相承。目録序號用小寫的中文數字。四聲目録如下，平聲據正文整理，缺前六韻和第三十一韻。

平聲目録

［前缺］ 虛七 茲八 王九 西十 齊十一 葵十二 爐十三 踈十四 皆十五 開十六 調十七 憂十八 梅十九 由二十 辰二十一 原二十二 煩二十三 山二十四 先二十五 肴二十六 交二十七 嘉二十八 茶二十九 平三十 ［缺］三十一 慈三十二

上聲目録

孔一 講二 止三 字四 遠五 府六 禮七 少八 反九 海十 此十一 稍十二 假十三 耿十四 有十五 品十六 犯十七 婦十八 被十九 在二十 受二十一 動二十二 社二十三 郡二十四 巨二十五 静二十六 項二十七 趙二十八 是二十九 咬三十 善三十一 下三十二

去聲目録

送一 信二 降三 記四 畏五 制六 恣七 付八 太九 盖十 卦十一 勸十二 泛十三 教十四 敬十五 救十六

入聲目録

洞一 利二 状三 自四 輔五 或六 任七 願八 但九 料十 命十一 入十二 達十三 目十四 列十五 位十六

無名（13）

程成元用。鈔本，一册，僅有去聲，殘。

全書看不到書名。

正文開始之前的空白頁上寫了幾個時間，有“一九伍五年正月十二送溪口信”等。正文結束的空白頁上寫“程成元”，筆迹幼稚，與抄書字迹不同，似僅是用書者。

僅有去聲，且不全。從去聲第四韻“記”開始，到第十八韻“竈”結束。

韻書以聲統韻。每韻前列“數字序號 + 該韻所有小韻的首字”。每韻下有若干以同音字組形式編排的小韻，各小韻另起一行或在同行空格，並用○標記。字下雙行小字簡單釋義、組詞，在釋義、組詞中，該字不出現，用“丨”代替。異體字衹注釋第一個，其餘字下注“仝上”或“同上”。

字下無反切。正文每頁八行。

目録頁缺，據正文整理出去聲目録如下。

記四 畏五 制六 恣七 付八 太九 盖十 卦十一 勸十二 販十三 教十四 敬十五 救十六 貫十七 竄十八

無名（14）

鈔本，一册，殘。

全書看不到書名。

僅有平聲部分，前缺封面、目録頁及正文幾頁。正文從平聲第二韻中的“逢”字開始。後也可能有少量缺頁。

韻書以聲統韻，僅存平聲，每頁左上角寫本頁所屬聲調。每韻前列“韻代表字＋數字序號”，每頁左中寫本頁所屬的韻和序號。每韻下有若干以同音字組形式編排的小韻，各小韻另起一行。字下雙行小字簡單釋義、組詞，在釋義、組詞中，該字不出現，用“丨”代替。異體字衹注釋第一個，其餘字下注“仝上”。字下無反切。正文每頁八行。

平聲目録頁缺，據正文整理如下。

平聲目録

［前缺］ 江三 欺四 移五 虚六 知七 忙八 煩九 規十 齊十一 葵十二 盧十三 粗十四 佳十五 調十六 開十七 憂十八 梅十九 由二十 真二十一 辰二十二 原二十三 番二十四 先二十五 安二十六 寒二十七 肴二十八 交二十九 嘉三十 和三十一 平三十二 京三十三 詞三十四

無名（15）

鈔本，一册，版幅 13.9cm × 23.9cm，殘。

全書看不到書名。

韻書主體之後有多頁附録，並有“抄袝目録”：送瘟、禳虎、禳蟲、禳火、送火禳災、總祭渡孤疏、奏星求嗣表、點燈疏、祈雨意、百子燈引、募化重修引朝香疏、朝齊雲山疏、新鑄香爐已成上疏文、求嗣疏、秋試上關帝疏、奏星祠、醮意、薦父意、薦母意、薦妾意、薦弟意、薦子意、薦女意、薦母七七齋意、薦父意、爲薦母安録意、上東嶽延生表、佛宫爲母梯止表、神仙街問名、問名子達夢意、祭竈意、建醮意、逐虎建醮意、禳虎表、祈雨意、合保醮意十保狀、還願疏、還願點燈疏、朝香疏、寄名還願疏薦父、薦祖父百歲兼祖母除靈薦父、薦母、薦岳父、薦妻、薦夫、寄庫意、奠宅表、拜路引疏。

前缺封面、目録頁及正文幾頁。正文從平聲第六韻中的"蒙"字開始。附録也有缺頁，不完整。

韻書以平上去入四聲統韻，頁面左上寫所屬聲調。每韻首字上加數字序號標記。每韻下有若干以同音字組形式編排的小韻，同一行分上下兩部分，各列一個小韻，都用朱筆的○標記。字下雙行小字簡單釋義、組詞，在釋義、組詞中，該字不出現，用"丨"代替。異體字衹注釋第一個，其餘字下注"仝上"。字下無反切。正文每頁九行。

平聲目録頁缺，上去入三聲目録分别在三聲正文之前。四聲不相承。目録序號用小寫的中文數字。四聲目録如下，平聲目録據正文整理。

平聲目録

[前缺] 方七　良八　仙九　玄十　談十一　山十二　排十三　開十四　哉十五　來十六　高十七　交十八 [　] 桃二十　無二十一 [　] [　] 齊二十四　而二十五　慈二十六　知二十七　思二十八　朱二十九 [　] 初三十一　多三十二　牙三十三　官三十四　完三十五

上聲目録

賞一　孔二　止三　米四　語五　子六　爾七　古八　有九　好十　巧十一　滿十二　感十三　野十四　淡十五　罪十六　舅十七　善十八　鮑十九　本二十　巳二十一　趙二十二　典二十三　静二十四　户二十五　可二十六　盡二十七　坐二十八　丈二十九　重三十　巨三十一　社三十二

去聲目録

去一　閉二　次三　正四　信五　教六　告七　蓋八　秀九　嘆十　固十一　化十二　見十三　唱十四　貢十五　懿十六

入聲目録

入一　月二　讀三　卓四　法五　百六　位七　字八　二九　命十　任十一　萬十二　狀十三　用十四　瑟十五　面十六

無名（16）

吴廷選抄題。鈔本，兩册，第一册包括平聲和上聲，第二册包括去聲和入聲，殘。

全書看不到書名。

平聲與上聲之間的空白頁寫“廷選抄題”，去聲與入聲之間的空白頁寫“吴廷選抄題”。

上聲之後的空白頁有“行求雨算訣”，入聲目録頁寫“位字二命任萬合面乱尚用此十一字宜寫在去聲，今寫入聲者，土音便切，論官話切在去聲”。第二册書末有“論分平仄指掌圖訣”。

第一册前缺封面、平聲目録及正文多頁，第二册前缺封面、去聲目録頁、前兩韻及書末幾頁。

韻書以平上去入四聲統韻。每韻首字上加數字序號標記。每韻下有若干以同音字組形式編排的小韻，各小韻另起一行，如在同一行則空格，並用朱筆的○標記。字下雙行小字簡單釋義、組詞，在釋義、組詞中，該字不出現，用“丨”代替。異體字衹注釋第一個，其餘字下注“仝上”。字下無反切。正文每頁六行。

平去聲目録頁缺，上入聲目録在上入聲正文之前，四聲不相承。目録序號用小寫的中文數字。四聲目録如下，平去聲目録據正文整理。

平聲目録

［前缺］ 聲二 人三 心四 東五 同六 方七 良八 仙九 玄十 談十一 山十二 排十三 開十四 哉十五 來十六 高十七 交十八 爻十九 桃二十 無二十一 為二十二 隨二十三 齊二十四 而二十五 慈二十六 知二十七 思二十八 朱二十九 初三十 妻三十一 多三十二 牙三十三 官三十四 完三十五

上聲目録

賞一 孔二 止三 米四 禮五 語六 子七 爾八 古九 有十 好十一 飽十二 小十三 滿十四 感十五 醒十六 本十七 典十八 可十九 早二十 淡二十一 善二十二 奉二十三 弟二十四 巨二十五 丈二十六 巳二十七 静二十八 盡二十九 道三十 罪三十一 鮑

三十二　趙三十三　户三十四　坐三十五

去聲目録

［缺］閉三　次四　正五　信六　教七　告八　肖九　蓋十　諫十一　固十二　化十三　見十四　奐十五　唱十六　貢十七

入聲目録

入一　月二　讀三　足四　勺五　法六　百七　位八　字九　二十　命十一　任十二　萬十三　合十四　面十五　亂十六　尚十七　用十八

無名（17）

道光二十八年（1848）婺源汪大文立，又光緒三年（1877）汪灶養立。鈔本，版幅 12.7cm × 11.6cm，一册，殘。

全書看不到書名。

上聲目録頁寫“道光廿八年汪大文立”，去聲目録頁寫“大清光緒三年汪灶養立”，入聲目録頁寫“光緒三年歲次丁丑秋月吉立”。

前缺平聲目録和正文五韻。

韻書以平上去入四聲統韻。每韻首字上加數字序號和朱筆的○標記，每頁左中下位置寫所屬的韻。每韻下有若干以同音字組形式編排的小韻，各小韻用朱筆的○標記。字下雙行小字簡單釋義、組詞，在釋義、組詞中，該字不出現，用“丨”代替。異體字衹注釋第一個，其餘字下注“仝上”。字下無反切。正文每頁六行。

平聲目録頁缺，上去入三聲目録分别在三聲正文之前，四聲不相承。目録序號用小寫的中文數字。四聲目録如下，平聲目録據正文整理，缺前五韻。

平聲目録

［前缺］虛六　兹七　王八　規九　齊十　葵十一　爐十二　疏十三　佳十四　調十五　開十六　憂十七　梅十八　由十九　真二十　辰二十一　原二十二　煩二十三　番二十四　先二十五　肴二十六　交二十七　嘉二十八　牙二十九　平三十　京三十一　慈三十二

上聲目録

孔一　謹二　講三　紙四　羽五　遠六　府七　禮八　寡九　反十　此

十一 海十二 丙十三 功十四 雅十五 有十六 似十七 淡十八 善十九 户二十 罪二十一 宙二十二 動二十三 社二十四 盡二十五 序二十六 杏二十七 丈二十八 治二十九 鮑三十 下三十一 趙三十二

去聲目録

送一 信二 降三 記四 畏五 制六 恣七 付八 太九 戴十 卦十一 勸十二 販十三 教十四 敬十五 救十六

入聲目録

洞一 利二 立三 尚四 自五 助六 問七 願八 慢九 妙十 命十一 達十二 月十三 位十四 路十五 或十六

無名（18）

鈔本，一册，殘。

全書看不到書名。

前缺封面和平聲目録，正文第一頁下殘，入聲第三十三“李”韻之後缺。

韻書以平上去入四聲統韻。每韻前寫該韻的數字序號。每韻下有若干以同音字組形式編排的小韻，各小韻另起一行，或在同一行空格，並用朱筆的○標記。字下雙行小字簡單釋義、組詞，在釋義、組詞中，該字不出現，用“丨”代替。異體字衹注釋第一個，其餘字下注“仝上”，或者異體字連續排列，衹在最後一個字下注釋。字下無反切。正文每頁九行。

平聲目録頁缺，上去入三聲目録分别在三聲正文之前，四聲不相承。目録序號用小寫的中文數字。四聲目録如下，平聲目録據正文整理。

平聲目録

東一 針二 容三 林四 江五 兹六 璺七 書八 其九 余十 奴十一 詞十二 規十三 黄十四 齊十五 蘇十六 皆十七 排十八 開十九 高二十 梅二十一 豪二十二 原二十三 煩二十四 山二十五 安二十六 寒二十七 先二十八 茅二十九 家三十 何三十一 平三十二 京三十三 交三十四 而三十五

上聲目録

粉一 審二 倘三 始四 爾五 美六 宇七 遠八 甫九 禮十 小

十一　反十二　采十三　每十四　拗十五　我十六　耿十七　罕十八

去聲目録

送一　信二　降三　記四　畏五　制六　次七　至八　富九　太十　蓋十一　救十二　卦十三　勸十四　販十五　教十六　敬十七　按十八　奥十九

入聲目録

洞一　利二　状三　是四　自五　士六　式七　助八　或九　合十　右十一　任十二　願十三　萬十四　翰十五　湛十六　善十七　饌十八　德十九　户二十　命二十一　宙二十二　動二十三　弟二十四　道二十五　巨二十六　杏二十七　達二十八　若二十九　月三十　象三十一　遇三十二　李三十三　下三十四　鮑三十五　兆三十六　甚三十七

無名（19）

鈔本，一册，殘。

全書看不到書名。

前缺多頁，看不到封面、平聲目録頁及平聲正文的若干頁。留下的平聲正文從“荒”字開始，之後又有多頁殘缺嚴重。入聲部分僅到第七韻“字”，後頁面缺失。

韻書以平上去入四聲統韻。每韻前列“韻代表字＋數字序號＋該韻所有小韻首字”。每韻下有若干以同音字組形式編排的小韻，各小韻用朱筆的○標記。字下雙行小字簡單釋義、組詞，在釋義、組詞中，該字不出現，用“丨”代替。異體字衹注釋第一個，其餘字下注“仝上”。字下無反切。正文每頁八行。

平聲目録頁缺，上去入三聲目録分别在三聲正文之前，四聲不相承。四聲目録稱爲“題頭”，如“上聲題頭”。目録序號混合使用大寫和小寫的中文數字。四聲目録如下，平聲目録據正文整理。

平聲目録

［前缺］　交六　爻七　［　］八　離九　［　］十　兹十一　魚十二　鴉十三　何十四　賒十五　［　］十六　踈十七　途十八　陽十九　齊二十　燒二十一　青二十二　瓶二十三　該二十四　才二十五　真

二十六　人二十七　尤二十八　收二十九　元三十　煩三十一　渾三十二　村三十三　寒三十四　潘二十五　艱三十六　而三十七　仕三十八

上聲目録

董一　選二　絞三　以四　子五　煮六　果七　所八　且九　講十　解十一　丙十二　改十三　畛十四　有十五　粉十六　罕十七　簡十八　爾十九

去聲目録

湅一　霰二　叫三　絳四　拗五　記六　次七　恕八　箇九　世十　數十一　倩十二　盖十三　震十四　幼十五　販十六　諷十七　按十八

入聲目録

洞一　羡二　轎三　狀四　各五　義六　字七　即八　刮九　月十　具十一　叔十二　令十三　國十四　陣十五　又十六　飯十七　弄十八　汗十九　重二十　兆二十一　咬二十二　李二十三　似二十四　下二十五　社二十六　巨二十七　象二十八　靜二十九　在三十　引三十一　受三十二　善三十三　犯三十四　混三十五　滿三十六　貳三十七　父三十八

第十一輯 《近代漢語官話方言綜合文獻集成》提要

宛署雜記

沈榜（1540—1597），字二山，臨湘（今湖南臨湘市）人。明隆慶元年（1567）舉人。歷任内鄉、東明、上元知縣，萬曆十八年（1590）任順天府宛平（今屬北京市）知縣。著有《馬上口談》《宛署雜記》等。

《宛署雜記》二十卷，是沈榜任宛平知縣時搜集當地風俗掌故，加上署中檔案文獻編成，類似於《宛平縣志》。書成於萬曆二十一年（1593）。《稀見中國地方志匯刊》影印。四周雙邊，半頁九行行十七字，白口，雙魚尾，魚尾上標書名，下標卷數代表字和頁碼。

該書記録了明代北京的政治經濟、歷史地理、風俗民情、人物遺文等資料。謝杰叙中謂“其書始於宣諭、建制，終於逸事、遺文，詳於内政、民風、山川、貢賦，而略於人物，究以稗官附焉”。卷十七爲“民風”，其中單列“方言”，這是個創舉。收録詞語 83 條，從人物稱謂到動詞、形容詞，還有些名詞，爲研究明代北京方言詞語提供了寶貴的資料。

長安里語

徐昌祚生卒不詳，字伯昌，號昆竹，常熟徐市人。萬曆元年（1573）諸生。承祖父蔭授後府都事，升太僕寺寺丞，遷刑部河南清史司員外郎、郎中。著有《燕山叢録》。該書刊於萬曆三十年（1602），蓋其官刑部時所作，多載京畿之事，故以燕山爲名。《四庫全書存目叢書》《明、清、民國時期珍稀老北京話歷史文獻整理與研究》影印。

《長安里語》收於《燕山叢録》第二十二卷。記録 300 多條方言口語詞，分天時、地理、人事、人倫、花木、鳥獸（雜蟲類）、身體、宫室、器用、飲食、人物、言語、姓氏、通用、數目、蔬菜、貧富、珍寶、顏色、官職、刑獄、罵詈、兒戲二十三類，其中一部分沿襲於《宛署雜記》，但又有修補。它是研究明末北京話詞語的寶貴資料。

神京方言小識

英浩生卒不詳，81歲作古。字慕純，號養吾，一號懌林居士，晚號人海拙叟。姓高佳氏，蓋平滿洲鑲白旗人。附貢生，歷兵部、禮部、户部顏料庫内閣中書，料理藩部，七品筆帖式。清末學者，長於文字、訓詁之學。著有《長白藝文志》《字典校録》《神京方言小識》《字雅》等。

《神京方言小識》二卷，稿本，藏於南京圖書館。我們照原書打印成册。書中謂“作於戊子年”，由此推斷可能作於光緒十四年（1888）。收詞語370餘條，分作“古方言考”“今方言小識”。前者輯録《方言》《玉篇》《集韻》《宛署雜記》《帝京景物略》等書籍中記録的幽州、燕地的古方言。體例是先列方言詞語，再以“都人謂”後接通語“曰”連綴。有的還有簡單的書證。爲研究清末的北京方言提供了寶貴的史料。

京語解

詹憲慈生卒不詳，字菊隱，廣東番禺（今廣州市）人。光緒二十九年（1903）恩科舉人。曾赴日本留學，回國後任番禺縣立師範學堂校長，1918年至1927年任交通部秘書，晚年回粵任教於廣東高等師範學校與省立女子師範學校等。精於小學。著有《廣州語本字》《京語解》等。

《京語解》共十九章，民國十六年（1927）鈔本，藏於國家圖書館。《漢語方言研究文獻輯刊》影印。現行又有李洪波、趙藝、劉金路點校本。

該書是詹憲慈旅居京師時寫成，編纂目的是爲南方人學習北京話提供便利。釋詞語共193條，體例是先列詞目，再簡明釋義，或用作者熟悉的詞語譬况，並舉古書以爲證，當地俗語大多援引光緒《順天府志》作爲書證。後附録《京語擬音》24例，多採録光緒《順天府志》不規則特殊音以成此編。對研究清末民初北京方言具有一定的參考價值。

鄉言解頤

李光庭生於 1772 年，卒年不詳。字樸園，號翁齋老人，寶坻（今天津市）人。乾隆六十年（1795）舉人。先後出任内閣中書、湖北黄州知府。著有《虚受齋詩鈔》《樸園感舊詩》《吉金志存》《鄉言解頤》等。

《鄉言解頤》，道光二十九年（1849）刻本，首都圖書館藏有巾箱本。《續修四庫全書》影印上海圖書館藏本。四周雙邊，半頁八行行十七字，白口，單魚尾，魚尾上標書名，下是卷數、部類名稱和頁碼。現行又有石繼昌點校本。

全書内容爲天、地、人各一卷，物部分作上、下兩卷。五卷下又分作 58 目，各目下列詞條。所記天文、地理和人情物態，證以與日常生活起居密切相關的鄉間民諺。釋詞時或闡釋引用古籍文獻或雜入奇聞異事。記載了京津地區方言俗語，還有一些農諺、歌謡、慣用語，是研究清代後期京津地區方言的寶貴資料。

燕説

史夢蘭（1813—1898），字香崖，號硯農，自號竹素園丁，直隸樂亭縣（今河北唐山市）人。道光二十年（1840）舉人。選山東朝城知縣，以母老未赴任，遂築别業於碣石山，名曰止園。著有《爾爾書屋詩草》《古今風謡拾遺》《古今諺拾遺》《燕説》等。

《燕説》四卷，清同治六年（1867）刻本，收於史夢蘭《止園叢書》。四周雙邊，半頁十行行二十三字，白口，單魚尾，魚尾上標書名，下標卷數和頁碼。《漢語方言研究文獻輯刊》《稀見清代民國叢書五十種》等影印。

該書卷一收録一般動詞、形容詞及部分名詞，卷二收詞以肢體動詞爲主，卷三收天文、地理、農具、日用器具、樂器、建築、服飾等詞語，卷四收與人體、飲食有關的詞語及數量詞、慣用語。收詞語凡 600 條。體例是每條先列方言詞語，生僻者注釋其音，再舉文獻溯其源，有異體者亦指出，有的附有按語。此書記録了作者里籍一帶方言，有些沿用至今。對研究清末唐山一帶方言詞語具有一定的參考價值。

五言雜字

李廷弼、郝清和，河北定興縣北田鄉北召村人。李廷弼生卒身世不詳。郝清和，字温柔。中年曾在保定蓮池書院執教，晚年棄教歸田。爲解決農村識字之困，二人合著《五言雜字》，先由李廷弼撰稿，寫至春季，轉交郝清和續寫夏、秋、冬三季。郝清和晚年雙目失明，令其子郝剛執筆記録，歷數年完成。

《五言雜字》刊刻於道光年間，定興縣地方志委員會印刷過現代本。該書以農曆十二個月和二十四節氣爲主綫，叙述一年的農事活動、婚喪嫁娶、文物古蹟、集市廟會、勤儉持家、田家自樂等。這是一本帶有濃厚地方特色的啓蒙讀物，爲研究清末定興民俗及方言詞語提供了珍貴的資料。

畿輔古方言

《畿輔古方言》，作者不詳，民國鈔本，藏於國家圖書館。《漢語方言研究文獻輯刊》影印。

該書是轉録光緒年間黄彭年等纂《畿輔通志》中《畿輔方言》略作增删而成。收詞語約185個，仿《爾雅》以類排列，引古書和方言口語以爲證。這對研究清末民初河北地區的方言學史、詞彙史等都有一定的參考價值。

瀋陽土話彙集注釋

杜書田生卒不詳，瀋陽人。從該文發表的刊物《師大月刊》及其署名“國文系二年級”，推斷他曾經就讀於國立北平師範大學。

《瀋陽土話彙集注釋》刊登於民國二十四年（1935）《師大月刊》第二十二期、第二十六期，内容分作例言、名詞、動詞、形容詞、副詞、介詞、歎詞、附説方音八部分，即根據語法功能的差異分類注釋各土語，大多數還以注音字母標音。它是一部簡易的瀋陽方言詞典，是研究民國時期瀋陽一帶詞語的寶貴文獻。

木皮散人鼓詞

賈鳧西（約1590—1676），名應寵，字思退、晉蕃，號鳧西、澹圃，署名木皮散客、木皮散人，曲阜人。明崇禎間以貢生授河北固安縣令，後擢升部曹、刑部郎中。明後隱居故里。著有《木皮散人鼓詞》《澹圃恒言》等。

《木皮散人鼓詞》，清初以鈔本流行，所見較早的是嘉慶年間守德堂鈔本。又有光緒三十三年（1907）葉氏觀古堂《雙梅景闇叢書》刊本、宣統二年（1910）上海章福記《繪圖警世鐘》石印本等多個。《叢書集成續編》影印。

全書爲長篇通俗韻文，分作開場、引子、正傳、尾聲四部分。敘述三皇五帝至崇禎縊死煤山，借古諷今，嘲諷歷代帝王爾虞我詐，抒發作者的亡國之恨。鼓詞中多以鄉諺、土語出之，俚不傷雅，對研究明末清初曲阜一帶的方言具有參考價值。

日用俗字

蒲松齡（1640—1715），字留仙，一字劍臣，號柳泉居士，世稱聊齋先生，自稱異史氏，淄川（今山東淄博市淄川區）蒲家莊人。自幼聰穎好學，順治十五年（1658）諸生。其後便屢試不第，一生都窮困潦倒。著有《聊齋志異》《聊齋俚曲集》《日用俗字》等。

《日用俗字》一卷，清乾隆十二年（1747）蒲立悳鈔本，藏於山東省博物館。《山東文獻集成》影印。路大荒搜集整理的《蒲松齡集》也收録了此書。

該書是一部以當地方言俗語寫成的七言韻文，内容分作三十一章，依次是身體、莊農、養蠶、飲食、菜蔬、器皿、雜貨、果實、兵器、丹青、木匠、泥瓦、鐵匠、石匠、裁縫、皮匠、銀匠、氈匠、疾病、堪輿、紙扎、僧道、争訟、賭博、衏衏、花草、樹木、走獸、禽鳥、鱗介、昆蟲。題頭和文中多有正俗字及同音字注釋，生僻字還加注了直音。它收録了作者里籍大量方言口語，是研究明末清初淄川一帶方言重要的文獻資料。

莊農日用雜字

馬益著（1722—1807），字錫明，一字梅溪，臨朐（今山東臨朐縣）人。自幼聰穎好學，乾隆年間歲貢，考中秀才後屢試不第。著有《四書聲韻編》《詩韻撮要》《庚戌水災鼓兒詞》《莊農日用雜字》等十餘種，多亡佚。

《莊農日用雜字》（又稱《日用雜字》《繪圖日用雜字》等），有清登州府成文堂鐫刻本，半頁七行行十字，白口，單魚尾。又有清末繪圖刻本，上圖下文，半頁十行行十字，白口，單魚尾。另有民國石印本。

該書是一部使用當地方言寫成的農村啓蒙讀物，其體裁是五言韻文，共474句2370字。内容涉及春耕、夏耘、秋收、冬藏等各項農事，自“開凍先出糞”到“也是買不全”，一樁樁事情連綴成句。中間穿插了當地飲食起居、男婚女嫁等風俗人情。通篇使用了大量的方言詞語，實爲一部當地民俗方言百科全書。這對研究清乾嘉年間山東方言詞語具有重要的價值。

鄉里舊聞

桂馥（1736—1805），字冬卉，號未谷、雩門，晚號老苔，曲阜人。乾隆五十五年（1790）進士。官雲南永平知縣，調任順寧知縣。精於金石、文字之學。著有《説文解字義證》《繆篆分韻》《札樸》等。

《札樸》十卷。是桂馥於嘉慶元年（1796）赴雲南爲官途中始寫，到官後續以滇事寫成。有清嘉慶十八年（1813）山陰小李山房刻本，《續修四庫全書》影印。單頁十行行二十一字，黑口，無魚尾。又有清光緒九年（1883）長洲蔣氏心矩齋校刊本，商務印書館1958年出版。

該書卷九爲《鄉里舊聞》，記録、考證了山東特别是曲阜一帶的方言，所收約72個詞語中涉及方言的有46則。另附有《鄉言正字》，共輯詞語430個。内容分作身體、飲食、服飾、器具、禾稼、疾病、名稱、雜言八類，其中“名稱”類收人際稱謂、髮式、天文氣象、草木、屋舍牲畜、蟲鳥等名稱，“雜言”類多收動詞、形容詞。它是一份難得的方言詞彙表，是研究18世紀末曲阜一帶方言寶貴的文獻史料。

恒言

王廷斌生平身世不詳，平度人。

《恒言》書成於嘉慶十九年（1814）。自序謂“古今無異語，亦無異音，習而不察則鮮通，鄉村話言證諸典籍相合輒録之。故無類次，雖所得無多，亦可以見古今語音之同。世變而文不變也，以文不變名曰恒言”。收録詞語 265 條，體例是先列詞目，後點明俗語稱謂，並引《説文》以爲證。其中俗語多隸屬於作者里籍的鄉音，爲研究清末平度一帶方言提供了文獻資料。

濰言

郭麐（1823—1893），字子嘉，自號望三散人。濰縣（今山東濰坊市）人。清末學者、書法家，一生癖嗜金石。著有《濰縣金石志》《濰縣金石遺文録》《望三故人感舊集》《濰言》等。

《濰言》四卷，書成於同治十二年（1873），鈔本，藏於山東省博物館。《山東文獻集成》影印。

該書依類分卷：卷一收天、水、火、地、親名、婚姻、喪葬；卷二收人身；卷三收穀、穀食、帛、布、衣、衣功；卷四收衆名、事名、車馬、銀錢。體例是通語列前，採用“曰”或“謂之”等引出方言稱謂，並以類臚列，有的帶有音注和疏證。它記録了大量的方言俗語，是研究清末濰坊一帶方言詞語寶貴的文獻史料。

音注四言雜字

曲文炳生卒身世不詳，東武（今山東諸城市）人。從《新編四言雜字》的自序作於清康熙三十二年（1693），可推斷他應當生活在明末清初。

《新編四言雜字》存世多個版本，有曲文炳於康熙三十二年（1693）作序的世德堂發行刻本。半頁八行行十六字，白口，單魚尾。又一刻本是東武曲文炳焕章甫著、東武王鳳梧瑞庭校訂的《音注四言雜字》，黄邑文裕盛記梓行。另有《改良增廣四言雜字》《改良增廣商農秘書》等多種《音注四言雜字》。

《音注四言雜字》分作二十四類，即天地人、莊農、五穀、柴薪菜蔬、南菜菓品並葷素食物、家器、鐵器、木器、樂器、鞍轡什物、首飾、衣物、布帛、雜貨、樓房、莊産六畜、樹株、花卉、匠藝、魚數、飛禽、走獸、畜病兼藥材、蟲蟄、補編混用雜字。以當地農村習見之物編寫，特别是正文每字下大都標注直音小字，該音注皆取自諸城方音。它是研究清代諸城一帶方言的寶貴材料。

山頭雜字

宋信忠生卒身世不詳，同治年間人，博山（今山東淄博市博山區）山頭西莊人。根據同治四年（1865）山頭《宋氏族譜》載，其父宋子强膝下有三子，長子宋信忠編《山頭雜字》存於世。

《山頭雜字》書成於同治年間，一直在民間手鈔流傳。直到 2004 年陳貽枉據手鈔本複印件校訂始有印本。2008 年《博山陶瓷琉璃文化》全文刊載。

該書是一部七言韻文。内容主要講述博山地區的窑場、山廠、雜貨、食店、糧食、布衣、木匠造器、鐵匠造器、石匠造器、泥水造作、銀匠造作、屠户宰殺、居家器物各行遺漏者附之、走獸、疾病、人事十六個行業。使用方言詞語介紹當時鄉村的日常生活與民俗，對研究清末博山方言具有一定的參考價值。

齊魯方言存古

吴秋輝（1877—1927），原名吴桂華，字秋輝，號侘傺生。臨清城内考棚街人。清末廪生。新學肇興，考入山東優級師範學校數理化部，1910 年畢業。之後便從事教育及編輯工作。著有《算法易解》《中國石刻考》《古今文字正變源流考》《齊魯方言存古》等多種。

《齊魯方言存古》二卷，民國八年（1919）稿本。國家圖書館出版社影印收於《吴秋輝遺稿》中。《侘傺軒文存》中收録有張乾一、袁兆彬的點校本。

該書是吴秋輝在研讀經書過程中比對齊魯方言俗語彙集而成，共86條。内容多爲引古代文獻及北方方言解釋詞條，然後考其源流。旨意彰顯口語存於古語中。體例是詞條之首多冠以“北人謂”“今人謂”“今里俗”“北俗”“今北人謂”“古人謂”“昔人謂”等。音注多使用讀如、四聲相承、直音、反切等，它是研究齊魯方言重要的文獻材料。

俚言雜字

馬汶源（1870—1935），字星泉，肥城汶陽鎮城上村人。喜愛詩文、篆書，尤善虎尾體，一生未入仕途。爲了解决鄉村子弟無處讀書之困，晚年撰作《俚言雜字》。

《俚言雜字》，民國十年（1921）泰安石印書局刊印。序言有三：甲寅春東昌穆子雅叙、民國四年（1915）乙卯仲冬岱下秦夢槼序、乙卯孟冬喬益齋叙。有的版本則缺少第一則序言。跋有二：岱下逸民盧洪齋跋、岱麓雲程道人李岱濂跋。《汶陽春秋》（《肥城文史資料》第八輯）載有現代排印本。

該書是馬汶源爲當地子弟編寫的啓蒙讀物，共17000餘字。分作兩部分：前爲七言韻文“報親恩勸孝”，後是雜言韻文“新謅俚言雜字”。内容集勸善爲孝、農活農具、修屋蓋房、飲食起居、男婚女嫁、蔬菜瓜果等。它是使用方言俚語編成的韻語集，對研究清末肥城一帶方言詞語具有一定的參考價值。

齊東語

丁惟汾（1874—1954），字鼎丞，别號詁雅堂主，人稱詁雅先生，日照人。1903年赴日本留學，追隨孫中山，是同盟會創始人之一。精通小學，尤邃於音韻。著有《毛詩解故》《爾雅釋名》《爾雅古音表》《俚語證古》《方言音釋》《齊東語》等，合集爲《詁雅堂叢書》。

《齊東語》發表在1931年《山東省立圖書館季刊》第一期。收録詞語16條，以聲音爲義訓樞紐，佐以書證和齊東方言，從而疏證、探求文原，對研究膠遼官話具有一定的參考價值。

山東土語研究

周幹庭（1875—1957），名樹楨，字幹庭，安邱（今山東安丘市）黄旗堡鎮北新莊人。清末廩生。1902 年赴日本留學，並參與同盟會。1912 年代理淄川縣縣長，之後任山東省高等師範學校學監、省立女子師範學校校長及齊魯大學國文系主任等職。著有《山東土語研究》《安邱土語志》等。

《山東土語研究》載録在民國二十四年（1935）《齊大季刊》第六期，再續兩篇分别發表在 1935 年《齊大季刊》第七期、1937 年《齊魯大學季刊》第八期。該連載論文分爲弁言、體例、正文三部分，正文又分作東、南、西、北四部分别成篇（但我們未見魯西土語）。其中魯東土語收 182 個、魯北部收 70 個、魯南部收 129 個，共計 381 個。體例是先列方言詞語，次指明是何地方音，再釋義，最後探求其源。標音採用注音字母。它記録了山東地區大量的方言土語，爲研究民國時期山東方言提供了寶貴的史料。

登州方言考略

許維遹（1902—1951），號駿齋，威海榮成人。1932 年畢業於北京大學中文系，潛心於經史、訓詁之學，常向師長楊樹達、馮友蘭等人請學，後任教於清華大學。著有《吕氏春秋集釋》《韓詩外傳集釋》《登州方言考略》等。

《登州方言考略》是一篇使用方言訓釋字義的文章，刊於 1937 年 6 月上海中華書局出版的《語言與文學》。共收録詞語 24 條，體例是先出書證，再説登州方言。對研究民國時期登州方言有一定的參考價值。

古今語

張維思生卒不詳，安邱（今山東安丘市）人。20 歲以前讀書鄉塾，習知鄉語。後來進入山東私立齊魯大學求學，畢業後任教於該校的國學研究所。著有《冰廬讀書隨録》《齊魯方言考》《古今語》等。

《古今語》上册四卷，民國二十八年（1939）齊魯大學國學研究所印行。

藏於山東大學圖書館、國家圖書館等。《漢語方言研究文獻輯刊》影印。

該書上册有作者自序、敘例、正文、正誤表。内容包括無、赫、蕃、孝四部，收字 338 條。體例是標揭諸字，皆取一音一義，每條之下，首以古音注，次爲研究方法，再次則採今音爲徵，探本尋源，以盡文字之用。所徵今音多是北方俗音，以作者里籍安邱鄉音爲最多。爲研究民國時期北方及安邱方言提供了寶貴的資料。而下册至今未尋得，從上册敘例可知，收録的應該是僟、逢、常、磬、蒸五部。上、下册共收 500 餘條，張維思自序謂“僕自七八年來課餘讀書，遇與此合者輒記録之，積之既久，得兩千餘條。兹擇足以補故籍之遺，正俗音之謬者五百餘條，本楊雄《方言》名曰《古今語》”。

安邱土語志

周幹庭（1875—1957），名樹楨，字幹庭，安邱（今山東安丘市）黄旗堡鎮北新莊人。清末廩生。1902 年赴日本留學，並參與同盟會。1912 年代理淄川縣縣長，之後任山東省高等師範學校學監、省立女子師範學校校長及齊魯大學國文系主任等職。著有《山東土語研究》《安邱土語志》等。

《安邱土語志》，民國二十八年（1939）齊魯大學國學研究所印行。藏於國家圖書館、北京師範大學圖書館等處。前有自序，後有交待做此書前後過程再識。單頁十二行行三十四字。《漢語方言研究文獻輯刊》影印。

該書將安邱土語分類收集，按部填入。共七大類 434 條，約四萬言。分作地理、器物、衣服、人事之名稱，及普通、滑稽、教訓之用語，不擇雅俗巨細，悉爲羅列。體例是先出例句，然後解釋或敘説句中的某個方言詞語，有些還帶書證，從而探討語言的變遷。它較完整地記録安邱方言詞彙系統，是研究民國時期安邱方言詞語寶貴的文獻材料。

俚語證古

丁惟汾（1874—1954），字鼎丞，别號詁雅堂主，人稱詁雅先生，日照人。1903 年赴日本留學，追隨孫中山，是同盟會創始人之一。精通小學，尤邃於音韻。著有《毛詩解故》《爾雅釋名》《爾雅古音表》《俚語證古》

《方言音釋》《齊東語》等，合集爲《詁雅堂叢書》。

《俚語證古》六卷，成書於民國三十三年（1944）前後，稿本爲日照王獻唐所收藏，《山東文獻集成》影印。齊魯書社據臺灣1975年印本再詳加校訂，於1983年手寫影印出版，十四卷。

稿本六卷收天、地、聲容、形貌、語叢等，而十四卷本再添加飲食、衣服、家宅、器用、草、木、鳥、獸、蟲魚等部分，考釋詞語1025條。體例仿《爾雅》依類歸卷。條目以今語列首，次以簡語解釋，釋文則取該條俗語中心詞或關鍵語素直接釋義。次再注古今音讀、音轉，利用因聲求義的方法從語音上説明方言詞與古詞源的關係，充分體現出“柄持在聲音”的訓釋途徑。最後則徵引經史子集及字書等以證其所出有自。以作者里籍方言俗語解釋了大量古代詞語，破識了一批通假字。這對研究清末民國時期山東特别是日照一帶方言具有重要的價值。

客座贅語

顧起元（1565—1628），字太初，一作璘初、隣初，號遯園居士，應天府江寧（今江蘇南京市）人。萬曆二十六年（1598）進士。授翰林編修、國子監祭酒、吏部左侍郎兼翰林侍讀學士等。於經史子集、文字音韻等均有涉獵，尤勤於撰述考證。著有《遯園漫稿》《金陵古金石考》《客座贅語》等。

《客座贅語》十卷，是一部筆記小説。書成於萬曆四十五年（1617）。有萬曆四十六年（1618）刻本、清光緒三十年（1904）《金陵叢刊》本。

該書自序稱“余生平好訪求桑梓間故事，則争語往蹟，近聞以相娱，間出一二驚奇誕怪者以助驩笑。至可裨益地方與夫考訂載籍者，亦往往有之”，可知著録該書的目的在於使有關金陵的上述諸方面内容有所記載，以備後人參考。其中卷一中的“辨訛”“方言”“諺語”“父母稱謂”等記載並詮釋了大量的方言詞語，是研究明代中後期南京方言寶貴的史料。

淮南中十場志

王大經生卒不詳，字倫表，號石袍，一號待庵居士，東臺（今江蘇東臺市）安豐人。清初學者。少時，奮力自學，博覽群書。20歲起，在安豐設塾授教。著有《獨善堂文集》，輯修有《淮南中十場志》。

《淮南中十場志》共十卷，書成於康熙十二年（1673），較爲全面地反映包括今東臺市在内的淮南中十場地理、經濟、文化等各方面的情況，是一部重要的地方歷史文獻。其中卷一“風俗”後“附方言”，記録140餘個方言詞語，先言通語，以“謂之”“曰”引出方言稱謂。另有“至於以稻爲滔、以豆爲偷、以鹹爲寒、以學爲鶴、以地爲梯、以丈爲昌之類”等聲之轉。爲研究清初東臺一帶的方言提供了資料。

南通方言疏證

孫錦標（1856—1927），字伯龍，號慕廬，江蘇南通人。清末廩貢生。光緒十五年（1889）南菁講舍肄業，次年在常熟協署教讀。之後曾任教於張謇家塾、江蘇省立第七中學（今南通中學）。致力於南通方言研究。著有《自怡軒雜著》《南通鄉音字彙》《南通方言疏證》《通俗常言疏證》等。

《南通方言疏證》四卷，民國二年（1913）南通翰墨林書局石印本。單頁九行行三十字，小字雙行同。又1991年廣陵古籍刻印社出版。

該書原爲訂正光緒《通州志》“方言”部分之誤而作，主要是針對舊志中的詞目辯證、溯源、訂補。内容分作四卷五十類，卷一分十四類，卷二分十類，卷三分十二類，卷四分十四類。大致按自然、人事、動植物類屬編排，與《爾雅》十九部類有相近之處。詞目以詞組居多，其宗旨在於溯古，以古文獻證今方言。注音採用直音、反切、讀若。它是一部方言辭書，是研究清末南通方言的重要文獻。

鄉音正譌

張汝南生年不詳，卒於同治二年（1863）。字子和，號朱湖大生、洞天老樵。上元（今江蘇南京市）人。著有《夜江集詩鈔》《金陵省難紀略》《鄉音正譌》等。

《鄉音正譌》書成於清光緒十二年（1886），刻本，藏於國家圖書館、華東師範大學圖書館等處。自叙作於咸豐九年（1859）。半頁詮釋八字。《漢語方言研究文獻輯刊》影印。

該書專爲金陵人讀訛之音而作，共收 585 個單字，按四聲分平音、上音、去音、入音之訛編排。體例是先列字，再標正音，標音多使用直音法，然後釋義，最後指明訛音。這對研究清末南京方言具有一定的參考價值。

揚州方言韻語長短句

顔二民（1878—1934），一作二溟，名僩，號慕蘇、夢雨老人。揚州人。近代揚州名儒，擅長詩畫，尤精隸書。著有《書法問答》《揚州方言韻語長短句》等。

《揚州方言韻語長短句》，鈔本藏於國家圖書館、揚州大學圖書館等處。《漢語方言研究文獻輯刊》影印。清光緒二十五年（1899）刻本，藏於上海圖書館等處，單頁九行行二十一字。《揚州文庫》影印。

該書收集了一些揚州方言俗語材料，凡例中謂“是編皆集揚郡之市井中方言，他處俗語弗載”。從行文内容看，作者的目的並不是專門研究揚州方言，而是憤世嫉俗之篇中雜入了方言。集方言俗語成長短句 58 則，按韻歸類排列。這不僅保存了揚州方言當時的俗語，同時對研究清末揚州方言的韻部也有一定的幫助。

點綴方言·揚州話

嚴鏡生卒不詳。

《點綴方言·揚州話》一册，不分卷。刻本藏於揚州市圖書館等處，《揚州文庫》影印出版。鈔本藏於復旦大學、陝西師範大學圖書館等處。

該書記録揚州方言俗語，共輯録 508 條。體例是先列俗語，每條下都有簡明解説短評，點綴解説之詞多爲佛家語。不少語句保留了鮮明的方言特點，至今仍活躍在人們的口語中。對研究民國時期的揚州話具有一定的參考價值。

廣新方言

陳啓彤（1882—1926），字管侯，泰州海陵（今江蘇泰州市海陵區）

人。壯年遊學蕪湖，與馬叙倫、章士釗等交往密切，共創《獨立週報》。後來他又創辦《泰報》。曾在泰縣圖書館、財政部編纂處任職。精於小學。著有《易通例》《六書微》《訓詁微》《庚甲雜集》《續新方言》《廣新方言》等。

《廣新方言》二卷，書成於宣統三年（1911），民國十七年（1928）刊印。藏於國家圖書館等處。單頁十一行行二十七字。《漢語方言研究文獻輯刊》影印。

該書主要輯録、考證泰州方言俚語，也兼及蕪湖方言。收録225個詞語。體例是詞目下先列《説文》解釋，再鄉音比附考證，其中鄉音多是江蘇中部的俗語。此書的主旨是增廣章太炎《新方言》之未備，同時也爲《説文》古義增加了大量口語佐證。爲研究清末民初的泰州一帶方言提供了珍貴的文獻。

沭陽方言考

錢文晉生卒身世不詳，沭陽人。可能做過“沭陽縣立初級中學”校長。發表過《袁枚的文學論戰》《五老爹》《沭陽方言考》等論文。

《沭陽方言考》發表於民國十九年（1930）《國立中央大學半月刊》第6期。共收60條，旨在考證方言本字。該文小序曰：“且近來語體文興，而著作者於通行言語往往不能得其本字，隨意假借，迷惑觀者。”對研究民國時期沭陽方言詞語有一定的參考價值。

泰州方言正字

陳昌年生於宣統三年（1911），卒年不詳。江蘇泰縣（今泰州市姜堰區）人。民國二十五年（1936）清華大學中文系畢業。

《泰州方言正字》，是清華大學中國文學系的畢業論文，藏於清華大學圖書館。葛兆光選編的《學術薪火——三十年代清華大學人文社會學科畢業生論文選》點校出版。

該文考證字詞95條，體例大都是先引《説文》及其他文獻，再釋以泰州方言。旨在爲現代方言詞語尋求古文獻根據，以古證今。這對研究民國時期泰州方言具有一定的參考價值。

泰縣志

《泰縣志》三十卷，單毓元等人纂修，民國二十年（1931）稿本。又有民國二十年（1931）油印本、鈔本等。

該書第二十四卷爲“方言”，第二十五卷爲“謡諺”。“方言”分作天、地、人、物四部，共收262條。引《説文》《廣韻》及其他文獻進行疏證。“謡諺”收23條。據魯國堯（《方言》2001年第4期），“方言”部分來自泰州人高爾庚（光緒二十五年即1899年歲貢）和其從弟高裕瑞（1877—1961）兩人的方言研究成果。爲研究民國時期泰縣方言提供了材料。

泰縣方言補

夏兆麐（1885—1948），字紹侯，號耐庵，江蘇泰州人。地方文獻專家。宣統三年（1911）畢業於兩淮師範本科，民國十六年（1927）進入國立第四中山大學社教講習會學習，畢業後曾就職於泰縣縣立圖書館、泰縣教育行政委員會、修志局等。著有《泰縣三大災異録》《吴陵藝苑》《泰縣風俗談》《泰縣方言補》等。

《泰縣方言補》，稿本，據前有民國二十六年（1937）程小可序，可知約成書於1937年。《泰州文獻》影印出版。

該書是在《泰縣方言》的基礎上增補而作，編者識謂“鄉前輩高星仲先生著《泰縣方言》，考古證今，允稱傑作，顧一邑方言正自不少，尚有未經先生道及者，綴之以補其遺”。内容分作天、地、人、物四部，其中“人部”又分爲倫紀、品誼、行爲、動作、語言、形體六類，“物部”又分爲衣服、飲食、居室、器用、狀物、植物、動物七類。收詞語479條。體例是先列通語，以“謂之”引出方言詞語，再以《爾雅》《方言》《説文》《廣雅》等作一簡單疏證。它爲研究民國時期泰縣方言提供了寶貴的史料。要説明的是，稿本上有多個用紙條粘貼修補之處，修補件也同時刊出。

江都方言考釋

張洪義（1878—1963），字禹平，一字羽屏，江都（今江蘇揚州市江都區）丁溝鎮人。晚清秀才。四十歲後專治小學。民國年間，先後在江蘇省立第八中學、私立鎮江中學、揚州國學專科學校、江都縣中學任教。新中國成立後，任江蘇省文史館館員。著有《廣雅疏證拾補》《語源》《集韻拾遺》《江都方言考釋》等。

《江都方言考釋》三十三卷，附録二卷。稿本藏於南京圖書館及其後人家中。《江蘇文史研究》曾以《揚州方言例釋》爲題選載。《揚州文庫》影印出版。

該書收録1500多個條目。條例内容是以字詞爲條目，按照字畫多少排序，筆畫相同的再别以韻，採用傳統訓詁方法，引經據典，旁搜遠紹，追本窮源，溯流析源，對方言詞語的音義、源流及其演變詳加考釋。它是研究民國時期江都方言的寶貴史料。

凡誨書

劉心源（1848—1915），字亞甫，號幼丹，嘉魚龍口塘（今湖北洪湖市龍口鎮）人。光緒二年（1876）進士。歷翰林院庶吉士、修編、國史館協修。任江南道監察御史、江西道掌廣東道御史、京畿道御史、廣西按察使等官職。著有《吉金文述》《樂石文述》《奇觚室古文審》《凡誨書》等。

《凡誨書》十卷，稿本，藏於湖北省圖書館。《小學稿本七種》影印。

該書是"專爲吾鄉農漁工商而作"的兒童啓蒙課本，書中把5400個常用字按照平上去入編成135句韻語。體例是先注音，後釋義舉例，亦引證他書或以本地土音俗語、風俗民情證於其後。注音多採用直音法，偶見反切法。每個字都用方言中的同音字注音，若語音有不同於官話之處，則特别標明。音注約有5400條，大多音注與作者里籍嘉魚今方言相一致。這些音注反映了百年前嘉魚方言特徵，是研究清末嘉魚方言重要的文獻資料。

俗用雜字

陳士元（1516—1597），字心叔，號養吾，自號江漢潛夫，湖北應城人。嘉靖二十三年（1544）進士，官灤州知州。精通經學，並治小學，潛心著述40餘年，成書400餘卷。著有《歸雲别集》《古俗字略》《俚言解》《諸史夷語音義》等。

《俗用雜字》一卷，收入《歸雲别集》的《古俗字略》中。明代焦竑收它於《俗書刊誤》第十一卷中，略有增删。《影印文淵閣四庫全書》《四庫全書存目叢書》等影印。

該書共收方言詞語310條，或直接記録當地的應城方言或輯録明代以前的韻書及字書且傳承至當時的應城方言詞語，詞條的取捨大致是以應城方言爲參照的。體例以"曰"直接解釋方言詞，部分兼有注音。注音大都採用直音法，又見反切及四聲相承法。注音中以"俗呼""俗音""訛音"等標注的詞語大多反映當時應城方音，部分注音同樣也如此。此書反映了16世紀的應城方言的面貌，保留了400多年前珍貴的方言史料，對應城一帶方言研究有重要的文獻價值。

湖北方言

傅廷儀（1864—1941），字漢廷，沔陽（今湖北仙桃市）人。清末廩生。曾於武昌高師任教，後去日本考察教育，回湖北後創建科學實驗館。歷任華中及河南等大學職員、湖北通志館編修。著有《傅氏音學三書》。

《湖北方言》二卷，民國稿本，爲當時擬修縣志而作。藏於湖北省圖書館。《小學稿本七種》影印。

該書無訂目次第，收方言詞語共86條。體例是先列詞條，次列湖北方言稱謂，再結合《方言》《爾雅》《説文》等經學文獻，追根溯源，尋找本字及其演變軌迹。所收詞語皆爲當時口頭俗語，這對研究清末民初的湖北方言有一定的參考價值。

蘄春語

黄侃（1886—1935），初名喬鼐，後更名喬馨，最後改爲侃，字季剛，號量守居士。湖北蘄春人。國學大師。著有《文心雕龍札記》《黄侃論學雜著》《説文箋識四種》《集韻聲類表》《蘄春語》等。

《蘄春語》是黄侃研究蘄春方言俗語的札記，凡141條。選取蘄春方言詞語，運用文字、音韻、訓詁諸方面考證本字，將蘄春方言俗語與《説文》《方言》《廣韻》等記録的材料相互印證，探究其本字與語源。體例與章炳麟《新方言》略同。通過古今互證，勾勒出一些方言詞語的發展演變軌迹，廣徵博引，稽考精審。對研究清末民初蘄春方言有重要的文獻價值。

君莫笑讀本

陸蔚奇（1874—1941），别名藻瑩、文青、盼青，邵陽（今湖南邵陽市）岩口鋪人。光緒二十八年（1902）舉人。在老邵陽縣城設館授徒。著有《君莫笑讀本》。

《君莫笑讀本》二卷，自序中謂“歲甲寅僑寓郡城，訓課兒輩，仿前清車内翰《聲律啓蒙》體裁，以方言諧詖成其對偶，顔之曰《君莫笑》”，其中“甲寅”應該是民國三年（1914），據此推斷該書可能成於民國初期。

該書體例仿其同鄉先輩車萬育（清康熙年間進士）的《聲律啓蒙》寫成，按照平水韻編排，分上、下兩卷，每卷15韻，每韻3節，每節約80字。内容涉及天文、地理、鳥獸、花木、蟲魚、器物、農事、道德、倫理、典故、人物、姓氏等方面。有的字還以直音或四聲相承加注了音釋。書中雜入當地大量方言俚語，同時一些用韻也反映當地的方音特點（錢毅、劉夢雲，《邵陽學院學報》2012年第1期）。它是研究民國時期湖南西南部方言的寶貴材料。

原諺

裴希純（約1736—1811），字敬齋，號寄亭，偃師（今河南洛陽市偃師區）人。乾隆二十七年（1762）恩貢。學究本源，詩文縱橫恢譎，謡佚野諺無不收羅。著有《河南郡物産志》《論語新目》《月亮吟》《原諺》等二十餘種。

《原諺》一卷，成書於乾隆四十六年（1781），刊刻於道光十三年（1833），古義堂藏板。單頁八行行二十三字，左右雙邊，白口，單魚尾。藏於新鄉市圖書館。我們照原書打印成册。

該書戴棠序言謂"寄亭裴先生，吾邑宿儒也。……晚年餘暇，翻閲所及，間留意於方言土音之異同，裒爲弌集"。共收録243個詞目，分稱呼類、時令類、器用類、宫室類、飲食類、衣服類、草木類、五穀類、蟲鳥類、雜指類、諺語，共十一類。其中雜指類收代詞、動詞、擬聲詞等，體例多是解釋語在前，被釋詞在後，以"曰""謂之"等連綴，又有部分以古今比對的形式作釋，引古書以溯其源。另收30個俗諺。它是一部以方言詞語爲考釋對象之書，對瞭解二百多年前偃師一帶方言詞語面貌及其與今詞語之間的差異都具有較高的文獻價值。

淮陽鄉村風土紀

蔡衡溪生卒不詳，淮陽（今河南周口市淮陽區）人。民國教育家，曾任職於河南省教育廳。著有《教育論叢第一集》《教育論叢第二集》《中國農村之改進》《淮陽鄉村風土紀》等。

《淮陽鄉村風土紀》是蔡衡溪於民國十五年（1926）暑假回歸故里，前後歷時三個月調查而作。次年寫成《農村風土紀》，之後部分内容刊登於《河南民報》。1934年整合彙編成册，由開封新豫印刷所發行。藏於河南大學圖書館、吉林大學圖書館等處。《吉林大學圖書館藏稀見方志叢刊》《中國鄉土志集成》等影印出版。

全書内容分作四編，即語言、風俗、集會、淮陽縣概況，共十五章。其中第一編"語言"包括諺語、童謡、謎語、隱語、神話、傳説六章。"諺語"一章篇幅最大。此調查材料除使用一些方言詞語之外，其諺語和童謡等韻文也包含了當地方音，對研究民國時期淮陽一帶方言不可或缺。

秦音

張澍（1781—1847），字百瀹、壽谷、時霖，號介侯、鳩民、介白，涼州府武威（今甘肅武威市涼州區）人。清嘉慶四年（1799）進士，選翰林院庶吉士。授貴州玉屏知縣，又官於四川、江西等地。精於考證，以經史學者聞名。著有《二酉堂叢書》《蜀典》《養素堂文集》《秦音》等。

《秦音》，書成於道光二十四年（1844），未刊。《明清未刊稿彙編初輯》中《張介侯所著書》影印鈔本收録。半頁九行行二十五字，白口，單魚尾。

該書輯録上至先秦下至清代的古籍中記載的陝西關中及甘肅方言，其中清代文獻主要是雍正十三年（1735）的《陝西通志》。序言云："予于長夏無事，刺取群書，爲秦隴人口吻者札記之，爲一編目曰《秦音》，亦謂此吾秦人之語云爾。"收詞語 340 餘條。體例是先列首見書名，再出條目，部分有釋義，點明方言稱謂。這對研究秦隴一帶方言及考證詞語的歷史源頭都有一定的參考價值。

秦中方言

劉文錦（1900—1932），字仲繡，環縣（今甘肅環縣）人。1924 年讀於西北大學國學專修科班，喜愛音韻、訓詁之學，常問學於羅常培。1929 年受聘於廣州的中央研究院歷史語言研究所。隨史語所移到北京，又從趙元任治語音學。著有《洪武正韻聲類考》《秦中方言》《記咸陽方音》《關中漢代方言之研究》等。

《秦中方言》載於民國十八年（1929）《國立中山大學語言歷史學研究所週刊》第八集第八十五、八十六、八十七期合刊。考證秦中方言詞語難通者 108 條，計 12140 字。體例是先用字母給方言詞語注音，再指出本字，並上稽《説文》《爾雅》《方言》等諸書，疏通詮釋，最後闡明音理。爲研究民國時期的秦中方言提供了寶貴的資料。

記咸陽方音

劉文錦（1900—1932），字仲繡，環縣（今甘肅環縣）人。1924年讀於西北大學國學專修科班，喜愛音韻、訓詁之學，常問學於羅常培。1929年受聘於廣州的中央研究院歷史語言研究所。隨史語所移到北京，又從趙元任治語音學。著有《洪武正韻聲類考》《秦中方言》《記咸陽方音》《關中漢代方言之研究》等。

《記咸陽方音》載於民國二十一年（1932）《國立中央研究院歷史語言研究所集刊》第三本第三分册。共計14000餘字，分作咸陽的語音、咸陽方音羅馬字、咸陽方音與中古音的比較、標音舉例四個部分。運用現代語言學理論描寫記録了咸陽方言音系。從文章開頭的聲明"原籍本來是甘肅環縣，自從同治年間先祖父因爲避回亂才遷到陝西來，現在所住的地方是在咸陽城東三十五里"，可知此文記録可能是作者里籍咸陽窑店鄉一帶的方音。爲研究作者里籍一帶的方言提供了珍貴的史料。

關西方言今釋

馮國瑞（1901—1963），字仲翔，號麥積山樵、石蓮谷人，甘肅天水人。1921年考入南京東南大學，師從羅振玉、商承祚等人。復進入北平清華學校國學研究院，授業於陳寅恪、趙元任等人。曾任職於三台縣東北大學、西北師範學院、蘭州大學等。著有《麥積山石窟志》《天水出土秦器彙考》《關西方言今釋》《秦州記》等。

《關西方言今釋》刊於民國二十四年（1935）的《國風半月刊》第六卷第七、八合期及第九、十合期，《國風月刊》第七卷第一期。共計23000字。闡釋詞語約220餘條。體例是先列方言詞語，然後以通語解釋，釋詞時列舉《方言》《説文》等書證。這對研究民國時期關西方言具有一定的參考價值。

關中聲調實驗録

白滌洲（1900—1934），名鎮瀛，北京人。1930年畢業於北京大學國文系，1933 年應聘在北京大學研究院文史部語音樂律實驗室任助教。精於語言文學學，致力於方言音韻研究。著有《廣韻入聲今讀表》《北音入聲演變考》《關中入聲之變化》《關中入聲變讀的原因和程序》等。

《關中聲調實驗録》刊於民國二十三年（1934）《國立中央研究院歷史語言研究所集刊》第四本第四分册。内容分作四部分：緣起、關中之域區、關中聲調之實驗（甲．收音經過　乙．推斷實例　丙．實驗結果）、結論。將 39 個縣的聲調用儀器測斷計算，實驗分析得出各縣聲調升降走勢大都相同的結論。這是首次用儀器記録研究關中聲調，爲後人保存了寶貴的文獻材料。

關中入聲之變化

白滌洲（1900—1934），名鎮瀛，北京人。1930 年畢業於北京大學國文系，1933 年應聘在北京大學研究院文史部語音樂律實驗室任助教。精於語言文學學，致力於方言音韻研究。著有《廣韻入聲今讀表》《北音入聲演變考》《關中入聲之變化》《關中入聲變讀的原因和程序》等。

《關中入聲之變化》，刊於民國二十四年（1935）《慶祝蔡元培先生六十五歲論文集》下册。分作五部分：關中之區域、關中之聲調、關中入聲變讀之規律、例外字之解釋、後記，並附有北音入聲演變調查表和關中入聲變讀聲調譜。得出關中入聲“全濁變濁，其餘變陰”的分派規律，並解釋了約佔全體字數三分之一的 292 個變讀規律以外的例字。爲借助現代方言探討入聲歷時演變打開了一扇重要的窗口。

關中入聲變讀的原因和程序

白滌洲（1900—1934），名鎮瀛，北京人。1930 年畢業於北京大學國文系，1933 年應聘在北京大學研究院文史部語音樂律實驗室任助教。精於語言文學學，致力於方言音韻研究。著有《廣韻入聲今讀表》《北音入聲演變考》《關中入聲之變化》《關中入聲變讀的原因和程序》等。

《關中入聲變讀的原因和程序》，刊於民國二十五年（1936）《國立北京大學國學季刊》第六卷第一號。該文借助陝北榆林道所屬各縣的入聲狀況，討論關中入聲變讀的原因、程序及走勢。其結論是，圖省力、求清晰等因素是變讀的原因。單字先變，詞句後變；讀音先變，語音後變是經歷的程序。變成陰陽平是因爲依聲紐清濁不同分讀兩個聲調的入聲其調勢近於陰陽平，入聲韻尾消失後隨着調勢引長便進入了陰陽平。爲研究民國時期關中入聲提供了資料。

新西安

王望生卒不詳。

《新西安》書成於民國二十九年（1940），昆明中華書局鉛印本。

該書分作八章，介紹西安的沿革及地理位置、市内概況、附近名勝、交通、風俗、衣食住行、工商業及物産、教育。其中第五章“西安之風俗”中載有“語言”“歌謡”。共收約 40 個詞語，也記録一些特殊的語音，如“説讀如賒、書讀如夫、水讀如匪、日讀如二、郝讀如鶴、岳讀如曰”等。“歌謡”收録 16 首。這對研究民國時期西安話具有一定的價值。

關西方言鉤沉

范紫東（1879—1954），名凝績，字紫東，乾州（今陝西乾縣）人。1902 年考入陝西省三原宏道高等學堂。之後進入西安府中學堂任教，擔任易俗社評議員、編審等職。著有《春闈考試》《隴縣新志》《乾縣新志》等。

《關西方言鉤沉》四卷，是針對戴季陶 1946 年散佈“西北人野蠻，語言粗俗”的言論編寫而成。民國三十六年（1947）元月由西京（西安）克興印書館出版。

全書共 20000 餘字，内容分稱謂、名物、狀語、動詞四部，共注解詞語 427 個。體例是先列詞條，次訓釋詞義，再次考求語源。即據諸韻書及其他文獻，用今音探索古音，又以古音印證今音研究關西方言。注音採用直音、反切及四聲相承法等，多以“謂之”關聯前後項。涉及關西方言詞語的約有 155 條，其中保留了一些今已不多見的方音。這對研究民國時期關西地區方言彌足珍貴。

涇川縣採訪録

張振江生卒身世不詳。

《涇川縣採訪録》一册，又名《造賫涇川縣採訪縣治各項事件清册》，書成於民國十九年（1930），鈔本，藏於甘肅省圖書館。

該書小序謂："惟見於舊志者，不録；至疆域、山川、物産、田賦、户口等類已經填表者，亦不再叙。兹就涇川所有各種事實，自清乾隆年修志後起，以迄於今，亟應採入者分别臚列十餘條。"其中載有"方言"，共記録 56 條方言詞語。對研究民國時期涇川一帶方言具有一定的參考價值。

隴西方言志

王海帆（1888—1944），原名永清，字海帆，後以字行，號半船，又號梧桐百尺樓主人，隴西縣城人。宣統元年（1909）優貢。進入民國後，歷任省參議員、化平縣（今寧夏涇源縣）知事、省長公署參事、省議會史總纂、甘肅省通志局分纂、莊浪縣長等職。50 歲後離開政壇，潛心於學術。著有《梧桐百尺樓詩集》《雙鯉堂文集》《隴西方言志》等。

《隴西方言志》書成於民國二十五年（1936），稿本，收藏於王氏後人家中。又有馬樹勛於 1980 年的鋼筆鈔件。

該書共收 152 條，有的條目下轄多個詞語；後附諺語 42 條。有些以類相聚，但整體並無明顯的排列標準。疏通釋義時多側重於對方言讀音的描述，且着力於溯源。它是研究民國時期隴西方言珍貴的文獻。因鋼筆鈔件在過録過程中對稿本内容進行了改動，表現在增減、移位、修正及條理化等，故我們也附録上鋼筆鈔件。

甘甯青恒言録

慕少堂（1874—1947），名壽祺，字子介，號少堂，鎮原（今甘肅鎮原縣）人。光緒二十九年（1903）舉人，早年爲同盟會會員。20 世紀 30 年代初曾受聘爲甘肅學院文史系教授。著有《敦煌藝文志》《中國小説考》

《音韻學源流考》《甘甯青恒言録》等三十餘種。

《甘甯青恒言録》，稿本，藏於甘肅省圖書館。我們照原書打印成册。全書内容包括張掖縣方言、臯蘭縣方言、臨夏縣（即故河州）方言、隴西各縣方言、隴南各縣方言、隴東各縣方言、鎮原縣方言、河西各縣方言、永登縣（即故平番縣）方言、民勤縣（即故鎮番縣）方言、隆德縣方言、西固縣方言十二個地域方言。體例自謂“仿《畿輔通志》例，粗言大概，間附按語於各條後”。對所輯方言詞語從古韻、古語、轉音、叠韻、口頭常言、語用比體等角度或臚列或徵引文獻探其語源，是研究民國時期甘寧青一帶方言重要的文獻資料。

古今諺

楊慎（1488—1559），字用修，號升庵，新都（今四川成都市新都區）人。正德六年（1511）狀元，授翰林院修撰，後謫戍雲南永昌衛 30 餘年。著有《石鼓文音釋》《金石古文》《古今風謡》《全蜀藝文志》《古今諺》等近三百種。

《古今諺》一卷，書成於嘉靖二十二年（1543）。嘉靖年間有楊慎之孫楊宗吾刊本，再收於李調元《函海》，乾隆刻本。半頁十行行二十字，小字雙行同，單魚尾。又收於史夢蘭止園莊板《止園叢書》。半頁十行行二十三字，小字雙行同，單魚尾。

該書是楊慎謫戍雲南時採録古今歌謡及諺語編成，輯録古諺古語 260 餘條，另收地方諺語 40 餘條。並無明顯嚴格的編排體例，大致據諺語歷史順序編排。對部分諺語注明出處或給予解釋。其中地方諺語即農諺和氣象諺語，具體分列吴諺、楚諺、蜀諺、滇諺，而蜀諺對研究四川方言具有一定的參考價值。

蜀語

李實（1596—1674），字如石，别號鏡庵，四川遂寧人。崇禎十六年（1643）進士。授長洲（今江蘇蘇州市）知縣，次年明朝覆亡去官，寄居吴門 30 年。著有《六書偏旁》《文襄大禮奏議》《四書晚解》《吴語》《蜀語》

等十餘種，今僅存《蜀語》。

《蜀語》一卷，收於清乾隆年間李調元編的《函海》中。半頁八行行二十字。《叢書集成初編（補印本）》刊有標點本。又有黃仁壽、劉家和等人的校注本。

該書是記録四川方言詞語之作，以單音詞爲主，不分類，收詞 576 條（包括一詞異讀）。體例是通語釋義，以“曰”後接方言詞，圓圈後加音注，或進一步釋義。音注多用直音法，也有反切及四聲相承法。其中注音詞條 469 條。至今仍活躍在四川民衆口語中的還有 180 餘條。它是我國現存第一部方言詞語“斷域爲書”之作，是研究明末四川方言寶貴的文獻資料。

雪鴻堂文集

李蕃（1621—1694），字錫徵，號懶庵，通江（今四川通江縣）人。順治十四年（1657）舉人。曾任山東黄縣（今龍口市）知縣。著有《雪鴻堂文集》，編纂《通江縣志》《黄縣志》等。與其長子李鍾壁、次子李鍾峨並稱“通江三李”，他們的著作合併刻《雪鴻堂文集》十八卷，涵蓋經史子集。

《雪鴻堂文集》是巴山蜀地文化資源中重要的著作，其中第十四卷爲“鄉語”。小叙云：“吾鄉居天下之西南，雖去夜郎、牂牁、邛笮甚遠，而較之伊洛瀍澗，則鄙矣。予少事浪遊，五方之言語，頗習其囂雜，每憶鄉中語音，有慣而不察者，今集其所由，以解嘲云。”收録 105 個條目，引述古代文獻梳理其意義或指明出處。有的字還標注了語音。爲研究清初四川方言詞語提供了寶貴的資料。

卍齋璅録

李調元（1734—1803），字羹堂、贊菴，號雨村、童山蠢翁，綿州（今四川綿陽市安州區）人。乾隆二十八年（1763）進士。歷任翰林編修、廣東學政、直隸通永兵備道等職。著有《函海》，囊括其著作六十餘種。

《卍齋璅録》十卷，清乾隆 1736—1795 年間《函海》刻本，後有乾隆中綿州李氏萬卷樓刊、嘉慶十四年（1809）李鼎元重校印《函海》本，清道光五年（1825）李朝夔據萬卷樓藏板補刊印《函海》本。1937 年商務印書館據《函海》本排印了《叢書集成初編》標點本。

該書主要内容多爲輯録文獻中形音義有異的詞語，亦見對當時詞語直接作釋者。或字形之替换或字音之嬗變或字義之轉變。體例是先列詞條，再引文獻以疏證。疏證時多處使用“蜀”“蜀人”“今人”“今北人”“今山東匠人”“今京中詈人”等各地方言作詮釋，特别是蜀方言。對研究清中葉四川方言具有一定的參考價值。

蜀典

張澍（1781—1847），字百瀹、壽谷、時霖，號介侯、鳩民、介白，凉州府武威（今甘肅武威市凉州區）人。清嘉慶四年（1799）進士，選翰林院庶吉士。授貴州玉屏知縣，又官於四川、江西等地。精於考證，以經史學者聞名。著有《二酉堂叢書》《秦音》《養素堂文集》《蜀典》等。

《蜀典》十二卷，成於嘉慶二十三年（1818），刊刻於道光十四年（1834）。半頁十行行二十四字。清光緒二年（1876）尊經書院刊印重記刻本。

該書是張澍在蜀期間出任屏山、興文、大足、潼梁、南溪等地知縣時整理而成，是一部記録四川史地、人文、風土及方言等史料的典籍。内容分作 11 個大類，即堪輿、人物、居寓、宦蹟、故事、風俗、方言、器物、動植、著作、姓氏，1107 個小類，全面系統地記載了巴蜀文化的起源及演變。其中卷七“方言”記録了蜀方言“不律”“梁”“譎”“姐”“氏”等 107 個小類，引《方言》《説文》等文獻考其源流、疏其演變。它通過轉述形式保存了前代和當時的一些口語資料，是研究四川方言的重要史料。

時行課幼大全雜字

邱宗岳生卒不詳，字龍崗，銅梁（今四川重慶市）人。咸豐初恩貢。性情直樸，讀書稽古，喜兵家韜略。著有《籌邊策》《籌攻策》《救命書》《大全雜字》等。

《大全雜字》，又名《時行課幼大全雜字》《新增大全雜字》等，編纂於咸豐年間。據王建軍（《四川師範大學學報》2017 年第 2 期）考證截止目前該書有七種名稱十八個版本，分屬三個版本：邱宗岳原刻本，目前僅存殘本；胡炳奎新訂版本，增加音釋，光緒三年（1877）太和鎮版是此版系統的代表；斷章形式的版本，多刊刻於民國時期。其中胡炳奎新訂版本，左欄題“德生鄧先生續編”，右欄題“龍崗邱先生手著、炳奎胡先生鑒定”。正文前有新訂者胡炳奎和募刻者蔣家朗序言。半頁六行行十二字，正文疑難字、生僻字下有小字標注其形音義。

《時行課幼大全雜字》分作二十四章，爲天地倫常、山珍貨物、茶食菓品、綢緞衣服、金銀首飾、銅器物件、居家常用、身體概行、動用器物、和睦鄉鄰、文房四寶、耕種常業、山糧雜用、船舟器俱、手藝器用、三教九流、鋪户器物、家居買賣、契書款式、禮儀款式、樹木各樣、六畜牧養、口喻字義、人事常談，其中一些字標注了同音字或音近字。該書記載四川地區傳統社會生活的各個方面，這些内容展現了當地的民俗文化、方言詞語及方音特徵。它是研究清末銅梁地區寶貴的文獻材料。

蜀方言

張慎儀（1846—1921），字淑威，號籑園，又號芋圃，四川成都人。精於文字、訓詁之學。著有《方言别録》《續方言新校補》《詩經異文補釋》《蜀方言》等。

《蜀方言》二卷，收於《籑園叢書》。半頁十一行行二十五字，小字雙行同。又有張永言的點校本。

該書原名《今蜀俚語類録》，是在李實《蜀語》基礎上增補百條四川方言而成。内容是見於記録而當時仍通行的四川方言詞語。收詞845條，逐考其本字，注其出處，徵引廣博。體例是先釋義，後標注方言詞，以“曰”關聯前後項，接着臚列書證。詞條按詞的意義類屬編排，意義相關的詞語編在一起。此書是《蜀語》之後又一部地域性方言詞語彙編，對考求四川方言本字、探討古今方言詞語等均有重要的參考價值。

日用時行雜字

《日用時行雜字》，又名《日用雜字》《時行雜字》《幼童雜字》等，作者不詳，是清末至民國時期流行在四川的一種啓蒙讀物，現存二十餘種刻本或鈔本。據王建軍（《西南民族大學學報》2015 年第 10 期），最早版本爲五言，僅收幼學、稚弊、人倫三章。書名頁天頭題“嘉慶七年桂月新鐫”，左上題“綿竹城南庠生戴克一編輯、八十三歲庠生袁文斌校正”，中欄大字題“日用時行雜字”，左下欄題“崇順堂梓行”。另有道光十三年（1833）五七言《日用時行雜字》，書名頁天頭題“道光十三年冬月鐫”，左上題“綿竹城南庠生戴克一編輯、八十三歲庠生袁文斌校正”，中欄大字題“日用時行雜字”，左下題“文淵堂梓行”。

該書當前傳世本一般分兩部分：第一部分爲五言，有幼學、稚弊、人倫三章，不同版本十二頁左右。第二部分爲七言，有家常、莊家、酒房、飯店、館子、屠户、京餜、乾菜、雜貨、成衣、紬緞、綫鋪、作房、銀匠、鐵匠、木匠、收荒、燒房、轎行十九章，不同版本三十五頁左右。它使用了大量的方言詞語、方言俗字，音注多採用直音法。對研究二百年來四川綿陽地區方言具有重要的文獻價值。

擘紅樓方言訂

杜大恒生年不詳，約卒於光緒二十八年（1902），字㥦齋，也寫作悜齋、程齋、心齋，宜賓人。光緒八年（1882）舉人。在故里宜賓青杠坪（今宜賓市翠屏區明威鄉）大户爨家講學約二十年。著有《擘紅樓文集》《擘紅樓方言訂》等。

《擘紅樓方言訂》，“擘紅樓”是清末民初宜賓地區有名的木刻書坊。鈔本，藏於國家圖書館，該本由爨汝僖於民國二十四年（1935）捐於國立北平圖書館。《漢語方言文獻研究輯刊》影印。

該書共收詞條 210 個。體例是先注音，再釋義疏證，疏證前大多採取今用法進行説明，以“俗”“今俗”“今鄉中”等稱謂方言俗語。疏證材料大多數引自《康熙字典》。該書記録和考釋了當時方言詞語，是研究清末四川方言俗語寶貴的文獻。

成都通覽

傅崇榘（1875—1917），字樵村，筆名樵子、樵甫、樵斧等，簡州

（今四川簡陽市）石盤鋪人。光緒二十四年（1898）進入成都尊經書院學習。光緒二十六年（1900）在成都創辦第一家科學性報紙《算學報》，次年又創辦成都第一家民辦報紙《啓蒙通俗報》，成爲成都近代報界的開山祖師。著有《歷代歷史大地圖》《傅氏叢書》《成都通覽》等。

《成都通覽》成於光緒三十四年（1908），初名《説成都》，三十餘萬言。它是一部“以方言記方志，以鄉音話成都”之書，將成都的山水、氣候、街巷、館所，包括成都人的積習、怪談、歌謠、土語，以及如何避蟲鼠的方法分條目一一記録。被稱作反映清末成都社會的一部百科全書。其中收録的童謡、歌謠、咒語、應酬話、口前話、歇後語、土語方言、雙聲土語等保存了大量方言土語，其中1000餘條方言詞語至今仍在通行。它是研究一百多年前四川方言的重要資料。

蜀籟

唐樞生卒身世不詳，四川遂寧人。著有《蜀籟》四卷。

《蜀籟》，民國十九年（1930）石印本。1962年四川人民出版社翻印了此書，1982年重版，重印本補上了部首查字索引，並對原書中錯字、落字和衍文等作了訂正。

全書搜集方言詞語及俗語等約5000餘條。按照部首編排，但未標部首名，每個部首内以詞語首字的筆畫多少爲序，由少到多，首字筆畫相同的又以詞語字數多少爲序。編排上將詞和俗語編排在一起，所收詞語、句子均未作注釋，末附“四川方言方音表”。該書可謂是民國時期四川口語集大成者，保存了當時方言詞語及語音面貌，對研究民國初年的四川方言有重要的參考價值。

方言記

劉光第（1859—1898），原名光謙，又名衷聖齋，字德星，號裴邨，富順（今四川富順縣）趙化鎮人。清末維新派政治家、詩人，戊戌變法六君子之一。光緒九年（1883）進士，授刑部候補主事。著有《衷聖齋文集》《衷聖齋詩集》《方言記》等。

《方言記》約作於光緒十二年（1886），手稿，藏於富順縣檔案館。《劉光第手稿及研究》影印。

該書内容分作三部分：方言詞語、歌謡、諺語。方言詞語再分作言、天、地、山、水、神祇、親、形體、衣、食、宫、器、樂、草、木、穀、蔬、鳥、獸、蟲、魚二十一個義類，每個義類下收録意義相關的若干個詞語。歌謡 14 個，諺語 31 個。爲研究清末富順一帶方言提供了寶貴的資料。

重慶方言

唐幼峰生卒不詳，四川樂山人。曾任重慶精益中學教員、私立大中高級會計職校校長、青年世界雜志社社長等職務。著有《新上海》《重慶旅行指南》《重慶方言》等。

《重慶方言》，民國三十一年（1942）重慶旅行指南社鉛印本。共輯録 480 餘條方言，按照方言首字筆畫排列，從一畫到二十七畫。本字未得的則取同音者代之，把重慶方言對應的通語説法一一列出，便於外地人理解掌握重慶方言。這對研究民國時期重慶方言有一定的參考價值。

言子選輯

楊世才（1896—1950），筆名楊葉，四川嘉定（今樂山市）篦子山人。1915 年成都華西大學外文系畢業。後在上海一家洋行做翻譯。1925 年在重慶和上海各開一家重慶書店。1937 年抗日戰争爆發，重慶成爲陪都，大批外省人蜂擁而至。爲了讓人們熟悉重慶，每年出版一本《重慶指南》，共 12 册。還選編出版了一本重慶方言《言子選輯》。

《言子選輯》，民國三十一年（1942）初版，收録語句 360 條，次年再版，增至 615 條。封面有郭沫若題簽，内文還有郭沫若、黎錦熙的序及作者自序。“言子”是包括重慶人在内的西南方言區對諺語、歇後語、隱語、俗語等的一個統稱。内容分六格（類）：會意、典故、諧聲、形容、虚構、兩用，後面還有懸賞徵求 36 條，最後補遺 18 條。其中一些來自《蜀籟》《中華諺海》等。這些照實筆録的土語可稱爲集口頭謎語之大成，對語言研究者及寫小説、戲曲的人大有裨益。

俗言

楊慎（1488—1559），字用修，號升庵，新都（今四川成都市新都區）人。正德六年（1511）狀元，授翰林院修撰，後以議論大禮事謫戍雲南多年。著有《石鼓文音釋》《金石古文》《古今風謡》《全蜀藝文志》《俗言》等近三百種。

《俗言》一卷，最早刊於萬曆四十五年（1617）焦竑所編《升庵外集》卷六十三。乾隆年間李調元輯刊《函海》，把此書收入其中。收録53個條目。體例是條目列前，然後作釋。被詮釋的大部分是俗語詞，也見滇、黔、蜀等地的古代方言詞。考訂其本源，注明出處。同時也記録了一些雲貴一帶的方言。對研究明末雲南、貴州、四川等地方言具有一定的參考價值。

雲南之語言

羅常培（1899—1958），字莘田，號恬庵，滿族，北京人。語言學家。民國八年（1919）於北京大學中文系畢業，歷任西北大學、厦門大學、中山大學、北京大學教授，中央研究院歷史語言研究所研究員，北京大學文科研究所所長，新中國成立後任中國科學院語言研究所所長。著有《漢語音韻學導論》《厦門音系》《唐五代西北方音》《國内少數民族的語言系屬和文字情況》《雲南之語言》等。

《雲南之語言》載於民國三十三年（1944）《雲南史地輯要》第五篇。該文是在民國二十九年（1940）歷史語言研究所對雲南方言大規模系統調查的基礎上寫成的。其中第二章是“漢語方言”，介紹了雲南方言五項特點，如音系簡單、陽聲韻尾多爲鼻化韻、入聲調變作陽平等，同時又以昆明、大理、玉溪、巧家四個方言點爲例進行具體的説明。爲研究民國時期雲南漢語方言提供了寶貴的資料。

滇諺

秦光玉（1869—1948），字璞安，號瑞堂，别號羅藏山人。呈貢（今雲南昆明市呈貢區）人。畢業於經正書院，曾赴日本留學兼考察。長期在教育行政機關工作。歷任優級師範、國學專修館教員，省立第一師範校長，雲南國語講習所所長等職。著有《雲南歷代名人事略》《續雲南備徵志》《滇諺》等。

《滇諺》，稿本，書成於民國時期。《雲南叢書續編》影印。

該書收録諺語約 350 條，多數摘取起頭的字詞或句中關鍵字詞作爲標目，用平白明易的語言總結了當地關於生産和生活的經驗或教訓。另附有謎語 12 條。是語言學、民俗學等研究的重要資料。

方言别録

張慎儀（1846—1921），字淑威，號虁園，又號芌圃，四川成都人。精於文字、訓詁之學。著有《方言别録》《續方言新校補》《詩經異文補釋》《蜀方言》等。

《方言别録》，原名《唐宋元明方言、國朝方言》。它是一部輯録唐朝至清代記載於典籍方言資料的著作。從自序作於宣統三年（1911）看，可知該書寫成不會晚於宣統三年（1911）。民國刻本。《漢語方言研究文獻輯刊》影印。又有張永言點校本。

該書四卷，收録方言詞語 3300 餘條。前兩卷大致輯録唐、宋、元、明的韻書、類書、雜説、筆記、詩文集等，而唐宋時期基本上是以《廣韻》《集韻》等裏面的方言材料爲主的。後兩卷則輯自清人的各類著作。體例是先録原文，其後注明出處，有些難字還加注反切或直音。所録原文用大字刻出，出處和注音等用小字列在其後。所輯資料大都是漢語，也見少數民族語言和國外語言。爲研究官話區及其他漢語方言的古今發展提供了寶貴的材料。

第十二輯 《近代漢語吴方言文獻集成》提要

字語彙解

《字語彙解》(羅馬字係寧波土話),英文名*An Anglo-Chinese Vocabulary of the Ningpo Dialect*。美國傳教士睦禮遜惠理(W. T. Morrison)著,上海美華書館(The American Presbyterian Mission Press)1876年出版。

本書先列前言、音節表(762個音節)、語音説明14頁;正文3—538頁;附録中外地名的讀音(539—559頁)。

本書爲英漢對照寧波方言詞彙集。正文的條目,先列英文詞,其次是方言標音和漢字。

本書語音體系的特點主要有:(1)有翹舌聲母,如:重 djong—從 dzong、叔 shoh—宿 soh;(2)分尖團音,如:即 tsih—急 kyih、相 siang—香 hyiang,但是有混淆的迹象,如93頁有"習慣"jih-kwæn'(見CONTRACT條);(3)山咸攝字韻母保留鼻音韻尾,如:辦 bæn、漸 dzin、歡 hwun、權 gyün;(4)入聲韻尾消失,發音當與現代的喉塞音相同,如:宅 dzah、法 fah、局 gyüoh、滅 mih、側 tseh;(5)本書没有明確表示聲調,但是標記了"重音",在其中某個音節後面加上['],如:斑點 pæn-tin'、破綻 p'o'-dzæn(179頁),這個也許可以認爲是對連讀變調的一種記録。

本書正文,所有詞語都標注寧波方言的讀音,如:MONEY,dong-din' 銅錢(300頁);SON,ng-ts' 兒子(440頁);SOFA,ts'ing-teng' 春櫈(439頁)。同一個詞,依據不同的情况有不同的翻譯(以下例子省略標音),如:DIP 舀水來、捧水、水裡浸一浸、筆揾墨、揾揾濕(123頁)。還有些詞語的翻譯,與現代的很不一樣,如:MORAL 正經、端正、正派、五常(300頁);MORALITY 勸人爲善、行善(301頁);PEACE 平安、安耽、太平(338頁);POLICE 捕廳、捕役(353頁)。説明一些現代漢語常見的説法當時還没有引進。

因爲詞典是從英文詞語爲出發點的，所以無法很全面地反映方言的全貌；其中有些詞語的漢語説法，明顯是來自文言的。作爲一部相當詳細的方言詞典，這些缺點瑕不掩瑜，其提供的資料，有進一步深入研究的價值。

寧波方言音節表

《寧波方言音節表》(*The Ningpo Syllabary*)，德國語言學家穆麟德（P. G. von Möllendorff）著，是模仿蘇州音節表（1892，見本輯第四卷 1695 頁）製作的。上海美華書館（The American Presbyterian Mission Press）1901 年出版，241 頁。導言介紹寧波方言的語音。正文（1—62 頁）按照字母順序排列方言音節，共 762 個。最後是筆畫索引（63—241 頁），按照部首排列，加注漢字三個方言（寧波、紹興、台州）的讀音。

英華仙尼華四雜字文

《英華仙尼華四雜字文》，定海舟山南門外太保廟内刊，1846 年出版。

本書目録把書名標爲《華英通用雜字》，扉頁的英文爲：A Manual for Youth and Students or Chinese Vocabulary and Dialogues Containing an Easy Introduction to the Chinese Language Ningpo Dialect. Compiled and Translated into English by P. Streenevassa Pillay。書前有英文和中文的序言。中文序言署名：天竺國嘛吔嘜嚧仙尼華四。作者仙尼華四，当即 Streenevassa，是印度人。本書是一份英漢對照分類詞彙表（還附有印度泰盧固文），分天文、人事、身體等 72 門。作者用寧波方音的漢字讀音標注英語詞語，如寧波方言“風筝”：kite　改脱　鷂子，依次爲英語詞、方言讀音、漢語詞。

杭州方言音節表

《杭州方言音節表》(*Sound-Table of the Hangchow Dialect*)，作者不詳，當與慕稼谷（George Evans Moule）有關。紹興 The Church Missionary Society 1902 年出版，1908 年再版，正文 25 頁。按照方言拉丁字母順序排

列杭州方言音節，每頁上方爲平上去入。見 Richard VanNess Simmons（史皓元），An Early Missionary Syllabary for the Hangzhou Dialect，*Bulletin of the School of Oriental and African Studies*，University of London，Vol. 59，No. 3.（1996），pp. 516—524.

越諺

《越諺》（上、中、下三卷附賸語），清范寅輯，1912 年紹興墨潤堂刊印。

范寅，字嘯風，號扁舟子，紹興人。本書有光緒壬午年（1882）谷應山房刊本。上卷“語言”，分“述古之諺”等 18 類，大多是古今俗語、諺語，也有“壁直、火熱”等詞語，以及兒歌（孺歌）“月亮彎彎，囡來望娘”和“九九消寒謡”等歌謡。中卷“名物”，分天部、地部、時序、風俗等 24 部分，以詞語爲主，説明較多。下卷“音義”，有“一字六音、四同一異”等 10 類，主要説明字音、寫法和詞語構成方式等。下卷還有“附論”（雅俗字、墮貧、漲沙、潮汐、古今山海變易），涉及方言、風俗、地理等多方面。最後有“賸語”兩卷，實爲補遺，上卷爲“婦孺常談而不成句者”，下卷爲“成句而學士雅言者”。總體上看，内容龐雜，編排不太合理，對方言意義的説明、解釋相當少，使用僻字多。

研究著作有侯友蘭等《〈越諺〉點注》（人民出版社，2006）、王敏紅《〈越諺〉與紹興方俗語彙研究》（中國社會科學出版社，2009）、大西博子《墨潤堂〈越諺〉述略》（日本《中國語研究》39 號，1997）。

越語肯綮録

《越語肯綮録》，清毛奇齡撰。

本書一卷，爲彙釋浙江吴語俗語的著作，收録方言詞語 24 項。作者毛奇齡（1623—1713），字大可，一字齊于，浙江蕭山人，晚年自號西河。著作由後人輯爲《西河合集》，這是其中的一卷。主要搜集方言詞彙，並用古籍的例子來證明。如：“扯物令長爲抻，申去聲。故《莊子》‘鳥申’亦讀抻，謂延頸令長耳。”今蘇州也用，指（物體）伸長、（量）增多。

吴音奇字

《吴音奇字》，明孫樓編、陸鎰補遺。該書版本有兩種:（1）“吴中文獻小叢書”，江蘇省立蘇州圖書館1939年版，30頁。（2）京都大學抄本。

本書題“海虞百川孫樓編輯校正，後學萬鄉陸鎰銓次補遺”，陸鎰的叙和小引分别作於崇禎癸未年（1643）和甲申年（1644）。海虞，在今江蘇常熟市。《評彈藝術》第8集（蘇州評彈研究會編，中國曲藝出版社，1987）影印，葉祥苓作序解題（213頁）。京都大學文學部藏抄本。兩種本子，都有王謇跋。全書分天文、地理、時令等14門。每個部分按一字、二字排列，補遺附在各部分後面。收吴語的方言字，但是使用生僻字很多，而且還有部分字没有任何釋義和用例。從某些迹象看，本書是一部未完成的稿子。

江蘇新字母

《江蘇新字母》(“拼音文字史料叢書”)，朱文熊著，文字改革出版社1957年出版。

朱文熊（1883—1961），昆山陳墓（今改稱“錦溪”）人。1904年考取官費留學日本，先後就學於弘文學院和東京高等師範學校。1910年畢業後回國。民國初年任教育部編審員，又任京師圖書館館長。1916年參加教育部主持的注音字母的制訂工作，1918年被教育部聘爲國語統一籌備會委員。《拼音》雜志1956年11月號曾發表朱文熊寫的《我和江蘇新字母》一文。本書是朱文熊於光緒三十二年（1906）在日本東京撰寫的。作者“上考等韻，下據反切。旁用羅馬及英文拼法，以成一種新文字。將以供我國通俗文字之用。而先試之於江蘇，命曰江蘇新字母。而所注國字，暫以蘇音爲準”。(自序）本書採用拉丁字母，並利用一些變形字母來表示一些特殊的音。其所謂的“蘇音”是蘇州方音。本書的一大貢獻是，首先提出普通話的概念，稱之爲“各省通行之話”。(自序）

參見石汝杰和史皓元（Richard V. Simmons）《朱文熊〈江蘇新字母〉研究》(日本《福岡大學言語教育研究センター紀要》第2號，2003）。

蘇州注音符號

《蘇州注音符號》一書，版本有兩種：（1）“蘇州注音叢書”，陸基編，蘇州注音符號推行會出版，出版時間不詳。（2）《蘇州注音符號》，陸基、方賓觀編，方毅校，上海商務印書館 1931 年出版。

“蘇州注音叢書”，無發行年代，無連續頁碼。收有 30 多種普及性的小冊子，每本祇有 20—30 頁，但是除日本京都大學有收藏以外，不見其他圖書館有著録，也没有更詳細完整的目録。本叢書嘗試用注音符號來掃盲並推廣拼音形式的（方言）文字。有教注音符號的課本、練習、字帖，還有曆法、珠算，以及讀物（包括歌謡、謎語和各種形式的小故事等）。

《蘇州注音符號》一書採用了叢書的部分内容，内容有不同。兩者應該是同一時期（1930 年代初）出版的。

蘇州方言同音字表

《蘇州方言同音字表》（*A Syllabary of the Soochow Dialect*），吴語協會編，上海美華書館（The American Presbyterian Mission Press）1892 年出版。

該書導言部分（3 頁）説，從《新約》等書的方言譯本中搜集 4000 多字，列爲 579 個音節，並介紹其使用的拼音方案和讀音。字表按 A—Z 的順序排列。聲調用發圈式的方法表示，入聲音節單獨排列，但是没有特殊的表示。正文 26 頁，最後附部首索引 54 頁。本書是最早用拉丁字母記録、整理蘇州語音的重要文獻。後來，還有外國人製作的其他吴地方言的同音字表，也參考了這本書。

吴下方言考

《吴下方言考》，清胡文英輯，影印刻本。

本書十二卷，是常州一帶方言的記録。清乾隆四十八年（1783）留芝堂刊本，有錢鑄庵（字人麟）乾隆二十五年（1760）序。作者胡文英，字質余，號繩崖，江蘇武進（今常州市）人。本書寫定於乾隆二十年（1755）

左右。《續修四庫全書總目提要》（中華書局，1993）收楊鍾羲撰《越言釋》提要説："乾隆中，胡文英作《吴下方言考》，又以吴音證之經史諸書，凡街談里諺，援古證今，求其意義之所在。"書前有凡例 14 項，説明作者的宗旨和編寫方法。作者稱"予吴人也，習於吴音，故但注吴音"，本書"就其聲之相近者，以類相從，若古聲類之意。又分平上去入，各爲一門。其韻數之少者，即以類附於某韻之下"。（凡例）全書按平水韻編排，以四聲爲序，以平聲字爲代表，各部下按字數多少排列。各條目先引用古籍的例子，然後提出方言的説法。本書多少反映了方言的面貌，如"十一真"中還附有"庚青蒸文侵"等韻，顯示這些韻已經合併。但其目的是考本字，以今證古。僻字很多，而且字音往往和口語詞的讀音不合。本書以考證的項目列條，共 993 項，實際所收方言俗語更多，日本波多野太郎和川上郁子編的《吴下方言考索引》共收檢索項目 1523 條。徐復《吴下方言考校議》（鳳凰出版社，2012）對本書引用的古籍進行校勘，並增補了其他文獻裏的例子，有利於理解原著。關於本書的介紹還有：黄敏《〈吴下方言考〉略述》、陳真《〈吴下方言考〉的作者吴文英》（均載《辭書研究》1984 年第 1 期）。

滬語指南

《滬語指南》，曹鍾橙、菊人甫譯，光緒二十三年（1897）上海美華書館擺印本，38 頁。

本書是吴啓太、鄭永邦編《官話指南》（上海美華書館［The American Presbyterian Mission Press］，1882）的上海話翻譯。第一卷"應對須知"45 段是簡短的會話（5 頁），主要部分是第二卷"官商吐屬"40 章。衹有漢字，無注音。

滬語津梁

《滬語津梁》，日本御幡雅文著，文求堂書店日本明治四十年（1907）出版。

本書爲上海話課本，有張元濟序。由"商賈問答"（50 章，107 頁）和

“續散語”（44 頁）構成。成書當晚於《滬語便商》。材料豐富，有少量夾注，無注音。

上海語獨案内

《上海語獨案内》，日本杉江房造編，（上海）日本堂書店明治四十一年（1908）出版，92 頁。1904 年初版。

本書爲日本人編寫的上海話課本。分“單語”和“問答”兩個部分，各分 17 章。“單語”部分分類介紹數字、時間、天文、人體、動物等，“問答”部分按各種場景介紹相應的對話。兩個部分，上海話用漢字及假名標音，有日語翻譯。假名表示的方言音比較粗糙。没有聲調，也不區分入聲。

增補實用上海語

《增補實用上海語》，王廷珏著，日本大正八年（1919）小林榮居出版，1927 年第 5 版。

本書爲上海話課本，226 頁。分“散語部”（30 課，分數目、人事、時日等 12 大類，收録相關詞語及句子）、“問答部”（30 課，對話形式）。全書衹用漢字。

上海方言口語語法

《上海方言口語語法》（*A Grammar of Colloquial Chinese*, *as Exhibited in the Shanghai Dialect*），英國傳教士艾約瑟（J. Edkins,1823—1905）著，上海美華書館（The American Presbyterian Mission Press）1868 年出版，225 頁。

艾約瑟，自稱“得進”。英國倫敦會傳教士，漢學家，作家。1848 年被派遣來華，起初協助麥都思（W. H. Medhurst）做墨海書館（London Missionary Society Press）的管理工作，1856 年繼任墨海書館的監理。1880 年被海關總稅務司赫德聘爲翻譯，先在北京任職，後來到上海，在滬 15 年，死於該地。艾氏著有《中國的宗教》（1878）、《鴉片史，又名中國的瞿粟》(1898)、《中國的佛教》(1893)、《中國在語言學上的地位》(1871)等書。他還和中國人合作，翻譯過植物學、力學、數學、幾何、微積分等各方面的著作。他關於漢語方言語法的著作，主要就是1853年出版的《上海方言口語語法》(1868年再版)和1857年出版的《官話語法》(*A Grammar of the Chinese Colloquial Language*, *Commonly Called the Mandarin Dialect*)(1864年再版)，在漢語研究史上具有重要的意義。作者强調語音有歷史演變，並提出,《中原音韻》可作爲"官話正音"的根據，其立場接近現代音韻學的認識。

上海方言詞彙集

《上海方言詞彙集》(*A Vocabulary of the Shanghai Dialect*)，英國傳教士艾約瑟(J. Edkins)著，上海美華書館(The American Presbyterian Mission Press)1869年出版，151頁。

本書是給《上海方言口語語法》配套而編的。英漢對照，上海方言的詞語有漢字和拉丁字母的標音。

漢英袖珍字典

《漢英袖珍字典》(*Chinese-English Pocket Dictionary. with Mandarin and Shanghai Pronunciation and References to the Dictionaries of Williams and Giles*)，美國傳教士戴維思(D. H. Davis)、薛思培(J. A. Silsby)編，上海土山灣印書館1911年出版。

本書整理衛三畏和翟理斯的詞典裏的8000多個漢字，摘録其中的官話和上海話的讀音。先是前言、語音説明和部首表，正文按部首排列。各個漢字下，先列原著裏的兩種讀音，再列原著頁碼，並有簡單的英文對譯。

上海話音節全表

《上海話音節全表》(*Complete Shanghai Syllabary with an Index to Davis and Silsby's Shanghai Vernacular Dictionary and with the Mandarin*

Pronunciation of Each Character），美國傳教士薛思培（J. A. Silsby）編，上海美華書館（The American Presbyterian Mission Press）1907 年出版。

本書爲上海話字表，整理戴維思（D. H. Davis）和薛思培（J. A. Silsby）的詞典裏的上海話字音而成。有前言和方言羅馬字的說明。正文 150 頁，依據方言音的字母順序排列漢字。

法華字彙（上海土話）

《法華字彙》（上海土話）（*Petit Dictionnaire Français-Chinois. [Dialecte de Chang-hai]*），法國傳教士貝迪榮（P. C. Pétillon）編，上海土山灣印書館 1905 年出版，598 頁。

本書爲法漢對照上海方言詞典，前有作者序言和凡例，簡單説明宗旨及讀音等。正文分三欄，左爲法語詞，中爲上海方言詞的法語式注音，右爲其漢字寫法。

中西譯語妙法

《中西譯語妙法》（*First Lessons in Chinese*），美國傳教士晏瑪太（M. T. Yates）著，上海美華書館（The American Presbyterian Mission Press）1899 年出版，151 頁。

本書爲上海話課本。前言後有上海話發音説明、英語詞語索引。正文按照數詞、量詞、代詞等類别分列。課文的排列方式是，左邊是英文，中間是漢字，右邊是方言拼音。對常用詞的用例列舉很多，能幫助讀者理解，也留下了很多實際的用例。

上海方言語法

《上海方言語法》（*Grammaire du Dialecte de Changhai*），法文著作，上海土山灣印書館 1941 年出版，189 頁。作者蒲君南（A. Bourgeois，1893—1948）是羅馬天主教耶穌會修士，曾任吕班路震旦博物院院長，用法語編寫《上海方言課本》《法華上海方言詞典》等有影響的著作，均在上海土山灣印書館出版。

本書分“詞法”和“句法”兩個部分。“詞法”部分 11 章，有名詞、形容詞、數詞、量詞、代詞、動詞、副詞、介詞、嘆詞、助詞。其中一些類别裏插入了相關的語言現象，如形容詞的部分，介紹了比較、程度等表達方式；動詞的部分，有可能式（壓得住、吃勿消）和時體的表達（話過歇）；副詞的部分，有表地點、時間的名詞、代詞等。“句法”部分 4 章，討論語序、疑問、否定、關聯等，最後，列舉一些法語常用動詞的組合及相應的上海話説法。詞語和例句都有漢字、上海話標音和法語翻譯。書中多方面顯示了法語語法的影響，但是作者努力發掘上海話的語法特點，是值得稱道的。

法華新字典（上海方言）

《法華新字典》（上海方言）（*Dictionnaire Français-Chinois*［*Dialecte de Shanghai*］），法國蒲君南（A. Bourgeois）編，上海土山灣印書館 1950 年出版，893 頁。

本書爲法漢（上海方言）詞典。導言介紹上海方言所處地理位置，以及語音。並列出從國語（普通話）檢索上海音的表，此表按照威妥瑪式拼音排列。詞典正文，很多法語詞後，除了對應的上海話的詞，還有各種短語或者短句。有豐富的方言語料。

上海方言教程（修訂本）

《上海方言教程》（修訂本）（*Lessons in the Shanghai Dialect*），美國卜舫濟（F. L. Hawks Pott）編，上海商務印書館 1924 年出版。

本書有語音和所用羅馬字拼音的介紹。有 32 課，按照詞類、用法等主題分類。各課先是説明，然後是詞表，最後是語句的練習（分漢譯英、英譯漢兩類，方言用羅馬字拼音、漢字兩種形式表示）。

上海土白集字

《上海土白集字》（*Syllabary of the Shanghai Vernacular*），上海土白會

（Shanghai Christian Vernacular Society）編，上海美華書館（The American Presbyterian Mission Press）1891 年出版。

本書爲上海方言字表。書前有 214 個部首的清單 5 頁，正文 94 頁。漢字按部首排列，各部分再按筆畫多少排列。

上海方言常用短語

《上海方言常用短語》（*Useful Phrases in the Shanghai Dialect, with Index-Vocabulary and Other Helps*），美國金多士（Gilbert McIntosh）編，上海美華書館（The American Presbyterian Mission Press）1908 年出版。

本書搜集並分類排列上海方言常用句子。分 22 個話題，如打招呼、厨房、裁縫、天氣等。正文前有前言和方言羅馬字用法説明，最後有詞語的英文索引。

阿里排排逢盜記

《阿里排排逢盜記》，上海土山灣印書館 1921 年出版，79 頁。

本書是用上海話翻譯的阿里巴巴和四十大盜的故事。封面上有法文的標題：Ali-Baba et les Quarante Voleurs。本書全文使用漢字，語言比較生動。有些特别的漢字，如“趀”，表示躲藏的“叛”。《清嘉録》：吴語謂藏匿曰“叛”。

第十三輯 《近代漢語閩方言文獻集成》提要

戚林八音合訂（道光壬寅年本）

《戚林八音》是閩方言中成書最早、流傳最廣、影響最大的一部通俗韻書。該書運用音韻學原理，爲實際口語編撰韻書，完整地記録了明末清初閩東方言福州話的音系和方言詞義，是研究閩方言的重要文獻。

現在可以看到的《戚林八音》最早的版本是乾隆十四年（1749）的學海堂木刻本。該版本是合訂本，内有《戚參軍八音字義便覽》和《太史林碧山先生珠玉同聲》。一般認爲前者是明末編撰，後者則是清初所編。合訂本書前有上浣晉安乾隆十四年寫的序言，序言後每頁分上下兩部分，上半部分爲《戚參軍八音字義便覽》，下半部分則是《太史林碧山先生珠玉同聲》。

《戚參軍八音字義便覽》前有“戚參軍例言”，正文前寫有“三山蔡士泮開壁氏彙輯”字樣。《太史林碧山先生珠玉同聲》前有“林碧山凡例”，正文前寫“閩中藤山陳他也人氏彙輯，梅谷林濤與群氏校閱”。

《戚林八音合訂》正文分四卷，按三十六字母（韻部）先後順序排列，每個字母下面再按十五音（聲母）的順序排列各音節，各音節下再按八音（八個聲調，實有七個聲調）的順序列字。具體三十六字母（韻部）是：春、花、香、秋、山、開、嘉、賓、歡、歌、須、金（同賓）、杯、孤、燈、光、輝、燒、銀、釭、之、東、郊、過、西、橋、雞、聲、催、初、天、奇、梅（同杯）、歪、遮（同奇）、溝。十五音（聲母）順序爲：柳邊求氣低，波他曾日時，鶯蒙語出喜（正文爲“非”）。八音（聲調）順序爲：公袞貢谷，群袞郡掘。

《戚林八音》版本較多，乾隆本之後，清代還有其他的木刻本，對乾隆本的缺漏有所改正。1912 年有民國重排的石印本，書名爲《民國適用改良戚林八音合訂》，或者就叫《戚林八音》。1982年臺灣羅星塔月刊社影印重版，書名爲《戚林八音合訂》。該本除了糾正一些木刻本的錯字和增加少量常用字之外，並没有其他重要的改動。2001年，李如龍、王升魁兩位先生參考各種版本，著有《戚林八音校注》，由福建人民出版社出版。

戚林八音（清末石印本）

詳見《戚林八音合訂》（道光壬寅年本）簡介。

戚林八音合訂（光緒二年本）

詳見《戚林八音合訂》（道光壬寅年本）簡介。

民國適用改良戚林八音合訂（民國二年本）

詳見《戚林八音合訂》（道光壬寅年本）簡介。

建州八音（道光庚寅年本）

《建州八音》又稱《建州八音字義便覽》，爲閩北方言韻書，福清（玉融）林端材彙輯，初版乾隆六十年（1795），是模仿《戚林八音》的作品。

《建州八音字義便覽》的體例與《戚林八音》一樣，全書按三十六字母分韻列出，每韻下面再按十五音（聲母）順序列音節，每音節下再按八音（聲調）分別列字。但本書對三十六字母重新編過，具體爲：時、年、穠、梅、兒、黄、犁、田、園、種、茄、麻、旲、舍、正、剢、魚、臍、油、茅、厝、囥、桐、發、放、茶、峩、陽、蟠、蛇、人、販、柴、南、橋、過。其中“種”“穠”同韻，“厝”“茄”同韻，實際衹有34個韻母。十五音（聲母）具體爲：柳邊求氣直，坡他曾日時，鶯問語出非。八音順序爲：之志指即，芝志集字。其中二六“志”同音，實際衹有7個聲調。

《建州八音字義便覽》初版乾隆六十年（1795），二版道光庚寅年

（1830），懷古堂藏板。此後還有光緒三十年（1904）木刻板和1929年傅文玉“集義堂”的重印版。建甌縣曾於1987年重印300本，改市後於2006年又重印此書。重印本對已經發現的缺漏錯誤做了適當的補充改正。

建州八音字義便覽（潘渭水校訂本）

詳見《建州八音》（道光庚寅年本）簡介。

彙集雅俗通十五音

《彙集雅俗通十五音》爲漳州人謝秀嵐所著，嘉慶二十三年（1818）刊行，是一部反映漳州音爲主的閩南話韻書。

本書正文按50字母（韻部）順序編排，每個字母下面再按“上平、上上、上去、上入、下平、下上、下去、下入”8個聲調的順序排字。由於古濁聲母上聲字歸入陽去，“下上”調無字，實際衹有7個聲調。每個字母下面的同聲調字，則按15音（聲母）的順序排列同音字。入聲韻收-p、-t、-k尾的字列在相關陽聲韻字母中，收-ʔ尾的入聲字則列在相關陰聲韻字母中。50字母分別是：君、堅、金、規、嘉，干、公、乖、經、觀，姑、嬌、稽、宫、高，皆、巾、姜、甘、瓜，江、兼、交、迦、檜，監、艍、膠、居、ㄐ，更、褌、茄、梔、薑，驚、官、鋼、伽、閑，姑、姆、光、閂、糜，嘄、箴、爻、扛、牛。15聲母爲：柳、邊、求、去、地、頗、他、曾、入、時、英、文、語、出、喜。

本書有多個版本，有清嘉慶二十三年（1818）文林堂刻本，有同治己巳年（1869）紅、黑二色套印本，還有會文堂發行的紅、黑套色刻本。會文堂本全書分八卷，每卷前面寫《彙集雅俗通十五音》，封面則寫《增注硃字十五音》，頁脊却寫《增注十五音》，應爲同書異名。

增補彙音妙悟

《彙音妙悟》全稱爲《新鐫彙音妙悟全集》，泉州南安人黄謙編，書成於清嘉慶五年（1800），是一部以泉州話南安腔爲主的閩南韻書。

《彙音妙悟》全書正文按50字母（韻部）順序清單編排，每個字母下面再分别按15音（聲母）的順序編排，同音節的字則按"八音"（聲調）順序列出同音字。與《戚林八音》類似，《彙音妙悟》入聲韻併到相關韻部中。

《彙音妙悟》50字母是：春、朝、飛、花、香、歡、高、卿、杯、商、東、郊、開、居、珠、嘉、賓、莪、嗟、恩、西、軒、三、秋、箴、江、關、丹、金、鉤、川、乖、兼、管、生、基、猫、刀、科、梅、京、雞、毛、青、燒、風、箱、三、熊、嘐。15音是：柳、邊、求、氣、地、普、他、爭、入、時、英、文、語、出、喜。

本書版本較多，最早的是清嘉慶五年（1800）"薰園藏板"。此外還有道光辛卯年（1831）薰園藏板的《增補彙音妙悟》、光緒庚辰年（1880）綺文居薰園藏板的《增補彙音妙悟》、光緒甲午年（1894）文德堂梓行版的《增補彙音妙悟》、光緒癸卯年（1903）福州集新堂本的《詳注彙音妙悟》、光緒乙巳年（1905）厦門會文書莊石印本的《增補彙音妙悟》。

渡江書十五音

《渡江書十五音》是一部約在清朝《康熙字典》（1716）制定之後所編撰的閩南話韻書，反映的語音特點以厦門音爲主，加上一些漳州市長泰音爲輔，作者不詳。

全書編排體例與《彙集雅俗通十五音》類似，先按43字母的順序來排列韻部，每個韻部下面按照"上平、上上、上去、上入、下平、下去、下入"7個聲調分組列韻，每韻則按15音（聲母）的順序列出各小韻的同音字，每字下面都有簡要的解釋。

本書的特點是把301個韻都列出韻目字來，43字母分爲30個"字祖"和13個"附音"。所謂"字祖"就是側重文讀的韻母代表字，"附音"則是側重白讀的韻母代表字。"字祖"30字具體爲：君堅今歸嘉，干公乖經官，姑嬌雞恭高，皆根姜甘瓜，江兼交加諓（魁）、他朱鎗幾鳩。"附音"13字爲：箴、寡、尼、儺、茅、乃、稲、且（笪）、雅、五（吾）、姆、么、缸（扛）。

該韻書衹有手抄本，李熙泰1958年購得並收藏。該抄本日本東京外國語大學亞非言語文化研究所曾於1987年發行李榮先生作序的影印本，厦門大學出版社曾在2003年將其作爲閩南文化資料叢書重印。此外，厦門市圖書館新近還有一本藏家捐獻的抄本《渡江書》，也正準備影印出版。

增補彙音

《增補彙音》又名《烏字十五音》，無名氏編。據書前序言"壺麓主人"題於"嘉慶庚辰年"可知，成書時間當在1820年前後。從聲調陽上陽去不分，可知該韻書反映的是漳州一帶的語音。

《增補彙音》正文分6卷，每卷收録5個韻部。每個韻部下面先按聲調分開，同一聲調下面再按聲母的不同分列同音字組，每字下面都有簡要的字義或用法的解釋。

《增補彙音》聲母共有15個，具體爲"柳邊求去地 頗他曾入時 鶯門語出喜"。與一般閩南韻書無别。韻部（書中稱爲"字祖"）則有30個，具體爲"君堅金歸家 干光乖京官 姑嬌稽宫高 皆根姜甘瓜 江蘼交伽蔜 葩龜箴璣趙"。除去"歸"韻部没有入聲和相應的入聲韻，《增補彙音》三十韻部實際上是包含了59個不同的韻母。至於聲調方面，《增補彙音》按古聲母清濁分爲7個調類，具體爲：上平、上上、上去、上入，下平、下上、下入。分别對應今天一般所説的陰平、陰上、陰去、陰入、陽平、陽上（去）、陽入。濁聲母上聲去聲不分，這是閩南話漳州腔的一個特點。

《增補彙音》版本較多，主要有漳州素位堂木刻本、民國十七年（1928）上海大一統書局石印本、1973年臺灣瑞成書局再版本等，是一部研究漳州方言的重要韻書。

拍掌知音

《拍掌知音》全稱爲《拍掌知聲切音調平仄圖》，亦稱《擊掌知音》，爲清朝康熙年間廣州府連陽人廖綸璣所編，是一部以泉州話文讀音爲主的閩南話等韻圖韻書。

該書正文按36“音祖”（韻部）分列36圖，每圖縱列15個聲母爲緯，横列8個聲調爲經，並在相關拼合位置填入漢字或者空着。本書不設入聲韻，入聲韻併入相關陽聲韻列表。36“音祖”大多數是讀爲陰平調“柳”母的舒聲字，具體爲：連、卵、里、魯、兩、令、郎、侖、能、吝、闌、廉、覽、林、巴、來、禮、嘮、内、鳥、婁、雷、女、誄、鈕、撓、邦、巾、嗟、瓜、老、乖、針、枚、拿、乃。15聲母爲：柳、邊、求、去、地、頗、他、爭、入、時、英、文、語、出、喜。8個聲調分别是：上平、上上、上去、上入、下平、下上、下去、下入。

黄典誠先生藏“梅軒書屋”刻本，1979年第2期《方言》有影印本。該書可能是迄今爲止可以看到的閩南泉州音較早的韻書。

八音定訣（光緒二十年本）

《八音定訣》爲閩南方言韻書，葉開温編。該韻書是在《十五音》的基礎上，將《十五音》删繁就簡，彙集列表成書。

《八音定訣》編排體例與《彙音妙悟》類似，全書正文以“八音定訣全集”爲總題，字表前有“字母法式”和“十五音字母”。“字母法式”下列四十二個韻部代表字，具體爲：春、朝、丹、花、開、香、輝、佳、賓、遮、川、西、江、邊、秋、深、詩、書、多、湛、杯、孤、燈、須、添、風、敲、歪、不、梅、樂、毛、京、山、燒、庄、三、千、鎗、青、飛、超。“十五音字母”列十五個聲母代表字，具體爲：柳、邊、求、氣、地、頗、他、曾、入、時、英、文、語、出、喜。

《八音定訣》正文字表按韻部順序分列，韻部下面按十五音聲母的順序排列音節，音節下面則按陰平、陰上、陰去、陰入、陽平、陽上、陽去、陽入的順序排列同音字。同音字以平賅仄，不標調類。

該書版本較多，主要版本有1875、1904、1909年厦門信文齋活字版，光緒二十年（1894）甲午端月木刻版，光緒二十二年（1896）厦門會文堂版，1904年福州福靈堂刊版，1924年厦門會文書局石印本，1940年厦門會文堂石印本。福建師大有光緒二十年刊本的手抄本，厦門大學、厦門圖書館有宣統元年（1909）信文齋活字版。

八音定訣（宣統元年本）

詳見《八音定訣》（光緒二十年本）簡介。

擊木知音——彙集雅俗通十五音

《擊木知音》封面書名也寫《彙集雅俗通十五音》，正文竪邊則寫“十五音全本”字樣，爲民國初年編寫的一本潮汕音韻書，作者不詳。

《擊木知音》全書按40字母（韻部）順序清單編排，每個字母下面再分别按15音（聲母）的順序編排，同音節的字則按8個聲調順序列出同音字組，字下面的解釋極少，8個聲調也未注明。

40字母具體是：君堅金規佳，干公乖經關，孤驕雞恭高，皆斤薑甘柯，江兼交家瓜，膠龜扛枝鳩，官車柑更京，蕉姜天光間。40字母所代表的40韻部都有列字。15聲母與《潮語十五音》相同：柳、邊、求、去、地、頗、他、貞、入、時、英、文、語、出、喜。本書鼻化韻也與相對應的陰聲韻合爲同一個韻部。

《擊木知音》扉頁有“崇川馬梓丞署”字樣，出版年代是“民國第一壬申年”（1932），但書末附加的“擊木知音法”署時却是“中華四年歲次乙卯”（1915）。在另外一個上海大一統書局發行的版本中，扉頁是“陳韶九題”，正文内容與“崇川馬梓丞署”版本無别，但在書末附加的“擊木知音法”後却有“江夏懋亭氏謹識”字樣。

增補彙音寶鑒

《增補彙音寶鑒》是臺灣嘉義人沈富進所著的一部方言韻書，反映的是臺灣地區的閩南方言語音。

全書分四部分。第一部分包含的内容有“原序”“編例”“八音反法”“十五音之呼法”“四十五字母音”。第二部分是“彙音寶鑒檢字表”。第三部分是《彙音寶鑒》正文。第四部分是“常用簡體化字表”。全書收字多達19324個。

全書聲調方面雖列有“上平、上上、上去、上入、下平、下上、下去、下入”8 個，但“下上”和“上上”相同，實際衹有 7 個聲調。聲母上面，除了沿襲古韻書十五音“柳 l、邊 p、求 k、去 kh、地 t、頗 ph、他 th、曾 ch、入 j、時 s、英 i、門 b、語 g、出 chh、喜 h”之外，另設“查 ts、爾 m、拈 n、覷 ng”4 個，共設 19 個聲母。

至於韻母方面，《增補彙音寶鑒》“四十五字母音”表共設立 90 個韻母。分別如下：

君 un　堅 ian　金 im　規 ui　嘉 e　干 an　公 ong　乖 oai　經 eng　觀 oan

温 ut　淵 iat　音 ip　威 uih　挨 eh　安 at　翁 ok　歪 oaih　英 ek　冤 oat

沽 o　嬌 iau　梔 i^{n}　恭 iong　高 o　皆 ai　巾 in　姜 iang　甘 am　瓜 oa

烏 oh　妖 iauh　尸 ih^{n}　雍 iok　蒿 oh　哀 aih　因 it　殃 iak　庵 ap　蛙 oah

江 ang　兼 iam　交 au　迦 ia　檜 oe　監 a^{n}　龜 u　膠 a　居 i　丩 iu

翁 ak　掩 iao　毆 auh　圫 iah　碢 oeh　嚂 ah^{n}　汙 uh　亞 ah　衣 ih　憂 iuh

更 e^{n}　褌 ng　茄 io　薑 iu^{n}　官 oa^{n}　姑 o^{n}　光 oang　姆 m　糜 oai^{n}　閑 ai^{n}

嬰 eh^{n}　秧 k　腰 ioh　鴦 iuh^{n}　鞍 oah^{n}　嗡 oh^{n}　嚾 oak　哬 p　冃 oaih^{n}　唲 aih^{n}

噪 iau^{n}　箴 om　爻 au^{n}　驚 ia^{n}　咉 ui^{n}

喵 iauh^{n}　匴 op　坳 auh^{n}　膠 iah^{n}　威 uih^{n}

其中左標橫綫者表達的是“閩省方音”，包含白讀、訓讀和方言俗讀等音。但正文中，實際衹用到其中的 76 個，分别是：

君 un/ut、堅 ian/iat、金 im/ip、規 ui、嘉 e/eh、干 an/at、公 ong/ok、乖 oai、經 eng/ek、觀 oan/oat、沽 o、嬌 iau/iauh、梔 i^{n}、恭 iong/iok、高 o/oh、皆 ai、巾 in/it、姜 iang/iak、甘 am/ap、瓜 oa/oah、江 ang/ak、兼 iam/iap、交 au/auh、迦 ia/iah、檜 oe/oeh、監 a^{n}、龜 u/uh、膠 a/ah、居 i/ih、丩 iu/iuh、更 e^{n} /eh^{n}、褌 ng、茄 io/ioh、薑 iu^{n}、官 oa^{n}、姑 o^{n}、光 oang/oak、姆 m、糜 oai^{n} /oaih^{n}、閑 ai^{n}/aih^{n}、噪 iau^{n} /iahh^{n}、箴 om/op、爻 au^{n}、驚 ia^{n}、咉 ui^{n}

這實際上是書中漢字所用到的韻母，和口語實際使用有一些差别。

該書的檢字索引類似《新編潮聲十八音》，即不用部首檢字法，而直接用筆畫數來檢字，同筆畫數各字再按部首的先後順序排列檢字。每個字後面則分别注明該字所屬的韻部和聲調，以及該字在正文的頁數，供讀者在正文中查找該字的意義和用法。正文中則分别用黑底白字注明“閩省方音”（即漳泉口語白讀音、訓讀音、俗讀音等）、一般黑字表明漳州口音、字外加方框則特别標明是泉州口音。總體來看，該書是一部以漳州音爲主，兼及泉州口音的閩南方言韻書。

《增補彙音寶鑒》1954 年由臺灣文藝學社出版社出版，1994 年再版。該書多次印刷，是臺灣地區最流行的一部十五音韻書。

潮聲十七音新字彙合璧大全

《潮聲十七音新字彙合璧大全》爲民國二十三年（1934）澄海人姚弗如編著，反映的是帶有澄海口音的方言音系。

全書正文編排體例與以往的《十五音》類似，先按作者歸納的 34 字母的順序來排列韻部，每個韻部下面按照“上平、上上、上去、上入、下平、下上、下去、下入”8 個聲調分組列韻，每韻則按 17 音（聲母）的順序列出各小韻的同音字，每字下面有比較簡要的字義解釋。34 字母分别爲（右下小“入”字表示該韻部有入聲韻）：君入家入居京基入嘘入公入姑兼入皆入高入庚入柯入官枓入弓入龜入雞入恭入嬌入哥入肩柑瓜入乖膠入佳入薑嚾入扛入金入歸光入江入。共計 59 個韻母。17 聲母分别爲：柳、邊、求、去、地、坡、他、增、入、時、英、文、杳、語、出、喜、嫋。比張世珍《潮聲十五音》多了“杳 [m]、嫋 [n]”兩個聲母，但“語 [ŋ/g]”還衹是一個聲母。

本書除了韻部、聲母和以往韻書不同之外，書前的檢字索引也非常有特色。據作者自序所述，由於以往舊有的字彙字典多用部首檢字法，難學難檢，因此作者在本書中廢掉部首檢字法，直接用筆畫數來檢字，同筆畫數各字再按部首的先後順序排列檢字。每個字後面則分别注明該字所屬的韻部、聲母和聲調，供讀者在正文中查找該字的意義和用法。這是該書比較突出的一個特點。

全書分四册，第一册内容有自序、澄海杜國瑋序和同里蔡無及序，序言之後是 10 則例言，例言之後是十七音字母（34 韻部）和十七音（聲母）

次序，十七音次序之後是“新字彙筆數檢字索引”，索引共收漢字 10184 個。後面三册是該書正文。

該書 1934 年初版，由汕頭文明商務書局出版發行，目前僅見這一版本。

加訂美全八音

《加訂美全八音》爲清末古田人鍾德明所編，光緒丙午年（1906）福靈堂鐫版印刷。

該書正文也是按三十六字母（韻部）順序，分元、亨、利、貞幾部分編排。具體爲：“元”部“春花香秋山開”，“亨”部“嘉賓歡歌須杯”，“利”部“孤燈光輝燒銀釭”，“貞”部“之東郊過西橋雞聲催初天奇歪溝”。實有三十三韻部。每韻部下也是按十五音（聲母）順序排列音節，每音節下再按七音（聲調）順序列字。七音具體爲：風上平粉上上訓上去拂上入雲下平鳳下去佛下入。

該書參考《康熙字典》，把《康熙字典》所列之字盡數抄入，多達四萬餘字。該韻書還有一個重要特點，就是不管有字無字，每個聲韻調組合都用羅馬字拼音列出來。具體羅列時，甚至把同一韻母在不同聲調下的變體都區分得很清楚。這種中西合璧的高水準韻書並不多見。

潮聲十五音

《潮聲十五音》爲清末潮州隆都（今汕頭市澄海區）人氏張世珍編著，是一部反映粵東潮州音系的韻書。

全書編排體例與《彙集雅俗通十五音》類似，先按 44 字母的順序來排列韻部，每個韻部下面按照“上平、上上、上去、上入、下平、下上、下去、下入”8 個聲調分組列韻，每韻則按 15 音（聲母）的順序列出各小韻的同音字，每字下面都有簡要的解釋，涉及用法時甚至還會舉出當時口語用到的詞彙。

44 字母分別爲：君家高金雞，公姑兼基堅，京官皆恭囯，鈞居歌光光，歸庚鳩𠈁江，膠堅嬌基乖，肩扛弓龜柑，公佳甘瓜薑，叨囉哖燒。15 聲母爲：柳、邊、求、去、地、坡、他、增、入、時、英、文、語、出、喜。由於潮汕話的聲母一般是 18 個，而該韻書模仿漳州韻書祇列 15 聲母，結果把許多本該分開的字合到了一起。學界一般認爲審音不精是這本韻書的缺陷。

該書有 1913 年汕頭圖書報石印版，此外還有汕頭文明商務書局、汕頭科學圖書所等發行的本子。

潮語十五音（蕭雲屏本）

《潮語十五音》爲蕭雲屏所編，又名《潮語同音字彙》，是一部依《潮聲十五音》刪繁補簡而成的潮州音韻書。

本書編排體例與《彙音妙悟》類似，正文按 40 字母（韻部）順序清單編排，每個字母下面再分别按 15 音（聲母）的順序編排不同音節，同音節的字則按"上平、上上、上去、上入、下平、下上、下去、下入"八音順序列出同音字，每字下面都有簡要的解釋。

40 字母是：君堅金歸佳，江公乖經光，孤驕鷄恭歌，皆囩薑甘柯，兼交家瓜膠，龜扛枝鳩官，居柑庚京蕉，天肩干關姜。15 聲母是：柳、邊、求、去、地、頗、他、貞、入、時、英、文、語、出、喜。鼻化韻與相對應的陰聲韻合爲一個韻部，此爲該韻書的特點之一。

該書於 1926 年由汕頭科學圖書所出版，書前粘貼該書版權讓歸共和維新書局的裁決處理佈告。又香港陳湘記書局發行署名爲"蔣儒林"編的一本《潮語十五音》，正文内容與蕭雲屏編本幾乎一樣。但蔣儒林本全書止於"肩"部，同時書末注明"干部與江同，關部與光同，姜部與堅同，俱不録"。顯然，蔣儒林編的《潮語十五音》祇有 37 韻部，和蕭雲屏編的《潮語十五音》有别。

潮語十五音（蔣儒林本）

本書與前蕭雲屏編本幾乎一樣，但正文止於"肩"部，同時書末注明"干部與江同，關部與光同，姜部與堅同，俱不録"。顯然，蔣儒林編的《潮語十五音》祇有 37 韻部，反映的是"干江、關光、姜堅"相混的口音，和蕭雲屏編的《潮語十五音》有別。

新編潮聲十八音

《新編潮聲十八音》(又名《潮聲同音字檢字表》)爲潮州府城人劉繹如民國二十五年(1936)編著的一本潮州音韻書。

根據書前“潮聲十八音序”所言，該書是針對已有十五音韻書的不足而編寫的。這些不足主要體現爲：第一，以往潮汕十五音仿閩南漳泉一帶的韻書，以“柳邊求去地”等十五字爲聲母，和潮音十八聲母不合；第二，以往的潮汕十五音將韻母分爲四十韻，偏少不够用。這些不足造成了潮汕本來不同音的字在十五音韻書中都混同了。因此，《新編潮聲十八音》“雖倣十五音，但所採字母完全不同，聲母亦不僅十五而增至十八，故不名之曰十五音，而因其性質功用，名之曰《潮聲同音字檢字表》，爲便於記憶，簡稱爲《潮聲十八音》”。

全書編排體例與以往的潮汕十五音類似，即先按韻母(韻部)數量分成46個表格，每個表格又依聲母數量分爲十八行，每行再按照八聲次序分爲八格，每格中的字俱爲同音字。

與以往的潮汕十五音不同，該書的十八聲母表按發音部位來分組排列，分別是：波粕毛無 各剋岳葛 大台乃來 子此史耳 乙玉。正文中爲合音理，十八音的排列順序實際上是：乙波粕毛無 各剋岳玉葛 大台乃來 子此史耳。46韻母(韻部)分別是：阿衣污家渦居 安因温英翁秧 央燕凶汪寃 庵音奄姆 哀挨歐烏 加腰妖憂 蛙威花歪 柑支耕肩 兄鄉鞍休 好(“嗜好”的“好”)午危愛妹。

至於聲調的排列，依然遵照以往十五音韻書，按照“上平、上上、上去、上入、下平、下上、下去、下入”的順序來排列。

全書內容分序言、凡例、正文、校誤表四部分，正文收字約一萬字，“足供普通人之用而無缺”。不過該書正文收字衹列漢字，不加注字義，稱爲“潮聲同音字檢字表”名副其實。

該書目前衹發現有1936年11月上海書店發行、大衆出版社出版的一個版本。

潮音分韻常用字表

《潮音分韻常用字表》編著者爲鳴平，1937年由汕頭嶺東出版社印行。

該書以《擊木知音》爲藍本，全書按36韻部順序清單編排，每個韻部下面再分别按17聲母的順序編排，同音節的字則按8個聲調順序列出同音字組，字下面没有解釋，8個聲調則以表格位置表明。

全書正文180頁，但前後附加的語音分析及相關附録比較豐富。其中比較有特色的是該書從方言實際情况以及收字清單的需要對潮汕方音音系的處理，尤其是韻母韻部的設立，和一般的潮汕方言著作不大相同。

首先是本書參考國音羅馬字標音，設立聲母17個，並運用現代語音學知識分析描寫並羅列。這是以往潮汕方言韻書所没有的。具體如下：

邊b　漂p　明m　文bh

地d　他t　泥n　柳l

求g　去k　午ng　語gh　喜x

貞z　出c　時s　入rh

其次是本書根據潮汕各地口音差别綜合考量，設立韻部36個，含潮汕地區常見的韻母60個。由於入聲喉塞尾韻就是相應入聲調對應的陰聲韻或鼻化韻，不單獨設立。而一個韻部可以包含兩種不同地方口音的韻母，這都是一般潮汕方言韻書所没有的。具體36韻部及所包含的韻母分組如下：

單純韻：膠a　家e　枝i　歌o　龜u　居y

鼻特韻：龜m　扛ng

複合韻：皆ai　交ao　鷄oi　孤ou

附聲韻：甘am/ap　干an/at　江ang/ak　宫eng/ek　公ong/ok　巾yng/yk

齊齒呼複韻：佳ia　蕉ie-io　鳩iu　嬌iao-iou

齊齒呼隨聲之韻：兼iam/iap-iem/iep　堅ian/iat-ien/iet　姜iang/iak　金im/ip　斤in/it

合口呼複韻：柯ua　瓜ue　規ui　乖uai

合口呼隨聲之韻：(觀)uam/uap　關uan/uat-uen/uet　光uang/uak　君un/ut

撮口呼隨聲之韻：恭iong/iok

正文潮音常用字以上面36韻部先後順序列字。具體列字時，“龜m”

韻母不列入，没有字，實際上衹有35韻部。而口語中的鼻化韻及相應入聲韻的“柑”“庚”“天”“肩”“京”“薑”“官”等傳統方言韻書7部則附到相應的陰聲韻韻部後面列字。具體爲：膠部（附柑部）、家部（附庚部）、枝部（附天部）、鷄部（附肩部）、佳部（附京部）、蕉部（附薑部）、柯部（附官部）。

至於聲調方面，本書也打破《雅俗通十五音》以來先分上下再分四聲的習慣，直接按四聲各分陰陽來列字，入聲字不再分離排列，而一般韻書入聲白讀喉塞尾韻母也不再單獨設立，直接靠聲調類別來標明。

改訂增補潮汕十五音

《改訂增補潮汕十五音》署名鳴平編著，反映的是潮汕一帶的方言音系。

全書正文編排體例與以往的《十五音》類似，先按作者歸納的41字母的順序來排列韻部，每個韻部下面按照“上平、上上、上去、上入、下平、下上、下去、下入”8個聲調分組列韻，每韻則按15音（聲母）的順序列出各小韻的同音字，但是字下面没有解釋，更没有用法説明。和張世珍《潮聲十五音》相比，聲母方面，除了把“頗增”改换爲“坡貞”之外，其他完全一樣，即：柳、邊、求、去、地、坡、他、貞、入、時、英、文、語、出、喜。

而韻母（韻部）方面，《改訂增補潮汕十五音》有41個，分别是（右下小“入”字表示該韻部有入聲韻）：軍入、堅入、金入、規、佳入、干入、公入、乖、宫入、闗入、孤、嬌入、雞入、恭入、歌入、皆入、斤入、巾入、薑、甘入、柯入、江入、兼入、交入、家入、瓜入、膠入、龜入、扛入、枝入、鳩入、官、居入、柑入、庚入、京、蕉入、姜入、天入、光入、肩。共計韻母75個。

該書最大的特點是用特定符號把方言俗字“土音字”、化學元素名稱、訓讀字和俗讀字標出來。從字的分類和稱法來看，該書和黄鐘鳴著的《潮汕大字典》很相似，而書前作者却寫“鳴平編著”，顯然不是真實姓名，書前序言的作者（也是本書的改編者）“肅穆”也不像是真實姓名。綜合比較，我們認爲，《改訂增補潮汕十五音》的作者和《潮汕大字典》的作者應該是同一個人，都是黄鐘鳴所著，“鳴平”“肅穆”就是黄鐘鳴本人。

該書由汕頭嶺東出版社出版、汕頭南平書籍文具發行所發行，有1937

年和 1938 年兩個版本，後者由肅穆改編。

對碼三顯字典

《對碼三顯字典》扉頁是《潮話聲形義對碼三顯字典》，作者爲饒平高塘人士吴錦昌。據書前作者自序，該書從 1934 年春開始編著，1937 年春才完成，由汕頭新馬路的三顯出版社出版。

書中序言宣稱該書特色如此説“本集遵古檢字立法，照先聖創始以部首爲緊要，檢音效法《擊木知音》訣法並平上去入的上下分八音以之拼配，其聲再加號碼，可引對聲形貫串之妙趣，得遂心應手尋聲掠影之秘訣”云云，因此，書中利用聲母來編號以便檢字，這是這本潮汕方言韻書的一個突出特點。

書中正文收字 12000 多字，具體排字時按潮汕話通行的 45 韻母（韻部）先後列字，每個韻部下面再按八音（聲調）分别列出同聲調的字，同韻部同聲調的字再按十五音（聲母）的順序列出同音字。因此，本書的聲母編碼，實際上就是該書同音字組的先後編號。編號始於“○○○一”，終於“五三六八”，另外補遺 2 組，則全書共有 5370 組同音字。

正文前面是按 214 部首順序列字的檢字表，檢字表中的每一個字上面都標明了該字所屬的同音字組的編號，順着編號在正文中找到對應編號的同音字組就能查到該字，並瞭解該字的讀音和字義。

增三潮聲十五音

《增三潮聲十五音》作者爲揭陽人士謝益顯，是一部用潮音求字的完整專書，以以往流傳閩南、潮屬各地以及南洋群島一帶的《雅俗通十五音》爲藍本，參酌多種辭書，加以增删損益，並加注音符號和國語羅馬字而成。

該書“增三潮聲十五音聲母”表示的是潮汕方言 18 聲母，具體爲：

柳 [l] 蓮 [n] 邊 [p] 球 [k] 去 [kh] 地 [t] 頗 [ph] 他 [th] 貞 [ts] 入 [z] 時 [s] 英 [ʔ] 文 [b] 明 [m] 語 [g] 遇 [ŋ] 出 [tsh] 喜 [h]。

其中“蓮 [n]”“明 [m]”“遇 [ŋ]”是潮州方言比漳州《雅俗通十五音》多出來的 3 個聲母。

全書作者共設立55個韻部，有91個韻母。具體如下：

軍[uen/uet]堅[ian/iat]金[im/ip]規[ui]加[ia/iaʔ] 江[aŋ/ak]公[oŋ/ok]乖[uai]經[ieŋ/iek]光[uaŋ/uak] 孤[ou]嬌[iau/iauʔ]街[ei/eiʔ]恭[ioŋ/iok]歌[o/oʔ] 皆[ai/aiʔ]斤[en/ien/iet]薑[iõ]甘[am/ap]柯[ua/uaʔ] 干[an/at]兼[iam/iap]交[au]家[e/eʔ]瓜[ue/ueʔ]膠[a/aʔ]龜[u/uʔ]扛[ɯŋ]枝[i/iʔ]鳩[iou/iouʔ]官[uã]居[ɯ]庚[ẽ/ẽʔ]柑[ã]京[iã]橋[io/ioʔ]肩[ãi/ãiʔ]天[ĩ/ĩʔ]觀[uan/uat]䕺[iaŋ/iak]澳[õ/õʔ]秧[m̃]看[ẽi]腦[ãu]午[õu]南[ãm/ãp]姆[m]堯[ãu]幼[iõu]每[uẽ/uẽʔ]萬[uãi]危[uĩ]法[uam/uap]琴[um]瀛[ueŋ/uek]。

其中以下四組韻部在潮安、澄海、饒平等地還有前後鼻音韻尾的區别："干[an/at]江[aŋ/ak]""斤[en/ien/iet]經[ieŋ/iek]""堅[ian/iat]䕺[iaŋ/iak]""觀[uan/uat]光[uaŋ/uak]"。

該書聲調分8個：上平、上上、上去、上入、下平、下上、下去、下入，和今天潮州話一般所劃分的陰平、陰上、陰去、陰入和陽平、陽上、陽去、陽入相同。

正文按韻部先後分列，每個韻部中則按18聲母先後列出同音節字，同音節字下面再按聲調先後列出各組同音字。全書正文收字約一萬一千多。

《增三潮聲十五音》於民國二十五年（1936）出油印本，1965年9月在香港初版，由世外圖書公司印行。

新刻增校切用正音鄉談雜字大全（甲）

《正音鄉談》又名《正音鄉談雜字大全》《新刻增校切用正音鄉談雜字大全》《什音全書》，是一部明末刊印的閩南話和通語分類詞彙對照的辭書。作者不詳。

全書分上下兩卷，共有17個門類的詞彙對照内容。具體來説，上卷分爲8個門類：天文門、時令門、地理門、人物門、身體門、鳥獸門、魚蟲門、草木門。下卷分爲9個門類：宫室門、器用門、飲饌門、衣服門、珍寶門、文史門、人事門、數目門、通用門。全書收録的詞語約6000條，是目前所看到的最早、最全面的閩南話專門辭書。

該書有美國哈佛燕京圖書館藏的刻本和日本内閣文庫手抄本傳世。美國刻本已於2003年2月由商務印書館、廣西師範大學出版社出版，收在

《美國哈佛大學哈佛燕京圖書館藏中文善本彙刊》第三十二卷。西南師範大學出版社、東方出版社 2011 年出版的《明代通俗日用類書集刊》也收有該書。

新刻增校切用正音鄉談雜字大全（乙）

詳見《新刻增校切用正音鄉談雜字大全》（甲）簡介。

汕頭土語手册

《汕頭土語手册》是光緒十二年（1886）新加坡海峽殖民員警署（The Police Courts of the Straits Settlements）翻譯潮州人林雄成編著的一本英潮對照教材，供英人學習潮語、潮人學習英語之用。

全書分兩大部分，第一部分是汕頭土語教程，第二部分是英語和汕頭方言對照小辭典。

第一部分教程内容共有 33 課，基本上按主題分類學習，其中前面 10 課側重語法，後面 23 課側重分類内容掌握。語音基本内容在教程前言裏介紹，變調規律和連字型大小使用單獨放在第九課。全書以潮州話爲標準音，注音用羅馬字，同時也寫出相應的漢字。

具體來説，第一至第三課是"Introductory"，屬於日常比較重要的功能詞和短句的學習。第四至第五課是常用動詞的羅列和句子練習。第六至第七課是常用形容詞的羅列和句子練習。第八課是數詞學習，第九課是連讀變調規律和連字型大小使用，第十課是"語法"（Grammar），實際上是模仿英語介紹汕頭土話有關時態、語氣和比較的表達。第十一到第三十三課是分類内容的學習，有日期、建築、人體、家私、公園、烹調、食物果蔬、穿戴、航海、醫療、商貿、官司、軍事、信仰、親疏關係、鳥獸、量詞以及航海、醫療、商貿、官司、軍事和信仰等方面的主要句子的表達。

第二部分是英語和汕頭話對照小辭典，收録比較重要的單詞 2000 來個。

《汕頭土語手册》光緒十二年（1886）由新加坡古友軒承印。

廈語易解

《廈語易解》是1940年新加坡中文教師蔣克秋編寫的一本閩南話初級教程。

該教程共有18課，每課内容分新單詞（New Words）、複合詞和短語（Compound Words and Phrases）、會話練習（Lesson Proper）和會話練習内容相對應的英語表達（Meaning of the Above）4部分。新單詞部分先列英語單詞，後列厦門話羅馬字表達，最後是厦門話的漢字表達。複合詞和短語部分也是按英語表達、厦門話羅馬字、漢字表達的順序排列。會話練習部分則是先列厦門話羅馬字表達，底下再逐一列出相對應的英語單詞和漢字。英語單詞是生硬的對應，不是整句話的翻譯，整句話的翻譯集中放在第四部分。

學完全書，可掌握598個單詞、510個複合詞和短語，以及577個整句表達。

《廈語易解》於1940年由新加坡勤奮書局出版發行，1952年又再次修訂出版，之後還續編《廈語易解》卷二。蔣克秋另有《實用英厦辭典》（*A Practical English-Hokkien Dictionary*）等語言工具書在新加坡出版。

廈語拼音字之改進

該書由周辨明編著，包括“厦語拼音字之改進”（Halgur: Tonal Spelling for Amoy Romanization）和“厦語入門 Halgur Jibbwn”（Halgur Lessons for Beginners）兩部分内容。據書前作者介紹，該書應該是厦門解放前夕，爲因“時局關係”而驟增的“外省來厦人士”學習厦門話所用。

“厦語拼音字之改進”可以説是後面課文内容涉及的厦門話語音的集中學習。主要内容有：厦語字母（The Halgur Alphabet）、首母（Initials）、聲調尾母（Tone Finals）、韻母聲調表（Table of Tone Rimes）、聲調練習（Tone Drill）、聲調轉移練習（Tone Shift Practice）、樣文（Specimen Texts）。這部分最突出的内容主要是介紹作者有關厦門話聲調標示的個人發明。與以往白話文用母音上面加符號標調不同，作者設計了一套用拉丁字母代替以往符號標調的字母標調方案。這套方案在作者心目中，至少在排版印刷方面是很迅速便利的。

“厦語入門”部分則按照内容不同，編排了12課厦門話的口語學習。每一課正文學習内容按厦門話讀音、相應漢字和相應英語的順序編排。相應漢字國語和厦門話不同的，則按先國語後厦門話的順序標出，厦門話漢字則用括弧標明。

全書17頁，16開紙張印刷，1949年9月由厦門大學“書同文社”出版。

臺語初學基本詞彙

《臺語初學基本詞彙》（*A Basic Vocabulary for a Beginner in Taiwanese*）是閩南話系列教材的第4卷，編著者是臺灣本地語言教師高積煥、陳邦鎮，1956年於臺灣臺中教會語言學校印刷使用。

該書是教會語言學校三年制閩南話專業學生系列教材的補充部分，是在前面3卷48課教材基礎上的學習延伸。全書收詞約5400條，每個詞條直接用羅馬字寫出閩南話的讀音，閩南話讀音後面不標注相應的漢字，但在英語解釋之後，會有漢字國語解釋。

由於該書是補充教材，因此該書所收的詞條不是簡單的羅列，而是結合閩南話的學習掌握，對所列詞條提供必要且足够的例句來幫助學生理解該詞語的意義和用法。例句也是直接用羅馬字表達，不寫出相應的漢字，但有相應漢字國語的解釋和英語的解釋。據説這樣有助於學生將來掌握漢語書面語。

全書所有詞條按閩南話羅馬字讀音的音序排列，始於A，終於UT。全書正文751頁，是一部收詞精練、注釋簡明而用例豐富的閩南話文獻資料。

福建方言志

《福建方言志》作者爲侯官（今福州市）人陳衍，是《福建通志》其中的一卷册。

《福建方言志》仿《爾雅》體例，作者在何治運、黄宗彝、劉家謀、謝章鋌等前人著述的基礎上，根據内容分13類來介紹有特色的福建方言詞語。全書共列 413 個條目，每個條目下面再根據具體内容涉及至少 1 個有方言特色的説法。13 類以及各類下包含的條目數具體如下（括弧中的數爲該部分所列的條目數）：

言天第一（16）、言地第二（13）、言宫室第三（16）、言人第四（25）、言身體第五（33）、言器服第六（46）、言飲食第七（23）、言動作第八（62）、言名詞第九（18）、言助詞第十（8）、言情狀第十一（108）、言動物第十二（24）、言植物第十三（21）。

該方言志音注的地方比較多，但由於所涉及詞語有閩東閩南之别，作者又囿於傳統漢字音切以及母語擬比等的不足，所注之音僅具有閩東方言的提示作用。比如"言飲食第七"有"潘（淅米汁）讀捧，上平聲"，"言名詞第九"有"名呼眉良切""東呼曰單"，"東呼曰單"還特别用小字注明是"漳州語"，等等，顯然都是作者閩東方言的讀音，對理解福建方言整體突出特點作用有限。

《福建方言志》於 1922 壬戌年在福州雕版印刷面世，正文 21 頁。該志雖然不是現代意義上的方言志，但却是第一部省志框架下的專門志，與其他部門志地位同等重要，於此足見主編兼具體編著者陳衍老先生的深遠目光。

華英菲西商業社交會話大全

《華英菲西商業社交會話大全》（附注厦門音）（*Chinese-English-Tagalog-Spanish Business Conversation and Social Contact with Amoy Pronunciation*）是一部多語言對照學習書，由菲律賓華僑陳仲謀和林西樓兩人合編，1941 年編成後由菲律賓馬尼拉博文書局出版發行。

該書專爲菲律賓閩南籍華僑學習英語、他加禄語和西班牙語而編，學習内容同時附注厦門音。全書共分 21 章，内容涵蓋比較廣。各章内容大體順序是，前面 4 章側重基本語言知識的日常用語和會話，第 5 章到第 14 章側重商業類日常用語和會話，第 15 章到第 19 章是拓展的天文地理、動植物百科知識以及菲律賓國情等知識，第 20 章是 16 類社交會話，第 21 章是 12 類日常商業應用書信，側重書面語的表達。

各語言的對照順序依次是華語（Chinese）、厦門音、英語、西班牙文英語標音（西代英音）、菲律賓語（他加禄語）和西班牙語。需要注意的有兩點：一是該書所列的“華語”是指漢語通用語，偏書面語，用漢字標出，這些漢字並不一定是厦門話對應的漢字；二是厦門音僅標聲韻結合的音節，没標聲調。比如 87 頁的“痰盂”是華語，厦門音却是“tham kuan”（痰罐）；69 頁“足下有白色綢否？”是華語，厦門音却是“lin u peh tiu bo?”（恁有白綢無？）。

有關該書的編寫旨趣以及 20 世紀上半葉菲律賓一帶華人的語言環境，可從書前編者自序得知：

> 言爲心聲，未有語言莫通而可達情曲者。菲律濱群島到處有華人足跡，與菲人交互頻繁而美西各國人士亦時常接觸，向因語言隔閡由誤會而失感而肇事者屢有所開（聞），有志之士輒思由語言以溝通聲氣，苦無善本以資誦習。編者不揣固陋，就華英菲西於社交商業所應用語言彙成會話大全一鉅册，每一語一段均列之四國語言以供對照。菲以當地政府法定沓牙鹿（TAGALOG）語爲準，華以華僑慣用厦門音爲便，英語又以西班牙音注出，概可無師自修。固不敢以出版界偉大之作妄自誇許，而其内容之充實、材料之豐富、文字之清晰，凡社交商業場上所需詞語靡不畢備，可藉以誦成英菲西三種語言，即菲人及美西各國欲習華語或相互學習者均可於是書求之。區區之意在聯中外之交誼、促商務之發展。發刊伊邇，編者如有未周，尚希高明以教之。

全書正文 259 頁，正文前面還有旅居菲律賓的鷺江孫印川序、編者中英文自序和全書總目録。

臺灣語典

《臺灣語典》又名《臺語考釋》，連横（1878—1936）著。

全書分自序、正文四卷，書後附録“雅言”一文和“與李獻璋書”一信。卷一主要收録單音節詞 430 條，另有 5 條雙音節詞。卷二、卷三、卷四分别收有雙音節詞 265 條、238 條和 244 條。全書收詞共 1182 條，基本上是臺灣閩南話常用詞的彙集。對所收詞條，作者條分縷析，考證音義，尋根覓源，有較高的參考價值。但由於作者的撰述緣由和目的是“既見臺語之日就消滅，不得不起而整理，一以保存，一謀發達，遂成臺語考釋，亦稍以盡厥職矣”，所記録的臺灣閩南詞語並不回避同音字和訓讀字。比如“阮我等也”“恁爾等也”是“我儂”“汝儂”的合音字，“咱大衆也”爲訓讀字。

該書爲作者晚年未定之稿，作者去世後才由其後人連震東先生整理出版。後人研究該書的文章有：李熙泰《初讀連横的〈臺灣語典〉》（參《辭書研究》1981 年 04 期）。

閩音千字文集字

《閩音千字文集字》和《閩音匯解千字文》都是福州話訓蒙同音字書。《閩音匯解千字文》刊行於光緒辛巳季春（1881），瓊水養正義塾藏板。《閩音千字文集字》刊行於光緒壬午孟春（1882），贊善社義塾藏板。二書正文内容大同小異，所不同者，《閩音匯解千字文》正文前有“凡例”七則，《閩音千字文集字》正文前衹有序。

《閩音匯解千字文》正文前的“凡例”七則具體如下：

一　本書專爲訓蒙起見。貧家之子出就外傅讀《三字經》《千字文》及四子書，中人以下之資，每三四年始完所讀者，大抵同音同字居多，不但字難遍識，而未經解説，義亦難通。是書以《千字文》爲綱，取同音者逐字附之，加以小注，俾一開卷而音義曉然。彼但求識字者，讀一書不啻讀諸書，誠有便於蒙養也。

一　字有正音，與本地土音不合，兹爲便蒙起見，皆取土音（同音）者以附其字，庶便於讀，不以正音拘。

一　字有罕用者，音讀每多不同，既難書（寫），則依字典正音□。

一　所有注義，專取平日常用之説略舉一二便於講解，其□□古義異義皆所不詳。

一　所附之字，上文已見，下文不贅。

一　字數繁多，有未入本書者，因《千字文》無同音可附，故有遺漏，俟續刻以補之。

一　所附之音，所注之義，間有未盡完善之處，尚希高明指示爲幸。

《閩音千字文集字》正文前的序言如下：

> 昔梁周興嗣竭一夜之長，輯《千字文》一卷，爲童蒙耽讀之書，至今膾炙人口。然一音只有一字，尚少旁通，未足開拓心胸。嗣梁九山前輩著《千字文正音彙本》，繁徵博采，足爲後學津梁，但專注官音，不及閩音，未免向隅。兹本社將舊刻閩音讀本重加校正，付之剞劂，公諸蒙塾，以資多識，至罕用之字，概所不登，識者諒焉。是爲序。

《閩音匯解千字文》刊行之後還有《新刊閩音匯解千字文》，具體刊行時間不詳。福州市長樂區地方志編纂委員會所編《訓蒙讀本輯録》收有光緒辛巳季春（1881）瓊水養正義塾藏板《閩音匯解千字文》影印本，前頭並有點校本。該書 2019 年 9 月由海峽文藝出版社出版發行。

本文獻集成收録的是《閩音千字文集字》，原書刊行於光緒壬午孟春（1882），贊善社義塾藏板。該書正文 125 頁，每頁大字 8 行，中字 16 行，小字 32 行。《千字文》正文爲大楷，下附閩音（福州話）同音字爲中楷，每組同音字至多爲 2 行 12 字。注解爲小楷，同一個字在小字注解中用小圓圈代替。

該書版框高 17.8 厘米，寬 23 厘米，四周雙邊。版心黑魚尾上面有書名“閩音千字文集字”，下面有頁數和“贊善社”字樣。

説文閩音通

《説文閩音通》爲閩東長樂人謝章鋌（1820—1903）所著。根據書前作者自序和書後門人陳寶璐跋可知，該書作於光緒丙子至丁丑年間（1876—1877），寫定於光緒壬寅年（1902），光緒甲辰年（1904）刊行。

《説文閩音通》全書分《説文閩音通》和《説文閩音通附録》兩卷，書前有作者自序，書後是門人陳寶璐的跋。全書共 55 頁，正文列有 248 條詞語，涉及相關漢字 272 個。這些漢字是相關詞語的異體字或多音節組合用到的字。列字時按《説文解字》540 部首先後列出，注明該字所屬部首、字義（時有大小徐的相關解析）、反切讀音，最後是作者自己有關閩語詞條的按語。比如“潘”詞條：

> 潘，水部，淅米汁也。徐鍇曰：“《左傳》曰‘遺之潘沐’，潘可以沐也。”浦漫反。
>
> 按，閩語淅米水謂之“米潘”，古人以潘沐髮，今閩俗尚然。

《説文閩音通附録》則是作者“采雜説以申明”自己正文的附卷。收録有吴方言區的毛奇齡《越語肯綮録》12條，梁同書《直語補證》15條，翟灝《通俗篇》“可證六書”之“成語”若干類。還有同屬閩東方言的未刊友人書稿節録，有黄肖巖《榕城方言考》（又名《閩方言古音考》）24條，劉芑川《操風瑣録》38條。

總的來看，《説文閩音通》是作者“有感於杭大宗（杭世駿）閩人鳥音禽呼之語”而撰寫的一部閩東方言詞語考著作。具體考證時，是“據《（説文）繫傳》作準，録其音義近似於閩者爲一卷，并采雜説以申明之爲附卷”，雖然有較高的參考價值，但還不是很嚴格的方言詞源比較分析。

潮汕方言

《潮汕方言》爲潮州潮安人翁輝東（1885—1965）所著，民國三十二年（1943）刊行，爲上海“涵暉樓叢書”之一種。

《潮汕方言》爲最早研究潮汕方言詞語的著作，作者仿效章太炎《新方言》體例，正文按義類分16卷列詞1129條，每條詞下再分别釋義考字，並列出典籍用例加以佐證。正文16卷及所列詞數如下：卷一 釋詞（42）、卷二 釋言（單字105）、卷三 釋言（兩字214）、卷四 釋言（多字58）、卷五 釋言（疊字45）、卷六 釋身（123）、卷七 釋親（65）、卷八 釋宫（29）、卷九 釋食（54）、卷十 釋服（36）、卷十一 釋器（72）、卷十二 釋天（34）、卷十三 釋地（59）、卷十四 釋鳥獸（39）、卷十五　釋蟲魚（79）、卷十六 釋草木（75）。

《潮汕方言》正文前有葉恭綽題五言詩一首，後面分别是丁福保“潮汕方言序”、翁輝東“潮汕方言自序”，翁序後還有胡樸安等人的“潮汕方言題詞”，然後纔是“潮汕方言目録”和正文。正文160頁，正文後面還節録好些人的“涵暉樓刊印各書讀後言”。

從所節録的上海潮州會館柳柳谷、侯潔夫等人的介紹書中可以知道：“(翁輝東)子光先生，留心方言，垂二十年，盡將潮人風俗語言，根據古籍，解釋音義，成書一十六卷，於壬午(1942)大除夕寫定。”又根據書後貼的“弢廬主人謹白”來看，作者還自號“弢廬主人”，可知正文中縫下的“弢廬校刊”是作者爲了該書親自校刊。

從作者的自序和書後啓事來看，作者對《潮汕方言》一書的定位和可能存在的問題是：“是書爲傳播潮州文化而作，不獨可通雅俗，兼可資語言學者之考究，惟音古字僻，且多雙聲疊韻，而隔鄉鄰縣，稱謂不同，難保無不妥善之處。”

《潮汕方言》目前僅見1943年刊印本，綫裝，分上下册。後人研究該書的文章主要有：1. 胡華《〈潮汕方言〉指瑕録》(參《韓山師專學報(社會科學版)》1988年)；2. 林倫倫、王偉深《翁著〈潮汕方言〉的文化内涵》(參《韓山師專學報(社會科學版)》1990年)；3. 杜奮、林倫倫《從翁輝東〈潮汕方言〉看70年來潮州話詞語的變化》(參《韓山師範學院學報》2013年第5期)等。

潮語羅馬字

《潮語羅馬字》作者爲揭陽人陳愷。1932年時爲北京大學地質系學生的陳愷受“國語羅馬字”的影響，在《平潮》雜志上發表《潮語羅馬字》一文，利用現代語音學的方法研究了潮汕地區的方言，並制定了一套完整的潮汕話羅馬字拼音方案。

《潮語羅馬字》全文共52頁，分“緒言”“潮語音素”“國音潮音的比較”和“潮語羅馬字”四部分。正文中作者爲“潮語羅馬字”下的定義是：以國語羅馬字爲主體，再依它的原則，增加潮語所特有，而删去潮語所獨無諸聲韻，使適合拼切潮語的一套羅馬字。實質上是一套經過調整了的“潮語化的國語羅馬字”。

《潮語羅馬字》方案中最複雜的是聲調符號的設計，定了19條條例來説明標注不同聲調的方法，總的原則是不再使用以往方言白話字在音節上面加注聲調符號，而是直接選用拉丁字母來標調。這樣做主要的好處是排版印刷方便，以及外觀看起來像西文。

《潮語羅馬字》根據潮汕地區口音的差別，定下的音系系統如下。

1. 聲母 17 個，不含傳統十五音的“英”聲母：

b[p] 波　p[p^h] 叵　bb[b] 母　m[m] 毛

d[t] 多　t[t^h] 胎　n[n] 努　l[l] 羅

g[k] 歌　k[k^h] 戈　gg[ɡ] 鵝　ng[ŋ] 愚　h[h] 河

tz[ts] 阻　ts[ts^h] 楚　z[dz] 如　s[s] 所

2. 韻母 57 個，不含入聲韻，相關入聲韻由聲調字母標法變換讀出：

	陰韻（陰聲韻）	半鼻韻（鼻化韻）	陽韻（陽聲韻）	聲化韻
開口呼				
	a[a] 阿 o[ɔ] 窩	an[ã]（柑）on*[õ]	am[am] 庵 om*[om]	’m[m̩] 姆
	e[ɛ] 啞 iu[ɯ] 餘	en[ẽ]（耕）eun*[ẽu]	ang[aŋ] 安 ong[oŋ] 翁	’ng[ŋ̍] 秧
	ai[ai] 哀 au[au] 歐	ain[ãi] 肩 aun[ãu]（好）	êng[əɯŋ] 隱 eng[eŋ] 英	
	oi[oi] 矮 ou[ou] 烏	oin[õi] 肩 oun[õu] 虎		
齊齒呼				
	i[i] 衣 iou[iu] 優	in[ĩ] 圓 ioun[iũ] 幼	im[im] 音	
	ia[ia] 野 iau[iau] 妖	ian[iã] 影 ion[iõ] 鴦	ing[iŋ] 姻	iong[ioŋ] 癰
	io[io] 姚 iai[iai]*	iaun*[iãu] ien[iẽ] 鴦	iam[iam] 閹	iang[iaŋ] 淵
	ie[ie] 姚		iem[iem] 閹	ieng[ieŋ] 淵
合口呼				
	u[u] 汙 ui[ui] 醫	uin[ũi]（縣）	uam（泛）	ung[uŋ] 温
	ua[ua] 哇 ue[ue] 鍋	uain[uãi]（縣）	uang[uaŋ] 汪	ueng[ueŋ] 瀛
	uai[uai] 歪（乖）	uan[uã] 碗 uen[uẽ]（横）	(ueng)[ueŋ] 汪	

上面標注“*”號的是潮汕地區口語也用到的並非罕見的韻母讀音。

3. 聲調 8 個：

陰平　陽平　陰上　陽上　陰去　陽去　陰入　陽入

總的來説，與同時期創制的其他方案相比，《潮語羅馬字》的設計方案雖然比較特別，但在拼音化浪潮的影響下，區區 26 個拉丁字母在這類方案中承載的功能太多，反而容易混淆，這是這類方案永遠繞不過去的局限所在。

厦門音系

《厦門音系》是羅常培 1931 年撰寫的一部厦門話語音研究的力作。

全書分 7 章，内容分别爲“敍論”“厦門的語音”“厦門的音韻”“厦門音與十五音的比較”“厦門音與廣韻的比較”“標音舉例”“厦門音與十五音及廣韻比較表”。

本書充分利用當時傳教士以及盧戇章、周辨明等人對厦門話的研究成果，參考閩南話韻書《十五音》，採用現代語言學研究手段，對厦門話的音系進行了全面精細的研究，在音值的描寫以及古今音比較方面，都有作者本人十分獨到的研究心得，是現代漢語方言研究的一部典範之作。

《厦門音系》最早於 1931 年由歷史語言研究所出版，1956 年有科學出版社修訂版，2008 年山東教育出版社出版的《羅常培文集》第一卷收入該書。

閩音研究

《閩音研究》爲福州人陶燠民所撰，民國十九年（1930）發表在《歷史語言研究所集刊》第一本，1956 年由科學出版社以單行本出版。

《閩音研究》全書 27 頁，研究的範圍限於閩縣（即福州城）城内中流社會以上階層所操之語音。全文着眼於福州話的音系，仿國語羅馬字略加增改以標福州音，分别對福州話的聲韻調進行了描述，並分析聲母變化和聲調變調的現象，還將福州話和古音以及當時的國音進行了一番初步的比較。

全文分 9 部分：〇序説；一閩語之韻紐；二閩語之聲調；三閩語羅馬字；四聲母之類化；五聲調之轉變；六閩音與古音之比較；七國音與閩音之比較；八附録：各種庾語之構成。

《閩音研究》第一次將福州話複雜的聲母類化和聲調連讀變化規律概括了出來，對後來福州話的深入研究有重要的參考價值。

閩方言考

《閩方言考》爲民國十二年（1923）出版的福州方言詞語釋義考源的著

作。作者葉俊生，字長青，閩侯人。

《閩方言考》模仿《爾雅》體例，分 9 章考釋福州方言詞語 369 條 380 個。每條詞語下先解釋方言含義，接着援引韻書、字書以及典籍用例出處，闡釋與今方言的音義關係，最後用羅馬字母標注該詞語的福州音。

《閩方言考》各章内容及詞語數目分别如下：釋詁第一（76 條）；釋成語第二（69 條）；釋人物第三（24 條 29 個）；釋器第四（52 條）；釋木第五（22 條）；釋草第六（24 條）；釋動物第七（69 條 72 個）；釋身體第八（16 條）；釋飲食第九（17 條 20 個）。全書正文有 60 頁。

《閩方言考》民國十二年（1923）由上海中華書局印刷，福建全省通志局發行，爲《無盡藏室叢書》第一種“方言”部分的内容，2013 年 12 月由國家圖書館出版社出版的《漢語方言研究文獻輯刊》（南江濤選編）收入第 9 册中。此外，該書作者葉俊生 1927 年後還有《閩音古徵》和《閩方言正續考》等專著出版。

中英會話三用教本

《中英會話三用教本》爲周辨明譯編的一本語言學習書，原著是英國人 H. E. Palmer 和 F. G. Blandford 所編寫的《英語口頭日用語》（*Everyday Sentences in Spoken English*）。

正文分 3 部分：

第一篇　簡短辭語（*Part I Easy Laconic Expressions*）。裏面包括 7 小類相關短句的表達：（一）表示同意或不同意，懷疑，等等的回答與應和語；（二）評語，短辭，與但能表示同意，不同意及懷疑以外的回答語；（三）查詢事實的問語；（四）普通問語；（五）命令與請求；（六）情態語；（七）問候與客套語。

第二篇　典型的日常用語（*Part II Typical Everyday Sentences*）。裏面包括 21 小類相關句子的表達：（八）找租房間；（九）買東西；（十）請問話怎麽講；（十一）與忙人起手談話；（十二）問路；（十三）在車站裏；（十四）詢問看了戲剛回家的朋友；（十五）詢問散步後剛回家的朋友；（十六）餐飯；（十七）席上；（十八）起床；（十九）上床；（二十）失物；（廿一）外國人問事與求助；（廿二）開始試用英語談話；（廿三）遲到；（廿四）忙碌時；

（廿五）商定散步去；（廿六）訂約（上）；（廿七）訂約（下）；（廿八）關於天氣的話。

第三篇　表達之方術（*Part III Methods of Expression*）。裏面包括46小類相關表達：（廿九）表示謝意；（三十）接受禮物時；（卅一）互相介紹；（卅二）初次見面；（卅三）引人注意；（卅四）不知話該怎麼講的時候；（卅五）各種道歉的話；（卅六）慰安的話；（卅七）請求東西；（卅八）請人事要做；（卅九）請人事别做；（四十）打聽消息；（四一）求問某事可不可做；（四二）准許做事；（四三）問問有無做什末事的必要；（四四）無做某事的必要；（四五）喜歡什麼東西的表示；（四六）不喜歡什麼東西的表示；（四七）喜歡什麼人的表示；（四八）不喜歡某某人的表示；（四九）插嘴與抗議；（五十）表示不同意的話語；（五一）表示同意的話語；（五二）自謂不識；（五三）説某事不是要緊的表示；（五四）提示；（五五）允准，應許，等等；（五六）希望，期待，等等；（五七）需要；（五八）不需要；（五九）要不要；（六十）願望；（六一）存心，決意，等等；（六二）有做什麼的義務與必須；（六三）没有做什麼的義務或必須；（六四）的確；（六五）可能，或然，等等；（六六）不可能；（六七）未必然；（六八）意見，信念，疑竇等等；（六九）不信，可疑，等等；（七十）條件，設想，等等；（七一）詢問某事將來會不會發生；（七二）説某某事情將來是會發生的；（七三）説某事情將來不會發生；（七四）在前的期間。

正文每個小類的内容按先英語，接着是拉丁化字母拼音的國語，然後是拉丁化拼音厦門話，最後是相應漢字。這樣安排是爲了照顧當時新加坡三種用語的重要性次第。

正文後面還附録了《新文字“拉丁化”與“羅馬字”之合流》《厦語拼音“字母標聲”法》和《海南話拼音“字母標聲”法》這3篇有關作者拼音文字的創見和使用法的文章。

該書1950年9月由新加坡書同文館出版，南洋書局發行。

一目瞭然初階

《一目瞭然初階》作者爲盧戇章，同安人。此書刊行於清光緒十八年（1892），書中用作者發明的切音新字及相關標音方法標讀厦門音，反映的是厦門音系。該書的刊行，標志着近現代中國漢字改革運動的開端。

該書的内容大體可分爲以下 5 部分：

1. 中國切音新字總字母寫法之次第。共發明切音新字 57 個，這些切音字大體由 1（竪）、c（左半圓）、ɔ（右半圓）三畫推出。其中厦門話選用了其中的 34 個。

2. 中國第一快切音新字原序。内容有“作字之因”“中國字天下第一難”“富强由文字”“普天下皆用切音字”“西國文風之盛”“日本用切音字與文風”“中國有切法無切音字”“切音字依土腔”“以南京腔爲備腔主腦”，集中反映了作者作切音字的思想及相關文化理念。

3. 凡例。介紹正文的内容和用法。

4. 正文。先介紹厦門話的四十七個字母（韻部），十五音（聲母），八音（實則 7 聲調）的平常音、鼻音標號法及具體音節切讀法，然後由簡單到複雜地編排一些厦門話的繞口令、童謡和故事等切音字内容，切音字内容都同時有漢字對應。與一般漢文典籍由上到下爲行、從右到左爲篇章的版式不同，該書漢字和切音字内容行式改由左向右組字，篇章則由上到下排行。但具體切音時，一個音節却是先韻部後聲母的奇特排列。此外，表達厦門話時，切字内容還按照厦門話的詞語進行分詞連寫，中間用短横綫連接，這也是一大發明。正文厦門話切音字内容共 50 頁，但連寫的分詞中衹標單字調，没標連讀變調。

5. 附録。有英語字母表、厦門白話篆字表、英語數位讀音、中西合音以及厦漳泉總音數等内容。

作者在自序中自詡自己所發明的切音字爲“中國第一快切音字”，從具體使用來看，與其説是“快”，不如説是“簡”。以厦門話 15 個聲母和 47 個韻部具體造字來看，作者衹用了 34 個外形明顯可辨的切字，其中 15 個聲母中有多達 12 個是和韻部切字完全相同的。這 12 個切字具體讀音由其所處的位置是左邊還是右邊來定。而 47 個韻部中，衹用了 34 個切字來表達，其中“交周伊蘇鴉昭威野來最裔快我”這 13 個字與“腦箱見貨三貓開驚歹莢嬰高看”是相同的，後者用鼻音符號“ㄴ”在相應切字上面加以區分。

至於作者所造之切字，外形上看像是拉丁字母，但具體讀音往往不是一回事，加上字形示差性不强，具體使用時，未必就真的“第一快”。

閩腔快字

《閩腔快字》爲福州音韻書，永泰力捷三編，光緒二十二年（1896）武昌版。

該書借鑒歐洲字母表音文字以及厦門盧戇章的切音新法，爲福州話設計了一套“簡益求簡”的拼音方案。該書用15種弧矢綫表示福州話的15個聲母，又用“繩尺圈點横斜直”33種不同形狀的綫條表示33個韻母，兩筆相配切成一個音節，共得495個音節。聲調表示方面，同一個音節或者利用格子的方位不同區分聲調，或者採用古法圈位加點法區别聲調，至簡之極。

該書光緒年版厦門大學古籍庫有，此外還有1956年文字改革出版社出版的“拼音文字史料叢書”影印本。

臺灣土語

《臺灣土語》是明治二十八年（1895）日本人佐野直記編撰、陳洛書協編的一本臺灣閩南話速成教材。

全書正文分爲“百家姓”“單語”“人稱”“語法”“散語”“地名”六部分。“單語”“人稱”“語法”三部分是詞彙内容，共收一般詞語、人稱代詞以及量詞約一千來條。“散語”十九章内容側重各種場合的句子表達。一般編寫體例是分上下兩列，上列是閩南話漢字表達，下列是相對應日語表達。閩南話漢字右邊有假名注音，但不標聲調。

《臺灣土語》1895年初出版，12月再版。

臺灣俚諺集覽

《臺灣俚諺集覽》是大正三年（1914）日本人平澤平七主編，臺灣本島人蔡啓華、潘濟堂、陳清輝協編的一部臺灣閩南話熟語辭書。

全書正文共有620頁，按内容類别不同分篇編排，共有20篇，另有補遺附後。

20 篇具體爲：天文地理、神佛、命運、國家、人倫、道德、人、身體、衣食住及器用、職業、學事、言語、禽類、獸類、蟲類、魚介類、草木、金石、事物、雜類。共收熟語 4300 多條，每條先用漢字記録，旁用假名注音並標聲調，辭條後面再用日語解釋。假名所注閩南話音爲厦門音。

《臺灣俚諺集覽》於大正三年（1914）由臺灣總督府發行，臺灣大學藏有該書。

日臺大辭典

《日臺大辭典》是明治四十年（1907）日本人小川尚義主編的一部大型"日語–閩南話"雙語辭典。

該辭典按五十音圖的順序，先列出日語詞條，下面再列臺灣閩南話的相應説法。臺灣閩南話用漢字表達，旁用假名注音並標聲調。臺灣閩南話的注音以厦門話爲標準音。

全書分上下兩卷，正文共有 1183 頁，收詞多達四萬二千多條。

該辭典前面有 212 頁的"緒言"，是作者結合中古音進行漢語方言比較研究的一部力作，其方法和觀點頗具前瞻性。辭典後面還附有 66 頁的"日臺字音便覽"以及百家姓、臺灣地名、度量衡等内容。全書共有 1507 頁。

《日臺大辭典》於明治四十年（1907）由臺灣總督府民政部總務局學務課出版發行，1993 年林雙福、洪惟仁主編的《閩南語經典辭書彙編》第五、第六册收入該辭典。

臺日大辭典

《臺日大辭典》爲日本人小川尚義主編的一部大型閩南話口語辭典，昭和六年（1931）出版上卷，昭和七年（1932）出版下卷。

《臺日大辭典》用假名注音，以厦門音爲標準。全書詞條按厦門音的假名順序來排列，這些順序與一般日語辭典的五十音圖類似。具體爲先列零聲母音節（韻母），再按聲母的順序分别和韻母相拼排列。零聲母音節按ア [a]、イ [i]、ウ [u]、ヲ[ũ]、エ [o] 的順序列出以該音爲首音的各音節，同首音零聲母音節中再按陰聲韻、入聲韻和陽聲韻的順序排列。首字爲同音節的各詞條則按單、雙、多音節的順序編排，同音節數的各詞條再按聲調的順序排列。聲調排列的順序具體爲：上平、上聲、上去、上入、下平、下去、下入。

該辭典按聲母順序編排時，有送氣不送氣區别的聲母，先排不送氣音，再排送氣音。每個詞條下面都有日語注釋，相當一部分詞條下面列有閩南話相關用例和對應的日語説法。

《臺日大辭典》篇幅巨大，收詞多達九萬多條，正文多達 1920 頁，是目前所知閩南話方言資料最豐富的辭典。

《臺日大辭典》上下卷分别於 1931 年和 1932 年出版，1993 年林雙福、洪惟仁主編的《閩南語經典辭書彙編》第七、第八册收入該辭典。

臺灣適用國語讀本初步

《臺灣適用國語讀本初步》是日據時期“臺灣總督府民政局”學務部組織編寫的一本日語普及教材，1896 年印行，供臺灣地區學生使用。

全書分上下卷，上卷分 17 課内容學習，分别是：桃仔、果子、本國的出外（一）、本國的出外（二）、本國的出外（三）、動物園、動物園（相續）、碗花、蜜蜂、蜜蜂（相續）、金瓜、蝴蝶、稻仔、稻仔（相續）、保護鳥、蠶仔娘仔、蠶仔（相續）。下卷闕如。

《臺灣適用國語讀本初步》每頁分兩欄，上欄是日語，下欄是閩南話。閩南話用漢字表達，没有讀音標注，是一部漢字方言文獻。

日臺會話大全

《日臺會話大全》是明治三十五年（1902）日本人杉房之助編寫的一本臺灣閩南話教材。

全書分五章。第一章是“發音”，介紹閩南話的聲、韻、調，以及連讀變音、變調，還有字音和話音的文白異讀現象。第二章是“講話法”，對日常會話中的基本功能詞進行句子練習，共有 15 組分 15 節學習。第三章是“講話法補習”，是對口語表達中的常用功能詞進行句子練習，共有

86 個 / 組分 86 節學習。第四章是"講話一"，屬於一般的普通會話，按内容分挨拶訪問、飲食調理、賣買取引和旅行通信四節學習。第五章是"講話二"，内容是有關修養教育的童話故事，屬於篇章表達的學習，共有 14 個童話故事分 16 節學習。

《日臺會話大全》於明治三十五年（1902）初版，以後多次修訂出版，一直到昭和十四年（1939）還有改訂第二十四版發行。

日厦會話

《日厦會話》是昭和十三年（1938）臺灣總督府文教局學務課編寫的一本速修教材，供厦門淪陷後到厦門的各方面人員學習使用。

全書主要内容分爲三篇：第一篇是"發音"，介紹厦門話的聲調、變調、鼻化音以及送氣音、不送氣音等内容。第二篇是"單語"，分門别類學習常用詞語，計 47 類，收詞二千多條。第三篇是"會話"，按内容分"行軍巡視""糺問""宿營傭役徵收""運輸連絡""醫務""受付""電話""宣撫""簡易問答""短句"10 類。編排格式是先列日語，下面列厦門話。厦門話用漢字表達，旁用假名注音並標聲調。

《日厦會話》於 1938 年 6 月 3 日厦門淪陷後由臺灣教育會出版發行，厦門大學圖書館有藏書。

林業應用日臺語集

《林業應用日臺語集》是明治四十四年（1911）臺灣總督府殖産局林業試驗場林學周編撰的一部臺灣閩南話教材，供駐臺專業人員學習使用。

全書内容分爲十章。具體如下：第一章爲發音注意事項，第二章爲單語，第三章爲通常用語，第四章爲林業用語，第五章爲通知書寫作格式，第六章爲通常往復書信寫作，第七章爲林務質問書信寫作，第八章爲契約之類文書的寫作，第九章爲墾照其他官給書類的寫作，第十章爲契約書熟語彙解。正文内容編排格式是閩南話漢字排上頭，相應日語表達排下頭，閩南話漢字旁用假名注音，同時標聲調。

本教材由臺灣總督府殖産局明治四十四年（1911）印刷發行。

臺灣語速修

《臺灣語速修》是大正十四年（1925）劉克明撰寫的一本臺灣閩南話速成教材。

全書分“音調”和“會話及獨話”兩篇。“音調”篇有6章，介紹語音及假名標音符號。“會話及獨話”篇共32章，內容以學校日常生活爲主。本教材以泉州同安音（厦門音）爲主，兼及漳州音。

《臺灣語速修》1925年由臺北新高堂出版。

新撰註解日臺會話獨修

《新撰註解日臺會話獨修》是大正五年（1916）日本人川合真永撰寫的一部臺灣閩南話會話教材。

全書共四十節，每節先分上下列出閩南話内容和相應的日語内容，最後再針對主要句子表達用日語詳盡注解。閩南話用漢字表達，右用假名注音，同時標明聲調。

《新撰註解日臺會話獨修》大正五年（1916）由臺灣語通信研究會發行。

新撰日臺言語集

《新撰日臺言語集》是大正二年（1913）日本人岩崎敬太郎編寫的一部臺灣閩南話會話教材。

全書主要内容分語音和會話兩部分，共8章。第一至三章是有關語音的介紹，注重區別變調和泉州、漳州口音的區别。第四至八章是會話學習内容，其中第四章到第七章側重口語重要功能詞的表達學習，第八章則側重場景會話表達的學習。編排格式是閩南話漢字排上頭，相應日語表達排下頭，閩南話漢字旁用假名注音，同時標聲調。

《新撰日臺言語集》於大正二年（1913）初版，大正五年（1916）再版，新撰日臺言語集發行所發行。

實業教科臺灣語及書翰文

《實業教科臺灣語及書翰文》是1925年劉克明編寫的一本臺灣閩南話教材，供實業界人士學習使用。

全書主要内容分爲三篇：第一篇是“音調”，共7章，注重連讀變調“轉聲”；第二篇是“會話及獨語”，按會話場合不同分章學習，共38章；第三篇是“書翰文及成語雜文”，分門别類學習日常書信往來，計有“招請門”“報知門”“照會門”“注文門”“督促門”“慶賀門”“謝禮門”“慰問門”“依賴門”“贈呈門”10類。

本書閩南話用漢字書寫，容易誤解的地方則用假名注音並標調。

《實業教科臺灣語及書翰文》於大正十五年（1926）印刷，由臺北新高堂書店發行。

羅華改造統一書翰文

《羅華改造統一書翰文》是1925年劉青雲編寫的一部閩南話書信學習參考書。

全書分34部，根據書信内容一部就是一類。全書34類内容及其包含的範文數量具體爲：問候類15篇、贈與類7篇、招聘類8篇、招待類13篇、照會類9篇、稱贊類4篇、請願類4篇、請求類4篇、推薦類5篇、催告類10篇、推却類9篇、應諾類19篇、返還類8篇、家書類44篇、介紹類9篇、感謝類40篇、廣告類6篇、慶賀類33篇、詰責類8篇、勸誘類10篇、懇求類13篇、女界類16篇、辯明類5篇、謝絶類11篇、謝罪類6篇、送别類6篇、貸借類15篇、弔喪類11篇、陳述類6篇、忠告類13篇、通知類19篇、註文類6篇、委託類25篇、慰問類11篇。共計428篇書信範文。

每篇範文由標題、正文、句解和注釋四部分構成。標題是厦門話羅馬字表達，後面括弧内是相對應的漢文表達。正文也是厦門話羅馬字表達，底下則是漢文表達。句解部分則是針對正文的書面語内容逐句用厦門話解釋，直接用羅馬字表達。注釋部分是對正文中的漢文難詞用厦門話解釋並把該詞的漢文文獻出處列出來。由於正文書面語關係，厦門話羅馬字讀音没有標出連讀變調組，但句解和注釋部分的厦門話，則用連字型大小“-”標出相關變調組。

該書正文前有日本前文部大臣鎌田榮吉、福建同安修志局總纂吴錫璜和著者的序言，正文後附録有“同字音義差異”“同字同義不同音”和“應對稱呼一覽表”等内容。

《羅華改造統一書翰文》1925年由上海商務印書館印刷，臺灣臺南市新樓書房發行。

臺語和譯修養講話

《臺語和譯修養講話》爲日據時期翻譯官小野西洲所著，1936年由“臺灣語通信研究會”發行。

該書是一部供臺灣島内員警人員學習臺灣閩南話或日語的一部雙語對照讀物，内容參考明代洪自誠的《菜根譚》和日本明治時期僧人宗演師的解説編輯而成。

該書正文前有尾崎秀真的序言和作者自己的小序。正文内容圍繞《菜根譚》相關心性修養選了150則專題來闡述。每則内容都有相關標題，標題下面的具體内容衹有一段話，類似語録體。每則内容先列閩南話表達，次列日語表達。閩南話表達通篇用漢字，漢字右邊是相應的閩南話假名注音，假名注音都標出聲調。如此標音應該是爲了方便日語人士學習閩南話。而日語表達中的漢字則用假名標出日語讀音，這應該是爲了方便閩南話人士學習日語之用。

總的來看，《臺語和譯修養講話》作爲雙語學習讀物，可提供一份内容豐富、文體又比較正式的閩南話書面語材料。

刑務所用臺灣語集

《刑務所用臺灣語集》是昭和四年（1929）日本人今田祝藏撰寫的一部臺灣閩南話教材，供日本駐臺刑務官吏學習使用。

全書主要内容分爲四章：第一章“音”是語音的介紹和日語五十音假名的表達，假名不足的再另外特設假名來表達。第二章“音調”是聲調的介紹和表達，包含連讀變調和“的”“仔”的輕聲變調。第三章“用語”是有關刑務工作用語的分類表達，如和動作有關的常用語表達、身體檢查相關用語的表達、拘留所内注意事項用語表達等，共 18 類。每個用語表達下面都有日語相應説法，後面則是閩南話詞彙解釋。第四章“工場用語”是各種勞動場所用語的表達，如“鍛冶工場”“藁工場（草履、壜苞製造）”等，共 17 類。

本教材由臺北州警務部、臺北刑務所囑託今田祝藏編寫，臺北新高堂書店 1929 年初版，1933 年修訂版。

警察官對民衆臺語訓話要範

《警察官對民衆臺語訓話要範》是 1935 年日本人小野西洲撰寫的一部臺灣閩南話教材，供日本駐臺員警官學習使用。

全書正文根據訓話的内容不同分 12 編。具體爲：員警職務就職講話、對飲食店營業者訓話、一般交通事項的講話、一般衛生事項的講話、保甲會議上的訓話、對壯丁團員的訓話、對理髮營業者的訓話、思想教育内容的講話、對釋放者的講話、和吸食鴉片有關的講話、雜項、修養講話。

全書各編先列閩南話訓話，後列日語翻譯，閩南話内容加注假名注音和聲調。

本教材於 1935 年由臺灣語通信研究會發行。

便攜通譯海南語

《便攜通譯海南語》（ポケット通譯海南語）作者爲紀水傳，1939 年由臺北“南方支那語研究會”發行。

該小册子版面 64 開，正文前分别有相關序言、作者前言和本書發音方面的概述。正文後附録日語五十音圖。

正文内容主要包括“單語”和“會話”兩部分。“單語”部分按義類分别列了 32 類 474 個常用詞語，“會話”部分則按十餘種不同場景編排句子表達等對話内容，所用 383 個句子都是最簡表達形式。“會話”後面列有

86 個國名、省名、地名以及海南島縣名、海南島主要地名。

正文内容具體編排是每頁分上下兩欄，每欄再分上下兩部分，上部分列出日語表達，下部分列出相應的海南話表達。海南話不管訓讀俗讀，全部用相應漢字來表達。海南話漢字以及日語中的漢字，也全部在右邊用假名注音。這樣的編寫是爲了方便使用兩種語言的人互相學習對方的話。因此本册子封底還特意注明本書另外的“華名”是所謂的“海南親善良友日語指南”。

總的來看，本小册子是二戰前期的産物，主要還是爲了戰時的語言服務，以簡要有用爲編寫宗旨。

日臺俚諺詳解

《日臺俚諺詳解》是 1913 年臺灣總督府法院通譯片岡巖撰寫的一本諺語集解辭書。

全書正文 276 頁，内容分“日臺對譯門”“臺日對譯門”和“母國俚諺門”3 部分，收録臺灣閩南話俚諺兩千多條。

本書除了“母國俚諺門”全部是日語，日臺、臺日對譯部分中的閩南話都用漢字書寫，並在右邊用假名注音，不標聲調。

《日臺俚諺詳解》於 1913 年 9 月由臺南地方法院檢察局内臺灣語研究會發行。

日閩會話

《日閩會話》是 1938 年“臺灣總督府教局學務課”編寫發行的一本供日本人學習福州話的小册子。全書正文分“發音”“單語”和“會話”三篇内容。

正文内容編排時，“單語”篇每頁先分上下兩欄，每欄再分上下兩部分，上部分列出日語表達，下部分列出相應的福州話表達。“會話”篇則直接在上欄列出日語的句子表達，而下欄則是福州話的表達。無論“單語”篇還是“會話”篇，正文中的福州話全部用漢字來表達，福州話漢字以及日語中的漢字，全部在右邊用假名注音。這都是爲了方便使用兩種語言的人互相學習對方語言來編寫的。

正文具體内容方面，“發音”篇照例列出閩語發音的假名標注概述，共6頁。“單語”篇則按義類分别列出45類不同内容的福州話詞語表達，含“福州市内及近郊地名”等内容。“會話”篇則按10種不同場景編排相關句子的表達，相關場景内容以命令句和審問句居多。

總的來看，《日閩會話》是二戰前期爲日軍服務的系列學話小册子之一，在一定程度上反映了當時福州話的概貌，有一定的研究價值。

日華對譯福州語

《日華對譯福州語》由當時福州日本小學校長北原癸巳男、教員松田福信和福州東瀛學校教員陳戊壬共編，1940年由臺北株式會社竹腰商店刊行。

本書正文内容分爲4部分，每一部分爲一編，共4編。具體爲：第一編“語音篇”，第二編“單語篇”，第三編“單話篇”，第四編“一般會話篇”。

“語音篇”爲福州話假名標音的一般概述内容。

“單語篇”分28課分類列出以下内容的日語和福州話語詞：1. 量詞，2. 日時，3. 軍事，4. 治安，5. 官衙，6. 職業，7. 家屋（建物），8. 交通，9. 天文，10. 學術，11. 文房具，12. 植物，13. 動物，14. 鑛物，15. 身體，16. 飲食物，17. 病氣，18. 家具，19. 農業，20. 人倫・人稱，21. 音樂娱樂，22. 運動，23. 衣服，24. 色彩，25. 慶弔，26. 貨幣・度量衡，27. 地名，28. 其他常識的一般語ノ補充。

“單話篇”，先按日語假名讀音順序分44課列出日語相關短句和相應的福州話表達，第四十五和四十六課，介紹有關代名詞、形容詞、動詞、副詞、連接詞等的内容表達。

“一般會話篇”，分22課按不同場合編排相關會話内容。22課分别爲：1. 挨拶，2. 紹介，3. 訪問，4. 道ヲ聞ク，5. 時刻ヲ問フ，6. 天氣，7. 外出，8. 乘車，9. 乘船，10. 旅館，11. 案内，12. 税關，13. 電話，14. 郵便局電報，15. 年齡，16. 小使ヲ雇フ、小使ヲ使フ，17. 掃除，18. 買物，19. 值段ノ交涉，20. 洋服註文，21. 理髮，22. 診察・見舞。

正文内容編排時，“單語篇”每頁先分上下兩欄，每欄再分上下兩部分，上部分列出日語表達，下部分列出相應的福州話表達。“單話篇”和“一般會話篇”則直接在上欄列出日語的句子表達，而下欄則是福州話的表達。無論“單語篇”還是“一般會話篇”，正文中的福州話全部用漢字來表達，福州話漢字以及日語中的漢字，全部在右邊用假名注音。這是這類學話教材相同的編寫法。

該書爲二戰間編寫的一部福州話教程，内容比較豐富，在一定程度上能反映當時福州話的概貌，有一定的研究價值。

實用速成海南語讀本

《實用速成海南語讀本》爲“海軍通辯”王錦繡和海南語教師陳紹宗共著，1943年由臺北合資會社日光堂商會發行。

該讀本正文前面有相關的序言、作者前言和海南島概況。正文後附録日語五十音圖、相關國名地名以及日本公司名等内容。正文分四篇安排相關學習内容。具體如下：

第一篇是“發音篇”，簡要説明本書的標音情況，較多套用閩南話的語音處理辦法，比如還設立一套“鼻音符號”等。第二篇是“單語篇”，按義類列出31類約2000條常用詞語的表達。第三篇是“講話法篇”，對14類常用的主要語法功能詞和相關表達進行介紹。第四篇是“會話篇”，分四十四課，圍繞四十四個語境進行對話學習。

正文内容的具體編排一般是每頁分上下兩欄，每欄再分上下兩部分。上半部分列出日語，下半部分則是海南話。海南話不管訓讀俗讀，全部用相應漢字來表達。海南話漢字以及日語中的漢字，全部在右邊用假名注音。這樣的編寫方便使用兩種語言的人互相學習對方的話。

該書爲二戰後期編寫的一部海南話教程，内容比較豐富，一定程度上能反映當時海南方言的概貌，有一定的研究價值。

勸業用臺灣語實習資料

《勸業用臺灣語實習資料》是1930年臺南州農會編寫的一本臺灣閩南話教材，供來臺的日本“勸業”系統職員學習使用。

全書主要內容分爲30課。前10課爲語音學習，不强調連讀音變。11至16課是對口語功能詞“是”“不是”和“有”“無”的學習和應用。17至30課則是有關“勸業”系統的用語表達學習，計有“畜産”“病蟲害”“園藝”“木造”“堆肥豚舍獎勵事業”“資源調查”“度量衡法”“産業組合”“糖業”“林業”“水産”等內容。編排格式是上欄爲日語表達，下欄是閩南話表達。閩南話用漢字書寫，旁用假名注音並標聲調。

《勸業用臺灣語實習資料》於1930年由臺南州農會編寫發行。

臺灣語典

《臺灣語典》是大正十一年（1922）日本人岩崎敬太郎撰寫的一部臺灣閩南話學習書。

全書分兩大部分。第一部分包括語音介紹和“講話法”，所謂“講話法”實際上是側重常用功能詞的表達學習，主要是常用的副詞、介詞和連詞的表達學習。第二部分是“單語類集”，收常用詞近3000條，每個閩南話詞條用漢字表達，旁用假名標音，同時附有日語對應説法，以及羅馬字標注的閩南話讀音。

全書閩南話除了假名標音，另外用羅馬字標音，此爲本書特點。

《臺灣語典》於大正十一年（1922）印刷，新高堂書店發行，以後多次再版。

臺灣土語全書

《臺灣土語全書》是1896年由田部七郎、蔡章機合著的一本臺灣閩南話教材。

全書正文内容主要分“語彙篇”“會話篇”和“文章篇”3部分。“語彙篇”分19章，分類收録常用詞語一千多條。“會話篇”也分19章，按場景不同學習閩南話會話。“文章篇”包含“序事文作例”和“書簡文作例”，内容不多。書後附録“地名集並臺灣里程表”。

全書閩南話用假名標音，不標聲調。

《臺灣土語全書》1896年3月出版發行，5月又再版。

埤圳用語

《埤圳用語》是明治四十四年（1911）日本人岩崎敬太郎编寫的一部臺灣閩南話教材，供來臺的日本水利灌溉專業人員學習使用。

全書“總説”部分介紹臺灣閩南話的語音系統，對閩南話的連讀變調比較重視，歸納全面準確。“總説”後面是水利灌溉方面的分類會話學習，計有“水租徵收”“會議”“巡圳”“灌溉”“事務所用語”“工事及修繕”和“經濟調查”等内容。會话内容閩南話用漢字表達，右旁用假名注音，並標聲調，下方則有日語相對應的説法。全書正文内容有317頁。

《埤圳用語》由臺灣語通信研究會發行。

海南島語會話

《海南島語會話》是1941年臺灣南方協會編寫的一本海南閩語教材，以文昌口音爲標準音。

全書正文分39課。第一課至第十六課爲“概説”，側重代詞、數詞、時間詞的學習和相關内容的表達。第十七課至第二十八課是圍繞特定場合學習相關語詞和句子的表達。第二十九課至第三十九課主要是分類詞語的彙總學習。

全書的編寫體例是左邊先列日語説法，中間列海南話的假名注音，右邊列海南話的漢字表達，漢字表達上方是羅馬字注音。所有海南話的注音均標聲調和變調。

《海南島語會話》於1941年由東京三省堂發行，厦門大學圖書館有藏書。

國語對譯臺語大成

《國語對譯臺語大成》是1916年劉克明編著的一部臺灣閩南話教材，供日本人學習之用。

全書正文主要内容分3篇（部分）。具體如下：第一篇“音調篇”，介紹臺灣閩南話的語音，側重比較漳州腔、泉州腔和介於兩者之間的同安腔的區別，全書標音則以同安腔爲標準。第二篇“語法篇”，以詞類爲綱學習閩南話表達。第三篇“會話篇”，圍繞日常生活場景安排會話練習。

該教材的特色是以詞類爲綱安排學習内容，對臺灣閩南話變調規律歸納也比較全面、正確。

《國語對譯臺語大成》1916 年印刷，由臺北新高堂書店發行，以後多次再版發行，可見該教材適用性很强。

臺灣語之研究

《臺灣語之研究》是 1929 年日本人熊谷良正編寫的一部臺灣閩南話教材，供來臺的日本人學習使用，同時也可供臺灣人學習日語使用，主要圍繞公務人員、實業家日常必需的口語表達進行相關内容的編纂。

全書内容可分 4 大部分，即語音學習、常用單詞學習、功能詞句子表達學習和日常應酬會話學習，共 22 章。第一章和第二章爲臺灣閩南話語音學習内容。第三章“單語集”是最常用的日常口語詞語的學習，如數目、曆日時間、貨幣、度量衡以及人稱代詞、稱呼語、各種事物名稱、州廳市郡名、世界主要國家名等。第四章至第二十一章是“講話法”，每章 10 節，圍繞 180 組功能詞進行句子表達學習，内容十分詳盡。第二十二章是日常應酬會話，4 節内容，比較簡略。編排格式是上下兩欄，上欄是閩南話漢字竪排表達，漢字右旁是假名注音和聲調，下欄則是相對應的日語表達。若有注解，則放在相關章節末尾。

書正文後附録中華民國各省名以及福建、廣東各府廳州縣名。

《臺灣語之研究》於 1931 年印刷，由臺灣日日新報社發行，1934 年又再版。

福建語法序説

《福建語法序説》由臺灣桃園縣人士李獻璋（1914—1999）所著。書中的福佬話語法可以視爲以厦門話爲代表的閩南方言語法。由序言部分可知，作者 1942 年夏開始着手進行相關語法研究，1944 年中大致完成《福建語法序説》的寫作，1950 年由日本東京南風書局出版發行。

原書分爲十章，内容如下：第一章爲“緒説”，簡介“福建話”（實爲閩南話）的特點和作者的研究旨趣、全書結構。第二章至第十章圍繞句子“成分”特點，分門別類介紹 10 種詞類和相關詞類體現出來的語法使用規律。各章具體内容爲：第二章和第三章爲“主要成分”，分析名詞、名代詞和動詞、助動詞的語法表現規律；第四章爲“連帶的成分”，談賓語和補足語的類别特點；第五章和第六章爲“附加成分”，分析形容詞、副詞的語法表現特點；第七章和第八章爲“文法的成分”，分析了介詞、連接詞的語法表現特點，根據連接詞的語義特點，對閩南話的複句種類、構造進行了比較全面的整理；第九章爲“情態的成分”，對助詞的作用功能做了梳理分析；第十章爲“獨立成分”，對“間投詞”（感嘆詞）做了分析。全書不單獨設立“量詞”這個詞類，量詞爲副詞下面一小類，叫“數量副詞”。

全書由日文寫成。其中部分日文的表達作者參照了倉石武四郎的《中國語語法篇》。所描寫的閩南方言語法系統基本上還是黎錦熙《新著國語文法》的框架，所做的相關研究没有超越《新著國語文法》的深度。不過，雖然兩者都認同“句本位”的理論，但具體分析時《福建語法序説》並没有全盤繼承《新著國語文法》的圖解法。

《福建語法序説》是早期比較全面描寫閩南方言語法面貌的一部重要著作，至今依然有重要參考價值。

福州方言拼音字典（1870）

《福州方言拼音字典》（*An Alphabetic Dictionary of the Chinese Language in the Foochow Dialect*）（1870）是美國基督教衛理公會傳教士麾嘉立（R. S. Maclay）和鮑德温（C. C. Baldwin）編寫的一部福州方言字典。

該字典 1870 年版分前言、簡介、正文和漢字索引四部分。簡介部分用懷特創制的福州話字母符號系統對福州話的音系做了比較詳細的説明，尤其是對福州話聲調的描寫尤爲精細。正文部分按福州話白讀音順序排列漢字，漢字底下標威妥瑪系統的官話讀音，即北京音。如果該字方言中還有文讀音的話在解釋部分注明。解釋部分除了該字的釋義，還有該字組合成的方言詞條的釋義。方言詞條直接標音，漢字則採用編號方式列在該頁底欄。由於福州話文白異讀差别較大，加上方言訓讀等的影響，正文中實際列出的漢字是8311個，還有1242處有音無字。全書1131頁，正文1014頁，收録方言詞語30000多條。

《福州方言拼音字典》1929年修訂第三版和初版比有不少改變。一是增加了不少新詞語，二是正文版式改爲三列，由左到右，左邊一列爲羅馬字福州話讀音，中間列爲福州話漢字表達，右邊一列則是福州話英語解釋。漢字表達部分首字改用民國注音符號標注國語讀音，福州話語詞有不少還用“文”“俗”來標注其語體色彩的區别，無字可寫的則用圓圈表示。書後漢字索引部分也不再標該字正文中出現的頁碼和順序，而是直接標該字的福州音，根據字音可以在正文中很方便地找到該字。1929年版正文篇幅多達1741頁，全書1874頁。

《福州方言拼音字典》1870年由福州美華書局初版，1897年修訂再版，1929年又出修訂第三版，是學界瞭解福州方言非常重要的一部辭書。

福州方言拼音字典（1929）

詳見《福州方言拼音字典》（1870）簡介。

英漢福州方言詞典

《英漢福州方言詞典》（*An English-Chinese Dictionary of the Foochow Dialect*）作者爲T.B. Adam神父，初版於1891年，1905年再版。

根據書中作者的初版序言可知，該詞典是Baldwin《榕腔初學撮要》第七部分“英漢對照詞表”的擴展，但標音方面有所不同。至於聲調標注方面，初版和前面的字典和學話書籍一樣，都是用發圈法來標注本調。但1905年的再版書中，爲了傳教士和其他人使用福州話的需要，全書羅馬化標音系統又再次改動，以和《福州方言拼音字典》等書保持一致，聲調標注不再採用發圈法，而用升降符號直接標注在音節的主母音上面。

《英漢福州方言詞典》1891年版正文320頁，1905年版正文344頁。正文内容按拉丁字母順序先列英語單詞，再列福州話相應説法。福州話則以傳教士創立的羅馬化標音系統直接標音，不注相應漢字，聲調也衹標本調，多音節詞後字則以標本來聲母爲主。全書英語詞條一萬多條，相應的福州話説法則遠不止此數。

《英漢福州方言詞典》是一部以英語詞條爲綫索來羅列福州相應詞語的雙語詞典，雖然所列福州話詞語不注明具體語體色彩，但該書依然是一部考察福州話詞語歷史變化的珍貴文獻。

班華字典
——福安方言

《班華字典——福安方言》（*Diccionario Español=Chíno*，*Dialecto de Fu-an (Houc an)*）是一部用閩東福安方言解釋西班牙語的大型詞典，原作者爲 Ignacio Ibañez 修道士，修訂者是 Blas Cornejo 修道士。

該詞典編寫於 1882 年 8 月至 1893 年 3 月，1941—1943 年在上海由商務印書館（Imprimerie Commerciale）和 "Don Bosco" School 出版。根據詞典序言（Prologo）後面的注脚，Ignacio Ibañez 修道士編寫《班華字典——福安方言》時參考了 100 年前更早編纂的福安方言–拉丁語詞典，反映的是清代中後期的福安方言。

全書分序言（Prologo）、簡介（Introduccion）和正文三部分，書後附有該詞典印刷當中的正誤表（Fe de las principales Erratas – Chiang^{5} ngu^{4} Piu^{3}）。序言有 3 頁，簡介 5 頁，正文 1039 頁，正誤表 2 頁，共 1049 頁。

正文按拉丁字母順序列詞，列詞時，一般是先用黑體字列出西班牙語詞條，再用斜體字列出福安方言羅馬字標音，最後列對應的漢字。

實際上，這部詞典列詞時，在一條西班牙語詞條下，往往還列一些和主詞條意義相關的其他表達。這些相關表達的後面和主詞條一樣，接着列福安方言相應表達的羅馬字標音和漢字，每一種相關表達則用連綫號標明。因此，該部詞典的詞條實際上有義類標目的作用，和一般所看到的西文同一詞條下僅列出相關派生表達形式的詞典編纂法不一樣。比如該書 431 頁 E 字母下面有詞條 Eclipsar，福安方言相應的説法和漢字是 "*che*^{1} 遮，*tau*^{5} *che*^{1} 罩遮"，接着下面還列了 4 條相關意思的表達。如：

—se el sol *neit*^{6} *seic*^{7} 日蝕；

—se la luna *ngut*^{6} *seic*^{7} 月蝕；

—se *mout*^{6} 没，*pout*^{7} *kin*^{5} 不見；*siu*^{1}（*san*^{5}，*mit*^{6}）消散滅；

—a otros *miang*^{2} *boun*^{4} *sou*^{5} *hai*^{3} 名聞四海（extender el nombre por los cuatro mares）.

正文中的福安方言標音，聲調是用阿拉伯數字標調類，具體數字和方言調類的關係是:1—陰平,2—陽平,3—上聲,4—陽去,5—陰去,6—陽入,7—陰入。根據日本學者秋谷裕幸的研究，該詞典中的福安方言有 17 個聲母（含零聲母），87 個韻母。韻母中的陽聲韻韻尾有 -m、-n、-ŋ，入聲韻韻尾有 -p、-t、-k、-ʔ，比較典型地反映了清代閩東方言的語音概貌。

《班華字典——福安方言》衹有 1941—1943 年上海印刷的版本。該書內容非常豐富，研究論文主要有秋谷裕幸的《〈班華字典—福安方言〉音系初探》(《方言》2012 年第 1 期）等文章。

福建漳州方言詞彙

《福建漳州方言詞彙》(*A Vocabulary of the Hok-këen Dialect as Spoken in the County of Tshëang-tshew*）是一部學術分量很足的漢語方言學著作，作者爲英國傳教士戴爾（Samuel Dyer）。該書於 1838 年由麻六甲的英華書院出版社（The Anglo-Chinese College Press）印行。

該書内容分 4 部分。具體内容和頁數爲：扉頁和簡介 5 頁，“福建方言聲調專論(A treatise on the tones of the Hok-keen dialect)” 36 頁，正文詞語部分 96 頁，英語索引 20 頁。全書共 157 頁。

本書最有特色的是“福建方言聲調專論(A treatise on the tones of the Hok-keen dialect)” 這部分。這是第一篇全面客觀描寫漢語方言單點連讀變調規律的文章，開啓後代閩南方言詞語標注連讀變調的先河。在當時歐洲語音學依然處於混蒙狀態的背景下，在漢語語音依然囿於字音韻學的背景下，該篇文章學術前瞻性十分强，在漢語方言學史上意義非凡。

該書正文收録漳州方言詞條 2000 來個，直接用羅馬字母標音。漳州方言詞條列左邊，右邊是相對應的英語，全書没有一個漢字。詞語排序也十分有特點。具體是按照漳州方言讀音的羅馬字順序排列，始於 A，終於

Yin，但不是衹排詞語的第一個音節，遇到多音節詞語時，該詞語會在每個音節的位置上都出現一次。比如“kin-á-jit（今仔日今天）”這個詞條，它分别在“á”“jit”“kin” 3 個地方重複出現。因此，該書收録的不同方言詞語約 1800 來條。

至於同一個音節裏面，則按照漳州方言 7 個聲調的順序列詞。漳州方言 7 個聲調分别是：上平 1、上聲 2、上去 3、上入 4、下平 5、下去 7、下入 8。詞語正文中直接標注阿拉伯數字表示聲調。

該書後頭的英語索引按英文字母順序排列，並標出該詞語在正文中出現的頁碼。

總的來看，該書是一部側重收録漳州方言口語詞語的文獻，與衆不同之處，就是對漳州方言口語詞語連讀變調全面而精確的概括與描寫，學術價值很不一般。

漢英建寧方音字典

《漢英建寧方音字典》（*A Chinese-English Dictionary of The Kien-Ning Dialect*）（1901 年）的編著者爲福州傳教會的 Wm. C. White，是一部反映閩北建寧方言字音的雙語字典。

該書參考《建州八音》設立 15 個聲母和 36 個韻母，並用羅馬字標注讀音。聲調也設立 8 個，但因爲第二調和第六調同調，實際上衹有 7 個聲調。而韻母中由於“種”“穠”同韻，“厝”“茄”同韻，實際衹有 34 個韻母。加上方言口語中存在的“這 iọ̤ng”這個韻母，該書所列建寧方言韻母共 35 個。

正文列字不按書前所列 36 個韻母的順序，而是根據西方辭典的習慣，根據建寧方言羅馬字標音的順序，始於 A 音節，終於 UỌNG 音節。每個音節下面再根據 7 個聲調的順序列出同音字，每字後面則先標出該字在衛三畏《漢英韻府》中出現的頁碼，然後是英語的簡要解釋。讀者如需深入全面瞭解該字字義可按提示參考《漢英韻府》。

《漢英建寧方音字典》正文前面有建寧方言羅馬化標音以及 214 部首等相關内容的介紹，正文共 422 頁，收字 6146 個，正文後面則列有部首檢字表 47 頁供檢索，是一部研究 20 世紀初閩北建寧方言的重要文獻材料。

英漢汕頭口語辭典

《英漢汕頭口語辭典》(*English-Chinese Vocabulary of the Vernacular or Spoken Language of Swatow*)是巴色會(Basel Mission)黎力基牧師(Rev. Rudolph Lechler)編寫、英國長老會傳教士卓威廉(William Duffus)編輯而成的一部英漢汕頭方言詞典。

該書1883年出版，根據卓威廉的前言，黎力基最初的手稿完成時間爲1853年左右，卓威廉的編輯工作不是增加内容，而是删减了不少詞語和慣用語，所反映的汕頭方言語音也依然是1853年前後的以潮州府城音爲權威方言的語音概貌。

全書正文302頁，按拉丁字母順序排列英語單詞，英語單詞下面則圍繞單詞的意義以及該單詞相關用法，來收羅汕頭方言的相對應説法。方言説法衹列羅馬字讀音，不列漢字，全書看起來更像是英語和汕頭話的雙語對照詞典。

《英漢汕頭口語辭典》1883年由汕頭英國長老教會出版(Swatow: English Presbyterian Mission Press)。

福建方言字典

《福建方言字典》(*A Dictionary of the Hok-keen Dialect of the Chinese Language*)是英國新教傳教士麥都思(Walter Henry Medhurst)1831年編寫的一部閩南話字典，有學者認爲該字典反映的是漳浦腔讀音。

《福建方言字典》參考閩南話韻書《十五音》，借鑒馬禮遜《華英字典》的英式標音方法，對12000來個漢字進行了方言標音和注釋，是基督教新教傳教士編寫的第一本閩南話字典。

全書正文12000來個漢字按方言讀音的羅馬字順序排列，起於A，終於Y。每個漢字前面先注方言讀音，衹有文讀音的直接用羅馬字拼音，遇到有文白異讀的情況，則用斜體字標出白讀音，同時注明是“白讀”(Vulg.)，而文讀則用“讀書音”(Read)注明。漢字下面的例詞例句一般是先標讀書音，後標白話音。讀書音與所列例詞例句一一對應，但白話音就不一定逐字對應了。所舉例句大多數爲文言句子，白讀音實際上是口語解釋。白話音後是英語注釋。

全書 864 頁，其中正文 758 頁，正文前面有 64 頁的前言以及地方史料和十五音標音正字法的介紹。其中的十五音標音正字法的介紹，是瞭解 19 世紀初閩南話語音概況很珍貴的材料。書的後頭則是 214 部首和全書漢字的索引，有 102 頁。

《福建方言字典》1837 年由東印度公司出版社在澳門出版。

英語、馬來語和漢語語彙集：附閩南話、粵語口語相應表達

《英語、馬來語和漢語語彙集：附閩南話、粵語口語相應表達》（*A Lexilogus of the English, Malay, and Chinese Languages: Comprehending the Vernacular Idioms of the Last in the Hok-Keen and Canton Dialects*）（1841 年）是一本多語對比學習書籍，編著者不詳，1841 年由麻六甲英華書院出版社（The Anglo-Chinese College Press）印行。

該書内容依次有前言（Preface）、馬來語粵語讀音說明表和正文 3 部分。由前言可知，該書是以美國傳教士 North 編寫出版的《英語馬來語短語》（*English and Malay Phrases*）爲基礎，增加福建方言漳州話和粵語編輯而成。

正文共有 111 頁，内容分 5 列列出，分别是英語、馬來語、漢字漢語、福建方言和廣東方言。福建方言實際上是漳州話，廣東方言基本上就是廣州話，兩者直接用羅馬字拼讀表達。漳州話材料由美國海外傳教差會（American Board for Foreign Missions）的 Rev. Mr. Abeel 和他的華人秀才老師提供，標音書寫體系主要採自戴爾的《福建漳州方言詞彙》，另外折中採用麥都思《福建方言字典》的一些記法，有些詞已經開始用短横進行分詞連寫。

本書是目前看到的漢語方言早期材料之一，對研究漳州話和廣州話有比較重要的價值。

翻譯英華厦腔語彙

《翻譯英華厦腔語彙》（*Anglo-Chinese Manual with Romanized Colloquial*

in the Amoy Dialect）是1853年羅啻撰寫的一本英漢厦門腔詞典，書後又名*Anglo-Chinese Manual of Amoy Dialect*。

該詞典正文按意義類别分爲26大類來收集詞彙，每大類下再分若干小類。26大類具體爲：1.The Universe（宇宙）；2.The Elements（基本物質）；3.Of Mankind（人類）；4.Relations of Life（親屬關係）；5.Professions and Employments（行業人等）；6.Of Architecture（建築）；7.Of Furniture（家私）；8.Of Dress（服飾）；9.Of Meals and Food（伙食）；10.Of Zoology（動物）；11.Tools and Instruments（工具）；12.Of Husbandry（農活）；13.Of Vessels and Navigation（舟航）；14.Of Literature（文化）；15.Literary Examinations and Degrees（科舉教育）；16.Officers of State（政府官員）；17.Military Officers and Affairs（軍官軍械）；18.Drugs and Medicines（醫藥）；19.Alphabetical List of Commercial Words and Phrases（商貿語詞羅列）；20.Articles of Merchandise（商品貨物）；21.Numerals and Ordinals（數位及順序）；22.Classifiers of Various Things（量詞）；23.Of Times and Seasons（時間節令）；24.Of Weights and Measures（重量長度度量）；25.Of Religion（宗教）；26.Various Parts of Speech（話語詞類）。

全書正文214頁，收録詞條6000來條。編寫格式爲分三列，左邊先列英語詞彙，中間列相應的厦門話漢字表達，右邊列厦門話羅馬字注音。該詞典的厦門話注音充分注意到方言的連讀變調規律，是目前所看到的反映閩語連讀變調規律的最早文獻之一。

本書於1853年鷺門梓行。

英厦辭典

《英厦辭典》（*English and Chinese Dictionary of the Amoy Dialect*）（或譯《英漢厦門方言字典》）是英國倫敦傳道會牧師麥嘉湖（John Macgowan，或譯"馬約翰"）1883年編寫的一部英漢厦門方言對照詞典。

全書按拉丁字母順序列出英語單詞或短語，英語詞語前面的三個字母作爲索引列於每頁頂部。英語詞語後面是厦門話相關意思的表達，厦門話表達先列漢字，再用羅馬字標音。標音習慣與杜嘉德《厦英大辭典》相同，連讀變調發生的地方則用連字型大小"-"標出。英語詞語有多個義項或用法時，則先列出相關義項或用法，後面再列出厦門話的漢字表達和注音。由於漢字在厦門話有文白和訓讀等的使用不同，《英厦辭典》用右上角加小圓圈來表示該字白讀，右邊加類似冒號的雙圓圈則表示該字訓讀。

全書正文 598 頁，多收厦門話口語語詞。正文後面是爲醫務人員使用而附録的不同疾病的問詢句子。

《英厦辭典》1883 年在倫敦由 Trubner & Co 出版，1885 年有修訂版，1905 年還有後續出版。

厦英大辭典（1873）

《厦英大辭典》(*Chinese-English Dictionary of the Vernacular or Spoken Language of Amoy*）是英國長老會牧師杜嘉德（Carstairs Douglas）1873 年編寫的一部厦門話辭典，完整的書名爲《漢英對照厦門話口語辭典，附漳州泉州方言的主要差别》(*Chinese-English Dictionary of the Vernacular or Spoken Language of Amoy, with the Principle Variations of the Chang-chew and Chin-chew Dialects*)，一般稱爲《厦英大辭典》。

全書根據厦門話羅馬字母拼音的順序排列，始於 A，終於 W，不使用任何一個漢字，所收詞條俱爲方言口語詞條。具體編寫時，先用大號黑體字列出單音節語素（詞），然後用加重字型大小列出和該單音節語素（詞）有關的多音節詞或短語，詞條後面則是英語解釋。

全書收詞非常豐富，除了厦門話，還收集不少閩南其他相關方言的詞語，是傳教士編寫的收詞體量僅次於《臺日大辭典》的一部閩南話口語大辭典，影響十分巨大。

《厦英大辭典》1873 年在倫敦出版發行，1899 年出版修訂版，1993 年林雙福、洪惟仁主編的《閩南語經典辭書彙編》第四册收入該辭典。

《厦英大辭典補編》(*Supplement to Dictionary of the Vernacular or Spoken Language of Amoy*）則是英國長老會牧師巴克禮（Thomas Barclay）1923 年編寫的一部閩南話口語辭典，是作者有感於《厦英大辭典》之後半個多世紀厦門話語詞已經有了不少變化，於是在《厦英大辭典》的基礎上進行收詞補充，故名《厦英大辭典補編》。全書編寫格式與《厦英大辭典》

相同，即根據厦門話羅馬字母拼音的順序排列，始於 A，但終於 U，並儘可能地注出所收單音節語素（詞）所對應的漢字。所收詞條也是方言口語詞條，但在新詞收録方面比《厦英大辭典》豐富不少。全書正文 271 頁。《厦英大辭典補編》1923 年由上海商務印書館出版，1970 年由臺北古亭書屋附在《厦英大辭典》後重印。

厦英大辭典（1899）

詳見《厦英大辭典》（1873）簡介。

中西字典

《中西字典》（*Chinese Romanized Dictionary of the Formosan Vernacular*）是加拿大長老會牧師偕叡理（George Leslie Mackay）1874 年編寫的一部閩南話字典。

該書雖然冠名爲羅馬化臺灣口語字典，但全書却以厦門話注音並解釋，是第一部以方言白話羅馬字注釋的閩南話字典。

全書共收漢字 9451 個，按 226 部首順序排列。每個漢字先用羅馬字注出厦門音，厦門音後是方言注釋，方言注釋也是用羅馬字直接注音表達，不使用漢字。所注厦門音是該漢字的文讀音，方言解釋則是口語音。方言解釋都非常簡略，目的主要是爲了認識漢字。

全書正文 226 頁，前面有作者序言，後面有 226 部首索引。正文中涉及到部首字，則用雙圈號標出。

《中西字典》於光緒十七年（1891）由上海美華書館製版印刷。

厦荷大詞典

《厦荷大詞典》（*Chineesch–Hollandsch Woordenboek van het Emoi Dialekt*）是 19 世紀中後期荷蘭派駐印尼的通譯佛蘭根（J.J.C. Francken）編寫的一部厦門話詞典，1882 年由格萊斯（C.F.M. De Grijs）整理出版。

《厦荷大詞典》正文按厦門音羅馬字母的順序排，起於 A，終於 Ut。

具體排列時，舒聲各音節相關字按聲調的上平、上上、上去和下平、下上（下去）的順序排列，入聲各音節則按上入、下入的順序排列。每個漢字後面有荷蘭話簡短的解釋，漢字和漢字組合成厦門話詞語時，先列厦門音，後標注漢字，最後是該方言詞語的荷蘭話解釋。

由於該詞典原作者 1863 年去世，後繼者估計漢語水準有限，正文 520 頁“Sien”音節“仙”字後的方言詞語就没有相對應的漢字表達了。

全書正文 774 頁，方言詞語缺少漢字表達的約占三分之一。

總的來看，《厦荷大詞典》也是一部收詞宏富的方言大詞典，但由於杜嘉德《厦英大辭典》早十年出版，《厦荷大詞典》影響不大。

厦門音的字典

《厦門音的字典》（*Ē-MN̂G IM Ê JĪ-TIÁN*）是美國歸正教會牧師打馬字（Talmage, John V.N）編著的一部厦門話字典，後由萊牧師（Lâi Sian-sin）續補。

該字典是第二部用厦門話白話字注釋漢字的字典，全書按厦門話讀音音節的羅馬字順序排列漢字，起於 a，終於 ut，收録 6378 個漢字。舒聲音節下的相關漢字按聲調的上平、上上、上去和下平、下上（去）的順序排列，入聲音節則按上入、下入的聲調順序排列。每個漢字後面均用羅馬字注出該字的厦門話文讀音，後面是用厦門話解釋該字的意思。厦門話用羅馬字標音表達，不寫漢字。遇到有文白異讀的漢字時，分别對文讀音和白讀音的意思進行解釋。每字解釋後還有兩個阿拉伯數字，表示該字在衛三畏（S. Wells Williams）《漢英韻府》（*A Syllabic Dictionary of the Chinese Language*）和吉爾斯（Herbert A. Giles）《漢英詞典》（*A Chinese-English Dictionary*）中出現的頁碼，以供讀者翻閱參考。

全書 535 頁，正文 444 頁，補添 3 頁。正文後面則是 214 部首和漢字檢索目録。214 部首和檢索的漢字都直接注出厦門音，可根據讀音在正文中查找該字。

《厦門音的字典》1894 年由厦門美國歸正教公會印刷出版，1902 年再版，1913 年還有後續印刷。

英漢厦門話袖珍小詞典

《英漢厦門話袖珍小詞典》（*A Pocket Dictionary of the Amoy Vernacular, English—Chinese*）是 1934 年由平板印刷有限公司（Lithographers Limited）在新加坡出版的一部英語和厦門話對照的袖珍小詞典，作者是 Ernest Tipson。

根據作者前言可知，這部袖珍小詞典原先衹是作者自編自用，後來在朋友們的鼓勵下才公開出版與大家分享。

《英漢厦門話袖珍小詞典》正文依拉丁字母順序先列英語，再列厦門話。英語主詞條用大寫字母拼出，從屬於主詞條的相關用法用小寫字母拼出。列出厦門話時，全書不使用漢字，而使用當時已經標準化的閩南白話字——一種以拉丁字母爲基礎的閩南話拼音文字。在列出名詞時，還用括弧列出能搭配修飾該名詞的量詞以供使用者參考。比如下列詞條：

CARRIAGE，（tiu^{n}），chhia.

horse，bé-chhia.

該詞條中的 CARRIAGE 是小詞典的正文主詞條，chhia（車）是厦門話對應説法，括弧中的 tiu^{n}（張）是厦門話能和 chhia（車）搭配使用的量詞，horse 是該詞條英語相關用法 horse carriage 的省略表達，bé-chhia（馬車）是厦門話對應的説法。

總的來看，《英漢厦門話袖珍小詞典》側重英語母語者的角度，主詞條下往往從詞義辨别角度列出一些相關用法來看厦門話相應的説法，有些詞條列出的相關説法甚至多達 119 條（比如否定 CANNOT 相關用法），從英語母語者的學習角度來看，這無疑提供了很大的便利。

《英漢厦門話袖珍小詞典》大 64 開，正文 215 頁，正文前有前言 1 頁，後有一則書訊。根據書訊，我們可以知道和這本小詞典同時産生的還有一部收詞多達 30000 條、頁數超過 450 頁的《厦門話漢英詞典》正在排印。目前知道的《英漢厦門話袖珍小詞典》版本除了 1934 年新加坡的印刷本，還有 1954 年在臺灣由馬利諾神父（Maryknoll Fathers）油印的一個版本。

厦門音新字典

《厦門音新字典》(*A Dictionary of the Amoy Vernacular*)是由臺南宣教室甘爲霖(William Campbell)編著的一部厦門話字典。該字典在打馬字(Talmage, John V.N)的《厦門音的字典》(*Ē-MN̂G IM Ê JĪ-TIÁN*)基礎上增補而成，因此稱爲《厦門音新字典》。但正文也是寫“*Ē-MN̂G IM Ê JĪ-TIÁN*”(《厦門音的字典》)。

該字典是第三部用厦門話白話字注釋漢字的字典，正文編排和《厦門音的字典》一樣，按厦門話讀音的羅馬字順序排列漢字，起於A，終於Ut。全書正文每頁收字30個，共收録漢字20000多個。舒聲音節下的漢字按聲調的上平、上上、上去和下平、下上(去)的順序排列，入聲音節則按上入、下入的聲調順序排列。每個漢字前面均用羅馬字注出該字的厦門話讀音，漢字後面則是用厦門話解釋該字的意思。厦門話注釋用羅馬字標音表達，不寫漢字。正文中遇到有文白異讀的漢字時，文讀音注音首字放大，白讀音則全部用小寫字母注音，同時把漢字和它的文讀音用小括弧括起來。

全書1024頁，正文765頁。正文後面附録的内容有：普通(世界)地名和人名、《聖經》地名和人名、民間的字姓(中國姓氏)、甲子和節氣、字部和漢字的目録(214部首和漢字檢索目録)。214部首和檢索的漢字都直接注出厦門音。這些音既有文讀音，也有白讀音，甚至有各種各樣的訓讀音、俗讀音，可根據這些讀音在正文中查找該字。

《厦門音新字典》於1913年由臺灣臺南教會公報社出版，1923年再版，1924年三版，1933年四版，至今臺灣仍有修訂版繼續出版發行。

漢英潮州方言字典

《漢英潮州方言字典》(*A Chinese and English Vocabulary in the Tie-Chiu Dialect*)是1847年英國傳教士約塞亞·哥達(Josiah Goddard)編寫的一本漢英潮州方音字典。

該字典按潮州方言音節的羅馬字母順序排列，起於A，終於Yok，舒聲音節下的漢字按聲調下平、上平、上聲、下去、去聲和上去的順序排列，入聲音節則按下入、上入的順序排列。同音節下的漢字衹在四角用圈號標調類，不再逐字注完整讀音。漢字後面是該字的英語釋義，釋義内容是該字通語的意義，不一定是方言的意義。比如119頁“p‘á”音節下收有“拍”和“打”，“拍”意思是“To pat; touch; stroke”，“打”的意思是“To strike; beat; to reckon; commence; do”，這顯然是通語角度的釋義，因爲方言衹有“拍”，“打”是訓讀字。

總之，《漢英潮州方言字典》是標注潮州音但注重漢字通語意義的漢英字典，所列的音節是有漢字的音節，没有漢字可寫的方言音節則闕如。全書237頁，正文174頁，正文後面是漢字索引，共收漢字約6500個。

《漢英潮州方言字典》1847年由曼谷教會初版，1883年上海美華書館再版。

汕頭方言發音及釋義字典

《汕頭方言發音及釋義字典》（*A Pronouncing and Defining Dictionary of the Swatow Dialect*）是1883年菲爾德（A.M. Fielde）編寫的一部按音節和聲調順序排列的漢英汕頭方言字典。

該字典正文617頁，正文按汕頭音羅馬字順序排列，起於a，終於wt，共收漢字5442個。舒聲音節下面各漢字按聲調的上平、上上、上去和下平、下上、下去這些順序排列，入聲音節則按上入、下入的順序排列。漢字後面注汕頭音，汕頭音底下阿拉伯數字是該字在1874年威廉斯（Dr. S. Wells Williams）《汕頭方言語音音節辭典》中出現的頁碼。汕頭音後面的分數數位則是該字在本字典中的部首（字母）編號和筆畫數，分子是部首編號，分母是該字剩餘部分的筆畫數。漢字後面則是該字在方言中的各種組合用法，有詞語，也有短句，羅列非常豐富。方言詞語和短句衹標羅馬字讀音，不標漢字。方言詞語和短句後面則是相對應的英語翻譯。方言讀音標注充分考慮到連讀變調，並用連字型大小“-”把變調音節標出來。

該字典的特點是所有方言音節後面都有漢字，有相當一部分其實是意思相同的訓讀字。

《汕頭方言發音及釋義字典》1883年由上海美華書館（Shanghai: American Presbyterian Mission Press）出版。

海南方言手册（文昌方言）

《海南方言手册（文昌方言）》（*A Manual of the Hailam Colloquial*）作者爲新加坡英屬海峽領地新加坡華民護衛司署的海關官員 S.C de Souza（一般譯爲“索薩”或“蘇紮”），是第一本海南方言自學手册。

該書於 1903 年在新加坡印行，全書 84 頁，使用英文表述，海南方言的詞語與例句則使用羅馬字直接標音記録，没用相應漢字。

全書正文分爲以下三部分：

第一，“引言”（Introduction）。介紹海南方言的一般情况以及文昌話的音系與拼寫規則。

第二，“海南口語”（Hailam Colloquial）。這部分内容共分爲 38 節，其中的第 1 至第 16 節不設標題，每節分爲上下兩段：上段是詞項表，詞項表的左邊列海南方言詞項，右邊爲相應的英語詞項；下段則是覆蓋本節詞項的海南方言例句，與上段相同，左邊爲海南方言例句，右邊則是相應意思的英語句子解釋。第 17 至第 38 節是特定主題或場景的方言表達，包括：傢具設備（Household Furniture，Section 17），卧室（Bedroom，Section 18），餐廳（Dining-room，Section 19），厨房（Kitchen，Section 20），日用品等（Provisions & c.，Section 21），魚與蔬菜（Fish and Vegetables，Section 22），水果（Fruit，Section 23），園圃（Garden，Section 24），航海（Marine，Section 25），疾病（Diseases，Section 26），訟事（The Court，Section 27），軍事（Military，Section 28），商品（Merchandise，Section 29），商貿用詞列表（List of Words Used in Commerce，Section 30），賬房（The Counting House，Section 31），裁縫（The Tailor，Section 32），布店（The Draper，Section 33），木匠（The Carpenter，Section 34），重量尺寸（Weights and Measures，Section 35），動物、鳥類及其他列名（A List of Animals and Birds &c.，Section 36），社會關係（Relationships，Section 37），量詞（Classifiers，Section 38）。其中，第 17 至第 28 節列既有詞項也有用法例句，而第 29 至第 38 節則衹有詞項而没有用法例句。

第三，“海南話重要詞彙詞典”（Dictionary of Some of the More Important Words in Hailam)。這部分是英語—海南方言對照詞表，按照英語 A—Z 的順序排列，收詞共計 3218 條。

《海南方言手册（文昌方言）》是目前所見的早期西方人編寫的一本方言學習書籍，比較全面地記録了當時海南文昌方言的面貌，研究價值較高。

潮正兩音字集（1909）

《潮正兩音字集》(*The Swatow Syllabary with Mandarin Pronunciations*)爲英國人 John Steele(汲約翰）所編，於 1909 年由英國長老會在上海初版，1924 年再版。

該書在前人的基礎上，由一些本地中國教友協助編成。書中雖然宣稱衹收集汕頭方言口語中有字可寫的詞，但收字規模已達 26200 多個，規模並不小。

全書正文有 384 頁，正文前面有英文簡介（Introduction）和漢文序言，並附 2 頁正文中的改誤。正文分汕頭話同音節字（Swatow Syllabary)、簡化字（Contracted Characters）和索引（Radical Index）三部分。同音節字部分按照汕頭話白話字音節的音序排列，由 A 開頭，終於 zṳ(去聲)，共 293 頁。由於音節已經分調，同音節字下列各字實際上就是汕頭話的同音字組。同音字組下面各字則分别在後面注出當時北方漢語的正音。簡化字部分收録了當時民間使用的簡化漢字 205 個，同時注明正字。索引部分按 214 部首的順序羅列正文中的漢字，並注明其出現的頁碼。

依該書簡介部分可知，本書正文汕頭話同音節字（Swatow Syllabary)部分所反映的實際上是當時比較通行的澄海話，一個字有多個讀音的則用字母 r 標明該字的另外讀音，並在另外讀音下面再次羅列該字。因此，該書是明確説明反映十九世紀初潮汕地區澄海話字音的一部重要且比較全面的文獻材料，對研究該方言語音有重要參考價值。

潮正兩音字集（1924）

詳見《潮正兩音字集》(1909）簡介。

厦門話伊索寓言

十九世紀《伊索寓言》（*Esop's Fables*）比較完整翻譯成漢語方言的，目前知道的有英國人羅伯聃（Robert Thom）和他的中文老師蒙昧先生合作翻譯的南方官話和粵語本《意拾喻言》，故事篇目82則，1840年出版。此外John Stronach在《意拾喻言》的基礎上編輯而成的漳州話和潮州話本《伊索寓言》，1843年由新加坡使團出版社（Singapore Mission Press）印行，故事篇目81則。這兩個譯本的目的，都是希望通過雙語對比來學習掌握漢語，衹不過《意拾喻言》偏文言文，漳州、潮州話本《伊索寓言》偏口語。

《厦門話伊索寓言》（*Esop's Fables in the Amoy Vernacular*）編輯者不明，是目前所知的第三本方言譯本，1885年由新加坡出版社（Singapore Press）印行。

《厦門話伊索寓言》全書選輯20則寓言故事，每則1頁，正文共20頁。每頁分上下2欄，上欄是厦門話寓言故事，羅馬字標音直接表達。下欄又分左右兩欄，是上欄故事所涉及的厦門話詞語的英語解釋。

《厦門話伊索寓言》通篇不用漢字，厦門話内容已經有不少多音節詞語用短横實行分詞連寫，是比較成熟的羅馬白話字書面表達。

英華口才集

《英華口才集》（*A Manual of the Amoy Colloquial*，又譯《厦門方言手册》）是英國倫敦傳道會牧師麥嘉湖（John Macgowan，或譯“馬約翰”）1869年編寫的一本厦門話教程。該教程封面書名就叫《英華口才集》，馬約翰刊行。

全書可分三大部分：分類表達、情景對話和方言詞語補充。厦門話語音放在教程前面的前言中介紹。

分類表達部分有40單元，1—14單元是基本表達學習，側重口語中的指代、動作、數目、時間和常用句子等的學習。15—40單元是專題内容的表達學習，計有“家務”（Household Matters）、“時間和季節”（Times and Seasons）、“自然現象”（Natural Phenomena）、“旅行”（Travelling）、“疾病等”（Diseases，&c.）、“衣着”（On Dress）、“女紅等”（A Lady’s Work Basket, &c.）、“科舉考試”（Literary Examinations and Degrees）、“量詞表”（A List of Classifiers）、“介引詞表”（List of Prepositions）、“連接詞表”（List of Conjunctions）、“動詞”（The Verb）、“句末詞”（On Enclitics）、“程度比較”（On Comparison of Adjectives）、“道德和宗教信仰措辭”（Moral and Religious Terms）、“禮貌用語”（Polite Phrases）、“貨物”（Articles of Merchandise）、“貿易用詞語表”（A List of Words and Phrases Used in Commerce）18 類。場景對話部分則包括 68 個不同的場景，内容非常豐富。以上兩部分除了英語和對應的厦門話羅馬字標音表達，還有相應的方言漢字表達。方言詞語補充部分收録方言詞語約 3000 條，收集厦門話主要的動詞和形容詞，以及部分常用名詞。方言詞語補充部分衹列英語和對應的厦門話詞語，厦門話詞語直接用羅馬字標音記録，不用漢字。

《英華口才集》1869 年於香港初版，全書 200 頁。1880 年於厦門二版，全書 206 頁。1892 年厦門鼓浪嶼萃經堂印刷第三版，全書 222 頁。1898 年萃經堂印刷第四版，全書正文 216 頁。日文本《日臺會話大成》主要譯於該書。

汕頭方言初階

《汕頭方言初階》（*First Lessons in the Swatow Dialect*）是 1877 年菲爾德（A.M. Fielde）編寫的一部汕頭話初級教材。

全書 427 頁，共有 200 課。前 188 課每課先學習 12 個成詞漢字，再圍繞這 12 個漢字進行句子練習。練習的句子每課數量一般 20 個左右，有的也可多達 28 個，或者衹有 13 個。後 12 課則是每課先學 12 個雙音節詞，再圍繞這 12 個詞進行句子練習。這 12 個雙音節詞既是 12 個新單詞，涉及的 24 個漢字也是新學的漢字。

具體編排是每課的第一部分先列 12 個 / 組漢字，漢字後面是羅馬字汕頭話讀音，汕頭話讀音後面列相應的英語單詞。有文白異讀的同一個漢字分別列出、解釋，訓讀則一般在汕頭音前用星號“*”標示。但要準確判斷一個漢字的方言讀音的性質比較困難，有不少字的讀音前面没有什麽標誌，直接標出方言習慣讀音。第二部分則分兩列編排，左列是汕頭話句子的羅馬字表達，右列則是左邊句子英語的相應説法。每課 1 頁，背後空白 1 頁，課文共 400 頁，課文前有讀音和數位時間内容的介紹，課文後則是汕頭話音序索引。

《汕頭方言初階》1878 年在汕頭由汕頭印刷公司（The Swatow Printing Office Company）出版。

潮州話

《潮州話》（*First Lessons in the Tie-Chiw Dialect*）是 1841 年美國浸信會傳教士璘爲仁（William Dean）編寫的一本英語和潮州話對照的課本，是第一部使用羅馬字注音的潮汕方言文獻。

全書正文 48 頁，按内容不同分爲 32 課：數字（Numerals）、單字和短語（Words and Phrases）、天文（The Heavens）、地理（The Earth）、方位（Points of the Compass）、人體（Members of the Body）、心理（The Mind）、疾病（Diseases）、家庭關係（Family Relations）、社會階層（Classes of Men）、建築（Buildings）、傢具（House Furniture）、文具（Writing Utensils）、農具（Farming Utensils）、航船（Boating）、印刷（Printing）、字體（Forms of Characters）、漢籍（Chinese Books）、牲畜動物（Animals）、鳥類（Birds）、爬蟲昆蟲（Reptiles and Insects）、金屬（Metals）、樹木水果（Trees & Fruits）、蔬菜（Vegetables）、食物（Articles of Food）、時間（Time）、穿戴（Dress）、量詞（Numeral Affixes）、旬日（Days of the Month）、四季（The Seasons）、月令（Months of the Year）、星期（Days of the Week）。

正文内容略有出入，比如“月令”（Months of the Year）部分，正文寫的却是“時辰”（Watches）。

該書課文編排格式分三列，左邊列出英語，中間列出潮州話漢字表達，右邊則是潮州話羅馬字讀音。該書的羅馬字讀音還不是嚴格意義上的音位注音，衹起着提示學習者的作用，聲調也極少標注。

該書於 1841 年在泰國曼谷出版。

汕頭方言初階
——附杜嘉德博士《厦英大辭典》詞彙索引

《汕頭方言初階——附杜嘉德博士〈厦英大辭典〉詞彙索引》(*Elementary Lessons in the Swatow Dialect with a Vocabulary Referring to Dr. Douglas' Dictionary of the Amoy Vernacular*)(1881 年)是英國約翰·吉普森牧師(Rev. John. C. Gibson)略微改編翟理斯(Herbert Allen Giles)《汕頭方言手册》(*Handbook of the Swatow Dialect*)而成的一本私用汕頭話教材。根據前言,《汕頭方言初階》主要是在標音準確性和聲調加注方面改編翟理斯的《汕頭方言手册》,詞彙部分則是插入杜嘉德《厦英大辭典》的頁碼索引,其他的没有多少改動。

全書正文 57 頁,内容分三部分:課文、語法簡介和詞彙對照集。

課文有 14 篇,按生活内容編排,每課精選 32 句話學習。這 32 句話先列英語,後列相對應的汕頭話。汕頭話衹標羅馬字讀音,不寫漢字。英語句子和汕頭話句子分兩頁排印,對照方便。

14 課的内容具體爲:第一課"家務"(Domestic),第二至第五課"日常一般用語"(General),第六課"親屬關係"(Relationships),第七課"比較表達"(Opposites),第八課"貨幣"(Monetary),第九、十課"商貿"(Commercial),第十一課"醫療"(Medical),第十二課"教會"(Ecclesiastical),第十三課"航海"(Nautical),第十四課"官司"(Judicial)。

"語法"(Grammar)部分是一頁非常簡單的代詞屬格和動詞時態的介紹。

英語汕頭話詞彙對照小集中的汕頭話衹標羅馬字讀音,不標漢字,收詞 800 來條。

該書 1881 年在汕頭印刷,封面下方注明"印刷供私下使用"(Printed for Private Use)。

福州的中國話

《福州的中國話》(*The Chinese Language Spoken at Fuh Chau*)是 1856 年美國基督教衛理公會傳教士懷特(M. C. White)編寫的一本福州話導論性質的册

子，供英語背景的人士學習福州話參考使用。該册子封面直接寫《漢語口語》（*Chinese Spoken Language*），但内容却是福州話口語。這是外國傳教士最早描寫福州方言的材料，是後來的《福州方言拼音字典》（*An Alphabetic Dictionary of the Chinese Language in the Foochow Dialect*）和《榕腔初學撮要》的重要基礎。

該書篇幅不長，正文 44 頁，内容主要是福州話語音、語法的介紹和部分量詞、同義詞的羅列。其中語音部分是以《戚林八音》音系爲框架，設計了一套英語習慣的標音符號，對 15 音（聲母）33 字母（韻部）進行了描寫，並對連讀變調和城鄉之間的語音差别進行了簡略的描寫。語法部分對福州話的主要詞類和被動態做了基本的介紹，有名詞（Nouns）、量詞（Classifying Nouns）、集合名詞（Compound Nouns）、形容詞（Adjectives）、介詞（Pronouns）、動詞（Verbs）、被動態（Passive Voice）、副詞（Adverbs）等内容，都很簡要。書後是部分量詞和口語同義詞的羅列。

《福州的中國話》於 1856 年由美國基督教教會協會（The Missionary Society of the Methodist General Biblical institute）出版。

榕腔初學撮要

《榕腔初學撮要》是同治十年（1871）美國基督教衛理公會傳教士鮑德温（C. C. Baldwin）撰寫的一本學習參考書。該書英文封面和前言中注的作者是鮑德温（C. C. Baldwin），但中文却有“摩嘉立編譯”字樣，疑爲摩嘉立（R. S. Maclay）策劃，鮑德温具體編寫。

全書正文 256 頁，除序言外，正文分 7 章：第 1 章“語法”（Grammar）包括語音和語法介紹；第 2 章“短語”（Phrases）部分則是重要詞語和不同場合相關短語短句的表達；第 3 章“商貿用語”（Commercial Terms）羅列貨物名和商貿用語 500 來條；第 4 章“宗教、文化、政府用語”（Religion, Literature, Government）羅列有關福州話中的宗教、文化教育和政府管理等方面的詞語，並用英語進行解釋；第 5 章“雜集”（Miscellany）實際上是有關數詞、度量衡、量詞、國名地名、歷朝名稱、親屬稱謂、日常書信格式等的雜集；第 6 章是第 2 章的詞彙集，供學習第 2 章時索引參考用；第 7 章是常用詞彙英中對照小集。

《榕腔初學撮要》同治十年（1871）由福州美華書局印刷。

第十四輯 《近代漢語珍稀方志方言文獻集成》提要

定縣志

《定縣志》，賈恩紱等纂修，民國二十三年（1934）刊本，在卷二十一《雜記上》中載有“方言”，共記録、解釋了120餘個詞，計6600餘字。起首一段講述記載方言的目的，即：“至方語之流播境内，寢繁耳聞以熟，覺其中不無取義，又或各有原本，概以齊東目之，固未可也。姑誌其略，爲見聞之一助。”從表示天氣的詞説起，略有按類排佈的意思，體例一貫，先列詞條，其次釋義（個別也有兼注音者），然後從古代文獻中找用例。如：

> 老奘頭：老壯人也。奘，音葬。《方言》：“秦晉間，人大謂之奘，或謂之壯。”蘇軾《和合浦上人》詩：“爲問庭松尚西指，不知老奘幾時歸。”

也有少量衹解釋含義、不列書證者，如：

> 出殯：出柩也。俗名發引爲出殯，喪家懼有水火災，於壁下塗之曰殯，殯淺而葬深，故欲葬而出之，俗謂開靈者是也。

望都縣志

《望都縣志》，王德乾等纂修，民國二十三年（1934）鉛印本，在《風土志》卷十中載有“方言”，約1900字。分時候、稱謂、語詞、食物、身體、植物、農俱、動物八類，各類包含詞條數量差異很大。體例基本爲

“詞條＋釋義”的格式，未列出書證。例如：

> 是甚麼：問詞也。值不得：言事小，不可進行也。提不起來：言不足稱，謙詞也。胡説八道、瞎説：統言人語不在情理。

對個別詞語衹有注音，沒有解釋，如“作了瘪：匹滅切”“哼：應嘉讀作國音，兀ㄥ拼音”之類。甚至還有一些詞如“耳朵”“後腦勺兒”“額列蓋兒”“肩膀”“脊仰”“肋窩子”等，既不解釋也不注音，作者自己也説“衹列舉，無解釋”，大約是用不着解釋，也不用注音的意思。

元氏縣志

《元氏縣志》，李林奎、王自尊纂修，民國二十年（1931）鉛印本影印，在《風土志》中載“方言”，約1500字。分天文、地理、動物、植物、三族稱謂、食物、器物、形體、人事九目，每類詞條數多寡不等。體例分“詞條＋解釋”“詞條＋解釋＋書證”和“詞條＋注音”三種，比較隨意。後載“附方音”，列舉60餘個字，僅做發音説明，未釋義。

景縣志

《景縣志》，耿兆棟監修、張汝漪總纂，民國二十一年（1932）鉛印本，在卷六《風土志》中載“方言”“歌謡”二目，約9300字。首段開宗明義，從理論上講山川氣候不同，造成方言的差異；與萬國交往，須統一語言；我國方言複雜，“欲統而一之，必先分而析之，析之既明，然後合各縣爲一省，復合各省爲全國，未嘗非統一語言之一助也”。方言分稱人、名物、表行、狀事、紀時、計數、定位、喻義、發問、抒情十目，體例分“詞條＋解釋”“詞條＋書證＋解釋”“詞條＋解釋＋書證”和“詞條＋注音＋解釋”四種。如：

> 螻蛄：《説文》：“螻，螻蛄也。”《爾雅》謂之天螻，《古今注》謂之仙姑，《荀子》謂之梧鼠，此蟲立夏後夜鳴，如蚯蚓，四足，狗頭，黄色，故邑人大都呼爲拉蛄，音近也。

就屬於“詞條＋書證＋解釋”的體例。

歌謡分天時門、人事、農業、兒歌、古謡五類，下位又有天象、家庭等十餘個小目，内容豐富，長短不拘，切近日常生活。

豐潤縣志

《豐潤縣志》，牛昶煦等纂修，清光緒十七年（1891）成書，民國十年（1921）鉛字重印，其卷三載“土音附”，計約280字，内容都是某字的音讀説明，體例爲“某讀作某”和“某讀作某＋聲調”，如“五讀作無”“閣讀作稿”“若讀作饒”“筆讀作彼”；“愛讀作乃去聲”“落讀作勞去聲”“窄讀作齋上聲”。也有幾個字統讀一個讀音的，如“或、獲俱讀作槐”“學、小俱讀作鴞”等。

灤縣志

《灤縣志》十八卷，薛兆霖修、張鳳翔纂，民國二十六年（1937）鉛印，在卷四《人民志》中載有“方言”，約3000字。起首加了“編者按”，分析了方言形成之由，及現時鄉村教育統一爲國音的重要性。詞條以“某讀某”“稱（呼）某曰某”“某曰某”爲基本格式，間有舉出書證者，如：“稱客曰且《明史》童謡云：委鬼當頭坐，茄花滿地生。後應於魏忠賢。客氏，北方呼客爲且，且、茄音相近。或云陶潛《歸去來辭》：悦親戚之情話。且者，戚之轉音也，北方無入聲，往往讀作上聲，灤縣呼親戚曰且，頗近之。”其餘絶大多數没有舉書證。

重修廣平府志

《重修廣平府志》六十三卷二十四册，吴中彦修、胡景桂纂，清光緒二十年（1894）刊印，其卷十七《輿地略》中載“方言”，約3700字。分“古方言”“今方言”“坿土語”三部分，“古方言”部分先舉出古方言文獻的説法，然後用“案”來解釋，也用文言文表述，如：“北人以庶爲戍，以如爲儒，以紫爲姊，以洽爲狎《顔氏家訓·音辭篇》。案：庶、戍同母，如、儒同母，紫、姊同母，洽、狎同母。今土人讀此數字，猶如顔所云。”“今方言”部分體例與古方言相同，但衹列舉近期文獻或舊志中的説法，接着用“案”解釋。如：“宋石幢稱大父耶耶，北人猶有此稱《十駕齋養新録》。案：永清信安鎮龍泉寺有金大定三年碑，其文有‘王孝子耶耶’之文。錢大昕云：‘當謂其大父也。’今土人稱祖父皆曰耶耶。”“坿土語”中簡單列舉了親屬稱謂、天氣以及日常生活中的動作、身份、家禽等的稱謂等，數量不多。

廣宗縣志

《廣宗縣志》，姜檻榮修、韓敏修等纂，民國二十二年（1933）鉛印本，其卷四《風俗略》中載“方言”，約2700餘字。分“稱人”“名物”“表行”“狀事”“紀時”“計數”“定位”“喻義”“發問之辭”“抒情”十目，但每目詞數多少不拘。釋詞體例以直接解釋的占絶大多數，如：“帽墊：六合瓜皮小帽，俗名帽墊。”也有解釋中使用書證者，如：“將養：陶潛詩：‘將養不得節，凍餒故纏已。’言衛生也，生小孩爲養活，六畜生子則曰將。”但這類數量極少。

高邑縣志

《高邑縣志》，王天傑等修、宋文華等纂，民國二十二年（1933）鉛印本影印，其卷六《風土》中載“方言”，約8100多字。分“釋言詞”“釋人事”“釋形體”“釋親屬”“釋器用”“釋動植”“釋天地”七目，分類比較科學，如“釋言詞”中所列詞語有語氣詞、代詞、日常描述人物和評價事物的實詞等，大致符合語法分類。釋詞體例有“詞條+解釋”“詞條+解釋+書證”兩種，而以後者爲主。例如：“阿：應詞，唯也，凡接受人之語言，則應曰阿。《老子》註：‘唯與阿遲速小異，蓋速則爲唯，遲則爲阿也。’”“收拾：整理也。蘇試詩：‘收拾費金貲。’亦謂之拾掇。”

大名縣志

《大名縣志》，程廷恒等修、洪家禄等纂，民國二十三年（1934）鉛印本，在卷二十二《風土志》中載“方言”，約1100字。釋詞以家屬稱謂詞開始，以疑問代詞作結，體例均爲“某曰某”，没有列舉書證，解釋都很簡單。後面附了一段邑人崔述作《只當行併序》，解釋“只當”的用法，正文爲：

只當只當，水炎火漲。日自西升，魚遊樹上。英雄氣短寃難伸，泣盡鮫珠人不聞。夷齊讓國採薇蕨，只當西山來行刦。盜跖日日生食人，只當閉户安清貧。黔婁萬鍾只當取，楊朱一毫只當與。只當婁公慣罵座，只當灌夫不拭唾。不視所以觀所行，只當二字胸中橫。儀秦辯口如懸河，技窮其如只當何。前者只當已知誤，後者只當仍不悟。世間萬病皆可醫，惟有只當無法施。只當只當何所極，忠臣孝子無顔色。天生只當困聖賢，莫怪世人昧不識。

完縣新志

《完縣新志》，彭作楨等纂修，民國二十三年（1934）鉛印本，在《風土第六》中載“方言”，約3000字。分序言和正文兩部分，序言概述自揚子雲《方言》以後的代表性方言著述，認爲記録方言的價值在於“藉以知民情察治理”。正文從語綴、感嘆詞開始，以“牙子（買賣説合人）”作結，解釋方言詞語140餘條。體例有“某曰某”“謂某曰某”“呼某曰某”三種，絶大多數衹解釋，不列書證，衹有不多幾條是加書證的，如：

謂人有小疾曰不耐煩，嵇康《與山巨源絶交書》云：“心不耐煩，而官事鞅掌。”按：不耐煩非必有疾。而完人稱疾爲不耐煩，諱言有疾之意，且有疾亦未有耐煩者也。

威縣志

《威縣志》，崔正春修、尚希賓纂，民國十八年（1929）鉛印本影印，其卷十三《風俗志上》中載“方言”，有25 000多字，材料相對而言堪稱豐富。詞條從“人面獸心”起始，到“打”作結，中間没有分類，依次列舉詞條有220餘條。在解釋語中，每條都列舉書證，最少者1條，最多者達10條。如：

人面獸心：見《史記·匈奴傳贊》。又《晉書·孔嚴傳》："降附之徒，人面獸心，難以感義。"《劉元海等載記論》："彼人面而獸心，見利則棄君親，臨財則忘人義者也。"《宋書·明帝紀》："子業人面獸心，見于齠日。"《北史·太武五王傳》："人面獸心，去留難測。"《隋書》盧思道《勞生論》："居家則人面獸心，不孝不義。"《舊唐書》于志寧上太子書："人面獸心，豈得以禮教期？"按:《列子·黄帝篇》："人未必無獸心，夏桀、殷紂、魯桓、楚穆，狀貌七竅，皆同于人，而有禽獸之心。"孟郊詩："古人形似獸，而有大聖德。今人表似人，獸心安可測？"即皆人面獸心之説也。

萬全縣志

《萬全縣志》十二卷，路聯逵修、任守恭纂，民國二十三年（1934）鉛印十册（綫裝），在其卷九《民俗》中載有"方言"，約2000字。内容分兩部分，第一部分實爲"概説"，介紹萬全縣雖距京僅400餘里，但方言大異："然窮鄉僻壤之區，株守舊習，殊難更易。既未蒙交通直接之利，而語言習慣亦難易其本來面目，故鄉人接談已有紛歧，何異外來者之語言不同耶？"所以"將本縣方言列表説明，以便參考"。第二部分爲表格，分原音（國音）、轉音（方言音）、方言拼音（注音字母）、釋義、備注幾列排列。限於表格形式，釋義都很簡略，且採用文言文，如"贓，竊盜之物曰贓，又納賄也""放，置也，又開放也"等。

熱河新志

《熱河新志》，武尚權著，1943年重慶中國文化服務社刻印，一册平裝，在其第四章第三節之六"熱河人民的語言和信仰"中對"語言"做了簡要描述（僅此一段話）：

熱河居民的語言，漢人都是用國語，蒙人也大都通漢話。在四十歲以下的蒙古青年多有不能説蒙語的人。上層階級的蒙古人更精通漢文。漢、蒙間的書信和契約全用漢文。漢、蒙間的社交關係也全用漢話。因爲社會上不需用蒙文和蒙話，所以漢人不僅不通蒙文，而且也不會蒙語。同時也因爲蒙古人數過少，事實上當然不能推行蒙文和蒙語。

館陶縣志

《館陶縣志》十一卷，丁世恭修、劉清如纂，民國二十五年（1936）刊本。在其卷之六《禮俗志・風俗》中載有“關於稱呼者”數條，這裏悉録之：

子女呼父爲爹，呼母爲娘，呼祖父爲爺爺。父本爲爺，故呼祖父爲爺爺。呼祖母爲奶奶。呼曾祖父母則又加以老字。媳對夫家之尊長，隨其夫之稱而稱之。呼兄爲哥。呼兄妻爲嫂。呼伯爲大爺，伯母爲大娘。呼叔父爲叔，叔母爲嬸。夫婦口頭無稱呼，有稱以字者，尚不適行於鄉間。呼外祖爲老爺，外祖母爲老娘，舅父爲舅，舅母爲妗。呼岳父、岳母，則以大爺、大娘稱之。翁婿年歲相等者，則以叔稱之。鄉親皆論輩次。傭工有戚誼者論戚誼，無戚誼者，家長對傭工呼名。傭工對家長，或伯之、或叔之、或兄之，視年歲爲定衡。無貧富階級，亦無主僕名分，故相交以誠。

靈壽縣志

《靈壽縣志》十卷卷末一卷，劉賡年重修，清同治十三年（1874）刊本，六册綫裝，在其卷之一《地理志》中載“方音”，衹有510多字。分“方音”和“論”兩部分，“方音”列了65個詞，衹釋音讀，未做釋義，如“學讀作鴞”“習讀作西”“蜀、熟、屬、贖、述、秫、菽讀俱近南音儒”等。“論”也爲一段，悉録之：

爲政務，近人情。今筮仕者，往往多東西南北之人，語言未通，何論人情焉？故畧採方音，附地里，未所不及詳者，推而廣之可也。若夫音同義異之字，北方往往相亂。余讀《金史·張覺傳》謂覺亦書作瑴，蓋其所由來尚矣，是又風俗之陋難責備，而不可不正者乎？

重修薊縣志

《重修薊縣志》，仇錫廷等纂修，民國三十三年（1944）鉛印本，在卷三《鄉鎮》中載有"方言"，約7200字。分"方言"和"諺語"兩部分，"方言"部分將詞條的每個字都附讀音（注音字母標注），解釋部分比較簡略，没有列舉書證，除解説含義外，也兼有讀音（特別是聲調）的説明。例如：

突（ㄊㄨ）嚕（ㄌㄨ）咧（ㄌㄧㄝ）：知力不敵不敢與較，退縮不前，又曰"怯陣"。

骨（ㄍㄨ）頭（ㄊㄡ）拔（ㄅㄚ）筋（ㄐㄧㄣ）：窮苦艱於出資之謂。

"諺語"部分基本爲慣用語和格言，全無注音，直接解釋，也不列舉書證。例如：

特特勒勒：物資過盛也。有取不盡、用不竭之形勢。

飛得高，跌得重：喻做事地位高究不如稍低較爲穩妥也。

五九、六九河邊看柳：冬至節後四十五日到五十四日中間，河沿上的柳樹都該發芽了。

天津志略

《天津志略》，宋蘊璞輯，民國二十年（1931）鉛印本，在第二十編《雜俎》第九章載"津市方言一斑"，約1200餘字。方言詞語基本按照義類排列，每個行業大致爲一段話。釋詞體例均爲"某曰某某"，如最後一段：

商家曰字號家，工藝家曰手藝作坊，習商曰學買賣，習藝曰學手藝，婚曰成家，嫁曰出閣，生曰添，殤曰遭蹋，初生而殤曰草滅，裕曰鬆動，儉曰夾細，志節曰氣性，聲名曰名氣，識重輕曰有分寸，奢華曰浮華，吝嗇曰扣索，諂佞曰巴結，識曰見識，譽曰誇獎，懷曰惦記，騙曰籠統，欺蒙曰打模糊眼。

寧河縣志

《寧河縣志》十六卷，丁符九修、談松林纂，清光緒六年（1880）刻本，在其卷十五《風物志》中載有“方音”，僅800餘字，分“附方音”“又方言”“按”三部分。“附方音”部分祇注音，不釋義，如“學讀作鴞”“筆讀作彼”“色讀作曬上聲”。“又方言”祇釋義，不注音，如“攙，相扶也”“摜，擲地也”。“按”則爲理論思考，這裏悉録之：

四方之民，言語不通，而筮仕者又皆東西南北之人，語之不分，情何由達？故雖不得强爲同，而不可不明爲辨也。夫各操土音，何地蔑有？在著作之士，猶且不免焉。昔人謂《荀子》每言案，《楚詞》每言羌，《公羊》多齊言，《淮南》多楚語，囿於方也。然則審風氣之殊以通天下之志者，必自發言始矣，因稽合異同，以補風俗之未備。

夏津縣志續編

《夏津縣志續編》十卷首一卷，謝錫文等修、許宗海等纂，民國二十三年（1934）夏津縣修志委員會鉛印，在其卷五《典禮志》中載有“方言”，1200餘字。起首有幾句序言，曰：“夏境僻處魯之西鄙，對話之間雜以土語。蒞兹土者，每不易於諦聽，爰仿他志，增入方言，以備採風問俗者覽焉。”正文分稱呼、性情、身體、天文、地理、禾稼、財物、禽獸、雜類、雅俗共有之方言十類，每類所列詞語及解釋都不多。體例均爲“某曰某”式，如“地理”類：

歧路曰岔道，高崖曰旿剛上聲，數家通行者曰夥路，門頭地曰出路，捷徑曰小道，田之長横相等者曰包袱地。

再如“雅俗共有之方言”類：

那纔離了哩，即豈有此理之意。不沾絃或不靠譜，即不合理之意。

以上二種，極爲普通，對話之間偶有感觸，每脱口而出，異鄉人士聞所未聞，輒假斯語以效顰，雖謔而不虐，究屬非雅云。

東平縣志

《東平縣志》十七卷，張志熙等修、劉靖宇纂，民國二十五年（1936）鉛印本，綫裝六册，在其第二册《風土》中載有“方言”，1700餘字。起首似爲“小序”，曰：“方言者，地方相習之俚言也。各地風俗不同，言語斯異，雖毘連之鄰邑，儘不免有特殊者，有大同小異者，由地勢人情習慣使然。舊志所載多無意義，礙難照登，兹擇近所採訪者分别述之，以備異日輶軒之採。”

正文分“天文類”“人事類”“親屬類”“器物類”“占驗氣候謡”“農謡”六小類，體例有採用“某，俗曰某”“某，俗謂某”兩種格式者，也有直接解釋、不用“俗曰、俗謂”詞語者。例如：

日頭：俗稱日爲日頭，言皎日當空，在人上頭也。

陰風啓奩：俗謂月暈有口曰風啓奩，無口曰陰啓奩。

胡鬼：青年輩子弟任意妄爲，聚而滋鬧謂之胡鬼，言如鬼物之嬲人也。

四續掖縣志

《四續掖縣志》六卷首一卷，劉國斌修，民國二十四年（1935）鉛印本，六册綫裝，在其卷二《風俗》中有“歌謡俚語”，1500餘字。内容分兩部分：前半部分除“歌謡俚語”之概説外，基本都爲農諺，先列諺語，再做解釋，如：

淋伏頭，曬伏脚，打的糧食没處着。俗謂器能容物曰着了，伏頭、伏脚言初伏之首日有雨，末伏之末日晴霽，燥濕應時，可期倉箱滿溢。

後半部分爲方言詞語及其解釋，多數詞目衹解釋，不用書證，個别也有採録書證者，如“嫚子”條：

嫚音慢，《説文》：“侮易也。”《左氏》：“其言僭嫚于鬼神。”並無所謂婦女之解。而俗以嫚子代表小女，或命名焉。

續修廣饒縣志

《續修廣饒縣志》二十八卷，王文彬等修、王寅山纂，民國二十四年（1935）鉛印本，在其第四册《政教志·禮俗十》中載“方言農諺”，但“方言”僅舉四條，套在概説之中：

吾國各處言語不同，一縣有一縣之土語，邑外人聆之，不可索解。如禁止之詞曰吼入聲，即休之訛音。不然之詞曰安把，即安保之訛音。反詰之詞曰很艭，即很真之訛音。指點之詞曰乜、曰那，皆所指事物省文。如此等類，不勝枚舉。此類土語，於全國語言統一不無障礙，姑誌數則，以見方言之陋，有改進文化之責者，當力爲湔除，以求國語之統一，不可遷就方言，以阻國語統一之進步也。

“農諺”部分，輯録若干條，如“三伏有雨好種麥”“密倒蕎秫稀倒穀”“乾摩黍稷溼摩穀”“棉花立了秋，便把頭來揪”等。

膠澳志

《膠澳志》，趙琪修、袁榮叟纂，民國十七年（1928）青島華昌印刷局鉛印出版，在其《民社志》中載有“方言”，3000餘字。分上下兩部分，上部分録自道光二十五年（1845）張同聲所修之《膠州志》，重點是反映方言詞的音讀，其中又有方音、變音、訛音之别。下部分“就即墨人之鄉談俗語雜采數十則”，以釋義爲主，個別詞條兼有注音者。僅就下部分内容粗舉數例：

交付：欠人財物交還於人謂之交付。例如錢業以三月、八月爲期，即謂之三月付、八月付。

敢子的：能如此便佳，與京語敢情之用同。

額顱蓋：額之謂，即天靈蓋，額讀如頁。

增修膠志

《增修膠志》五十五卷首一卷，葉鍾英、匡超等纂修，民國二十年（1931）膠縣大同印刷社鉛印本，十六册綫裝，在其第三册卷十《疆域志第八·風俗》中載有“方言”，4400餘字。本志方言除迻録道光《膠縣志》中的方言内容外，又增補若干，謂之“增補方言”，分“天時”“地理”“身體”“性情”“倫類”“宫室”“貨物”“服物”“飲食”“數目”“花草”“禽獸”“昆蟲”“麟介”“雜類”等小類，詞條數量多寡不一。解釋體例通篇連貫，均爲“某曰某”式，釋義兼有注音，如“地理”部分：

歧路曰跤路同岔，路遠曰窵弔遠，路險曰磽磝堯竅，地窪曰瀨澇，土穢曰淒音倭瀼，沙屯曰沙堝，水響曰溚滑上聲，放水曰滏綃上聲。

濰縣志稿

《濰縣志稿》四十二卷，常之英修，民國三十年（1941）鉛印本，綫裝二十五册，在其卷十五、卷十六《民社志》中載有“方言”，有約93 000字，屬於同時期方志方言文獻中的“大部頭”。内容爲“方言”（概説）、“名物詞”、“形容詞”、“附諺語”四部分。“方言”（概説）中説：“濰縣乃山東鉅邑，人民口語聲音間有異古，然試探其轉變之源，則誠如章氏所云：‘雖身在隴畝與夫市井販夫，當知今之殊言，不違姬漢也。’《新方言序》兹擇録縣人郭麐所著《濰言》，並補其失采及原注不詳者，述方言於左。”可見該志方言是以《濰言》爲基礎的。

該志方言的最大特點是採用了識別字號："其從《濰言》擇録者，注前皆冠以'濰言'二字，原注之前皆冠以○，補注及新輯者注前均加●以爲識别，所附注音符號。陰平聲無記號，陽平聲末母上右角加ˊ，去聲加ˋ，上聲加ˇ。"這些標號的使用，也是該志方言長於他志的外在表現。具體釋義（或兼注音）方式，這裏僅舉兩例，即可概見：

日光曰陽暘一ㄤˊ 一ㄤˊ。《濰言》○原注：暘見《玉篇》："明也，日乾物也。"●《説文》："暘，日出也，與章切。"

縫衣使表裏相連曰繎一ㄣˇ。《濰言》：綫作行道，縫表連裏曰繎。○原注：繎音隱，見《廣韻》："縫衣相著。"

蒲圻鄉土志

《蒲圻鄉土志》一册，宋衍綿編，民國十二年（1923）蒲圻縣教育局發行，在其第十九章中載有"語言"，820餘字。起首爲簡單説明文字："蒲圻方言，在清濁間，游學異地，及商販各省者，皆習漢話、國語，或外國語。惟山僻耕作，與守舊之士夫，則多操土音，兹舉其特異者。"實際上"其特異者"也僅十一條，如：

媽媽：蒲俗妾生子呼嫡母爲娘，呼生母爲媽媽。

相公：蒲俗稱人兒子也，京城則以此爲賤稱。猶滬上之稱"先生"也。

中間録入高嶺劉午僑先生集蒲諺之"歌謡"中的諺語十條，接着談及蒲圻方言内部的區别，認爲與毗鄰縣份的方言影響有關；最後有一段"文字附論"，實與方言無關。

咸寧縣簡志

《咸寧縣簡志》，湖北省方志纂修委員會編，1958年武漢油印本，載有"方言"，1200餘字。原作編寫時間不詳，但應該是民國期間編寫成册的。分"天、地、時間""人事""物"三個小類，解釋體例簡單，均爲"某曰某”式，有些在釋義後用括號注出讀音。例如：

> 旋風曰旋語音健頭風。
>
> 塘堰流水之處曰圳語音郡。
>
> 怒視曰販語音番。
>
> 合口吸曰欶音朔。

吉林新志

《吉林新志》二編，劉爽編輯，民國二十三年（1934）油印，下編《人文之部》第三章第三節載“語言”，約3600字。

《吉林新志》介紹了吉林全境漢語方言及外來語的分佈及其來源。“總説”部分分析了漢語與境内其他語言的區别：“漢族操獨音語，一字一音；他族多不然也。回蒙滿韓各語，皆係併合數音爲一義，聯音而不變類。”省境内各族之語言，有漢語、滿語、蒙語、回語、朝鮮語，各有特點：漢語爲獨立語、詞根不變化，語間亦無連結；蒙語、滿語皆爲聯結語；朝鮮語爲加添語；回語已與漢語一致。該志特别對朝鮮語的源流及所受漢語的影響進行了探究，認爲：“一國之語音，常依時間之轉移而變化。外來之語音，自亦不能不變。漢音在朝鮮語中之變化，可分爲二：一爲語言之同化作用，一爲語言之自然變化，换言之，漢音輸入朝鮮時改爲與朝鮮音類似之音（如今日之翻西洋人名）。厥後又因二語音錯綜混合而起自然之變化。是今日之朝鮮語言乃漢音輸入後經過二重變化之結果也。”

吉林通志

《吉林通志》一百二十二卷（圖一卷），長順修、李桂林等纂，清光緒十七年（1891）刊，在卷二十七《輿地志十五·風俗》中載少量“語言”，約500字。體例均爲“某曰某”，被釋詞爲漢語，釋詞爲少數民族語的叫法，如“好曰山音”，“山音”就是蒙古語。總計列舉了78個語詞。

最後一段説：“打流人，閒有逃歸者，人遇之亦不告，有追及者，諱云自反，亦不之罪，大率信義爲重，路不拾遺，頗有古風《甯古塔紀略》。”實際並非語言問題，而是民俗事象的描述。

欽定滿洲源流考

《欽定滿洲源流考》二十卷，平恕、麟喜等纂，清光緒十九年（1893）杭州便宜書局石印本，綫裝，四册一函。在其第十八卷載“語言”，計4700餘字。内容分“語言”和“附《〈金史·舊國語解〉考》”兩部分。“語言”部分從漢代開始到五代時期，依次輯録了不同朝代的史書中對東北地區語言的簡單描述；從《金史》到《北盟録》《遼東行部志》，對滿洲語記載始詳，《金史》稱“國言”，《北盟録》稱“女真言語”，都是音譯；《遼東行部志》則先説滿洲語的説法，再用“漢言”翻譯。“附《〈金史·舊國語解〉考》”下分官稱、人事、物象、物類、姓氏五類，將滿洲語詞語和漢語對應詞75條分别列舉出來，指出原書中的音譯錯誤，並予以改正。

東北要覽

《東北要覽》，國立東北大學編印，金毓黻主編，民國三十三年（1944）出版，在第十二編《宗族及語言》之第二章載有“語言”，共3200餘字。内容分三部分：一、東北各宗族語言總説，介紹東北地區各種語言使用狀況。二、各宗族之語言文字，介紹滿洲語言及文字、蒙古語言及文字、回回語言及文字的特點及使用狀況。三、滿洲語言舉例，採用表格式的排佈方法，分原語、語别、漢譯、備考四列，如原語“鄂博”一詞，語别爲蒙古，漢譯爲“作堆石以爲祭也”，備考爲“邊卡”。

最後兩段文字分析東北地區同一地名、同一事物而有不同稱説的緣由，並認爲：“滿洲人多已漢化，與漢人無可區分。……至其語言，則今日之索倫、鄂倫春、赫哲諸小族人，猶爲之保守，可供留心邊族語言者之研究。”

臨江縣志

《臨江縣志》八卷首一卷，劉維清修、羅寶書纂，民國二十四年

（1935）完稿，1960 年吉林省圖書館油印。在第七卷《民族志》中載“方言俗語附”，計約 1700 字。

第一段概述臨邑的方言狀况和重視方言的目的：“臨邑五方雜處，籍多外省，人民語言哤雜，音韻各殊，聽其語言，便知情愫。或操反語，吐露真義，或操文言，道達俗情。此職方者所以取重方言也。”接着列舉近 100 條方言詞，用“某，即某”和“某，即某之意”兩種格式進行解説，如：

哈酒，即飲酒；歹飯，即吃飯。

劣力劣得的，即懈怠之意；隔裡隔生的，即感情不容洽之意。

第二部分爲“俗語附”，亦即“匪語”。因“臨邑地當邊塞，人羣雜遝，性情兇悍，伏莽爲患，民不安堵。關於匪語，宜於熟悉，俾便緝捕，故附及之”。列舉約 60 條黑話，如“蹻，行路”“水，官兵”“項，錢財”“板山，飲酒”之類。

輝南縣志

《輝南縣志》四卷首一卷，白純義修、于鳳桐纂，民國十六年（1927）鉛印本，四册（插圖像、綫裝），其卷三《人事》中載“語言”，僅有 200 餘字。概述輝南縣方言的使用狀況：“輝境民籍龐雜，四方聚處。較之內地，名物稱謂雖有不同之點，不過以地分內外，音辨重輕，故致實同而名異，物是而稱非，所謂單獨方言固無有也。按境內農民皆魯，商民皆直，無非魯直之語言也。東南山中，皆用魯語，城鎮各處商賈，多用直語。西北平原與夫城鎮之非商賈者，則用地方語言。”該志衹列舉了往候、工作、山中謀生、離婚、赴市五條詞語的方言説法，概稱“此地方之語言也”。

長白彙徵録

《長白彙徵録》（原名《長白徵存録》）八卷首一卷，張鳳臺纂修，清宣統二年（1910）鉛印本，四册（插摺圖、綫裝），其卷四《風俗》中載有“語言”，約 1500 字。內容概述長白地區語言龐雜：“現長郡居民，强半山東流寓，率皆各操土音，間有通高麗語者，以與韓僑習處故也。”字音混淆，向難考證。僅就“牛官”“猪官”兩詞進行解釋，並結合《三國志·夫餘國傳》等著述予以考證，認爲：“今據東山牛官、猪官及會房正副當家之稱，雖係鄉間諺語，實足與古制相發明，益信聖學宏博，超越漢唐矣！”

黑龍江外記

《黑龍江外記》八卷，西清記，《叢書集成初編》本，上海商務印書館民國二十五年（1936）鉛印，其卷六有“謫戍方言服食及紅白事件”一目，1000餘字。整體概述語言和方言狀況，如：“索倫語多類滿洲，達呼爾語多類蒙古。聽之既熟，覺其中皆雜漢語。”“晉商與蒙古索倫達呼爾交易，皆通其語，問答如流，蓋皆童而習之。惟通國語者寥寥，滿洲多能漢語故也。”僅解釋了兩個詞語：“國語：蒙安，陵寢也。額伊福，塚墓也。土人多呼塚墓爲蒙安，將軍那啓泰斥正之，然習而不察，如此類者正多。”

寶清縣志

《寶清縣志》，齊耀珷修、韓大光纂，不分卷，民國二十五年（1936）鉛印本，在其《拾遺志》中載有“土話”，700餘字。記録並解釋了82個方言詞語，體例基本爲“某（被釋詞）：某（釋詞）也”“某：即某”“某：謂（喻）某也”三種，如：

> 小樣：瞧不起也，輕視。
> 小吕：即小偷。大幫：即衆多。
> 大個：喻大官或謂身長也。

綏遠

《綏遠》，張鎮臨審定，中央政治學校附設蒙藏學校（南京）民國二十五年（1936）刊印，一册，平裝，其中載有“全省方言之種類及比較”，内容很少，衹有270多字。闡述綏遠語言（方言）的差異和不同來源。這裏悉録之：

綏遠人民，除蒙、回、滿三族自有其原來之方言外，餘則爲漢族。查漢族之來綏遠自明清，最盛時期則爲清時與民國。其移來之漢族，在綏西者，多爲山西之河曲人，其次即爲陝西之府谷、神木人。故在綏西之方言，多與河曲音相合，與北平之口音，相差亦不甚遠。其餘則爲陝音，在綏東者，多係由晉北之大同、左雲、右玉、天鎮、陽高、惇縣、懷仁等處移來，其方言雖出自晉省，然因在綏年久，已另形成一種本地口音，畧與山陝相異。其次即爲綏西之豫、魯、冀等省之移民，因其歷史較淺，人數不多之故，對於傳授魯、豫、冀之土音，不若山陝之速。若按之“同化作用”，則該等人民，祇有被山陝音之同化，絶不能仍保其原音也。

綏遠志

《綏遠志》十卷首一卷，貽穀修、高賡恩纂，清光緒三十四年（1908）刊本，六册，綫裝，在其卷十載有“方言”，8500多字。大量記録了與漢語對應的蒙古語詞的説法，起首爲語言概説：“綏遠所屬土默特暨烏伊兩盟，皆係蒙部，而藺蒿所載亦多蒙語。”

編纂過程和目的是“爰擇蒙古精通中文之士，逐類繙譯。雖未能悉臻全備，亦可得其大略”。

《綏遠志》對蒙古語詞條分類很細，有天文類、時令類、數目類、地輿類、五行類、方向類、物形類、城池類、宫室類、人倫類、職官類、禮制類、音樂類、政事類、德性類、福祉類、文學類、文具類、武備類、身體類、流品類、人事類、言動類、助語類、技術類、殘病類、冠服類、器用類、飲食類、生熟類、權量類、車轎類、顔色類、寶貨類、五穀類、蔬果類、花卉類、藥草類、飛禽類、走獸類、水族類、蟲豸類，共計四十二類，這在方言文獻中實屬少見。解釋體例則非常簡單，均爲“某（蒙古語詞）——某（漢語詞）”式，如：

文具類：畢奇克——書；甲奇的力——信；察阿素——紙；波

珂——墨；比依哩——筆；交羅力——硯；依的古力——蘸筆。

綏遠概况

《綏遠概况》，綏遠省政府編印，民國二十二年（1933）刊印，上、下二册，在其下册第十四編之八載有“語言文字”，衹有310餘字。對“蒙古言文”和“蒙古文字”進行了概述，認爲：“蒙古言文，屬於烏拉爾阿達語系之喀爾喀語。音較低，有語韻之法，大要以諧聲爲宗，是與漢語不同之點。至其口語及文言之區别，則口語較文言，音稍簡略。用字亦省。”“蒙古文字，……與臘丁文結搆略同。……動詞變化，分着過去、現在、將來三種。用尾音區别。最初蒙古文字，僅有四十一字。”

五原廳志略

《五原廳志略》二卷，光緒間姚學鏡纂，北京民族文化宫圖書館據内蒙古圖書館收藏手抄本複製，二册，綫裝，在其卷下《風俗》中載有“方言”，衹有410多字。記録、解釋方言詞40條，體例均爲“某謂之某”式，如“高地謂之墕”“下地謂之窪”“寬者謂之坪”“狹者謂之堰”“凸者謂之圪凸”“凹者謂之圪洞”“水聚處亦曰圪洞”。其中衹有“虹”“伴行”兩條有書證，如“伴行”條：

> 伴行謂之相跟，相，入聲。《老學菴筆記》：“世多言樂天用‘相’字，從俗語作‘思必切’，如‘爲問長安月，如何不相離’是也。然北人大抵以‘相’作入聲，至今猶然，不獨樂天。杜詩：‘恰是春風相欺得，夜來吹折數枝花。’亦從俗聲，乃不失律。”

華陽縣志

《華陽縣志》三十六卷首一卷，陳法駕、葉大鏘等修，曾鑑、林思進等纂，民國二十三年（1934）刊印。在其《禮俗第五》中載有“方言”，1600餘字。以“華陽地具五族，雜有南北俗語，今就稍特殊者録之”起首，載録並解釋了200多個方言詞，均採用“某曰某”格式，語句非常簡略。但該志有一個顯著特點，收録了數十個俗字，都是日常不習見者，如“挑戲曰㕔音兜”“體小曰瘠子”“舂糙成熟曰𪎊音剗”等。這些記載，對於方言俗字的研究是有參考價值的。

達縣志

《達縣志》，民國二十二年（1933）藍炳奎、吴德準等編修，民國二十七年（1938）袁濟安增補並鉛印。其卷九《禮俗門·風俗》中載有“方言”，計2000餘字。

起首介紹達縣方言概況及近代沿革：“方言方音之録自古有之。縣中經獻賊亂後，土著絶少，其填入籍者，以湖廣爲最多。咸同以前，語言尚異，後漸混而爲土音矣明月鄉人永州腔今尚未改。”記載、解釋了約160個方言詞，解釋體例均爲“某曰某”，也有個别稱謂詞有同實異稱的情況，如：“縣人近稱父曰爹，曰父，曰耶，曰爺，曰爸爸；母曰娘，曰媽，曰母，曰娘娘；祖父曰公，曰爹爹，曰老爺；祖母曰婆，曰奶奶，曰婆婆。”

德陽縣志

《德陽縣志》，清闞昌言修、張又李纂，清乾隆二十七年（1762），知縣周際虞（直隸豐潤舉人）續修近二十年間再事印行。此志卷十八《風俗志》中載有“稱謂”，但寥寥無幾，約300字。認爲：“人少土著之家，地多雜處之民，聲音不同，故稱呼各異。楚人謂父曰爹，秦人曰箠，粵人則謂之阿爸，閩人則謂之爸爸，豫章人又謂之斧斧；母或謂之媽，或謂之娘，或謂之母親，或謂之阿媽，或謂之阿嬭。至於子則或呼娃，或呼兒，或呼崽，或呼乃，子幼止呼小字，長或稱大名，此父子間古今之通義，雖五方風土異，宜言語各殊，未之有改，禮在則然也。”其分析是合理的。

萬源縣志

《萬源縣志》，劉子敬纂、賀維翰等修，民國二十一年（1932）鉛印本，在其卷五《教育門·禮俗》中載有“方言”，共計7400餘字。將方言詞條分爲天時類、地理類、人事類、器用類、工廠類五種。解釋體例均爲“某曰某”式，如：“門四邊曰門腔子。閉門機横曰門欂，直曰門槓。門限曰門坎。門樞曰門斗。門有疏目曰格子門。”“開鐵廠曰做大爐生意。開廠主人曰廠頭。出本共做曰搭生意。出礦之山曰紅山。燒炭山林曰黑山。”等等。

大竹縣志

《大竹縣志》四十卷，翟瑔修、王懷孟纂，蔡以修續修，劉漢昭續纂，清道光二年（1822）刻本。在卷十九《風俗志》中載“土音”。《續修大竹縣志》，陳步武、江三乘纂，民國十五年（1926）成書，民國十七年（1928）在成都付印發行。在其卷十《風俗志》中載有“土音、方言、諺語、歌謡”，約9000字。

在“土音”部分，對大竹縣的方言狀况進行了簡單描述：“竹民語言，可大别爲三類，山前語平，其音近於和緩，山後語稍高，其音近於清剛。山後下段語較重，其音近於激昂，故統計六鄉，雖語言大同，而語音不無小異。”“方言”部分認爲：“竹民向分五館。五館者，蓋自楚、湘、粤、贛、閩五省遷竹者，各醵金建一會館，爲其鄉館。五省人之原籍不同，五省人之鄉談亦各自不同，其後習與俱化，原籍鄉談之存在者，百不得一。”接着列舉、解釋當地方言詞語，悉用“謂/呼某曰某”格式。諺語和歌謡的大量記載是本志方言的顯著特色，諺語從三字到八字，歌謡從《老人歌》到《明月歌》，有二十類之多，可謂蜀中歌謡諺語的重要參考。

資中縣續修資州志

《資中縣續修資州志》，吴鴻仁等修、黄清涼等纂，民國十年（1921）續修並纂成初稿，民國十八年（1929）在該稿基礎上重修鉛印。其第八卷《風土》中載有“方言”，1200餘字。内容是對資中方言形成的大體描述：“資無六百年以上土著。明洪武時由楚來居者十之六七，閩、贛、粤籍大都清代遷來。明初來者，今謂川省人，餘則各以其籍相稱。”方言詞語分天時、地理、人物、應事四類予以排佈解釋，體例不一，有“某曰某”“某爲某”“某呼某”等。

重修彭山縣志

《重修彭山縣志》八卷，劉錫純纂，民國三十三年（1944）鉛印本，其卷二《民俗篇二》中載有“方言”“方音”，約8900字。首段陳述了蜀語有南語（多楚粤人）和北音（四川音），彭山亦然。所以“兹撮舉其概，其有義可説者亦略爲紀之，一方言，一方音”。以“方言”部分爲主體内容。解釋體例以“某曰某”和“謂某曰某”爲基本格式，除親屬稱謂和與身體有關的方言詞外，其餘絶大多數詞在解釋中都列舉了書證，如“村落曰垻垻字見《集韻》，音霸。黄山谷詩‘君家水茄白色銀，殊勝壩裹紫彭亨’是也”“私積曰私房《北史·崔昂傳》：‘一錢尺帛，不入私房。’俗説房爲方”之類。

“方音”部分僅爲一段，對一些典型的叫法做了音韻分析，比如“如‘讀桑爲光韻，心母音；讀倉爲光，清母音；讀丢爲柳，上平音’等是”等。

合江縣志

《合江縣志》，王玉璋修，劉天錫、張開文纂，民國十五年（1926）完稿，民國十八年（1929）年鉛印，在卷四《禮俗篇》中載有“方言”，4200餘字。由天文地理開始到植物稱謂作結，共收集、解釋了240多個方言詞。解釋體例爲“某，曰某”“某，謂某也”兩種，少量詞語涉及書證，如：“嬈，謂中藥毒也。嬈，奴鳥切。《淮南·俶貞訓》：‘傷死者其鬼嬈。’”“歊，《考工記》轂音如喬，訛作陰平。《毛詩·國風》：‘喬，上竦也。’亦偏頗、暴起貌。”等等。

西昌縣志

《西昌縣志》十二卷首一卷，鄭少成等修、楊肇基等纂，民國三十一年（1942）鉛印本，在卷五《禮俗志》中載有“方言”，2000餘字。直接以方言詞條起首，記録、解釋方言詞語230條，體例簡單，均爲“某曰某”式，有一部分除解釋詞義外，還做了讀音説明，如“以瓢汲水曰舀，妖上聲。去垢曰湕，音爽，俗讀訕。粗莽曰惷，丑江切，俗讀莊上聲”之類。衹有一個詞語在解釋中用了簡單的書證材料，即：“詐欺取財曰取婑。《廣韻》：‘誣，拏也。’”

樂山縣志

《樂山縣志》，唐受潘等修、黃鎔等纂，原名《樂山縣志一十二卷》，民國二十年（1931）初輯成志稿，民國二十三年（1934）鉛字印行。其卷三中載有“方言”，4700餘字。首段概述方言的緣起，歧異的表現，及其内在價值。正文部分分釋天第一（時節附）、釋地第二（道路橋梁附）、釋親第三（男女名稱附）、釋身體第四（附疾病及聲音笑貌言語）、釋飲食第五（宰割烹飪附）、釋居處第六、釋衣服第七（儀飾附）、釋器用第八、釋粟菽蔬果第九、釋草木鳥獸蟲魚第十、釋詁訓第十一，共十一個小類，堪稱典範。在解釋體例上，有“某曰某”“稱/謂某曰某”“某謂之某”三種，部分解説採用了書證。除釋義外，多有音讀和異體文字的説明。

西康圖經

《西康圖經》，任乃强著，在其《民俗篇》第一四三中載“‘是’字用法求人語附”及一四四中載“番人能説之漢語”兩部分，計600餘字。

番語對應於漢語“是”的用法，列舉了8個詞。“番人能説之漢語”中説：“西康地方，曾與漢人交接之番，大都能説‘勞慰你’‘一絲絲’‘不是没得’‘清茶吃麽’等漢語數句。但其應用甚濫。”在語法上典型的用法是“賓動式”，如“漢人每入番家，主人必具清茶，獻曰‘清茶吃’，或‘清茶統’”。

蓬溪近志

《蓬溪近志》十四卷首一卷，曾世禮纂、伍彝章修，民國二十四年（1935）刻本，其卷七《風土篇》中載有“方言”，1900多字。直接以方言詞條起首，記録、解釋方言詞語196條，體例簡單，均爲“某曰某”式，幾乎對所有方言詞語解釋詞義，都做了讀音説明，如“言語忤人曰觸音杵，火炙曰熇音考，又曰熁音脅，鼻塞曰玺音祝”之類。衹有一個詞語在解釋中用了簡單的文獻説明，即“謂小港曰浩《蜀道驛程記》”。最後一段爲“評”，説方言差異和變化之由：“五方之燥濕不同，庶民之風尚、語言亦異。物産亦自有差别焉。此理之常也。間以時代變遷，環境移易，不同者竟化于同，差異者更迥乎異。如地所生者，或發現乎後先，經久而始得鑑别。更進而推諸一事一物，有亘古而不没，有未幾而就湮者，雖覺其變，仍屬乎常，蓋有自然之道存乎其間，似非人力所得而强也。盈虚消長之説，信有徵乎？”

榮縣志

《榮縣志》，廖世英等修，民國十八年（1929）刊本。在其《禮俗第十二》中載有“方言”，約8100字。

該志“方言”分兩大部分，第一部分闡述音韻學知識，援引方家音韻學理論，又大量列舉音讀變化實例，可證作者深厚的音韻學功力。第二部分爲方言詞語解釋，但其體例很特殊，對每個詞都先從書證入手，一般都列舉多個文獻資料的相關義音説明，最後纔落脚到對應的方言詞上。例如：

> 《方言》：“婬，媱遊也，江沅之閒謂戲爲婬。”婬本爲媱，《廣雅》曹憲音遥，《説文》：“媱，曲肩行也。”連文曰要媱。王逸《九思》注：“要媱，舞容也。”今優人飾女者，以要媱，故稱媱但。《淮南》注：“但，猶詐也。”俗作摇旦，要媱别作妖嬈。《方言》：“遥，淫也。九疑，荆郊之鄙，謂淫曰遥。”今倡妓曰遥姐，所居曰遥子，遥當爲媱，倡樂也，媱戲也。

廣安縣志

《廣安縣志》十册，顧懷壬、周克堃纂，其卷第三十四《風俗志》中載有“方言”，600餘字。起首簡括當地方言狀貌：“州不獨言語與他郡縣殊，即六鄉語音亦各異。楚人猶楚語，越人猶越語也。”從“舊籍曰老民、曰本地人”始至“詈人失事曰遇鬼”結束，共列舉、解釋了70餘條方言詞。解釋體例均爲“某曰某”格式。

涪陵縣續修涪州志

《涪陵縣續修涪州志》，施紀雲纂、王鑑清修，民國十七年（1928）鉛印本（五册），在第七卷《風土志》中載有“方言”，約1300字。

前文概述涪語的總體特徵：“涪語爽直，唇齒清濁高下與巴相近而微不同，口吻多反詰。然無鉤輈格桀屈佶不可曉之名詞。”“涪無六百年以上之土著，從前獽蜑蠻語當不復存，無俟舌人之重譯。舊族明多湖北籍，清增江西籍，奕世不忘其本。吐囑非毫無意義，或音以輕重而差，或聲以通轉而訛。”並以“不當理”“出惡聲”等詞語爲例予以說明。正文分“天時”“地理”“人物”“應事”四目，體例有“某曰某”“以某爲某”“某稱/呼某”“某謂某”四種，似隨機而不固定。

江津縣志

《江津縣志》，民國十二年（1923）宋嘉俊續修，在其卷十一之一中載有“方言”，約5000字。內容分“釋親”“釋形體”“釋言”“釋器”“釋植物”“釋動物”六目，絕大多數詞目之解釋先從《方言》《說文》《釋名》等專書中引出相關記載，然後再介紹方言的説法；也有先介紹方言説法，再列舉書證者。前者如：

> 《說文》：“衁，血也，呼光切。”邑語謂雞血爲雞衁子，豬血爲豬衁子。

後者如：

> 邑語謂人愚鈍爲豬，當是鉄字。《廣雅》：“鉄，鈍也。”字亦作朱。《莊子·庚桑楚》：“人謂我朱愚。”

巴縣志

《巴縣志》二十五卷，朱之洪、向楚纂，民國三十二年（1943）據民國二十八年（1939）刻板重印，在其卷五《禮俗》中載有“方言”，約11 400字。

首段概述“巴渝方語”的特點，説明所選内容的範圍及記録方言的目的：“今就方隅口語、筆札常文所難通者，分别舉正，爲正俗、審音者備攷覽焉。”

該志先列《方言》《説文》等專著中相關的方言詞語，並列舉其他文獻的解説進行鋪墊，最後纔點出現實方言的説法，例如“打僜”條：

> 《廣韻》：“僜，醉行貌，丑升切。”古音歸舌頭。岳元聲《方言據》謂：“行不前曰倰僜。”引《韻要》及《説文》：“倰僜，病行貌，又醉行貌。”攷《説文》無此字。巴語謂醉貌、行不前曰神不倰僜，小兒初欲學步，不能行曰打僜。

也有先介紹“通語”“常語”的説法，然後再舉出方言説法的，例如“不論”條：

> 通語渾撍之詞曰不論，今巴語呼不論曰把連，猶粤語呼渾、不論曰行八郎，皆音轉字變，不論爲語柢也。

昆明市志

《昆明市志》，張維翰修、童振藻纂，民國十三年（1924）昆明市政公所總務科鉛印，在其《人民·人情風俗及方言》中載有“方言”，計1100餘字。

該志記載和解釋的方言詞語，都是“就最普通者攷之”。從親屬稱謂詞開始，到表動作的“蹌呌”和“逛街”結束，解釋體例有“某曰某”“稱某曰某”“某謂某”“某，某也”四種格式，穿插使用。例如：

仲賣商曰牙子，介紹不動產之買賣者曰房牙子。

稱僧道曰師兄，稱尼僧曰師姊。

吃黄糕，謂人不明事理，做事發言皆不中肯也。渣襟，謂人之人品最劣，事事累人也。

燒料，充抵也。堅鋼，真實也。

嵩明縣志

《嵩明縣志》三十八卷，李景泰修、楊思誠纂，民國三十四年（1945）鉛印本，五册（綫裝），在其卷之十八第十六載有“方言”，1300餘字。内容分方言、各地方言、語系、語音、土音五小類。其對方言的判斷和思考，多有見地，如：“欲知其國之文化，必識其國之文字，欲學其國之文字，必通其國之語言，此方言學之所以當重也。”“回人語言，其本來面目既已失去，而同化於漢人，其間稍有差别者。”“官話居多，土語居少。就形聲之大别之言，可分爲漢苗兩系，然漢語可通行，統一各族而爲一大系。”等等。

姚安縣志

《姚安縣志》六十六卷首一卷末一卷，霍士廉修、由雲龍纂，民國三十七年（1948）鉛印本，八册（綫裝），在其第六册《禮俗志第七》載“方言”，2900餘字。内容分方言、語系、語音、論四部分。在方言部分，指出姚安漢語和彝語在語法上的區别，漢語“大抵多以子字、頭字歇脚，以子字歇脚者，如海子、坡子之類，以頭字歇脚者，如家頭、山頭之類，皆方言也”。彝語“名詞概在動詞前，如米苴、火苴，即漢語‘喫飯、喫肉’”，即存在“賓動式”現象。該志採用表格式，將漢語、一般夷語、馬油坪夷語三種話中的240個語詞進行了比較；在“論”中指出：“古今哲賢研究方言，意在識五方言語之差别，以推本於文字。吾國文字根於語言，及其成用，有形以别之，有音以系之，有義以定之，無論盈千累萬，盡此三端之指，雖古今之嬗變，風土之區分，語音或有不同，及乎誦讀書寫，無不齊轍合符，彼此一致。”見解可謂深刻。

開化府志

《開化府志》十卷，湯大賓修、趙震纂，清乾隆二十三年（1758）刊本，殘存三册（綫裝），其卷之九《風俗》中載有“方言”，1100 餘字。内容分儂人、土獠、玀夷、阿成四目，悉用“某（某）”的格式，列舉了從“天地日月”到“七八九十”等 64 個詞在四種話裏的不同説法。

新平縣志

《新平縣志》八卷首一卷，吴永立、王志高修，馬太元纂，民國二十三年（1934）昆明金蘭石印館石印八册（綫裝），其卷之五第十六中載“方言、各地方言、語系、語音、土音”，約 1300 字。

在“各地方言”中概要介紹“新邑夷民散處各區，風土既殊，言語自異。猓玀土音與玀夷迴殊，窩泥土音又與山蘇絶異”。主體部分將“天地日月”到“出去、回來”等 80 餘個詞語，用表格形式，分別列舉了在猓玀話、玀夷話、窩泥話、卡惰話中各自的稱謂。在“語系”中認爲：“各地言語雖云不通，而總不出單音語系及複合語系二種。以新邑而論，任何猓玀、玀夷、窩泥、山蘇等夷類，其發音口腮雖殊，要皆一字一音，屬於單音語系。”

昭通縣志稿

《昭通縣志稿》九卷首一卷，盧金錫修，楊履乾、包鳴泉纂，民國二十六年（1937）鉛印本，九册（綫裝），在卷六第十六載有“方言”，僅有 650 餘字。“方言”部分概稱：“昭處東陲，僅有夷、苗二族，皆各有其土語，至改土時奉撥之漢人，惟雲、曲二府人最多，其籍皆來自大江南北，盡屬官話，悉無異也。”在“夷語”“苗語”中，簡要介紹了二者的特徵：夷語“音濁而拙”，苗語“音短而突”。交際方面有個共同特點：“其族與外人交際，則習漢話，與仝類言則操夷語。”

車里

《車里》一册，李拂一著，上海商務印書館民國二十二年（1933）刊印，其第七章載有“語言”，但寥寥數語，僅有370餘字。分兩段，第一段介紹車里話有漢語和擺夷語，擺夷又有水擺夷、漢擺夷、花腰擺夷的區別；阿卡、布都、裸黑之語言，則大同而小異。第二段介紹文字使用情況：“各民族除擺夷、戈羅、沙人、濮駹（用僰文）、徭（用中文）有文字外，其他各族，概無文字，……阿卡、攸樂記數用木刻。”

宣威縣志稿

《宣威縣志稿》十二卷，陳其棟修、繆果章纂，民國二十三年（1934）鉛印本，六册（綫裝），其卷八之四《民族志》中載有“語言”，計880多字。

該志介紹“本境漢人，操南京腔，惟以居山國故，其音平而緩，間亦雜入土話”。列舉出關於地理的20個語詞，如“平原曰壩子，有水者曰海壩，亦曰田壩”之類。夷話音濁而拙，“天謂之米，地謂之迷，日謂之擬機，月謂之羅博”。苗語音短而突，“父曰罷，母曰業，兄曰磨，嫂曰比保，二叔曰幾崗，小叔曰幾的”。回語音清而尖，“所操言語同化漢人，失其原有之舊矣”。

安平縣志

《安平縣志》十卷，劉祖憲纂修，清道光七年（1827）刊刻，原爲綫裝本。1964年貴州省圖書館油印八册。其《風土志卷五》“民風”中載有“方言附”，610多字。爲兩段，第一段記載、解釋了50多條詞語，體例均爲“某曰某”式，如“清晨曰清早，留宿曰歇，拾得曰檢得，如何曰怎麽”之類。第二段引用《孟子》《檀弓》《公羊》等古典文獻中對方言詞語的解説，得出“可見方言紛錯，雖齊魯之區，亦間有不同，况安平乎”的結論。

興義府志

《興義府志》七十四卷續編二卷，張鍈纂修，貴州安龍縣檔案館據宣統鉛印咸豐四年（1854）本複印，在卷四十二《風土志》中載有“方言”，約800字。“方言”中先交代：“郡之方言近于江南，以郡民多明初衛官、屯軍之後，來自江南故也，其語平正輕清，聞者易曉。其異于江南，而不易猝解者，僅數語耳。”“志方言”分“天文”“稱謂”和“人事”三目，解釋體例均爲“某曰某”式。“按”中記載因明初來自江南的大量軍人戍守屯墾，興義方言與江南方言有明顯的關聯，“音輕清而語平”，稱謂多與江南相同。

洛川縣志

《洛川縣志》，余正東主修、黎錦熙總纂，民國三十三年（1944）鉛印本影印。其卷二十四爲《方言謠諺志》，計有40 000餘字。

《洛川縣志·方言謠諺志》分爲五大部分：1. 序言，2. 方音譜（含紐韻表、同音常用字彙），3. 方言分類詞彙（含名物、動静、虚助），4. 俗諺類徵，5. 歌謠小集。

《洛川縣志·方言謠諺志》按教育部公佈“國音常用字彙”之體裁，以本地方音所有之聲母（紐）韻母（韻）爲綱，順序排列諸同音字，再別四聲（調），記録3500個常用字。凡俗詞土語，則另歸《方言分類詞彙》；《方言分類詞彙》以語法特點爲綱，總分名物、動静、虚助三類，每類再以表義類别爲緯，“所採之詞，以本地民衆通行而異於標準國語及大區域之普通方言者爲限”，也即現今所謂的“方言特徵詞”。作者對每一方言特有之詞，均釋以國語或文言。原則上僅以述明方言事實與主，不作源流的推衍探究；《方言分類詞彙》在語法描述方面很獨到，對洛川方言中的代詞、量詞、副詞、助動詞、介詞、連詞、語助詞、嘆詞都依次舉例説明。此外，還有洛川“歌謠小集”，僅録入了原本流行於洛川的一些歌謠。

陜西通志

《陜西通志》，劉於義修、沈青崖纂，清雍正十三年（1735）刊本，陜西師範大學圖書館藏綫裝本，其卷四十五《風俗》中載“方言”，4000餘字。大部分是揚雄《方言》郭璞注中輯録下來的涉及陜西的部分（140餘條），此外，從漢代的史書、雜記中輯録了10餘條，從《説文》、《啓顏録》、《補筆談》、邵博《聞見録》、《老學庵筆記》、《西溪叢語》中各引1條。值得注意的是，該志引了《臨潼縣志》及《延綏鎮志》中的“方言”（計80餘條），説明這兩種志書當早於《陜西通志》，應爲陜西最早記録方言的志書。這兩種志書今已不傳，因而所記方言内容更爲可貴。

同官縣志

《同官縣志》十卷，袁文觀纂修，清乾隆三十年（1765）抄本，甘肅省圖書館藏傳抄本六册，1969年臺灣成文出版社影印，其卷四《風土》中載“方言”，解釋本縣方言詞語110條，共730餘字。涉及天氣、稱謂、職業、身體部位、家畜、昆蟲的叫法，也有個别習俗行爲、特殊音讀等。訓釋形式均爲“某某曰某”，整齊劃一。如“半晴陰曰‘搭陰子’，雲遮月曰‘籠月子’，雹曰‘冷雨’，霰曰‘地由子’”等。

又《同官縣志》三十卷首一卷末一卷，余正東修、黎錦熙纂，民國三十三年（1944）同官縣政府鉛印本，四册，甘肅省圖書館藏，其卷二十七有“方言謡諺志”，約28 000字。内容共分五大部分，分别爲：緒言、方音譜（含紐韻表、同音常用字彙）、方言分類詞彙（含名物、動静、虚助）、俗諺類徵、通俗文藝。注音部分全採用國音字母標注，編纂體例極其規範，堪稱語言專著。限於篇幅，這裏不舉例説明。同官縣，因與“潼關縣”音同，爲便於區别，1946年改爲“銅川縣”。

華陰縣志

《華陰縣志》二十二卷首一卷，陸維垣、許光基修，李天秀等纂，清乾隆五十三年（1788）修。原爲傳抄本，民國十七年（1928）西安藝林印書社鉛印，甘肅省圖書館藏，其卷二《風俗》中載“方言”，共1600餘字。解釋方言詞語30餘條。該志有兩個特點：一是引用了相關的書證材料，這種訓釋方式在近代西北方言中應該是最早的，具有開拓價值；二是闡釋了在地方志中解説方言的必要性，具有一定的引領和示範作用。

定遠廳志

《定遠廳志》二十六卷首一卷末一卷，余修鳳等纂修，清光緒五年（1879）刊本（六册），1969年臺灣成文出版社影印，其卷五《地理志六·風俗》中載“方言”，450餘字。記録了41個方言詞，其中24個爲親屬稱謂，17個爲日常用語。此外，還附録了3個俗字：隱入爲“閄”，讀如“鑽”。越占爲“奓”，讀入“卡”。鋸截之木爲“不”，讀“墩”上聲，往往見諸公牘。

永壽縣重修新志

《永壽縣重修新志》十卷首一卷，鄭德樞修、趙奇齡等纂，清光緒十四年（1888）刻本，甘肅省圖書館藏，其中卷四《風俗》中載“方言”，計600餘字。該志中所列的方言詞條均出自《輶軒瑣記》，未注明作者，可能是當地方言學者仿揚雄“輶軒使者”而撰。有四種格式：“某謂（曰）某者”19條，“某某者，某也”18條，“稱（呼）某爲某者”14條，均爲親屬稱謂；“讀某爲某”6條（讀稻如“討”，讀大如“垛”，讀拿如“哈”，魏姓爲“御”，惠姓爲“戲”，睢姓爲“徐”）。此外，記録俗語詞8條，如“卡，食在喉中不上不下也，今伏路兵亦謂之卡；竔，能自立身也”。

綏德州志

《綏德州志》八卷首一卷，孔繁樸修、高維嶽纂，清光緒三十一年（1905）刊本，二册，甘肅省圖書館藏，其卷四《風俗》中附“方言”，70餘字。全迻録之：

舊志：綏德語言類太原、代州等處，與汾陽、永甯雖接壤，卻不相似也。

按：綏德方言多宮商之音，而少脣齒輕音，故口語稍緩。與榆林語言相近，與長安口音不同也。

藍田鄉土志

《藍田鄉土志》（不分卷），佚名纂，陝西省圖書館藏抄本，其上册《風俗》中載"方言"，近700字。分"家庭稱謂、畜蟲别呼、日用瑣語、俗諺"四目編排，共50餘條方言詞語，有些詞語除解説外還説明讀法，如"稱我們曰'咱只才合讀'，謂他人曰'呷呢呀合讀'"。

重修鎮安縣志

《重修鎮安縣志》十卷，滕仲黄編纂，唐漢承、王德興點校，民國十五年（1926）纂修，民國十八年（1929）印刷一版（石印），1983年第二次印刷，甘肅省圖書館藏複印本，其卷九《風俗》中載"方言"，約250字。記載19個詞。該"方言"部分雖短，但描述了一個重要現象：此地五方雜居，居民來源不同，稱謂也異。如"鄂人呼父曰'爺'，呼祖曰'爹'。皖豫人呼父曰'爹'，呼祖曰'爺'。土著人呼父曰'大'，呼母曰'媽'，呼伯曰'貝'"等。並説"皆各從其本籍，非習尚所能變也"。

岐山縣志

《岐山縣志》十卷，田惟均修、白岫雲等纂，民國二十四年（1935）鉛印本，四册，甘肅省圖書館藏，其卷五《官師》中載"方言"，祇有150餘字。記載18條"本地特别土語"詞。因少，全迻録之：

勤曰"潑的"。儉曰"細的"。憐曰"不當"。無病曰"欠合"。此曰"這搭"。彼曰"吴搭"。我們曰"沓的"。多數曰"磨些"。驚訝曰"撑"。不良曰"瞎"。無業曰"閒打浪"。游惰曰"爛片子"。瘦豬曰

“考老”。青羊曰“駒騮”。雷曰“嗯嚕爺”。霰曰“地油子”。不成曰“頑了”。完結曰“了了”。

新西安

《新西安》一卷，王望纂，民國二十九年（1940）昆明中華書局鉛印本。其中第五章《西安之風俗》之第四節“語言”，實爲方言，500餘字。分兩部分，前部分爲一個語言現象的總説：“西京方言，發音厚濁而含渾，間有山西與甘肅之音韻。……就省城言，地處五方錯雜，各省人士薈萃之所，本地人亦能操外省口調，音腔亦極相似，凡初到西京之旅客，本地語言，大部均可聽懂；……黄河流域各省之語言，大同而小異，就以初次交談，亦能聽清。”後部分僅按西安字面讀音，檢出46條方言詞，被釋詞與釋詞之間用破折號連接。如“阿搭——什麽地方；巴巴——末尾”等。

府谷縣志

《府谷縣志》十卷，王俊讓、王九皋纂，民國三十四年（1945）石印本，十二册，甘肅省圖書館藏，其卷二《民社志（4）》中載“方言”，計4500餘字。開首即明確方言入志的必要性：“一地方各有一地方之土語，不能强同，土語不明，不但語言不通，應對爲難，且地方官聽斷訟獄，最易誤人要事而興冤獄，胥吏因此亦得藉端生事顛倒黑白，故邑乘之。立方言一門，亦要事耳。”然後分土語、歌謡及諺語、俗字及語音變通考略、邊外鄂爾多斯蒙語（録舊志）四個部分，尤其“邊外鄂爾多斯蒙語”（録舊志）部分最具特色，共260餘條蒙語詞，體例均爲“某曰某”，前爲漢語詞，後爲蒙語詞，如“天曰‘帖哥立’，風曰‘灑立懇’，雲曰‘五榔’，雷曰‘帖哥’，雨曰‘波羅’，霧曰‘補當’，露曰‘蘇的兒’，雪曰‘啤素’”等。

續修通渭縣志

《續修通渭縣志》，邢國彌修、盧敏纂，清光緒三十二年（1906）抄本，甘肅省圖書館藏，其中載“方言”，470餘字。先總説特點：“地近羌戎，語多俗俚，與安會土語彷彿，半屬有音而無字。”詞語排序比較隨意，雖分“七情、問候、器具”三目，但每目下衹列少量詞語。方言詞解釋體例比較一致，“曰某，某也”，前者爲方言詞，後者爲通語詞，如“曰高興、曰得意，喜也；曰着氣，怒也；曰恐怕，懼也”等。後部分談到了當地方言通過語調高低區别意義的現象：“或有彼此問答，多於抑揚輕重間，各以意相會者，如約某同赴某處，問者云：‘去阿不去？’答者亦云：‘去來不去。’如問某物、某事窳良美惡，問者云：‘好阿不好？’答者亦云：‘好阿不好。’問者、答者皆重上二字，輕帶下二字也。”

岷州續志採訪初稿

《岷州續志採訪初稿》，陳如平纂，清光緒三十四年（1908）抄本，四册，民國二十二年（1933）傳抄本，甘肅省圖書館藏，其《民族》中載“方言”，440餘字。開頭指出：“按岷人言語，與川、陝、直隸大致相同。其不同者，民間方言。”接着描述了30餘個詞語，包括親屬、家畜稱謂，部分動詞、形容詞等。值得注意的是，《初稿》中認爲：“附郭人言勺、説、水等字或作唇音。鄉間言風、房、非、扶等字，横口呼而不作唇音。言的、定、丁、聽等字作舌腹音而不作舌頭音，此皆岷人之方言也。”即歸納了聲母發音的幾種具體特點，這在同時期的方志中稱得上難能可貴。

隴西分縣武陽志

《隴西分縣武陽志》五卷，周裕杬修、楊學震纂，清光緒三十四年（1908）抄本，五册，甘肅省圖書館藏，其卷三載“方言附稱謂”，計770餘字。武陽即今日之漳縣。漳縣於晚清（19世紀80年代間）撤縣，歸入隴西，則武陽即漳縣。起首指出：“五方風氣不同，音節亦異。山水有清濁，風土有薄厚，此古人所以分五聲七音也。漳轄地方，惟東南新寺一鎮，插甯遠境中，且係五方雜匯之區，習染多方，故齒牙較輕，語言稍近甯遠。至本城及他鄉里，則民皆安土，渾穆各肖其山川，聲音、言詞亦遂不相謀矣。”認爲方音與山水、風土有關，然後舉17個詞爲例，説明發音與通語的差異。但隨意性較大，不足以支撑前面的見解。

打拉池縣丞志

《打拉池縣丞志》，廖丙文修、陳希魁纂，清光緒三十四年（1908）抄本，一册，民國張維補輯。甘肅省圖書館藏，其中“方言”僅百餘字。全迻録之：“池屬土語稱曾祖父曰‘太爺’，曾祖母曰‘太太’，祖父曰‘爺爺’，祖母曰‘奶奶’，父曰‘養’，母曰‘媽’，伯爿曰‘爸爸’。來去曰‘來棄’，閑游曰‘閑浪’，請客曰‘瞧客’，閒談曰‘扯沫’，觀看曰‘瞧’。至於詞調、字音與各府州縣雖有略異，然亦不甚相遠。”其文獻價值不大。打拉池，清同治十二年（1873）設打拉池分縣，後劃歸靖遠縣。

金縣新志稿

《金縣新志稿》（又名《金縣續新志》），佚名纂，光緒間傳抄本，甘肅省圖書館藏，其《風俗》中載“方言”，約220字。將金縣（1919年改爲榆中縣）方言與臯蘭（今蘭州）、隴南方言做了簡單比較，分稱謂與字音兩方面，如：“隴南人呼筆爲‘必’，金縣人呼爲‘生活’；隴南人呼墨爲‘煤’，金縣人呼爲‘默’。此稱謂之不同也。隴南人讀‘階’爲‘街’，讀‘肅’爲‘蔌’，讀‘祥’爲‘牆’，讀‘瑞’爲‘蕊’；金縣人讀爲‘皆’，讀爲‘宿’，讀爲‘詳’，讀爲‘税’。此音韻之不同也。”

隴西縣志稿

《隴西縣志稿》二卷，馬如鑑、劉文炳纂，光緒間傳抄本。1963年甘肅省圖書館油印本，原題《續採隴西志草》，油印時改書名爲《隴西縣志》。又見1995年影印《中國西北稀見方志》本一册，其卷二載“方言”，僅160餘字。列10餘個詞條，解釋隨意，體例也不一致。

合水縣志

《合水縣志》，佚名纂，光緒間抄本，見於《中國西北稀見方志

（八）》，中華全國圖書館文獻縮微複製中心編輯。其中《民情》中載“稱謂”，即“方言”，計470餘字。記載60餘個方言詞。使用“某謂之某”和“某曰某”兩種訓釋格式，用語簡潔。文末對合水方言有一段概括説明：“西北之話音極官，無難解者，然亦微有鄉俗不同之處，固不止此，只就堂事間所聞諸民者記如右。俚俗之語，敢儗方言，志之以告初蒞玆土者，是亦舊令尹之政耶？博一粲。”

狄道州續志

《狄道州續志》十二卷首一卷，聯瑛修、李鏡清纂，清宣統元年（1909）刻本（八册），甘肅省圖書館藏，其卷二載“附方言”，260餘字。記録狄道（今甘肅臨洮縣）方言詞，内容涉及親屬稱謂、指代、疑問及個别俗語。有疑似古語遺留者，如：“言誰家曰誰適讀逝，言你們我們曰你適我適。言誰曰阿斯怪，言是曰呵代。”有透露少數民族語底層者，如“言不得了曰惡早可阿們做哩”，其中“惡早”係藏語“阿藏（現在）”的遺存。另外如“呼物必帶一兒字，如錢兒、梨兒、蜂兒、蠶兒、驢兒、羊兒、盆兒、碗兒等類，多以‘兒’字代‘子’字”的記載，真正道出了臨洮方言的特點。

鎮番縣志

《鎮番縣志》十卷首一卷，佚名纂，清宣統三年（1911）抄本，六册，甘肅省圖書館藏複印本，其《風俗卷》（卷六之一）中載“方言”，約200字。主要分析鎮番水土特徵與當地方言的關係：“南北風氣迥殊，故土音亦異。鎮居涼永之北，間三蒙之中，土厚水深，聲音重濁，不但習外國語言，舌音滯而唇吻强硬，即土著問答之間亦有不同他鄉之處。除有音無字或俚俗不雅概置勿論外，……或因反切以成聲，或因土音而成語，文中有俗，俗中有文，要皆本乎天籟，實地氣使然耳。”涉及具體詞條僅舅父舅母、岳父岳母的稱謂等幾條，與他處比，亦未顯特色。

徽縣新志

《徽縣新志》八卷，董杏林修、趙鐘靈纂，民國十三年（1924）石印本，甘肅省圖書館藏，其《食貨志》中載“附方言”，約520字。計有稱謂詞10條，形容詞6條，名物詞13條，其他5條，共34條。解釋與省内各處基本相同，有些疑似從《甘肅全省新通志》中迻録的，如“云‘打汝一頓’，謂笞責一次。《唐書》‘打汝一頓’”，内容完全相同。

高臺縣志

《高臺縣志》八卷首一卷，徐家瑞纂，民國十四年（1925）鉛印本，三册。1963年甘肅省圖書館油印本，五册。其卷二《輿地下》載“方言”，約200字。録12個方言詞，其中7個主要介紹讀音，如“唉音哀，倚亥切，上聲，發語辭也”，其餘5個解釋詞義，如“太陽曰日頭甘省同。邑語呼太陽爲熱，即日也，頭爲助語辭”。詞條雖少，但作者將“邑語”（高臺話）與甘肅全省、蘭州以西、凉州以西方言説法做横向比較，可稱特點。

重修崇信縣志

《重修崇信縣志》四卷，張明道等修、任瀛翰等纂，民國十七年（1928）石印本，四册，甘肅省圖書館藏，其卷一《輿地志》載“方言附”，約450字。記載30餘個方言詞，先排單音節詞，如“唉，發語辭。嗄，問是甚麽之辭，説嗄呢、做嗄呢皆是”。次列雙音節詞，如“高興，譏人之浮躁。揚氣，謂人之闊綽”。再排三音節詞，如“唉呀呀，不耐煩之辭。找麻噠，給人尋事之謂”。最後列四音節詞，如“窩囊臟稀，謂人之不整潔。勞忉難纏，謂人之費事”。這種按音節數量依次排序的，在方言文獻中很少見，特點鮮明。

創修紅水縣志

《創修紅水縣志》，佚名纂，民國十九年（1930）修，1963年油印本，甘肅省圖書館藏，其中載“方言”，計3000餘字。内容與清末張國常的《重修皋蘭縣志》大致相同，無甚特色。最後一段交代了原因：“紅邑舊隸皋蘭，自漢唐宋元以來，逼近羌渾，人户寥落。當時方言不過存千百中之一二，餘皆渺無可徵。其實此土一切語言稱謂，大率與南北諸省互相出入，雖音之清濁、高下、輕重、疾徐小有轉變，然同者實多。前賢諸志俱無方言，殆是故耳。”紅水縣，1933年改名景泰縣至今。

古浪縣志

《古浪縣志》九卷首一卷，李培清修、唐海雲纂，民國二十八年（1939）鉛印本，甘肅省圖書館藏，其卷之五《風俗志》中載“方言”，約2230字。解釋了220餘個方言詞。内容雖多，但訓釋體例一致，有“稱/呼某曰某”和“某曰某”兩種格式，用語也頗簡練。略舉幾例：

稱人子曰“學生”，呼己子曰“後人”。

夫稱妻曰“你”，曰“他”，曰“堂客”。妻稱夫曰“他”，曰“我們的人”。

説閒話曰“扯磨”。歡樂曰“高興”。禮物曰“禮行”。

無病老曰“清快”，幼曰“乖爽”。有病老曰“振不得”，幼曰“不乖”。

涇川縣採訪録

《涇川縣採訪録》，又名《造齎涇川縣採訪縣治各項事件清册》，張振江纂，民國十九年（1930）抄本，一册，載方言詞語50餘條，約750字。體例、内容排列都顯隨意，迻録前10條即可見之：“歪，稱人強暴兇悍之謂。難惹，謂人暴横不易觸犯也。訙及，倩人之謂。找，覓人、求物均稱曰找。表叔，涇俗北原鄉民通稱父執之辭。阿姨，少婦稱長婦之辭，例如呼娘嬸同類。遣送，延巫禳病除邪之稱。不家歡，謂人好作客氣者。熱已，謂人誠意接待親友之詞。解韁，作僕者不通主知，私自潛逃爲解韁。”

慶陽縣志稿

《慶陽縣志稿》，張精義纂，陸爲公、楊季熊整理，民國二十年

（1931）修，1963年甘肅省圖書館油印本，其卷三《民俗》中載“方言”，2500餘字。解釋慶陽方言詞整100條。如：

> 掂不着，掂音巔，俗罵人不知輕重也。鍋塊，塊讀簣音，謂烙餅也。撦閑淡，撦音扯，無意味之語言也，胡説曰撦閑淡。肚兜，腹衣也，肚亦有讀豆音者。

對個别詞語做了考釋，如：

> 惷的很，惷音降，愚也，與戇同。《周禮·秋官·司剌》："三赦曰惷愚。"注：生而癡騃，不識異義者也。今人作事任意不知裁之以者，謂之“惷的很”。

續修導河縣志

《續修導河縣志》八卷首一卷，徐兆藩修、黄陶庵纂，民國二十年（1931）修，抄本，甘肅省圖書館藏，其卷二《民族門》中載“方言”，約270字。記録了10個方言詞，訓釋體例均爲“某某謂之某”，後者一律採用國音字母標注。值得注意的是，該志對當地語言接觸的複雜狀况做了簡要的説明：“南鄉與番族接近者，多習番話；西鄉與撒拉爾回族本係哈密回族，純用纏語接近者，多習纏語；東鄉回族，純用蒙古語。現在通漢語者日見其多。”該地1913年設導河縣，1928年改名臨夏縣至今。

華亭縣志

《華亭縣志》四卷，鄭震谷等修、幸邦隆纂，民國二十二年（1933）石印本，甘肅省圖書館藏。其“方言”部分約1600字。開首云：“語言爲人類交通之具，華亭漢回雜居，土客合處，其聲音清濁高下，剛柔緩急，多不相同，稱呼亦因之而異。”然後分土住漢民、武都徙居漢民、四川移徙漢民、陝西移來漢民、土住及安撫回民、河州移來回民六種居民成分親屬稱謂有别的情況。最後列舉了不分居民來源各處説法皆同的“俗言之最普通者”語詞88條，訓釋體例不一，但用語可稱簡練。

重纂禮縣新志

《重纂禮縣新志》四卷，張津修、孫文俊纂，民國二十四年（1935）鉛印本，甘肅省圖書館藏，其卷二《風俗》中載“方言”，約410字。解釋方言詞語約40條，體例一貫，分“某曰某”“謂某曰某”兩種。但所列語詞皆無特點，均爲隴上通用者。粗舉幾條：

> 物分彼此曰“倆得我得”，又多概言曰“牛得饕得”。……謂去日曰“夜哩哥”，來日曰“明早晨”，又曰“明後早”。喚奴僕曰“做活得”，喚代佃田者曰“替户”。

重修鎮原縣志

《重修鎮原縣志》，焦國理總纂、賈秉機總編，民國二十四年（1935）蘭州俊華印書館鉛印本，甘肅省圖書館藏，1976年臺灣成文出版社影印。其卷二《民族》中載“語言”，實即“方言”，計10 000餘字。在甘肅省的方志方言文獻中，篇幅僅次於《甘肅通志稿》。首先交代鎮原方言的總體面貌：“鎮原語言，除少數方言外，餘與南北諸省互相出入，雖音之清濁、高下、輕重、疾徐小有不同，而同者實多。現在之口頭語，按之古籍，均有來原。”體例是仿“清錢大昕著《恒言録》，其弟大昭著《邇言録》，搜羅俗語俗事之見於古籍者，一一爲之，還其來歷，究其根據，……並附案語，其世所通稱，或字同音異，與夫有聲無字，及雖有其字而非字典所收者，一概從略”。解釋鎮原方言詞語70餘條。其中大多數詞語採用“詞條—解釋—古代書證”云云，如：打噴嚏，人受涼，據藥書云，若打噴嚏，則關竅已通矣。案：《燕北録》：“戎主太后噴嚏，近侍臣僚齊聲呼治夔離。”猶漢呼萬歲也。蘇軾詩：“曉來頻嚏爲何人。”《兩般秋雨盦隨筆》：俗凡小兒女噴嚏，呼千歲，及大吉，殆戎俗也。噴又作“歕嚏”。唐明皇與諸王會食，甯王對御座，歕一口飯直及龍顔。上曰：“甯哥何以錯喉？”黄幡綽曰：“此非錯喉，是歕嚏。”嚏與帝音近，見《因話録》。

也有部分語詞未加“案”，即未列書證者，或採用比較法，指出與蘭州、隴上方言説法的同異，此不煩舉。

鼎新縣志草編

《鼎新縣志草編》，張應騏修、蔡廷孝纂，民國三十五年（1946）修。民國時期，今金塔縣境西部隸屬金塔縣，東部隸屬鼎新縣。鼎新縣於1956年撤銷，併入金塔縣。1957年金塔縣人民委員會油印本，五册，内載“方言”，約740字。先概要交代鼎新縣方言狀況：“鼎新語言，除少數同國音外，諸多説土音。……或字同音異，與夫有聲無字，及雖有其字而非字典所注。兹將方言常語者，略舉而作參考。”記録35個詞。此略舉幾例：

> “先人”，邑人罵小孩不動彈謂先人，“這個先人”或呼“爹”，亦是氣憤之語詞。
>
> “真哥”，即真哥之訛語，一事也，初聞之而不信，繼而衆口一詞，遂驚而異之曰“真哥”。
>
> “東西”，罵人之謂，説“是麼東西”，或叫物曰“啥東西”。

金塔縣採訪録

《金塔縣採訪録》，金塔縣政府纂，民國三十年（1941）修，甘肅省圖書館藏稿本，一册，其卷十《民俗類》載“各地音通習俗”一目，列20餘個方言詞條，但無解釋。

天水縣志

《天水縣志》十四卷，姚展等修、賈纘緒等纂。民國二十八年（1939）蘭州國民印刷局鉛印本，甘肅省圖書館藏，其卷三《民族志》之“風俗”中載“方言”，約1300餘字。記録近90個方言詞。特點是從語音着眼，描述了較多的“轉音”“合音”現象，如：

> 邂後，先後之轉音，即妯娌之意。
>
> 先生，醫生及瞽而卜筮者之稱或謂係暹□二字。
>
> 呼讀如姑盧子，稱博徒。

和政縣志

《和政縣志》九卷，馬凱祥修、王詔纂，民國十九年（1930）手抄本，四册，甘肅省圖書館藏，該書1976年臺灣成文出版社出版影印本。其卷一《地理門》之“風俗”載“附方言”，僅百餘字。解釋13條詞語，逐録如下：

> 呼父曰“阿大”，母曰“阿娘”，伯父曰“大大”，伯母曰“阿媽”，叔父曰“爸爸”，叔母曰“娘”，給人物曰“嫁”，止人作事曰“褒”，謂小曰“尕”，謂下曰“嚇”，頭謂之曰“多羅”，牲畜謂之“頭轂”，謂現在曰“阿臧”。

臨澤縣志

《臨澤縣志》十四卷首一卷，王存德修、高增貴纂，民國三十二年（1943）蘭州俊華印書館鉛印本，四册，甘肅省圖書館藏，其卷三《民族志》中載“方言”，約290字。解釋30個語詞。體例一貫，均爲“某，即某也”。略舉幾例：

> 喧慌，即敍閑話也。孽障，即可憐也。扯閑淡，即莫來由也。
>
> 那謨那，即怎麼也。那里客，即何處去也。塌是樑，即敗壞也。吾離吾拉，即横説也。

重修敦煌縣志

《重修敦煌縣志》十卷，吕鐘纂，民國三十三年（1944）抄本，十一册，甘肅省圖書館藏，内載“方言”，約2300字。開頭交代敦煌方言的内部差異，就可見作者學術眼光異乎尋常：

法人伯希和曰："敦煌言語皆屬東方伊蘭語，原爲古代東西及中亞通路間的國際用語。"北大教授陳萬里曰："敦煌的方言並不與甘肅、安肅道的在同一系統之下。"愚謂敦煌自古爲殖民地，滄桑變更，語音歧異，今古不一，勢使然也。唐張太素《敦煌方言》二十卷已散佚無存矣。自清初改衛爲縣，大别言語可分兩種，曰河東河西而已。當雍正初年遷甘肅五十六州縣居民至此，隴東隴南之遷民多住敦煌黨河東，因之爲隴東南之襍音，近日年代久遠，大致統一類似狄道平涼音。甘涼肅之遷民多住敦煌黨河西，因之爲河西之襍音，近日年代久遠，大抵統一類似肅州音。城内亦有甘涼與隴東南兩音，此大别也。

對具體的方言詞語，按照親戚稱謂、物名及事物稱謂、俗娱樂三個部分排列。尤其是將"俗娱樂"之民俗事象的專用術語加入方言部分，可稱創新。

靖遠縣新志

《靖遠縣新志》，郝遇林修、范振緒纂，民國三十五年（1946）修，計十四册，傳抄本，甘肅省圖書館藏，其第三編載"方言考"，約3300字。該志前面總體介紹靖遠方言概況及編纂之由：

五方音各不同，而稱謂亦互有出入。靖遠自經鮮卑割據，吐蕃侵擾，番語胡音不無參雜。且設衛防秋屯，兵半多來自他省，流寓、宦游、遷戍，歷代客居於此者，又不知凡幾。語言之變化，厥有由來。昔揚子雲根據《爾雅》而作《方言》，蓋欲使一方古語盡人皆知也。爰本斯義，輯靖遠方言。

對30餘條方言詞的訓釋，都儘量從書證上揭其旨歸，多上溯到揚子《方言》。這裏略舉兩例：

貧人衣服破敗，謂之"襤褸"。《左傳》："華路襤褸，以啓山林。"殆本乎此。又《方言》："無緣之衣謂之褸。"又："褸謂之衽，衣襟也。”又以襤褸作綴結解。

貶其事與物之疵累曰“彈憸”。土語謂之彈嫌。此語實亦根據《方言》“皮傳彈憸”而來。蓋靖音有與東齊、陳宋、江淮之間相似者。

創修民樂縣志

《創修民樂縣志》十二卷，樊德春纂，民國三十八年（1949）稿本，民樂縣檔案館藏，其卷三《民族志》中載“土語、方言”，其中“土語”約3000餘字，“方言”約2600字，計5600餘字。“土語”部分全用表格表示，按部首排字，每字用國音字母標注，規範且直觀，尤其是相關論述很見作者深遠的見解。如：

> 夫統一語言，非先改正土音不可，故爲有識者之所公認。然土音不有詳確調查，亦何能易於改正耶？故調查土音、改正土音皆爲當務之急。兹先將民樂土音臚列於後，以備異時之改正焉。
>
> 論者謂改正土音必自小學教育始然，小學教育必待兒童七八歲時方能實施。愚以爲與其改正於土音習成之日，孰若乘兒童一二歲時初學語言即責令父母教以國音，勿使沾染土音尤爲根本，剷除土音之法，倘能由政府依據此表編印萬份，每户分散一份貼之座右，專備各家父母教育幼兒學習國音之用，庶今後民樂兒童完全不習土音則永無土音之害矣。一縣如此，全國亦如此，是不待改而自改，不求統一而字音自然漸統一也。統一國音之策似無以逾於此者，顧全縣父老力行之爲何如耳。

“方言”部分，集中介紹各種人際關係的稱謂，間有通過書證溯源者，兹不煩舉。

重修定西縣志

《重修定西縣志》三十八卷首一卷末一卷，郭漢儒編，抄本，具體年代待考。甘肅省圖書館藏，其卷十一《民族志》中載“方言”，約4200字。

按詞類排列，共列七目，分别是：名詞、動詞、形容詞、驚歎詞、命令詞、應諾詞、疑問詞。其中名詞又分普通名詞、抽象名詞、代名詞三種，形容詞又分人、事物、性情、言語、動作、數目、時間七類。這在民國甘肅方志中當屬僅見。條目雖清晰，但分類僅憑意義，隨意性强而科學性不足。訓釋體例也欠一致。

化平縣志

《化平縣志》四卷，蓋世儒修、張逢泰纂，傳抄本，民國二十九年（1940）平涼一心印書館石印本。1951年撤化平縣，改設涇源縣。甘肅省圖書館藏，内載“方言”，約580字。起首介紹化平縣方言總體狀況：“語言爲人類交通之具，化平回漢雜居，陝籍甘民合處，其聲音清濁、高下、剛柔、緩急有不同，而同者實多。現在之口頭語，按之古籍均有來源。”然後將“據採訪所得”的近50條方言詞做了記録，訓釋體例不一，以使用“某，謂某也”格式稍多。如：“可惡，謂人之凶狠。掙扎，謂勉强出力也。子細，謂人之儉嗇。”個别詞語重出，如“幫肩”條：“幫肩，猶云‘差不多’也。”（第12條）“幫肩，謂事大概可成也。”（最末條）可見檢校不甚嚴謹。

固原縣志

《固原縣志》，葉逸凡纂，具體編纂年代待考。1991年寧夏人民出版社鉛印本，二册。其中載“方言”，約4800字，爲寧夏方志方言文獻中篇幅最巨者。該志對固原方言的形成做了宏觀推論，可稱特點，也令人信服：

> 秦前後語雜羌戎，北魏鮮卑入主，語益紛歧。明開闢移民。清提督駐此，各省語言，遞相輸入。民國後漸習國語，但方言尚有存者。
>
> 周宣王時，固原爲北狄玁狁所據。秦義渠烏戎、漢烏氏多屬戎部，斯固原人言語遂雜羌胡矣。北朝夏勝光元年，赫連定稱帝于平凉。魏孝昌四年，万俟醜奴稱帝于高平。異言異服，紛亂可知。明孝宗弘治

十四年，開闢固原衛，移民實邊。鄉老遺傳：當時山西、陝西富户大姓，移來者許多。語言又爲之丕變。清同治兵火以後，左文襄公奏設提督于此，雷正綰實始居此。其時川、湘兵勇，遍之縣區，言語復因之少變。民國後，學校林立，漸習國語。

該志解釋方言詞語300餘條。在方言詞語的排列方面，明顯受到《重修皋蘭縣志》的影響，但解釋上從簡，衹對“打郎唐、葉子潮”兩條詞語做了書證考釋。

貴德縣志稿

《貴德縣志稿》四卷，姚鈞纂，民國二十九年（1940）修，青海省圖書館藏稿本。青海省民委少數民族古籍整理規劃辦公室編《青海地方舊志五種》（青海人民出版社1989年5月版）收録。內載“附方言”，約490字。30餘條方言詞，選擇隨意，解釋簡單，幾無特點可言，不煩列舉。

新疆地理志

《新疆地理志》，《中國方志叢書》收録，張獻廷初稿，民國三年（1914）石印本影印，成文出版社1968年印行。其中收載部分民族語言的內容，詞條均與漢語進行對譯。“纏頭回之言語”部分，認爲“纏頭回使用之言語，係土耳其語而失其變化，與中國語相混淆”，計50餘條；“蒙古族之言語”部分，計70餘條。

續修烏蘇縣志

《續修烏蘇縣志》，鄧纘先纂修，《中國西北文獻叢書·二編》第一輯第七卷，甘肅省古籍文獻整理編譯中心編。其中載“方言”，約500字。分蒙語與回纏語絶殊而間有相同者，如稱萬數爲“圖們”、稱黑色爲“喀喇”、稱泉爲“布拉克”之類。回語稱麥曰“布赫岱”，又曰“保古達伊”；稻米曰“固倫特”，高粱曰“圖布喇巴”之類。纏語稱帽曰“士巴單”、小帽曰“伯克”、袍曰“肯納克爾”、巾曰“牙哈血克”之類。此類甚夥。

新疆概觀

《新疆概觀》，吴紹璘編，民國二十二年（1933）南京仁聲印書局鉛印本。其第十章《種族探蠡》之第七節“纏回人之生活與風俗”中載“語言”，描述了部分維吾爾語詞彙約1100字。140餘個詞語，均爲音譯。以親屬稱謂爲例：

> 小兒（巴浪子），小女（克齒），父（達旦），母（阿浪），祖父母（穹達旦、穹阿浪），兄（阿干），弟（伏干），夫（伊引），妻（和通），姊妹（僧尼木）。

河源縣志

《河源縣志》十五卷，乾隆十一年（1746）刊本。

興寧縣志

《興寧縣志》九卷，嘉慶辛未（1811）鐫、咸豐丙辰（1856）續刻本。

澄海縣志

《澄海縣志》二十六卷，嘉慶二十年（1815）序刊本。

佛山忠義鄉志

《佛山忠義鄉志》十四卷，道光十年（1830）序刊本。

順德縣志

《順德縣志》三十二卷，咸豐壬子（1852）序刊本。

廣東通志

《廣東通志》三百三十四卷，同治甲子（1864）重刊本。

南海縣志

《南海縣志》四十四卷，同治八年（1869）重刊本。

電白縣志

《電白縣志》三十卷，光緒十八年（1892）高州富文樓刊本。

新寧縣志

《新寧縣志》二十六卷，光緒十九年（1893）序刊本。

潮州府志

《潮州府志》，光緒十九年（1893）序刊本。

東莞縣志

《東莞縣志》一百零二卷，宣統辛亥（1911）重修本，東莞養和印務局刊。

番禺縣續志

《番禺縣續志》四十四卷，民國五年（1916）刊本。

陽江志

《陽江志》三十九卷，廣州留香齋刊本。

赤溪縣志

《赤溪縣志》八卷，民國九年（1920）刊本。

開平縣志

《開平縣志》四十五卷，香港民聲印書局刊本，有民國二十一年（1932）重修序。

重修恩平縣志

《重修恩平縣志》二十五卷，光華書局刊本，有民國二十三年（1934）序。

龍門縣志

《龍門縣志》，民國二十五年（1936）廣州漢元樓刊本。

揭陽縣志

《揭陽縣志》九卷，民國丁丑（1937）重刊本。

福建新通志

《福建新通志》，民國壬戌（1922）排印本。

福州府志

《福州府志》，道光十九年（1839）補刻本。

長樂縣志

《長樂縣志》，同治己巳（1869）重修本。

厦門志

《厦門志》，道光己亥（1839）刊本。

續修浦城縣志

《續修浦城縣志》，光緒丁酉（1897）刊本。

延平府志

《延平府志》，乾隆三十年（1765）刊本。

重纂邵武府志

《重纂邵武府志》，光緒丁酉（1897）刊本。

南平縣志

《南平縣志》，民國十七年（1928）排印本。

重纂光澤縣志

《重纂光澤縣志》，光緒丁酉（1897）增修本。

建寧縣志

《建寧縣志》，民國八年（1919）排印本。

漳州府志

《漳州府志》，嘉慶丙寅（1806）補刻本。

雲霄廳志

《雲霄廳志》，民國乙亥（1935）重刊本。

瓊州府志

《瓊州府志》四十四卷，海口海南書局本，有光緒十六年（1890）補刊序。

感恩縣志

《感恩縣志》二十卷，海口海南書局刊本，有民國二十年（1931）重修序。

昭平縣志

《昭平縣志》八卷，民國二十三年（1934）廣州大明刊本。

貴縣志

《貴縣志》十八卷，民國二十三年（1934）重修本。

嘉定縣志

《嘉定縣志》，光緒重修本。

嘉定縣續志

《嘉定縣續志》，民國十九年（1930）排印本。

重修奉賢縣志

《重修奉賢縣志》，光緒十年（1878）序刊本。

寶山縣志

《寶山縣志》，光緒八年（1882）刊本。

崇明縣志

《崇明縣志》，乾隆二十五年（1760）刊本。

崇明縣志

《崇明縣志》，光緒七年（1881）刊本。

松江府志

《松江府志》，嘉慶二十二年（1817）刊本。

上海縣志

《上海縣志》，嘉慶十九年（1814）序刊本。

上海縣志

《上海縣志》，同治七年（1868）刊本。

上海縣續志

《上海縣續志》，民國七年（1918）排印本。

川沙廳志

《川沙廳志》，光緒五年（1879）刊本。

川沙縣志

《川沙縣志》，民國二十六年（1937）排印本。

青浦縣志

《青浦縣志》，光緒五年（1879）刊本。

法華鄉志

《法華鄉志》，民國十一年（1922）排印本。

黄巖縣志

《黄巖縣志》，光緒三年（1877）刊本。

象山縣志

《象山縣志》，乾隆二十四年（1759）刊本。

象山縣志

《象山縣志》，首有民國四年（1915）序。

象山縣志

《象山縣志》，民國十五年（1926）排印本。

新昌縣志

《新昌縣志》，民國七年（1918）重修本。

建德縣志

《建德縣志》，民國八年（1919）刊本。

定海縣志

《定海縣志》，民國刊本。

杭州府志

《杭州府志》，光緒二十四年（1898）序刊本。

安吉縣志

《安吉縣志》，同治十二年（1873）序刊本。

鎮海縣志

《鎮海縣志》，光緒五年（1879）刊本。

太平縣志

《太平縣志》，嘉慶十六年（1811）序刊本。

金華縣志

《金華縣志》，道光三年（1823）序刊本。

金華縣志

《金華縣志》，民國四年（1915）排印本。

浦江縣志稿

《浦江縣志稿》，民國五年（1916）排印本。

湯溪縣志

《湯溪縣志》，民國二十年（1931）排印本。

泰順分疆録

《泰順分疆録》，光緒四年（1878）刊本。

平陽縣志

《平陽縣志》，民國十四年（1925）排印本。

麗水縣志

《麗水縣志》，同治十三年（1874）刊本。

雲和縣志

《雲和縣志》，同治年間（1862—1874）刊本。

烏青縣志

《烏青縣志》，民國重刊本。

景寧縣志

《景寧縣志》，同治十一年（1872）刊本。

蕭山縣志稿

《蕭山縣志稿》，民國二十四年（1935）排印本。

鄞縣志

《鄞縣志》，咸豐六年（1856）序刊本。

常昭合志

《常昭合志》，光緒二十四年（1898）重刊本。

常昭合志稿

《常昭合志稿》，光緒三十年（1904）排印本。

震澤縣志

《震澤縣志》，乾隆十一年（1746）序刊本，光緒十九年（1893）重刊。

靖江縣志

《靖江縣志》，重修本。

吴江縣志

《吴江縣志》，乾隆十二年（1747）刻本，民國石印本。

蘇州府志

《蘇州府志》，洪武十二年（1379）序刊本。

蘇州府志

《蘇州府志》，道光四年（1824）序刊本。

姑蘇志

《姑蘇志》，正德年間（1506—1521）序刊本。

吴門補乘

《吴門補乘》，乾隆三十八年（1773）序刊本。

吴縣志

《吴縣志》，乾隆十年（1745）序刊本。

吴縣志

《吴縣志》，民國二十二年（1933）排印本。

常熟私志

《常熟私志》，鈔本（據萬曆戊午刊本）。

常熟縣志

《常熟縣志》，康熙二十六年（1687）序刊本。

太倉州志

《太倉州志》，民國八年（1919）排印本。

江陰縣續志

《江陰縣續志》，民國九年（1920）排印本。

重修丹陽縣志

《重修丹陽縣志》，光緒十一年（1885）刊本。

東臺縣志

《東臺縣志》，嘉慶二十二年（1817）刊本。

通州直隸州志

《通州直隸州志》，光緒二十二年（1896）序刊本。

如皋縣志

《如皋縣志》，嘉慶十三年（1808）序刊本。

徐州府志

《徐州府志》，同治十三年（1874）序刊本。

泰興縣志

《泰興縣志》，光緒十二年（1886）序刊本。

黎里續志

《黎里續志》，光緒二十五年（1899）排印本。

周莊鎮志

《周莊鎮志》，光緒六年（1880）刊本。

盛湖志

《盛湖志》，民國十三年（1924）排印本。

盛湖志補

《盛湖志補》，光緒二十六年（1900）排印本。

相城小志

《相城小志》，民國十九年（1930）刊本。

上元縣志

《上元縣志》，道光四年（1878）序刊本。

崑山新陽合志

《崑山新陽合志》，乾隆十五年（1750）序刊本。

阜寧縣新志

《阜寧縣新志》，民國二十三年（1934）排印本。

鹽城縣志

《鹽城縣志》，民國二十五年（1936）排印本。

吴郡志

《吴郡志》，民國三年（1914）覆宋本。

璜涇志稿

《璜涇志稿》，民國排印本。

元和縣志

《元和縣志》，乾隆二十六年（1761）序刊本。

金山縣志

《金山縣志》，民國十八年（1929）重刊本。

楊舍堡城志稿

《楊舍堡城志稿》，光緒八年（1882）序刊本。

郴州總志

《郴州總志》，首有乾隆三十五年（1770）序。

辰谿縣志

《辰谿縣志》，首有道光二年（1822）序。

長沙府志

《長沙府志》，首有乾隆十二年（1747）序。

寧鄉縣志

《寧鄉縣志》，同治六年（1867）刊本。

醴陵縣志

《醴陵縣志》，同治九年（1870）刊本。

攸縣志

《攸縣志》，同治辛未（1871）續修本。

平江志

《平江志》，同治十三年（1874）刊本。

興寧縣志

《興寧縣志》，光緒元年（1875）重修本。

湖南通志

《湖南通志》，光緒十一年（1885）刻本。

崇陽縣志

《崇陽縣志》，同治五年（1866）刊本。

通城縣志

《通城縣志》，同治六年（1867）重修本。

黄陂縣志

《黄陂縣志》，嘉慶十三年（1808）序刊本。

鄖陽縣志

《鄖陽縣志》，嘉慶二年（1797）序刊本。

黄岡縣志

《黄岡縣志》，乾隆五十四年（1789）序刊本。

黄安縣志

《黄安縣志》，道光二年（1822）續修本。

宜昌府志

《宜昌府志》，同治四年（1865）刊本。

長樂縣志

《長樂縣志》，光緒六年（1880）刊本。

巴東縣志

《巴東縣志》，同治丙寅（1866）刊本。

興山縣志

《興山縣志》，同治乙丑（1865）刊本。

麻城縣志續編

《麻城縣志續編》，民國二十四年（1935）刊本。

鄢陵文獻志

《鄢陵文獻志》，同治乙丑（1865）序刊本。

鄢陵縣志

《鄢陵縣志》，民國二十五年（1936）排印本。

密縣志

《密縣志》，嘉慶乙丑（1805）刊本。

太康縣志

《太康縣志》，民國二十二年（1933）排印本。

林縣志

《林縣志》，乾隆壬申（1752）刊本。

輝縣志

《輝縣志》，道光乙未（1835）重修本。

河南府志

《河南府志》，同治六年（1867）序刊本。

宜陽縣志

《宜陽縣志》，光緒辛巳（1881）續修本。

洛寧縣志

《洛寧縣志》，民國六年（1917）續修本。

光山縣志

《光山縣志》，乾隆五十年（1785）重修本。

河南（上、下編）

《河南》（上、下編），民國二十五年（1936）再版本。

續修廬州府志

《續修廬州府志》，光緒十一年（1885）刊本。

蕪湖縣志

《蕪湖縣志》，民國重修本。

敘州府志

《敘州府志》，光緒二十一年（1895）刊本。

崇慶縣志

《崇慶縣志》，民國十五年（1926）刊本。

南川縣志

《南川縣志》，民國二十年（1931）刊本。

雲陽縣志

《雲陽縣志》，民國二十四年（1935）刊本。

遵義府志

《遵義府志》四十八卷，道光二十一年（1841）刊本。

畿輔通志

《畿輔通志》，光緒十年（1884）刊本。

順天府志

《順天府志》，光緒十二年（1886）刊本。

平谷縣志

《平谷縣志》，民國二十三年（1934）序刊本。

静海縣志

《静海縣志》，民國二十三年（1934）静海縣志書局排印本。

霸縣志

《霸縣志》，民國十二年（1923）序刊本。

霸縣新志

《霸縣新志》，民國二十三年（1934）天津文竹齋印序刊本。

玉田縣志

《玉田縣志》，光緒十年（1884）序刊本。

滿城縣志

《滿城縣志》，民國二十年（1931）序刊本。

新城縣志

《新城縣志》，民國二十四年（1935）刊本。

雄縣志

《雄縣志》，民國十八年（1929）序刊本。

高陽縣志

《高陽縣志》，民國二十二年（1933）序刊本。

遷安縣志

《遷安縣志》，民國二十年（1931）序刊本。

灤州志

《灤州志》，光緒二十二年（1896）續修本。

獻縣志

《獻縣志》，民國十四年（1925）序刊本。

青縣志

《青縣志》，民國二十年（1931）刊本。

南皮縣志

《南皮縣志》，民國二十一年（1932）序刊本。

鹽山縣志

《鹽山縣志》，同治七年（1868）刊本。

鹽山新志

《鹽山新志》，民國五年（1916）序刊本。

獲鹿縣志

《獲鹿縣志》，光緒七年（1881）序刊本。

井陘縣志料

《井陘縣志料》，民國二十三年（1934）排印本。

平山縣志

《平山縣志》，咸豐三年（1853）序刊本。

元氏縣志

《元氏縣志》，乾隆二十三年（1758）序刊本。

元氏縣志

《元氏縣志》，同治十三年（1874）重修本。

重修新樂縣志

《重修新樂縣志》，光緒十一年（1885）序刊本。

直隸定州志

《直隸定州志》，道光二十九年（1849）重修本。

内丘縣志

《内丘縣志》，道光十二年（1832）序刊本。

成安縣志

《成安縣志》，民國二十年（1931）序刊本。

大名縣志

《大名縣志》，乾隆五十五年（1790）序刊本。

三河縣新志

《三河縣新志》，民國二十四年（1935）排印本。

徐水縣新志

《徐水縣新志》，民國二十一年（1932）序刊本。

贊皇縣志

《贊皇縣志》，光緒元年（1875）序刊本。

昌黎縣志

《昌黎縣志》，民國二十二年（1933）序刊本。

香河縣志

《香河縣志》，民國二十五年（1936）排印本。

邯鄲縣志

《邯鄲縣志》，民國二十二年（1933）排印本。

滄縣志

《滄縣志》，民國二十二年（1933）排印本。

順義縣志

《順義縣志》，民國二十二年（1933）排印本。

清河縣志

《清河縣志》，民國二十四年（1935）排印本。

盧龍縣志

《盧龍縣志》，民國二十年（1931）序刊本。

廣平縣志

《廣平縣志》，康熙十五年（1676）序刊本。

涿縣志

《涿縣志》，民國二十五年（1936）排印本。

東明縣新志

《東明縣新志》，民國二十二年（1933）排印本。

清苑縣志

《清苑縣志》，民國二十三年（1934）稿本。

新河縣志

《新河縣志》，民國十九年（1930）序刊本。

臨邑縣志

《臨邑縣志》，同治十三年（1874）刊本。

臨邑縣續志

《臨邑縣續志》，民國刊本。

濟寧縣志

《濟寧縣志》，民國十六年（1927）刊本。

萊陽縣志

《萊陽縣志》，民國二十四年（1935）序刊本。

續修范縣縣志

《續修范縣縣志》，民國二十四年（1935）鉛本。

牟平縣志

《牟平縣志》，民國二十五年（1936）序刊本。

邱縣志

《邱縣志》，民國二十三年（1934）序刊本。

臨朐續志

《臨朐續志》，民國二十四年（1935）序刊本。

壽光縣志

《壽光縣志》，民國二十五年（1936）排印本。

臨清縣志

《臨清縣志》，民國二十三年（1934）重修本。

寬甸縣志略

《寬甸縣志略》，民國四年（1915）刊本。

義縣志

《義縣志》，民國十七年（1928）序刊本。

莊河縣志

《莊河縣志》，民國二十三年（1934）鉛印本。

撫松縣志

《撫松縣志》，民國十九年（1930）刊本。

山西通志

《山西通志》，光緒十年（1884）刊本。

文水縣志

《文水縣志》，光緒九年（1883）重修本。

沃史

《沃史》，康熙五年（1666）序刊本。

解縣志

《解縣志》，民國八年（1919）排印本。

襄垣縣志

《襄垣縣志》，民國十七年（1928）序刊本。

虞鄉縣志

《虞鄉縣志》，乾隆五十四年（1789）刊本。

虞鄉縣新志

《虞鄉縣新志》，民國九年（1920）序刊本。

臨縣志

《臨縣志》，民國六年（1917）重修本。

介休縣志

《介休縣志》，民國十三年（1924）排印本。

趙城縣志

《趙城縣志》，乾隆二十五年（1760）序刊本。

趙城縣志

《趙城縣志》，道光七年（1827）刊本。

大同縣地理志

《大同縣地理志》，民國九年（1920）序刊本。

聞喜縣志

《聞喜縣志》，民國八年（1919）序刊本。

臨晉縣志

《臨晉縣志》，康熙二十五年（1686）序刊本。

臨晉縣志

《臨晉縣志》，民國十二年（1923）排印本。

新絳縣志

《新絳縣志》，民國十七年（1928）排印本。

滎河縣志

《滎河縣志》，民國二十五年（1936）排印本。

太谷縣志

《太谷縣志》，民國二十年（1931）排印本。

昔陽縣志

《昔陽縣志》，民國四年（1915）重修本。

沁源縣志

《沁源縣志》，首有民國二十二年（1933）序。

澄城縣志

《澄城縣志》，道光年間（1821—1830）刊本。

安塞縣志

《安塞縣志》，民國三年（1914）排印本。

永壽縣志

《永壽縣志》，乾隆癸丑（1793）刊本。

安定縣志

《安定縣志》，道光丙午（1846）刊本。

榆林府志

《榆林府志》，道光辛丑（1841）刊本。

米脂縣志

《米脂縣志》，光緒丁未（1907）刊本。

甘肅全省新通志

《甘肅全省新通志》，宣統年間（1909—1911）刊本。

重修皋蘭縣志

《重修皋蘭縣志》，光緒乙巳（1905）排印本。

西和縣志

《西和縣志》，乾隆甲午（1774）序刊本。

重修靈臺縣志

《重修靈臺縣志》，民國二十四年（1935）排印本。

海城縣志

《海城縣志》，光緒三十四年（1908）序刊本。

朔方道志

《朔方道志》，民國十五年（1926）序刊本。